Andreas Kerl

Inside Windows Installer

Andreas Kerl

Inside
Windows Installer

Andreas Kerl: Inside Windows Installer
Microsoft Press Deutschland, Konrad-Zuse-Str. 1, 85716 Unterschleißheim
Copyright © 2003 Microsoft Press Deutschland

Das in diesem Buch enthaltene Programmmaterial ist mit keiner Verpflichtung oder Garantie irgendeiner Art verbunden. Autor, Übersetzer und der Verlag übernehmen folglich keine Verantwortung und werden keine daraus folgende oder sonstige Haftung übernehmen, die auf irgendeine Art aus der Benutzung dieses Programmmaterials oder Teilen davon entsteht.

Das Werk einschließlich aller Teile ist urheberrechtlich geschützt. Jede Verwertung außerhalb der engen Grenzen des Urheberrechtsgesetzes ist ohne Zustimmung des Verlags unzulässig und strafbar. Das gilt insbesondere für Vervielfältigungen, Übersetzungen, Mikroverfilmungen und die Einspeicherung und Verarbeitung in elektronischen Systemen.

Die in den Beispielen verwendeten Namen von Firmen, Organisationen, Produkten, Domänen, Personen, Orten, Ereignissen sowie E-Mail-Adressen und Logos sind frei erfunden, soweit nichts anderes angegeben ist. Jede Ähnlichkeit mit tatsächlichen Firmen, Organisationen, Produkten, Domänen, Personen, Orten, Ereignissen, E-Mail-Adressen und Logos ist rein zufällig.

15 14 13 12 11 10 9 8 7 6 5 4 3 2 1
05 04 03

ISBN 3-86063-099-7

© Microsoft Press Deutschland
(ein Unternehmensbereich der Microsoft GmbH)
Konrad-Zuse-Str. 1, D-85716 Unterschleißheim
Alle Rechte vorbehalten

Fachlektorat: Georg Weiherer, Münzenberg
Korrektorat: Jutta Alfes, Karin Baeyens, Siegen
Satz: Cordula Winkler, mediaService, Siegen (www.media-service.tv)
Umschlaggestaltung: Hommer Design GmbH, Haar (www.HommerDesign.com)
Layout und Gesamtherstellung: Kösel, Kempten (www.KoeselBuch.de)

Inhaltsverzeichnis

Vorwort	**XIII**
Eine neue Generation	XIII
Einführung	**XV**
Für wen ist dieses Buch gedacht?	XVI
Die Beispiele und die Buch-CD	XVI
Support	XVII
Danksagung	XVII

1 Installationsprozesse **1**
- Aspekte des Installationsprozesses 1
  - Der normale Installationsprozess 2
  - Der nicht so offensichtliche Installationsprozess 3
  - Anforderungskatalog 3
- Skriptbasierte Installationsprogramme 4
  - Probleme mit skriptbasierten Systemen 4
- Lösung durch den Microsoft Windows Installer 7
  - Gründe für die Verwendung 8
  - Merkmale 9
- Microsoft Windows Installer Versionen 11
  - Microsoft Windows Installer 1.1 11
  - Microsoft Windows Installer 1.2 13
  - Microsoft Windows Installer 2.0 13
  - Microsoft Windows Installer für Windows Server 2003 16
  - Verteilbare Dateien 17
- Fazit 17

2 Tools und Anwendungen **19**
- Windows Installer-Dateinamenerweiterungen 19
- Das Windows Installer SDK 20
  - Instmsi.exe 20
  - Msicert.exe 21
  - Msidb.exe 22
  - Msifiler.exe 25
  - Msiinfo.exe 25
  - Msimerg.exe 26
  - Msimsp.exe 26
  - MsiTran.exe 27
  - Msival2.exe 28

Msizap.exe	29
Wilogutl.exe	30
Weitere Werkzeuge	32
Windows Installer Clean Up Tool	33
Windows Installer Tabellen Editor (Orca)	34
Verwenden von Orca	35
Ausführen von Befehlszeile	37
Professionelle Authoringtools	38
Microsoft Visual Studio Installer	38
Microsoft Visual Studio .NET	38
Wise for Windows Installer	38
Wise for Visual Studio .NET	38
InstallShield for Windows Installer	38
ActiveInstall	39
WinINSTALL	39
Weitere Produkte	39
Windows Installer-Programmiermodell	39
Objektmodell	40
Datenbankabfragen	47
Verwenden des Objektmodells	51
Fazit	52

3 Verwenden des Windows Installers   53

Windows Installer-Dienst	53
Installationsvorgang	54
Bootstrapping	54
Internet-Downloads	55
Digitale Signatur	57
Installationsarten	60
Reguläre Installation	60
Administrative Installation	60
Wiederherstellungsmodus	61
Wartungsmodus	61
Installationsoptionen	62
Befehlszeilenoptionen	62
Reparatur einer Installation	67
Eigenschaften	68
Installation für den Benutzer oder für den Computer	72
Tools	75
Installationssicherheit	75
Lokale Gruppenrichtlinien	76
Ankündigen von Installationspaketen	76
Flexibilität der Datenquellen	78
Microsoft Windows Installer Version 1.0	79
Microsoft Windows Installer Version 1.1	80
Microsoft Windows Installer Version 2.0	80
Systemwiederherstellung	81
Fazit	82

4 Basistechnologie des Windows Installers ... 83
Windows Installer-Paket ... 83
    Komponentenbasierte Softwareentwicklung ... 85
    Summary Information Stream ... 86
    Design eines Installationspaketes ... 92
Kategorisierung der Elemente ... 93
    Ressourcen ... 94
    Komponenten ... 94
    Features ... 106
    Produkt ... 109
Quellmedien ... 109
    Komprimierte und unkomprimierte Quellen ... 110
    Erstellen von komprimierten Dateien ... 111
    Verwenden einer Paketdatei ... 112
    Digitale Signaturen ... 113
    Dateisequenzen ... 114
    Erstellen großer Windows Installer-Pakete ... 116
Eigenschaften ... 116
    Private Eigenschaften ... 117
    Öffentliche Eigenschaften ... 118
    Eingeschränkt öffentliche Eigenschaften ... 118
    Verwenden der Eigenschaften ... 120
    Referenz ... 120
    Supportinformationen ... 129
    Bedingungen ... 131
Fazit ... 139

5 Design eines Installer-Paketes ... 141
Erstellen der Anwendung ... 141
    Klassenbibliotheken ... 142
    Basisanwendung ... 143
Erstellen des Windows Installer-Paketes ... 148
    Planung der Installation ... 148
    Verwenden des Datenbankschemas ... 149
    Bestimmen der Komponenten ... 150
    Festlegen der Features ... 151
    Beziehungen zwischen Features und Komponenten ... 152
    Definition der qualifizierten Komponenten ... 152
    Verwendung der Dateien ... 152
    Verwenden der Quellmedien ... 153
    Hinzufügen von Registrierungseinträgen ... 154
    Hinzufügen von Dateiverknüpfungen ... 155
    Festlegen der Eigenschaften ... 156
    Definieren der Ausführungsbedingungen ... 156
    Festlegen der zusammenfassenden Informationen ... 156
Fazit ... 157

6 Installation spezieller Dateien ... 159
Component Object Model (COM) ... 159
    Instanzierung von COM-Komponenten ... 160
    Installation von COM-Komponenten ... 161
    Distributed Component Object Model (DCOM) ... 164
    Isolierte Komponenten ... 165
    COM+ ... 166
Assemblies ... 167
    .NET-Assemblies ... 168
    Win32-Assemblies ... 170
Systemdienste ... 174
    Installation des Systemdienstes ... 174
    Verwalten des Systemdienstes ... 175
Fazit ... 176

7 Sequenzen und Aktionen ... 177
Sequenzen ... 177
    Reguläre Installation ... 179
    Administrative Installation ... 179
    Angekündigte Installation ... 179
    Sequenztabelle ... 179
Standardaktionen ... 182
    Verwendung ... 182
    Meldungen ... 185
    Referenz ... 188
Benutzerdefinierte Aktionen ... 214
    Installationsphasen ... 214
    Ausführungsarten ... 216
    Kategorisierung ... 219
    Implementierung ... 221
Verwenden von .NET-Komponenten ... 226
    Erstellen der Komponente ... 227
    Erstellen des Installationspaketes ... 228
Fazit ... 229

8 Die Benutzeroberfläche ... 231
Gestaltung der Benutzeroberfläche ... 232
    Richtlinien ... 233
    Benutzeroberflächenassistent ... 234
    Anzeige der Benutzeroberfläche ... 234
    Schema der Benutzeroberfläche ... 235
Dialogfelder ... 236
    Reservierte Namen für Dialogfelder ... 237
    Benötigte Dialogfelder ... 239
    Typische Dialogfelder ... 242
    Eigenschaften von Dialogfeldern ... 246
Steuerelemente ... 250

Steuerelementtypen 250
Steuerelementattribute 275
Steuerelementereignisse 285
Fazit 297

9 Transformationen 299
Einsatzmöglichkeiten 300
  Individuelle Zielgruppenanpassung 301
  Hinzufügen neuer Features 301
  Festlegen von Installationsoptionen 301
  Befehlszeilenoptionen 302
Erstellen einer Transformation 302
  Indirekte Erstellung 303
  Direkte Erstellung 305
  Informationen der Transformation 306
  Änderungen durch eine Transformation 307
Transformationsarten 307
  Standardmäßige Transformationen 308
  Eingebettete Transformationen 308
  Unsichere Transformationen 309
  Sichere Transformationen 309
  Instanztransformationen 311
  Anwenden einer Transformation 313
Lokalisierung 313
Fazit 314

10 Aktualisieren von Anwendungen 317
Upgrade von Software 317
  Minimale Aktualisierung 319
  Komplexe Aktualisierungen 322
Update-Erstellung 324
  Beispielanwendung 324
  Basisinstallation 325
  Erstellen eines »*Minor Upgrades*« 327
  Erstellen eines »Major Upgrades« 329
Software-Patches 331
  Struktur des Patches 332
  Erstellen eines Patches 334
  Anwenden des Patches 335
  Patch Creation Property File 335
  Beispiel für einen Patch 344
Automatische Updates 346
Fazit 348

11 Mergemodule 349
Struktur von Mergemodulen 350
  Summary Information Stream 350

Datenspeicher für Paketdateien	351
Mergemodul-Datenbank	351
Entwickeln von Mergemodulen	358
Konventionen bei der Namensvergabe	359
Verwenden der Tabellen	359
Verwenden von Mergemodulen	364
Konfigurierbare Mergemodule	367
CMSM-Spezialformat	368
Tabellenstrukturen	369
Semantische Informationstypen	372
Design und Anwendung	376
Objektmodell für Mergemodule	381
Objektmodell	381
Verwendung	385
Fazit	388

12 Troubleshooting — 389

Validierung	389
Interne Validierung	390
String-Pool-Validierung	391
Internal Consistency Evaluators	392
Protokollierung	405
Ereignisprotokollierung	405
Windows Installer-Protokollierung	407
Lesen einer Windows Installer-Protokolldatei	409
Strategien für die Fehlersuche	412
Eigene Protokolleinträge erstellen	414
Debugging	415
Fazit	415

Anhang A Datentypen — 417

Text	418
UpperCase	418
LowerCase	418
Integer	418
DoubleInteger	418
Time/Date	418
Identifier	419
Property	419
Filename	419
WildCardFilename	420
Path	420
Paths	420
AnyPath	420
DefaultDir	421
RegPath	421
Formatted	421

Template	422
Condition	422
GUID	422
Version	422
Language	423
Binary	423
CustomSource	423
Cabinet	423
Shortcut	424

Anhang B   Referenz der Datenbank ... **425**

Kerntabellen	426
Dateitabellen	436
Registrierungstabellen	447
Systemtabellen	457
Suchtabellen	460
Programminformationstabellen	465
Installationstabellen	468
ODBC-Tabellen	471
Systemdiensttabellen	474
Patch-Tabellen	477
Sicherheitstabellen	479
Benutzeroberflächentabellen	482

Anhang C   Sicherheit ... **499**

Installationspakete	499
Benutzerdefinierte Aktionen	500
Abgesicherte Systeme	501

Anhang D   Terminal Server ... **503**

Installation	503
Benutzerdefinierte Aktionen	504
Richtlinien für Komponenten	504

Anhang E   Einschränkung bei der Ausführung von Aktionen ... **507**

Anhang F   Gruppenrichtlinien ... **511**

Computerkonfiguration	511
Benutzerkonfiguration	513

Stichwortverzeichnis ... **515**

Der Autor ... **525**

Vorwort

Eine neue Generation

Betreten Sie die Welt des »Managed Code« von Microsoft .NET. Erstellen Sie moderne, zukunftsorientierte Anwendungen auf Basis des Microsoft .NET Frameworks. Nutzen Sie mächtige neue Technologien wie XML Webservices. Verwenden Sie Werkzeuge, die Ihnen helfen, Ihre gesamte Kreativität und Ihr Potential voll auszuschöpfen, um einzigartige Softwareprodukte zu erstellen. Bedenken Sie jedoch eines: »Am Anfang steht die Installation.«

Microsoft sah es als unerlässlich an, das komplette Installationsgeschehen für die Windows Plattform zu überdenken und zu revolutionieren. Die Stabilität des Betriebssystems ist hierbei als höchstes Ziel anzusehen, die durch die Installation von Anwendungsprogrammen niemals beeinträchtigt werden darf. Zur Umsetzung solcher Anforderungen ist es unerlässlich, eine Technologie einzusetzen, die als Teil des Betriebssystems verwendet wird und somit von einer Art Metaebene aus die Installation von Anwendungsprogrammen überwacht.

Im Jahr 1999 wurde erstmalig der Microsoft Windows Installer zur Installation des Softwarepaketes Microsoft Office 2000 verwendet. Der Windows Installer liegt nun in der Version 2.0 vor und ist zu einer technisch hervorragenden Technologie herangereift. Nach anfänglicher Zurückhaltung springen heutzutage immer mehr Entwickler auf diesen Zug auf und verwenden die Windows Installer-Technologie zur Erstellung robuster und stabiler Installationssysteme.

»Wo liegt das Geheimnis des Windows Installers?«, »Wie kann ich diese Technologie effizient nutzen?« und »Welchen Vorteil bringt diese Technologie für mich?«, diese und ähnliche Fragen werden mir sehr häufig von technisch interessierten Personen gestellt. Hieraus lässt sich ableiten, dass bei vielen Personen ein sehr großes Interesse besteht, sich mit dieser neuen Technologie zu beschäftigen.

Das war der Anlass für mich, dieses Buch zu verfassen. Ich hoffe, dass Ihnen das Lesen genau soviel Spaß bereitet, wir mir das Schreiben, und es Ihnen hilft, Ihr angestrebtes Ziel zu erreichen.

Andreas Kerl
München, im April 2003

Einführung

XVI	Für wen ist dieses Buch gedacht?
XVI	Die Beispiele und die Buch-CD
XVII	Support
XVII	Danksagung

In einem Installationsprogramm, das die Windows Installer-Technologie verwendet, um die installationsspezifischen Prozesse durchzuführen, muss jedes Bit richtig gesetzt werden. Der Autor eines solchen Installationsprogramms muss die Bedeutung jedes einzelnen Bits kennen und die Auswirkungen auf den tatsächlichen Installationsverlauf verstehen.

Derzeit existieren eine Vielzahl hervorragender Authoringtools zur Erstellung von Installationsprogrammen, die auf der Windows Installer-Technologie basieren und den Autor mit Hilfe von Assistenten oder sonstigen oberflächenorientierten Hilfsmitteln durch den Erstellungsprozess führen. Das Ergebnis ist ein Installationspaket, das in vielen Fällen den Ansprüchen genügt und für zuverlässige Installationen verwendet werden kann.

Der Installationsprozess der heutigen Zeit erstreckt sich jedoch nicht nur auf die offensichtlichen Installationsaufgaben, wie dem Kopieren von Dateien oder dem Schreiben von Informationen in die Systemregistrierung. Vielmehr sind zusätzliche Aufgaben, wie das Erstellen von Datenbanken oder das Anlegen von Benutzerkonten erforderlich. Die Realisierung einer solchen zusätzlichen Funktionalität ist mit den derzeitigen Authoringtools nicht direkt möglich, sondern verlangt tiefere Kenntnisse über die Windows Installer-Technologie. Jede noch so gute Technologie ist nur so gut, wie sie von dem Autor und dem verwendeten Tool umgesetzt wird. Das Erstellen robuster und zuverlässiger Installationspakete setzt tiefe Kenntnisse über die verwendete Technologie voraus und erfordert ein Verständnis über die internen Zusammenhänge und Prozesse, die im weiteren Installationsverlauf benötigt werden.

Diese erforderlichen Kenntnisse möchte ich Ihnen mit diesem Buch vermitteln, um Sie dabei zu unterstützen, schlüssige Installationskonzepte mit den Bordmitteln des Microsoft Windows Installer SDK zu realisieren. Nachdem Sie dieses Buch durchgearbeitet haben, sollten Sie ebenfalls die Fähigkeit besitzen, in Problemsituationen wirkungsvolle Methoden zur Fehlervermeidung und zur Fehlerbehebung anzuwenden.

Für wen ist dieses Buch gedacht?

Dieses Buch richtet sich in erster Linie an Designer von Installationsroutinen, die den Windows Installer zur Realisierung der benötigten Prozesse verwenden oder verwenden möchten. Dieses Buch richtet sich ebenfalls an Personen, die im administrativen Umfeld tätig sind und Installationsprogramme im Repackaging-Verfahren erstellen.

Eine Zielsetzung des Buches ist der programmtechnische Zugriff auf Funktionen, die durch die Windows Installer-Technologie zur Verfügung gestellt werden. Das Buch richtet sich somit an Softwareentwickler, die Windows Installer-Funktionalitäten in eigenen Anwendungen nutzen möchten oder Tools und Anwendungen erstellen wollen, die diese Funktionalitäten zur automatisierten Erstellung von Windows Installer-Paketen verwenden. Dieses Buch ist ebenfalls als Nachschlagewerk gedacht, da Ihnen viele tabellarische Aufstellungen über die Basiselemente eines Windows Installer-Paketes die benötigten Informationen liefern.

Die programmtechnischen Zugriffe auf bestimmte Windows Installer-Objekte sind in diesem Buch im Quellcode der Programmiersprache Microsoft Visual C# .NET abgedruckt. Auf der diesem Buch beiliegenden CD befinden sich diese Quellen zusätzlich in der Programmiersprache Microsoft Visual Basic .NET. Um diese Quellen effektiv verwenden zu können, sollten Sie über Kenntnisse in einer dieser Programmiersprachen verfügen.

Die Beispiele und die Buch-CD

Auf der beiliegenden CD-ROM finden Sie Installationspakete zur Demonstration bestimmter Lösungsansätze und viele Beispielanwendungen, die Ihnen die programmtechnische Umsetzung spezifischer Implementierungen verdeutlichen. Allen Beispielanwendungen ist der zugrunde liegende Quellcode in den Programmiersprachen Microsoft Visual C# .NET und Microsoft Visual Basic .NET beigefügt. Die Beispielanwendungen wurden mit Microsoft Visual Studio .NET 2003 erstellt, sodass für die Ausführung das Microsoft .NET Framework in der Version 1.1 benötigt wird. In ▶ Kapitel 6 wird Ihnen die Installation von COM-Komponenten (Component Object Modell) verdeutlicht. Diese Komponenten wurden mit Microsoft Visual Basic 6.0 Service Pack 5 entwickelt. Das ▶ Kapitel 7 zeigt Ihnen die Verwendung von benutzerdefinierten Aktionen, um eine Datenbank auf einem Microsoft SQL-Server zu erstellen. Zum Ausführen dieses Beispiels ist der Zugriff auf einen lokal installierten oder im Netzwerk befindlichen Microsoft SQL-Server notwendig. In ▶ Kapitel 12 werden einige Visual Basic-Skripts verwendet, für deren Ausführung der Microsoft Windows Script Host (WSH) erforderlich ist.

Es empfiehlt sich, als Betriebssystem Microsoft Windows 2000 oder höher zu verwenden, da in vielen Beispielen bestimmte Basistechnologien zur Demonstration, wie das Anlegen von Benutzerkonten und die Installation von Betriebsystemdiensten, verwendet werden. In ▶ Kapitel 9 werden Ihnen Möglichkeiten aufgezeigt, mehrere Instanzen eines Produktes zu installieren. Die hierfür benötigte Funktionalität ist jedoch nur in den Betriebssystemen Microsoft Windows XP mit Service Pack 1 oder Microsoft Windows Server 2003 vorhanden.

Für alle Installationspakete wird der Microsoft Windows Installer-Dienst in der Version 2.0 benötigt.

Support

Microsoft Press stellt unter der folgenden Internetadresse eventuell notwendige Korrekturen zu veröffentlichten Büchern zur Verfügung:

http://www.microsoft.com/germany/mspress/

Zusätzliche Informationen finden Sie auch in der Microsoft Press Knowledge Base, die unter folgender Adresse zur Verfügung steht:

http://www.microsoft.com/germany/mspress/support/

Sollten Sie Anmerkungen, Fragen oder Ideen zu diesem Buch haben, senden Sie diese bitte an eine der folgenden Adressen von Microsoft Press:

Postanschrift:

Microsoft Press
Betrifft: Inside Windows Installer
Konrad-Zuse-Straße 1
85716 Unterschleißheim

E-Mail:

presscd@microsoft.com

Beachten Sie bitte, dass unter der oben angegebenen Adresse kein Produktsupport geleistet wird. Supportinformationen zum Windows Installer, zum .NET Framework, zu C#, Visual Basic oder Visual Studio .NET finden Sie auf der Microsoft-Produktsupportseite unter:

http://www.microsoft.com/germany/support/

Danksagung

Dieses ist mein erstes Buch und ich hoffe, nicht mein letztes. Hätte ich im Vorfeld gewusst, wie viel Arbeit in einem solchen Buch steckt, weiß ich nicht, ob ich überhaupt begonnen hätte. Nun ist das Buch fertig und ich bin stolz darauf, ein Buch über die faszinierende Technologie des Windows Installers geschrieben zu haben. An der Erstellung dieses Buches war eine Vielzahl von Personen beteiligt, die mich direkt oder indirekt bei der Fertigstellung unterstützt haben, ohne die dieses Buch nicht das geworden wäre, was es heute ist. Diesen Personen gilt mein Dank.

Bedanken möchte ich mich bei Katie Parker und David McKinnis von der Microsoft Corporation und bei Uwe Baumann von der Microsoft Deutschland GmbH für die Bereitstellung hervorragender Materialien zu der Windows Installer-Technologie. Ein weiterer Dank gilt Stefan Krüger für seinen technischen Artikel über benutzerdefinierte Aktionen, sowie die Erlaubnis, diesen in meinem Buch verwenden zu dürfen. Bedanken möchte ich mich bei meinen Kollegen vom Premier Support for Developers der Microsoft Deutschland GmbH, die mich bei vielen Detailrecherchen unterstützt haben. Danke an meinen Arbeitskollegen Robert Matysek, der sehr viel Geduld dabei bewiesen hat, sich jeden Morgen die neuesten Fortschritte bei der Erstellung des Buches anzuhören. Danke an meinen Manager Ralph Kink, der jeden meiner Urlaubsanträge genehmigt hat und damit entscheidend dazu beitrug, das Buch schnellstmöglich fertig zu stellen. Ich danke allen Mitarbeitern von Microsoft Press, die mir geholfen haben, dieses Buch zu schreiben, und die mir wertvolle Tipps für die Gestaltung und den Aufbau des Buches gegeben haben.

Ein besonderer Dank gilt meinem ehemaligen Manager Rainer Strassner, der immer an mich geglaubt und stets zu mir gehalten hat. Als letztes gilt es, mich bei den wichtigsten Personen in meinen Leben zu bedanken. Danke Ute, danke Daria. Danke dafür, dass ihr mir stets den Rücken freigehalten habt und mich in jeder Form unterstützt habt. Ohne Euch wäre dieses Buch niemals fertig geworden.

1 Installationsprozesse

1	Aspekte des Installationsprozesses
4	Skriptbasierte Installationsprogramme
7	Lösung durch den Microsoft Windows Installer
11	Microsoft Windows Installer Versionen
17	Fazit

Die Gestaltung von Installationssystemen setzt ein tiefes Verständnis der Installationsprozesse voraus. Dieses Kapitel gibt Ihnen einen ersten Überblick über die notwendigen Prozesse sowie Anforderungen und zeigt Ihnen weitergehende Möglichkeiten durch den Microsoft Windows Installer auf.

Die Softwareinstallation ist kein statischer Prozess, der nur einmalig ausgeführt wird. Er stellt eine dynamische Abfolge von Tätigkeiten während des gesamten Lebenszykluses des Produktes dar. Betrachtet man die vorhandenen Zustände, wird deutlich, dass in vielen Fällen die Softwareinstallation und somit die Erstellung von Installationsprogrammen als lästige Pflicht angesehen wird. Eine Einbeziehung der Tätigkeiten zur Erstellung eines Installationsprogramms in den Softwareentwicklungsprozess stellt häufig die Ausnahme dar.

Um diese Problematik näher analysieren zu können, gilt es zunächst die Tätigkeiten während des Installationsprozesses zu erläutern.

Aspekte des Installationsprozesses

In Zeiten von MS-DOS erübrigte sich jede Frage nach einem geeigneten Installationsprogramm, da in den meisten Fällen die Anwendung direkt vom Quelldatenträger gestartet wurde, oder eine einfache Kopieraktion vollkommen ausreichend war. Dieser als *XCopy-Deployment* bezeichnete Ansatz stellt die einfache Verteilungsmöglichkeit von Anwendungen dar. Mit Einführung der Microsoft .NET-Technologie wird diese einfache Verteilungsmöglichkeit auch für moderne Softwareanwendungen zur Verfügung gestellt.

Die Frage nach dem Microsoft Windows Installer bei der Verwendung von .NET ist jedoch weiterhin aktuell, da in den meisten Installationsszenarien zusätzliche Aktionen bei der Weitergabe einer Anwendung ausgeführt werden sollen. Bei Microsoft .NET handelt es sich um eine neue Technologie, die einige kritische Perspektiven des bisherigen Installationsprozesses gänzlich beseitigt.

Es gilt zunächst zu klären, welche Tätigkeiten beim Installationsprozess durch das Installationsprogramm ausgeführt werden müssen.

Der normale Installationsprozess

Beim Installationsprozess ist zu beachten, dass unterschiedliche Anforderungen an das verwendete Installationsprogramm gestellt werden. In einigen Fällen ist es unter Umständen ausreichend, wirklich nur einige Dateien vom Quellmedium auf den Zieldatenträger zu kopieren. Betrachtet man jedoch die Komplexität heutiger Softwarepakete, erstreckt sich der Installationsprozess auf eine Vielzahl umfangreicher Aktionen.

Bei diesen Aktionen sollte immer der benötigte Speicher auf dem Zieldatenträger betrachtet werden. Installationsprogramme müssen über eine Logik verfügen, die auch den Speicherverbrauch von Verknüpfungen und Registrierungseinträgen wirkungsvoll ermittelt. Das verwendete Dateisystem (FAT, FAT32, NTFS) muss natürlich in diese Berechnung mit einfließen.

Dateien kopieren

Bei nahezu jeder Installation müssen Dateien vom Quellmedium auf den Zieldatenträger kopiert werden. Hierbei können die Dateien im unkomprimierten als auch im komprimierten Zustand vorliegen. Auch die Bestimmung des Zielverzeichnisses ist eine Anforderung, die als wichtig zu bezeichnen ist. Beachten Sie unter diesem Aspekt die Verwendung von gemeinsam verwendeten Dateien und die Installation von Systemdateien.

Bei den gemeinsam verwendeten Dateien gilt es, die Deinstallation zu berücksichtigen. Eine Deinstallation darf nur erfolgen, wenn diese Dateien von keiner Anwendung mehr benötigt werden. Gemeinsam verwendete Dateien verfügen über einen Eintrag in der Systemregistrierung, der die Anzahl der nutzenden Anwendungen enthält. Bei der Installation muss dieser als Referenzzähler bezeichnete Wert erhöht und bei der Deinstallation verringert werden. Dieser Referenzzähler enthält somit die Anzahl der Anwendungen, die diese Datei noch benötigen. Die Verwendung von Referenzzählern ist immer kritisch zu betrachten, da nicht jedes Installationsprogramm die hierfür notwendigen Eintragungen ordnungsgemäß vornimmt.

Die Installation von Systemdateien erfordert in vielen Fällen einen Neustart des Computers, da Systemdateien beim Rechnerstart ersetzt werden müssen, die das Betriebssystem aus unterschiedlichen Gründen im Arbeitsspeicher behält. In den Betriebssystemen Microsoft Windows 2000 und höher ist ein Mechanismus implementiert, der als Windows-Dateischutz (Windows File Protection) bezeichnet wird. Damit wird sichergestellt, dass für das Betriebssystem relevante Dateien nicht ersetzt oder entfernt werden können.

Erstellen von Ordnern und Verknüpfungen

Bei der Erstellung von Ordnern und Verknüpfungen muss immer sichergestellt sein, dass der Anwender über die notwendigen Zugriffsrechte verfügt. Bei der Bestimmung des Zielverzeichnisses gilt es immer zu prüfen, ob dieses nur für den aktuellen Anwender oder für alle Anwender gelten soll.

Einträge in die Systemregistrierung

Einträge in die Systemregistrierung müssen aus unterschiedlichen Gründen vorgenommen werden. COM-Komponenten (Component Object Model) müssen zur fehlerfreien Ausführung registriert werden. Anwendungsspezifische Einstellungen werden in vielen Fällen in der Systemregistrierung abgelegt.

Sonstiges

Unter diese Kategorie fallen zusätzliche Aktionen, die beim Installationsprozess ausgeführt werden sollen. In der heutigen Zeit sind viele Anwendungen webbasiert ausgerichtet, die somit eine Installation unter einem Webserver erfordern. Auch die Installation von Windows-Diensten stellt eine erhöhte Anforderung an das Installationsprogramm.

Der nicht so offensichtliche Installationsprozess

Im vorherigen Abschnitt wurden die Tätigkeiten des Installationsprozesses dargestellt, die jeder von Ihnen mit dem Begriff der Installation verbindet. In diesem Abschnitt geht es nun darum, Aktionen aufzuzeigen, die nicht ganz so offensichtlich sind, jedoch ein extrem wichtiges Potential im gesamten Installationsprozess darstellen.

Ältere Softwareversionen

In vielen Fällen ist bereits eine vorherige Softwareversion des zu installierenden Produktes auf dem System zu finden. In diesem Fall sollte ein modernes Installationsprogramm die Möglichkeit bieten, ältere Versionen zu entfernen oder in Teilen anzupassen, ohne die vom Anwender vorgenommenen Einstellungen zu verwerfen. Hierzu zählt auch die Weiterverwendung von externen Datenquellen, wie dem angepassten und ergänzten Wörterbuch von Microsoft Word. Betrachten Sie auch, dass die ältere Software während des Installationsprozesses beendet sein muss.

Abhängige Software

Bei der komponentenorientierten Softwareentwicklung und Verteilung sind dynamische Installationsprozeduren unerlässlich. Es muss geprüft werden, ob eine bestimmte Komponente oder sogar eine Anwendung auf dem Zielsystem bereits verfügbar ist. Ebenso muss geprüft werden, ob die installierte Version mit den Anforderungen der zu installierenden Software kompatibel ist. Als Beispiel sollen zwei alltägliche Szenarien dienen.

- Viele Anwendungen sind webbasiert ausgerichtet, sodass ein Browser auf dem Zielsystem erforderlich ist. Das Installationsprogramm muss nun prüfen ob z.B. der Microsoft Internet Explorer installiert ist und welche Version und Sprache er aufweist. Sind diese Ergebnisse mit den Anforderungen der zu installierenden Software nicht kompatibel, muss das Installationsprogramm diese Gegebenheiten berücksichtigen und evtl. eine Installation des Microsoft Internet Explorers vornehmen.
- Bei Anwendungen, die *Microsoft Data Access Components* verwenden, gilt es ebenfalls zu prüfen, welche Version auf dem Zielsystem vorhanden ist, und entsprechend ist hier darauf zu reagieren.

Die Prüfung auf existierende Software stellt einen sehr schwierigen Weg dar, da die zur Ermittlung benötigten Informationen nur selten dokumentiert sind.

Nutzungsbeschränkung

Durch die Verteilung von Software über das Internet und die Bereitstellung von Demo- oder Trialversionen ergibt sich noch ein weiterer Aspekt hinsichtlich der Anforderungen an ein modernes Installationsprogramm. Die Funktionalität zur Erfassung und Überprüfung von Anwenderdaten sollte implementiert sein, ebenso sollte eine flexible Möglichkeit bestehen, eigene Algorithmen zu verwenden, die eine Überprüfung von Produkt-IDs oder CD-Keys vornehmen.

Anforderungskatalog

In vorherigen Abschnitt wurden Ihnen einige Aspekte aufgezeigt, die in einem modernen Installationsprogramm integriert sein sollten. Ergänzend möchte ich die nachfolgenden Positionen anfügen, ohne an dieser Stelle näher darauf einzugehen:

- Das Installationsprogramm muss über Update- und Patch-Mechanismen verfügen.
- Es sollte Reparaturfunktionalitäten beinhalten.
- Es sollte die Möglichkeit zur Reinstallation bieten.

Installationsprozesse

Skriptbasierte Installationsprogramme

Unter skriptbasierten Installationsprogrammen verstehe ich die älteren Softwarelösungen zur Installation von Anwendungen, die nicht nach dem Prinzip des Microsoft Windows Installers arbeiten. Skriptbasierte Systeme sind einzelstehende Anwendungen, die sowohl die entsprechende Logik für die Installation, als auch die durchzuführenden Anweisungen beinhalten. Als Problemfaktoren sind hierbei natürlich die unterschiedlichen Auslegungsaspekte und Implementierungen hinsichtlich der Installationslogik durch die Hersteller solcher Lösungen zu sehen. Skriptbasierte Systeme sind untereinander inkonsistent.

Probleme mit skriptbasierten Systemen

Der Installationsprozess mit skriptbasierten Systemen ist geprägt durch den Umstand, dass die Installationssoftware eine eigenständige Anwendung darstellt. Eine eigenständige Anwendung ist jedoch hinsichtlich des Zugriffs auf systeminterne Funktionen beschränkt und bietet somit nicht den Lösungsansatz für ein systemweit konsistentes Installationsspektrum. Die nachfolgend aufgeführten Problemfaktoren kommen beim Einsatz von skriptbasierten Installationssystemen zum Tragen.

Beeinflussung anderer Anwendungen

Die Beeinflussung anderer Anwendungen bei der Installation und Deinstallation, sowie die auftretenden Versionskonflikte werden allgemein als DLL-Hölle (DLL-Hell) bezeichnet. Zur Verdeutlichung dieser Problematik wird der Einsatz von COM-Komponenten (Component Object Model) in diesem Szenario betrachtet. Beachten Sie bitte, dass ein vollständiger Ausweg aus der DLL-Hölle nicht durch Installationsmechanismen zu erreichen ist, sondern dass die DLL-Hölle unweigerlich mit der Verwendung von COM in Verbindung steht. Einen vollständigen Ausweg aus dieser Problematik bietet nur der Einsatz einer Technologie wie Microsoft .NET, die die Side-By-Side-Installation von Komponenten unterstützt.

Ohne an diesem Punkt näher in die Tiefen von COM hinab zu tauchen, sollten jedoch einige Abstraktionsmuster dargestellt werden. Verwenden Sie COM-Komponenten in Ihrer Anwendung, müssen Sie sicherstellen, dass diese ordnungsgemäß auf Ihrem System installiert und registriert sind. Hierfür bieten sich verschiedene Tools an. Sie können z.B. *RegSvr32.Exe* verwenden, um die erforderlichen Eintragungen in der Systemregistrierung vorzunehmen. Neben diversen Eintragungen werden u.a. Werte eingetragen, die diese Komponente eindeutig identifizieren. Eines dieser Identifikationsmerkmale ist die so genannte *CLSID*, welche in der Registrierung unter dem Schlüssel *HKEY_CLASSES_ROOT\CLSID* für alle COM-Komponenten abgelegt wird. Die *CLSID* der beispielhaft verwendeten Komponente enthält einen weiteren Unterschlüssel mit der Bezeichnung *InProcServer32*. Unter diesem Schlüssel ist der absolute Pfad zu der COM-Komponente angegeben.

```
HKEY_CLASSES_ROOT\CLSID\{CA11E7A8-3105-4F0E-B045-021A3B061867}
\InprocServer32 ="C:\Programme\Windows Installer Spy\Base.dll"
\ProgID ="Base.Information"
```

Wird von einer Anwendung eine Instanz dieser Komponente erstellt, wird die entsprechende Datei, die sich unter dem Eintrag *InprocServer32* befindet, in den Speicherbereich der Anwendung geladen. Wird nun eine abweichende Version dieser Komponente auf Ihrem System installiert, wird zwangsläufig dieser Wert überschrieben. Alle Anwendungen, die diese Komponente verwenden, benutzen dem zufolge die neu installierte Komponente. Ist diese Komponente nicht vollständig kompatibel zu der bisherigen, ist ein unausweichliches Fehlverhalten vorprogrammiert.

Die Implementierung von Side-By-Side-Komponenten stellt einen Ausweg aus dieser Problematik dar, die zusammenfassend als das größte Problem bei der Komponentenentwicklung angesehen werden kann. Durch Nutzung von Side-By-Side wird die Verwendung von Komponenten verschiedener Versionen zur Nutzung durch unterschiedliche Anwendungen ermöglicht. Side-By-Side-Komponenten können nicht im Microsoft Internet Information Server, bzw. im Microsoft Transaction Server eingesetzt werden. Komponenten müssen eine Simultanverwendung unterstützen, um isoliert werden zu können. Die Simultanverwendung ist ein Feature von Microsoft Windows 2000 und höher, Microsoft Windows 98 zweite Ausgabe und Microsoft Windows Me, das zulässt, mehrere Versionen derselben Komponente gleichzeitig in verschiedenen Prozessen auszuführen.

Für die Lösung dieses Problems gibt es zwei Ansätze, die nachfolgend kurz skizziert werden.

DLL/COM-Umleitung (Redirection)

Bei dieser Verfahrensweise, muss keine Änderung in der Systemregistrierung vorgenommen werden. Die Komponente muss sich im gleichen Verzeichnis wie die Anwendung befinden. Zusätzlich muss eine leere Datei in diesem Ordner angelegt werden. Der Dateiname muss identisch mit dem Namen der Anwendung (mit Dateierweiterung) sein, und es muss die Erweiterung *.local* angefügt werden. Sind diese Vorgaben erfüllt, so ändert sich der Suchalgorithmus beim Laden der Komponente. Es wird zuerst im Anwendungsverzeichnis gesucht. Wurde dort keine Komponente gefunden, wird im Systemverzeichnis gesucht.

Side-By-Side-Komponenten (SxS)

Bei dieser Verfahrensweise darf der Default-Eintrag des Schlüssels *InprocServer32* der registrierten Komponente nur den Dateinamen der DLL enthalten. Es darf keine absolute Pfadangabe hierin zu finden sein. Die Komponente muss sich im gleichen Ordner wie die Anwendung befinden. Die Analyse der Thematik und Darstellung der auftretenden Probleme bei dieser Verfahrensweise gliedert sich in die folgenden Anwendungsgebiete:

- Sie haben eine Komponente installiert und nach dem gerade dargestellten Schema registriert. Eine weitere Anwendung installiert diese Komponente und registriert diese unter Verwendung des absoluten Pfades.
- Bei der Entwicklung von Komponenten können auch weitere Probleme auftauchen, wie z.B. unter Visual Basic. Nach dem Kompilieren unter VB wird diese Komponente mit absoluter Pfadangabe automatisch registriert.
- Der Administrator muss die genauen Positionen der registrierten Dateien kennen, da bei einem Update oder Hotfix diese an den entsprechenden Stellen aufgespielt werden müssen.

Sie sehen anhand der dargestellten Szenarien, dass es einige Möglichkeiten gibt, der Problematik mit der DLL-Hölle entgegenzuwirken. Zu erkennen ist jedoch, dass beim Einsatz von COM weitere Risikofaktoren zu beachten sind, hervorgerufen durch inkonsistente Verfahrenstechniken der skriptbasierten Installationssysteme. Zu betrachten sei unter diesem Gesichtspunkt die Verwendung von Referenzzählern, die bei der Installation von gemeinsam verwendeten Komponenten heraufgezählt und bei der Deinstallation herabgezählt werden sollen. Ein abschließendes Entfernen der Komponente darf demzufolge erst geschehen, nachdem der Zähler den Wert 0 erreicht hat. Arbeitet in diesem Szenario ein skriptbasiertes Installationsprogramm nicht zuverlässig, wird dieses Verfahren nicht die gewünschten Ergebnisse bieten können.

Lokale Softwareinstallation

In Zeiten von Anwendungspaketen, die eine Installationsgröße von 1 GByte und mehr erreichen, wird auch bei heutigen Datenträgern der Speicherplatz nicht immer ausreichend sein. Anwender benötigen in vielen Fällen nicht das gesamte Funktionsspektrum dieser Softwarepakete, sodass unnötigerweise Speicherplatz verschenkt wird. Die individuelle Anpassung durch benutzerdefinierte Auswahlmöglichkeiten bietet eine Hilfe, sie setzt jedoch Sachverstand bei der Komponentenauswahl voraus.

Administrative Installation

Bei der Installation von Softwarepaketen in großen Netzwerken, stellt es immer eine besondere Herausforderung dar, diese rechtzeitig und vollständig allen betreffenden Anwendern zur Verfügung zu stellen. Eine Möglichkeit bieten zusätzliche Anwendungen wie der Microsoft System Management Server. Dies ist jedoch eine optionale Anwendung, die nicht immer zwingend vorausgesetzt werden kann. Eine hierfür zweckmäßige Installationsart, die durch den Administrator veranlasst und angepasst wird, ist bei der Verwendung von skriptbasierten Systemen in Netzwerken nicht in aller Vollständigkeit gegeben.

Sicherheit

In vielen Unternehmen werden die Berechtigungen der Anwender hinsichtlich der durchzuführenden Aktionen auf dem lokalen System eingeschränkt (Locked-Down). Bei der Installation von Software muss in vielen Fällen eine höhere Berechtigungsstufe gewählt werden, als während der täglichen Nutzung zur Verfügung steht. Skriptbasierte Systeme bieten keine Möglichkeit in diesem Szenario, nur für die Dauer der Installation erhöhte Rechte zu gewähren. Bedingt wird dieses durch den Umstand, dass das Installationsprogramm ebenfalls eine Anwendung ist, die unter dem Benutzer mit den zugewiesenen Rechten ausgeführt wird.

Aufbau des Setups

Unter diesem Aspekt sollte nicht die Gruppe der Power User betrachtet werden, sondern eher die Gruppe von Computernutzern, die diesen ausschließlich für ihre tägliche Arbeit verwenden oder auch die Gruppe der Computerneulinge. Eine Installation sollte aus diesem Grund einfach gehalten werden, Abläufe im Installationsprozess sollten standardisiert und unverständliche Entscheidungsmöglichkeiten des Anwenders sollten vermieden werden.

Flexibilität

Ein Installationsprogramm sollte es ermöglichen, dass Teile der Software nachinstalliert werden können, entweder automatisch bei der ersten Verwendung oder manuell durch einen erneuten Aufruf der Installation. In einigen Fällen ist es erforderlich, bestimmte Installationsvorgänge zu wiederholen, um evtl. beschädigte Dateien zu ersetzen oder Einträge der Systemregistrierung erneut zu erstellen. Die wenigsten skriptbasierten Installationsprogramme bieten diese Funktionalität an.

Inkonsistente Systeme

An vorherigen Positionen dieses Abschnitts habe ich bereits erwähnt, dass skriptbasierte Installationssysteme selbst Anwendungen sind, die auf bestimmte Bereiche und Funktionen des Betriebssystems nicht zugreifen dürfen oder können. Somit bietet sich auch kein übergeordneter Kontrollmechanismus, der als wesentliches Kriterium die Systemstabilität betrachtet. Wird eine Installation nicht vollständig durchgeführt oder wird diese aus nicht näher zu betrachtenden Umständen abgebrochen, kann dieses Verhalten ein inkonsistentes System zur Folge haben. Transaktionale Installationsvorgänge sind mit skriptbasierten Systemen nicht durchführbar.

Lösung durch den Microsoft Windows Installer

Microsoft sieht es als gegeben, dass die Installation von Software eine hohe Anforderung an das Betriebssystem stellt. Die Kontrolle und die Integration solcher Prozesse sind äußerst wichtig für die Stabilität und Lauffähigkeit des gesamten Systems. Jeder Installationsprozess muss unter der Aufsicht des Betriebssystems mit konsistenten Regeln durchgeführt werden. Aus diesem Grund wurde die Technologie des Microsoft Windows Installer, als Teil des Betriebssystems entwickelt und integriert.

Die Abbildung 1.1 vergleicht die Vorgehensweisen bei der Installation zwischen skriptbasierten Installationssystemen und dem Microsoft Windows Installer. Skriptbasierte Installationssysteme enthalten sowohl die Anweisungen für bestimmte Aktionen als auch den hierfür benötigten Programmcode. In beinahe jedem Installationsszenario müssen Dateien vom Quelldatenträger auf das Zielsystem kopiert werden. Skriptbasierte Systeme enthalten die Informationen über den Dateinamen, das Zielverzeichnis und das Quellverzeichnis. Liegt die Datei in einem komprimierten Zustand vor, so sind ebenfalls Informationen über das entsprechende Archiv vorhanden. Des Weiteren enthalten diese Installationssysteme die entsprechenden Codeimplementierungen zum Kopieren der Datei, zum Anlegen von Verzeichnissen und ggf. zum Extrahieren aus dem verwendeten Archiv.

Bei der Microsoft Windows Installer-Technologie ist die Beschreibung der Tätigkeiten von der Codeimplementierung getrennt. Die Anweisungen für die diversen Installationsoperationen werden in einer Datenbank gespeichert. In dieser sind mehrere Tabellen mit Informationen über den Dateinamen der zu kopierenden Datei, das Zielverzeichnis, das Quellverzeichnis und das verwendete Archiv enthalten. Der Microsoft Windows Installer-Dienst enthält die entsprechenden programmtechnischen Anweisungen, um die Kopieraktion durchzuführen. Dieser Dienst wird automatisch gestartet.

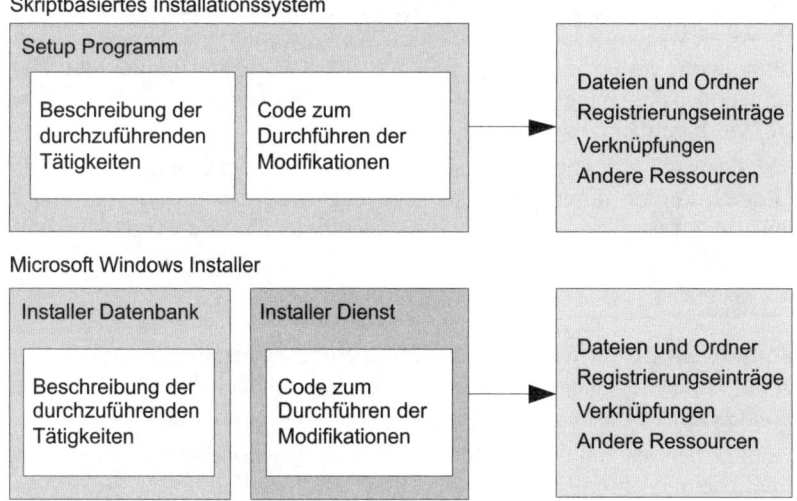

Abbildung 1.1: Verschiedene Installationslösungen

Die Microsoft Windows Installer-Technologie vereinfacht die Erstellung von Installationspaketen. Der Autor eines solchen Paketes braucht lediglich die durchzuführenden Tätigkeiten zu beschreiben, er muss keine Implementierungen hinsichtlich der Programmierlogik in sein Installationsprogramm integrieren.

Gründe für die Verwendung

Der Microsoft Windows Installer reduziert die Betriebskosten durch die gegebenen Möglichkeiten, Produkte und Anwendungen effizient zu installieren und zu konfigurieren. Durch die Integration in das Betriebssystem und die Aufteilung in zwei Kernkomponenten werden viele in der Vergangenheit kritisierten Funktionalitäten und Vorgehensweisen beseitigt.

Bei der Verwendung des Microsoft Windows Installers und die hiermit zur Verfügung gestellten Funktionalitäten sind generell zwei Zielgruppen zu betrachten. Zum einen die Administratoren und Anwender und zum anderen die Softwareentwickler.

Administratoren und Anwender

Die primäre Zielsetzung an ein Installationssystem aus Sicht dieser Zielgruppen ist die Verfolgung konsistenter Installationsregeln.

Wie bereits erläutert wurde, besitzt jedes skriptbasierte Installationssystem eine eigene Implementierung von bei der Installation zu berücksichtigenden Regeln. Diese Regeln wurden zwar durch Best Practices oder ähnliche Dokumente skizziert, aber eine Überwachungsmöglichkeit zur Einhaltung dieser Regeln gibt es nicht. Unterschiedliche Installationsprogramme weisen differierende und somit inkonsistente Implementierungen auf. Bei vielen skriptbasierten Installationsprogrammen stellt die Versionsüberprüfung bereits installierter Dateien oftmals ein Problem dar, sodass in vielen Fällen neuere Dateien durch ältere überschrieben werden. Der Microsoft Windows Installer verfügt über eine komplexe Implementierung von anzuwendenden Regeln hinsichtlich der Versionierung von Dateien. Hierbei wird sichergestellt, dass niemals eine Datei überschrieben wird, die nicht 100 % kompatibel zu der neu zu installierenden Version ist. Die Überprüfung hinsichtlich der Kompatibilität von Dateien ist immer als problemanfällig anzusehen, wenn die Überprüfung auf Informationen aus dieser Datei basieren. Microsoft Windows Installer verwendet Komponenten um diese Problematik zu beseitigen. Jede Komponente verfügt über eine eindeutige ID (Global Unique Identifier, GUID). Entwickler von Installationspaketen müssen diese ID ändern, falls die darin befindliche neue Dateiversion nicht mehr 100 % kompatibel zu der älteren Version ist.

Der Microsoft Windows Installer stellt für solche Szenarien konsistente Regeln auf. Alle für die Installation erforderlichen Regeln werden durch das Betriebssystem bereitgestellt und auch durch dieses überwacht. Alle Installationen basieren somit auf einem identischen Satz an Installationsregeln. Die Installation wird somit konsistent.

Softwareentwickler

Ein häufiges Problem der Softwareentwickler resultiert aus der Möglichkeit Installationspakete hinsichtlich ihrer Zielverzeichnisse variabel abzulegen. Die Kommunikation mit weiteren Dateien dieses Paketes setzen entweder fest codierte Anweisungen oder dynamische Implementierungen voraus.

Der Microsoft Windows Installer Service stellte eine komplexe Schnittstelle bereit, die Tools und Anwendungen beinhaltet, um folgende Aktionen programmtechnisch durchzuführen:

- Ermitteln von Produkten und Komponenten auf dem Zielsystem.
- Installation und Konfiguration von auf Windows Installer basierten Produkten.
- Ermitteln des Pfades einer installierten Komponente.

Das primäre Ziel dieser Schnittstelle ist die Kommunikation mit den installierten Anwendungen. Zur Laufzeit kann eine solche Anwendung den Windows Installer nach dem Pfad einer entsprechenden Komponente befragen. Diese Funktionalität beseitigt die Problematik mit den oben beschriebenen fest codierten Abhängigkeiten, basierend auf statischen Dateipfaden, die oft von Computer zu Computer variieren und häufig auf nicht vorhandene Dateien verweisen.

Merkmale

An dieser Stelle möchte ich Ihnen einen ersten Überblick über die im Windows Installer integrierten Merkmale geben und Ihnen die Anwendungsmöglichkeiten aufzeigen.

Programmierschnittstellen

Viele der im Windows Installer verwendeten Merkmale basieren auf dem Management API. Bei skriptbasierten Installationssystemen konnte nicht gefragt werden, ob eine Komponente installiert und auch funktionsfähig ist. Ebenso war auch die Frage nach einem installierten Produkt schwierig zu beantworten. Der Microsoft Windows Installer stellt speziell für diese Problematik eine Programmierschnittstelle bereit, die Ihnen sämtliche Informationen über die auf dem Zielsystem installierten Produkte und Komponenten liefert und darüber hinaus programmatisch diverse Installationsaktionen veranlassen kann.

Installation bei Bedarf

Der Windows Installer kann veranlasst werden, nur einen Teil einer Komponente zu installieren. Ruft während der Programmausführung der Anwender diese Komponente auf, installiert der Windows Installer diese automatisch nach. Bei dem Betriebssystem Microsoft Windows 2000 und höher wurden mehrere Möglichkeiten implementiert, um eine *Just-In-Time-Installation* anzustoßen.

Advertisement

Advertising (Ankündigung) bezeichnet die Möglichkeit, Installationsteile anzumelden, ohne aktuell benötigte Dateien zu installieren. Microsoft Windows 2000 und höher unterscheidet zwei Typen des Advertisements: Zuweisen (Assign) und Veröffentlichen (Publish). Wenn durch einen Administrator eine angekündigte Installation durchgeführt wird, erscheint diese als installierte Komponente für den Anwender durch folgendes Schema.

Im Startmenü befinden sich Eintragungen und Symbole (Icon), die auf diese Anwendung verweisen. Dateien sind über ihre Erweiterungen bereits mit der installierten Komponente verknüpft und die Registrierungseinträge verweisen auf die Anwendungsinstallation. Wird diese Anwendung durch einen Anwender aktiviert, wird der eigentliche Installationsprozess gestartet. Im Gegensatz hierzu läuft die Installation von veröffentlichten Anwendungen ohne Interaktion mit dem Anwender ab. Zur Verdeutlichung sei erwähnt, dass bei einer zugewiesenen Installation letztlich der Anwender die Möglichkeit besitzt, diese durch das erscheinende User Interface anzupassen. Eine veröffentlichte Anwendung beinhaltet alle benötigten Informationen und wird unsichtbar für den Anwender ausgeführt.

Flexible Installationen

Bei skriptbasierten Systemen müssen die Diagnose und die Reparatur von beschädigten Komponenten manuell erfolgen. Hierzu ist in den meisten Fällen eine Neuinstallation der Anwendung erforderlich. Der Windows Installer bietet die Möglichkeit, aktive oder passive Diagnose- und Reparaturmechanismen zu verwenden. Durch die Verwendung der Programmierschnittstelle (Windows Installer Management API) besteht für Anwendungen die Möglichkeit, zur Laufzeit gelöschte oder beschädigte Dateien aufzufinden und diese durch den Reparaturmechanismus erneut installieren zu lassen.

Rollback

Während der Installation werden vom Windows Installer alle durchgeführten Änderungen am System protokolliert und zu ersetzende Ressourcen vorerst gesichert. Schlägt die Installation fehl oder bricht der Anwender diese ab, wird das System in den Zustand vor der Installation zurückgesetzt. Dieses transaktionale Verhaltensmuster ist eine der wichtigsten Funktionalitäten hinsichtlich der Sicherstellung eines konsistenten Systems.

Vollständige Deinstallation

Wie bereits erwähnt, protokolliert der Windows Installer jede Änderung an dem Zielsystem und speichert diese parallel zu der installierten Anwendung. Diese Vorgehensweise ermöglicht eine komplette und vollständige Deinstallation der Anwendung.

Zusätzlich zu diesen Daten werden erweiterte Supportinformationen gespeichert. Diese zusätzlichen Informationen stehen Ihnen ab dem Betriebssystem Microsoft Windows 2000 im Konfigurationsprogramm *Software* der *Systemsteuerung* zur Verfügung. Die Abbildung 1.2 zeigt Ihnen beispielsweise diese erweiterten Daten des Produktes Microsoft Office XP Professional.

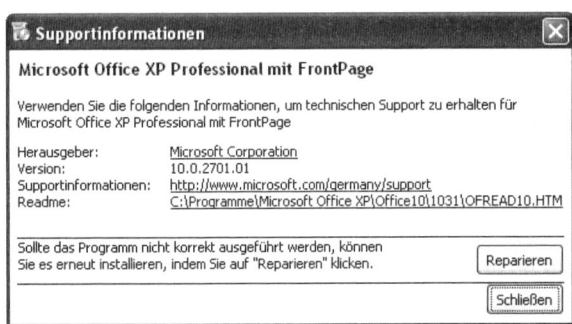

Abbildung 1.2: *Erweiterte Support-Informationen*

Mergemodule und Transformationen

Das Mergen (Zusammenführen) bezeichnet die Möglichkeit zwei oder mehr Installationspakete zu einem Paket zu kombinieren. Alle beteiligten Entwickler können hierdurch eigene eingeschränkte Installationspakete (Mergemodule) erstellen, die nur die eigens entwickelten Softwarekomponenten beinhalten. Nach Fertigstellung können diese Installationspakete mit dem Basisinstallationspaket zusammengeführt werden.

Eine Transformation ist eine festgelegte Anpassung des Installationspaketes. Sie können Transformationen entwickeln, die den Installationsverlauf beeinflussen und spezifische Daten der Installationsdatenbank hinzufügen oder existierende verändern.

Erweiterte Installationsprivilegien

Die Softwareinstallation wird normalerweise mit den Zugriffsrechten des Benutzers ausgeführt. Der Windows Installer-Dienst ist ein Betriebssystemdienst, der unter einem anderen Sicherheitskontext ausgeführt wird. Durch diese Funktionalität ist es möglich, Installationsvorgänge durchzuführen, für die der Anwender keine Berechtigung hat. Anwendungen, die mit erhöhten Installationsprivilegien ausgeführt werden sollen, werden auch als verwaltete Anwendungen (Managed Applications) oder privilegierte Installationen bezeichnet. Zur Installation einer Anwendung mit erhöhten Privilegien, sind entweder auf Gruppenrichtlinien basierende Verteilungsmechanismen oder der Microsoft Systems Management Server erforderlich.

Ausführen vom Quellmedium

Der Windows Installer beinhaltet Funktionalitäten, um das Quellverzeichnis einer jeden Komponente des Installationspaketes zu identifizieren. Durch diese Möglichkeit kann für jede Komponente individuell festgelegt werden, ob diese tatsächlich auf den Zielcomputer installiert oder direkt vom Quellmedium verwendet werden soll.

Microsoft Windows Installer Versionen

Der Microsoft Windows Installer wurde erstmals zur Installation des Programmpaketes Microsoft Office 2000 im Jahr 1999 verwendet. Die Tabelle 1.1 gibt Ihnen einen Überblick über die existierenden Versionen und die Integration in die diversen Betriebssysteme.

Release	Version	Anmerkungen
Windows Installer 1.0	1.0.5 104.0	Enthalten in Microsoft Office 2000 und veröffentlicht als Installationspaket
Windows Installer 1.10	1.10.1029.0	Enthalten in Microsoft Windows 2000
	1.10.1029.1	Veröffentlicht als Installationspaket
Windows Installer 1.11	1.11.1314.0	Enthalten in Microsoft Windows 2000 Service Pack 1
	1.11.2405.0	Enthalten in Microsoft Windows 2000 Service Pack 2
Windows Installer 1.20	1.20.1410.0	Enthalten in Microsoft Windows Millennium Edition
	1.20.1827.1	Veröffentlicht als Installationspaket
Windows Installer 2.0	2.0.2600.0	Enthalten in Microsoft Windows XP und veröffentlicht als Installationspaket
	2.0.2600.1	Veröffentlicht als Installationspaket und enthalten in Microsoft Windows 2000 Service Pack 3
	2.0.2600.1106	Enthalten in Microsoft Windows XP Service Pack 1
	2.0.3754.0 und höher	Enthalten in Microsoft Server 2003

Tabelle 1.1: *Windows Installer-Versionen*

Sie können die auf Ihrem System installierte Version des Microsoft Windows Installers auf die nachfolgend beschriebenen Möglichkeiten bestimmen:

- Verwenden Sie die Funktion *MsiGetFileVersion* der Datei *Msi.dll*.
- Anwendungen können die Version bestimmen, indem diese die Funktion *DllGetVersion* verwenden.
- Sie können ebenfalls die Anwendung *msiexec.exe* ausführen. Im daraufhin angezeigten Dialogfeld wird Ihnen die Windows Installer-Version angezeigt.

Microsoft Windows Installer 1.1

Die folgende Auflistung zeigt die neu hinzugefügten Funktionalitäten gegenüber der Windows Installer Version 1.0.

Neue Funktionen
- *MsiEnumRelatedProducts*
- *MsiSetFeatureAttributes*
- *MsiSourceListForceResolution*
- *MsiSourceListAddSource*
- *MsiSourceListClearAll*
- *MsiGetShortcutTarget*

Neue Tabellen
- *Complus*
- *Upgrade*
- *IsolatedComponent*

Neue Tabellenspalten
- *Description* in der Tabelle *ServiceInstall*
- *Attributes* in der Tabelle *Class*

Neue Standardaktionen
- *RegisterComPlus*
- *UnregisterComPlus*
- *FindRelatedProducts*
- *MigrateFeatureStates*
- *RemoveExistingProducts*
- *IsolateComponents*

Neue benutzerdefinierte Aktionen
- Geschachtelte Installationen (Typ 7, Typ 23 und Typ 39)

Neue Eigenschaften
- *AdminToolsFolder*
- *LocalAppDataFolder*
- *CommonAppDataFolder*
- *MyPicturesFolder*
- *OriginalDatabase*
- *RedirectedDLLSupport*
- *ServicePackLevelMinor*
- *TRANSFORMSSECURE*
- *RemoteAdminTS*
- *REBOOTPROMPT*

Neue Attribute
- *Password* im Bearbeitungssteuerelement

Neue Systemrichtlinien
- *AllowLockdownBrowse*
- *AllowLockdownMedia*
- *AllowLockdownPatch*
- *TransformsSecure*
- *DisableRollback*
- *EnableAdminTSRemote*

Neue Fehlercodes
- *ERROR_SUCCESS_REBOOT_INITIATED*
- *ERROR_SUCCESS_REBOOT_REQUIRED*
- *ERROR_PATCH_TARGET_NOT_FOUND*
- *ERROR_INSTALL_REMOTE_DISALLOWED*

Microsoft Windows Installer 1.2

Die folgende Auflistung zeigt die neu hinzugefügten Funktionalitäten gegenüber der Windows Installer Version 1.1.

Neue Tabellen
- *FileSFPCatalog*
- *SFPCatalog*

Neue Standardaktionen
- *InstallSFPCatalogFile*

Neue Eigenschaften
- *FASTOEM*
- *MEDIAPACKAGEPATH*

HINWEIS: Windows-Dateischutz für Windows Millennium Edition wird durch Microsoft Windows Installer Version 1.2 unterstützt, jedoch nicht durch die Versionen 1.0 und 1.1.

Microsoft Windows Installer 2.0

Die folgende Auflistung zeigt die neu hinzugefügten und geänderten Funktionalitäten gegenüber der Windows Installer Version 1.2.

HINWEIS: Bei der Verwendung unter Microsoft Windows NT 4.0 wird für den Microsoft Windows Installer Version 2.0 der Service Pack 6 oder höher vorausgesetzt. Vorherige Versionen des Microsoft Windows Installers benötigten den Service Pack 3 bei der Verwendung unter Microsoft Windows NT 4.0.

Neue Funktionen

- *MsiAdvertiseProduct*
- *MsiAdvertiseProductEx*
- *MsiAdvertiseScript*
- *MsiIsProductElevated*
- *MsiGetFileHash*
- *MsiGetFileSignatureInformation*
- *MsiGetProductInfoFromScript*
- *MsiOpenPackageEx*
- *MsiProvideAssembly*
- *MsiProcessAdvertiseScript*

HINWEIS: Die Installer Funktionen der Version 2.0 unterstützen sowohl 32-Bit- als auch 64-Bit-Anwendungen und Prozesse.

Neue Datenbank-Funktionen

- *MsiEnumComponentCosts*

HINWEIS: Die Datenbankfunktionen der Windows Installer Version 2.0 unterstützen sowohl 32-Bit- als auch 64-Bit-Anwendungen und -Prozesse.

Neue Tabellen

- *MsiAssembly*
- *MsiAssemblyName*
- *MsiDigitalCertificate*
- *MsiDigitalSignature*
- *MsiFileHash*
- *MsiPatchHeaders*

Neue Tabellenspalten

- *StreamRef_* in der Tabelle *Patch*

Neue Standardaktionen

- *MsiPublishAssemblies*
- *MsiUnpublishAssemblies*

Neue Eigenschaften

- *CommonFiles64Folder*
- *Intel64*
- *MSICHECKCRCS*
- *MsiHiddenProperties*
- *MSINODISABLEMEDIA*
- *MsiNTProductType*

- *MsiNTSuiteBackOffice*
- *MsiNTSuiteDataCenter*
- *MsiNTSuiteEnterprise*
- *MsiNTSuiteSmallBusiness*
- *MsiNTSuiteSmallBusinessRestricted*
- *MsiNTSuiteWebServer* (verfügbar mit Windows Server 2003)
- *MsiNTSuitePersonal*
- *MsiNetAssemblySupport*
- *MsiWin32AssemblySupport*
- *ProgramFiles64Folder*
- *System64Folder*
- *UserSID*
- *UPGRADINGPRODUCTCODE*
- *VersionNT64*

Entfernte Eigenschaften
- *System16Folder*

Geänderte Eigenschaften
- *SHORTFILENAMES*
- *SOURCELIST*

Neue Attribute
- *msidbComponentAttributes64bit*
- *msidbLocatorType64bit*

Neue Systemrichtlinien
- *DisableUserInstalls*

Neue Fehlercodes
- *ERROR_PATCH_PACKAGE_REJECTED*
- *ERROR_INSTALL_TRANSFORM_REJECTED*
- *ERROR_APPHELP_BLOCK*

Neue Überprüfungsmethoden (ICE – Internal Consistency Evaluators)
- *ICE75, ICE77, ICE78, ICE79, ICE80, ICE81, ICE82, ICE83, ICE84, ICE85, ICE86, ICE87, ICE88, ICE89, ICE90, ICE91, ICE92, ICE93, ICE95*
- *ICEM11, ICEM12, ICEM14*

Microsoft Windows Installer für Windows Server 2003

Die folgende Auflistung zeigt die neu hinzugefügten, entfernten und geänderten Funktionalitäten gegenüber der Windows Installer Version 2.0. Bei dem Windows Installer für Windows Server 2003 handelt es sich auch um die Version 2.0 dieser Technologie. Jedoch wird in den Dokumentationen von einer neuen Version gesprochen, da einige interessante Funktionen implementiert wurden.

Der Windows Installer für Windows Server 2003 ist in der kompletten Windows Server 2003-Produktlinie in vollem Funktionsumfang enthalten. Unter Microsoft Windows XP mit eingespieltem Service Pack 1 befindet sich auch eine Weiterentwicklung der Version 2.0 des Microsoft Windows Installers. Diese Weiterentwicklung enthält ebenfalls Funktionalitäten, die in der Windows Server-Variante vorzufinden sind.

Geänderte Funktionen
- *MsiAdvertiseProductEx*
- *MsiApplyPatch*
- *MsiGetProductInfo*

Geänderte Methoden des *Automation*-Objektes
- *ApplyPatch*

Geänderte Eigenschaften des *Automation*-Objektes
- *ProductInfo*

Neue Eigenschaften
- *MSINEWINSTANCE*
- *MSIINSTANCEGUID*
- *MsiNTSuiteWebServer*

Neue benutzerdefinierte Aktionen
- *msidbCustomActionTypeTSAware*

Neue Flags
- *MSIADVERTISEOPTIONS_INSTANCE*

Entfernte Attribute von Steuerelementen
- *ImageHandle*

Geänderte Systemrichtlinien
- *DisableMSI*
- *TransformsSecure*

Neue Befehlszeilenoptionen
- */c*
- */n*

HINWEIS: Die neuen Funktionen im Windows Installer für Windows Server 2003 ermöglichen die Installation von mehreren Instanzen eines Produktes unter den Betriebssystemen Microsoft Windows XP Service Pack 1 und der Microsoft Windows Server 2003-Familie.

Verteilbare Dateien

Wie aus der oberen Auflistung ersichtlich ist, ist der Windows Installer bereits in unterschiedlichen Versionen in einige Betriebssystemversionen oder Service Packs integriert. Um den Windows Installer-Dienst in der von Ihnen benötigten Version verwenden zu können, muss dieser zuerst installiert werden.

Sie können die neueste Version des Microsoft Windows Installer-Dienstes von der Microsoft-Webseite beziehen. Die verteilbaren Dateien (Redistributables) liegen als selbst installierende Anwendungen in zwei verschiedenen Ausführungen vor.

- InstMSI.Exe installiert den Windows Installer-Dienst auf Microsoft Windows 9x- und Microsoft Windows Me-Systemen. Hierbei handelt es sich um die ANSI-Version des Windows Installers.
- InstMSIw.exe installiert den Windows Installer-Dienst auf Microsoft Windows NT 4.0- und Microsoft Windows 2000-Systemen. Hierbei handelt es sich um die Unicode-Version des Windows Installers.

Zur ordnungsgemäßen Installation empfiehlt es sich, einen Bootstrapper zu verwenden, der das Vorhandensein des Windows Installer-Dienstes sowie die verwendete Version überprüft und ggf. entsprechenden Aktualisierungen durchführt. Professionelle Authoringtools zur Erstellung von Microsoft Windows Installer-basierten Installationspaketen erstellen diese Bootstrapper automatisch.

Der Microsoft Windows Installer 2.0 verfügt über eine verzögerte Möglichkeit zum Neustart des Computers. Hierdurch braucht der durch die Installation des Windows Installer-Dienstes unbedingt benötigte Neustart erst nach Installation des gesamten Softwarepaketes ausgeführt werden.

Fazit

In diesem Kapitel wurden die offensichtlichen und weniger offensichtlichen Tätigkeiten des Installationsprozesses dargestellt. Gerade bei den Aktionen, die hauptsächlich im Hintergrund ablaufen, wurden jene Probleme aufgezeigt, die bei der Verwendung von skriptbasierten Installationssystemen auftreten können bzw. auftreten werden.

Der Microsoft Windows Installer trennt konsequent die beschreibenden Tätigkeiten von der Implementierung. Der Windows Installer ist unter der Microsoft Windows NT-Familie als Betriebssystemdienst implementiert. Dadurch können Installationen mit erhöhten Zugriffsrechten durchgeführt werden. Durch diese und viele weitere Funktionalitäten stellt der Microsoft Windows Installer sicher, dass alle Installationen über den identischen Satz an Installationsregeln verfügen und somit zu jeder Zeit das System in einem konsistenten Zustand belassen.

2 Tools und Anwendungen

19	Windows Installer-Dateinamenerweiterungen
20	Das Windows Installer SDK
33	Windows Installer Clean Up Tool
34	Windows Installer Tabellen Editor (Orca)
38	Professionelle Authoringtools
39	Windows Installer-Programmiermodell
52	Fazit

Das professionelle Arbeiten mit dem Windows Installer setzt die Verwendung der richtigen Werkzeuge voraus. Dieses Kapitel stellt Ihnen Tools und Anwendungen für das Design und die Verwaltung von Windows Installer-Paketen vor.

Ich möchte Sie bewusst an dieser Stelle mit den benötigten und zur Verfügung stehenden Tools und Anwendungen konfrontieren, da ich auf diese im weiteren Verlauf des Buches immer wieder zurückkomme. Bei der Präsentation einiger Tools werden Funktionalitäten erwähnt, die erst an späterer Stelle ausführlich erläutert werden. Nehmen Sie diese Passagen als Einleitung für zukünftige Kapitel oder betrachten Sie dieses Kapitel als Nachschlagewerk bei der Erläuterung und Diskussion noch abzuhandelnder Funktionalitäten.

Dieses Kapitel zeigt Ihnen erste programmtechnische Ansätze unter Verwendung von Microsoft Visual Studio .NET auf, die auf gewisse Funktionalitäten der Windows Installer-Programmierschnittstelle zugreifen und Informationen über bereits installierte Windows Installer-Pakete liefern.

Windows Installer-Dateinamenerweiterungen

Bei der Erstellung und der Verwendung von Installationspaketen werden Sie mit mehreren Dateiformaten konfrontiert. Die Dateiformate und deren Verwendungszweck werden durch die Dateinamenerweiterung (Extension) repräsentiert. Die Tabelle 2.1 gibt Ihnen einen Überblick über die vom Windows Installer verwendeten Dateinamenerweiterungen.

Erweiterung	Beschreibung
.msi	Windows Installer-Datenbank
.msm	Windows Installer-Mergemodul
.msp	Windows Installer-Patch

▶

Erweiterung	Beschreibung
.mst	Windows Installer-Transformation
.idt	Exportierte Datenbanktabelle
.ibd	Exportierte Binärdatei
.cub	Datenbank zur Überprüfung von Windows Installer-Paketen
.pcp	Windows Installer Patch-Creation-File
.cab	Paketdatei zum Speichern von komprimierten Dateien

Tabelle 2.1: Dateinamenerweiterungen

Das Windows Installer SDK

Für die professionelle Erstellung von Microsoft Windows Installer-Paketen ist die Verwendung des Windows Installer SDK unerlässlich. Das Software Development Kit stellt eine Vielzahl von Tools und Anwendungen zur Fertigung und Überprüfung von Softwarepaketen bereit und beinhaltet eine sehr umfangreiche Dokumentation. Das Windows Installer Software Development Kit ist Bestandteil des Microsoft Plattform SDK. Sie können das SDK von der Microsoft Webseite *www.microsoft.com/msdownload/platformsdk/sdkupdate* herunterladen.

Im Folgenden werden Ihnen die im Windows Installer SDK enthaltenen Tools und deren Verwendung vorgestellt. Zusätzliche Informationen erhalten Sie in der Dokumentation des Windows Installer SDK.

Instmsi.exe

Bei dieser Anwendung handelt es sich um das Installationspaket, das den Windows Installer-Dienst auf den Computer überspielt. *Instmsi.exe* ist in einer ANSI-Version für die Verwendung unter den Betriebssystemen Microsoft Windows 9x und Microsoft Windows Millennium Edition und in einer Unicode-Version für die Windows NT-basierten Betriebssysteme verfügbar. Bei der Installation des Windows Installer-Dienstes ist zu beachten, dass einige Betriebssysteme nicht alle verfügbaren Versionen des Windows Installers unterstützen. Die Tabelle 2.2 zeigt Ihnen, welche Installer-Version mit welchem Betriebssystem kompatibel ist.

Zu installierende Version des Windows Installers	*Instmsi.exe* kann unter folgenden Betriebssystemen ausgeführt werden	*Instmsi.exe* braucht unter folgenden Betriebssystemen nicht ausgeführt zu werden
Windows Installer Version 1.0	Windows 95, Windows 98, Windows NT 4.0+SP3	Windows Me, Windows 2000, Windows XP, Windows Server 2003
Windows Installer Version 1.1	Windows 95, Windows 98, Windows NT 4.0+SP3	Windows Me, Windows 2000, Windows XP, Windows Server 2003
Windows Installer Version 1.2	Windows 95, Windows 98, Windows Me, Windows NT 4.0+SP3	Windows 2000, Windows XP, Windows Server 2003
Windows Installer Version 2.0	Windows 95, Windows 98, Windows Me, Windows NT 4.0+SP6, Windows 2000	Windows XP, Windows Server 2003

Tabelle 2.2: Kompatibilität der Versionen

Syntax

Instmsi {Optionen}

Option	Beschreibung
/q	Keine Anzeige der Benutzeroberfläche.
/t	Zur Verwendung beim Debuggen.
/c:"msiinst /delayreboot"	Verzögerte Reboot-Funktion.
/c:"msiinst /delayrebootq"	Verzögerte Reboot-Funktion ohne Anzeige der Benutzeroberfläche.
/?	Aufruf der Hilfe.

Tabelle 2.3: *Befehlszeilenoptionen von* InstMsi.exe

Sollten bei der Installation von *Instmsi.exe* Dateien in Benutzung sein, ist normalerweise ein Computerneustart notwendig. Über die verzögerte Reboot-Funktion kann dieser Neustart des Computers bis zum Abschluss der vollständigen Installation des Softwarepaketes verhindert werden. Diese Funktionalität steht ab der Version 2.0 des Windows Installers zur Verfügung.

Nach der erfolgreichen Installation von *Msiexec.exe* ist der Computer für die Verwendung von Windows Installer-basierten Installationsprogrammen eingerichtet. Die derzeitig installierte Version von *Msiexec.exe* können Sie ermitteln, indem Sie im *Startmenü* die Option *Ausführen* wählen und in dem erscheinenden Dialogfeld *msiexec /?* eingeben.

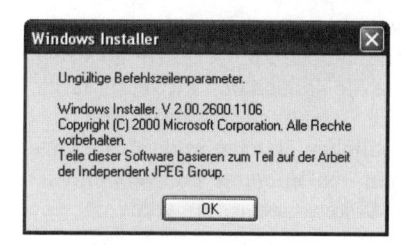

Abbildung 2.1: *Installierte Windows Installer-Version*

Msicert.exe

Microsoft Windows Installer 2.0 verwendet digitale Signaturen, um unzuverlässige Ressourcen aufzufinden. *Msicert.exe* ist eine Anwendung zum Ergänzen der Tabellen *msiDigitalSignature* und *msiDigitalCertificate* mit den digitalen Signaturinformationen einer externen Paketdatei. Die zugrunde liegende Paketdatei muss digital signiert und in der Tabelle *Media* eingetragen sein.

Syntax

msicert -d {Datenbank} -m {MediaID} -c {Cabinett} [-h]

Option	Parameter	Beschreibung
-d	<Datenbank>	Die Datenbank (.msi) die aktualisiert werden soll.
-m	<Media ID>	Der Eintrag aus dem Feld *DiskID* der Tabelle *Media*, die die Zeile für die Paketdatei repräsentiert.
-c	<Cabinett>	Der Pfad zur digital signierten Paketdatei.
-h		Fügt zusätzlich einen Hash der Tabelle *msiDigitalSignature* hinzu. (Optional)

Tabelle 2.4: *Befehlszeilenoptionen von* MsiCert.exe

Tools und Anwendungen

Msidb.exe

Die Basis eines Windows Installer-Paketes ist die enthaltene Datenbank, die sämtliche Beschreibungen der durchzuführenden Installationstätigkeiten enthält. Das Entwicklungsteam des Windows Installer hat *Msidb.exe* erstellt, um die benötigten Informationen, die in Form von Textdateien vorlagen, in eine leere Windows Installer-Datenbank zu importieren und zu exportieren.

Msidb kann vollständig befehlszeilenorientiert verwendet werden und ist somit hervorragend für die Integration in automatische Programmabläufe geeignet. Zusätzlich kann *Msidb* auch interaktiv verwendet werden.

Interaktive Verwendung

Msidb wird automatisch mit dem Microsoft Windows Installer SDK installiert und befindet sich standardmäßig im Ordner *C:\Programme\Microsoft SDK\Bin*. Bevor Sie nun mit *Msidb* eine neue Installer-Datenbank erstellen können, benötigen Sie eine Datenbank, die die erforderliche Struktur aufweist. Hierzu sind im Windows Installer SDK unterschiedliche Schema-Dateien für die verschiedenen Windows Installer-Versionen enthalten. Erstellen Sie eine Kopie der *Schema.msi*, die Sie im Verzeichnis *C:\Programme\Microsoft SDK\samples\sysmgmt\msi\database* finden. Öffnen Sie den Ordner, in dem sich *Msidb* befindet und starten Sie die Anwendung. Im ersten Schritt müssen Sie eine Installer-Datenbank bestimmen. Wählen Sie zu diesem Zweck die erstellte Kopie der Datei *Schema.msi* aus.

Im nächsten Schritt werden Sie aufgefordert, einen Ordner auszuwählen, in dem sich die zu importierenden Textdateien befinden bzw. in dem Sie die zu exportierenden Dateien ablegen möchten.

Im letzten Schritt müssen Sie die durchzuführende Aktion auswählen. Nachdem Sie die Option *Export* aktiviert haben, werden alle in der Datenbank befindlichen Tabellen in der Liste angezeigt. Markieren Sie die Tabellen, die Sie exportieren möchten und starten Sie danach den Prozess. Markieren Sie die Option *Import*, um bereits vorhandene Daten in die leere Datenbank zu integrieren. Nach der Auswahl dieser Option werden Ihnen alle in dem Ordner befindlichen Dateien in der Liste angezeigt. Auch hier wählen Sie die benötigten Dateien aus und starten den Vorgang. Die verwendeten Textdateien müssen die Dateierweiterung *.idt* aufweisen, um in der Liste angezeigt zu werden.

Aufbau der Textdateien

Das Importieren von Daten in eine Windows Installer-Datenbank setzt ein definiertes Format der Quelldateien voraus. Diese Quelldateien müssen zusätzlich die Dateierweiterung *.idt* aufweisen, damit sie in den entsprechenden Dialogfeldern angezeigt werden. Zur Erläuterung dieser Thematik verwende ich das Installationspaket von *Orca* (Windows Installer Tabellen Editor). Sie finden dieses unter der Bezeichnung *Orca.msi* im selben Ordner wie *Msidb*.

Der Aufbau der Dateien beginnt mit drei Zeilen, die entsprechende Definitionsdaten enthalten. Betrachten Sie zu diesem Zweck die Tabelle *Properties*, die nach dem Export folgendes Schema aufweist:

Property	Value
s72	i0
Property	Property

Die erste Zeile enthält die Spaltenbezeichnungen der Tabelle. Die Tabelle enthält zwei Spalten mit den Bezeichnungen *Property* und *Value*. Die zweite Zeile enthält die für die Spalten verwendeten Datentypen, in diesem Fall die Werte *s72* und *i0*. Die dritte Zeile enthält den Tabellennamen, gefolgt von den Schlüsselspalten der Tabelle. In dem dargestellten Beispiel handelt es sich um die Tabelle *Property*, deren einzige Schlüsselspalte ebenfalls die Bezeichnung *Property* trägt.

Bezeichner	Definition
s?	String. Variable Länge (? = 1 bis 255)
s0	String. Variable Länge
i2	Short Integer (max. 32.767)
i4	Long Integer
v0	Binär-Stream
g?	Temporärer String (? = 0 bis 255)
j?	Temporärer Integer (? = 0, 1, 2, 4)

Tabelle 2.5: *Spaltendefinitionen*

TIPP: Zum Erstellen einer Datei für den Import sollten Sie zuerst die entsprechenden Tabellen einer leeren Windows Installer-Datenbank exportieren, da hierbei die Verwendung des richtigen Aufbaus der Textdateien sichergestellt wird.

Ihre Daten müssen nach folgendem Schema aufgebaut sein:

- Eine Zeile repräsentiert einen Datensatz.
- Felder werden durch Tabulator getrennt.

Für einfache Tabellen eignet sich *Notepad* als Editor, da er durch Tabulator getrennte Werte nicht in Leerzeichen umwandelt. Für größere Tabellen sollten Sie auf Microsoft Excel ausweichen. Betrachten Sie zu diesem Zweck nochmals die Datei *Property.idt*, die u.a. folgende Daten enthält.

Property	Value
s72	l0
Property	Property
Manufacturer	Microsoft Corporation
ProductCode	{6F7CB29F-1319-4816-B345-0856916EB801}
ProductLanguage	1033
ProductName	Orca
ProductVersion	1.50.3672.0000
UpgradeCode	{1AA03E10-2B19-11D2-B2EA-006097C99860}

Fügen Sie weitere Daten hinzu, indem Sie die oben beschriebenen Regeln beachten, und importieren Sie diese Datei mittels *Msidb* in die entsprechende Windows Installer-Datenbank. Bereits existierende Tabellen werden überschrieben.

Bei dem Export von Tabellen, die binäre Daten enthalten, wird zusätzlich ein Unterverzeichnis mit der Bezeichnung der Tabelle angelegt, in das die Binärdateien abgelegt werden. Diese Binärdateien enthalten *.ibd* als Dateiendung. Betrachten Sie zum besseren Verständnis die exportierte Tabelle *Binary*, die in die Datei *Binary.idt* exportiert wurde.

Name	Data
s72	v0
Binary	Name

Bannrbmp   *bannrbmp.ibd*
completi   *completi.ibd*
custicon   *custicon.ibd*

Zusätzlich wurde ein Unterverzeichnis erstellt, in dem die in dieser Tabelle referenzierten Dateien mit der Endung *.ibd* abgelegt wurden. Diese Dateien verfügen jedoch über das ursprüngliche Binärformat. Betrachten Sie die Datei *bannerbmp.ibd*. Hierbei handelt es sich um eine Bitmap-Datei, die problemlos mit *Microsoft Paint* zu öffnen ist.

Verwendung von der Befehlszeile

Msidb kann von der Befehlszeile verwendet werden. Werden bei dieser Methode sämtliche erforderlichen Parameter übergeben, wird *Msidb* ohne Anzeige einer Benutzeroberfläche ausgeführt.

Syntax

MsiDb {Option}...{Option}... {Tabelle}...{Tabelle}

Beispiele

Export aller Tabellen aus einer Windows Installer-Datenbank:

- *msidb -d D:\Orca.msi -f D:\Sample -e **

Export der Tabelle *File* und *Component* aus einer Windows Installer-Datenbank:

- *msidb -d D:\Orca.msi -f D:\Sample -e File Component*

Import der Tabellen *File* und *Component* in eine Windows Installer-Datenbank:

- *msidb -d D:\Orca.msi -f D:\Sample -i File Component*

Hinzufügen einer Paketdatei zu einem Windows Installer-Paket:

- *msidb -d D:\Orca.msi -a D:\MyCabFile.Cab*

Befehlszeilenoptionen

Verwenden Sie als Parameter lange Dateinamen, so müssen diese in Anführungszeichen eingeschlossen werden. Sie können die Platzhalter »?« und »*« für die Importfunktionalität verwenden. Beim Exportieren von Tabellen steht Ihnen jedoch nur der Platzhalter »*« zur Verfügung.

Option	Parameter	Beschreibung
-i		Importiert Dateien
-e		Exportiert Dateien
-c		Erstellt eine neue Datenbank, importiert die Textdateien und überschreibt dabei die existierende Datenbank
-f	{Ordner}	Spezifiziert den Ordner für die Textdateien
-d	{Datenbank}	Vollständiger Pfad zu der Installer-Datenbank
-m	{Mergemodul}	Integration der Daten aus dem spezifischen Mergemodul
-t	{Transformation}	Wendet die definierte Transformation an
-j	{Name des Objekts}	Entfernt das Objekt aus dem Speicherbereich *_Storages*.
-k	{Name des Objekts}	Entfernt das Objekt aus dem Speicherbereich *_Streams*. ▶

Option	Parameter	Beschreibung
-x	{Name des Objekts}	Exportiert das Objekt aus dem Speicherbereich _Streams und speichert dieses als Datei.
-w	{Name des Objekts}	Exportiert das Objekt aus dem Speicherbereich _Storages und speichert dieses als Datei.
-a	{Dateiname}	Fügt eine Datei dem Speicherbereich _Streams als Objekt hinzu.
-r	{Name des Objekts]	Fügt ein Objekt dem Speicherbereich _Storages hinzu.
-s		Exportiert die Tabellen im 8.3-Format. Die Endung .idt wird automatisch angefügt.
-?		Zeigt eine Hilfeseite an.

Tabelle 2.6: Befehlszeilenoptionen von MsiDb.exe

Msifiler.exe

Die Anwendung füllt die Tabelle *File* mit den Namen aller Dateien, die in einem bestimmten Verzeichnis abgelegt sind. Hierbei werden auch die Versionen, die zugrunde liegenden Sprachen und die Größen der einzelnen Dateien der Tabelle hinzugefügt. Der Microsoft Windows Installer verfügt ab der Version 2.0 über Methoden, einen Hash zu bilden, um bei Dateien, die keine Versionskennzeichnung besitzen, eine Modifikation feststellen zu können. *Msifiler* erstellt die Tabelle *MsiFileHash*, falls diese nicht vorhanden ist, und füllt diese mit den berechneten Werten auf.

Syntax

msifiler.exe -d {Datenbank} [-v] [-h] [-s Alternative Quelle]

Option	Parameter	Beschreibung
-d	{Datenbank}	Vollständiger Pfad zu der Installer-Datenbank
-v		Modus zur Überprüfung
-h		Erstellt für nicht versionierte Dateien Einträge in der Tabelle *msiFileHash*
-s	{Alternative Quelle}	Spezifiziert ein alternatives Verzeichnis zum Auffinden der Dateien

Tabelle 2.7: Befehlszeilenoptionen von MsiFiler.exe

Msiinfo.exe

Hierbei handelt es sich um ein Befehlszeilen-Tool, um die Informationen aus dem *Summary Information Stream* (Übersichtsinformationen) anzuzeigen oder diese zu modifizieren.

Syntax

MsiInfo {Datenbank} [[/B] /D] {Optionen} {Daten}

Option	Beschreibung	Property ID	PID	
Keine	Es werden alle Informationen des *Summary Information Streams* angezeigt			
-i	Reserviert	PID_DICTIONARY	0	▶

Option	Beschreibung	Property ID	PID
-c	Setzt die Eigenschaft *CodePage*	PID_CODEPAGE	1
-t	Setzt die Eigenschaft *Title*	PID_TITLE	2
-j	Setzt die Eigenschaft *Subject*	PID_SUBJECT	3
-a	Setzt die Eigenschaft *Author*	PID_AUTHOR	4
-k	Setzt die Eigenschaft *Keywords*	PID_KEYWORDS	5
-o	Setzt die Eigenschaft *Comments*	PID_COMMENTS	6
-p	Setzt die Eigenschaft *Template*	PID_TEMPLATE	7
-l	Setzt die Eigenschaft *Last Saved By*	PID_LASTAUTHOR	8
-v	Setzt die Eigenschaft *Revision Number*	PID_REVNUMBER	9
-e	Reserviert	PID_EDITTIME	10
-s	Setzt die Eigenschaft *Last Printed*. Um das Datum zu spezifizieren, müssen Sie das Format *yyyy/mm/dd hh:mm:ss* verwenden.	PID_LASTPRINTED	11
-r	Setzt die Eigenschaft *Create Time/Date*. Um das Datum zu spezifizieren, müssen Sie das Format *yyyy/mm/dd hh:mm:ss* verwenden.	PID_CREATE_DTM	12
-q	Setzt die Eigenschaft *Last Saved Time/Date*. Um das Datum zu spezifizieren, müssen Sie das Format *yyyy/mm/dd hh:mm:ss* verwenden.	PID_LASTSAVE_DTM	13
-g	Setzt die Eigenschaft *Page Count*	PID_PAGECOUNT	14
-w	Setzt die Eigenschaft *Word Count*	PID_WORDCOUNT	15
-h	Setzt die Eigenschaft *Character Count*	PID_CHARCOUNT	16
	Reserviert	PID_THUMBNAIL	17
-n	Setzt die Eigenschaft *Creating Application*	PID_APPNAME	18
-u	Setzt die Eigenschaft *Security*	PID_SECURITY	19

Tabelle 2.8: Befehlszeilenoptionen von MsiInfo.exe

Msimerg.exe

Msimerg.exe ist eine Anwendung zum Zusammenführen zweier Windows Installer-Datenbanken.

Syntax

Msimerg {Basis Datenbank} {Referenzierte Datenbank}

Sollten bei dieser Zusammenführung Fehler auftreten, werden diese in der Tabelle *_MergeErrors* aufgelistet.

Msimsp.exe

Ein Windows Installer-Patch enthält die Unterschiede zweier oder mehrerer Windows Installer-Pakete. Zur Erstellung von Windows Installer-Patches werden im Vorfeld mindestens drei Dateien benötigt.

- Basisdatenbank (Wo komme ich her)
- Zieldatenbank (Wo will ich hin)
- Eine Datei, die Informationen über die zu verwendenden Datenbanken und weitere Einstellungen enthält. Diese Datei wird als *Patch Creation Property File* (*.pcp*) bezeichnet.

Das Tool *Msimsp.exe* dient dazu, aus den vorliegenden Informationen und den existierenden Dateien einen Windows Installer-Patch zu erzeugen. Die Funktionalität zur Erzeugung von Patches wird von der Bibliothek *Patchwiz.dll* zur Verfügung gestellt. *Msimsp.exe* stellt die Benutzersteuerung bereit, um die Funktionalitäten auszuführen. Alternativ kann auch eine eigene Anwendung erstellt werden, die die Funktionalität der *Patchwiz.dll* verwendet.

Syntax

Msimsp.exe -s {.pcp Datei} -p {.msp Datei} {Option}

Option	Parameter	Beschreibung
-s	{Pfad zur .pcp Datei}	Enthält den vollständigen Pfad zur existierenden .pcp-Datei.
-p	{Pfad zur .msp Datei}	Enthält den vollständigen Pfad, unter dem das Patchfile gespeichert werden soll.
-f	{Temporärer Ordner}	Enthält den vollständigen Pfad zu einem temporären Ordner. (Optional)
-l	{Pfad zur Log-Datei}	Enthält die vollständige Pfadangabe, unter der ein Protokoll erstellt werden soll. (Optional)
-d		Zeigt ein Hinweisfenster an, nachdem der Patch erstellt worden ist. (Optional)
-?		Zeigt eine Hilfeseite an.

Tabelle 2.9: Befehlszeilenoptionen von MsiMsp.exe

MsiTran.exe

MsiTran.exe wird verwendet, um Windows Installer-Transformationen zu erstellen oder diese anzuwenden.

Syntax

Verwenden Sie die folgende Syntax, um eine Transformation zu erstellen:

- *msitran -g {BasisDB} {ReferenzDB} {Transformationsdatei} [{Fehlerbehandlung / Überprüfung}]*

Verwenden Sie die folgende Syntax, um eine Transformation anzuwenden:

- *msitran -a {Transformationsdatei} {Datenbank} [{Fehlerbehandlung}]*

Option	Beschreibung
-g	Erstellen einer Transformation
-a	Anwenden einer Transformation

Tabelle 2.10: Befehlszeilenoptionen von MsiTran.exe

Die nachfolgend aufgeführten Fehler können beim Anwenden einer Transformation unterdrückt werden. Um einen Fehler zu unterdrücken, übergeben Sie die entsprechende Option an das Argument

{Fehlerbehandlung}. Um mehrere Möglichkeiten zu verwenden, kombinieren Sie die Zeichen entsprechend. Bei der Erstellung von Transformationen werden diese Argumente in den *Summary Information Stream* geschrieben. Sie werden jedoch beim Anwenden der Transformation nicht automatisch verwendet.

Option	Unterdrückter Fehler
a	Hinzufügen einer bereits existierenden Zeile
b	Entfernen einer nicht existierenden Zeile
c	Hinzufügen einer bereits existierenden Tabelle
d	Entfernen einer nicht existierenden Tabelle
e	Modifikation einer existierenden Zeile
f	Änderung der Codepage

Tabelle 2.11: Fehlerbehandlung bei MsiTran.exe

Geben Sie die folgenden Optionen als Argumente für *{Überprüfung}* an. Um mehrere Bedingungen zu verwenden, kombinieren Sie die Zeichen entsprechend. Die von Ihnen angegebenen Bedingungen müssen beim Anwenden der Transformation erfüllt sein, damit die Transformation angewendet werden kann.

Option	Bedingung
g	Überprüfung der Eigenschaft *UpgradeCode*
l	Überprüfung der Sprache
p	Überprüfung der Plattform
r	Überprüfung des Produkts
s	Ausschließliche Überprüfung der *Major*-Version
t	Ausschließliche Überprüfung der *Major*- und *Minor*-Version
u	Überprüfung der *Major*- und *Minor*-Version, sowie der *Upgrade*-Versionen
v	Anzuwendende Datenbankversion < Basisdatenbankversion
w	Anzuwendende Datenbankversion <= Basisdatenbankversion
x	Anzuwendende Datenbankversion = Basisdatenbankversion
y	Anzuwendende Datenbankversion >= Basisdatenbankversion
z	Anzuwendende Datenbankversion > Basisdatenbankversion

Tabelle 2.12: Bedingungen bei der Anwendung von MsiTran.exe

Msival2.exe

Die Überprüfung von Windows Installer-Datenbanken sollte generell vor der Auslieferung des Paketes durchgeführt werden. Windows Installer bietet drei unterschiedliche Überprüfungsmöglichkeiten. Die umfangreichste ist die ICE–Überprüfung (Internal Consistency Evaluators). Bei dieser Überprüfungsart handelt es sich um benutzerdefinierte Aktionen, die in einer separaten Überprüfungsdatenbank (*.cub*) abgelegt sind. Die ICE-Überprüfung kann mit dem Tool *Msival2.exe* durchgeführt werden.

Diese Anwendung wird mit dem Windows Installer SDK nicht automatisch installiert. Es wird standardmäßig im Ordner C:\Programme\Microsoft SDK\Bin das Installationspaket hierfür abgelegt.

Syntax

Msival2 {Datenbank} {CUB Datei} [-f] [-l {Log File}] [-i {ICE ID}[:{ICE ID}...]]

Beispiel

msival2 c:\orca.msi darice.cub -l c:\Val.Log -i ICE01:ICE02:ICE03

Option	Parameter	Beschreibung
	{Datenbank}	Vollständiger Pfad zu der zu überprüfenden Windows Installer-Datenbank
	{CUB-Datei}	Vollständiger Pfad zu der CUB-Datei.
-f		Die Ausgabe von Meldungen, die nur informativen Charakter aufweisen, wird unterdrückt.
-i	{ICE-ID}	Führt ausschließlich festgelegte ICE-Überprüfungsarten durch. Die Überprüfungsart wird durch eine oder mehrere ICE-IDs festgelegt. Eine ICE-ID weist das Format *ICE03* auf.
-l	{Log-Datei}	Schreibt die Ergebnisse ist eine Datei. Die Datei wird automatisch erstellt.

Tabelle 2.13: Befehlszeilenoptionen von MsiVal2.exe

Msizap.exe

Msizap.exe ist ein Tool zum Entfernen von Windows Installer-Informationen vom lokalen Computer. *Msizap.exe* kann verwendet werden, falls die Windows Installer-Informationen in einem fehlerhaften Zustand vorliegen, beispielsweise nach einem Computerabsturz während der Installation. Ein ähnliches Produkt für solche Szenarien ist das *Windows Installer Clean Up Tool*.

HINWEIS: *Msizap.exe* benötigt keine bestimmten Privilegien bei der Ausführung unter Microsoft Windows 95/98/ME. Unter Microsoft Windows NT, Microsoft Windows 2000, Microsoft Windows XP und Microsoft Windows Server 2003 werden administrative Rechte benötigt.

Syntax

- *msizap T[WA!] {Produkt Code}*
- *msizap T[WA!] <msi Package>*
- *msizap *[WA!] ALLPRODUCTS*
- *msizap PWSA?!*

Beispiel

msizap T {C75556A2-0128-4E86-9202-6A5AE40C2168}

Option	Beschreibung
*	Entfernt alle Windows Installer-Verzeichnisse und Registrierungseinträge, passt den Shared-Dll-Counter an und stoppt den Windows Installer-Dienst. Es werden ebenfalls Rollback-Informationen entfernt.
a	Ändert die ACLs (Access Control List) für eine bestimmte Aktion.
p	Entfernt den Schlüssel *In-Process*.
s	Entfernt die Rollback-Informationen. ▶

Tools und Anwendungen

Option	Beschreibung
t	Entfernt alle Informationen für einen spezifischen Produktcode. Wenn Sie hier den Produktcode verwenden, müssen Sie diesen in geschweiften Klammern einschließen. Sie können jedoch auch den vollständigen Pfad zu einer *.msi*-Datei verwenden.
w	Entfernt die Windows Installer-Informationen für alle Anwender. Ist diese Option nicht gesetzt, werden lediglich die Informationen für den aktuellen Anwender entfernt.
?	Anzeige einer Hilfeseite.
!	Fordert die Eingabe von »Yes« auf der Befehlszeile, um den Vorgang zu starten.

Tabelle 2.14: Befehlszeilenoptionen von MsiZap.exe

Wilogutl.exe

Diese Anwendung ist unentbehrlich bei der Analyse von Protokolldateien einer Windows Installer-Installation. Es werden ausschließlich kritische Fehler angezeigt und eine Lösung zur Abhilfe des Problems angeboten.

Interaktive Verwendung

Starten Sie die Anwendung *Wilogutl.exe*, die Sie standardmäßig im Verzeichnis *C:\Programme\Microsoft SDK\Bin* finden. Öffnen Sie die zu analysierende Protokolldatei, indem Sie die Schaltfläche *[…]* aktivieren und die entsprechende Datei auswählen. Der Inhalt dieser Datei wird Ihnen angezeigt. Aktivieren Sie nun die Schaltfläche *Analyze*, um die gegebene Protokolldatei zu analysieren. In dem folgenden Dialogfeld können Sie durch die auftretenden Fehler navigieren.

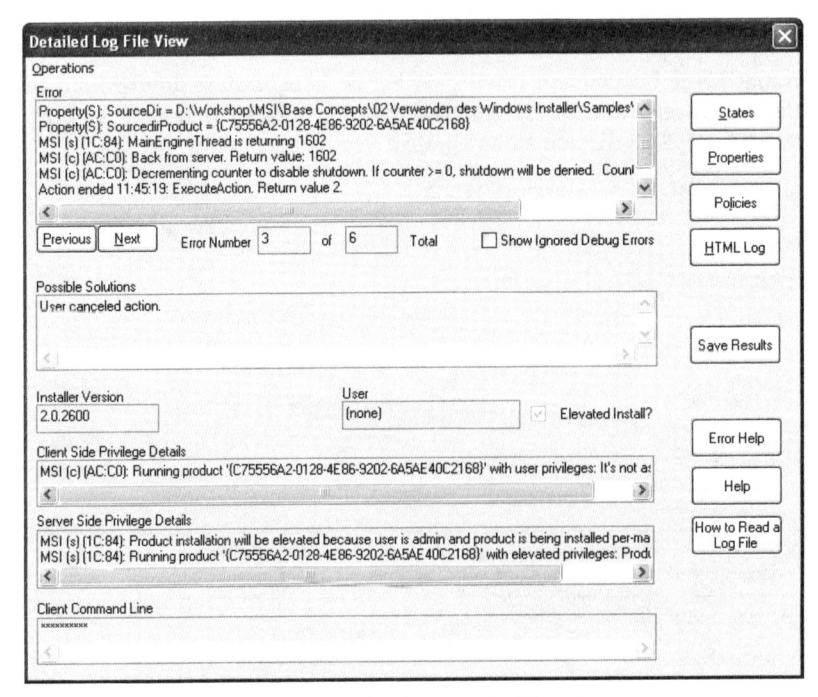

Abbildung 2.2: Detaillierte Ansicht der Protokolldatei

Weitergehende Möglichkeiten zur Fehleranalyse werden in der Tabelle 2.15 dargestellt.

Name des Dialogfeldes	Beschreibung
Windows Installer Verbose Log Analyzer	Ermöglicht die Auswahl einer Protokolldatei. Die Schaltfläche *Open* zeigt das Protokoll im Editor an. Die Schaltfläche *Analyze* ermöglicht die Analyse des Protokolls und zeigt das Ergebnis im Dialogfeld *Detailed Log File View* an.
Detailed Log File View	Zeigt die protokollierten Fehlerinformationen an. Mit den Schaltflächen *Back* und *Next* kann durch mehrere Fehler navigiert werden. Um nicht kritische Fehler anzuzeigen muss das Kontrollkästchen *Show Ignored Debug Errors* aktiviert werden. Die Windows Installer-Version, unter der die Installation ausgeführt wurde, wird angezeigt. Wurde die Installation mit erhöhten Rechten durchgeführt, ist das Kontrollkästchen *Elevated Install?* aktiviert und Informationen werden unter *Client Side Privilege Details* und *Server Side Privilege Details* angezeigt.
Options	Das Dialogfeld *Options* ist verfügbar über das Menü *Operations* des Dialogfeldes *Detailed Log File View*. Das Dialogfeld *Options* ermöglicht die Farbfestlegung bei der Ausgabe des HTML-Berichtes.
Feature and Component States	Dieses Dialogfeld zeigt den Status der einzelnen Features und Komponenten. Die Spalte *Installed* zeigt den Status der Features und Komponenten am Ende der Installation. Die Spalte *Request* zeigt die Auswahl des Anwenders für den jeweiligen Status bei der Installation. Die Spalte *Action* zeigt die vom Windows Installer veranlasste Aktion für das Feature oder die Komponente.
Properties	Dieses Dialogfeld zeigt die Windows Installer-Eigenschaften und deren Werte am Ende der Installation. Die Registerkarte *Client* zeigt Eigenschaften und Werte des clientseitigen Teils der Installation. Die Registerkarte *Server* zeigt Eigenschaften und Werte des serverseitigen Teils der Installation. Die Registerkarte *Nested* zeigt Eigenschaften und Werte einer geschachtelten Installation.
Policies	Das Dialogfeld *Policies* zeigt die *Systemrichtlinien* nach der Installation. Ein Wert von »0« bedeutet, dass die Richtlinie nicht aktiviert ist. Ein Wert von »1« bedeutet, dass die Richtlinie aktiviert ist. Ein Wert von »?« bedeutet, dass die Richtlinie nicht in dem Protokoll vorhanden ist.

Tabelle 2.15: Dialogfelder und die Möglichkeiten der Fehlersuche

Berichte

Bei der Ausführung von der Befehlszeile oder nach dem Aktivieren von *Save Results* im Dialogfeld *Detailed Log File View* werden die folgenden Berichte generiert.

Dateiname	Beschreibung
logfilename_summary.txt	Zusammenfassung der Protokolldatei. Enthält die Informationen über den ersten auftretenden Fehler, die auch im Dialogfeld *Detailed Log File View* angezeigt werden.
logfilename_errors.txt	Enthält die Anzahl der Fehler, die Fehlerbeschreibung und eine mögliche Problemlösung. Es werden kritische und nicht kritische Fehler ausgegeben.
logfilename_policies.txt	Enthält die Systemrichtlinien und die entsprechenden Werte am Ende der Installation.
details_logfilename.htm	Der generierte HTML-Bericht mit einer Legende für die Farbdarstellung.

Tabelle 2.16: Generierte Berichte

Ausführen von der Befehlszeile

Beim Ausführen von der Befehlszeile kann *Wilogutl.exe* veranlasst werden, ohne Anzeige einer Benutzeroberfläche die Datei zu analysieren und die entsprechenden Berichte zu generieren.

Syntax

wilogutl.exe [/q][/l <Protokoll>][/o <Verzeichnis>]

Beispiele

- *Wilogutl /q /l c:\mymsilog.log /o c\outputdir*
- *Wilogutl /q /l c:\mymsilog.log*

Option	Beschreibung
	Ohne Angabe von Befehlszeilenoptionen wird *Wilogutl.exe* mit einer Benutzeroberfläche gestartet.
/q	Startet die Anwendung ohne Anzeige einer Benutzeroberfläche. Die Berichte werden automatisch generiert.
/l	Spezifiziert den Namen der Protokolldatei, die analysiert werden soll.
/o	Spezifiziert den Ordner, in dem die generierten Berichte abgelegt werden sollen.

Tabelle 2.17: Befehlszeilenoptionen von WiLogUtl.exe

Rückgabewerte

Werden ungültige Optionen für die Ausführung im Modus ohne Anzeige der Benutzeroberfläche angegeben, wird von *Wilogutl.exe* keine Aktion ausgeführt und einer der folgenden Fehlerwerte zurückgegeben.

Wert	Bedeutung
1	Ungültiges Ausgabeverzeichnis definiert.
2	Ungültige Protokolldatei spezifiziert.
3	Option /q wurde angegeben, jedoch fehlt die Angabe der Protokolldatei für die benötigte Option /l.
4	Option /l wurde angegeben, jedoch fehlt die benötigte Option /q.

Tabelle 2.18: Rückgabewerte bei der fehlerhaften Ausführung

Weitere Werkzeuge

Das Microsoft Windows Installer SDK enthält in der aktuellen Version noch eine Reihe weiterer nützlicher Komponenten.

Hilfedateien

Das Windows Installer SDK enthält eine Hilfedatei, die in der aktuellen Version im Format Microsoft Help 2.0 vorliegt und somit in die MSDN Library integriert wird. Diese Hilfedatei enthält viele Informationen zum Thema Microsoft Windows Installer und ist unentbehrlich bei der Entwicklung von Windows Installer-Paketen und der Behandlung von Spezialfällen zu diesem Thema.

C++ Libraries und Header Files

Das SDK enthält eine Reihe von Libraries und Header Files für die Verwendung mit Microsoft Visual C++. Enthalten sind ebenfalls Libraries für die Intel-64-Bit-Plattform.

Datenbanken

Im Unterverzeichnis *Samples* finden Sie mehrere Schema-Datenbanken für die unterschiedlichen Versionen des Windows Installer:

- Die Datenbank *Schema.msi* enthält die Tabellenstruktur der jeweiligen Installer Version und bildet die Grundlage für die Verwendung von Tools wie *Msidb*. Zur Erstellung von Mergemodulen ist die Datei *Schema.msm* vorhanden.
- Die Datenbank *Sequence.msi* enthält die benötigten Sequenztabellen mit den durchzuführenden Aktionen, die die Basis für die Abläufe bei der Installation darstellen.
- Die Datenbank *UISample.msi* enthält alle notwendigen Elemente, um eine Benutzeroberfläche für die Installationsprogramme zu erstellen.

Lokalisierung

Standardmäßig finden Sie im Verzeichnis *C:\Programme\Microsoft SDK\samples\sysmgmt\msi\database\INTL* mehrere Dateien, die die entsprechenden lokalisierten Sprachelemente für die Tabellen *Error* und *ActionText* beinhalten. Um Ihr Installationspaket in der jeweiligen Sprache anzulegen, genügt es, diese mit *Msidb.exe* in die Datenbank zu importieren. Sie müssen lediglich die benötigten Dateien hinsichtlich der *Msidb-Konventionen* umbenennen.

Patching

Im Ordner *C:\Programme\Microsoft SDK\samples\sysmgmt\msi\Patching* sind alle benötigten Werkzeuge und Dateien zur Erstellung von Windows Installer-Patches vorhanden.

Visual Basic-Skripts

Nach der standardmäßigen Installation des Windows Installer SDK befinden sich im Verzeichnis *C:\Programme\Microsoft SDK\samples\sysmgmt\msi\Scripts* eine Vielzahl von Visual Basic-Skriptdateien. Diese ermöglichen die Durchführung von unterschiedlichen Aktionen hinsichtlich der Bearbeitung und Verwaltung von Microsoft Windows Installer-Datenbanken.

TIPP: Sie sollten diese Dateien auch als Beispiele für die programmtechnische Steuerung von diversen Windows Installer-Objekten verstehen und verwenden.

Windows Installer Clean Up Tool

Bei der Installation von Anwendungen werden viele Informationen zur späteren Nutzung durch den Windows Installer gespeichert. Die Informationen sind für die Reparatur und die Deinstallation der Anwendung notwendig. Einige dieser Informationen werden in der Systemregistrierung abgelegt, andere werden als Dateien gespeichert. Es ist erforderlich, dass diese Informationen in einem ordnungsgemäßen Zustand vorliegen. In einigen Fällen kann es vorkommen, dass diese Informationen teilweise zerstört werden, was auf folgende Gründe zurückgeführt werden kann:

- Fehler in der Systemregistrierung oder auf dem Datenträger.
- Ein Anwender modifiziert die Systemregistrierung manuell.
- Absturz des Computers bei der Installation einer Anwendung.
- Mehrere Instanzen des Windows Installer laufen zur selben Zeit.

Das *Windows Installer Clean Up Tool* wird bereit gestellt, um Probleme dieser Art zu beheben, indem die ungültigen Informationen vom System entfernt werden. Die Abbildung 2.3 zeigt Ihnen die Verwendung des Tools. In der Liste können Sie das fehlerhafte Windows Installer-Produkt auswählen. Durch Aktivieren der Schaltfläche *Remove* werden alle Windows Installer-relevanten Informationen vom System entfernt.

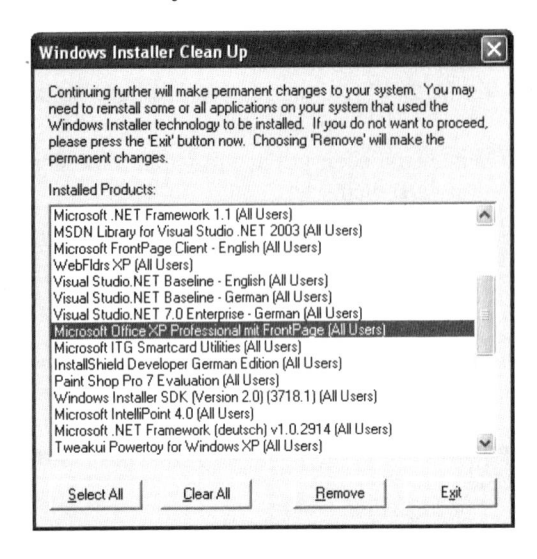

Abbildung 2.3: *Windows Installer Clean Up Tool*

Falls Sie das *Windows Installer Clean Up Tool* verwendet haben, um fehlerhafte Informationen von einem Produkt zu entfernen, müssen Sie bei einer Neuinstallation als Zielverzeichnisse die Originalordner verwenden.

Das *Windows Installer Clean Up Tool* erstellt eine Protokolldatei mit der Bezeichnung *msicu.log* im Ordner für temporäre Dateien.

TIPP: Im Artikel *Q238413* der *Microsoft Knowledge Base* ist die Verwendung des Tools beschrieben. Weiterhin finden Sie dort die entsprechenden Download-Adressen. Beachten Sie, dass unterschiedliche Versionen für die Verwendung unter Microsoft Windows 95/98/Me und den Microsoft Windows NT-basierten Betriebssystemen bereitstehen.

Windows Installer Tabellen Editor (Orca)

Das Windows Installer SDK enthält eine Anwendung mit der Bezeichnung *Windows Installer 2.0 Tabellen Editor*. Bei der Installation des SDK wird dieser Editor standardmäßig im Verzeichnis *C:\Programme\Microsoft SDK\Bin* als Windows Installer-Paket abgelegt. Um *Orca* zu verwenden, müssen Sie dieses separat installieren.

Orca ist eines der wichtigsten und hilfreichsten Tools zur Erstellung und Verwaltung von Windows Installer-basierenden Installationspaketen. Microsoft *Orca* ist als Weiterentwicklung hinsichtlich der Bedienerfreundlichkeit und der Komplexität von *Msidb* anzusehen. *Orca* ist ein Tool mit dem die Tabellen der Windows Installer-Datenbank direkt bearbeitet werden können. Ebenso können Sie mit *Orca* Mergemodule (*.msm*), Datenbanken zur Überprüfung (*.cub*) und Dateien zum Erstellen von Patches (*.pcp*) erstellen und bearbeiten.

Verwenden von Orca

Die Verwendung dieses Tools ist sehr einfach und intuitiv. Nach dem Start von *Orca* sollten Sie zuerst eine Microsoft Windows Installer-Datenbank laden. Aktivieren Sie dazu den entsprechenden Eintrag des Menüs *File* und wählen die entsprechende Datenbank aus. Alternativ können Sie dazu auch die Symbolleiste verwenden.

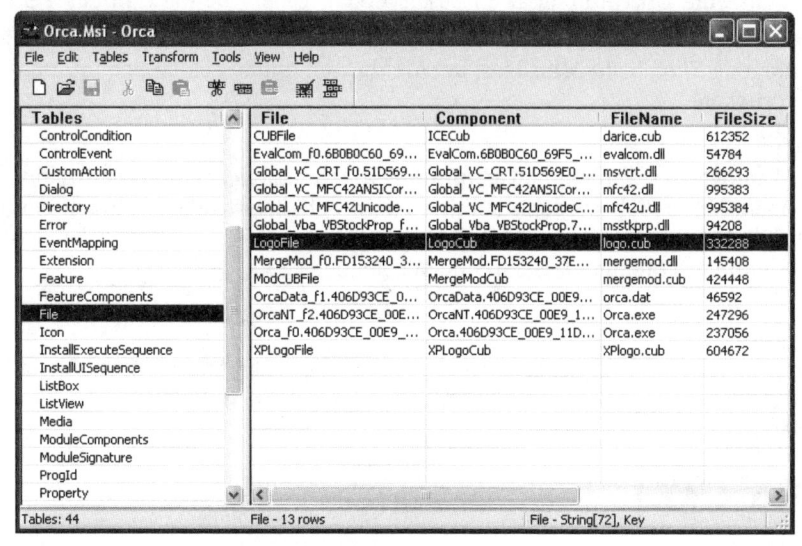

Abbildung 2.4: Windows Installer Tabellen Editor

Tabellen

Die Tabellen der Installer-Datenbank werden im linken Arbeitsbereich aufgelistet. Markieren Sie eine Tabelle, um die enthaltenen Daten im rechten Arbeitsbereich anzuzeigen. Die Felder der Tabelle werden in den Spaltenköpfen dargestellt.

Um Standard-Tabellen hinzuzufügen, wählen Sie den Menüeintrag *Add Table* des Menüs *Tables*. In dem Dialogfeld können Sie die hinzuzufügenden Tabellen auswählen. Um eine Tabelle zu entfernen, wählen Sie den Eintrag *Drop Table* des Menüs *Tables*. Sie müssen zuvor eine Tabelle markiert haben, damit dieser Menüpunkt aktivierbar ist.

Die Einträge *Export Tables* und *Import Tables* sind ebenfalls im Menü *Tables* zu finden. Beim Exportieren von Tabellen werden diese im Textformat in dem festgelegten Verzeichnis abgelegt. Diese Dateien besitzen die Dateiendung *.idt* und können mit einem Text-Editor wie *Notepad* bearbeitet werden. Sie können diese Dateien über die Funktion *Import Tables* von *Orca* wieder importieren.

Zeilen

Um einen Datensatz einer Tabelle hinzuzufügen, wählen Sie den Eintrag *Add Row* des Menüs *Tables*. Ein Dialogfeld mit den Feldern der markierten Tabelle wird angezeigt. Felder, die mit einem goldenen Schlüssel versehen sind, sind Primärschlüsselfelder der Tabelle. Der Feldname wird über dem Eingabefeld, gefolgt von dem Datentyp, angezeigt. Um einen Datensatz zu entfernen, markieren Sie die entsprechende Zeile und wählen den Eintrag *Drop Row* aus dem Menü *Tables*. Um ein existierendes Feld in einer Zeile zu bearbeiten, genügt es, doppelt in dieses Feld zu klicken. Sie können nun die Änderungen direkt in der Tabelle vornehmen.

Überprüfung

Sie können eine Überprüfung der aktuellen Datenbank durchführen. Aktivieren Sie dazu den Eintrag *Validate* des Menüs *Tools*.

Zur Durchführung der Überprüfung gehen Sie wie folgt vor:

- Wählen Sie eine verfügbare Überprüfungsmethode aus dem Kombinationsfeld aus. Möchten Sie die Überprüfung nur auf einzelne Überprüfungsarten beschränken, geben Sie diese in das Feld *ICEs to Run* ein.
- Deaktivieren Sie die Eintragung *Show Info Messages*, um Meldungen mit ausschließlich informativem Charakter zu unterdrücken.
- Starten Sie den Vorgang durch *Go*.

Nach dem Schließen dieses Dialogfeldes werden die Überprüfungsergebnisse in den unteren Arbeitsbereich von *Orca* übernommen. Zusätzlich werden die mit Fehlern behafteten Tabellen durch eine rote Markierung dargestellt. Sie können durch die Fehlerliste navigieren oder diesen Arbeitsbereich über den Eintrag *Validation Pane* des Menüs *View* ein- und ausblenden.

Dialogfelder

Verfügt die aktuelle Windows Installer-Datenbank über Implementierungen zur Anzeige einer Benutzeroberfläche, lassen sich diese über eine Vorschaufunktion betrachten. Wählen Sie hierzu den Eintrag *Dialog Preview* des Menüs *Tools*.

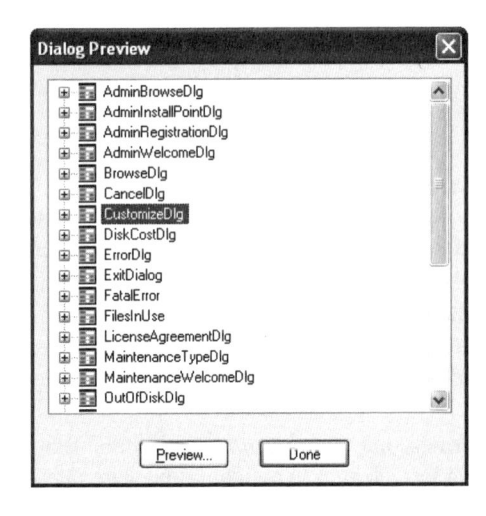

Abbildung 2.5: *Anzeige von Dialogfeldern*

HINWEIS: *Orca* enthält keine Tools, um Dialogfelder visuell zu editieren. Sie müssen diese Eintragungen direkt in den Tabellen vornehmen.

Summary Information

Um den *Summary Information Stream* der aktuellen Windows Installer-Datei zu modifizieren, wählen Sie *Summary Information* des Menüs *View*.

Transformationen

Das Menü *Transform* bietet mehrere Möglichkeiten mit Transformationsdateien zu arbeiten. Sie können eine neue Transformation erstellen, indem Sie den Menüpunkt *New Transform* auswählen.

Modifizieren Sie nun die entsprechenden Daten in der aktuellen Windows Installer-Datenbank. Einstellungen zu der Transformation können Sie über den Menüpunkt *Transform Properties* festlegen. Sie können diese Transformation speichern oder durch *Close Transform* die Änderungen verwerfen.

Um festzustellen, wie sich eine Transformation auf ein bestehendes Windows Installer-Paket auswirkt, wählen Sie den Menüeintrag *Apply Transform*. Die Unterschiede werden in den Tabellen, Zeilen und Feldern grafisch hervorgehoben dargestellt. Möchten Sie ein neues Windows Installer-Paket mit der angewandten Transformation erstellen, aktivieren Sie den Menüpunkt *Save Transform as* des Menüs *File*. Da es sich bei Patches streng genommen auch um Transformationen handelt, können Sie die Auswirkung eines Patches auf das aktuelle Installationspaket betrachten, indem Sie den Menüeintrag *View Patch* auswählen.

Ausführen von Befehlszeile

Sie können *Orca* auch von der Befehlszeile mit verschiedenen Optionen ausführen.

Syntax

orca [<Optionen>] [<Quelldatei>]

Option	Parameter	Beschreibung
-q		Verwendung ohne Benutzeroberfläche
-s	<Quelldatei>	Schema-Datenbank (Standard: *Orca.dat*)
-?		Anzeige einer Hilfeseite

Tabelle 2.19: Befehlszeilenoptionen von Orca

Orca benutzt die nachfolgenden Befehlszeilenoptionen bei der Verwendung von Mergemodulen. Die Eingabe der Optionen *–f*, *-m* und *<Quelldatei>* ist hierbei erforderlich.

Option	Parameter	Beschreibung
-c		Übertragung der Daten aus dem Mergemodul in die Datenbank, wenn keine Fehler auftreten
-m	<Modul>	Mergemodul, das in die Datenbank übertragen werden soll
-f	Feature[:Feature2]	Features, die mit dem Mergemodul verbunden werden
-r	<Verzeichnis-ID>	Stammverzeichnis zu dem die Dateien des Moduls hinzugefügt werden sollen
-x	<Verzeichnis>	Extrahiert die Dateien in das angegebene Verzeichnis
-g	<Sprache>	Sprache, die vom Modul verwendet werden soll
-l	<Log-Datei>	Datei, die als Protokolldatei verwendet werden soll

Tabelle 2.20: Optionen für Mergemodule

WICHTIG: *Orca* führt eine direkte Bearbeitung der Tabellen mit einer minimalen Plausibilitätsprüfung durch. Vor der Bearbeitung einer Datenbank mit *Orca* sollten Sie eine Sicherheitskopie der Windows Installer-Datenbank erstellen.

Professionelle Authoringtools

Ich werde in diesem Buch nicht auf die Verwendung von professionellen Authoringtools zum Erstellen von Windows Installer Paketen im Detail eingehen. Ich möchte Ihnen jedoch der Vollständigkeit halber, eine kurze Auflistung der momentan verfügbaren Produkte geben.

Microsoft Visual Studio Installer

Der *Microsoft Visual Studio Installer* ist ein kostenloser Editor zum Erstellen von einfachen Installationspaketen für den Windows Installer. Der Funktionsumfang ist gegenüber den weiteren Produkten stark eingeschränkt, sodass sich dieser Editor nur zum Erstellen einfacher Pakete eignet. Weitere Informationen finden Sie unter *http://msdn.microsoft.com/vstudio/downloads/tools/vsi11/default.asp*.

Microsoft Visual Studio .NET

Microsoft Visual Studio .NET enthält Projekttypen, um Windows Installer-basierende Installationspakete in der gewohnten Entwicklungsumgebung zu erstellen. Sie können parallel an der eigentlichen Anwendung und am Installationsprojekt arbeiten. Beim Kompilieren werden alle Projekte direkt erzeugt, sodass ihnen hiernach auch ein Installationsprogramm zur Verfügung steht. *Microsoft Visual Studio .NET* ist eine hervorragende Anwendung, um kleinere Installationsprojekte zu erstellen. Informationen zu *Microsoft Visual Studio .NET* finden Sie unter *http://msdn.microsoft.com/vstudio/*.

Wise for Windows Installer

Wise for Windows Installer ist ein Produkt der *Wise Solutions Inc.* und bietet ein vollständiges Installationstoolkit, das eigens für die Integration von Installationsfeatures entworfen wurde. Mit dem *Installation Expert* können dialoggestützt schrittweise Windows Installer-Pakete erstellt werden. Zusätzlich steht ein automatisiertes Repackaging-Verfahren zur Verfügung. Weitere Informationen finden Sie unter *http://www.wise.com/wis.asp*.

Wise for Visual Studio .NET

Wise for Visual Studio .NET ist ein eigenständiges Produkt, welches über den Funktionsumfang vom Wise for Windows Installer verfügt, jedoch in die Entwicklungsumgebung von *Microsoft Visual Studio .NET* integriert wurde. Informationen zu diesem Produkt finden Sie unter *http://www.wise.com/visualstudio.asp*.

InstallShield for Windows Installer

InstallShield for Windows Installer ist ein Produkt der *InstallShield Software Corporation*. Es dient u.a. zur Unterstützung des Microsoft Windows Installer-Service und bietet ein Repackaging-Verfahren. Der *InstallShield for Windows Installer* kann bei der Installation auch in die Entwicklungsumgebung von *Microsoft Visual Studio .NET* integriert werden. Unter *http://www.installshield.com/isd/* finden Sie weitere Informationen zu diesem Produkt.

ActiveInstall

ActiveInstall ist das neueste Produkt auf dem Markt der Windows Installer Authoringtools. *ActiveInstall* verwendet das Microsoft Visual Basic for Applications-Programmiermodell, um prozessbezogene Vorgänge zu automatisieren. Weitere Informationen zu *ActiveInstall* finden Sie unter *http://www.activeinstall.com/Default.aspx*.

WinINSTALL

WinINSTALL ist ein Produkt der *OnDemand Software Inc.* Es erstellt automatisch Installations- und Deinstallationspakete mit Hilfe der *Point-and-Click*-Administrationskonsole von *WinINSTALL*. Mit dem *Discover Wizard* können im Repackaging-Verfahren Windows Installer-Dateien erzeugt werden. Weitere Informationen finden Sie unter *http://www.ondemandsoftware.com/products.asp*.

Weitere Produkte

Auch auf dem Free- und Sharewaremarkt sind einige Tools und Anwendungen erhältlich. Nachfolgend finden Sie einige interessante Produkte:

- *MSICreate* (*http://www.cornerhouse.ca/en/msi.html*)
- *Setup2Go for MSI* (*http://www.dev4pc.com/downloads.html*)
- *izFree* (*http://izfree.sourceforge.net*)

Bei diesen Tools handelt es sich um kleine Anwendungen, die jedoch über einen erstaunlichen Funktionsvorrat verfügen, sodass sich ein Test in allen Fällen lohnt.

HINWEIS: Auf der Webseite *http://www.installsite.de* finden Sie eine Vielzahl von Informationen für die Entwicklung von Installationspaketen. Der Betreiber stellt sehr viele technische Artikel und Anwendungen zur Windows Installer-Technologie zur Verfügung. Ein Besuch dieser Webseite ist Pflicht für jeden, der sich mit der Windows Installer-Technologie beschäftigt.

Windows Installer-Programmiermodell

Sie haben bei der Betrachtung des Windows Installer SDK Tools kennen gelernt, die Ihnen vielfältige Möglichkeiten bei der funktionalen Unterstützung von Tätigkeiten im Umfeld der Windows Installer-Technologie bieten. Der Windows Installer verfügt jedoch auch über eine Programmierschnittstelle, die Ihnen den Zugriff auf alle relevanten Windows Installer Funktionen ermöglicht, um vielfältige Implementierungen und Automationsszenarien in Ihre Anwendung zu integrieren. Der Zugriff auf die Windows Installer-Funktionsbibliothek kann auf zwei Arten erfolgen:

- Verwenden der Funktionen des *Windows Installer API* (Application Programming Interface).
- Verwenden des *Windows Installer-Objektmodells*.

In diesem Buch wird ausschließlich auf das *Windows Installer-Objektmodell* eingegangen. Sie können das Objektmodell verwenden, um folgende Lösungsansätze zu verwirklichen:

- Erstellen eigener Windows Installer Authoringtools.
- Integration von Windows Installer Funktionalitäten in die eigene Anwendung, um Komponenten nachzuinstallieren oder die Anwendung zu reparieren.

Die Funktionalität des *Windows Installer-Objektmodells* ist in der Datei *msi.dll* integriert, die elementarer Bestandteil der Windows Installer-Technologie ist. Das Objektmodell steht aus diesem Grund auf jedem System zur Verfügung, auf dem der Windows Installer installiert ist. Sie können das Objektmodell in jeder Entwicklungsumgebung verwenden, die Funktionalitäten aus COM-Komponenten implementieren kann. Bei einer Entwicklungsumgebung wie Microsoft Visual Studio .NET oder Microsoft Visual Basic 6.0 können Sie diese Bibliothek verwenden, indem Sie Ihrem Entwicklungsprojekt eine Referenz auf die »Microsoft Windows Installer Object Library« hinzufügen.

Die Verwendung der Objektbibliothek in Microsoft Visual Studio .NET ist derzeit mit allen Windows Installer-Versionen nur über zusätzliche Implementierungen möglich, da bei der Erzeugung einer »COM Wrapper Bibliothek« einige Klassen fehlerhaft umgesetzt werden. Aus diesem Grund müssen Sie das Attribut *ComImport* verwenden.

```
[ComImport, Guid("000c1090-0000-0000-c000-000000000046")]
internal class WindowsInstallerClass{}
```

HINWEIS: Beachten Sie bei der Verwendung des dargestellten Attributes unter Microsoft Visual Basic .NET den Artikel Q313506 der Microsoft Knowledge Base.

Objektmodell

Die Abbildung 2.6 zeigt Ihnen den Aufbau des Objektmodells vom Microsoft Windows Installer.

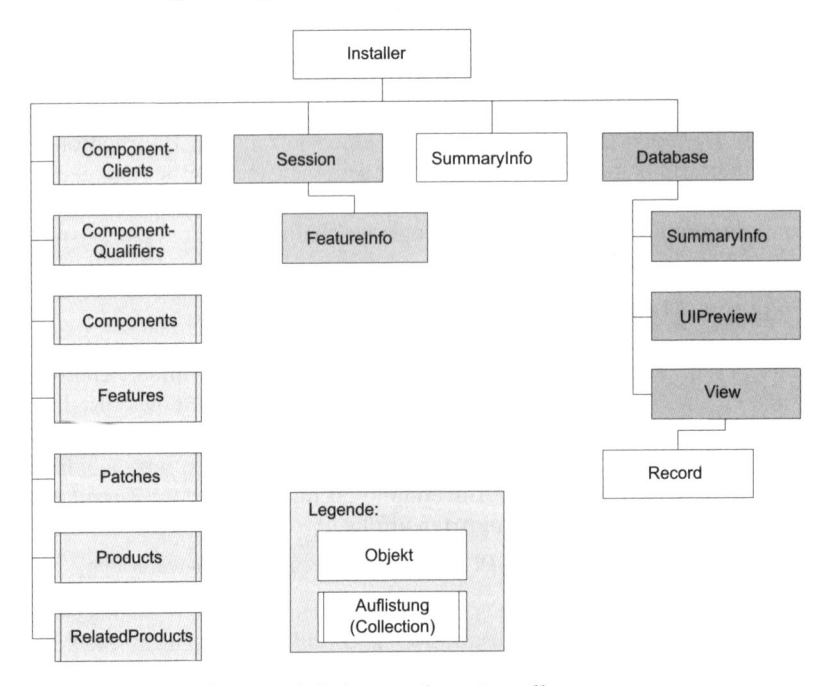

Abbildung 2.6: Objektmodell des *Windows Installers*

Der Windows Installer stellt einige Objekte bereit, bei denen es sich um Auflistungen (Collection) vom Typ *StringList* handelt. Zu diesen Auflistungen gehören *ComponentClients*, *ComponentQualifiers*, *Components*, *Features*, *Patches*, *Products* und *RelatedProducts*.

Installer

Bei dem Objekt *Installer* handelt es sich um das *Top-Level-Objekt* in der Windows Installer-Hierarchie. Um auf Funktionen dieses Objektes und weiterer Objekte des Windows Installer-Objektmodells zuzugreifen, müssen Sie zunächst ein Objekt vom Typ *Installer* unter Verwendung der *ProgId* »WindowsInstaller.Installer« erstellen. Das Objekt *Installer* stellt die nachfolgenden Methoden zur Verfügung:

Methode	Beschreibung
AddSource	Fügt der Auflistung der gültigen Installationsquellen eine weitere Quelle hinzu.
ApplyPatch	Wendet einen Patch auf zugeordnete Windows Installer-Pakete an.
ClearSourceList	Entfernt alle Eintragungen der gültigen Installationsquellen.
CollectUserInfo	Ruft eine Sequenz auf, um Benutzer- und Produktinformationen zu sammeln und zu speichern.
ConfigureFeature	Ändert den Installationsstatus eines Features.
ConfigureProduct	Installiert oder deinstalliert ein Produkt.
CreateRecord	Erstellt ein neues Objekt vom Typ *Record* mit der festgelegten Anzahl an Feldern.
EnableLog	Aktiviert die Protokollierung für festgelegte Meldungstypen.
FileHash	Berechnet den 128-Bit-Hash einer definierten Datei.
FileSignatureInfo	Ermittelt den Hash oder Zertifikatsinformationen einer Datei.
FileSize	Ermittelt die Größe einer Datei.
FileVersion	Ermittelt die Version und die unterstützte Sprache einer Datei.
ForceSourceListResolution	Veranlasst den Installer nach einem gültigen Installationsmedium zu suchen, wenn dieses benötigt wird.
GetShortcutTarget	Ermittelt das zugeordnete Produkt, Feature und Komponente einer Verknüpfung.
InstallProduct	Öffnet ein Installationspaket und startet die Installation.
LastErrorRecord	Gibt ein Objekt vom Typ *Record* zurück, welches Informationen zum aktuellen Fehler enthält.
OpenDatabase	Öffnet eine Windows Installer-Datenbank und gibt diese als Objekt vom Typ *Database* zurück.
OpenPackage	Öffnet ein Installer-Paket und gibt dieses als Objekt vom Typ *Session* zurück.
OpenProduct	Öffnet ein Installer-Paket eines bereits installierten Produktes, und gibt dieses als Objekt vom Typ *Session* zurück.
ProvideComponent	Gibt den Pfad zu einer Komponente zurück und ermöglicht die Anwendung von Installationsoptionen für diese Komponente.
ProvideQualifiedComponent	Gibt den Pfad zu einer qualifizierten Komponente zurück und ermöglicht die Anwendung von Installationsoptionen für diese Komponente.
RegistryValue	Gibt Informationen eines Eintrages der Systemregistrierung zurück.
ReinstallFeature	Führt die Reinstallation eines Features durch.
ReinstallProduct	Führt die Reinstallation eines Produktes durch.
UseFeature	Erhöht den Zähler für die Verwendung eines Features und gibt den Installationsstatus des Features zurück.

Tabelle 2.21: *Methoden des Objektes* Installer

Das Objekt *Installer* stellt die nachfolgenden Eigenschaften zur Verfügung, über die auch der Zugriff auf die untergeordneten Objekte erfolgt:

Eigenschaft	Beschreibung
ComponentClients	Gibt die Clients einer spezifizierten Komponente als Auflistung vom Typ *StringList* zurück.
ComponentPath	Gibt den vollständigen Pfad zu einer installierten Komponente zurück.
ComponentQualifiers	Gibt die qualifizierten Komponenten für eine definierte Kategorie als Auflistung vom Typ *StringList* zurück.
Components	Gibt alle installierten Komponenten des lokalen Systems als Auflistung vom Typ *StringList* zurück.
Environment	Ermöglicht den Zugriff auf eine Umgebungsvariable.
FeatureParent	Gibt das übergeordnete Feature eines festgelegten Features zurück.
Features	Gibt alle Features eines Produktes als Auflistung vom Typ *StringList* zurück.
FeatureState	Gibt den Installationsstatus eines Features zurück.
FeatureUsageCount	Gibt die Anzahl zurück, wie oft das Feature verwendet wurde.
FeatureUsageDate	Gibt das Datum zurück, an dem das Feature zuletzt verwendet wurde.
FileAttributes	Gibt die Attribute für die Datei oder den Ordner zurück.
Patches	Gibt alle Patches als Auflistung vom Typ *StringList* zurück, die auf das Produkt angewendet wurden.
PatchInfo	Gibt Informationen über den Windows Installer-Patch zurück.
PatchTransforms	Gibt eine durch Semikolon getrennte Liste aller Transformationen zurück, die in dem Patch enthalten sind.
ProductInfo	Gibt Informationen über das Produkt zurück.
Products	Gibt alle auf dem System installierten oder angemeldeten Produkte als Auflistung vom Typ *StringList* zurück.
ProductState	Gibt den Installationsstatus des Produktes zurück.
QualifierDescription	Gibt eine Beschreibung der qualifizierten Komponente zurück.
RelatedProducts	Gibt alle auf dem System installierten oder angemeldeten Produkte als Auflistung vom Typ *StringList* zurück, die über die Eigenschaft *UpgradeCode* verfügen.
SummaryInformation	Gibt den Summary Information Stream des Paketes als Objekt vom Typ *SummaryInfo* zurück.
UILevel	Legt den Anzeigemodus der Benutzeroberfläche fest, die verwendet wird, wenn eine Installation gestartet wird.
Version	Gibt die Versionsnummer des Windows Installers als Zeichenfolge in der Form *major.minor.build.update* zurück.

Tabelle 2.22: Eigenschaften des Objektes Installer

Database

Das Objekt *Database* wird von der Methode *OpenDatabase* des Objektes *Installer* zurückgegeben. Es können hierbei entsprechende Parameter für transaktionale Szenarien verwendet werden. Wird die Datenbank im Transaktionsmodus geöffnet, muss die Methode *Commit* ausgeführt werden, damit alle Modifikationen gespeichert werden. Wird *Commit* nicht verwendet, wird vom Windows Installer während der Objektterminierung ein implizites Rollback ausgeführt.

Methode	Beschreibung
ApplyTransform	Wendet eine Transformation auf diese Datenbank an.
Commit	Schließt die Transaktion ab und schreibt die modifizierten Daten in die Datenbank.
CreateTransformSummaryInfo	Erstellt den Summary Information Stream für eine Transformation.
EnableUIPreview	Gibt ein Objekt vom Typ *UIPreview* zurück, um die Dialogfelder und Billboards der Datenbank anzuzeigen.
Export	Kopiert die Struktur und die Daten einer Datenbanktabelle in eine Textdatei.
GenerateTransform	Erstellt eine Transformation.
Import	Importiert die Daten und die Struktur aus einer Textdatei in die Windows Installer-Datenbank.
Merge	Verbindet die Referenzdatenbank mit der Basisdatenbank.
OpenView	Gibt ein Objekt vom Typ *View* zurück, das das Ergebnis einer SQL-Abfrage enthält.

Tabelle 2.23: Methoden des Objektes Database

Das Objekt *Database* stellt die nachfolgenden Eigenschaften zur Verfügung:

Eigenschaft	Beschreibung
DatabaseState	Gibt den Datenbankstatus zurück.
PrimaryKeys	Gibt ein Objekt vom Typ *Record* zurück, welches die Tabellennamen und Primärschlüssel enthält.
SummaryInformation	Gibt den Summary Information Stream der Datenbank als Objekt vom Typ *SummaryInfo* zurück.
TablePersistent	Gibt den Status einer Datenbanktabelle zurück.

Tabelle 2.24: Eigenschaften des Objektes Database

SummaryInfo

Das Objekt *SummaryInfo* stellt die Funktionalität bereit, um auf die Eigenschaften des *Summary Information Streams* (Übersichtsinformation) zuzugreifen und diesen zu modifizieren.

Methode	Beschreibung
Persist	Speichert die modifizierten Daten im Summary Information Stream.

Tabelle 2.25: Methoden des Objektes SummaryInfo

Das Objekt *SummaryInfo* stellt die nachfolgenden Eigenschaften zur Verfügung.

Eigenschaft	Beschreibung
Property	Legt einen Wert für eine Eigenschaft des Summary Information Stream fest oder gibt ihn zurück.
PropertyCount	Gibt die aktuelle Anzahl der Eigenschaften des Summary Information Streams zurück.

Tabelle 2.26: Eigenschaften des Objektes SummaryInfo

UIPreview

Das Objekt *UIPreview* ermöglicht die Anzeige von enthaltenen Dialogfeldern und Billboards (Container für dynamisch erzeugte Steuerelemente) des Windows Installer-Paketes. Dieses Objekt wird durch die Methode *EnableUIPreview* des Objektes *Database* zurückgegeben.

Methode	Beschreibung
ViewBillboard	Zeigt ein Billboard im Containerobjekt des aktuellen Dialogfeldes an.
ViewDialog	Zeigt ein Dialogfeld an, das in der Datenbank definiert ist.

Tabelle 2.27: Methoden des Objektes UIPreview

Das Objekt *UIPreview* stellt die nachfolgende Eigenschaft zur Verfügung:

Eigenschaft	Beschreibung
Property	Legt einen Wert für eine Eigenschaft der Installer-Datenbank fest oder gibt diese zurück.

Tabelle 2.28: Eigenschaften des Objektes UIPreview

View

Das Objekt *View* ermöglicht den Zugriff auf das Resultat einer Abfrage, die durch die Methode *OpenView* des Objektes *Database* erzeugt wurde. Bevor auf Daten des Objektes zugegriffen werden kann, muss die Methode *Execute* des Objektes *View* mit allen notwendigen Parametern der SQL-Zeichenfolge ausgeführt werden.

Methode	Beschreibung
Close	Bricht die Ausführung der Abfrage ab und gibt die Ressourcen wieder frei.
Execute	Stellt die notwendigen Parameter für die Abfrage zur Verfügung und ruft daraufhin die Datensätze des Objektes *View* ab.
Fetch	Ruft den nächsten Datensatz des Objektes *View* ab. Ist kein weiterer Datensatz verfügbar, wird Null zurückgegeben.
GetError	Gibt eine Fehlerbeschreibung zurück.
Modify	Modifiziert einen Datensatz mit einem Objekt vom Typ *Record*.

Tabelle 2.29: Methoden des Objektes View

Das Objekt *View* stellt die nachfolgende Eigenschaft zur Verfügung:

Eigenschaft	Beschreibung
ColumnInfo	Gibt ein Objekt vom Typ *Record* zurück, welches die benötigten Informationen jeder Tabellenspalte enthält.

Tabelle 2.30: Eigenschaften des Objektes View

Record

Bei dem Objekt *Record* handelt es sich um einen Container, der eine variable Anzahl von Daten enthalten kann. Die Felder in diesem Objekt werden durch einen numerischen Index definiert und können Zeichenfolgen, ganzzahlige Werte, Objekte oder *Null* enthalten. Die Feldnummer »0« ist für interne Funktionen reserviert.

Methode	Beschreibung
ClearData	Löscht die Daten in allen Feldern und setzt diese auf Null.
FormatText	Formatiert den Feldinhalt auf Basis der Vorlage, die im Feld mit dem Index »0« definiert wurde.
ReadStream	Liest eine festgelegte Anzahl von Bytes aus einen Datenfeld, das einen Stream enthält.
SetStream	Kopiert den Inhalt einer Datei in ein Datenfeld.

Tabelle 2.31: Methoden des Objektes Record

Das Objekt *Record* stellt die nachfolgenden Eigenschaften zur Verfügung:

Eigenschaft	Beschreibung
DataSize	Gibt die Größe der Daten für ein Feld zurück.
FieldCount	Gibt die Anzahl der Felder eines Datensatzes zurück.
IntegerData	Gibt den Inhalt eines Datenfeldes als 32-Bit-Ganzzahl zurück oder legt diese fest.
IsNull	Gibt den Wert *True* zurück, falls das Datenfeld Null enthält. Gibt den Wert *False* zurück, falls Daten vorhanden sind.
StringData	Gibt den Inhalt eines Datenfeldes als Zeichenfolge zurück oder legt diese fest.

Tabelle 2.32: Eigenschaften des Objektes Record

RecordList

Bei einem Objekt vom Typ *RecordList* handelt es sich um eine Auflistung von Objekten vom Typ *Record*. Das Objekt *RecordList* stellt die nachfolgenden Eigenschaften zur Verfügung:

Eigenschaft	Beschreibung
Count	Gibt die Anzahl der Elemente in der Auflistung zurück.
Item	Gibt ein Objekt vom Typ *Record* zurück.

Tabelle 2.33: Eigenschaften des Objektes RecordList

StringList

Bei einem Objekt vom Typ *StringList* handelt es sich um eine Auflistung von Zeichenfolgen. Das Objekt *StringList* stellt die nachfolgenden Eigenschaften zur Verfügung:

Eigenschaft	Beschreibung
Count	Gibt die Anzahl der Elemente in der Auflistung zurück.
Item	Gibt eine Zeichenfolge zurück.

Tabelle 2.34: Eigenschaften des Objektes StringList

Session

Das Objekt vom Typ *Session* stellt eine aktive Installationssession dar, und kann verwendet werden, um den Installationsprozess zu kontrollieren. Das Objekt wird von den Methoden *OpenPackage* und *OpenProduct* des Objektes *Installer* erstellt.

Methode	Beschreibung
DoAction	Führt eine festgelegte Aktion aus.
EvaluateCondition	Wertet einen logischen Ausdruck aus, der Variablen und Daten beinhaltet, und gibt das Ergebnis zurück.
FeatureInfo	Gibt ein Objekt vom Typ *FeatureInfo* zurück, das beschreibende Informationen enthält.
FormatRecord	Gibt eine formatierte Zeichenfolge zurück.
Message	Ermöglicht die Implementierung eigener Protokollfunktionen und die Kommunikation mit der Benutzeroberfläche.
Sequence	Führt die Aktionen einer festgelegten Sequenztabelle in der definierten Reihenfolge und unter Beachtung der Bedingungen aus.
SetInstallLevel	Setzt den Installationslevel für die aktuelle Installation auf einen Wert und aktualisiert die Statuswerte.

Tabelle 2.35: Methoden des Objektes Session

Das Objekt *Session* stellt die nachfolgenden Eigenschaften zur Verfügung:

Eigenschaft	Beschreibung
ComponentCosts	Gibt eine Auflistung vom Typ *RecordList* zurück, die den benötigten Speicherplatz für alle Laufwerke enthält.
ComponentCurrentState	Gibt den aktuellen Installationsstatus für eine Komponente zurück.
ComponentRequestState	Gibt den Aktionsstatus einer Komponente zurück oder legt diesen fest.
Database	Gibt die Datenbank der aktuellen Installationssession zurück.
FeatureCost	Gibt den Speicherbedarf (In Einheiten von 512 Byte) zurück, der von dem Feature benötigt wird.
FeatureCurrentState	Gibt den aktuellen Installationsstatus für ein Feature zurück.
FeatureRequestState	Gibt den Aktionsstatus eines Features zurück oder legt diesen fest.
FeatureValidStates	Gibt die gültigen Werte für den Installationsstatus eines Features zurück.
Installer	Gibt das aktive Installer-Objekt zurück.
Language	Enthält die numerische *LanguageID* der Installationssession.
Mode	Gibt den Modus der aktuellen Installationssession zurück oder legt diesen fest.
ProductProperty	Gibt die Zeichenfolge einer benannten Eigenschaft zurück.
Property	Gibt die Eigenschaft der Windows Installer-Datenbank zurück oder legt sie fest.
SourcePath	Enthält den vollständigen Pfad zu einem Ordner auf dem Quellmedium.
TargetPath	Enthält den vollständigen Pfad zu einem Ordner auf dem Zielmedium.
VerifyDiskSpace	Gibt den Wert *True* zurück, falls ausreichend Speicherplatz zur Verfügung steht.

Tabelle 2.36: Eigenschaften des Objektes Session

FeatureInfo

Das Objekt vom Typ *FeatureInfo* enthält Informationen über das Feature und wird vom Objekt *Session* über die Methode *FeatureInfo* erstellt. Das Objekt *FeatureInfo* stellt die nachfolgenden Eigenschaften zur Verfügung:

Eigenschaft	Beschreibung
Attributes	Gibt den Wert der Spalte *Attributes* der Tabelle *Feature* für das Feature zurück.
Description	Gibt die Beschreibung des Features zurück.
Title	Gibt den Titel des Features zurück.

Tabelle 2.37: Eigenschaften des Objektes FeatureInfo

Datenbankabfragen

Der Windows Installer stellt eine Abfragesprache zur Verfügung, die einen eingeschränkten SQL-Funktionsvorrat (Structured Query Language) enthält. Zum Zugriff auf Elemente der Datenbank mit Hilfe der Abfragesprache gehen Sie wie folgt vor:

1. Rufen Sie die Methode *OpenDatabase* des Objekts *Installer* auf. Hierdurch wird Ihnen ein Objekt vom Typ *Database* zurückgeliefert.
2. Führen Sie eine Abfrage aus, indem Sie der Methode *OpenView* des Objektes *Database* einen SQL-Befehl übergeben.
3. Falls sie hierbei eine parametrisierte Syntax verwenden, müssen Sie ein Objekt vom Typ *Record* erstellen und dieses der Methode *Execute* übergeben. Durch das Ausführen dieses Befehls wird ein Ergebnis zurückgegeben, das aktualisiert werden kann.
4. Verwenden Sie die Methode *Fetch*, um durch die Datensätze zu navigieren und den jeweiligen Datensatz in einem Objekt vom Typ *Record* darzustellen.
5. Zum Aktualisieren des Datensatzes verändern Sie die Daten des Objektes *Record*, und führen Sie die Methode *Modify* aus.
6. Führen Sie die Methode *Close* aus, um das Objekt *View* zu schließen und die verwendeten Ressourcen wieder freizugeben.
7. Speichern Sie die durchgeführten Änderungen in die Datenbank, indem Sie die Methode *Commit* aufrufen.

Zum besseren Verständnis der nachfolgenden Beispiele wurden zur Darstellung die folgenden Formatierungsregeln verwendet:

Formatierungsregel	Syntaxelemente
GROSSBUCHSTABEN	Installer-SQL-Schlüsselwörter.
{Wert}	Es handelt sich um eine Zeichenfolge (String) oder eine Ganzzahl (Integer).
{Werteliste}	Eine durch Komma getrennte Auflistung von {Werten}.
{Spaltenauflistung}	Eine durch Komma getrennte Auflistung von Tabellenspalten.
| (senkrechter Strich)	Trennt Syntaxelemente innerhalb von eckigen oder geschweiften Klammern. Sie können nur eines der Elemente wählen.
[ ] (eckige Klammern)	Optionale Syntaxelemente. Geben Sie die eckigen Klammern nicht ein. ▶

Tools und Anwendungen

Formatierungsregel	Syntaxelemente
{} (geschweifte Klammern)	Erforderliche Syntaxelemente. Geben Sie die geschweiften Klammern nicht ein.
[,...n]	Zeigt an, dass das vorherige Element n-mal wiederholt werden kann. Die einzelnen Vorkommen werden durch Kommata voneinander getrennt.

Tabelle 2.38: Formatierungsregeln zur Verdeutlichung der Beispiele

TIPP: Im Windows Installer SDK ist eine Visual Basic-Skriptdatei mit der Bezeichnung *WiRunSQL.vbs* enthalten. Diese kann verwendet werden, um SQL-Abfragen auf eine Windows Installer-Datenbank auszuführen.

Datensätze auswählen

Syntax

SELECT [DISTINCT]{Spalten} FROM {Tabellen} [WHERE {Bedingungen}] [ORDER BY {Spalten}]

Beispiel

SELECT 'Control', 'Type' FROM 'Control' WHERE 'Dialog_'='ErrorDialog'

Datensätze löschen

Syntax

DELETE FROM {Tabelle} [WHERE {Bedingungen}]

Beispiel

DELETE FROM 'Feature' WHERE 'Feature'.'Feature'='Complete'

Datensätze aktualisieren

Syntax

UPDATE {Tabellen} SET {Spalte}= {Wert} [, {Spalte}= {Wert}][, ...n] [WHERE {Bedingungen}]

Beispiel

UPDATE 'Feature' SET 'Feature'.'Title'='Gesamt' WHERE 'Feature'.'Feature'='Complete'

HINWEIS: Aktualisierungsabfragen können nur auf Spalten ausgeführt werden, die keine Primärschlüssel enthalten.

Datensätze hinzufügen

Syntax

INSERT INTO {Tabelle} ({Spaltenauflistung}) VALUES ({Werteliste}) [TEMPORARY]

Beispiel

INSERT INTO 'Feature' ('Feature'.'Feature', 'Feature'.'Feature_Parent', 'Feature'.'Title', 'Feature'.'Description', 'Feature'.'Display', 'Feature'.'Level', 'Feature'.'Directory_', 'Feature'.'Attributes') VALUES („Source', „Complete', „Source', „Quellcode', 25, 3, „INSTALLDIR', 2)

Tabellen hinzufügen

Syntax

CREATE TABLE {Tabelle} ({Spalte} {Spaltentyp}) [HOLD]

Beispiel

CREATE TABLE 'Directory' ('Directory' CHAR(72) NOT NULL, 'Directory_Parent' CHAR(72), 'DefaultDir' CHAR(255) NOT NULL LOCALIZABLE PRIMARY KEY 'Directory')

HINWEIS: Spaltentypen müssen für jede Spalte festgelegt werden, die der Tabelle zugefügt werden.

Tabellen entfernen

Syntax

DROP TABLE {Tabelle}

Beispiel

DROP TABLE 'Feature'

Spalten hinzufügen

Syntax

ALTER TABLE {Tabelle} ADD {Spalte} {Spaltentyp}

Beispiel

ALTER TABLE 'CustomAction' ADD 'Test' INTEGER

HINWEIS: Spaltentypen müssen für jede Spalte spezifiziert werden, die der Tabelle zugefügt werden.

Temporäre Tabelle im Speicher halten

Syntax

ALTER TABLE {Tabelle} HOLD

Beispiel

ALTER TABLE 'Component' HOLD

Temporäre Tabelle aus Speicher entfernen

Syntax

ALTER TABLE {Tabelle} FREE

Beispiel

ALTER TABLE 'Component' FREE

Einschränkungen

Der Windows Installer verwendet eine eingeschränkte Form der SQL-Syntax, um Datenbankabfragen zu ermöglichen. Weiterhin unterliegt diese Syntax bestimmten Formatierungsregeln, die sich von der ANSI-SQL-Spezifikation unterscheiden.

Bei der Verwendung von Tabellenspalten ist zu beachten, dass ein qualifizierter Name in der Form *Tabelle.Spalte* bei nicht eindeutigen Spalten zu verwenden ist. Bei einer Auswahlabfrage kann statt der Spaltenbezeichnung ein Stern »*« verwendet werden, um alle Spalten in das Abfrageergebnis einzuschließen. Zur Vermeidung von Konflikten, die sich aus der Verwendung von Tabellen- und Spaltennamen ergeben, die mit einem SQL-Schlüsselwort oder einem reservierten Wort kollidieren, müssen die Bezeichnungen in das Akzentzeichen (ASCII Wert 96) eingeschlossen werden. Handelt es sich hierbei um einen Spaltennamen, der zusätzlich qualifiziert angegeben werden muss, ist dieser in der Form *'Tabelle'.'Spalte'* zu verwenden.

HINWEIS: Zur Vermeidung von Konflikten und zur Maximierung der Performance bei der Abfrage ist generell die Syntax `'Tabelle'.'Spalte'` zu verwenden.

Bei Aktionen, die einer Tabelle eine Spalte hinzufügen, sind dem Spaltennamen weitere Attribute anzufügen, die den Datentyp und weitere Besonderheiten festlegen. Für den *Spaltentyp* kann die folgende Definition verwendet werden.

CHAR [({Größe})] | CHARACTER [({Größe})] | LONGCHAR | SHORT | INT | INTEGER | LONG | OBJECT [NOT NULL] [TEMPORARY] [LOCALIZABLE] [, ...n] PRIMARY KEY Spalte [, ...n]

Die *WHERE-Klausel* ist optional und kann zur Einschränkung des Abfrageergebnisses genutzt werden. Folgende Syntax kann verwendet werden:

- {Spalte} = {Spalte}
- {Spalte} = | <> | > | < | >= | <= {Wert}
- {Spalte} = | <> | > | < | >= | <= {Platzhalter}
- {Spalte} *Is Null*
- {Spalte} *Is Not Null*

Für den Vergleich von Zeichenfolgen sind nur die Operatoren = und <> zulässig. Objektvergleiche sind auf die Verwendung von *Is Null* und *Is Not Null* begrenzt. Mehrere Bedingungen lassen sich durch *AND* und *OR* verknüpfen. Ein Platzhalter wird durch das Zeichen »?« dargestellt. Bei der Verwendung von Platzhaltern müssen die tatsächlichen Werte über ein Objekt vom Typ *Record* zur Verfügung gestellt werden.

```
public void DeleteRow(string Name)
{
// Delete Statement
    string SQL = "DELETE FROM 'Property' WHERE 'Property'.'Property' = ?";
    // View öffnen
    View View = Database.OpenView(SQL);
    // Record erstellen
    Record Record = Installer.CreateRecord(1);
    // Werte übergeben
    Record.set_StringData(1, Name);
    // Ausführen
    View.Execute(Record);
}
```

Listing 2.1: Verwenden der Parameter

Bedingungen sind zu verwenden, um mehrere Tabellen miteinander zu verknüpfen, da die *Installer-SQL-Abfragesprache* nur *Inner Joins* unterstützt, um die Spalten unterschiedlicher Tabellen miteinander zu verknüpfen.

HINWEIS: Tabellennamen sind auf 31 Zeichen begrenzt. Tabellen- und Spaltennamen unterscheiden zwischen Groß- und Kleinschreibung. Schlüsselwörter der SQL-Syntax unterscheiden nicht nach Groß- und Kleinschreibung.

Verwenden des Objektmodells

Im weiteren Verlauf des Buches werde ich immer wieder auf das Objektmodell zurückgreifen, da es ein Ziel dieses Buches ist, die Vorgänge zum Erstellen von Windows Installer-Paketen durch programmtechnische Implementierungen zu verdeutlichen. An dieser Stelle möchte ich Ihnen den Lösungsansatz für eine Anwendung vorstellen, die alle installierten Produkte auf dem lokalen Computer anzeigt.

TIPP: Alle Beispielanwendungen, die in diesem Buch erläutert und verwendet werden, finden Sie unter dem jeweiligen Kapitel auf der beiliegenden Buch-CD. Zu jeder Anwendung ist der Quellcode sowohl in Microsoft Visual C# .NET als auch in Microsoft Visual Basic .NET vorhanden.

Die hier verwendete Anwendung wurde als *Windows Installer Spy* bezeichnet, da sie alle installierten Windows Installer-Pakete auf dem lokalen System ermittelt und diese in einer Liste anzeigt.

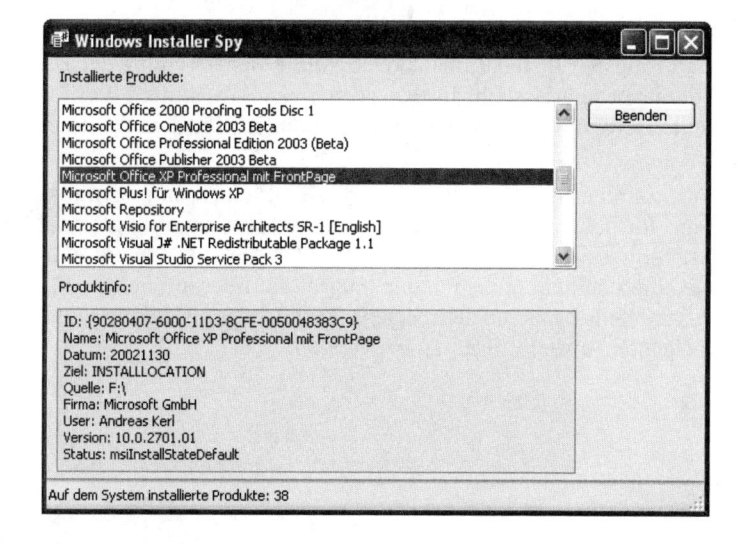

Abbildung 2.7: Windows Installer Spy

Nach der Auswahl eines Installationspaketes werden zusätzliche Informationen in einer weiteren Liste dargestellt. Nachfolgend finden Sie den Quellcode zum Ermitteln aller Installationen auf dem lokalen System:

```
private void Form1_Load(object sender, System.EventArgs e)
{
    // Objektvariable für das Installerobjekt festlegen
    Installer MyInstaller = new WindowsInstallerClass() as WindowsInstaller.Installer;
    // Installierte Produkte als StringList zurückgeben
    StringList MyList = MyInstaller.Products;
    foreach (string ProductID in MyList)
    {
        // ProductInfo instanzieren
        ProductInfo MyProductInfo = new ProductInfo(ProductID, MyInstaller);
        // Productinfo zur Liste hinzufügen
```

```
        lstProducts.Items.Add(MyProductInfo);
    }
    // 1. Eintrag auswählen
    lstProducts.SelectedIndex = 0;
    // Anzahl in der Statusbar anzeigen
    stBar.Text = "Installierte Produkte: " + MyList.Count.ToString();
}
```

Listing 2.2: Ermitteln aller lokalen Installationen

Die wesentlichste Position in dem Quellcode ist die Iteration durch die installierten Produkte. Die eindeutigen IDs aller installierten Produkte werden hierbei in einem Objekt vom Typ *StringList* zurückgegeben. Diese ID kann verwendet werden, um über weitere Windows Installer-Objekte detaillierte Informationen zu dem Produkt zu erhalten. Diese Funktionalität wurde in dem Beispiel in eine Klasse mit der Bezeichnung *ProductInfo* ausgelagert. Den vollständigen Quellcode finden Sie in mehreren Programmiersprachen auf der beiliegenden Buch-CD.

Fazit

Für die Erstellung von zuverlässigen und robusten Installationspaketen ist die Beherrschung der zur Verfügung gestellten Tools und Anwendungen unerlässlich. In den vorherigen Abschnitten wurden Ihnen eine Vielzahl von Tools vorgestellt, um Windows Installer-Datenbanken zu erstellen, zu modifizieren, und schließlich Überprüfungen durchzuführen.

Bei der Vorstellung der bisherigen Tools konnten Sie feststellen, dass diese nur einen eingeschränkten Funktionsvorrat enthalten und somit für den professionellen Einsatz nicht vollständig geeignet sind. Als Ergänzung zu den kostenlosen Tools aus dem Windows Installer SDK bietet Ihnen die Windows Installer-Programmierschnittstelle einen nahezu unbegrenzten Zugriff auf interne Funktionalitäten. Durch die Verwendung des Objektmodells ist es möglich, eigene Authoringtools zu entwerfen oder Windows Installer-Funktionen in eigenen Anwendungen zu verwenden.

3 Verwenden des Windows Installers

53	Windows Installer-Dienst
60	Installationsarten
62	Installationsoptionen
75	Installationssicherheit
78	Flexibilität der Datenquellen
81	Systemwiederherstellung
82	Fazit

Bei einem Windows Installer-Client handelt es sich um eine Anwendung, die den Windows Installer verwendet, um eine Installationsaufgabe auszuführen. Hierzu können folgende Anwendungen gezählt werden:

- Die Windows-Shell, da Programmverknüpfungen evtl. eine Windows Installer-Aktion aufrufen.
- Die Option *Software* der *Systemsteuerung* von Microsoft Windows 2000, Microsoft Windows XP und Microsoft Windows Server 2003.
- Anwendungen, die Windows Installer-Technologien direkt nutzen. Microsoft Word XP greift beispielsweise direkt auf den Windows Installer zu, wenn der Menüpunkt *Erkennen und Reparieren* aktiviert wird.
- Softwareverteilungstechnologien wie z.B. der Microsoft Systems Management Server (SMS) oder die auf Gruppenrichtlinien basierenden Technologien die in Microsoft Windows 2000 Server und Microsoft Windows Server 2003 integriert sind (Active Directory).

Der Windows Installer-Client führt selbst keine Installationstätigkeiten aus, sondern ist für die Interaktion mit dem Anwender zur Sammlung von Installationsoptionen zuständig. Diese Interaktion kann beispielsweise über die Benutzeroberfläche des Installationsprogrammes stattfinden. Der Windows Installer-Client benötigt den Windows Installer-Dienst, um die entsprechenden Installationstätigkeiten durchzuführen.

Windows Installer-Dienst

Die Microsoft Windows Installer-Technologie beruht auf der Trennung zwischen dem Installationsdienst und der Installationsdatenbank. Der Windows Installer-Dienst ist für jede zu installierende Anwendung identisch und stellt damit sicher, dass für alle Installationen identische Regeln und Verfahren gelten. Er ist im Lieferumfang von Microsoft Windows 2000, Microsoft Windows Me, Microsoft

Windows XP und Microsoft Windows Server 2003 in unterschiedlichen Versionen bereits enthalten. Er ist außerdem für Microsoft Windows 95, Microsoft Windows 98 und Microsoft Windows NT 4.0 erhältlich. Die Anweisungen für die Installation befinden sich in der Windows Installer-Datenbank.

Installationsvorgang

Zum Starten des Installationsprozesses muss das Windows Installer-Paket (*.msi*) aktiviert werden. Die Dateiendung *.msi* ist mit dem Windows Installer-Dienst verknüpft, der beim Aktivieren der Datei gestartet wird. Danach werden vom Windows Installer-Dienst, die in der Datenbank beschriebenen Aktionen ausgeführt.

Wie bereits oben beschrieben, ist der Windows Installer-Dienst nicht in allen Betriebssystemen standardmäßig integriert. Wird ein Windows Installer-Paket auf einem solchen Betriebssystem ausgeführt, kann natürlich keine Installation erfolgen, da der hierfür benötigte Dienst nicht installiert ist. Der Datentyp *Windows Installer-Paket* ist auf solchen Computern nicht bekannt, sodass bei der Aktivierung das bekannte Dialogfeld *Öffnen mit* aufgerufen wird.

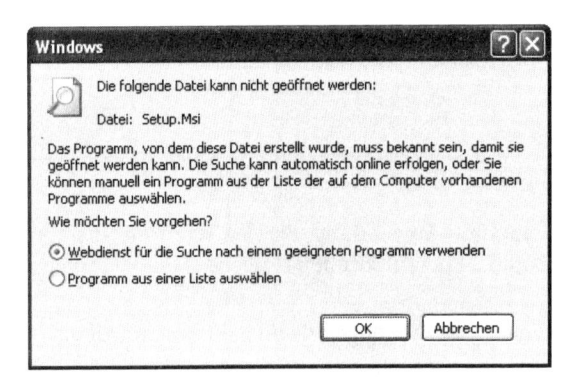

Abbildung 3.1: *Fehlender Windows Installer-Dienst*

Weitere Probleme können durch unterschiedliche Versionen des Microsoft Windows Installers auftreten. Wird ein Windows Installer-Paket der Version 2.0 auf einem Computer ausgeführt, auf dem eine frühere Version installiert ist, kann ebenfalls der Installationsprozess nicht ausgeführt werden.

Zur Vermeidung solcher Probleme sind zwei Lösungsansätze möglich. Die einfachste, aber auch unkomfortabelste Möglichkeit besteht in der Problemdokumentation. Machen Sie den Anwender darauf aufmerksam, dass zur Installation des Softwarepaketes der Windows Installer in der entsprechenden Version benötigt wird und wie dieser installiert werden kann. Eine bessere und komfortablere Möglichkeit stellt die Prüfung der Voraussetzungen vor der Ausführung der Windows Installer-Pakete dar. Diese Möglichkeit wird als *Bootstrapping* bezeichnet.

HINWEIS: Beachten Sie, dass Sie als Autor von Installationspaketen für die Sicherstellung der entsprechenden Softwarevoraussetzungen verantwortlich sind.

Bootstrapping

Beim *Bootstrapping* wird sichergestellt, dass der Windows Installer-Dienst in der benötigten Version auf dem Computer installiert ist, bevor der eigentliche Installationsprozess gestartet wird. Für diese Vorgehensweise wird eine *Bootstrapp-Anwendung* benötigt:

1. Die *Bootstrapp-Anwendung* prüft, ob der Windows Installer-Dienst auf dem Computer installiert ist, und wenn ja, in welcher Version er vorliegt. Wird festgestellt, dass der Dienst nicht installiert

oder in einer veralteten Version vorhanden ist, werden die nächsten Schritte ausgeführt. Ist hingegen das Ergebnis dieser Prüfung positiv, so wird mit dem letzten Punkt dieser Aufzählung fortgefahren.

2. Die *Bootstrapp-Anwendung* prüft, welches Betriebssystem auf dem Computer verwendet wird.
3. Handelt es sich hierbei um Microsoft Windows 9x oder Microsoft Windows Me, wird die ANSI-Version des Windows Installer-Dienstes installiert.
4. Handelt es sich um ein Microsoft Windows NT-basiertes Betriebssystem, wird die Unicode-Version des Windows Installer-Dienstes installiert.
5. Die *Bootstrapp-Anwendung* erstellt eine Befehlszeile zum Starten der Installation und übergibt diese an den Windows Installer-Dienst. Der Aufbau dieser Befehlszeilen wird später in diesem Kapitel besprochen.

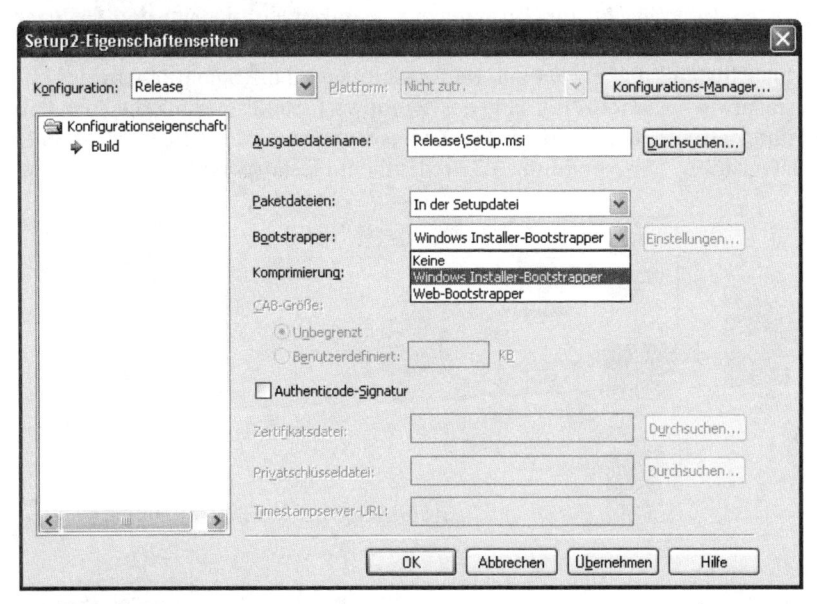

Abbildung 3.2: Windows Installer Bootstrapper mit Visual Studio .NET

Professionelle Authoringtools verfügen über eine Option, um eine solche *Bootstrapp-Anwendung* automatisch zu erstellen und die Dateien zur Installation des Windows Installer-Dienstes in das Installationspaket zu integrieren. Bei der Verwendung von Microsoft Visual Studio .NET können Sie dieses über die Projekteigenschaften festlegen. Alle mir bekannten Authoringtools erstellen die *Bootstrapp-Anwendung* unter der Bezeichnung *Setup.exe*.

Internet-Downloads

Die Verteilung von Anwendungen über das Internet stellt einen leistungsfähigen, flexiblen und komfortablen Mechanismus dar. Der Microsoft Windows Installer unterstützt seit der Version 2.0 die Installation, die Reparatur und die Reinstallation von Windows Installer-Paketen über das Internet. Zur Minimierung von Sicherheitsrisiken wird die Verwendung von digitalen Signaturen für die Dateitypen *.msi*, *.msp* und *.mst* unterstützt. Beinhaltet das Installationspaket auch externe Paketdateien (*.cab*), werden die Signaturen dieser Dateien als Teil der Installation behandelt.

Verwenden des Windows Installers

Web-Bootstrapper

Die Realisierung von Internet-Downloads setzt einen Web-Bootstrapper voraus, der die nachfolgenden Aktionen ausführt:

- Aktualisierung des Windows Installer-Dienstes, falls erforderlich.
- Download des Installationspaketes.
- Überprüfung der Signatur des Installationspaketes.
- Ist das Zertifikat identisch mit der *Setup.exe*, wird der Prozess automatisch gestartet.
- Ist das Zertifikat nicht identisch, wird ein entsprechendes Dialogfeld angezeigt.
- Installation mit der URL (Uniform Resource Locator) als Quellverzeichnis.
- Neustart des Computers, falls erforderlich

Bei einer Installation über das Internet lädt der Browser den Web-Bootstrapper in den *INetCache* und startet anschließend die Anwendung. Falls erforderlich, wird die Version des Windows Installers aktualisiert und das Windows Installer-Paket geladen. Im Anschluss wird die Signatur geprüft und bei Übereinstimmung die Installation gestartet. Nun lädt der Windows Installer die für die Installation benötigten Paketdateien und stellt die Installation fertig. Zum Abschluss wird die Installation mit der URL als Quellverzeichnis registriert. Die Abbildung 3.3 verdeutlicht diesen Vorgang.

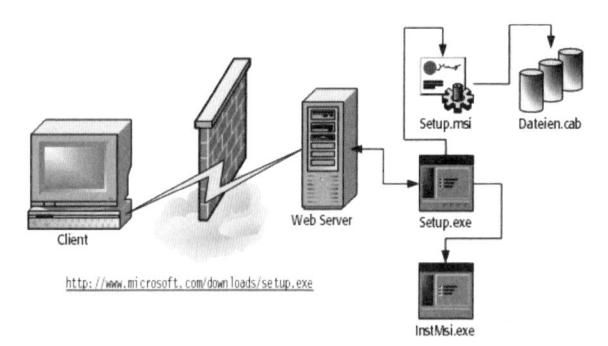

Abbildung 3.3: *Internet-Download*

Erstellen mit Visual Studio .NET

Microsoft Visual Studio .NET ermöglicht die Erstellung eines Web-Bootstrappers, der die oben angegebenen Anforderungen erfüllt. Wählen Sie hierzu die Option *Web-Bootstrapper* in den Eigenschaften des Setup-Projektes aus.

Im Dialogfeld *Web-Bootstrappereinstellungen* wird eine Webadresse für Setupdateien angegeben, wodurch es möglich ist, eine Anwendung direkt vom Web aus zu installieren. Eine Download-Adresse für die Windows Installer-Programmdateien kann optional angegeben werden.

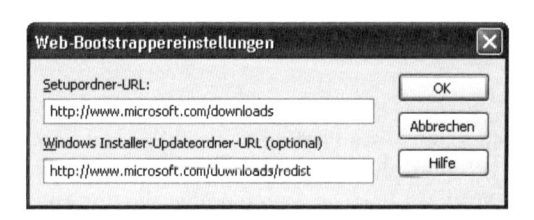

Abbildung 3.4: *Web-Bootstrapper-Einstellungen*

Setupordner-URL: Gibt eine URL für den Speicherort des Installationsprogramms und der zugehörigen Dateien an. Die Anwendung kann über den angegebenen URL von den Benutzern installiert werden.

Windows Installer Updateordner URL: Gibt einen URL an, unter dem die Windows Installer-Programmdateien *Instmsi.exe* und *Instmsiw.exe* für den Download verfügbar sind. Wenn auf dem Benutzercomputer nicht die korrekte Windows Installer-Version installiert ist, kann diese von der angegebenen Website geladen werden. Wird dieses Feld nicht gefüllt, müssen die Windows Installer-Programmdateien im *Setupordner URL* angegebenen Speicherort abgelegt werden.

HINWEIS: Sie finden auf der Webseite *http://msdn.microsoft.com/downloads/default.asp?URL=/downloads/sample.asp?url=/msdn-files/027/001/830/msdncompositedoc.xml* einen Boostrapper, der auch die Existenz des Microsoft .NET Framework prüft und dieses bei Bedarf installiert.

Digitale Signatur

Die digitale Signatur von Installationspaketen minimiert die Sicherheitsrisiken speziell bei der Installation über das Internet. In den Projekteigenschaften des Windows Installer-Projektes in Visual Studio .NET finden Sie Optionen, um das Paket digital zu signieren. Hierzu benötigen Sie eine Zertifikatsdatei und eine Privatschlüsseldatei. Sie können diese Dateien zu Testzwecken mit einigen Tools aus dem Microsoft .NET Framework erstellen.

Certificate Creation Tool (*makecert.exe*)

Das *Certificate Creation Tool* generiert *X.509-Zertifikate*, die ausschließlich für Testzwecke bestimmt sind. Es erstellt ein Schlüsselpaar aus einem öffentlichen und einem privaten Schlüssel für digitale Signaturen, und speichert diese in einer Zertifikatsdatei.

Syntax

makecert {Optionen} { Zertifikatsdatei}

Option	Parameter	Beschreibung
	{Zertifikatsdatei}	Der Name der *CER-Datei*, in die das *X.509-Zertifikat* geschrieben wird.
-n	{x509Name}	Gibt den Zertifikatsnamen des Antragstellers an. Dieser Name muss dem *X.500-Standard* entsprechen. Am einfachsten wird ein Name in doppelten Anführungszeichen angegeben, dem *CN=* vorangestellt ist, z.B. "*CN=myName*".
-sk	{Schlüsselname}	Gibt den Speicherort des Schlüsselcontainers, der den privaten Schlüssel enthält, für den Antragsteller an. Wenn kein Schlüsselcontainer vorhanden ist, wird einer erstellt.
-sr	{Speicherort}	Gibt den Speicherort für den Zertifikatsspeicher des Antragstellers an. Speicherort kann *currentuser* (der Standardwert) oder *localmachine* sein.
-ss	{Zertifikatsspeicher}	Gibt den Namen für den Zertifikatsspeicher des Antragstellers an, in dem das ausgegebene Zertifikat gespeichert wird.
-#	{Seriennummer}	Gibt eine Seriennummer zwischen 1 und $2^{31}-1$ an. Der Standardwert ist ein durch *Makecert.exe* erstellter eindeutiger Wert.
-$	{Signierungsstelle}	Gibt die Signierungsstelle des Zertifikats an, für die *commercial* (Zertifikate werden von kommerziellen Softwareherausgebern verwendet) oder *individual* (Zertifikate werden von individuellen Softwareherausgebern verwendet) festgelegt werden muss.
-?		Zeigt die Befehlssyntax mit einer Liste der Basisoptionen für das Tool an.
-!		Zeigt die Befehlssyntax mit einer Liste der erweiterten Optionen für das Tool an.

Tabelle 3.1: Basisoptionen von makecert.exe

Makecert.exe enthält Basisoptionen und erweiterte Optionen. Die Basisoptionen werden meist zum Erstellen von Zertifikaten verwendet. Die erweiterten Optionen stellen eine höhere Flexibilität zur Verfügung.

Option	Parameter	Beschreibung
-a	{Algorithmus}	Gibt den Algorithmus der Signatur an. Dieser muss *md5* (der Standardwert) oder *sha1* sein.
-b	{mm/dd/yyyy}	Gibt den Anfang der Gültigkeitsperiode an. Der Standardwert ist das Erstellungsdatum des Zertifikats.
-cy	{Zertifikatstyp}	Gibt den Zertifikatstyp an. Gültige Werte sind *end* für Endentität, *authority* für Zertifizierungsstelle oder *both* für beides.
-d	{Name}	Zeigt den Namen des Antragstellers an.
-e	{mm/dd/yyyy}	Gibt das Ende der Gültigkeitsperiode an. Der Standardwert ist 12/31/2039 11:59:59 GMT.
-eku	{OID,OID...}	Fügt eine Liste von durch Komma getrennten, erweiterten Objektbezeichnern (OIDs) zur Schlüsselverwendung in das Zertifikat ein.
-h	{Nummer}	Gibt die maximale Höhe der Struktur unterhalb dieses Zertifikats an.
-ic	{Zertifikatsdatei}	Gibt die Zertifikatsdatei des Herausgebers an.
-ik	{Name}	Gibt den Namen des Schlüsselcontainers des Herausgebers an.
-iky	{Schlüsseltyp}	Gibt den Schlüsseltyp des Herausgebers an. Dieser muss *signature*, *exchange* oder eine ganze Zahl sein (z.B. 4).
-in	{Name}	Gibt den gemeinsamen Namen des Zertifikats des Herausgebers an.
-ip	{Provider}	Gibt den *CryptoAPI-Anbieternamen* des Herausgebers an.
-ir	{Speicherort}	Gibt den Speicherort für den Zertifikatsspeicher des Herausgebers an. Speicherort kann *currentuser* (der Standardwert) oder *localmachine* sein.
-is	{Zertifikatsspeicher}	Gibt den Namen des Zertifikatsspeichers des Herausgebers an.
-iv	{Private Schlüsseldatei}	Gibt die Datei für den privaten Schlüssel (*.pvk*) des Herausgebers an.
-iy	{Datei}	Gibt den *CryptoAPI-Anbietertyp* des Herausgebers an.
-l	{Link}	Verknüpfungen zu den Richtlinieninformationen (z.B. ein URL).
-m	{Nummer}	Gibt die Gültigkeitsdauer des Zertifikats in Monaten an.
-nscp		Fügt die Netscape-Erweiterung für die Clientautorisierung ein.
-r		Erstellt ein Selbstsigniertes Zertifikat.
-sc	{Datei}	Gibt die Zertifikatsdatei des Antragstellers an.
-sky	{Schlüsseltyp}	Gibt den Schlüsseltyp des Antragstellers an. Dieser muss *signature*, *exchange* oder eine ganze Zahl sein.
-sp	{Provider}	Gibt den *CryptoAPI-Anbieternamen* des Antragstellers an.
-sv	{Private Schlüsseldatei}	Gibt die Datei für den privaten Schlüssel (*.pvk*) des Antragstellers an. Die Datei wird erstellt, sofern sie noch nicht vorhanden ist.
-sy	{Anbietertyp}	Gibt den *CryptoAPI-Anbietertyp* des Antragstellers an.

Tabelle 3.2: Erweiterte Optionen von makecert.exe

Software Publisher Certificate Test Tool (*cert2spc.exe*)

Das Software Publisher Certificate Test Tool erstellt ein SPC (Software Publishers Certificate, Softwareherausgeberzertifikat) aus einem oder mehreren *X.509-Zertifikaten*. *Cert2spc.exe* wird ausschließlich zu Testzwecken verwendet. Sie erhalten ein gültiges SPC von einer Zertifizierungsstelle, beispielsweise *VeriSign* oder *Thawte*.

Syntax

cert2spc {cert1.cer}[{cert2.cer} ... {certN.cer}] {SPC-Datei.spc}

Argument	Beschreibung
certN.cer	Der Name eines *X.509-Zertifikats*, das in die SPC-Datei eingebunden werden soll. Sie können mehrere Namen angeben, die durch Leerzeichen voneinander getrennt werden müssen.
SPC-Datei.spc	Der Name des *PKCS7-Objekts*, das die *X.509-Zertifikate* enthält. Sie können die SPC-Datei als Eingabe für das *File Signing Tool (Signcode.exe)* verwenden.

Tabelle 3.3: *Befehlszeilenoptionen von* cert2spc.exe

Vorgehensweise

Erstellen Sie mit dem *Certificate Creation Tool* ein Zertifikat und eine Privatschlüsseldatei mit folgender Befehlszeile:

makecert -sv PrivateKey.pvk -n "CN=Firma GmbH" -r Certificate.cer

Zu Testzwecken können Sie mit dem *Software Publisher Certificate Test Tool* ein Softwareherausgeberzertifikat erstellen. Verwenden Sie hierzu die folgende Befehlszeile:

cert2spc Certificate.cer SPCert.spc

Um ein gültiges SPC zu erhalten, müssen Sie sich an eine Zertifizierungsstelle wenden. Nachdem Sie das SPC erstellt haben, können Sie dieses und die Privatschlüsseldatei in das Visual Studio .NET Installer-Projekt einbinden.

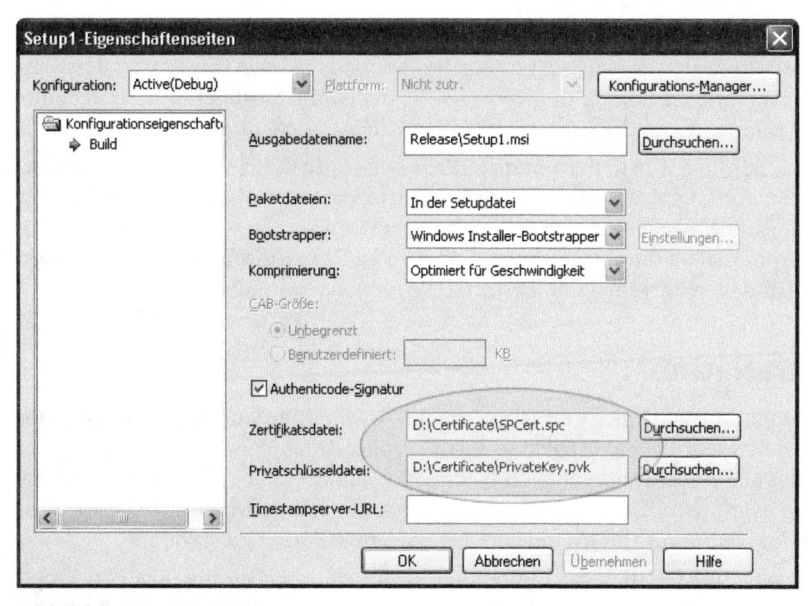

Abbildung 3.5: *Digitale Signatur mit Microsoft Visual Studio .NET*

Installationsarten

In den letzten Abschnitten haben Sie erfahren, wie der Bootstrapper sicherstellt, dass die benötigte Version des Windows Installers auf dem Computer installiert ist und im Anschluss das Windows Installer-Paket aufruft. Beim Aufruf des Installationspaketes kann festgelegt werden, welche Installationsart verwendet werden soll. Der Microsoft Windows Installer unterstützt die nachfolgenden Arten zur Installation von Software:

- Reguläre Installation
- Administrative Installation
- Wiederherstellungsmodus (Rollback Installation)
- Wartungsmodus (Maintenance Installation)

Bevor ich auf die einzelnen Installationsarten eingehe, werde ich Ihnen zuerst die Installationsmechanismen des Windows Installers näher bringen.

Nach dem Aufruf des Installationspaketes beginnt der Windows Installer die notwendigen Informationen zu sammeln. Dieser Abschnitt der Installation wird als *Acquisition-Phase* bezeichnet. Während dieser Phase wird die Benutzeroberfläche angezeigt und der Anwender führt die Eingaben durch. Nach dieser Phase werden die gesammelten Daten an den Windows Installer-Dienst übergeben, der anschließend die entsprechenden Installationsskripts generiert und die eigentliche Installation durchführt. Dieser Abschnitt der Installation wird als *Execution-Phase* bezeichnet. Sollte es während der Installation zu Problemen kommen, wird der Wiederherstellungsmodus gestartet, in der der Computer wieder in den Zustand vor der Installation zurückgesetzt wird.

Reguläre Installation

Die reguläre Installation ist die am häufigsten verwendete Installationsart. Hierbei handelt es sich um den bekannten Prozess, in dem Informationen und Dateien von dem Quellmedium auf den Zielcomputer übertragen werden, um dort eine funktionsfähige Anwendung zu erstellen.

Im ▶ Anhang B finden Sie eine ausführliche Beschreibung der Windows Installer-Datenbank und den darin verwendeten Tabellen. In den Tabellen ist exakt beschrieben, welche Tätigkeiten der Windows Installer durchführen soll. Die Aktionen, die während der regulären Installation durchgeführt werden sollen, sind in den Tabellen *InstallUISequence* und *InstallExecuteSequence* beschrieben.

Im Normalfall kann man die Aktionen, die in der *InstallUISequence* ausgeführt werden der *Acquisition-Phase* zuordnen und die Aktionen, die in der *InstallExecuteSequence* ausgeführt werden der *Execution-Phase* zuordnen. Eine Abweichung von diesem Schema ergibt sich, wenn die Installation ohne Anzeige einer Benutzeroberfläche durchgeführt wird. In diesem Szenario werden die benötigten Informationen über die Befehlszeile übergeben; die *InstallUISequence* wird nicht durchlaufen.

Administrative Installation

Bei der administrativen Installation wird nicht die ausführbare Anwendung auf dem Zielcomputer installiert. Der Windows Installer legt bei einer solchen Installationsart das Windows Installer-Paket und alle zugehörigen Dateien auf einem freigegebenen Netzwerkverzeichnis ab. Das Zielverzeichnis dieser Installation wird als *Installation Point* bezeichnet. Anwender können das Installationsprogramm direkt vom *Installation Point* ausführen, um eine reguläre Installation zu starten.

Wie bei der regulären Installation werden die auszuführenden Aktionen durch Eintragungen in Tabellen festgelegt. Die hierfür benötigten Sequenztabellen tragen die Bezeichnungen *AdminUISequence* und *AdminExecuteSequence*. Betrachten Sie unter diesem Gesichtspunkt, dass eine administrative Installation immer eine oder mehrere reguläre Installationen nach sich zieht, sodass in einem Windows Installer-Paket beide Installationsarten berücksichtigt werden müssen.

Während der administrativen Installation ändert der Installer bestimmte Eigenschaften (Properties) in der Datenbank. Zugehörige Dateien, die entweder in Form einer internen oder externen Paketdatei (*.cab*) vorliegen, werden während des administrativen Installationsprozesses im unkomprimierten Zustand abgelegt.

Eine administrative Installation kann von der Befehlszeile über den Parameter */a* ausgeführt werden.

Wiederherstellungsmodus

Skriptbasierte Installationsprogramme verfügen über keinen Mechanismus, um das System bei einer fehlgeschlagenen Installation in einem konsistenten Zustand zu belassen. Der Microsoft Windows Installer ist transaktional aufgebaut. Während der Installation wird vom Windows Installer ein Protokoll über alle durchgeführten Tätigkeiten erstellt. Dateien, Ordner und Einträge in der Systemregistrierung, die während der Installation entfernt oder überschrieben werden müssen, werden für die Dauer des Installationsprozesses temporär in einem versteckten Ordner gesichert. Wird die Installation fehlerfrei durchgeführt, werden diese gesicherten Elemente gelöscht. Schlägt die Installation fehl, werden alle durchgeführten Aktionen wieder rückgängig gemacht, sodass sich das System wieder in einem konsistenten Zustand befindet. Dieses Verfahren wird auch als Wiederherstellungsmodus oder *Rollback Installation* bezeichnet.

Eine *Rollback Installation* kann niemals durch den Anwender direkt aufgerufen werden, sondern wird durch den Installer selbst veranlasst.

In einigen Fällen ist es mitunter unerlässlich- die *Rollback*-Funktion zu deaktivieren, da evtl. zu wenig Speicherplatz zur Verfügung steht oder ähnliche Einschränkungen vorliegen. Sie können diese Funktion deaktivieren, indem Sie die Eigenschaft *DISABLEROLLBACK* auf *True* setzen.

WICHTIG: Das Deaktivieren der *Rollback*-Funktion sollte nur in Ausnahmefällen durchgeführt werden, da es bei einer fehlgeschlagenen Installation zu Inkonsistenzen im Betriebssystem kommen kann.

Wartungsmodus

Als Ergänzung zu der *regulären* und der *administrativen* Installation verfügt der Windows Installer über die Möglichkeit, nachträgliche Modifikationen an der installierten Basis vorzunehmen. Diese Modifikationen können sich auf drei Bereiche erstrecken:

- Der Anwender möchte neue Programmteile hinzufügen oder bereits installierte Teile entfernen.
- Der Anwender möchte die Anwendung reparieren, da diese ein Problem verursacht.
- Der Anwender möchte die Anwendung deinstallieren.

Diese drei Möglichkeiten sind unter dem Begriff der Wartungsmodus oder *Maintenance Installation* zusammengefasst. Sie können diese Installationsart aufrufen, indem Sie entweder in der *Systemsteuerung* das Symbol *Software* aktivieren und dort für die entsprechende Anwendung die Schaltfläche *Ändern* aktivieren. Sie gelangen ebenfalls in den Wartungsmodus, indem Sie eine reguläre Installation für eine bereits installierte Anwendung erneut aufrufen.

Installationsoptionen

Der Windows Installer kann interaktiv durch Ausführung des Programms *MsiExec.exe* kontrolliert werden. Dieses Programm wird standardmäßig bei der Installation des Microsoft Windows Installer im Verzeichnis *Windows\System32* abgelegt. Falls Sie *MsiExec.exe* ohne Verwendung von Optionen aufrufen, wird ein Dialogfeld mit Angabe der derzeitigen Version des Windows Installer-Dienstes angezeigt.

Die Syntax für den Aufruf des Windows Installer-Dienstes hat folgendes Format:

Msiexec <Optionen> <Eigenschaftsvariablen>

Beispielsweise führt der folgende Befehl eine reguläre Installation des Installationspaketes *Setup.msi* aus und setzt die öffentliche Variable *COMPANY* auf den Wert *Firma XYZ*.

Msiexec /I C:\Setup.msi COMPANY="Firma XYZ"

Befehlszeilenoptionen

Sie können über die Befehlszeilenoptionen den Installationsmodus festlegen, Installationsprotokolle erstellen und die Anzeige der Benutzeroberfläche für die Installation bestimmen. Bei vielen Optionen muss der Name des Windows Installer-Paketes angegeben werden. Dieser Name kann in allen Fällen auch als UNC-Name (Universal Naming Convention) oder als URL angeführt werden.

Reguläre Installation

Diese Option startet eine reguläre Installation. Zusätzlich wird die Angabe des zu installierenden Produktes erwartet. Das Produkt kann entweder durch einen Produktcode oder durch Angabe des Pfades zum Windows Installer-Paket angegeben werden. Die Angabe des Produktcodes ist nur möglich für Produkte, die bereits installiert sind.

Syntax

msiexec /i <Pfad zum Paket oder ProductCode>

Beispiele

- Angabe des Windows Installer-Pakets

msiexec /i d:\setup.msi

- Angabe des Windows Installer-Pakets als UNC

msiexec /i \\Atlantis\Installation\setup.msi

- Angabe des Windows Installer-Pakets als URL

msiexec /i http://www.example.com/installation/setup.msi

- Angabe des Produktcodes

Diese Funktion ist nur möglich, falls das Produkt bereits auf dem Computer installiert ist. Bei diesem Beispiel handelt es sich um den Produktcode von Microsoft Office XP Professional.

msiexec /i {90280407-6000-11D3-8CFE-0050048383C9}

Administrative Installation

Diese Option startet eine administrative Installation. Wie bei der regulären Installation können Sie das Installationspaket auf die bereits beschriebenen Arten angeben. Bei der administrativen Installation können Sie jedoch nicht den *ProductCode* verwenden.

Syntax

msiexec /a <Pfad zum Paket>

Beispiele

- Angabe des Windows Installer-Pakets

msiexec /a d:\setup.msi

- Angabe des Windows Installer-Pakets als UNC

msiexec /a \\Atlantis\Installation\setup.msi

- Angabe des Windows Installer-Pakets als URL

msiexec /a http://www.example.com/installation/setup.msi

Deinstallation

Um ein Produkt zu deinstallieren, können Sie die Option */x* mit Angabe des Windows Installer-Paketes oder des Produktcodes verwenden.

Syntax

msiexec /x <Pfad zum Paket oder ProductCode>

Beispiele

- Angabe des Windows Installer-Pakets

msiexec /x d:\setup.msi

- Angabe des Produktcodes

msiexec /x {90280407-6000-11D3-8CFE-0050048383C9}

Reparatur

Um ein Produkt zu reparieren, muss die Option */f* mit Angabe der Reparaturoptionen und dem Windows Installer-Paket oder dem Produktcode angegeben werden.

Detaillierte Angaben zu den Reparaturoptionen finden Sie etwas später in diesem Kapitel.

Syntax

msiexec /f[Reparatur Optionen] <Pfad zum Paket oder ProductCode>

Beispiel

- In dem nachfolgenden Beispiel werden alle Dateien des Produktes *Microsoft Office XP Professional* reinstalliert.

msiexec /fa {90280407-6000-11D3-8CFE-0050048383C9}

Ankündigung (Advertising)

Beim *Advertising* handelt es sich allgemein um das Ankündigen von Produkten, ohne diese physisch zu installieren. Der Windows Installer installiert automatisch die Anwendung, wenn der Anwender oder eine andere Anwendung diese aufruft. Das *Advertising* wird auch als Installation bei Bedarf (Install-On-Demand) bezeichnet. Um ein Produkt anzukündigen, müssen Sie die Option /j mit Angabe zusätzlicher Parameter und Angabe des Windows Installer-Paketes verwenden.

Plattform	Unterstützung der Produktankündigung
Microsoft Windows 98, Microsoft Windows Me, Microsoft Windows 2000, Microsoft Windows XP, Microsoft Windows Server 2003	*Advertising* wird unterstützt
Microsoft Windows 95 und Microsoft Windows NT 4.0	*Advertising* wird nur unterstützt, wenn die folgende Bedingung erfüllt ist: Internet Explorer 4.01 Service Pack 1 mit der Option *Active Desktop* ist installiert (Active Desktop muss nicht aktiviert sein)

Tabelle 3.4: Unterstützte Plattformen

Syntax

msiexec /j[u\m] <Pfad zum Paket>

msiexec /j[u\m] <Pfad zum Paket> /t <Transformation>

msiexec /j[u\m] <Pfad zum Paket> /g <Sprach-ID>

Verwenden Sie */ju*, um das Paket für den aktuellen Anwender, oder */jm*, um das Paket für alle Anwender anzukündigen. Verwenden Sie die Option */t*, um eine Transformation auf das Paket anzuwenden, bevor dieses angekündigt wird. Die Option */g* sorgt für die Ankündigung eines Paketes mit einer entsprechenden Sprachkennzeichnung.

Beispiele

- Produktankündigung für den aktuellen Anwender

msiexec /ju d:\setup.msi

- Produktankündigung für alle Anwender

msiexec /jm d:\setup.msi

- Produktankündigung für alle Anwender mit dem Anwenden einer Transformation

msiexec /jm d:\setup.msi /g d:\german.mst

Installationsprotokoll

Sie können die Option */l* verwenden, um ein Protokoll von den durchgeführten Aktionen bei der Installation erstellen zu lassen. Der Option */l* müssen entsprechende Parameter folgen, die den Umfang der Protokollierung festlegen. Ebenfalls müssen Sie eine Protokolldatei angeben.

Syntax

msiexec /i <Pfad zum Paket oder ProductCode> /l[Protokollierungsoptionen][Protokolldatei]

Beispiel

- In dem nachfolgenden Beispiel werden alle Status- und Fehlermeldungen protokolliert.

msiexec /i d:\setup.msi /lie d:/setup.log

System Management Server

Falls Sie in Ihrem Netzwerk den *Microsoft System Management Server* (SMS) verwenden, können Sie die */m* Option nutzen, um eine MIF-Datei für den SMS zu generieren. Zusätzlich müssen Sie die zu generierende Datei festlegen.

Syntax

msiexec /i/x/a/f <Pfad zum Paket oder ProductCode> /m [Datei]

Beispiel

o Erstellt eine MIF-Datei bei der Installation

msiexec /i d:\setup.msi /m d:/setup.mif

Patch

Um einen Patch auf ein bereits installiertes Paket oder auf ein administratives Abbild anzuwenden, müssen Sie die Option */p* gefolgt von der Patchdatei verwenden. Beim Patchen einer administrativen Installation ist der Pfad zum Installationspunkt anzugeben.

Syntax

msiexec /p <Patchdatei>

msiexec /p <Patchdatei> /a <Pfad zum Paket>

Beispiel

o Patchen einer installierten Anwendung

msiexec /p d:\patch.msp

o Patchen eines administrativen Abbildes

msiexec /p d:\patch.msp /a d:\image\setup.msi

o Patchen einer Produktinstanz, die mit Instanztransformationen installiert wurde

msiexec /p d:\patch.msp /n {00000001-0002-0000-0000-624474736554}

Benutzeroberfläche

Der Microsoft Windows Installer unterstützt vier Ebenen zur Darstellung der Benutzeroberfläche. Diese Ebenen sind wie folgt definiert:

Level	Beschreibung
None	Installation ohne Benutzeroberfläche (Silent)
Basic	Zeigt nur die Fortschrittsanzeigen und Fehlermeldungen
Reduced	Zeigt die wichtigen Dialogfelder und die Fortschrittsanzeigen.
Full	Zeigt alle Dialogfelder und die Fortschrittsanzeigen.

Tabelle 3.5: *Darstellungsformen der Benutzeroberfläche*

Die Option */q* kann verwendet werden, um die Anzeige der Benutzeroberfläche anzupassen. Die Option */q* muss mit weiteren Parametern verwendet werden.

Option	Beschreibung
/q oder /qn	Installation ohne Benutzeroberfläche (Silent)
/qn+	Zeigt nur ein Dialogfeld am Ende der Installation an.
/qb	Zeigt das *Basic-UI*. Sie können */qb!* verwenden, um die Schaltfläche *Abbrechen* zu deaktivieren.
/qb+	Zeigt das *Basic-UI* mit einem Dialogfeld am Ende der Installation. Das Dialogfeld wird nicht angezeigt, wenn der Anwender die Installation abbricht. Sie können */qb+!* verwenden, um die Schaltfläche *Abbrechen* zu deaktivieren.
/qb-	Zeigt das *Basic-UI*, jedoch ohne das Dialogfeld am Ende der Installation. Sie können */qb-!* verwenden, um die Schaltfläche *Abbrechen* zu deaktivieren.
/qr	Zeigt die reduzierte Benutzeroberfläche mit einem Dialogfeld am Ende der Installation.
/qf	Zeigt die vollständige Benutzeroberfläche.

Tabelle 3.6: Optionen zur Darstellung der Benutzeroberfläche

HINWEIS: Beachten Sie, dass die Verwendung von »!« als Ergänzung zu den oben beschriebenen Optionen erst ab der Version 2.0 des Windows Installers zur Verfügung steht.

Beispiel

- Installation mit vollständiger Benutzeroberfläche

msiexec /i d:\setup.msi /qf

- Installation ohne Benutzeroberfläche (Silent)

msiexec /i d:\setup.msi /qn

Sonstiges

Bei der Verwendung der Optionen */h* oder */?* werden Ihnen Copyright-Informationen und die Versionsnummer des Windows Installers angezeigt. In der Tabelle 3.7 sind die beschriebenen Optionen nochmals zusammengefaßt dargestellt.

Option	Parameter	Beschreibung
/a	< Paket >	Führt eine administrative Installation durch.
/i	< Paket >	Führt eine reguläre Installation durch.
/qn		Installation ohne Benutzeroberfläche.
/qb		Zeigt nur Fortschrittsanzeigen und Fehlermeldungen.
/qr		Installation mit reduzierter Benutzeroberfläche.
/qf		Installation mit vollständiger Benutzeroberfläche.
/qn+		Zeigt nur ein Dialogfeld am Ende der Installation an.
/qb+		Zeigt Fortschrittsanzeigen und Fehlermeldungen sowie ein Dialogfeld am Ende der Installation an.
/j[u|m]	< Paket > [Optionen]	Kündigt das Produkt an, ohne es physisch zu installieren.
/f	<Optionen>	Repariert eine Installation.
/x	< Paket >	Deinstalliert das Produkt. ▶

Option	Parameter	Beschreibung
/l	<Aktionen><Protokoll>	Protokolliert die festgelegten Aktionen in der festgelegten Datei.
/p	<Patch>	Wendet einen Windows Installer-Patch an.
/m	<Datei>	Erstellt eine MIF-Datei für den SMS.
/c		Kündigt eine neue Instanz des Produktes an. Diese Option muss in Verbindung mit einer Transformation verwendet werden und steht nur unter Windows Server 2003 und Windows XP Service Pack 1 zur Verfügung.
/n	<ProductCode>	Diese Option wird verwendet, um mehrere Instanzen eines Produktes mittels Instanztransformationen zu installieren. Diese Option steht nur unter Windows Server 2003 und Windows XP Service Pack 1 zur Verfügung.

Tabelle 3.7: Befehlszeilenoptionen für den Windows Installer-Dienst

Reparatur einer Installation

Eine installierte Anwendung kann durch unterschiedliche Vorgänge beschädigt werden. Anwendungen, die mit dem Windows Installer installiert wurden, führen Überprüfungen während der Laufzeit durch und können sich selbst reparieren. In einigen Fällen ist eine genauere und präzisere Reparatur notwendig.

Wie im vorherigen Abschnitt beschrieben, wird über die Befehlszeilenoption /f die Reparatur einer Anwendung durchgeführt. Es können weitere Argumente angefügt werden, um den Reparaturtyp exakt zu definieren. Die standardmäßige Argumentliste für diese Option ist *pecms*. Die Tabelle 3.8 enthält die Argumente, die mit der Option /f verwendet werden können.

Argument	Beschreibung
p	Ausschließliche Reinstallation der fehlenden Dateien.
o	Reinstallation, wenn eine Datei fehlt oder in einer älteren Version vorliegt.
e	Reinstallation von fehlenden Dateien oder von Dateien, deren Versionsnummer kleiner oder gleich ist.
d	Reinstallation von fehlenden Dateien oder von Dateien mit abweichenden Versionsnummern.
c	Reinstallation von fehlenden Dateien oder von Dateien, bei denen die gespeicherte *Checksumme* nicht mit der Berechneten übereinstimmt. Dies gilt nur für Dateien, bei denen das Attribut *msidbFileAttributesChecksum* in der Tabelle *File* gesetzt worden ist.
a	Reinstallation aller Dateien, ohne Beachtung der Versionen und *Checksummen*.
u	Wiederherstellung aller anwenderspezifischen Registrierungseinträge unter *HKEY_CURRENT_USER* und *HKEY_USERS*.
m	Wiederherstellung aller computerspezifischen Registrierungseinträge unter *HKEY_LOCAL_MACHINE* und *HKEY_CLASSES_ROOT*. Schreiben aller Informationen der Tabellen *Class, Verb, PublishComponents, ProgID, MIME, Icon, Extension* und *AppID*. Reinstallation aller qualifizierten Komponenten.
s	Reinstallation aller Verknüpfungen im Startmenü.
v	Erzwingt das erneute Ausführen vom Originalmedium und aktualisiert das im Cache vorhandene Windows Installer-Paket.

Tabelle 3.8: Befehlszeilenargumente zur Reparatur einer Installation

Falls Sie für die Reparaturfunktion Ihrer Anwendung ein eigenes Dialogfeld erstellen, sollten Sie mehrere Reparaturargumente zusammenfassen. In Abbildung 3.6 wird Ihnen das Reparaturdialogfeld der Anwendung *Microsoft Office XP* angezeigt. Dieses Dialogfeld verwendet die Reparaturfunktionen des Windows Installers wie folgt:

- Wählt der Anwender *Office neu installieren*, werden die Reparaturargumente */ecums* verwendet.
- Aktiviert der Anwender hingegen *Fehlerhafte Office-Installation erkennen und reparieren*, deaktiviert aber die Option *Verknüpfungen auf dem Startmenü wiederherstellen*, werden die Reparaturargumente */ocum* verwendet.
- Aktiviert der Anwender *Fehlerhafte Office-Installation erkennen und reparieren* und aktiviert ebenfalls die Option *Verknüpfungen auf dem Startmenü wiederherstellen*, werden die Reparaturargumente */ocums* verwendet.

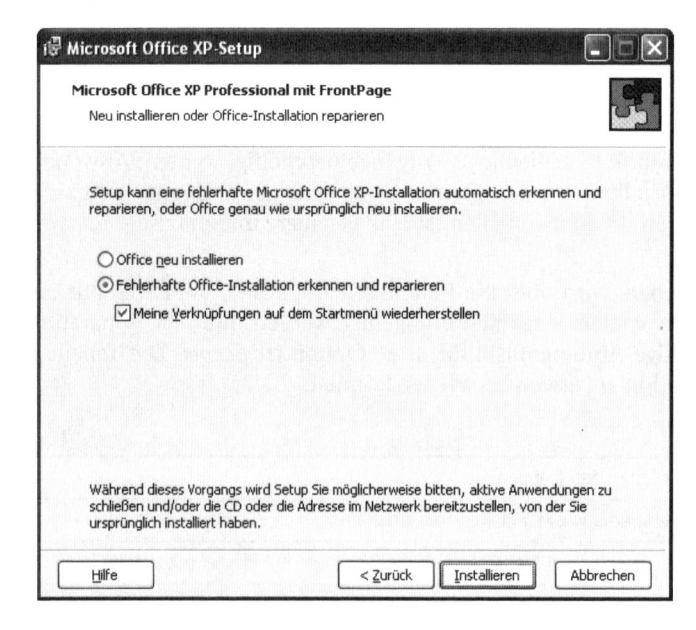

Abbildung 3.6: Reparatur-Optionen in Microsoft Office XP

Eigenschaften

Windows Installer-Eigenschaften (Properties) sind vergleichbar mit Variablen einer Programmiersprache. Der Windows Installer unterscheidet zwei Basisarten von Eigenschaften.

Private Eigenschaften (Private Properties)

Bei privaten Eigenschaften handelt es sich um Variablen, die Ihren Gültigkeitsbereich nur innerhalb der Installer-Datenbank besitzen. Der Anwender kann diese Werte nur indirekt verändern. Der Name einer privaten Eigenschaft muss Kleinbuchstaben enthalten.

Öffentliche Eigenschaften (Public Properties)

Hierbei handelt es sich um Variablen, die auch außerhalb der Installer-Datenbank zugewiesen werden können. Der Name der öffentlichen Variablen muss ausschließlich aus Großbuchstaben bestehen, dabei sind auch Ziffern erlaubt. Sie können öffentlichen Eigenschaften über die Befehlszeilenoption entsprechende Werte zuweisen.

Syntax

Jeder Eigenschaft, die als Zeichenkette (*String*) vorliegt, müssen die Werte in Anführungszeichen eingeschlossen übergeben werden. Die folgenden Beispiele zeigen die Verwendung von häufig genutzten Eigenschaften:

msiexec /i d:\setup.msi INSTALLEVEL=3

Um den Wert einer öffentlichen Eigenschaft von der Befehlszeile aus zu löschen, müssen Sie eine leere Zeichenfolge übergeben.

msiexec /i d:\setup.msi PROPERTY=""

Das folgende Beispiel sieht etwas komplizierter aus, es soll jedoch die Verwendung der Anführungszeichen bei der Übergabe verdeutlichen.

msiexec /i d:\setup.msi INSTALLEVEL=3 COMPANYNAME="Firma ""Schneider"" && "" Meier"""

Der Eigenschaft *COMPANYNAME* wird der Wert »Firma "Schneider" & "Meier"« zugewiesen.

TARGETDIR

Die Eigenschaft *TARGETDIR* kann verwendet werden, um das Zielverzeichnis bei einer regulären oder einer administrativen Installation festzulegen.

msiexec /a d:\setup.msi TARGETDIR="\\server\share\"

ADDLOCAL

Der Eigenschaft *ADDLOCAL* können Windows Installer-Features zugewiesen werden, die bei der Installation lokal gespeichert werden sollen.

Der Wert der Eigenschaft *ADDLOCAL* muss eine durch Komma getrennte Liste der Features enthalten, die lokal installiert werden sollen. Um alle Features lokal zu installieren, geben Sie *ADDLOCAL=All* an. Falls für ein Feature die Installationsoption *Run from Source* festgelegt ist, wird dieses trotz der *ADDLOCAL*-Angabe nur zur »Ausführung vom Quellmedium« installiert.

TIPP: Vermeiden Sie die Festlegung von *ADDLOCAL=All* in der Tabelle *Property* des Windows Installer-Paketes, da dieses Paket nicht ordnungsgemäß entfernt werden kann.

ADDSOURCE

Der Eigenschaft *ADDSOURCE* können Windows Installer-Features zugewiesen werden, die vom Quellmedium ausgeführt werden sollen.

Der Wert der Eigenschaft *ADDSOURCE* muss eine durch Komma getrennte Liste der Features enthalten, die vom Quellmedium ausgeführt werden sollen. Um alle Features vom Quellmedium auszuführen, geben Sie *ADDSOURCE=All* an.

TIPP: Vermeiden Sie die Festlegung von *ADDSOURCE=All* in der Tabelle *Property* des Windows Installer-Paketes, da dieses Paket nicht ordnungsgemäß entfernt werden kann.

Kombination von ADDLOCAL und ADDSOURCE

Sie können die beiden Eigenschaften *ADDLOCAL* und *ADDSOURCE* in der gleichen Befehlszeile verwenden. *ADDLOCAL* wird hierbei vor *ADDSOURCE* verwendet. Die Anordnung der Eigenschaften in der Befehlszeile hat keinen Einfluss auf die Reihenfolge der tatsächlichen Verwendung. Vielmehr wird die Abfolge vom Windows Installer fest definiert. Diese Sequenz finden Sie in der folgenden Tabelle 3.9:

Sequenz	Eigenschaft
1.	ADDLOCAL
2.	REMOVE
3.	ADDSOURCE
4.	ADDDEFAULT
5.	REINSTALL
6.	ADVERTISE
7.	COMPADDLOCAL
8.	COMPADDSOURCE
9.	FILEADDLOCAL
10.	FILEADDSOURCE
11.	FILEADDDEFAULT

Tabelle 3.9: Reihenfolge, in der die Eigenschaften verwendet werden

In dem folgenden Beispiel werden alle Features auf den Wert *ADDLOCAL* gesetzt, und anschließend wird das Feature *MyFeature* zur Ausführung vom Quellmedium festgelegt.

msiexec /i d:\setup.msi ADDSOURCE = MyFeature, ADDLOCAL=ALL

ADVERTISE

Der Eigenschaft *ADVERTISE* können Windows Installer-Features zugewiesen werden, die bei Bedarf installiert werden sollen.

Der Wert der Eigenschaft *ADVERTISE* muss eine durch Komma getrennte Liste der Features enthalten, die angemeldet werden sollen. Um alle Features zur Installation bei Bedarf zu markieren, geben Sie *AVERTISE=All* an.

TIPP: Vermeiden Sie die Festlegung von *ADVERTISE=All* in der Tabelle *Property* des Windows Installer-Paketes, da dieses Paket nicht ordnungsgemäß entfernt werden kann.

REINSTALL

Der Eigenschaft *REINSTALL* können Windows Installer-Features zugewiesen werden, die reinstalliert werden sollen.

Der Wert der Eigenschaft *REINSTALL* muss eine durch Komma getrennte Liste der Features enthalten, die reinstalliert werden sollen. Um alle Features zu reinstallieren, geben Sie *REINSTALL=All* an.

Falls Sie die Eigenschaft *REINSTALL* verwenden, müssen Sie den Umfang der Reinstallation durch die Eigenschaft *REINSTALLMODE* festlegen. Wenn die Eigenschaft *REINSTALLMODE* nicht verwendet wird, werden alle Dateien reinstalliert, die fehlen oder von denen eine ältere Version vorliegt. Standardmäßig werden keine Registrierungseinträge oder Verknüpfungen wiederhergestellt.

REBOOT

In vielen Fällen müssen bei der Ausführung des Installationsprogramms Dateien ersetzt werden, die im Moment verwendet werden. Üblicherweise muss in solchen Szenarien ein Computerneustart erfolgen. Der Windows Installer erkennt automatisch, wann ein Neustart erforderlich ist.

Sie können beim Design des Installationspaketes in das Neustartverhalten eingreifen, indem Sie an entsprechenden Positionen die Aktionen *ForceReboot* oder *ScheduleReboot* implementieren. Die Aktion *ForceReboot* fordert den Anwender während der Installation zu einem Neustart des Systems auf. Die Aktion *ScheduleReboot* fordert hingegen den Anwender nach Abschluss der Installation zu einem Neustart auf. Sie können das Neustartverhalten, explizit steuern, indem Sie die Eigenschaft *REBOOT* verwenden.

Typischerweise findet diese Eigenschaft Verwendung, wenn mehrere Produkte nacheinander installiert werden, und ein Neustart erst nach Abschluss aller Installationen durchgeführt werden soll.

WICHTIG: Diese Möglichkeit funktioniert hervorragend unter den Microsoft Windows NT-basierten Betriebssystemen. Bei der Verwendung von Microsoft Windows 9x und Microsoft Windows Me ist von der Verwendung aus Stabilitätsgründen abzuraten.

Beachten Sie auch die Schwierigkeiten, die hinsichtlich der Fehlersuche auf Basis eines nicht durchgeführten Neustarts auftreten können. Konnte eine Datei während des Installationsprozesses nicht ersetzt werden, und benötigt die installierte Anwendung eine neuere Version der Datei, so können nicht vorhersagbare Fehler auftreten.

Die Tabelle 3.10 zeigt, wie Sie den Neustart des Computers durch Setzen der Eigenschaft *REBOOT* auf unterschiedliche Werte beeinflussen können.

REBOOT-Wert	Erläuterung
Force	Erfordert einen Neustart nach dem Abschluss der Installation. In der Benutzeroberfläche wird ein Dialogfeld mit der Aufforderung angezeigt, den Computer neu zu starten. Wird die Installation ohne Anzeige einer Benutzeroberfläche durchgeführt, wird das System automatisch nach Abschluss der Installation neu gestartet.
Suppress	Die Aufforderung zum Neustart nach Beendigung der Installation wird unterdrückt. Der Installer fordert hingegen den Anwender auf, einen Neustart während der Installation durchzuführen, wenn die Aktion *ForceReboot* während des Setups aufgerufen wird. Wird die Installation ohne Anzeige einer Benutzeroberfläche durchgeführt, wird bei jeder *ForceReboot-Aktion* ein Neustart ausgeführt. Vom Windows Installer erwartete Neustarts (z.B. durch verwendete Dateien) am Ende der Installation werden hingegen unterdrückt.
ReallySuppress	Unterdrückt alle Aufforderungen zum Neustart, die durch die Aktion *ForceReboot* während der Installation ausgelöst werden. Ein erforderlicher Neustart am Ende der Installation wird ebenfalls unterdrückt.

Tabelle 3.10: Mögliche Werte der Eigenschaft REBOOT

REBOOTPROMPT

In vielen Fällen ist es notwendig einen Computerneustart automatisch auszuführen, ohne dem Anwender eine diesbezügliche Auswahlmöglichkeit zu bieten. Setzen Sie die Eigenschaft *REBOOTPROMPT* auf den Wert *Suppress* (oder S), um einen notwendigen Neustart durchzuführen, ohne dem Anwender eine Möglichkeit zur Vermeidung des Neustarts zu geben.

HINWEIS: Bei der Erstellung von Installationspaketen sollte hinsichtlich des Neustartverhaltens auch in Betracht gezogen werden, dass diese mitunter auf Servern installiert werden sollen. Pakete, die viele Neustarts erwarten, sind indiskutabel. Beachten Sie, dass der Neustart eines Servers mit erheblichem Aufwand verbunden ist.

Installation für den Benutzer oder für den Computer

Bei Microsoft Windows NT 4.0, Microsoft Windows 2000, Microsoft Windows XP Professional und Microsoft Windows Server 2003 wird die Benutzer- oder Computerinstallation durch die Eigenschaft *ALLUSERS* festgelegt.

- Wird die Eigenschaft *ALLUSERS* nicht verwendet, wird eine Benutzerinstallation durchgeführt.
- Wird die Eigenschaft *ALLUSERS* auf den Wert »1« festgelegt, führt der Windows Installer eine Computerinstallation durch. Hierzu sind jedoch administrative Rechte erforderlich.
- Wird die Eigenschaft *ALLUSERS* auf den Wert »2« festgelegt, beginnt der Windows Installer auch mit einer Computerinstallation. Wird hierbei festgestellt, dass der Benutzer nicht über die benötigten Administratorenrechte verfügt, wird die Eigenschaft *ALLUSERS* automatisch auf den Standardwert zurückgesetzt und eine Benutzerinstallation durchgeführt.

Die Tabelle 3.11 zeigt Ihnen die durchgeführte Installationsart in Abhängigkeit der Verwendung der Eigenschaft *ALLUSERS* zu den zugewiesenen Privilegien.

Berechtigungen	ALLUSERS = "" (Standard)	ALLUSERS = 1	ALLUSERS = 2
Benutzerrechte	Benutzerinstallation. Verwendet Ordner im Profil des Anwenders.	Nicht möglich. Gibt einen Fehler zurück, der darauf hinweist, dass der Anwender nicht die benötigten Rechte besitzt.	Benutzerinstallation. Verwendet Ordner im Profil des Anwenders.
Administrative Rechte	Benutzerinstallation. Verwendet Ordner im Profil des Anwenders.	Computerinstallation. Verwendet Ordner im Profil »All Users«.	Computerinstallation. Verwendet Ordner im Profil »All Users«.

Tabelle 3.11: *Benutzer- und administrative Berechtigungen*

Bei der Verwendung von Microsoft Windows 95, Microsoft Windows 98 und Microsoft Windows Me wird die Installation in Abhängigkeit zur Konfiguration des Betriebssystems durchgeführt:

- Werden Benutzerprofile verwendet und das Startmenü ist benutzergebunden, wird eine Benutzerinstallation durchgeführt.
- Werden Benutzerprofile verwendet und das Startmenü gemeinsam genutzt, wird eine Computerinstallation durchgeführt.
- Werden keine Benutzerprofile verwendet und das Startmenü gemeinsam genutzt, wird eine Benutzerinstallation durchgeführt.

Der Windows Installer setzt die Eigenschaft *ALLUSERS* je nach Konfiguration des Betriebssystems automatisch auf den benötigten Wert zurück.

Benutzerinstallation

Benutzerinstallation bedeutet, dass diese nur für den aktuellen Benutzer verfügbar ist. Die Installation und Konfiguration wird wie folgt vorgenommen:

- Verknüpfungen werden im Benutzerprofil angelegt.
- Anwendungen erscheinen in der Systemsteuerung unter *Software* ausschließlich unter dem Benutzer, der die Installation durchgeführt hat.
- Unter Microsoft Windows 2000 und höher wird die Registrierung von COM-Komponenten unter *HKEY_CURRENT_USER\Software\Classes* durchgeführt.
- Die Installation braucht nicht mit erhöhten Rechten durchgeführt zu werden.
- Symbole und Transformationen werden unter *%USERPROFILE%\Anwendungsdaten\Microsoft\Installer\{ProductCode}* abgelegt.

Die Tabelle 3.12 zeigt, auf welche Werte der Windows Installer die dargestellten Eigenschaften setzt:

Eigenschaft	Beschreibung	Verfügbarkeit
DesktopFolder	Vollständiger Pfad zum Ordner Desktop des aktuellen Benutzers.	Alle Betriebssysteme
ProgramMenuFolder	Vollständiger Pfad zum Ordner Startmenü\Programme des aktuellen Benutzers.	Alle Betriebssysteme
StartMenuFolder	Vollständiger Pfad zum Ordner Startmenü des aktuellen Benutzers.	Alle Betriebssysteme
StartUpFolder	Vollständiger Pfad zum Ordner Autostart des aktuellen Benutzers.	Alle Betriebssysteme
TemplateFolder	Vollständiger Pfad zum Ordner Vorlagen des aktuellen Benutzers.	Alle Betriebssysteme
AdminToolsFolder	Vollständiger Pfad zum Ordner Startmenü\Programme\Verwaltung des aktuellen Benutzers.	Windows 2000. Windows XP, Windows Server 2003
AppDataFolder	Vollständiger Pfad zum Ordner Anwendungsdaten des aktuellen Benutzers.	Alle Betriebssysteme
CommonAppDataFolder	Vollständiger Pfad zum Ordner Anwendungsdaten für alle Benutzer.	Alle Betriebssysteme
FavoritesFolder	Vollständiger Pfad zum Ordner Favoriten des aktuellen Benutzers.	Alle Betriebssysteme
PersonalFolder	Vollständiger Pfad zum Ordner Eigene Dateien des aktuellen Benutzers.	Alle Betriebssysteme
SendToFolder	Vollständiger Pfad zum Ordner SendTo des aktuellen Benutzers.	Alle Betriebssysteme
FontsFolder	Vollständiger Pfad zum Ordner Schriftarten.	Alle Betriebssysteme
ProgramFilesFolder	Vollständiger Pfad zum Ordner Programme des aktuellen Benutzers.	Alle Betriebssysteme
CommonFilesFolder	Vollständiger Pfad zum Ordner Gemeinsame Dateien des aktuellen Benutzers.	Windows NT, Windows 2000, Windows XP, Windows Server 2003
WindowsFolder	Vollständiger Pfad zum Ordner Windows.	Alle Betriebssysteme
SystemFolder	Vollständiger Pfad zum Ordner System des aktuellen Benutzers.	Windows NT, Windows 2000, Windows XP, Windows Server 2003
LocalAppDataFolder	Vollständiger Pfad zum Ordner Anwendungsdaten des aktuellen Benutzers.	Alle Betriebssysteme
MyPicturesFolder	Vollständiger Pfad zum Ordner Eigene Bilder des aktuellen Benutzers.	Alle Betriebssysteme

Tabelle 3.12: Eigenschaftswerte bei einer Benutzerinstallation

Computerinstallation

Computerinstallation bedeutet, dass diese für alle Benutzer verfügbar ist. Die Installation und Konfiguration wird wie folgt vorgenommen:

- Verknüpfungen werden im Profil *All Users* angelegt.

Verwenden des Windows Installers

- COM-Komponenten werden immer unter *HKEY_LOCAL_MACHINE\Software\Classes* registriert.
- Die Installation muss unter Microsoft Windows NT und Microsoft Windows 2000 und höher immer mit erhöhten Rechten durchgeführt werden.
- Symbole und Transformationen werden unter *%Windows%\Installer\{ProductCode}* abgelegt.

Die Tabelle 3.13 zeigt, auf welche Werte der Windows Installer die dargestellten Eigenschaften setzt:

Eigenschaft	Beschreibung	Verfügbarkeit
DesktopFolder	Vollständiger Pfad zum Ordner *Desktop* für alle Benutzer.	Windows NT, Windows 2000, Windows XP, Windows Server 2003
ProgramMenuFolder	Vollständiger Pfad zum Ordner *Startmenü\Programme* für alle Benutzer.	Windows NT, Windows 2000, Windows XP, Windows Server 2003
StartMenuFolder	Vollständiger Pfad zum Ordner *Startmenü* für alle Benutzer.	Windows NT, Windows 2000, Windows XP, Windows Server 2003
StartUpFolder	Vollständiger Pfad zum Ordner *Autostart* für alle Benutzer.	Windows NT, Windows 2000, Windows XP, Windows Server 2003
TemplateFolder	Vollständiger Pfad zum Ordner *Vorlagen* für alle Benutzer.	Windows 2000, Windows XP, Windows Server 2003
AdminToolsFolder	Vollständiger Pfad zum Ordner *Startmenü\Programme\Verwaltung* für alle Benutzer.	Windows 2000, Windows XP, Windows Server 2003
AppDataFolder	Vollständiger Pfad zum Ordner *Anwendungsdaten* für den aktuellen Benutzer.	Alle Betriebssysteme
CommonAppDataFolder	Vollständiger Pfad zum Ordner *Anwendungsdaten* für alle Benutzer.	Windows 2000, Windows XP, Windows Server 2003
FavoritesFolder	Vollständiger Pfad zum Ordner *Favoriten* für den aktuellen Benutzer.	Alle Betriebssysteme
PersonalFolder	Vollständiger Pfad zum Ordner *Eigene Dateien* für den aktuellen Benutzer.	Alle Betriebssysteme
SendToFolder	Vollständiger Pfad zum Ordner *SendTo* für den aktuellen Benutzer.	Alle Betriebssysteme
FontsFolder	Vollständiger Pfad zum Ordner *Schriftarten*.	Alle Betriebssysteme
ProgramFilesFolder	Vollständiger Pfad zum Ordner *Programme* für den aktuellen Benutzer.	Alle Betriebssysteme
CommonFilesFolder	Vollständiger Pfad zum Ordner *Gemeinsame Dateien* für den aktuellen Benutzer.	Windows NT, Windows 2000, Windows XP, Windows Server 2003
WindowsFolder	Vollständiger Pfad zum Ordner *Windows* für den aktuellen Benutzer.	Alle Betriebssysteme
SystemFolder	Vollständiger Pfad zum Ordner *System* für den aktuellen Benutzer.	Windows NT, Windows 2000, Windows XP, Windows Server 2003
LocalAppDataFolder	Vollständiger Pfad zum Ordner *Anwendungsdaten* für alle Benutzer.	Alle Betriebssysteme
MyPicturesFolder	Vollständiger Pfad zum Ordner *Eigene Bilder* für den aktuellen Benutzer.	Alle Betriebssysteme

Tabelle 3.13: Eigenschaftswerte bei einer Computerinstallation

Tools

Die Vielzahl der Befehlszeilen- und Reparaturoptionen, sowie die Zuweisung von Werten zu öffentlichen Eigenschaften erschweren das Verständnis der letztlich zu erstellenden Befehlszeile. Potentielle Fehlerquellen sind in diesem Bereich zu suchen.

Die Firma *Wise Solutions Inc.* stellt auf ihrer Webseite ein kostenloses Tool zur Erstellung von Befehlszeilen bereit. Dieses Tool mit der Bezeichnung *Windows Installer Command Line Builder* bietet alle Möglichkeiten zur menügesteuerten Erstellung diverser Befehlszeilen.

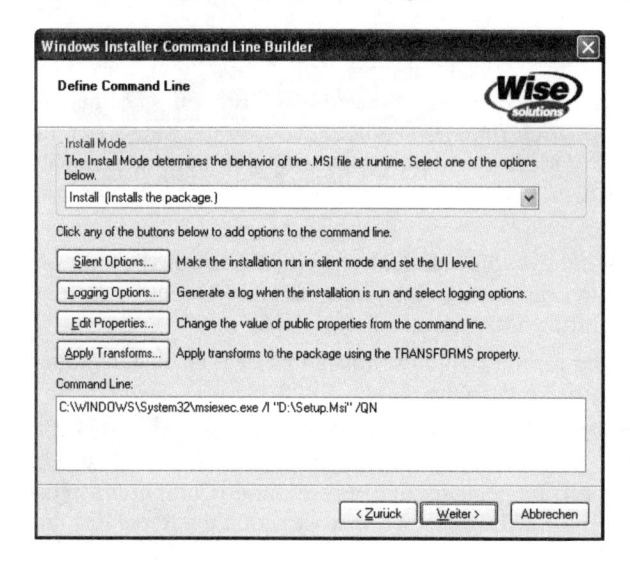

Abbildung 3.7: *Windows Installer Command Line Builder*

In mehreren Dialogfeldern haben Sie die Möglichkeit, Protokollierungsfunktionen zu integrieren, den öffentlichen Eigenschaften Werte zuzuweisen oder den Anzeigemodus der Benutzeroberfläche zu bestimmen.

Nach Abschluss der Eingaben können Sie das Installationspaket direkt starten oder sich eine Verknüpfung erstellen lassen. Bei dem *Windows Installer Command Line Builder* handelt es sich um ein kleines, aber mächtiges Tool, auf dessen Verwendung Sie sicherlich bald nicht mehr verzichten möchten.

Installationssicherheit

Die Softwareinstallation wird mit den Zugriffsrechten des Benutzers ausgeführt. Das bedeutet, dass lediglich Aktionen fehlerfrei ausgeführt werden können, für die der Anwender die notwendigen Berechtigungen besitzt. Der Windows Installer-Dienst ist ein Betriebssystemdienst, der unter einem anderen Sicherheitskontext ausgeführt wird und Installationsaufgaben, die erhöhte Rechte erfordern, durchführen kann. Installationen, die mit erhöhten Rechten ausgeführt werden, werden auch als Verwaltete Anwendungen (Managed Applications) oder Privilegierte Installationen bezeichnet.

Der Windows Installer kann auf folgende Arten veranlasst werden, die Installation mit den erhöhten Rechten auszuführen:

- Die Installation wird von einem Benutzer ausgeführt, für den die lokale Gruppenrichtlinie »Immer mit erhöhten Rechten installieren« (*AlwaysInstallElevated*) gilt.

- Die Installation wird von einem Administrator angekündigt oder unter Verwendung des Active Directory veröffentlicht oder zugewiesen (IntelliMirror).

In diesem Fall wird vom Windows Installer automatisch ein Kontextwechsel vorgenommen. Die Installation wird in einem Kontext mit lokalen, administrativen Berechtigungen ausgeführt.

HINWEIS: Installationen mit erhöhten Rechten sind nur unter den Microsoft Windows NT-basierten Betriebssystemen möglich, da Microsoft Windows 9x über keine entsprechende Sicherheitsimplementierung verfügt.

Lokale Gruppenrichtlinien

Sie können die Verwendung des Windows Installers durch das Festlegen von Gruppenrichtlinien für den lokalen Computer festlegen. In dem *Gruppenrichtlinieneditor* befinden sich die Kategorien für die Computer- und Benutzerkonfiguration. Die Vorlage zum Festlegen von Richtlinien für den Windows Installer finden Sie im Ordner *Administrative Vorlagen\Windows Komponenten\Windows Installer*.

Bei Microsoft Windows NT 4.0, Microsoft Windows 2000 und Microsoft Windows XP kann ein Administrator die Gruppenrichtlinie »Immer mit erhöhten Rechten installieren« (*AlwaysInstallElevated*) für die Computer- und Benutzerkonfiguration aktivieren.

WICHTIG: Beachten Sie, dass diese Einstellung für alle Windows Installer basierten Installationen gilt und daraufhin ein potentielles Sicherheitsrisiko darstellt.

Durch das Festlegen dieser Eigenschaft können somit alle Installationen auf geschützte Bereiche des Betriebssystems wie den Systemordner oder den Registrierungsschlüssel *HKEY_LOCAL_MACHINE* zugreifen. Wird eine Anwendung für die gemeinsame Verwendung (Computerinstallation) installiert, während die oben genannte Richtlinie festgelegt ist, wird dennoch die Reparatur dieser Installation mit erhöhten Rechten durchgeführt, wenn nachträglich die Gruppenrichtlinie deaktiviert wurde. Wird die Anwendung hingegen für den aktuellen Benutzer (Benutzerinstallation) installiert, kann eine Reparatur der Installation nicht durchgeführt werden, nachdem die Richtlinie deaktiviert wurde.

Ankündigen von Installationspaketen

Bei Microsoft Windows NT 4.0, Microsoft Windows 2000, Microsoft Windows XP oder Microsoft Windows Server 2003 kann ein Administrator ein Installationspaket für die Verwendung ankündigen (Advertising). Der Windows Installer wird in diesem Fall die Installation des Paketes immer mit erhöhten Rechten ausführen. Bei dieser Methode wird keine physische Installation des Produktes vorgenommen, vielmehr werden die Schnittstellen installiert, die notwendig sind, um diese Anwendung auszuführen. Als Schnittstellen können in diesem Zusammenhang Verknüpfungen im Startmenü angesehen werden. Werden von einer Anwendung oder von einem Anwender diese Schnittstellen aktiviert, werden die benötigten Komponenten der Anwendung automatisch installiert.

Bei dem Ankündigen von Installationspaketen gibt es zwei mögliche Arten zu betrachten. Bei der gerade erwähnte Möglichkeit handelt es sich um eine »Zugewiesene Installation« (Assigned Installation). Die weitere Möglichkeit ist die »Veröffentlichte Installation« (Published Installation), die jedoch nur über entsprechende Verteilungsmechanismen realisiert werden kann.

HINWEIS: Die Vorgehensweise zur lokalen Ankündigung von Produkten, ist bereits im ▶ Abschnitt »Installationsoptionen« weiter vorne in diesem Kapitel erläutert worden.

Zugewiesene Installation

Wie bereits dargestellt, erfolgt bei dieser Art der Installation keine echte physische Einrichtung des Softwareproduktes. Vielmehr werden die folgenden Schnittstellen implementiert, um dem Anwender die Möglichkeit einer vollständigen Installation zu geben:

- Verknüpfungen mit Symbolen werden im Startmenü angelegt.
- Dateierweiterungen werden bereits mit dieser Anwendung verknüpft.
- Einträge in der Systemregistrierung weisen bereits auf diese Anwendung hin.

Aktiviert der Benutzer eine Verknüpfung im Startmenü oder aktiviert er eine Datei, die mit dieser Anwendung verknüpft ist, werden die erforderlichen Komponenten installiert.

Unter den Betriebssystemen Microsoft Windows 2000, Microsoft Windows XP und Microsoft Windows Server 2003 können COM-Klassen als angewiesene Komponenten installiert werden. Eine physische Installation dieser Komponenten erfolgt erst, wenn eine Instanz hiervon erstellt wird.

Veröffentlichte Installation

Eine Anwendung kann nur durch Verteilungsmechanismen wie dem Microsoft Windows 2000 Server oder dem Microsoft Windows Server 2003 veröffentlicht werden. Bei dieser Art der Installation werden keine Schnittstellen der Software installiert, jedoch kann diese Anwendung auch über Dateiverknüpfungen installiert werden. Die veröffentlichten Anwendungen werden im Dialogfeld *Software* der Systemsteuerung unter *Neue Programme hinzufügen* aufgelistet. Diese Funktion steht Ihnen jedoch nur zur Verfügung, wenn Sie Microsoft Windows 2000 oder Microsoft Windows XP als Client verwenden.

Unterstützung durch das Betriebssystem

Die Funktionen zum Ankündigen von Installationspaketen unterscheiden sich nach dem verwendeten Betriebssystem. Die Tabelle 3.14 stellt die Unterstützung durch das jeweilige Betriebssystem dar:

Betriebssystem	Funktionen beim Ankündigen
Microsoft Windows 2000 und Microsoft Windows XP	Verknüpfungen mit zugehörigen Symbolen. Dateierweiterungen, die in der Tabelle *ProgID* festgelegt sind. *CLSID* und *InProcHandler*. Installation bei Bedarf von COM-Komponenten programmtechnisch nur möglich durch Verwenden von *CoCreateInstance* (C/C++) und *GetObject* oder *CreateObject* (Visual Basic)
Microsoft Windows 98 and Microsoft Windows Millennium Edition	*Shell* und *MIME*-Unterstützung. Alle bereits oben genannten, mit Ausnahme der *CLSID*. Diese Funktionalität steht nur beim Ankündigen von Komponenten zur Verfügung.
Microsoft Windows 95 und Windows NT 4.0 + IE4.01 sp1 + Windows Desktop Update (shell32.DLL >= 4.72.3110.0)	*Shell* und *MIME*-Unterstützung. Alle bereits oben genannten, mit Ausnahme der *CLSID*. Diese Funktionalität steht nur beim Ankündigen von Komponenten zur Verfügung.
Microsoft Windows 95 und Microsoft Windows NT 4.0 (shell32.DLL < 4.72.3110.0)	Ankündigen wird von diesen Betriebssystemen nicht unterstützt.

Tabelle 3.14: Funktionsumfang unter den Betriebssystemen

HINWEIS: Bei der Verwendung von Microsoft Windows 95 und Microsoft Windows 98 steht die Funktionalität über angemeldete Verknüpfungen im Startmenü erst nach der Durchführung eines Neustarts zur Verfügung.

Flexibilität der Datenquellen

Mit der Flexibilität der Datenquellen (Source Resiliency) wird die Fähigkeit des Windows Installers beschrieben, flexibel auf Änderungen der Quellverzeichnisse zu reagieren. Betrachten Sie zum besseren Verständnis ein kleines Szenario.

Sie installieren eine Anwendung von einer Datenquelle, die sich auf einem Netzlaufwerk befindet. Zu einem späteren Zeitpunkt möchten Sie bestimmte Teile der Anwendung nachinstallieren. In der Zwischenzeit steht das Netzlaufwerk nicht mehr zur Verfügung. Es kann sein, dass die Freigabebezeichnung geändert wurde oder der entsprechende Computer momentan nicht verfügbar ist.

Der Windows Installer reagiert in solchen oder ähnlichen Fällen durch die Verwendung einer Auflistung alternativer Installationsquellen äußerst flexibel auf die beschriebene Problematik. Diese Auflistung kann in der Version 2.0 des Windows Installers eine unbestimmte Anzahl von Quellen für das Installationspaket beinhalten, die vom Windows Installer automatisch durchsucht werden. Bei den Eintragungen in dieser Liste kann es sich um freigegebene Netzwerkverzeichnisse, Uniform Resource Locators (URLs) oder andere Medienquellen wie Disketten, Compact Disks o.ä. handeln.

Die Designer von Installationspaketen brauchen keine zusätzlichen Funktionen in Windows Installer-Pakete integrieren, um diese Flexibilität zu gewährleisten. Der Windows Installer erstellt diese Liste automatisch und ergänzt sie fortlaufend. Bei der ersten Installation der Software wird das ursprüngliche Quellverzeichnis als Eintrag dieser Liste hinzugefügt. Dieses Verzeichnis wird auch in die Eigenschaft *SourceDir* des Installer-Paketes übernommen. Werden zu späteren Zeitpunkten beispielsweise Reparaturen an der Anwendung vorgenommen oder weitere Features nachinstalliert, wird das hierfür verwendete Quellverzeichnis der Auflistung angefügt.

Sie können diese Auflistung manuell ergänzen, indem Sie die Eigenschaft *SOURCELIST* in der Tabelle *Property* oder über Transformationen verändern. Bei der Installation eines Softwarepaketes können Sie der Eigenschaft *SOURCELIST* eine durch Semikolon getrennte Auflistung alternativer Quellen übergeben, wie im Folgenden dargestellt:

msiexec /i d:\setup.msi SOURCELIST="\\Server\Share;http://example.com/downloads"

Der Installer beginnt die Suche nach einem geeigneten Quellverzeichnis mit dem am häufigsten verwendeten Eintrag (MRU). Schlägt diese Suche fehl, werden als nächstes die Netzlaufwerke durchsucht, danach die Medienquellen wie Disketten oder Compact Disks und zum Schluss die URLs. Diese Suchreihenfolge kann durch das Ändern der gleichnamigen Gruppenrichtlinie verändert werden. Wurden alle Einträge der Auflistung ergebnislos durchsucht, wird das Dialogfeld *Funktionen verwenden von* zur manuellen Auswahl eines geeigneten Verzeichnisses angezeigt.

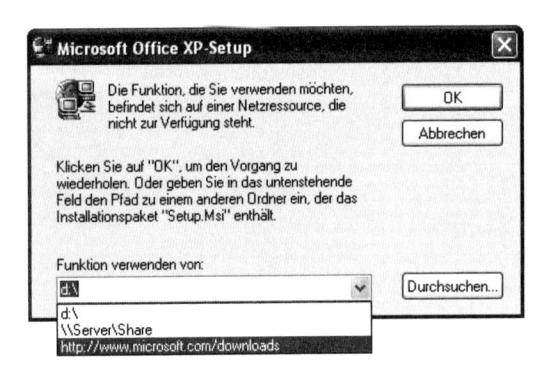

*Abbildung 3.8:
Auswahl eines abweichenden Verzeichnisses*

HINWEIS: Das Dialogfeld zur Auswahl eines anderen Installationsverzeichnisses wird nur angezeigt, wenn der Anwender über Administratorenrechte verfügt, oder dieses auch für Nichtadministratoren über die Gruppenrichtlinien definiert ist.

Die Möglichkeit zur Auswahl von Installationsquellen über das Dialogfeld *Durchsuchen* kann über die Gruppenrichtlinien »Dialog Durchsuchen für die Suche nach einer neuen Quelle entfernen« (*DisableBrowse*) und »Durchsuchen für Benutzer mit erhöhten Rechten aktivieren« (*AllowLockDownBrowse*) kontrolliert werden. Weiterhin kann festgelegt werden, ob Installationen von Medienquellen durchgeführt werden dürfen. Hierzu können die Gruppenrichtlinien »Verwenden von Medienquellen für Benutzer mit erhöhten Rechten aktivieren« (*AllowLockDownMedia*) und »Wechselmedienquellen für alle Installationen verhindern« (*DisableMedia*) angewandt werden.

WICHTIG: Beachten Sie, dass die Verwendung von Wechselmedien zur Installation von Anwendungen ein potentielles Sicherheitsrisiko darstellt. In großen Netzwerken sollten Sie unbedingt Maßnahmen ergreifen dieses Sicherheitsrisiko zu minimieren.

Wie bereits geschildert, können Sie die erforderlichen Vorkehrungen zur Minimierung der Sicherheitsrisiken, durch das Verwenden von Gruppenrichtlinien treffen. Die Verwendung dieser Richtlinien ist jedoch abhängig von der verwendeten Version des Windows Installers.

Microsoft Windows Installer Version 1.0

Bei der Windows Installer Version 1.0 werden Wechsellaufwerke zur Auflistung der Quellen hinzugefügt. Zur Absicherung einer solchen Installation sollten Sie die Gruppenrichtlinien *DisableMedia* und *DisableBrowse* aktivieren. Bei der Richtlinie »Suchreihenfolge« (*SearchOrder*) sollten Sie die Option »m« entfernen.

Durch diese Einstellungen wird die Schaltfläche *Durchsuchen* neben der Liste *Funktionen verwenden von* deaktiviert. Benutzer ohne administrative Berechtigungen müssen einen Installationsdateipfad verwenden, den der Administrator für die Liste *Funktionen verwenden von* konfiguriert hat. Dabei wird verhindert, dass eine Installation mit erhöhten Rechten von Wechselmedien ausgeführt werden darf. Sie sollten jedoch beachten, dass durch das Aktivieren von *DisableMedia* keine Quellen registriert werden, die sich auf einem Wechselmedium befinden. Dieses gilt auch, falls die erste Installation von einem Wechselmedium ausgeführt wurde.

Richtlinie	Installation nicht verwalteter Anwendungen ohne Administratorenrechte		Installation verwalteter Anwendungen ohne Administratorenrechte		Installation Administratorenrechte	
	Installation von Wechselmedien	Dialogfeld *Durchsuchen*	Installation von Wechselmedien	Dialogfeld *Durchsuchen*	Installation von Wechselmedien	Dialogfeld *Durchsuchen*
Standard	X	X	X	X	X	X
DisableMedia, *DisableBrowse* und Entfernen der Option »m«						

Tabelle 3.15: *Systemrichtlinien beim Windows Installer 1.0*

Microsoft Windows Installer Version 1.1

Bei der Verwendung der Windows Installer-Version 1.1 sollten Sie die Installation von Anwendungen durch das Aktivieren der Richtlinien *DisableMedia* und *DisableBrowse* absichern. Bei der Richtlinie *SearchOrder* sollten Sie zusätzlich die Option »m« entfernen.

Durch diese Einstellungen wird die Schaltfläche *Durchsuchen* neben der Liste *Funktionen verwenden von* deaktiviert. Benutzer ohne administrative Berechtigungen müssen einen Installationsdateipfad verwenden, den der Administrator für die Liste *Funktionen verwenden von* konfiguriert hat. Dabei wird verhindert, dass eine Installation mit erhöhten Rechten von Wechselmedien ausgeführt werden darf. Ein Administrator kann jedoch einem Anwender ohne Administratorenrechte die Rechte einräumen, privilegierte Installationen von einem Wechselmedium durchzuführen. Hierzu müssen die Gruppenrichtlinien »Durchsuchen für Benutzer mit erhöhten Rechten aktivieren« (*AllowLockdownBrowse*) und »Verwenden von Medienquellen für Benutzer mit erhöhten Rechten aktivieren« (*AllowLockdownMedia*) gesetzt werden.

Sie sollten jedoch beachten, dass durch das Aktivieren der Richtlinie *DisableMedia* die eigentliche Installation von Wechselmedien nicht verhindert wird. Diese Richtlinie verhindert, dass im Wartungsmodus (Maintenance Installation) Installationen von Wechselmedien durchgeführt werden können.

Richtlinie	Installation nicht verwalteter Anwendungen ohne Administratorenrechte		Installation verwalteter Anwendungen ohne Administratorenrechte		Installation Administratorenrechte	
	Installation von Wechselmedien	Dialogfeld *Durchsuchen*	Installation von Wechselmedien	Dialogfeld *Durchsuchen*	Installation von Wechselmedien	Dialogfeld *Durchsuchen*
AllowLockDownBrowse	X	X		X	X	X
AllowLockDownMedia	X	X	X		X	X
Standard	X	X	X		X	X
DisableBrowse und Entfernen der Option »m«	X		X		X	
DisableMedia und Entfernen der Option »m«		X				X

Tabelle 3.16: Systemrichtlinien beim Windows Installer 1.1

Microsoft Windows Installer Version 2.0

Benutzer, die über keine administrativen Berechtigungen verfügen, können bei der Verwendung des Windows Installer Version 2.0 standardmäßig keine Installationen mit erhöhten Rechten durchführen. Ebenso wird die Anzeige des Dialogfeldes *Durchsuchen* für diese Benutzergruppe verhindert.

Ein Administrator kann jedoch einem Anwender ohne Administratorenrechte die Rechte einräumen, privilegierte Installationen von einem Wechselmedium durchzuführen. Hierzu müssen die Gruppenrichtlinien »Durchsuchen für Benutzer mit erhöhten Rechten aktivieren« (*AllowLockdownBrowse*) und »Verwenden von Medienquellen für Benutzer mit erhöhten Rechten aktivieren« (*AllowLockdownMedia*) gesetzt werden.

Richtlinie	Installation nicht verwalteter Anwendungen ohne Administratorenrechte		Installation verwalteter Anwendungen ohne Administratorenrechte		Installation Administratorenrechte	
	Installation von Wechselmedien	Dialogfeld *Durchsuchen*	Installation von Wechselmedien	Dialogfeld *Durchsuchen*	Installation von Wechselmedien	Dialogfeld *Durchsuchen*
AllowLockDownBrowse	X	X		X	X	X
AllowLockDownMedia	X	X	X		X	X
Standard	X	X			X	X
DisableBrowse	X				X	
DisableMedia		X				X

Tabelle 3.17: Systemrichtlinien beim Windows Installer 2.0

Systemwiederherstellung

Die Systemwiederherstellung ist eine Betriebssystemkomponente, die Sie zum Wiederherstellen eines früheren Zustands des Computers verwenden können, ohne dass dabei Datendateien (wie z.B. Microsoft Word-Dokumente, Browsersuchverläufe, Zeichnungen, Favoriten oder E-Mail-Nachrichten) verloren gehen. Die Systemwiederherstellung überwacht Änderungen am System und an bestimmten Anwendungsdateien und erstellt automatisch leicht identifizierbare Wiederherstellungspunkte. Diese Wiederherstellungspunkte ermöglichen das Zurücksetzen des Systems in einen früheren Zustand. Sie werden täglich und bei wichtigen Systemereignissen erstellt. Darüber hinaus können Sie jederzeit eigene Wiederherstellungspunkte erstellen und benennen.

Die Systemwiederherstellung steht Ihnen unter Microsoft Windows Me und Microsoft Windows XP zur Verfügung. Der Windows Installer erstellt unter Microsoft Windows Me automatisch Wiederherstellungspunkte beim Ausführen folgender Aktionen:

- Installation der Software
- Reparatur der Software
- Deinstallation der Software

Bei der Verwendung unter Microsoft Windows XP werden Wiederherstellungspunkte bei der Installation und der Deinstallation der Software erstellt. Der Installer erstellt jedoch nur diese Punkte, wenn die Installation mit einer Benutzeroberfläche (mindestens Basic UI) ausgeführt wird. Bei einer Installation, die ohne Anzeige einer Benutzeroberfläche ausgeführt wird, können keine Wiederherstellungspunkte erstellt werden. Die Erstellung von Wiederherstellungspunkten unter Microsoft Windows XP kann recht komplex und daher sehr zeitaufwändig sein.

Bei der Installation vieler kleiner Anwendungen ist es daher mitunter erforderlich, die Systemwiederherstellung zu deaktivieren. Aktivieren Sie hierzu die Gruppenrichtlinie »Erstellung von Systemwiederherstellungsprüfpunkten deaktivieren« (*LimitSystemRestoreCheckpointing*).

Möchten Sie trotz dieser Einstellungen unbedingt einen Prüfpunkt erstellen, können Sie die Funktion *SRSetRestorePoint* des *System Restore API* in einer benutzerdefinierten Aktion verwenden.

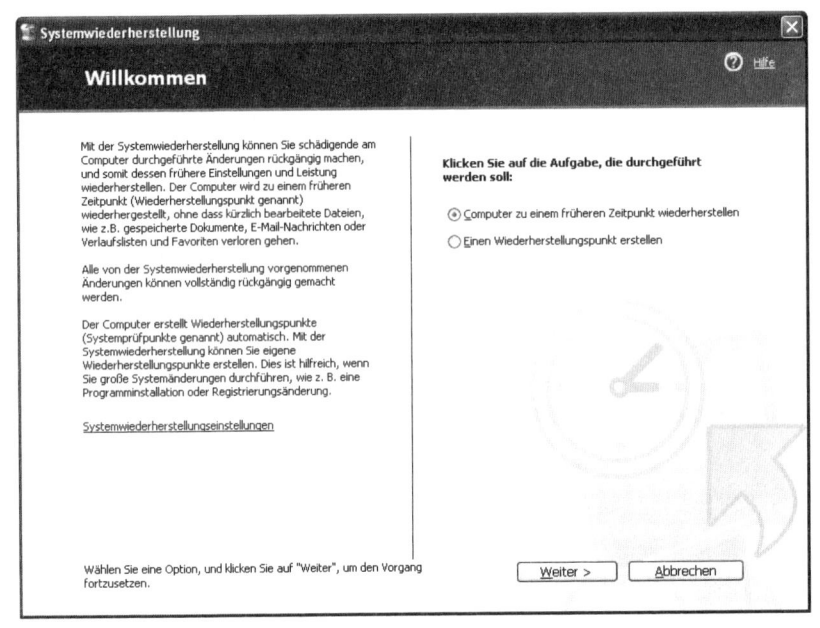

Abbildung 3.9: Systemwiederherstellung unter Windows XP

Fazit

Ein sehr spannendes Kapitel liegt hinter Ihnen und hat Ihnen hoffentlich einen ersten Einblick in die vielfältigen Möglichkeiten und Funktionalitäten des Windows Installers gegeben.

In diesem Kapitel haben wir den Microsoft Windows Installer von außen betrachtet. Also die Funktionalitäten besprochen, die von außen Einfluss auf durchzuführende Installationsprozesse ausüben.

Zur Sicherstellung einer Windows Installer-basierten Installation muss sich dieser auf dem System befinden. Durch den Bootstrapper wird diese Voraussetzung geschaffen. Sie können über Befehlszeilenoptionen die zu verwendende Installationsart steuern und weitere Definitionen für den Installationsablauf festlegen. Die Gruppenrichtlinien ermöglichen es, von einem zentralen Punkt aus Windows Installer-basierte Installationen zu steuern und notwendigerweise einige sicherheitsrelevante Einstellungen vorzunehmen.

4 Basistechnologie des Windows Installers

- 83 Windows Installer-Paket
- 93 Kategorisierung der Elemente
- 109 Quellmedien
- 116 Eigenschaften
- 139 Fazit

Professionelle Authoringtools zum Erstellen von Installationsprogrammen erleichtern dem Entwickler die hierbei anfallenden Tätigkeiten. Sie fassen viele einzelne Aktionen zusammen und führen den Entwickler durch den Erstellungsprozess. Dem Entwickler bleiben die eigentlichen Implementierungsvorgänge verborgen, sodass bei einer Fehlersuche oder detaillierten Analyse des Windows Installer-Paketes mit entsprechenden Problemen zu rechnen ist. Der Entwickler besitzt keine Kenntnis der internen Zusammenhänge. Dieses Kapitel betrachtet den internen Aufbau eines solchen Installationsprogrammes und gibt Ihnen das nötige Basiswissen, um robuste Installationspakete zu erstellen und effektivere Problembehandlungen durchzuführen.

Windows Installer-Paket

Bei einem Windows Installer-Paket handelt es sich um einen Satz von Dateien, die Instruktionen zur Durchführung der Installation enthalten. Windows Installer-Pakete werden durch einen eindeutigen Paketcode (PackageCode) identifiziert, der in der Eigenschaft *Revision Number* des *Summary Information Streams* (Übersichtsinformationen) gespeichert ist. Bei dem *PackageCode* handelt es sich um eine GUID, die bei jeder Änderung am Paket ebenfalls geändert werden muss. Wird diese Vorgabe nicht beachtet, verwendet der Windows Installer beim Aufspielen eines Updates weiterhin die im Cache gespeicherte ältere Kopie des Paketes, wodurch modifizierte Komponenten nicht installiert werden.

Ein einzelnes Windows Installer-Paket kann verwendet werden, um mehrere Produkte zu installieren. Beispielsweise kann die Installation eines Windows Installer-Paketes ohne Transformation die deutsche Version einer Anwendung installieren, unter Verwendung einer entsprechenden Transformation kann eine andere Sprache wie z.B. Englisch installiert werden. Die deutsche und die englische Version verfügen in diesem Fall über unterschiedliche *ProductCodes*, aber über einen identischen *PackageCode*, wodurch beide Versionen auf einem gemeinsamen Windows Installer-Paket aufbauen, aber parallel installiert werden können.

Physisch betrachtet, handelt es sich bei dem Windows Installer-Paket um ein Verbunddokument (Compound Document), das die folgenden Elemente enthalten kann:

- Den Summary Information Stream.
- Die Windows Installer-Datenbank.
- Die zu installierenden Dateien, welche hierbei in komprimierter Form in einer Paketdatei (*.cab*) vorliegen müssen.
- Dateien, die für die Installation benötigt werden, beispielsweise Bitmaps zur Anzeige in der Benutzeroberfläche.
- Transformationen

Es können alle für die Installation benötigten Dateien und Informationen in eine MSI-Datei implementiert werden, sodass das Windows Installer-Paket lediglich aus dieser Datei besteht. Ebenso können die zu installierenden Quelldateien außerhalb der MSI-Datei abgelegt werden. In diesem Fall besteht das Windows Installer-Paket aus der MSI-Datei und den benötigten Quelldateien. Das Windows Installer-Paket ist das installierbare Softwareprodukt aus Sicht des Entwicklers. Die Abbildung 4.1 stellt ein Windows Installer-Paket schematisch dar.

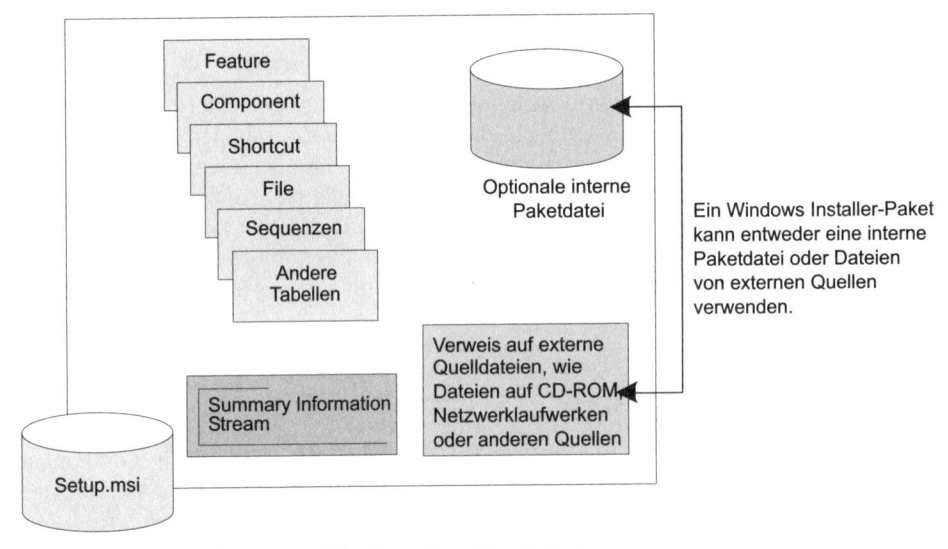

Abbildung 4.1: *Aufbau eines Windows Installer-Paketes*

Generell lässt sich aus den geschilderten Tatsachen, die folgende Feststellung ableiten:

- Ein Windows Installer-Paket kann aus einer oder mehreren Dateien bestehen. Die Schlüsseldatei dieses Windows Installer-Paketes verfügt über die Dateiendung *.msi*. Diese Datei kann mehrere Datenströme enthalten, wobei die Windows Installer-Datenbank und der *Summary Information Stream* immer enthalten sein müssen.
- Bei der Windows Installer-Datenbank handelt es sich um eine relationale Datenbank, die die Anweisungen zur Darstellung der Benutzeroberfläche und zur tatsächlichen Durchführung der Installation enthält.
- Bei dem *Summary Information Stream* handelt es sich um ein gemeinsames Merkmal aller Dateien, die auf dem Format für Verbunddokumente (Compound Document Format) basieren.

HINWEIS: Zum besseren Verständnis der Erläuterungen in diesem Kapitel sollten Sie ein Windows Installer-Paket mit dem Windows Installer Tabellen Editor betrachten. Im ▶ Anhang finden Sie Informationen zum Aufbau der Windows Installer-Datenbank und den verwendeten Datentypen.

Komponentenbasierte Softwareentwicklung

Im Rahmen der komponentenbasierten Softwareentwicklung wird man zwangsläufig mit mehreren Begriffen konfrontiert, die es im Vorfeld zu klären gilt.

Das Component Object Model (COM)

COM ist ein binärer Standard, bei dem es unerheblich ist, mit welchem Compiler oder welcher Sprache die Komponente entwickelt wurde. COM definiert wie unterschiedliche Softwareprodukte ihre Dienste anbieten können, unabhängig davon, wie die Kommunikation zwischen den Objekten stattfindet.

COM ist in erster Linie eine Integrationstechnologie, mit der Softwaresysteme aus unabhängig entwickelten Komponenten zusammengestellt werden können.

Strukturierte Speicherung (Structured Storage)

Die strukturierte Speicherung realisiert die permanente Speicherung von COM-Objekten. In vielen Fällen enthalten Objekte nicht nur Methoden, sondern auch Daten, die bei Bedarf geladen werden müssen. Der Programmierer benötigt für solche Szenarien eine Technologie, die das Speichern und Laden von Objektzuständen ermöglicht. Zusätzlich muss der Client letztlich die Kontrolle haben, wann und wo etwas gespeichert wird.

Das Speichern von Objekten in einfachen Dateien bedeutet, dass für jedes Objekt eine eigene Datei gehalten wird. Worddokumente bestehen aus sehr vielen Objekten, jedoch nur aus einer Datei. Dieses wird durch die strukturierte Speicherung ermöglicht.

Bei der strukturierten Speicherung verfügt jedes Objekt über einen privaten Bereich in der Datei, in dem es seine Daten ablegen kann. Es gibt Storage- und Stream-Objekte, die bei einer Projektion auf das Dateisystem mit Ordnern und Dateien verglichen werden können. Die auf diese Weise zusammengesetzte Datei wird als Verbunddokument (Compound Document) bezeichnet.

Verbunddokumente (Compound Document)

Bei der Betrachtung von Verbunddokumenten wird man immer wieder auf die Verwendung vieler COM-Technologien stoßen. Es gibt immer einen Container, der alle benötigten Informationen enthält. Andere Anwendungen können ihre Dokumente in diesem Container positionieren. Die Positionierung dieser Dokumente kann auf die beiden Arten *Einbetten* (Embedding) und *Verknüpfen* (Linking) erfolgen und bedient sich immer der strukturierten Speicherung. Beim *Einbetten* werden die Server-Daten physisch in der gleichen Datei abgespeichert, die der Container verwendet. Beim *Verknüpfen* werden die entsprechenden Serverdaten außerhalb der Datei belassen, im Container sind lediglich Referenzen, die auf diese Dateien verweisen.

In Abbildung 4.2 wird ihnen die Struktur der Datei beim *Embedding* aufgezeigt.

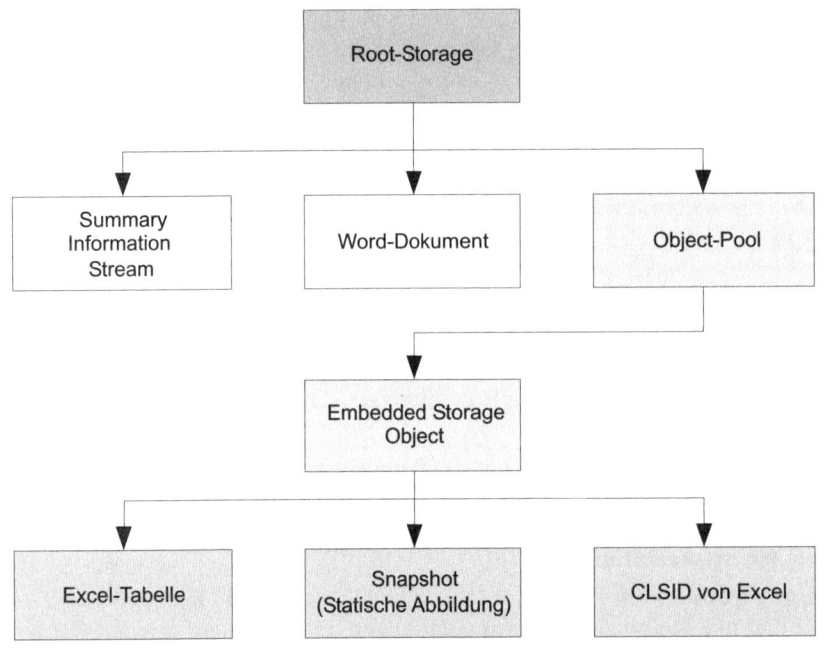

Abbildung 4.2: Struktur eines Verbunddokumentes

Direkt unterhalb des *Root-Storage* ist das Word-Dokument in einem Stream gespeichert. Das Inhaltsverzeichnis der Datei (Summary Information Stream) ist ebenfalls unter dem *Root-Storage* abgelegt. Zusätzlich gibt es noch den *Object-Pool* als weiteren Speicherbereich. Unter dem *Object-Pool* können zusätzliche Speicherbereiche angeordnet sein, da ein Word-Dokument auch mehrere eingebettete Objekte enthalten kann. In dem oben dargestellten Beispiel handelt es sich um eine Excel-Tabelle. Diese Excel-Tabelle wird in drei Streams abgelegt. Ein Stream enthält die Daten und ein weiterer die entsprechende *CLSID* des Basisobjektes. Im letzten Stream wird ein *Snapshot* (statische Abbildung) des Objektes abgelegt. Dieser Snapshot dient dazu, die Tabelle im Word-Dokument anzuzeigen, ohne Excel starten zu müssen. Excel wird in diesem Fall erst gestartet, wenn tatsächliche Änderungen an den Daten der Tabelle vorgenommen werden.

Summary Information Stream

Bei dem *Summary Information Stream* handelt es sich um ein Kernobjekt in Verbunddokumenten, dass für die strukturierte Speicherung unerlässlich ist. Der *Summary Information Stream* enthält allgemeine Informationen zu dem Basisdokument, die über das Dialogfeld *Eigenschaften* des Windows-Explorers betrachtet werden können. Zusätzlich enthält der *Summary Information Stream* noch spezifische Informationen, die von der Art des Basisdokumentes abhängig sind. In einer Datei, die für die Windows Installer-Technologie erstellt wurde, sind diese Informationen für die Festlegung von Installationsoptionen notwendig. Hierbei handelt es sich u.a. um die Festlegung der Verwendungsart der Quelldateien und die benötigte Windows Installer-Version.

Eigenschaften im Summary Information Stream

Die Tabelle 4.1 zeigt Ihnen die vom *Summary Information Stream* zur Verfügung gestellten Eigenschaften. Neben den Eigenschaftsnamen und den zugrunde liegenden Datentypen finden Sie hier auch die IDs für diese Eigenschaft. Das Feld *PID* enthält den numerischen Wert und das Feld *Eigenschafts-ID* zeigt die korrespondierende Definition aus den Win32- API-Header-Dateien.

Name	Eigenschafts-ID	PID	Typ
Codepage	PID_CODEPAGE	1	VT_I2
Title	PID_TITLE	2	VT_LPSTR
Subject	PID_SUBJECT	3	VT_LPSTR
Author	PID_AUTHOR	4	VT_LPSTR
Keywords	PID_KEYWORDS	5	VT_LPSTR
Comments	PID_COMMENTS	6	VT_LPSTR
Template	PID_TEMPLATE	7	VT_LPSTR
Last Saved By	PID_LASTAUTHOR	8	VT_LPSTR
Revision Number	PID_REVNUMBER	9	VT_LPSTR
Last Printed	PID_LASTPRINTED	11	VT_FILETIME
Create Time/Date	PID_CREATE_DTM	12	VT_FILETIME
Last Save Time/Date	PID_LASTSAVE_DTM	13	VT_FILETIME
Page Count	PID_PAGECOUNT	14	VT_I4
Word Count	PID_WORDCOUNT	15	VT_I4
Character Count	PID_CHARCOUNT	16	VT_I4
Creating Application	PID_APPNAME	18	VT_LPSTR
Security	PID_SECURITY	19	VT_I4

Tabelle 4.1: *Eigenschaften des Summary Information Streams*

Wie bereits vorhin erläutert, ist der Summary Information Stream kein spezifisches Objekt der Windows Installer-Technologie, sondern eine gemeinsame Objektgrundlage aller Verbundobjekte. Aus diesem Grund lässt der verwendete Eigenschaftsname nicht in allen Fällen auf den Eigenschaftswert schließen. Die Tabelle 4.2 gibt Ihnen einen Überblick über die Verwendung der Eigenschaftswerte des Summary Information Streams.

Eigenschaft	Installer-Paket	Transformation	Patch-Paket
Title	Installation Database	Transform	Patch
Subject	Installer-Eigenschaft *ProductName*	Kurze Beschreibung der Transformation. Enthält häufig den Produktnamen.	Kurze Beschreibung des Patches. Enthält häufig den Produktnamen.
Author	Installer-Eigenschaft *Manufacturer*	Installer-Eigenschaft *Manufacturer*	Installer-Eigenschaft *Manufacturer*
Keywords	Wird für Anwendungen verwendet, die nach Schlüsselwörtern suchen können. Typischerweise ist der Begriff *Installer* hier zu verwenden.	Wird für Anwendungen verwendet, die nach Schlüsselwörtern suchen können. Typischerweise ist der Begriff *Transform* hier zu verwenden.	Eine durch Semikolon getrennte Liste der Quellen für den Patch

▶

Basistechnologie des Windows Installers

Eigenschaft	Installer-Paket	Transformation	Patch-Paket
Comments	»Dieses Installationspaket enthält die Daten zur Installation des Produktes <ProductName>«	»Diese Transformation enthält die Daten zur Modifikation des Produktes <ProductName>«	»Dieser Patch enthält die Daten zur Modifikation des Produktes <ProductName>«
Template (Erforderlich)	Plattformen und Sprachen, die von diesem Paket unterstützt werden.	Plattformen und Sprachen, die kompatibel mit dieser Transformation sind. Es kann lediglich eine Sprache angegeben werden. Bleibt dieses Feld leer, sind keine Einschränkungen definiert.	Eine durch Semikolon getrennte Liste von *Product-Codes*, die diesen Patch verwenden können.
Last Saved By	Während einer administrativen Installation wird in dieser Eigenschaft der Name des Anwenders gespeichert, der die Installation ausgeführt hat.	Plattformen und Sprachen, die von dieser Transformation unterstützt werden.	Eine durch Semikolon getrennte Liste von Transformationen, in der Reihenfolge, wie diese angewendet wurden.
Revision Number (Erforderlich)	*PackageCode* des Windows Installer-Pakets	Eine durch Semikolon getrennte Liste der *ProductCodes* und Versionen der alten und neuen Version, sowie dem *UpgradeCode*.	Gibt den Code (*GUID*) für diesen Patch an. Hieran werden alle weiteren Patch-Codes angefügt, die durch Einspielen dieses Patches entfernt werden sollen.
Last Printed	Während einer administrativen Installation wird in dieser Eigenschaft der Zeitpunkt gespeichert, an dem die Installer-Datenbank erstellt wurde.	*Null*	*Null*
Create Time/Date	Uhrzeit und Datum, an dem die Installer-Datenbank erstellt wurde.	Uhrzeit und Datum, an dem die Transformation erstellt wurde.	Uhrzeit und Datum, an dem der Patch erstellt wurde.
Last Saved Time/Date	*Null* bei der Erstellung. Uhrzeit und Datum werden bei jeder Änderung auf das aktuelle Systemdatum/-zeit gesetzt.	*Null* bei der Erstellung. Uhrzeit und Datum werden bei jeder Änderung auf das aktuelle Systemdatum /-zeit gesetzt.	*Null* bei der Erstellung. Uhrzeit und Datum werden bei jeder Änderung auf das aktuelle Systemdatum/-zeit gesetzt.
Page Count (Erforderlich)	Mindestens benötigte Windows Installer-Version. Für die Version 1.0 muss als Eigenschaftswert 100 verwendet werden.	Mindestens benötigte Windows Installer Version zum Anwenden der Transformation.	*Null*
Word Count (Erforderlich)	Typ der Quelldateien. Es handelt sich um ein Bit-Feld.	*Null*	Enthält einen Wert, der das Modul definiert, mit dem der Patch erstellt wurde.
Character Count	*Null*	Der höherwertige Bereich spezifiziert die *Transform Validation Flags* der Transformation, der niederwertigere Teil spezifiziert die *Transform Error Condition Flags*.	*Null*
Creating Application	Die Anwendung, die verwendet wird, um die Installer-Datenbank zu erstellen.	Die Anwendung, die verwendet wird, um die Transformation zu erstellen.	Die Anwendung, die verwendet wird, um den Patch zu erstellen.

Eigenschaft	Installer-Paket	Transformation	Patch-Paket
Security	2 – Empfohlener Schreibschutz	4 – Erzwungener Schreibschutz	4 – Erzwungener Schreibschutz
Codepage	Gibt an, welche Codepage verwendet werden muss, um den Summary Information Stream anzuzeigen.	Gibt an, welche Codepage verwendet werden muss, um den Summary Information Stream anzuzeigen.	Gibt an, welche Codepage verwendet werden muss, um den Summary Information Stream anzuzeigen.

Tabelle 4.2: Verwendung des Summary Information Stream

Referenz zum Summary Information Stream

Nachfolgend werden die einzelnen Eigenschaften des *Summary Information Streams* detailliert aufgeführt.

Author (Autor): Diese Eigenschaft wird verwendet, um Informationen über den Hersteller des Installer-Paketes in den entsprechenden Datei-Browsern anzuzeigen. Dieser Wert wird normalerweise aus der Installer-Eigenschaft *Manufacturer* übernommen.

Character Count (Zeichenanzahl): Diese Eigenschaft wird ausschließlich für Transformationen verwendet. Dieses Feld ist in zwei 16-Bit-Werte aufgeteilt. Der höherwertige Bereich enthält Flags zum Festlegen von Bedingungen (Transform Validation Flags), die erfüllt sein müssen, damit die Transformation angewendet werden darf. Der niederwertigere Bereich enthält Flags zum Unterdrücken von Fehlern (Transform Error Condition Flags) beim Anwenden der Transformation.

Codepage: Die Eigenschaft *Codepage* enthält einen numerischen Wert, der die ANSI-Codepage festlegt, die für Zeichenfolgen im *Summary Information Stream* verwendet wird. Diese Eigenschaft dient dazu, beim Aufruf der entsprechenden Funktionen die Zeichenfolgen in Unicode zu konvertieren.

HINWEIS: Hierbei handelt es sich nicht um die gleiche Codepage, die zur Darstellung der Zeichenfolgen der Installer-Datenbank verwendet wird. Die Eigenschaft *Codepage* muss festgelegt werden, bevor Zeichenfolgen in den *Summary Information Stream* geschrieben werden.

Comments (Kommentar): Mit dieser Eigenschaft wird der standardmäßige Verwendungszweck des Windows Installer-Paketes dokumentiert. Um eine einheitliche Ausdrucksweise zu erreichen, sollte der folgende Kommentar verwendet werden: »Dieses Installationspaket enthält die Logik und die Daten zur Installation des Produktes <ProductName>«.

Create Time/Date (Erstellungsdatum/-zeit): Diese Eigenschaft enthält Datum und Uhrzeit der Erstellung des Installer-Paketes.

Creating Application: Diese Eigenschaft enthält den Namen der Software, mit dem das Installer-Paket erstellt worden ist.

Keywords (Schlüsselwörter): Legen Sie hier entsprechende Schlüsselwörter fest, die das Installer-Paket identifizieren. Über entsprechende Suchoptionen beispielsweise im Windows-Explorer können diese zum Auffinden von Dateien verwendet werden. Typischerweise werden hier der Begriff »Installer« und weitere produktspezifische Angaben verwendet, die auch lokalisiert werden können.

Last Printed: Die Eigenschaft *Last Printed* wird während einer administrativen Installation auf das Datum und die Uhrzeit gesetzt, an dem das Installationsabbild erstellt worden ist. Bei nicht administrativen Installationen enthält diese Eigenschaft den gleichen Wert wie die Eigenschaft *Create Time/Date*.

Last Saved By: Der Windows Installer setzt diese Eigenschaft bei einer administrativen Installation auf den Wert der Eigenschaft *LogonUser*. Diese Eigenschaft sollte niemals direkt verwendet werden.

Basistechnologie des Windows Installers

Bei einer endgültigen Version der Installer-Datenbank, sollte die Eigenschaft auf *Null* festgelegt werden.

Bei einer Transformation enthält diese Eigenschaft die Plattform- und Language-IDs, die die Datenbank enthalten soll, nachdem die Transformation angewendet wurde.

Last Saved Time/Date: Diese Eigenschaft enthält das Datum und die Uhrzeit, an dem die Datenbank zuletzt modifiziert wurde. Bei jeder Änderung wird diese Eigenschaft auf das aktuelle Systemdatum gesetzt. Wurde noch keine Änderung vorgenommen, enthält dieses Feld *Null*.

Word Count (Wortanzahl): Dieses Feld legt die Art der Quelldateien fest. Wurde kein Wert definiert, wird der Standardwert »0« verwendet. Bei dieser Eigenschaft handelt es sich um ein Bit-Feld. Die folgenden Bits sind derzeit verfügbar:

Bit	Wert	Beschreibung
0	0	Lange Dateinamen
	1	Kurze Dateinamen
1	0	Quelldateien sind unkomprimiert
	2	Quelldateien sind komprimiert
2	0	Bei der Quelle handelt es sich um das Originalmedium.
	4	Bei der Quelle handelt es sich um das Abbild einer administrativen Installation.

Tabelle 4.3: Werte für die Eigenschaft Word Count

Die möglichen Kombinationen der aufgeführten Bits ergeben den tatsächlichen Wert für die Eigenschaft *Word Count*.

Wert	Typ der Quelldatei
0	Unkomprimierte Quelldateien mit langen Dateinamen vom Quellmedium. Verwendet die Ordnerstruktur der Tabelle *Directory*.
1	Unkomprimierte Quelldateien mit kurzen Dateinamen vom Quellmedium. Verwendet die Ordnerstruktur der Tabelle *Directory*.
2	Komprimierte Quelldateien mit langen Dateinamen vom Quellmedium. Verwendet die Spalten *Cabinets* und *Files* der Tabelle *Media*.
3	Komprimierte Quelldateien mit kurzen Dateinamen vom Quellmedium. Verwendet die Spalten *Cabinets* und *Files* der Tabelle *Media*.
4	Unkomprimierte Quelldateien mit langen Dateinamen vom administrativen Abbild. Verwendet die Ordnerstruktur der Tabelle *Directory*.
5	Unkomprimierte Quelldateien mit kurzen Dateinamen vom administrativen Abbild. Verwendet die Ordnerstruktur der Tabelle *Directory*.

Tabelle 4.4: Gültige Werte für die Eigenschaft Word Count

Bei der Verwendung von komprimierten Dateien, müssen sich diese im Stammverzeichnis des Quellmediums befinden. Sollten Dateien als unkomprimiert in der Tabelle *File* markiert sein, müssen sich diese ebenfalls im Stammverzeichnis befinden.

Um ein Paket zu erstellen, das sowohl komprimierte als auch unkomprimierte Dateien verwendet, setzen Sie das Bit 1 auf den Wert »0« (unkomprimiert). Setzen Sie für jede Datei, die sich in komprimierter Form in einer Paketdatei befindet, das Attribut *msidbFileAttributesCompressed* (Wert = 16384) in der Tabelle *File*.

Bei einem Patch legt die Eigenschaft *Word Count* das Modul fest, das verwendet wurde, um den Patch zu erstellen. Der Standardwert ist »1« und verweist auf *MSPATCH* als verwendete Anwendung. Ein Wert von »2« sagt aus, dass dieser Patch kleinere, optimierte Dateien verwendet, die erst mit der Windows Installer Version 1.2 zur Verfügung stehen und dass somit mindestens diese Version erforderlich ist. Ein Wert von »3« sagt aus, dass dieser Patch mit der Windows Installer Version 2.0 oder höher ausgeführt werden muss.

Page Count (Seitenanzahl): Bei einem Windows Installer-Paket enthält diese Eigenschaft die Windows Installer-Version, die benötigt wird, dieses Paket auszuführen. Für die Version 1.0 des Windows Installers muss der Wert »100« verwendet werden. Für 64-Bit Windows Installer-Pakete muss dieser Wert auf »200« gesetzt werden.

Bei einer Transformation enthält die Eigenschaft *Page Count* ebenfalls die mindestens benötigte Windows Installer-Version, um diese Transformation anzuwenden. Da eine Transformation aus zwei Windows Installer-Paketen erzeugt wird, müssen Sie bei der Transformation diesen Wert auf den größeren Wert der beiden Installer-Pakete setzen.

Bei einem Patch muss diese Eigenschaft *Null* enthalten.

Revision Number: Diese Eigenschaft enthält den Paket-Code (PackageCode) für das Windows Installer-Paket. Der *PackageCode* ist eine eindeutige Identifizierung für das Windows Installer-Paket.

Die Eigenschaft *Revision Number* legt bei einem Patch den *PatchCode* (*GUID*) fest. Diesem Wert werden weitere *PatchCodes* von veralteten Patches angefügt, die beim Anwenden dieses Patches entfernt werden sollen. Die einzelnen *PatchCodes* werden ohne Trennzeichen miteinander verkettet.

Bei einer Transformation enthält die Eigenschaft *Revision Number* die *ProductCodes* (*GUID*) und Versionen des Neuen und des Originalproduktes, sowie den *UpgradeCode* (*GUID*). Diese Werte werden durch Semikolon getrennt. Nachfolgend finden Sie ein entsprechendes Schema:

Original-Produkt-Code Original-Produkt-Version; Neuer-Produkt Code Neue-Produkt-Version; Upgrade-Code

Security: Die Eigenschaft *Security* legt fest, ob das Paket schreibgeschützt geöffnet werden soll. Bei Paketen, die mit erzwungenem Schreibschutz (Read-Only Enforced) definiert sind, können keine Änderungen vorgenommen werden. Werden bei Paketen, die mit empfohlenem Schreibschutz (Read-Only Recommended) geöffnet werden, Änderungen vorgenommen, wird eine entsprechende Warnmeldung vor dem Speichern ausgegeben. Die folgenden Werte können verwendet werden.

Wert	Beschreibung
0	Keine Einschränkung
2	Empfohlener Schreibschutz (Read-Only Recommended)
4	Erzwungener Schreibschutz (Read-Only Enforced)

Tabelle 4.5: Gültige Werte für die Eigenschaft Security

Diese Eigenschaft sollte bei Windows Installer-Paketen auf den Wert »2« und bei Transformationen und Patches auf den Wert »4« gesetzt werden.

Subject: Diese Eigenschaft enthält den Namen des Produktes, wie z.B. »Microsoft® Office XP Professional«. Typischerweise wird der Wert der Windows Installer-Eigenschaft *ProductName* hierfür verwendet.

Template: Diese Eigenschaft legt die Plattformen und die Sprachen fest, die von diesem Windows Installer-Paket unterstützt werden. Die Syntax hierfür entspricht dem nachfolgenden Schema: *[Plattform Property][,Plattform Property][,...];[Language ID][,Language ID][,...]*.
Nachfolgend werden Ihnen alle gültigen Werte für diese Eigenschaft aufgelistet:

Plattform und Sprache
Alpha,Intel;1031
Intel,Alpha;1031
Alpha;1031
Intel;1031
Intel64;1031
;1031
Alpha;1031,2046
Intel;1031,2046
Intel64;1031,2046
Intel;0

Tabelle 4.6: *Gültige Werte für die Eigenschaft* Template

HINWEIS: Die Alpha-Plattform wird von der Windows Installer-Version 1.1 und höher nicht mehr unterstützt. Handelt es sich um ein 64-Bit Windows Installer-Paket, muss der Wert *Intel64* verwendet werden. Sie können nicht gleichzeitig die Eigenschaft *Intel* und *Intel64* verwenden.

Wird keine Plattform festgelegt, ist das Paket plattformunabhängig. Existiert für die aktuelle Plattform kein gültiger Eintrag, wird der Installationsprozess nicht gestartet. Geben Sie den Wert »0« für die Sprache ein, um das Paket als sprachneutral zu kennzeichnen. Einen identischen Effekt erreichen Sie, indem Sie das Feld leer lassen.

Es gibt weiterhin Einschränkungen, die von der Art des Windows Installer-Paketes abhängig sind:

- Bei einer Windows Installer-Datenbank kann nur eine Sprache definiert werden. Mergemodule sind die einzigen Windows Installer-Pakete, die mehrere Sprachen enthalten können.
- In einer Transformation kann ebenfalls nur eine Sprache definiert werden. Die festgelegte Plattform und Sprache bestimmt, ob eine Transformation auf eine Datenbank angewendet werden kann. Werden diese beiden Werte nicht angegeben, wird keine Überprüfung bei der Anwendung der Transformation durchgeführt.

Title (Titel): Diese Eigenschaft beschreibt den Typ des Installer Windows Installer-Paketes. Es sollten die Zeichenfolgen »Installation Database«, »Transform« oder »Patch« verwendet werden.

Design eines Installationspaketes

Bei der Erstellung eines Installationspaketes sollten Sie folgende Aspekte beachten und in Ihre Entwurfsüberlegungen einfließen lassen:

1. Installieren oder ersetzen Sie keine Systemdateien, da diese unter Microsoft Windows 2000, Microsoft Windows XP und Microsoft Windows Server 2003 dem Windows-Dateischutz (Windows File Protection) unterliegen.

2. Beachten Sie, dass der Benutzer die Möglichkeit haben kann, zwischen einer Benutzer- und Computerinstallation zu wählen. Je nach Auswahl werden unterschiedliche Eigenschaften im Installationsprozess verwendet.
3. Computerneustarts sind zu vermeiden. Es gibt keine Regel, die die Anzahl der Neustarts pro Installation festlegt. Für eine gute Installation sollte jedoch maximal ein Neustart ausgeführt werden.
4. Beachten Sie, dass die Benutzer, die Ihre Software später installieren, eventuelle keine speziellen Computerkenntnisse besitzen. Sie sollten aus diesem Grund keine speziellen Kenntnisse des Benutzers für den Installationsprozess voraussetzen.

Kategorisierung der Elemente

Der Windows Installer ordnet die Elemente einer Installation den logischen Kategorien *Produkt, Features, Komponenten und Ressourcen* zu. Die Abbildung 4.3 stellt die Beziehungen zwischen diesen Elementen dar.

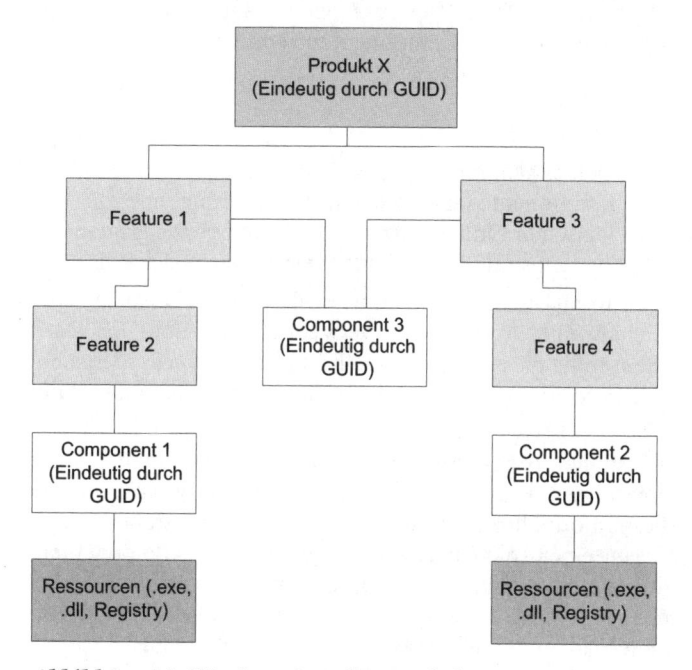

Abbildung 4.3: Windows Installer-Produkt

Das Beispiel in der Abbildung 4.3 stellt nur einen Teil einer gesamten Produktinstallation dar. In diesem Fall enthält das Produkt »X« vier Features. Die Features »1« und »3« enthalten jeweils »Feature 2« und »Feature 4«. Jedes dieser zuletzt genannten Features enthält zugeordnete Komponenten und weitere Ressourcen. Von »Feature 1« und »Feature 3« wird die Komponente »Component 3« gemeinsam verwendet.

Ressourcen

Ressourcen sind alle Objekte, die während des Installationsprozesses dem Zielsystem hinzugefügt werden können. Hierzu zählen beispielsweise Dateien, Registrierungseinträge, Verknüpfungen und andere vergleichbare Objekte. Eine besondere Art von Ressource stellen die so genannten Einstiegspunkte (Entry Points) dar.

Einstiegspunkte (Entry Points)

Einstiegspunkte sind eine besondere Art von Ressourcen, die für die Installation bei Bedarf (Install-on-Demand) benötigt werden. Zu den Einstiegspunkten gehören:

- Dateiverknüpfungen
- Dateinamenerweiterungen
- *CLSID*

Die »Installation bei Bedarf« wird durch eine Benutzeraktion ausgelöst. Der Benutzer aktiviert beispielsweise eine Dateiverknüpfung, die während des Installationsvorganges zur »Installation bei der ersten Verwendung« markiert worden ist. In diesem Fall handelt es sich bei der Dateiverknüpfung um den Einstiegspunkt, der die Installation der entsprechenden Komponenten veranlasst.

Komponenten

Bei den Windows Installer-Komponenten handelt es sich um Elemente, die die grundlegenden Informationen für die Installation enthalten. Eine Komponente fasst Dateien, Registrierungseinträge, Verknüpfungen und weitere Ressourcen zu einer logischen Einheit zusammen, die nur gemeinsam installiert und deinstalliert werden können. Komponenten sind für den Endanwender nicht sichtbar.

Eine Versionsüberprüfung wird immer gegen Komponenten ausgeführt, sodass Sie sicherstellen sollten, dass eine Ressource niemals von mehr als einer Komponente verwendet wird. Soll eine Datei von mehreren Anwendungen genutzt werden, sollte die entsprechende Komponente in ein Mergemodul ausgelagert werden, sodass jedes Installationsprogramm die gleichen Installationsoptionen dafür verwendet.

Eine Komponente wird immer vollständig installiert bzw. deinstalliert. Komponenten enthalten keine Versionskennungen, sodass eine Ressource dieser Komponente entsprechende Informationen zur Verfügung stellen muss. Eine Datei, die diese Informationen für die Komponente bereitstellt, wird als Schlüsselressource bezeichnet. Das Festlegen einer solchen Datei erfolgt über die Komponenteneigenschaft *KeyPath*. Typischerweise wird für diese Schlüsselressource eine Datei verwendet; es können jedoch auch Registrierungseinträge und ODBC Datenquellen verwendet werden. Als Installationspfad der Komponente wird immer der Pfad zu der Schlüsselressource zurückgegeben.

Der Windows Installer-Dienst prüft das Vorhandensein der Schlüsselressource, um den Installationsstatus der Komponente festzustellen. Wird die Schlüsselressource nicht gefunden, handelt es sich aus Sicht des Windows Installers um eine fehlerhafte Komponente.

HINWEIS: Der Windows Installer unterstützt seit der Version 2.0 die Installation und Konfiguration von Microsoft .NET- und Win32-Assemblies. Entwickler von Windows Installer-Paketen können festlegen, ob diese als gemeinsame Komponente in den *Global Assembly Cache* oder als isolierte Komponente für die jeweilige Anwendung installiert werden sollen.

Verwalten von Anwendungen

Das fehlerfreie Verwalten von Anwendungen, also die Installation, Deinstallation und das Einspielen von Updates setzt eine gewisse Disziplin im Umgang mit Komponenten voraus.

Komponenten sind die kleinste installierbare Einheit einer Installation. Ressourcen werden in Komponenten zusammengefasst und diese werden durch eine eindeutige *GUID* (Global Unique Identifier) gekennzeichnet, die als *ComponentId* (Komponentenbezeichner) bezeichnet wird. Bei dieser *GUID* handelt es sich um einen 128-Bit-Ganzzahlenwert in der Form *{XXXXXXXX-XXXX-XXXX-XXXX-XXXXXXXXXXXX}*, wobei *X* einen hexadezimalen Wert darstellt. Die Verwendung von *GUIDs* garantiert die Eindeutigkeit, wenn diese mit entsprechenden Tools erzeugt worden sind. Komponenten mit identischer *ComponentId* müssen identische Ressourcen beinhalten, um eine effektive Verwaltung bereits installierter Ressourcen seitens des Windows Installers zu gewährleisten. Wird eine existierende Komponente verändert, sei es durch das Austauschen, Hinzufügen oder Entfernen einer Datei oder des Festlegens eines anderen Standardzielverzeichnisses muss die *ComponentId* verändert werden.

Im Gegensatz zu anderen Installationstechnologien verwaltet der Windows Installer niemals Dateien oder andere Ressourcen direkt. Der Windows Installer-Dienst verwaltet Anwendungen auf Basis der Komponenten, was bedeutet, dass zwei Ressourcen, die in einer Komponente zusammengefasst sind, niemals separat installiert oder deinstalliert werden können. Die Überwachung von Komponenten, die von mehreren Anwendungen verwendet werden, wird nicht durch Referenzzähler (Reference Counter) vorgenommen. Der Windows Installer speichert für jede Komponente die IDs der Produkte, von denen diese verwendet wird. Die Komponente wird erst vom Computer entfernt, wenn kein Produkt diese Komponente mehr verwendet. Die Überwachung installierter Ressourcen ist durch diese Vorgehensweise nicht nur auf Dateien beschränkt, sondern erstreckt sich auf beliebige Ressourcen.

Kompatibilität mit skriptbasierten Installationssystemen

Bei der Installation einer gemeinsamen Datei wird im Schlüssel *HKEY_LOCAL_ MACHINE\SOFTWARE\Microsoft\Windows\CurrentVersion\SharedDLLs* der Systemregistrierung eine Eintragung mit dem Pfad der zu installierenden Datei vorgenommen. Gleichfalls wird der Wert für diese Eintragung auf »1« gesetzt. Die Ziffer »1« bedeutet in diesem Fall, dass die Datei von einer Anwendung verwendet wird. Wird hingegen bei der Installation festgestellt, dass sich dieser Dateiverweis bereits in dem o.a. Schlüssel der Systemregistrierung befindet, wird der entsprechende Wert um »1« erhöht. Bei der Deinstallation wird der entsprechende Wert um »1« verringert. Enthält der Wert danach den Eintrag »0« wird die Datei letztlich vom System entfernt und der entsprechende Eintrag aus der Systemregistrierung gelöscht.

Bei skriptbasierten Installationssystemen besteht die Möglichkeit, auszuwählen, ob für eine beliebige Datei dieser Referenzzähler verwendet werden soll. Wird dieser Zähler bei einer gemeinsam genutzten Datei nicht verwendet, sind Deinstallationsfehler nicht mehr zu vermeiden.

HINWEIS: Beachten Sie, dass die Überwachung von gemeinsam verwendeten Komponenten über Referenzzähler nur für Dateien möglich ist.

Um bei der Installation von Komponenten durch den Windows Installer die Kompatibilität mit skriptbasierten Installationssystemen zu gewährleisten, werden die Schlüsseldateien einer Komponente ebenfalls unter dem o.a. Schlüssel der Systemregistrierung eingetragen und entsprechend verwaltet. Es existiert keine Möglichkeit, diese Option zu deaktivieren.

HINWEIS: Der Windows Installer nutzt die Funktionalität der Referenzzähler nicht selbst, sondern unterstützt diese aus Kompatibilitätsgründen.

Regeln für Komponenten

Beim Design von Komponenten müssen bestimmte Regeln beachtet werden, um eine ordnungsgemäße Installation und Verwaltung der Ressourcen zu gewährleisten:

- Alle Dateien einer Komponente müssen in dem gleichen Zielverzeichnis installiert werden. Dateien können hierbei nicht in Unterordner kopiert werden, ohne einer anderen Komponente anzugehören.
- Eine Komponente kann maximal eine COM-Komponente enthalten, die auch als Schlüsselressource festgelegt werden muss.
- Eine Komponente darf maximal eine Datei enthalten, die als Ziel einer Verknüpfung dient.
- Keine Datei darf in mehr als einer Komponente vorhanden sein. Diese Vorgabe ist nicht auf eine spezifische Anwendung zu beziehen, sondern muss über Produktgrenzen hinweg betrachtet werden. Soll trotzdem eine Datei in mehreren Komponenten vorhanden sein, so muss der Name der Datei geändert werden. Die gleiche Einschränkung gilt auch für alle weiteren Ressourcen.
- Ist eine Komponente nicht 100 % abwärtskompatibel, muss eine neue *ComponentId* verwendet werden. Beachten Sie, dass hierbei auch die vorhergehende Regel Beachtung findet. Aus diesem Szenario ist auch der umgekehrte Weg abzuleiten. Wird der Name der Datei geändert, muss auch die *ComponentId* geändert werden.
- Die Version der Komponente wird durch die Version der Schlüsselressource definiert. Befindet sich bei der Installation eine neuere Komponente auf dem System, wird die im Installationspaket befindliche Komponente nicht installiert.

Sie haben sicherlich festgestellt, dass für das Festlegen von Komponenten, sowie das Zuordnen der entsprechenden Ressourcen viele Betrachtungsweisen herangezogen werden müssen. Das Windows Installer-Team hat einen Prozess definiert, der Ihnen hilft, Komponenten optimal zu identifizieren:

1. Erstellen Sie eine Liste aller Dateien, Ordner, Registrierungseinträge und anderen Ressourcen, die zur Installation benötigt werden.
2. Identifizieren Sie hiervon die Ressourcen, die von mehreren Produkten verwendet werden. Prüfen Sie in diesem Kontext, ob der Hersteller der Komponenten entsprechende Mergemodule bereitstellt. Verwenden Sie, wenn möglich, die Mergemodule des Herstellers, ansonsten erstellen Sie eigene Mergemodule für gemeinsam verwendete Komponenten.
3. Definieren Sie eine neue Komponente für jede Datei vom Typ *.exe*, *.dll* oder *.ocx*. Legen Sie diese Dateien als Schlüsselressource für die Komponente fest. Generieren Sie eine neue *ComponentId* für jede dieser Komponenten.
4. Definieren Sie eine neue Komponente für jede Datei vom Typ *.hlp* oder *.chm*. Legen Sie diese Dateien als Schlüsselressource für die Komponente fest. Generieren Sie eine neue *ComponentId* für jede dieser Komponenten. Fügen Sie die zugehörenden Dateien vom Typ *.cnt* oder *.chi* der Komponente hinzu.
5. Definieren Sie eine neue Komponente für jede Datei, die als Ziel für eine Verknüpfung festgelegt werden soll. Legen Sie diese Dateien als Schlüsselressource für die Komponente fest. Generieren Sie eine neue *ComponentId* für jede dieser Komponenten.
6. Gruppieren Sie die restlichen Ressourcen entsprechend des Ordners, in dem diese installiert werden sollen. Erstellen Sie für jeden Ordner eine separate Komponente. Legen Sie eine der Dateien als Schlüsselressource für diese Komponente fest. Generieren Sie eine neue *ComponentId* für jede dieser Komponenten.
7. Fügen Sie den Komponenten die Einträge für die Systemregistrierung hinzu. Verwenden Sie hierzu die Komponenten, die die zugeordneten Dateien für die Registrierungseinträge enthalten.

Der Windows Installer bietet die Möglichkeit, eine Installation für den aktuellen Benutzer oder für alle Benutzer durchzuführen. In Abhängigkeit der vorzunehmenden Auswahl, können sich auch einige Zielordner hierdurch ändern, wie z.B. der Ordner *Autostart*. Lassen Sie diesen Aspekt in das Design Ihrer Komponenten unbedingt mit einfließen.

Änderung der ComponentId

Wie bereits erläutert, wird jede Komponente mit einer eindeutigen ID in Form einer *GUID* identifiziert. Diese *ComponentId* muss bei dem Eintreten der folgenden Szenarien geändert werden.

- Ressourcen der neuen Komponente sind nicht kompatibel mit den Ressourcen der vorherigen Komponente.
- Namen der Dateien wurden in der neuen Komponente geändert.
- Das standardmäßige Zielverzeichnis der neuen Komponente wurde verändert.
- Eine Ressource wurde der neuen Komponente hinzugefügt oder aus ihr entfernt.

Beachten Sie, dass die Einhaltung dieser Regeln unerlässlich für stabile und funktionsfähige Installationssysteme ist.

Permanente Komponenten

In einigen Fällen kann es vorkommen, dass installierte Dateien, Schriftarten oder andere Ressourcen bei der Deinstallation nicht entfernt werden sollen. Hierzu ist es erforderlich, die Komponente, die diese Dateien enthält, als »Permanent« zu kennzeichnen. Um eine Komponente als »Permanent« zu markieren, verwenden Sie das Attribut *msidbComponentAttributesPermanent* in der Tabelle *Components*.

Beachten Sie, dass der Windows Installer automatisch Schlüssel aus der Systemregistrierung entfernt, wenn der letzte zugeordnete Wert entfernt wurde. Um einen Schlüssel permanent zu erhalten, müssen Sie einen Dummy-Eintrag für diesen erstellen.

Versionen

Eine der wesentlichsten Aufgaben im Installationsprozess ist das Kopieren der Dateien. Dieser einfache Prozess wird erschwert, wenn sich eine Datei mit gleichem Namen bereits in dem festgelegten Zielverzeichnis befindet. Bei skriptbasierten Installationsprogrammen haben Sie als Autor eines Paketes die Möglichkeit festzulegen, ob und wann eine solche Datei ersetzt werden soll. Der Windows Installer verwendet einen fest definierten Algorithmus, der vom Autor des Installationspaketes nicht beeinflusst werden kann. Diese Implementierung stellt eine der wesentlichen Prozesse zur Erlangung eines konsistenten Systems dar.

Der vom Windows Installer verwendete Algorithmus zum Überprüfen und Ersetzen bereits existierender Dateien wird als *standardmäßige Versionierungsregel* bezeichnet.

HINWEIS: Es besteht die Möglichkeit, über die Eigenschaft *REINSTALL* bestimmte Verhaltensweisen der standardmäßigen Versionierungsregeln zu umgehen oder zu verändern.

Companion-Mechanismus

Der Installationsstatus einer Begleitdatei (Companion Files) basiert nicht auf den eigenen Versionsinformationen, sondern auf den Informationen der zugeordneten Datei. Um eine Begleitdatei zu definieren, muss der Primärschlüssel der übergeordneten Datei aus der Tabelle *File* in die Spalte *Version* für die Begleitdatei übernommen werden. In der Tabelle 4.7 handelt es sich bei der »Datei A« um die übergeordnete Datei und bei »Datei B« um die Begleitdatei.

Datei	Version
Datei A	2.0.0.0
Datei B	Datei A

Tabelle 4.7: *Ausschnitt der Tabelle* File *zur Darstellung von Begleitdateien*

In diesem Beispiel beruht der Installationsstatus der »Datei B« auf den Versionierungsregeln und Versionsinformationen für »Datei A«. Sollte der Windows Installer feststellen, dass mit der »Datei A« eine bereits existierende, ältere Version von »Datei A« überschrieben wird, wird auch die »Datei B« aus dem Windows Installer-Paket installiert, unabhängig welche Version bereits auf dem System vorhanden ist.

Standardmäßige Versionierungsregel

Die standardmäßige Versionierungsregel bezieht sich auf den Vergleich der Version, dem Datum und der Sprache zwischen der existierenden und der zu installierenden Datei. Der Windows Installer verwendet diese Regeln nur, wenn eine Datei mit identischem Namen bereits in dem Zielverzeichnis vorhanden ist. Die nachfolgende Aufstellung gibt Ihnen einen Überblick über die Regeln, die der Installer in einem solchen Fall anwendet:

- *Die höchste Version gewinnt:* Sind alle weiteren Eigenschaften identisch, gewinnt die Datei mit der höheren Versionsnummer.
- *Versionierte Dateien gewinnen:* Eine versionierte Datei erhält immer den Vorzug gegenüber einer unversionierten Datei.
- *Begünstigung der neuen Sprache:* Verfügt die zu installierende Datei über eine abweichende Sprache gegenüber der bereits installierten Datei, wird die Datei verwendet, die der Sprache des Produktes entspricht.
- *Produkt entscheidet über die verwendete Sprache:* Unterstützen beide Dateien mehrere Sprachen, wird die Datei verwendet, die am meisten übereinstimmende Sprachen mit dem Produkt beinhaltet.
- *Die Anzahl der unterstützten Sprachen entscheidet:* Der Windows Installer verwendet die Datei, die die meisten Sprachen enthält, falls beide Kopien über alle vom Produkt verwendeten Sprachen verfügen.
- *Nichtversionierte Dateien sind Benutzerdaten:* Ist das Datum der letzten Änderung der Datei größer als das Erstellungsdatum, wird die Datei nicht installiert, da ansonsten Änderungen des Benutzers verworfen werden. Ist das Änderungs- und Erstellungsdatum der Datei identisch, wurde die Datei somit nicht geändert und wird vom Windows Installer überschrieben.
- *Nichtversionierte Dateien in Verbindung mit Begleitdateien:* Bei zwei Dateien, die über den Companion-Mechanismus miteinander verknüpft sind, wird die nichtversionierte Datei nur ersetzt, wenn auch die versionierte Datei ersetzt wird. Eine Ausnahme von dieser Regel tritt in Kraft, falls die zu installierende, versionierte Datei über eine identische Version und Sprache wie die zu ersetzende Datei verfügt, und die nicht versionierte Datei noch nicht auf dem Zielsystem vorhanden ist. In diesem Fall wird die nicht versionierte Datei installiert, obwohl die versionierte Datei nicht installiert wird.
- *Regeln sind global:* Die Regeln zur Überprüfung und zum Ersetzen von Dateien sind global anzusehen. Das bedeutet, dass die Regeln für alle Dateien gleichermaßen angewendet werden.

HINWEIS: Die Versionsinformationen werden direkt aus der existierenden Datei extrahiert. Für die zu installierenden Dateien werden diese Informationen aus der Spalte *Version* der Tabelle *File* gelesen. Falls Sie ihre Windows Installer-Datenbank mit neueren Dateien aktualisieren, müssen Sie darauf achten, dass diese Spalte gleichermaßen aktualisiert wird.

Die nachfolgenden Abbildungen stellen Ihnen die standardmäßige Versionierungsregel des Windows Installers dar.

Existiert in einem Zielverzeichnis bereits eine Datei »Datei B« mit dem gleichen Namen wie die zu installierende Datei »Datei A«, vergleicht der Windows Installer die Versionsnummer, das Datum und die Sprache der beiden Dateien.

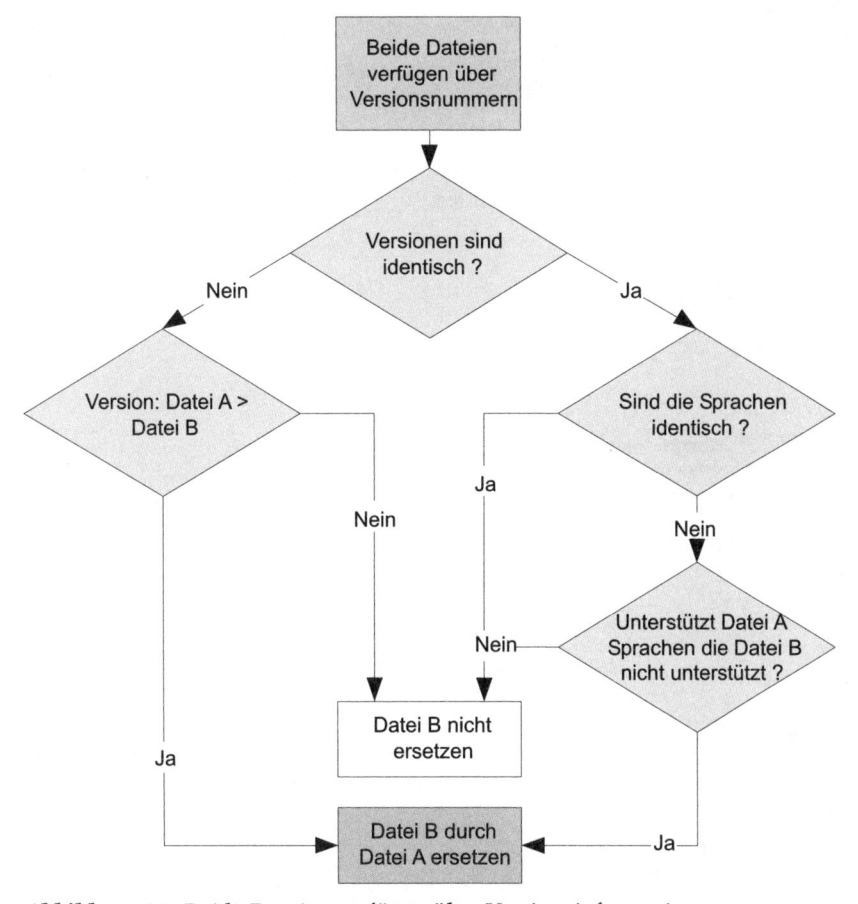

Abbildung 4.4: Beide Dateien verfügen über Versionsinformationen

Verfügt keine der Dateien über Versionsinformationen, wendet der Windows Installer die folgende Logik an, um zu prüfen, ob die existierende Datei ersetzt werden muss.

Basistechnologie des Windows Installers

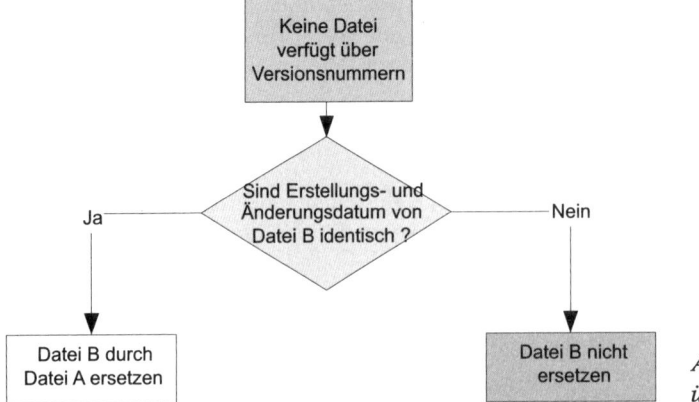

Abbildung 4.5: *Keine Datei verfügt über Versionsinformationen*

Sollte keine der beiden Dateien über Versionsinformationen verfügen, kann der Windows Installer zur Überprüfung auch einen anderen Algorithmus verwenden.

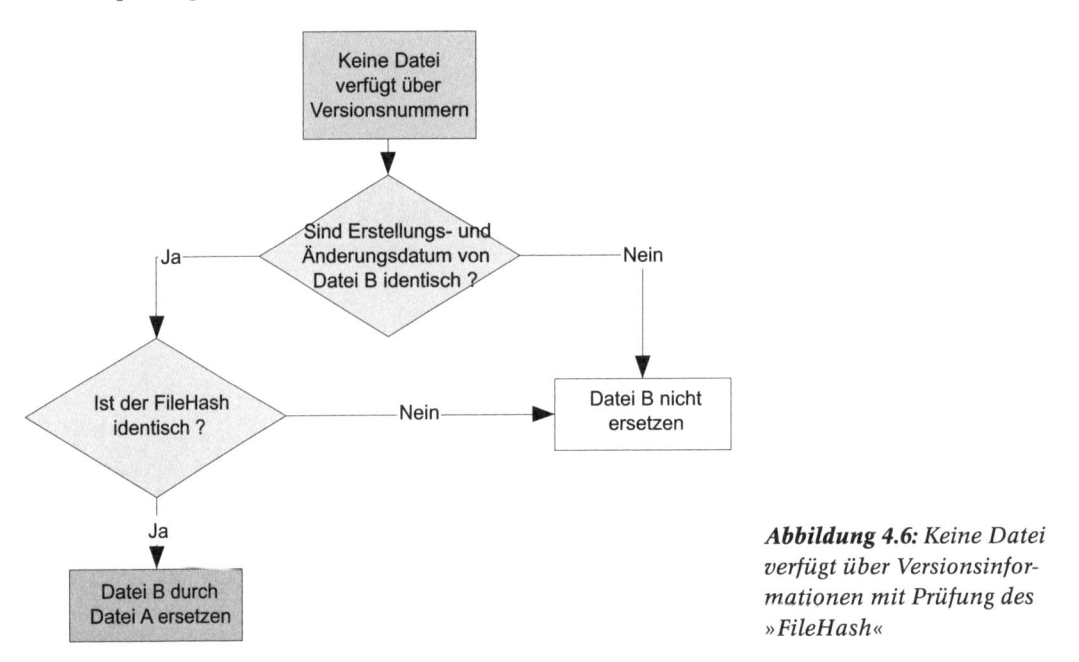

Abbildung 4.6: *Keine Datei verfügt über Versionsinformationen mit Prüfung des »FileHash«*

HINWEIS: Die Möglichkeit der Überprüfung über den FileHash steht erst ab Microsoft Windows Installer Version 2.0 zur Verfügung.

Verfügt lediglich eine der beiden Dateien über Versionsinformationen, wendet der Windows Installer die folgende Logik an, um zu prüfen, ob die existierende Datei ersetzt werden muss.

```
                    ┌─────────────────┐
                    │ Eine Datei verfügt│
                    │    über eine    │
                    │ Versionsnummer  │
                    └────────┬────────┘
                             ▼
                    ╱─────────────────╲
                   ╱ Verfügt Datei A über╲      Nein
                   ╲    eine Version ?   ╱─────────┐
          Ja        ╲─────────────────╱            │
          │                                        ▼
          │                              ┌─────────────────┐
          │                              │  Datei B verfügt│
          │                              │ über eine Version│
          │                              └────────┬────────┘
          ▼                                       ▼
┌─────────────────┐                    ┌─────────────────┐
│   Datei B durch │                    │   Datei B nicht │
│ Datei A ersetzen│                    │     ersetzen    │
└─────────────────┘                    └─────────────────┘
```

***Abbildung 4.7:** Eine Datei verfügt über Versionsinformationen*

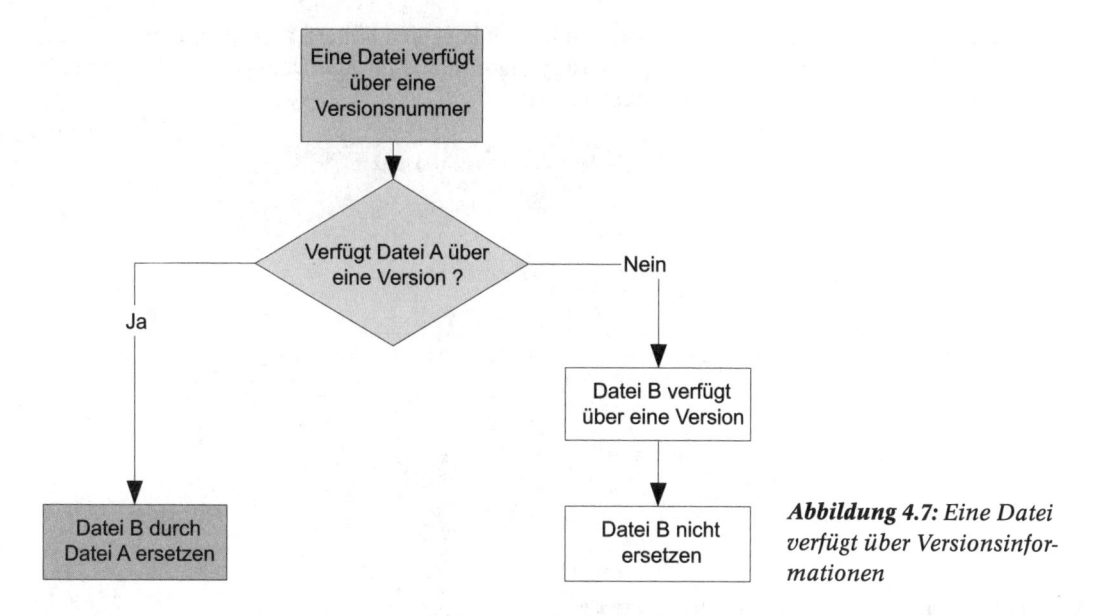

In der Tabelle 4.8 werden diese Regeln und deren Anwendung zur besseren Übersicht zusammengefasst.

Datei auf Computer (Datei A)	Datei in Package (Datei B)	Vorhandene Datei nach der Installation
Version 1.0	Version 1.1	Datei B
Version 1.1	Version 1.0	Datei A
Version 1.0 Sprache: Englisch	Version 1.0 Sprache: Deutsch	Datei B
Version 1.0 Sprachen: Englisch und Deutsch	Version 1.0 Sprache: Deutsch	Datei A
Keine Version, nicht modifiziert	Keine Version	Datei B
Keine Version, modifiziert	Keine Version	Datei A
Keine Version	Version 1.0	Datei B
Version 1.0	Keine Version	Datei A

***Tabelle 4.8:** Zusammenfassung der Versionierungsregeln*

Versionierung von Komponenten

Die Version von Komponenten wird durch die Schlüsseldatei bestimmt. Generell gilt, dass Komponenten als Einheit installiert werden, wobei jedoch geprüft wird, ob eine Komponente bereits auf dem System installiert ist. Ist eine Komponente bereits vorhanden, wird die Schlüsseldatei anhand der oben beschriebenen Regeln geprüft. Wird hierbei festgestellt, dass die bereits installierte Schlüsseldatei nicht durch die zu installierende Schlüsseldatei zu ersetzen ist, wird der komplette Kopiervorgang für diese Komponente abgebrochen. Wird hingegen festgestellt, dass die existierende Schlüsseldatei ersetzt werden muss, werden alle Dateien dieser Komponente nach den oben aufgeführten Regeln einzeln geprüft und ggf. einzeln ersetzt.

Die Abbildung 4.8 zeigt eine Komponente, deren Schlüsseldatei eine höhere Versionsnummer hat, als die bereits installierte. Daher wird der Versionierungsalgorithmus für alle Dateien der Komponente durchgeführt und in diesem Fall alle Ressourcen ersetzt.

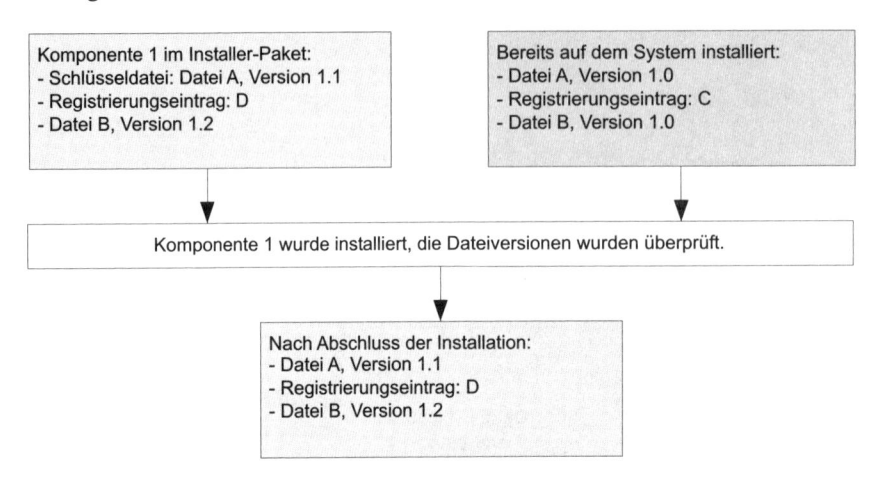

```
Komponente 1 im Installer-Paket:            Bereits auf dem System installiert:
- Schlüsseldatei: Datei A, Version 1.1      - Datei A, Version 1.0
- Registrierungseintrag: D                  - Registrierungseintrag: C
- Datei B, Version 1.2                      - Datei B, Version 1.0

        Komponente 1 wurde installiert, die Dateiversionen wurden überprüft.

                    Nach Abschluss der Installation:
                    - Datei A, Version 1.1
                    - Registrierungseintrag: D
                    - Datei B, Version 1.2
```

Abbildung 4.8: *Ersetzen der gesamten Komponente*

Die Abbildung 4.9 zeigt eine Komponente, deren zu installierende Schlüsseldatei eine höhere Versionsnummer als die bereits installierte aufweist. Daher wird der Versionierungsalgorithmus für alle Dateien der Komponente durchgeführt. In diesem Fall wird die Schlüsseldatei ersetzt. Die »Datei B« bleibt jedoch unverändert, da die installierte Datei über eine höhere Versionsnummer verfügt.

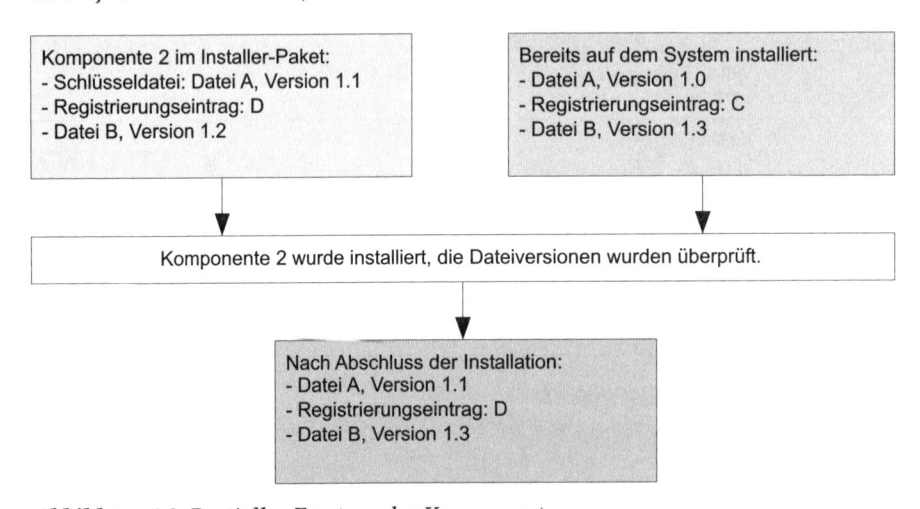

```
Komponente 2 im Installer-Paket:            Bereits auf dem System installiert:
- Schlüsseldatei: Datei A, Version 1.1      - Datei A, Version 1.0
- Registrierungseintrag: D                  - Registrierungseintrag: C
- Datei B, Version 1.2                      - Datei B, Version 1.3

        Komponente 2 wurde installiert, die Dateiversionen wurden überprüft.

                    Nach Abschluss der Installation:
                    - Datei A, Version 1.1
                    - Registrierungseintrag: D
                    - Datei B, Version 1.3
```

Abbildung 4.9: *Partielles Ersetzen der Komponente*

Die Abbildung 4.10 zeigt eine Komponente, deren zu installierende Schlüsseldatei eine niedrigere Versionsnummer als die bereits installierte Schlüsseldatei aufweist. In diesem Fall wird keine weitere dateibasierte Überprüfung durchgeführt. Die komplette Komponente bleibt unverändert auf dem Zielsystem bestehen, obwohl die »Datei B« über eine höhere Version im Installationspaket verfügt als auf dem System.

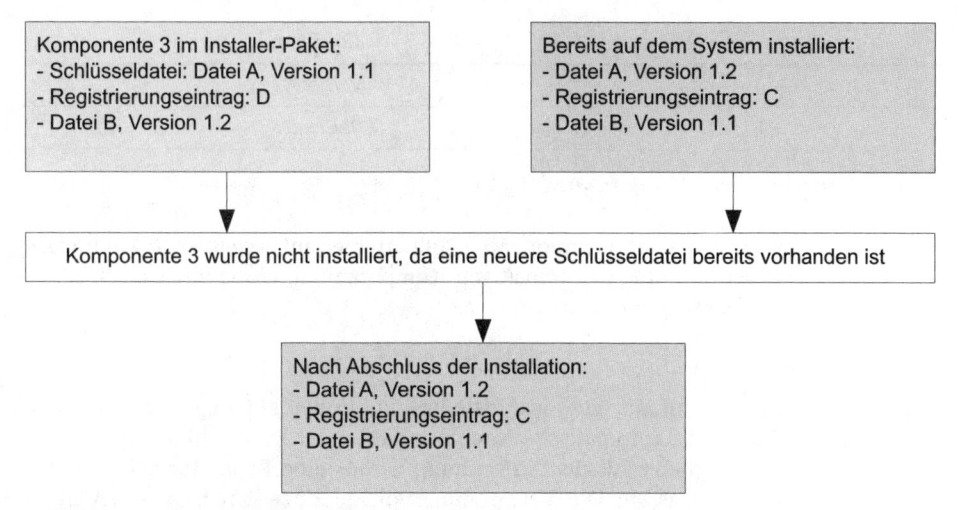

```
┌─────────────────────────────────────────┐        ┌─────────────────────────────────────────┐
│ Komponente 3 im Installer-Paket:        │        │ Bereits auf dem System installiert:     │
│ - Schlüsseldatei: Datei A, Version 1.1  │        │ - Datei A, Version 1.2                  │
│ - Registrierungseintrag: D              │        │ - Registrierungseintrag: C              │
│ - Datei B, Version 1.2                  │        │ - Datei B, Version 1.1                  │
└─────────────────────────────────────────┘        └─────────────────────────────────────────┘
                       │                                                │
                       ▼                                                ▼
┌──────────────────────────────────────────────────────────────────────────────────────────┐
│ Komponente 3 wurde nicht installiert, da eine neuere Schlüsseldatei bereits vorhanden ist│
└──────────────────────────────────────────────────────────────────────────────────────────┘
                                             │
                                             ▼
                     ┌─────────────────────────────────────────┐
                     │ Nach Abschluss der Installation:        │
                     │ - Datei A, Version 1.2                  │
                     │ - Registrierungseintrag: C              │
                     │ - Datei B, Version 1.1                  │
                     └─────────────────────────────────────────┘
```

Abbildung 4.10: Komponente wird nicht ersetzt

Transitive Komponenten

Transitive Komponenten sind reguläre Windows Installer-Komponenten, die über Bedingungen verfügen, die bei der Reinstallation erneut geprüft werden. Betrachten Sie zum besseren Verständnis das nachfolgende Beispiel:

Sie verwenden eine Bibliothek (*.dll*), die für Microsoft Windows 98 und für Microsoft Windows XP in einem Windows Installer-Paket in unterschiedlichen Versionen vorliegt. Die beiden Versionen sind mit Bedingungen versehen. Bei der Installation des Produktes wird die Version der Bibliothek installiert, die für das aktuelle Betriebssystem entwickelt worden ist. Der Benutzer führt ein Systemupdate von Microsoft Windows 98 auf Microsoft Windows XP durch, nachdem die Anwendung installiert wurde. Im Anschluss wird eine Reparatur der Anwendung durchgeführt, damit die entsprechenden Dateien aktualisiert werden.

Bei der Verwendung von »normalen« Windows Installer-Komponenten wird die definierte Bedingung nicht erneut ausgewertet, sondern das Ergebnis der Überprüfung bei der Basisinstallation herangezogen. Die Bibliothek wird nicht aktualisiert. Bei transitiven Komponenten wird die Bedingung bei jeder Reinstallation erneut ausgewertet, sodass die im Beispiel verwendete Bibliothek aktualisiert wird.

Die Tabelle *Component* der Windows Installer-Datenbank listet alle Komponenten mit der zugehörigen *ComponentId* auf. Zusätzlich enthält diese Tabelle die Spalten *Attributes* und *Condition*, über die die transitiven Komponenten letztlich definiert werden. Die Spalte *Attributes* enthält eine Reihe von Bit-Werten, von denen *msidbComponentAttributesTransitive* zur Definition von transitiven Komponenten verwendet werden muss. Die Spalte *Condition* enthält eine Bedingung die den Wert *True* oder *False* zurückgeben kann. Eine Komponente wird nur installiert, falls der Wert *True* zurückgegeben wird.

Wurde eine Komponente als Transitiv definiert, wird die in der Spalte *Condition* festgelegte Bedingung bei der Reinstallation erneut geprüft. Wird hierbei der Wert *True* ermittelt, wird die Komponente installiert. Ist der festgestellte Wert *False*, wird die bereits existierende Komponente entfernt. Die Tabelle 4.9 zeigt einen Ausschnitt der Tabelle *Components* mit den relevanten Spalten für das Festlegen von transitiven Komponenten.

Component	Attributes	Condition
COMPNT	64	VersionNT
COMPW9X	64	Version9x

Tabelle 4.9: Definieren von transitiven Komponenten

HINWEIS: Die Verwendung von transitiven Komponenten sollte immer auf systemweite Modifikationen ausgelegt werden. Die Verknüpfung von transitiven Komponenten mit benutzerspezifischen Eigenschaften sollte unbedingt vermieden werden.

Qualifizierte Komponenten

Bei der Entwicklung von Software kann auf Windows Installer-Funktionen zurückgegriffen werden. Prominenteste Beispiele hierfür sind die automatische Nachinstallation der Rechtschreibüberprüfung von Microsoft Word oder die Möglichkeit aus der Anwendung heraus eine Reparatur der Software (Erkennen und Reparieren) zu veranlassen. Die Verwendung von qualifizierten Komponenten ist auch in diesem Bereich, also der Integration von Anwendungsentwicklung und Windows Installer-Technologie anzusiedeln. Qualifizierte Komponenten ermöglichen die Zusammenfassung von Komponenten, und bieten zusätzliche Funktionen, um weitere Metadaten mit diesen Komponenten zu verknüpfen.

Betrachten Sie als Beispiel den Windows Installer Tabellen Editor (*Orca*). Mit dieser Anwendung können Sie u.a. die interne Struktur der Windows Installer-Datenbank auf fehlerhafte Implementierungen analysieren. Zu diesem Zweck stehen Ihnen verschiedene Überprüfungsarten zur Verfügung, die Sie bei der Installation individuell festlegen können.

Sie sehen in dem Dialogfeld, dass vier Überprüfungsarten (Validation Data) zur Verfügung stehen. In Abhängigkeit der Auswahl während der Installationsphase, werden diese später im Dialogfeld *Validation Output* von *Orca* angezeigt und stehen dort für die Verwendung zur Verfügung.

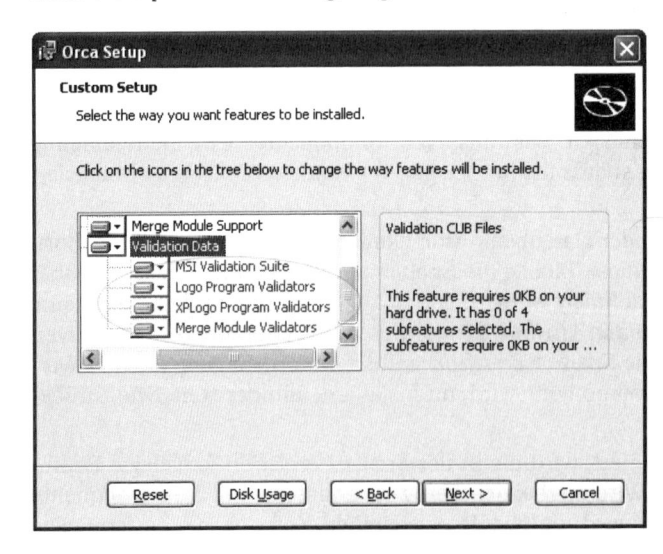

Abbildung 4.11: Auswahl der Validierungsarten bei der Installation von Orca

Betrachten Sie das Design der benötigten Tabelle in dem Installationspaket von *Orca*. Zur Definition in einem Windows Installer-Paket sind zunächst reguläre Komponenten zu erstellen und mit den entsprechenden Windows Installer-Features zu verknüpfen. Die Tabelle *PublishComponent* ermöglicht Ihnen, diese Komponenten zusammenzufassen und mit weiteren Metadaten zu versehen. Die Spalte *ComponentId* enthält eine *GUID*, die eine Gruppe von zusammengehörenden Komponenten identifiziert. Die Spalte *AppData* enthält zusätzliche Informationen, die für programmtechnische Funktionen verwendet werden können.

ComponentId	Qualifier	Component_	AppData	Feature_
{DC441E1D-3ECB-4DCF-B0A5-791F9C0F4F5B}	FullCUB	ICECub	Full MSI Validation Suite	FullCUBFile
{DC441E1D-3ECB-4DCF-B0A5-791F9C0F4F5B}	LogoCUB	LogoCub	Windows 2000 Logo Program Suite	LogoCUBFile
{DC441E1D-3ECB-4DCF-B0A5-791F9C0F4F5B}	XPLogoCUB	XPLogoCub	Windows XP Logo Program Suite	XPLogoCUBFile
{DC441E1D-3ECB-4DCF-B0A5-791F9C0F4F5B}	ModuleCUB	MergeModCub	Merge Module Validation Suite	MMCUBFile

Tabelle 4.10: *In Orca verwendete Tabelle* PublishComponent

Das nachfolgende Beispiel zeigt Ihnen, wie die qualifizierten Komponenten programmtechnisch ausgewertet und in Abhängigkeit zum Installationsstatus in einer Liste angezeigt werden können.

```
private void LoadQualifiedComponents()
{
    // GUID für Orca Komponenten
    string Category = "{DC441E1D-3ECB-4DCF-B0A5-791F9C0F4F5B}";

    // Objektvariable für das InstallerObject festlegen
    Installer Installer = new WindowsInstallerClass() as Installer;

    // Stringlist der qualifizierten Komponenten erzeugen
    StringList Components = Installer.get_ComponentQualifiers(Category);

    foreach (string Qualifier in Components)
    {
        // Wert für ApplicationData auslesen
        string AppData = Installer.get_QualifierDescription(Category, Qualifier);

        // An ListBox anfügen
        this.lstData.Items.Add(AppData);
    }
}
```

Listing 4.1: *Auswertung von qualifizierten Komponenten*

Bei der Zeichenfolge *Category* handelt es sich um eine Konstante, die die Zeichenfolge *{DC441E1D-3ECB-4DCF-B0A5-791F9C0F4F5B}* für die qualifizierten Komponenten enthält. Durch die Funktion *QualifierDescription* wird der Wert der Spalte *AppData* zurückgegeben und in diesem Beispiel in dem Listenfeld angezeigt. Die Funktion *ProvideQualifiedComponent* gibt den Pfad zu der jeweiligen Komponente zurück.

HINWEIS: Eine vollständige Anwendung mit der Implementierung von qualifizierten Komponenten finden Sie auf der Buch-CD.

Features

Ein Windows Installer-Feature ist die kleinste installierbare Einheit aus Sicht des Benutzers. Bei den Windows Installer-Features handelt es sich um eine Gruppierung von Windows Installer-Komponenten, die der Benutzer einzeln zur Installation auswählen kann. Wenn ein Anwender die benutzerdefinierte Installationsoption wählt, wird ein Dialogfeld zur Auswahl der zu installierenden Programmelemente dargestellt. Jedes hier aufgelistete Element korrespondiert mit einem Windows Installer-Feature. Ein Feature kann auch weitere Features enthalten, wodurch es ermöglicht wird, ein installierbares Produkt hierarchisch zu gliedern. Zu diesem Zweck existiert in der Tabelle *Feature* die Spalte *Feature_Parent*, die eine Referenz auf den Namen des übergeordneten Features enthalten muss.

Beispielsweise enthält das Installationspaket von Microsoft Office ein Feature mit der Bezeichnung *Korrekturhilfen*, das wiederum untergeordnete Features für verschiedene Sprachen enthält. Falls ein Benutzer ein solches Feature zur Installation markiert, werden alle zugeordneten Windows Installer-Komponenten installiert. Die Abbildung 4.12 stellt Ihnen diese Auswahlmöglichkeit dar:

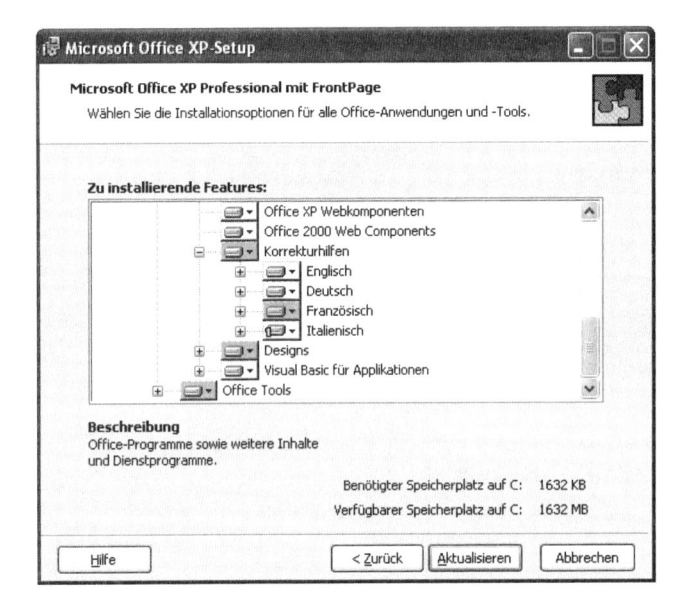

Abbildung 4.12: *Windows Installer-Features in Microsoft Office XP*

Wie bereits an vorheriger Stelle verdeutlicht, werden alle Verwaltungsaufgaben des Windows Installers auf Komponentenebene durchgeführt. Auf Basis dieser Implementierung ist es nicht erforderlich, eindeutige Windows Installer-Features zu definieren. Vielmehr besteht die Möglichkeit, eine Komponente einem oder mehreren Features zuzuordnen.

Betrachten Sie an dieser Stelle nochmals skriptbasierte Installationsprogramme unter dem Gesichtspunkt der Auswahlmöglichkeiten der zu installierenden Funktionen. Kennzeichnend für diese Systeme ist die binäre Auswahl der Funktionen; also soll diese Funktion oder Teilanwendung installiert werden oder nicht. Der Windows Installer stellt an dieser Stelle mehrere Optionen zur Verfügung, die eine wesentlich effizientere Anpassung des Endproduktes ermöglichen.

- *Installation auf dem lokalen Datenträger:* Dateien werden vom Quelldatenträger auf den lokalen Datenträger kopiert.
- *Wird zur Ausführung vom Quellmedium installiert:* Dateien werden auf dem Quellmedium belassen (typischerweise CD oder Netzwerklaufwerk). Die Anwendung greift direkt auf diese Dateien zu.

- *Installation bei Bedarf:* Dateien werden zunächst auf dem Quellmedium belassen. Bei der ersten Verwendung oder beim ersten Zugriff werden diese auf das Zielmedium kopiert.
- *Wird nicht installiert:* Es werden keine Dateien kopiert.

Sie können die Möglichkeiten des Benutzers hinsichtlich der Auswahlmöglichkeit der Features einschränken. Beispielsweise können Sie Features definieren, die im Auswahldialogfeld nicht angezeigt werden, oder Sie definieren Features, die der Benutzer nicht zur Installation bei Bedarf konfigurieren kann. Sie können diese Vorgaben in der Spalte *Attributes* der Tabelle *Features* festlegen.

HINWEIS: Eine ordentlich konzipierte Feature-Komponentenstruktur stellt die Basis für robuste und erweiterbare Microsoft Windows Installer-Pakete dar.

Um diesem sehr wichtigen Satz zur Erstellung von Windows Installer-Paketen ein wenig Nachdruck zu verleihen, möchte ich die Verwendung von Windows Installer-Features und Windows Installer-Komponenten an einem Beispiel verdeutlichen.

Sie entwickeln eine Anwendung, die Daten aus einer Datenbank in eine E-Mail schreibt und diese versendet. Des Weiteren können diese Informationen auch in einer Windows-Anwendung angezeigt werden. Der Datenzugriff erfolgt über COM-Komponenten. Die Anwendung verfügt über eine Hilfe. Der Benutzer kann entscheiden, welche Komponenten er installieren möchte.

Betrachten Sie zunächst die Komponenten. Aus der Analyse der Aufgabenstellung ergeben sich die nachfolgenden Windows Installer-Komponenten:

Komponente	Erläuterung
Database	Die Daten sind in einer Datenbank vorhanden. Dem zufolge müssen Sie eine Datenbank oder ein Skript zum Erstellen einer Datenbank dem Installationspaket beifügen.
QueryServer	Hierbei handelt es sich um die COM-Komponente, die die Daten aus der Datenquelle ausliest und den Präsentationsebenen zur Verfügung stellt.
EMailClient	Daten sollen per E-Mail versendet werden können. Sie benötigen eine Anwendung mit dieser Funktionalität.
ViewerClient	Daten sollen in einer Windows Anwendung dargestellt werden können. Sie benötigen eine Anwendung mit dieser Funktionalität.
Help	Hierunter sind die Dateien zur Präsentation der Online-Hilfe zusammengefasst.

Tabelle 4.11: Die Komponenten der Beispielanwendung

Der Benutzer soll die Möglichkeit haben, die zu installierenden Elemente individuell auszuwählen. Es macht sicherlich keinen Sinn, dem Benutzer die Auswahl des *QueryServers* zu überlassen, da ohne diesen die Anwendung nicht funktionsfähig wäre. In der Tabelle 4.12 finden Sie die Features dieser Beispielanwendung.

Feature	Erläuterung
E-Mail-Anwendung	Hierbei handelt es sich um alle Elemente, die zum fehlerfreien Betrieb der E-Mail-Anwendung notwendig sind.
Viewer-Anwendung	Hierbei handelt es sich um alle Elemente, die zum fehlerfreien Betrieb der Viewer-Anwendung notwendig sind.
Online-Hilfe	Der Benutzer kann die Online-Hilfe optional installieren.

Tabelle 4.12: Die Features der Beispielanwendung

Im letzten Schritt gilt es die Komponenten den Features zuzuordnen. Der Windows Installer ermöglicht die Zuordnung einer Komponente zu mehreren Features. Diese Funktionalität der *n:m*-Verknüpfung wird durch die Tabelle *FeatureComponents* zur Verfügung gestellt.

Feature	Component
Email-Anwendung	*Database*
	QueryServer
	EMailClient
Viewer-Anwendung	*Database*
	QueryServer
	ViewerClient
Online-Hilfe	*Help*

Tabelle 4.13: *Die Tabelle* FeatureComponents *der Beispielanwendung*

Sie erkennen an dieser Tabelle, dass die Komponenten *Database* und *QueryServer* beiden Hauptfeatures zugeordnet werden, damit ein fehlerfreier Betrieb der Software sichergestellt werden kann.

Definieren der Features

Wie bereits beim Entwurf von Komponenten, sollten Sie auch beim Definieren der Features bestimmte Vorgehensweisen beachten. Stellen Sie sicher, dass mindestens ein Feature unbedingt erforderlich ist.

1. Erstellen Sie eine Auflistung aller Features, die im Programmpaket verwendet werden sollen. Ergänzen Sie diese Liste mit dem Namen des Features und einer kurzen Beschreibung.
2. Modellieren Sie aus dieser Auflistung die hierarchische Darstellung, indem Sie übergeordnete und abhängige Features festlegen.
3. Legen Sie fest, welche Auswahlmöglichkeiten der Benutzer treffen darf.

Installation bei Bedarf

Skriptbasierte Installationssysteme ermöglichen auch die Auswahl zu installierender Programmelemente. Bei einem solchen System sind zur Nachinstallation bestimmter Elemente die Schritte »Anwendung beenden«, »Installation starten« und »Anwendung starten« zwingend notwendig.

Bei der Verwendung des Windows Installers in solchen Szenarien, sind diese Schritte nicht notwendig. Der Windows Installer führt automatisch die erforderlichen Schritte zur Nachinstallation bestimmter Elemente durch. In den meisten Fällen wird diese Nachinstallation durch eine Aktion des Benutzers ausgelöst, beispielsweise aktiviert dieser die Rechtschreibüberprüfung in Microsoft Word über das entsprechende Menü. Die automatische Nachinstallation wird daraufhin über die Windows Installer-Management-API veranlasst.

Die Installation bei Bedarf auf Ebene der Features erfordert keine gesonderte Unterstützung durch das Betriebssystem, da diese Funktionalität vollständig durch den Windows Installer zur Verfügung gestellt wird. Somit funktioniert die Installation bei Bedarf auf Featureebene auch unter Microsoft Windows 9x und Microsoft Windows NT 4.0.

Produkt

Ein Windows Installer-Produkt stellt eine einzelne Anwendung wie Microsoft Project oder eine Gruppe von Anwendungen wie Microsoft Office dar. Produkte bestehen aus einem oder mehreren Windows Installer-Features und stellen somit die größte installierbare Einheit dar. Produkte werden durch einen eindeutigen *ProductCode* identifiziert. Bei diesem *ProductCode* handelt es sich um eine *GUID*, die in der Tabelle *Property* der Windows Installer-Datenbank abgelegt ist.

Ein Produkt ist eine Gruppierung von Features, und somit natürlich auch eine Sammlung von Windows Installer-Komponenten. Bei der Installation eines Produktes wird der Auswahlstatus der Features geprüft, und letztlich die zugeordneten Komponenten installiert. Bei der Installation der Windows Installer-Komponenten wird geprüft, ob sich diese bereits auf dem System befinden. Ist dies der Fall, wird der *ProductCode* des zu installierenden Produkts der Auflistung der Produkte, die diese Komponente verwenden, hinzugefügt. Ist die Komponente noch nicht installiert, wird für die Komponente ein Eintrag in die Systemregistrierung geschrieben, und der *ProductCode* diesem Eintrag angefügt. Bei einer Installation werden die Eintragungen unter HKEY_LOCAL_MACHINE\SOFTWARE\Microsoft\Windows\CurrentVersion\Installer der Systemregistrierung hinzugefügt. Die Abbildung 4.13 zeigt eine registrierte Komponente mit den zugeordneten Produkten.

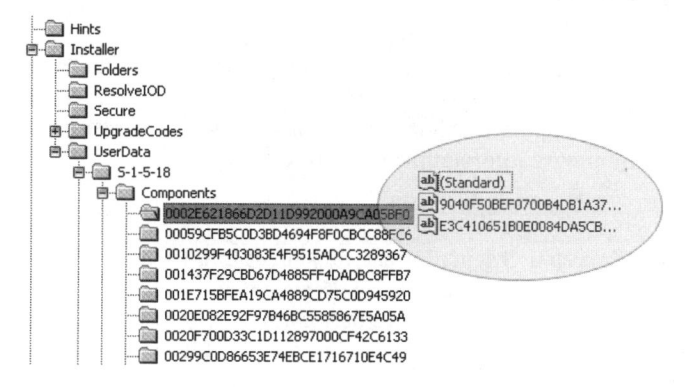

Abbildung 4.13: *Registrierung von Komponenten und Zuordnung der Produkte*

Bei der Deinstallation wird der *ProductCode* von den entsprechenden Komponenten entfernt und diese ggf. gelöscht. Der *ProductCode* wird vom Windows Installer auch benötigt um festzustellen, ob dieses Produkt bereits auf dem System installiert wurde. Die installierten Produkte werden ebenfalls unter dem gerade dargestellten Registrierungsschlüssel gespeichert.

Zur Definition eines Produktes müssen Sie als erstes festlegen, was als Einheit verteilt werden soll. Ordnen Sie im Anschluss dem Produkt einen aussagekräftigen Namen zu und vergeben sie den *ProductCode* und den *UpgradeCode*. Diese Eigenschaften werden in der Tabelle *Property* festgelegt.

Quellmedien

Sie haben in den vorherigen Kapiteln den internen Aufbau des Windows Installer-Paketes mit seinen Schlüsselkomponenten kennen gelernt. Bei dem Design der Komponenten haben Sie Guidelines betrachtet, die zur Erstellung von stabilen und robusten Paketen angewendet werden sollten. Nun stellt sich an dieser Stelle die Frage, wie teile ich dem Windows Installer mit, welche Dateien installiert werden sollen und wie bekomme ich die Quelldateien in das Windows Installer-Paket.

Der erste Schritt besteht darin, die erforderlichen Dateiinformationen in der Tabelle *File* zu erfassen. Handelt es sich um Dateien ohne Versionskennzeichnung sollte für diese ein Hash gebildet werden, und dieser in die Tabelle *MsiFileHash* übertragen werden.

> **HINWEIS:** Beachten Sie, dass die Tabelle *MsiFileHash* und die benötigte Funktionalität zur Erstellung und Verwendung von Hashs erst ab der Windows Installer Version 2.0 zur Verfügung stehen.

Die Erfassung der detaillierten Daten für die zu installierenden Dateien kann auf mehrere Arten erfolgen. Eine Möglichkeit besteht in der manuellen Erfassung der Daten, wobei sie alle benötigten Datenfelder der Tabelle *File* vollständig ausfüllen müssen. Ein etwas einfacherer Weg ist durch die Verwendung des Tools *MsiFiler.exe* möglich. Dieses Tool ermittelt die Versionen, die Sprache und die Dateigröße für alle Dateien, die in der Tabelle *File* bereits erfasst wurden. Weiterhin wird die Tabelle *File* mit den ermittelten Daten aufgefüllt bzw. aktualisiert. Ebenfalls wird der Hash ermittelt und die Tabelle *MsiFileHash* aktualisiert.

Nachdem nun die notwendigen Dateiinformationen in der Datenbank vorliegen, gilt es die Frage zu klären, wie können die Quelldateien in dem Windows Installer-Paket gespeichert werden.

Komprimierte und unkomprimierte Quellen

Der Windows Installer bietet mehrere Möglichkeiten die benötigten Quelldateien in das Windows Installer-Paket zu integrieren. Die Quelldateien können hierbei entweder im komprimierten oder im unkomprimierten Zustand verwendet werden. Auch eine Kombination dieser beiden Optionen ist möglich. Die Einstellung über die Art der verwendeten Quelldateien sowie das Dateinamensformat wird über die Eigenschaft *Word Count* des Summary Information Streams festgelegt.

Unkomprimierte Quellen

Die Quelldateien werden in Ihrem unkomprimierten Originalformat verwendet und können sowohl mit kurzen (8.3) als auch mit langen Dateinamen benutzt werden. Die Quelldateien werden in einer Ordnerstruktur abgelegt, die in der Tabelle *Directory* festgelegt werden muss. Bei Verwendung von unkomprimierten Quellen muss das Flag für komprimierte Quelldateien aus der Eigenschaft *Word Count* des Summary Information Streams entfernt werden.

Komprimierte Quellen

Bei der Verwendung von komprimierten Quelldateien, müssen sich diese in einer Paketdatei (*.cab*) befinden. Die Paketdatei kann entweder direkt in das Windows Installer-Paket implementiert oder als externe Datei verwendet werden. Bei der direkten Integration in das Windows Installer-Paket ist die Paketdatei in die Systemtabelle *_Stream* zu importieren. Bei der externen Verwendung muss sich diese Datei im Stammverzeichnis der Ordnerstruktur der Dateiquelle befinden, das in der Tabelle *Directory* definiert ist. Alle verwendeten Paketdateien müssen in der Tabelle *Media* aufgelistet werden. Bei Verwendung von komprimierten Quellen muss das Flag für komprimierte Quelldateien der Eigenschaft *Word Count* des Summary Information Streams hinzugefügt werden.

Gemischte Verwendung

Sie können in einem Windows Installer-Paket auch komprimierte und unkomprimierte Quellen gemeinsam verwenden. Vergeben Sie in der Tabelle *File* das Attribut *msidbFileAttributesCompressed* für die Dateien, die im komprimierten Zustand, und das Attribut *msidbFileAttributesNoncompressed* für die Dateien, die im unkomprimierten Zustand verwendet werden sollen. Vergeben Sie dieses Attribut nur für die Dateien, die von der Eigenschaft *Word Count* des *Summary Information Stream* abweichen.

Wurde beispielsweise die Eigenschaft *Word Count* zur Verwendung von komprimierten Dateien gesetzt, müssen Sie für jede Datei, die im unkomprimierten Zustand verwendet werden soll, das Attribut *msidbFileAttributesNoncompressed* in der Tabelle *File* setzen. Diese Dateien müssen im Stammverzeichnis, der in der Tabelle *Directory* definierten Ordnerhierarchie, abgelegt werden.

Erstellen von komprimierten Dateien

Komprimierte Dateien müssen in einer Paketdatei gespeichert werden. Große Dateien können auf mehrere Paketdateien aufgeteilt werden. Bei einer solchen Aufteilung, dürfen sich maximal 15 Dateien in einer Paketdatei befinden.

Der Windows Installer arbeitet an einer bestimmten Position des Installationsprozesses die Eintragungen der Tabelle *File* ab. Befinden sich die hier dargestellten Dateien in einer Paketdatei, muss eine Programmlogik implementiert werden, damit der Windows Installer diese Dateien auch finden und ordnungsgemäß installieren kann. Der wesentliche Aspekt hierbei betrifft die Spalte *File* der gleichnamigen Tabelle. Der hier eingetragene Schlüssel für die Datei muss mit der Dateibezeichnung dieser in der Paketdatei befindlichen Datei übereinstimmen.

Bei der Installation wird das Windows Installer-Paket auf dem lokalen Computer für die spätere Verwendung zwischengespeichert. Um hierbei Speicherplatz zu sparen, werden alle internen Paketdateien vorher entfernt.

Verwenden des SDK

Zur Arbeit mit Paketdateien benötigen Sie das *Microsoft Cabinet Software Development Kit*. Dieses SDK enthält Tools und die benötigten Dokumentationen zur effizienten Erstellung von Paketdateien (*.cab*). Sie finden das SDK unter *http://msdn.microsoft.com/library/default.asp?url=/library/en-us/dncabsdk/html/cabdl.asp*.

Die Erstellung von Paketdateien mit dem Basistool *makecab.exe* basiert auf einem zweistufigen Prozess. Im ersten Schritt muss eine Textdatei erzeugt werden, die eine Liste der zu komprimierenden Dateien enthält. Diese Textdatei wird auch als *Diamond Directive File* bezeichnet, und trägt die Dateierweiterung *.ddf*. Die Bezeichnung *Diamond* steht für den Codenamen der *Microsoft Cabinet Technologie*. Diese Datei enthält, wie bereits erwähnt, im einfachsten Fall eine Liste von Dateien, jedoch kann diese Datei zusätzliche explizite Angaben zur Erstellung der Paketdatei, wie beispielsweise den Komprimierungsfaktor beinhalten. Nach der Erstellung der Datei muss diese in Verbindung mit dem Tool *makecab.exe* ausgeführt werden. Betrachten Sie dazu das folgende Beispiel:

Erstellen Sie eine Textdatei mit der Bezeichnung »MyTest.ddf« in der Sie eine Liste von Dateien, beispielsweise »MyServer.dll«, und »MyClient.exe«, einfügen. Sie können bei dieser Liste auch den vollständigen Pfadnamen verwenden. Im Anschluss erstellen Sie eine Paketdatei mit dem Befehl *makecab.exe /v /f MyTest.ddf*. Hierbei wird eine Datei mit der Bezeichnung »1.cab« in einem Unterordner mit der Bezeichnung »Disk1« erstellt.

TIPP: Detaillierte Informationen zur Verwendung der entsprechenden Tools finden Sie in der Dokumentation zum *Microsoft Cabinet Software Development Kit*.

Verwenden von Visual Studio .NET

Im vorherigen Abschnitt wurde das Erstellen von Paketdateien über die Tools des *Microsoft Cabinet Software Development Kit* besprochen. Es gibt natürlich eine unüberschaubare Anzahl von weiteren Tools, die das Erstellen von Paketdateien ermöglichen. Beispielsweise können Sie hierzu auch den *Verpackungs- und Weitergabeassistenten* aus Visual Studio 6.0 oder die Vorlage *Cab Projekt* in Visual Studio .NET verwenden.

Nachdem Sie Microsoft Visual Studio .NET gestartet und die Option zur Erstellung eines neuen Projektes gewählt haben, wird Ihnen das Dialogfeld *Neues Projekt* angezeigt. Wählen Sie in diesem Dialogfeld den Projekttyp *Setup und Weitergabeprojekte* und die Vorlage *Cab Projekt* aus. Im Gegensatz zu anderen Weitergabeprojekttypen steht hier kein Editor für die Arbeit mit Cab-Projekten zur Verfügung. Die Dateien und Projektausgaben können im Projektmappen-Explorer einem Cab-Projekt zugeordnet werden, indem Sie das Projekt markieren und über das Menü *Projekt* die entsprechenden Elemente hinzufügen. Die Eigenschaften können im Fenster *Eigenschaften* oder im Dialogfeld *Eigenschaftenseiten* konfiguriert werden.

Mit Hilfe der Eigenschaften von Cab-Projekten können Sie eine Komprimierungsebene festlegen, Authenticode-Signaturen implementieren, Anzeigenamen und Versionsinformationen einstellen sowie nach abhängigen Dateien im Web suchen. Über das Menü *Build* kann letztlich eine Paketdatei erzeugt werden.

Verwenden einer Paketdatei

Ich möchte Ihnen an dieser Stelle die einzelnen Schritte aufzeigen um eine funktionsfähige Paketdatei zu erstellen. Weiterhin möchte ich auf die Beziehung zwischen dieser Datei und der Windows Installer-Datenbank eingehen und Ihnen Möglichkeiten aufzeigen, eine Paketdatei in ein Windows Installer-Paket zu integrieren:

1. Verwenden Sie ein geeignetes Tool, um die Quelldateien zu komprimieren und diese in einer Paketdatei (*.cab*) zusammenzufassen.
2. Die Paketdatei muss entweder in dem Windows Installer-Paket oder zur externen Verwendung im Stammverzeichnis der definierten Ordnerhierarchie gespeichert werden.
3. Legen Sie fest, ob alle Dateien im komprimierten Zustand verwendet werden sollen oder ob eine gemeinsame Verwendung von komprimierten und unkomprimierten Dateien für Ihr Vorhaben geeignet ist. Entsprechend müssen sie das jeweilige Attribut in der Eigenschaft *Word Count* des Summary Information Streams setzen.
4. Fügen Sie für jede in der Paketdatei enthaltene Datei einen Datensatz der Tabelle *File* hinzu. Verwenden Sie als Schlüssel in der Tabelle exakt den gleichen Namen, unter dem diese Datei auch in der Paketdatei gespeichert ist. Beachten Sie, dass der Schlüssel zwischen Groß- und Kleinschreibung unterscheidet. Stellen Sie sicher, dass die Installationssequenz der Tabelle *File* mit der Sequenz in der Paketdatei identisch ist.
5. Fügen Sie für jede verwendete Paketdatei einen Datensatz der Tabelle *Media* hinzu. Legen Sie den Wert für das Feld *DiskID* fest; beachten Sie, dass dieser Wert größer ist als der höchste Wert der bereits erfassten Datensätze dieser Tabelle. Geben Sie den Namen der Paketdatei in das entsprechende Datenfeld ein. Beachten Sie, dass Sie bei der Verwendung einer internen Paketdatei dem Namen das Zeichen »#« voranstellen müssen. Bei der Namensvergabe bei internen Paketdateien muss die Groß- und Kleinschreibung beachtet werden (case-sensitive). Bei der Verwendung von externen Paketdateien ist dieses nicht der Fall.
6. Bestimmen Sie die größte Sequenznummer, indem Sie die Spalte *Sequence* der Tabelle *File* überprüfen. Geben Sie diesen Wert in das Feld *LastSequence* der Tabelle *Media* ein.
7. Im letzten Schritt muss die Paketdatei im Windows Installer-Paket abgelegt werden. Hierzu bietet sich die Verwendung von Tools aus dem Windows Installer SDK an. Verwenden Sie zu diesem Zweck das bereits beschriebene Tool *Msidb.exe*. Um beispielsweise eine Paketdatei mit der Bezeichnung »MyCab.cab« in ein Windows Installer-Paket mit der Bezeichnung »MyData.msi« abzulegen, können Sie den Befehl *msidb.exe –d MyData.msi –a MyCab.cab* verwenden. Hierbei

wird die Paketdatei unter der Bezeichnung »MyCab.cab« in einem Speicherbereich des Windows Installer-Paketes abgelegt.

TIPP: Im Windows Installer SDK sind auch Skriptdateien (*WiMakCab.vbs*) enthalten, die diese Funktionalität bereitstellen.

Digitale Signaturen

Der Microsoft Windows Installer 2.0 verwendet digitale Signaturen, um korrupte Ressourcen zu erkennen. Bei der Installation externer Ressourcen wird das digitale Zertifikat gegen ein Zertifikat geprüft, das im Windows Installer-Paket enthalten ist. Sollten diese Zertifikate nicht übereinstimmen, wird beim Zugriff auf die externe Ressource eine Fehlermeldung ausgegeben und die Installation abgebrochen.

Abbildung 4.14: Fehler bei der Digitalen Signatur

Der Windows Installer 2.0 kann ausschließlich die digitalen Signaturen von externen Paketdateien überprüfen. Zur Überprüfung werden die Tabellen *MsiDigitalSignature* und *MsiDigitalCertificate* benötigt und verwendet. Bei der Installation von Quelldateien aus einer externen Paketdatei werden vom Windows Installer 2.0 folgende Aktionen ausgeführt:

- Der Windows Installer überprüft, ob ein Eintrag der Tabelle *Media* für eine externe Paketdatei auch in der Tabelle *MsiDigitalSignature* zu finden ist.
- Bevor die externe Paketdatei geöffnet wird, verwendet der Windows Installer die Funktion *WinVerifyTrust*, um das aktuelle Zertifikat und die Hash-Informationen zu extrahieren. Werden bei der Überprüfung der Signaturen der externen Paketdatei und der in der Windows Installer-Datenbank gespeicherten Signatur Unterschiede festgestellt, wird die Installation abgebrochen.

Betrachten Sie nun die Schritte, die notwendig sind, um eine Paketdatei digital zu signieren. Wie bereits bei der Erstellung eines signierten Bootstrappers erläutert, benötigen Sie auch für das Signieren von Paketdateien ein Signaturzertifikat (.*spc*) und eine private Schlüsseldatei (.*pvk*). Erstellen Sie eine Paketdatei mit Microsoft Visual Studio .NET, können Sie diese Dateien direkt in den Projekteigenschaften angeben. Bei der Erstellung wird die Paketdatei digital signiert. Erstellen Sie eine Paketdatei mit dem Tool *Makecab.exe*, müssen Sie die Paketdatei nachträglich digital signieren. Hierzu gibt es im Microsoft Platform SDK einen Assistenten für digitale Signaturen (*Signcode.exe*), der sie durch die erforderlichen Schritte führt.

Der nächste Schritt besteht darin, die erforderlichen Daten der Windows Installer-Datenbank anzufügen. Für diese Tätigkeiten existiert im Windows Installer SDK das Tool *Msicert.exe*. Dieses Tool schreibt die benötigten Informationen einer digital signierten Paketdatei in die entsprechenden Tabellen der Windows Installer-Datenbank. Möchten Sie hingegen einen programmtechnischen Ansatz für die Durchführung dieser Tätigkeiten entwickeln, sollte Ihnen das nachfolgende Beispiel eine entsprechende Hilfestellung geben:

```
private void DigitalSignature(string DatabaseName, string Certificate)
{
    // Installer Objekt zuweisen
    Installer Installer = new WindowsInstallerClass() as Installer

    // Öffnen der Datenbank
    Database Database = Installer.OpenDatabase(DatabaseName, msiOpenDatabaseModeTransact);

    // Views ausführen
    View ViewCert = Database.OpenView("SELECT * FROM 'MsiDigitalCertificate'");
    ViewCert.Execute(null);
    View ViewSig = Database.OpenView("SELECT * FROM 'MsiDigitalSignature'");
    ViewSig.Execute(null);

    // Record für Tabelle "MsiDigitalCertificate" erstellen
    Record RecordCert = Installer.CreateRecord(2);
    RecordCert.set_StringData(1,"_1");
    RecordCert.SetStream(2, Certificate);
    // Tabelle "MsiDigitalCertificate" aktualisieren
    ViewCert.Modify(msiViewModifyInsert, RecordCert);

    // Record für die Tabelle "MsiDigitalSignature" erstellen
    Record RecordSig = Installer.CreateRecord(4);
    RecordSig.set_StringData(1, "Media");
    RecordSig.set_StringData(2, "1");
    RecordSig.set_StringData(3,"_1");
    RecordSig.SetStream(4, "");
    // Tabelle "MsiDigitalSignature" modifizieren
    ViewSig.Modify(msiViewModifyInsert, RecordSig);

    Database.Commit();
}
```

Listing 4.2: Verwenden von digitalen Signaturen

Der Methode werden der Pfad zu der Windows Installer-Datenbank sowie der Pfad zu der Zertifikatsdatei übergeben. Dem Feld *DigitalCertificate* der Tabelle *MsiDigitalCertificate* wird der Wert »_1« zugewiesen und das Zertifikat wird in der Spalte *CertData* abgelegt. In der Tabelle *MsiDigitalSignature* wird angegeben, welches Element aus welcher Windows Installer-Tabelle digital signiert werden soll. Die Werte, die hier hinzugefügt werden, identifizieren den Datensatz mit der DiskId »1« der Tabelle *Media*. Das Feld *DigitalCertificate* der Tabelle *MsiDigitalSignature* muss mit dem gleichnamigen Feld der Tabelle *MsiDigitalCertificate* übereinstimmen.

Dateisequenzen

Die Tabelle *File* enthält eine komplette Liste aller Dateien für die Installation. Diese Dateien können entweder im unkomprimierten Zustand gespeichert oder komprimiert in Form einer Paketdatei abgelegt werden. Die Sequenznummern der Tabelle *File* legen in Verbindung mit dem Feld *LastSequence* der Tabelle *Media* die Installationsreihenfolge fest, und definieren das Quellmedium, in dem die Dateien enthalten sind. Jeder Datensatz der Tabelle *Media* stellt ein Quellmedium dar, das die Dateien enthält, deren Sequenznummer kleiner oder gleich des Wertes *LastSequence* des aktuellen Mediums und größer als der Wert *LastSequence* des vorherigen Mediums ist. Bei der Verwendung von unkomprimierten Dateien, die sich auf einem Medium befinden, muss die Sequenz in der Tabelle *File* keine eindeutigen Werte aufweisen.

HINWEIS: Die maximale Anzahl von Dateien, die in der Tabelle *File* angegeben werden können, ist 32.767. Zur Erstellung größerer Pakete müssen einige Modifikationen an der Datenbank vorgenommen werden. Die hierzu erforderlichen Schritte sind etwas später in diesem Kapitel beschrieben.

Anhand des folgenden Beispiels soll die Verwendung der Sequenzen vertieft werden. Zur Verwendung sollen zwei Quellmedien kommen, wobei auf »Disk 1« unkomprimierte Dateien und eine Paketdatei zu finden sind. In diesem Fall müssen die unkomprimierten Dateien und die Dateien der Paketdatei kleinere Sequenznummern aufweisen, als die Dateien auf »Disk 2«.

Für dieses Beispiel würde die Tabelle *Media* folgendermaßen aussehen:

DiskId	LastSequence	DiskPrompt	Cabinet	VolumeLabel
1	5	1		Disk 1
2	10	1	MyCab.cab	Disk 1
3	15	2		Disk 2

Tabelle 4.14: Beispieltabelle Media *bei gemischter Verwendung*

Betrachten Sie die Tabelle *File* für dieses Beispiel. Die Dateien »F1« und »F2« befinden sich hierbei im unkomprimierten Zustand auf dem Quellmedium »Disk 1«. Die Datei »F3« befindet sich in einer externen Paketdatei »MyCab.cab« ebenfalls auf »Disk 1«. Die Datei »F4« befindet sich im unkomprimierten Zustand auf »Disk 2«.

File	Sequence
F1	1
F2	2
F3	7
F4	11

Tabelle 4.15: Ausschnitt der Beispieltabelle File

Abschließen möchte ich dieses Beispiel mit der Betrachtung der Paketdatei »MyCab.cab«. In dieser Paketdatei muss sich die Datei »F3« befinden. Die Bezeichnung der Datei muss in der Paketdatei identisch sein mit dem Eintrag in der Spalte *File* der gleichnamigen Tabelle.

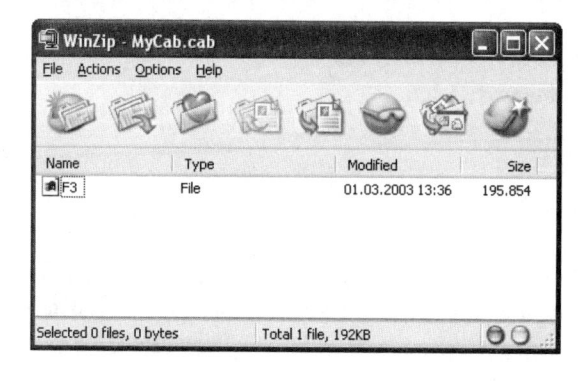

Abbildung 4.15: Darstellung der Paketdatei

Basistechnologie des Windows Installers

Erstellen großer Windows Installer-Pakete

Wie bereits an früherer Stelle erläutert, kann die Tabelle *File* nur 32.767 Einträge aufnehmen. Bedingt ist dieses durch die Verwendung des Datentyps *Integer* für die Spalte *Sequence*. Zur Erstellung von Windows Installer-Paketen, die eine größere Anzahl von Dateien aufnehmen sollen, muss die Datenbankstruktur geringfügig verändert werden.

Die Modifikation erstreckt sich im Wesentlichen auf die folgenden Elemente:

- Die Spalte *Sequence* der Tabelle *File*.
- Die Spalte *LastSequence* der Tabelle *Media*.
- Die Spalte *Sequence* der Tabelle *Patch*.

Gehen Sie wie folgt vor, um die Limitierungen zu beseitigen:

1. Exportieren Sie die drei Tabellen mit *Orca* oder *Msidb* in Dateien vom Typ *.idt*.
2. Öffnen Sie diese Dateien mit dem Windows-Editor und ändern Sie den Datentyp für diese Spalten von *i2* nach *i4* oder von *I2* nach *I4*.
3. Importieren Sie diese Dateien wieder in die Datenbank.

Durch diese Maßnahmen sind die notwendigen Modifikationen prinzipiell abgeschlossen. Jedoch werden Ihnen spätestens bei der Validierung einige Fehler bezüglich des Wertebereichs angezeigt:

1. Öffnen Sie die modifizierte Windows Installer-Datenbank mit *Orca*.
2. Wechseln Sie zur Tabelle *_Validation*.
3. Setzen Sie in dieser Tabelle den Maximalwert für die o.a. Spalten auf den Wert »2.147.483.647«.

Nach dem Speichern dieser Datenbank sind alle Vorkehrungen für das Szenario abgeschlossen.

HINWEIS: Bei der Erstellung von Patches und Transformationen müssen alle Basisdatenbanken über ein identisches Spaltenformat verfügen.

Eigenschaften

Bei den Eigenschaften (Properties) handelt es sich um globale Variablen, die der Windows Installer während des Installationsprozesses verwendet. Eine große Anzahl Eigenschaften werden vom Windows Installer direkt bereitgestellt, um einen flexiblen Installationsablauf zu gewährleisten. Sie können jedoch eigene Eigenschaften definieren und auf diese an vielen Stellen zurückgreifen. Eigenschaften können in Bedingungen oder als Ersatz in Zeichenfolgen verwendet werden. Die Zeichenfolge »Installation von [ProductName]« wird während des Installationsprozesses aufgelöst, und die Eigenschaft *ProductName* wird durch den tatsächlichen Namen des Produktes ersetzt. Eigenschaftsnamen unterscheiden zwischen Groß- und Kleinschreibung.

Der Windows Installer unterteilt die globalen Variablen wie folgt:

- Private Eigenschaften (Private Properties)
- Öffentliche Eigenschaften (Public Properties)
- Eingeschränkt öffentliche Eigenschaften (Restricted Public Properties)

Sie werden in diesem Abschnitt einen Überblick über die Vielzahl der möglichen Eigenschaften bekommen. Der Windows Installer benötigt jedoch für den ordnungsgemäßen Installationsablauf nicht alle dieser Eigenschaften. Allerdings gibt es eine geringe Anzahl, die in jedem Windows Installer-Paket unbedingt zur Verfügung stehen muss:

Eigenschaft	Beschreibung
ProductCode	Die GUID, die das Produkt eindeutig identifiziert.
ProductLanguage	Die Sprache, die vom Windows Installer-Dienst verwendet wird, um lokalisierte Zeichenfolgen anzuzeigen, die nicht in der Datenbank definiert sind.
Manufacturer	Bezeichnet den Hersteller des Installationspaketes.
ProductVersion	Die Versionsnummer *(Major.Minor.Build)* des Installationspaketes.
ProductName	Name der Anwendung, die mit diesem Installationspaket installiert werden soll.

Tabelle 4.16: *Unbedingt benötigte Eigenschaften*

In einem der vorherigen Kapitel haben Sie bereits erfahren, dass bestimmten Eigenschaften ein Wert von der Befehlszeile zugewiesen werden kann. Die Verwendung der Tabelle *Property* haben Sie ebenfalls kennen gelernt. Sie sehen, dass einer Eigenschaft von unterschiedlichen Positionen aus, Initialisierungswerte zugewiesen werden können. Der Windows Installer enthält einen Algorithmus, der diese Zuweisungen priorisiert. Die folgende Darstellung zeigt Ihnen, in welcher Reihenfolge der Windows Installer die Zuweisung der Werte behandelt:

1. Öffentliche oder private Eigenschaften, die in der Tabelle *Property* der Windows Installer-Datenbank definiert sind.
2. Öffentliche oder private Eigenschaften, die durch das Anwenden einer Transformation festgelegt sind.
3. Öffentliche Eigenschaften, die während der administrativen Installation in der Eigenschaft *AdminProperties* abgelegt sind.
4. Öffentliche Eigenschaften, die von der Befehlszeile zugewiesen wurden.
5. Eigenschaften, die durch das Betriebssystem festgelegt sind.

Sie sehen, dass die definierten Werte in der Tabelle *Property* die niedrigste Priorität besitzen. Jede andere Art der Zuweisung überschreibt folglich diese Initialisierungswerte.

Private Eigenschaften

Private Eigenschaften (Private Properties) beschreiben die Umgebung für den Installationsprozess. Beispielsweise wird die Eigenschaft *WindowsFolder* auf den vollständigen Pfad zum Windows-Ordner festgelegt. Private Eigenschaften werden durch den Windows Installer während des Installationsprozesses gesetzt. Die einzige Möglichkeit für den Benutzer, diesen Eigenschaften Werte zuzuweisen, ist die Verwendung von Steuerelementereignissen (Control Events).

Die Werte von privaten Eigenschaften können von der Befehlszeile nicht überschrieben werden. Bei der Verwendung von Microsoft Windows NT, Microsoft Windows 2000, Microsoft Windows XP und Microsoft Windows Server 2003 können keine privaten Eigenschaften in der UI-basierten Phase (Aquisition Phase) des Installationsprozesses gesetzt werden und an die Ausführungsphase (Execution Phase) übergeben werden. Unter den anderen Betriebssystemen ist dieses Vorgehen möglich, da beide Phasen im identischen Prozess ausgeführt werden.

Sie können private Eigenschaften definieren, indem Sie den Namen und den Initialisierungswert in der Tabelle *Property* erfassen.

HINWEIS: Die Namen von privaten Eigenschaften müssen mindestens einen Kleinbuchstaben enthalten.

Öffentliche Eigenschaften

Öffentliche Eigenschaften (Public Properties) können in der Windows Installer-Datenbank ebenso definiert und verändert werden wie private Eigenschaften. Zusätzlich können öffentliche Eigenschaften durch das Setzen eines Wertes von der Befehlszeile, durch Standardaktionen oder benutzerdefinierte Aktionen (Custom Actions), durch das Anwenden von Transformationen oder durch die Interaktion mit dem Benutzer über die Benutzeroberfläche verändert werden. Öffentliche Eigenschaften können von der UI-basierten Installationsphase an die Ausführungsphase übergeben werden. Öffentliche Eigenschaften dürfen keine Kleinbuchstaben im Namen enthalten.

Sie können eine öffentliche Eigenschaft definieren, indem Sie den Namen und den Initialisierungswert in der Tabelle *Property* erfassen. Öffentliche Eigenschaften können von allen Benutzern überschrieben werden, wenn eine der folgenden Bedingungen erfüllt ist:

- Bei dem Betriebssystem handelt es sich um Microsoft Windows 95, Microsoft Windows 98 oder Microsoft Windows Me.
- Der Anwender gehört zur Gruppe der Systemadministratoren.
- Die Gruppenrichtlinie »Benutzersteuerung bei Installationen zulassen (*EnableUserControl*)« ist aktiviert.
- Die Windows Installer-Eigenschaft *EnableUserControl* wurde auf den Wert »1« gesetzt.
- Es handelt sich um eine Installation, die nicht mit erhöhten Rechten ausgeführt wird.

Ist keine der obigen Bedingungen zutreffend, werden die öffentlichen Eigenschaften limitiert, die durch einen Benutzer verändert werden können, der nicht zur Gruppe der Systemadministratoren gehört.

HINWEIS: Die Namen von öffentlichen Eigenschaften dürfen keine Kleinbuchstaben enthalten.

Eingeschränkt öffentliche Eigenschaften

Stellen Sie sich vor, ein Benutzer (ohne Administratorenrechte) führt unter Microsoft Windows XP eine Installation durch, die von einem Administrator zur Installation mit erhöhten Rechten angemeldet wurde. In dem Installationspaket wurden einige öffentliche Eigenschaften vom Autor festgelegt, die im Ausführungsmodus verwendet werden sollen. Der Benutzer könnte diese Eigenschaften problemlos überschreiben und ggf. einen unerwarteten Installationsablauf verursachen. Um das zu verhindern, treten bei einer Installation mit erhöhten Rechten die eingeschränkt öffentlichen Eigenschaften (Restricted Public Properties) in Kraft.

Bei einer Installation ohne erhöhte Rechte kann der Benutzer alle öffentlichen Eigenschaften modifizieren. Hierbei gilt es jedoch zu beachten, dass die Installation im Kontext des Benutzers durchgeführt wird, und diese Modifikationen durch Ausführungsbeschränkungen mitunter keine Anwendung finden.

Bei einer Installation mit erhöhten Rechten kann vom Autor des Windows Installer-Paketes festgelegt werden, welche öffentlichen Eigenschaften an den Ausführungsmodus übergeben und vom Benutzer verändert werden können. Falls alle der folgenden Bedingungen zutreffen, kann der Benutzer ausschließlich die eingeschränkt öffentlichen Eigenschaften modifizieren.

- Bei dem Betriebssystem handelt es sich um Microsoft Windows NT, Microsoft Windows 2000, Microsoft Windows XP oder Microsoft Windows Server 2003.
- Der Anwender verfügt über keine Administratorenrechte.
- Die Anwendung wird mit erhöhten Rechten installiert.

Der Windows Installer enthält standardmäßig einige öffentliche Eigenschaften, die vom Anwender beim Zutreffen aller obigen Bedingungen verändert werden können. Nachfolgend finden Sie diese eingeschränkt öffentlichen Eigenschaften:

- *ACTION*
- *AFTERREBOOT*
- *ALLUSERS*
- *EXECUTEACTION*
- *EXECUTEMODE*
- *FILEADDDEFAULT*
- *FILEADDLOCAL*
- *FILEADDSOURCE*
- *INSTALLLEVEL*
- *LIMITUI*
- *LOGACTION*
- *NOCOMPANYNAME*
- *NOUSERNAME*
- *MSIINSTANCEGUID*
- *MSINEWINSTANCE*
- *PATCH*
- *PRIMARYFOLDER*
- *PROMPTROLLBACKCOST*
- *REBOOT*
- *REINSTALL*
- *REINSTALLMODE*
- *RESUME*
- *SEQUENCE*
- *SHORTFILENAMES*
- *TRANSFORMS*
- *TRANSFORMSATSOURCE*

Diese Liste kann durch den Autor des Installationspaketes erweitert werden, indem die entsprechenden öffentlichen Eigenschaften der Eigenschaft *SecureCustomProperties* durch Semikolon getrennt angefügt werden.

HINWEIS: Bei einer Installation mit erhöhten Rechten können nur Eigenschaften, die als sicher erachtet werden (Restricted Public Properties) vom Benutzer, der nicht über Administratorenrechte verfügt, verändert und an den Ausführungsmodus übergeben werden. Diese Einschränkung kann jedoch durch die Windows Installer-Eigenschaft *EnableUserControl* oder durch die gleichnamige Gruppenrichtlinie deaktiviert werden.

Verwenden der Eigenschaften

Alle Eigenschaften, die während des Installationsprozesses benötigt werden, müssen in der Tabelle *Property* mit einem Initialisierungswert erfasst werden. Der Windows Installer setzt die Eigenschaften auf diese Werte während des Startens des Installationsprogrammes. Eigenschaften, die direkt im Windows Installer integriert sind und Eigenschaften für die eine leere Zeichenfolge einen akzeptablen Wert darstellt, brauchen nicht initialisiert werden.

Bei der Definition von Eigenschaften müssen folgende Regeln beachtet werden:

- Der Eigenschaftsname basiert auf dem Datentyp *Identifier*. Hierbei handelt es sich um eine Zeichenfolge, die mit einem Buchstaben oder einem Unterstrich beginnen muss und Buchstaben, Zahlen, Unterstriche und Punkte enthalten kann.
- Die Namen von öffentlichen Eigenschaften dürfen keine Kleinbuchstaben enthalten.
- Die Namen von privaten Eigenschaften müssen mindestens einen Kleinbuchstaben enthalten.
- Bei Eigenschaften, denen das Zeichen {%} vorangestellt ist, handelt es sich um Umgebungsvariablen, die ausschließlich über die Tabelle *Environment* geändert werden können. Diese Eigenschaften dürfen nicht in der Tabelle *Property* aufgelistet werden.

Um einen Eigenschaftswert zu löschen, müssen Sie der Eigenschaft eine leere Zeichenfolge zuweisen.

WICHTIG: Vermeiden Sie aus Sicherheitsgründen die Verwendung von Eigenschaften zur Darstellung von Passwörtern. Der Windows Installer schreibt diese Werte in das Installationsprotokoll. Bei der Verwendung von Windows Installer Version 2.0 oder höher können Eigenschaften von der Protokollierung durch Verwendung der Eigenschaft *MsiHiddenProperties* ausgeschlossen werden.

Referenz

In diesem Abschnitt finden Sie die Eigenschaften, die bereits vom Windows Installer definiert sind. Bei allen Eigenschaften, die in der Aufstellung keine Kleinbuchstaben enthalten, handelt es sich um öffentliche Eigenschaften. Im anderen Fall handelt es sich um private Eigenschaften.

Komponenten

Die folgende Liste enthält Informationen, die für das Bestimmen der Datenquellen und Installationsziele von Windows Installer-Komponenten benötigt werden.

Eigenschaft	Beschreibung
OriginalDatabase	Der Windows Installer setzt diese Eigenschaft auf den Pfad zu der Windows Installer-Datenbank, von der die Installation aufgerufen wurde.
SourceDir	Hauptverzeichnis, in dem die Quelldateien abgelegt sind.
TARGETDIR	Legt das Zielverzeichnis der Installation fest. Bei einer administrativen Installation wird hier der Installationsort angegeben.

Tabelle 4.17: Eigenschaften zur Definition des Speicherortes von Komponenten

Konfiguration

Die folgende Liste enthält Informationen, die für die Konfiguration des Windows Installer-Paketes benötigt werden.

Eigenschaft	Beschreibung
ACTION	Enthält den Installationsmodus nachdem der Installer initialisiert wurde. Mögliche Werte sind: *INSTALL, ADVERTISE* oder *ADMIN*.
ALLUSERS	Legt fest, ob die Konfigurationsinformation für den aktuellen Benutzer oder für alle Benutzer gespeichert wird.
ARPAUTHORIZEDCDFPREFIX	URL des Updatekanals der Anwendung.
ARPCOMMENTS	Legt den Kommentar fest, der im Dialogfeld *Software* angezeigt wird.
ARPCONTACT	Legt den Kontakt fest, der im Dialogfeld *Software* angezeigt wird.
ARPINSTALLLOCATION	Vollständiger Pfad zu dem Installationsordner der Software.
ARPNOMODIFY	Deaktiviert im Dialogfeld *Software* die Funktion zur Modifikation der Anwendung.
ARPNOREMOVE	Deaktiviert im Dialogfeld *Software* die Funktion zum Entfernen der Anwendung.
ARPNOREPAIR	Deaktiviert im Dialogfeld *Software* die Funktion zur Reparatur der Anwendung.
ARPPRODUCTICON	Legt das Symbol fest, das im Dialogfeld *Software* angezeigt wird.
ARPREADME	Legt eine Readme-Datei fest, die über den Dialog *Software* aufgerufen werden kann.
ARPSIZE	Geschätzte Größe der Installation in Kilobyte.
ARPSYSTEMCOMPONENT	Verhindert die Anzeige der Anwendung im Dialogfeld *Software*.
ARPURLINFOABOUT	Homepage der Anwendung zur Anzeige im Dialogfeld *Software*.
ARPURLUPDTEINFO	Updateseite der Anwendung zur Anzeige im Dialogfeld *Software*.
AVAILABLEFREEREG	Von der Anwendung benötigter Speicherbedarf in der Systemregistrierung.
CCP_DRIVE	Das Hauptverzeichnis, welches von der Aktion *RMCCPSearch* durchsucht wird.
DefaultUIFont	Standardmäßiger Schriftstil zur Darstellung in den Steuerelementen.
DISABLEADVTSHORTCUTS	Verhindert die Erstellung von Verknüpfungen, die die Installation bei Bedarf unterstützen.
DISABLEMEDIA	Verhindert die Verwendung von Wechselmedien als gültige Medien für die Installation.
DISABLEROLLBACK	Deaktiviert die Rollback-Funktionalität für die aktuelle Installation.
EXECUTEACTION	Top-Level Aktion, die durch die Aktion *ExecuteAction* aufgerufen wird.
EXECUTEMODE	Legt fest, wie der Windows Installer Systemupdates ausführt.
FASTOEM	Erhöht die Performance einer Installation unter diversen OEM-Szenarien.
INSTALLLEVEL	Initialisierungslevel, bei dem Features installiert werden.
LIMITUI	Ermöglicht die Anzeige der Standardbenutzeroberfläche bei Verwendung des Wertes {1}.
LOGACTION	Enthält eine Auflistung von Aktionen, die protokolliert werden sollen.
MEDIAPACKAGEPATH	Diese Eigenschaft muss auf einen relativen Pfad gesetzt werden, falls sich das Paket nicht im Stammverzeichnis der CD-ROM befindet.
MSINODISABLEMEDIA	Verhindert die Unterstützung der Eigenschaft *DIASBLEMEDIA* durch den Installer.
PRIMARYFOLDER	Erlaubt dem Autor, einen Primärordner für die Installation festzulegen. ▶

Basistechnologie des Windows Installers

Eigenschaft	Beschreibung
Privileged	Der Installer setzt diese Eigenschaft, wenn die Installation mit administrativen Rechten ausgeführt wird.
PROMPTROLLBACKCOST	Aktion, die ausgeführt werden soll, falls nicht genügend Speicher zur Verfügung steht.
REBOOT	Forciert oder unterdrückt den Computerneustart.
REBOOTPROMPT	Verhindert die Anzeige eines Dialogfeldes zum Computerneustart. Der Neustart des Systems wird immer automatisch durchgeführt.
ROOTDRIVE	Standardmäßiges Laufwerk für die Installation.
SEQUENCE	Legt die Tabelle fest, die die Aktionen für die Ausführungssequenz enthält.
SHORTFILENAMES	Verwendet kurze Dateinamen für Dateien und Ordner.
TRANSFORMS	Auflistung von Transformationen, die während der Installation angewendet werden sollen.
TRANSFORMSATSOURCE	Informiert den Installer, dass sich die Transformationen im Hauptverzeichnis der Installation befinden.
TRANSFORMSSECURE	Das Setzen dieser Eigenschaft auf den Wert {1} informiert den Installer, dass Transformationen in einem lokalen Cache abgelegt werden, auf den der Benutzer keinen Schreibzugriff hat.

Tabelle 4.18: Eigenschaften zur Festlegung der Konfiguration

Datum und Uhrzeit

Die Eigenschaften für das Datum und die Uhrzeit sind Echtzeiteigenschaften, die vom Windows Installer während der Verwendung festgelegt werden.

Eigenschaft	Beschreibung
Date	Enthält das aktuelle Datum.
Time	Enthält die aktuelle Uhrzeit.

Tabelle 4.19: Eigenschaften für das Datum und die Uhrzeit

Features

Die folgende Liste enthält Informationen, die für die Konfiguration der Windows Installer-Features benötigt werden:

Eigenschaft	Beschreibung
ADDDEFAULT	Liste von Features, die in der standardmäßigen Konfiguration installiert werden sollen (*ALL* für alle Features).
ADDLOCAL	Liste von Features, die lokal installiert werden sollen (*ALL* für alle Features).
ADDSOURCE	Liste von Features, die zur Ausführung vom Quellmedium installiert werden sollen (*ALL* für alle Features).
ADVERTISE	Liste von Features, die zur Installation bei Bedarf angekündigt werden sollen (*ALL* für alle Features).
COMPADDLOCAL	Liste von Komponenten, die lokal installiert werden sollen. ▶

Eigenschaft	Beschreibung
COMPADDSOURCE	Liste von Komponenten, die zur Ausführung vom Quellmedium installiert werden sollen.
FILEADDDEFAULT	Liste von Dateien, die in der standardmäßigen Konfiguration installiert werden sollen.
FILEADDLOCAL	Liste von Dateien, die lokal installiert werden sollen.
FILEADDSOURCE	Liste von Dateien, die zur Ausführung vom Quellmedium installiert werden sollen.
PATCH	Enthält den vollständigen Pfad zu dem aktuellen Windows Installer-Patch.
REINSTALL	Liste von Features, die reinstalliert werden sollen (*ALL* für alle Features).
REINSTALLMODE	Eine Zeichenfolge, die den Modus für die Reinstallation festlegt.
REMOVE	Liste von Features, die entfernt werden sollen (*ALL* für alle Features).

Tabelle 4.20: Eigenschaften für die Konfiguration der Windows Installer-Features

Hardware

Die folgende Liste enthält Informationen über hardwarespezifische Eigenschaften, die vom Windows Installer beim Starten der Installation festgelegt werden:

Eigenschaft	Beschreibung
Alpha	Wird auf den numerischen Wert des Prozessorlevels gesetzt, falls die Installation auf einer Alpha-Plattform ausgeführt wird (Nur unter dem Windows Installer Version 1.0).
BorderSide	In Pixel angegebene Breite der Fensterränder (Windows Border).
BorderTop	In Pixel angegebene Höhe der Fensterränder (Windows Border).
CaptionHeight	In Pixel angegebene Höhe der Titelleiste der Fenster (Windows Caption).
ColorBits	Anzahl der darzustellenden Farben pro Pixel in Bits.
Intel	Wird auf den numerischen Wert des Prozessorlevels gesetzt, falls die Installation auf einer Intel-Plattform ausgeführt wird.
Intel64	Wird auf den numerischen Wert des Prozessorlevels gesetzt, falls die Installation auf einer Intel64-Plattform (Itanium) ausgeführt wird.
PhysicalMemory	Installierter physischer Speicher (RAM) in Megabyte.
ScreenX	In Pixel angegebene Breite der Bildschirmauflösung.
ScreenY	In Pixel angegebene Höhe der Bildschirmauflösung.
TextHeight	Die Höhe der Zeichen in logischen Einheiten.
VirtualMemory	Verfügbarer virtueller Speicher in Megabyte.

Tabelle 4.21: Hardwarespezifische Eigenschaften

Installationsstatus

Die folgende Liste enthält Informationen über Statuswerte, die während der Installation durch den Windows Installer festgelegt werden:

Eigenschaft	Beschreibung
AFTERREBOOT	Wird festgelegt, nachdem ein Computerneustart durch die Aktion *ForceReboot* ausgelöst wurde.
CostingComplete	Wird festgelegt, nachdem die Berechnung des benötigten Speicherbedarfs abgeschlossen ist.
Installed	Wird festgelegt, falls ein Produkt bereits installiert ist.
MSICHECKCRCS	Der Installer führt einen CRC-Check (Cyclic Redundancy Checking) der Dateien nur durch, wenn diese Eigenschaft gesetzt ist.
NOCOMPANYNAME	Unterdrückt die automatische Zuweisung eines Wertes an die Eigenschaft *COMPANYNAME*.
NOUSERNAME	Unterdrückt die automatische Zuweisung eines Wertes an die Eigenschaft *USERNAME*.
OutOfDiskSpace	Der Installer setzt diese Eigenschaft auf *True*, falls auf mindestens einem Laufwerk nicht genügend Speicher zur Verfügung steht.
OutOfNoRbDiskSpace	Der Installer setzt diese Eigenschaft auf *True*, falls auf mindestens einem Laufwerk nicht genügend Speicher zur Verfügung steht und die Rollback- Funktion deaktiviert wurde.
Preselected	Der Installer setzt diese Eigenschaft, wenn Features bereits ausgewählt sind.
PrimaryVolumePath	Enthält einen vollständigen Pfad zu dem Laufwerk, auf dem sich das Installationsverzeichnis *PRIMARYFOLDER* befindet.
PrimaryVolumeSpaceAvailable	Enthält eine Zeichenfolge, die den verfügbaren Speicherplatz in Einheiten zu 512 Byte für das Laufwerk angibt, das durch die Eigenschaft *PrimaryVolumePath* definiert ist.
PrimaryVolumeSpaceRemaining	Enthält eine Zeichenfolge, die den verbleibenden Speicherplatz in Einheiten zu 512 Byte für das Laufwerk angibt, das durch die Eigenschaft *PrimaryVolumePath* definiert ist.
PrimaryVolumeSpaceRequired	Enthält eine Zeichenfolge, die den benötigten Speicherplatz in Einheiten zu 512 Byte für das Laufwerk angibt, das durch die Eigenschaft *PrimaryVolumePath* definiert ist.
ProductLanguage	Enthält die Sprachkennzeichnung des Produktes und wird zur Darstellung lokalisierter Zeichenfolgen verwendet, die nicht in der Datenbank definiert sind.
ReplacedInUseFiles	Wird gesetzt, falls der Installer eine Datei überschreibt, die momentan in Verwendung ist.
RESUME	Wird gesetzt, falls eine unterbrochene Installation fortgesetzt wird.
RollbackDisabled	Der Installer setzt diese Eigenschaft, falls die Rollback-Funktion deaktiviert ist.
UILevel	Indiziert den Level zur Darstellung der Benutzeroberfläche.
UpdateStarted	Der Installer setzt diese Eigenschaft, wenn begonnen wurde, Änderungen am System durchzuführen.
UPGRADINGPRODUCTCODE	Wird gesetzt, falls ein Upgrade eine Anwendung entfernt.
VersionMsi	Der Installer setzt diese Eigenschaft auf die aktuelle Version *(Major.Minor)* des Windows Installer-Dienstes.

Tabelle 4.22: Eigenschaften zur Darstellung des Status während der Installation

Betriebssystem

Die folgende Liste enthält Informationen über das aktuelle Betriebssystem, die zu Beginn der Installation vom Windows Installer festgelegt werden:

Eigenschaft	Beschreibung
AdminUser	Wird auf Windows NT-basierten Systemen gesetzt, falls der Benutzer über administrative Rechte verfügt.
ComputerName	Computername des aktuellen Systems.
MsiNTProductType	Enthält den Windows NT-Produkttyp (Workstation, Server, Domänencontroller). Verfügbar unter Windows Installer 2.0 und höher.
MsiNTSuiteBackOffice	Unter Windows 2000 und höher wird diese Eigenschaft gesetzt, falls Microsoft BackOffice-Komponenten auf dem System installiert sind. Verfügbar unter Windows Installer 2.0 und höher.
MsiNTSuiteDataCenter	Unter Windows 2000 und höher wird diese Eigenschaft gesetzt, falls Microsoft DataCenter-Server installiert ist. Verfügbar unter Windows Installer 2.0 und höher.
MsiNTSuiteEnterprise	Unter Windows 2000 und höher wird diese Eigenschaft gesetzt, falls Microsoft Advanced Server installiert ist. Verfügbar unter Windows Installer 2.0 und höher.
MsiNTSuiteSmallBusiness	Unter Windows 2000 und höher wird diese Eigenschaft gesetzt, falls Microsoft Small Business-Server installiert ist. Verfügbar unter Windows Installer 2.0 und höher.
MsiNTSuiteSmallBusinessRestricted	Unter Windows 2000 und höher wird diese Eigenschaft gesetzt, falls Microsoft Small Business Server mit einer restriktiven Clientlizenz installiert ist. Verfügbar unter Windows Installer 2.0 und höher.
MsiNTSuiteWebServer	Unter Windows Server 2003 und höher wird diese Eigenschaft gesetzt, falls Microsoft Web Server 2003 installiert ist. Verfügbar unter Windows Installer für Server 2003 und höher.
MsiNTSuitePersonal	Unter Windows 2000 und höher wird diese Eigenschaft gesetzt, falls es sich bei dem Betriebssystem um die Personal Edition handelt. Verfügbar unter Windows Installer 2.0 und höher.
MsiNetAssemblySupport	Bei Systemen, die Common Language Runtime Assemblies unterstützen, wird diese Eigenschaft auf die Version der Datei *fusion.dll* gesetzt. Verfügbar unter Windows Installer 2.0 und höher.
MsiWin32AssemblySupport	Bei Systemen, die Win32-Assemblies unterstützen, wird diese Eigenschaft auf die Version der Datei *Sxs.dll* gesetzt. Verfügbar unter Windows Installer 2.0 und höher.
OLEAdvtSupport	Wird gesetzt, falls das aktuelle Betriebssystem die Installation bei Bedarf von COM-Komponenten unterstützt.
RedirectedDLLSupport	Wird gesetzt, falls das aktuelle Betriebssystem die Verwendung von isolierten Komponenten unterstützt.
RemoteAdminTS	Diese Eigenschaft wird gesetzt, falls das System zur Remote Administration über Terminal-Dienste konfiguriert ist.
ServicePackLevel	Die Versionsnummer des installierten Service Packs für das Betriebssystem.
ServicePackLevelMinor	Die Minor-Version des installierten Service Packs für das Betriebssystem.
SharedWindows	Wird gesetzt, falls das System als *Shared Windows* verwendet wird.
ShellAdvtSupport	Wird gesetzt, falls die Shell das Advertising von Features unterstützt.
SystemLanguageID	Standardmäßige Sprachkennzeichnung des Betriebssystems.
TerminalServer	Diese Eigenschaft wird gesetzt, falls es sich um einen Windows Server mit installierten Terminal Diensten handelt. ▶

Eigenschaft	Beschreibung
TTCSupport	Wird gesetzt, falls das Betriebssystem die Verwendung von .ttc (True Type Font Collections) Dateien unterstützt.
Version9x	Versionsnummer des Windows 9x-Betriebssystems.
VersionDatabase	Datenbankversion der aktuellen Installation.
VersionNT	Versionsnummer des Windows NT-basierten Betriebssystems.
VersionNT64	Versionsnummer des Windows NT-basierten Betriebssystems, das auf einer 64-Bit-Plattform ausgeführt wird.
WindowsBuild	Build-Nummer des Betriebssystems.

Tabelle 4.23: Informationen über das aktuelle Betriebssystem

Die nachfolgende Tabelle 4.24 zeigt Ihnen die Versions- und Buildnummern für die Betriebssysteme Microsoft Windows 95, Microsoft Windows 98, Microsoft Windows NT 4.0, Microsoft Windows 2000, Microsoft Windows XP und Microsoft Windows Server 2003:

System	Version9X	VersionNT	WindowsBuild	ServicePackLevel
Windows 95 (Gold)	400		950	
Windows 95 + OSR	400			
Windows 95 + OSR2	400			
Windows 95 + OSR2.5	400		1111	
Windows 98 (Gold)	410		1998	
Windows 98 Second Edition	410		2222	
Windows Me	490		3000.1	
Windows NT 4.0 (Gold)		400	1381	
Windows NT 4.0 + Service Pack 1		400	1381	1
Windows NT 4.0 + Service Pack 2		400	1381	2
Windows NT 4.0 + Service Pack 3		400	1381	3
Windows NT 4.0 + Service Pack 4		400	1381	4
Windows NT 4.0 + Service Pack 5		400	1381	5
Windows NT 4.0 + Service Pack 6		400	1381	6
Windows 2000		500	2195	
Windows 2000 + Service Pack 1		500	2195	1
Windows XP		501	2600	
Windows XP + Service Pack 1		501	2600	1
Windows Server 2003		502	Größer als 2600	

Tabelle 4.24: Versionierung der Betriebssysteme

Produktinformation

Die folgende Liste enthält produktspezifische Informationen, die in der Tabelle *Property* festgelegt werden:

Eigenschaft	Beschreibung
ARPHELPLINK	Internet-Adresse oder URL für technischen Support zur Anzeige im Dialogfeld *Software*.
ARPHELPTELEPHONE	Telefonnummer des technischen Supports zur Anzeige im Dialogfeld *Software*.
DiskPrompt	Enthält eine Zeichenfolge, die bei der Aufforderung zum Einlegen eines neuen Installationsmediums angezeigt wird.
IsAdminPackage	Wird auf den Wert »1« festgelegt, falls die Installation von einem administrativen Abbild gestartet wird.
LeftUnit	Wird diese Eigenschaft gesetzt, werden alle Einheiten links von einer Zahl angezeigt.
Manufacturer	Name des Softwareherstellers (erforderlich).
MediaSourceDir	Der Installer setzt diese Eigenschaft auf »1«, falls die Installation ein Wechselmedium benötigt.
MSIINSTANCEGUID	Diese Eigenschaft gibt an, dass eine Transformation angewendet wurde, die den *ProductCode* verändert hat. Verfügbar unter Windows Installer für Server 2003 und höher.
MSINEWINSTANCE	Diese Eigenschaft ermöglicht die Installation des Produktes über Instanz Transformationen. Verfügbar unter Windows Installer für Server 2003 und höher.
PIDTemplate	Eine Zeichenfolge, die eine Vorlage zur Verwendung der Eigenschaft *PIDKEY* bestimmt.
ProductCode	Ein eindeutiger Schlüssel zur Identifizierung des Produktes (Erforderlich).
ProductName	Der Name des Produktes (erforderlich).
ProductState	Der Installer setzt diese Eigenschaft auf den aktuellen Installationsstatus des Produktes.
ProductVersion	Die Version des Produktes (erforderlich).
UpgradeCode	Eine *GUID*, die eine Familie verwandter Produkte kennzeichnet.

Tabelle 4.25: Darstellung der produktspezifischen Informationen

Summary Information Update

Die folgenden Eigenschaften werden ausschließlich durch Transformation in Patch-Dateien (*.msp*) verwendet, um den Summary Information Stream eines administrativen Abbildes zu aktualisieren:

Eigenschaft	Beschreibung
PATCHNEWPACKAGECODE	Der Wert dieser Eigenschaft wird in die Eigenschaft *Revision Number* des Summary Information Streams übertragen.
PATCHNEWSUMMARYCOMMENTS	Der Wert dieser Eigenschaft wird in die Eigenschaft *Comments* des Summary Information Streams übertragen.
PATCHNEWSUMMARYSUBJECT	Der Wert dieser Eigenschaft wird in die Eigenschaft *Subject* des Summary Information Streams übertragen.

Tabelle 4.26: Eigenschaften zum Aktualisieren des Summary Information Streams

Systemordner

Die folgende Liste enthält die Eigenschaften zur Bestimmung der Systemordner. Diese Eigenschaften werden beim Start der Installation vom Windows Installer festgelegt:

Eigenschaft	Beschreibung
AdminToolsFolder	Vollständiger Pfad zum Ordner *Startmenü\Programme\Verwaltung*.
AppDataFolder	Vollständiger Pfad zum Ordner *Anwendungsdaten* für den aktuellen Benutzer.
CommonAppDataFolder	Vollständiger Pfad zum Ordner *Anwendungsdaten* für alle Benutzer.
CommonFiles64Folder	Vollständiger Pfad zum Ordner, der die gemeinsamen 64-Bit-Dateien enthält.
CommonFilesFolder	Vollständiger Pfad zum Ordner *Gemeinsame Dateien* für den aktuellen Benutzer.
DesktopFolder	Vollständiger Pfad zum Ordner *Desktop*.
FavoritesFolder	Vollständiger Pfad zum Ordner *Favoriten* für den aktuellen Benutzer.
FontsFolder	Vollständiger Pfad zum Ordner *Schriftarten*.
LocalAppDataFolder	Vollständiger Pfad zum Ordner *Anwendungsdaten* für alle Benutzer.
MyPicturesFolder	Vollständiger Pfad zum Ordner *Eigene Bilder*.
PersonalFolder	Vollständiger Pfad zum Ordner *Eigene Dateien* für den aktuellen Benutzer.
ProgramFiles64Folder	Vollständiger Pfad zum Ordner, in dem die 64-Bit-Programme abgelegt werden.
ProgramFilesFolder	Vollständiger Pfad zum Ordner, in dem die 32-Bit-Programme abgelegt werden.
ProgramMenuFolder	Vollständiger Pfad zum Ordner *Startmenü\Programme*.
SendToFolder	Vollständiger Pfad zum Ordner *Send To* für den aktuellen Benutzer.
StartMenuFolder	Vollständiger Pfad zum Ordner *Startmenü*.
StartupFolder	Vollständiger Pfad zum Ordner *Autostart*.
System16Folder	Vollständiger Pfad zum Systemordner für 16-Bit-Komponenten.
System64Folder	Vollständiger Pfad zum Systemordner für 64-Bit-Komponenten.
SystemFolder	Vollständiger Pfad zum Ordner *System*.
TempFolder	Vollständiger Pfad zum Ordner *Temp*.
TemplateFolder	Vollständiger Pfad zum Ordner *Vorlagen*.
WindowsFolder	Vollständiger Pfad zum Ordner *Windows*.
WindowsVolume	Enthält das Laufwerk, auf dem sich der Ordner *Windows* befindet.

Tabelle 4.27: Eigenschaften zum Festlegen der Systemordner

Benutzerinformationen

Die folgende Liste enthält Eigenschaften, die Informationen über den derzeitigen Benutzer bereitstellen:

Eigenschaft	Beschreibung
AdminProperties	Enthält eine Liste von Eigenschaften, die während einer administrativen Installation festgelegt werden. Diese Eigenschaften stehen bei der späteren Installation von dem adminstrativen Abbild zur Verfügung. ▶

Eigenschaft	Beschreibung
COMPANYNAME	Enthält die Firma oder die Organisation, der der Benutzer angehört.
LogonUser	Enthält den Namen des gerade angemeldeten Benutzers. Wird durch Win32-API-Funktion *GetUserName* ermittelt.
MsiHiddenProperties	Enthält eine Liste von Eigenschaften, die nicht im Installationsprotokoll ausgegeben werden sollen. Verfügbar unter Windows Installer 2.0 und höher.
PIDKEY	Teil der *ProductID*, die durch den Benutzer eingegeben werden muss.
ProductID	Vollständige *ProduktID* nach erfolgreicher Validierung.
UserLanguageID	Standardmäßige Sprachkennzeichnung des aktuellen Benutzers.
USERNAME	Benutzer, der die Installation ausführt.
UserSID	Wird durch den Windows Installer auf die SID (Security Identifier) des Benutzer gesetzt.

Tabelle 4.28: *Eigenschaften zur Bereitstellung von Benutzerinformationen*

Supportinformationen

Ein installiertes Softwarepaket kann über das Dialogfeld *Software* der Systemsteuerung entfernt oder modifiziert werden. Ebenso ist es möglich, weitergehende Informationen angezeigt zu bekommen. Seit Microsoft Windows 2000 wurde das Dialogfeld *Software* modifiziert, sodass bei installierten Windows Installer-Anwendungen in der Liste ein Link zum Anzeigen der Supportinformationen zur Verfügung steht. Ein Klick auf diesen Link zeigt diese detaillierten Informationen in Abhängigkeit zur festgelegten Konfiguration des Windows Installer-Paketes an. Ebenso kann das Symbol festgelegt werden, das in der Liste erscheint. Die Schaltflächen zum *Ändern*, *Entfernen* und *Reparieren* des Produktes können deaktiviert werden. In der Abbildung 4.16 wurde die Eintragung so konfiguriert, dass keine Schaltfläche zum Ändern des Softwareproduktes zur Verfügung steht. Ebenso wurde ein individuelles Icon dem Eintrag zugeordnet.

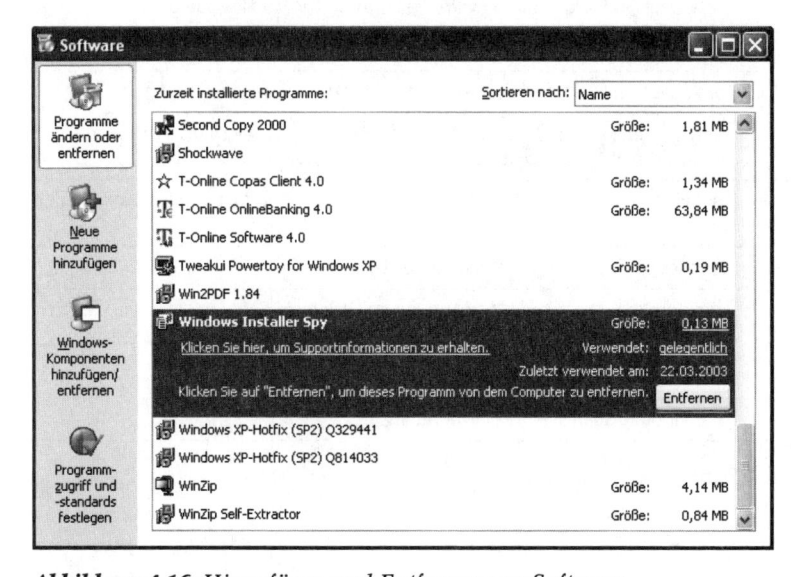

Abbildung 4.16: *Hinzufügen und Entfernen von Software*

Nachdem Sie den Link aktiviert haben, erscheint ein Dialogfeld, das die Supportinformationen enthält. Dieses Dialogfeld wurde so konfiguriert, dass die Schaltfläche zum Reparieren des Softwareproduktes nicht dargestellt wird.

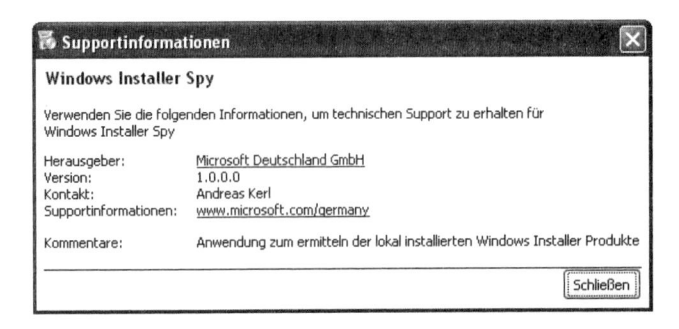

Abbildung 4.17: Dialogfeld zur Anzeige der Supportinformationen

Der Windows Installer verwendet Eigenschaftswerte, um diese Darstellungen festzulegen. Diese Eigenschaften müssen in der Tabelle *Property* definiert werden. Alle Eigenschaften zur Darstellung dieser Dialogfelder beginnen mit dem Präfix *ARP*, der für »Add/Remove Programs« steht. Die nachfolgende Tabelle 4.29 gibt Ihnen einen Überblick über die zur Verfügung stehenden Eigenschaften:

Eigenschaft	Beschreibung
ARPAUTHORIZEDCDFPREFIX	URL des Updatekanals der Anwendung.
ARPCOMMENTS	Legt den Kommentar fest, der im Dialogfeld *Software* angezeigt wird.
ARPCONTACT	Legt den Kontakt fest, der im Dialogfeld *Software* angezeigt wird.
ARPINSTALLLOCATION	Vollständiger Pfad zu dem Installationsordner der Software.
ARPHELPLINK	Internet-Adresse oder URL für technischen Support.
ARPHELPTELEPHONE	Telefonnummer des technischen Supports.
ARPNOMODIFY	Deaktiviert im Dialogfeld *Software* die Funktion zur Modifikation der Anwendung.
ARPNOREMOVE	Deaktiviert im Dialogfeld *Software* die Funktion zum Entfernen der Anwendung.
ARPNOREPAIR	Deaktiviert im Dialogfeld *Software* die Funktion zur Reparatur der Anwendung.
ARPPRODUCTICON	Legt ein Symbol fest, dass im Dialogfeld *Software* angezeigt wird. Hierbei muss es sich um einen Schlüssel zu der Tabelle *Icon* handeln.
ARPREADME	Legt eine Readme Datei fest, die über das Dialogfeld *Software* aufgerufen werden kann.
ARPSIZE	Geschätzte Größe der Installation in Kilobyte.
ARPSYSTEMCOMPONENT	Verhindert die Anzeige der Anwendung im Dialogfeld *Software*, falls hier der Wert »1« verwendet wurde.
ARPURLINFOABOUT	URL für die Homepage der Anwendung.
ARPURLUPDTEINFO	URL für die Updateseite der Anwendung.

Tabelle 4.29: Einstellungen für die Supportinformationen

Bedingungen

Im vorherigen Abschnitt habe ich Ihnen die Eigenschaften erläutert. Sie haben dort eine Vielzahl dieser »Globalen Variablen« und Einsatzmöglichkeiten kennen gelernt. An dieser Stelle wird ein kleines Szenario verwendet, um auf den folgenden Abschnitt überzuleiten.

Sie haben eine Anwendung erstellt, die mit der Windows Installer-Technologie auf mehreren Zielrechnern installiert werden soll. Die fehlerfreie Ausführung der Anwendung setzt bestimmte Mindestanforderungen an das Zielsystem voraus. So müssen zur Installation bestimmte Voraussetzungen gegeben sein:

- Betriebssystem: Microsoft Windows XP
- Arbeitsspeicher: Mindestens 512 MByte
- Bildschirmauflösung: Mindestens 1.024 x 768
- Prozessoren: Mindestens 2
- Zusätzlich soll das .NET Framework installiert sein.

Wird eine dieser Voraussetzungen nicht erfüllt, darf die Installation nicht ausgeführt werden.

Beim Betrachten der Mindestvoraussetzungen wird deutlich, dass für alle dieser abprüfbaren Eigenschaften entsprechende Eigenschaften vorhanden sind. Unsere Tätigkeit basiert lediglich auf dem Vergleich dieser Eigenschaften mit den von uns definierten Werten. Diese Möglichkeit, entsprechende Werte zur Laufzeit auszuwerten und zu vergleichen, wird durch Bedingungen (Condition) zur Verfügung gestellt. Diese Bedingungen können in allen Szenarien verwendet werden, bei denen die zugrunde liegende Tabelle eine Spalte *Condition* aufweist. Das sind in der aktuellen Version des Windows Installers die folgenden Tabellen:

Tabelle	Beschreibung
Condition	Ermöglicht das Festlegen von Bedingungen für die Tabelle *Features*.
ControlEvent	Auslösen von Steuerelementereignissen.
ControlCondition	Statusveränderung eines Steuerelementes anhand einer Bedingung.
LaunchCondition	Festlegen von Ausführungsbedingungen.
InstallUISequence	Installationssequenz für die Benutzeroberfläche bei der Standardinstallation.
InstallExecuteSequence	Installationssequenz bei der Standardinstallation.
AdminUISequence	Installationssequenz für die Benutzeroberfläche bei der Erstellung eines administrativen Abbildes.
AdminExecuteSequence	Installationssequenz bei der Erstellung eines administrativen Abbildes.
AdvtExecuteSequence	Installationssequenz bei der angekündigten Installation.

Tabelle 4.30: Tabellen mit Bedingungsspalte

Betrachten Sie zum besseren Verständnis die Sequenztabellen. Die Sequenztabellen definieren die durchzuführenden Tätigkeiten während des Installationsprozesses. In diesen Tabellen werden Aktionen festgelegt, die in einer definierten Reihenfolge ausgeführt werden sollen. Verknüpfen sie eine Aktion mit einer Bedingung, wird diese Aktion nur ausgeführt, wenn die Bedingung den Wert *True* zurückgibt. Ein prominentes Beispiel hierfür ist die Aktion *InstallServices*. Diese Aktion wird verwendet, um Windows-Dienste zu installieren. Da Windows-Dienste unter Microsoft Windows 9x und Microsoft Windows Me nicht zur Verfügung stehen, ist diese Aktion mit der Bedingung *VersionNT* verknüpft. Das bedeutet, dass die Aktion *InstallServices* nur ausgeführt wird, wenn es sich bei der Zielplattform um Microsoft Windows NT 4.0, Microsoft Windows 2000, Microsoft Windows XP oder Microsoft Windows Server 2003 handelt.

HINWEIS: Sie können mehrere Bedingungen über logische Operatoren verknüpfen.

Syntax zum Definieren von Bedingungen

Die Tabelle 4.31 und die zugehörige Liste enthalten eine Zusammenfassung der Syntax, wie sie zum Definieren von Bedingungen verwendet werden kann:

Item	Syntax
Wert	»Variable«oder »Zeichenfolge«oder »Zahl«
Vergleichsoperator	< oder > oder <= oder >= oder = oder <>
Term	»Wert«oder »Wert + Vergleichsoperator + Wert« oder »Ausdruck«
Boolescher-Faktor	»Term«oder »*NOT* Term«
Boolescher-Term	»Boolescher-Faktor« oder »Boolescher-Faktor *AND* Term«
Ausdruck	»Boolescher-Term« oder »Boolescher-Term *OR* Ausdruck«
Variable	»Eigenschaft«oder »Umgebungsvariable«oder »Feature-Aktion« oder »Feature-Status« oder »Komponenten-Aktion« oder »Komponenten-Status«

Tabelle 4.31: Zusammenfassung der Syntax zum Definieren von Bedingungen

Bei der Erstellung von Bedingungen sind folgende Vorgaben unbedingt zu beachten:

- Variablen und Werte unterscheiden zwischen Groß- und Kleinschreibung.
- Umgebungsvariablen unterscheiden nicht zwischen Groß- und Kleinschreibung.
- Eine Zeichenfolge muss immer in Anführungszeichen eingeschlossen werden ("Text").
- Nicht existierende Eigenschaften werden als leere Zeichenfolge behandelt.
- Gleitkommazahlen werden nicht unterstützt.
- Operatoren und Regeln sind identisch mit Basic- und SQL-Sprachen.
- Arithmetische Operatoren werden nicht unterstützt.
- Runde Klammern können zur Veränderung der mathematischen Regeln verwendet werden.
- Operatoren unterscheiden nicht zwischen Groß- und Kleinschreibung.
- Beim Vergleich von Zeichenfolgen kann die Tilde »~« dem Operator vorangestellt werden, um einen Vergleich zu erreichen, der nicht zwischen Groß- und Kleinschreibung unterscheidet.

Bei einem Vergleich, bei dem eine Ganzzahl mit einer Zeichenfolge verglichen wird, die nicht in eine Ganzzahl umgewandelt werden kann, wird *False* zurückgegeben. Wird hingegen der Vergleich auf Ungleichheit »<>« durchgeführt, wird *True* zurückgegeben.

Präfix

Die Tabelle 4.32 zeigt die Präfixe, die für den Zugriff auf System- und Installer-Informationen in Bedingungen verwendet werden können:

Art	Präfix	Beschreibung
Installer-Eigenschaft	(ohne)	Wert der Eigenschaft aus der Tabelle *Property*.
Umgebungsvariable	%	Wert einer Umgebungsvariablen.
Schlüssel der Tabelle *Component*	$	Aktionsstatus der Komponente.
Schlüssel der Tabelle *Component*	?	Installationsstatus der Komponente.
Schlüssel der Tabelle *Feature*	&	Aktionsstatus des Features.
Schlüssel der Tabelle *Feature*	!	Installationsstatus des Features.

Tabelle 4.32: Zur Verfügung stehende Präfixe

Sie sehen in der Tabelle 4.32, dass Sie für die Features und die Komponenten jeweils zwei Statuswerte abfragen können. Der Installationsstatus bezieht sich auf den aktuellen Status des Features bzw. der Komponente zum Abfragezeitpunkt. Der Aktionsstatus gibt die Aktion zurück, die mit dem Feature bzw. der Komponente ausgeführt werden soll. Ist beispielsweise ein Feature mit der Bezeichnung »Feature1« auf der lokalen Festplatte installiert und wurde es zur Deinstallation markiert, so enthält der Installationsstatus den Wert *INSTALLSTATE_LOCAL* und der Aktionsstatus den Wert *INSTALLSTATE_ABSENT*.

Logische Operatoren

Die Tabelle 4.33 zeigt die logischen Operatoren in der Reihenfolge ihrer Priorität zur Verwendung in Bedingungen:

Operator	Beschreibung
Not	Kehrt den Status der folgenden Terme um.
And	*True*, wenn beide Terme wahr sind.
Or	*True*, wenn einer oder beide Terme wahr sind.
Xor	*True*, wenn einer, aber nicht beide Terme wahr sind.
Eqv	*True*, wenn beide Terme wahr sind, oder wenn beide Terme falsch sind.
Imp	*True*, wenn der linke Term falsch ist oder der rechte Term wahr ist.

Tabelle 4.33: Liste der logischen Operatoren

Vergleichsoperatoren

Die Tabelle 4.34 zeigt die Vergleichsoperatoren, die bei der Definition von Bedingungen verwendet werden können. Diese Vergleichsoperatoren können nur zum Vergleich zweier Werte verwendet werden:

Operator	Beschreibung
=	*True*, wenn der linke Wert gleich dem rechten Wert ist.
<>	*True*, wenn der linke Wert ungleich dem rechten Wert ist.
>	*True*, wenn der linke Wert größer als der rechte Wert ist.
>=	*True*, wenn der linke Wert größer oder gleich dem rechten Wert ist.

Basistechnologie des Windows Installers

Operator	Beschreibung
<	*True*, wenn der linke Wert kleiner als der rechte Wert ist.
<=	*True*, wenn der linke Wert kleiner oder gleich dem rechten Wert ist.

Tabelle 4.34: Liste der Vergleichsoperatoren

Operatoren für Zeichenfolgen

Die Tabelle 4.35 zeigt die Operatoren zum Vergleich von Zeichenfolgen, die bei der Definition von Bedingungen verwendet werden können:

Operator	Beschreibung
><	*True*, wenn die linke Zeichenfolge gleich der rechten Zeichenfolge ist.
<<	*True*, wenn die linke Zeichenfolge mit der rechten Zeichenfolge beginnt.
>>	*True*, wenn die linke Zeichenfolge mit der rechten Zeichenfolge endet.

Tabelle 4.35: Liste der Operatoren zum Vergleich von Zeichenfolgen

Operatoren zum bitweisen Vergleich

Die Tabelle 4.36 zeigt die Operatoren zum bitweisen Vergleich zweier Werte. Diese Operatoren können nur zum Vergleich zweier Ganzzahlen verwendet werden:

Operator	Beschreibung
><	*True*, wenn beide Ganzzahlen über gemeinsame Bitwerte verfügen.
<<	*True*, wenn die oberen 16-Bit des linken Wertes, dem rechten Wert entsprechen.
>>	*True*, wenn die unteren 16-Bit des linken Wertes, dem rechten Wert entsprechen.

Tabelle 4.36: Liste der Operatoren zum bitweisen Vergleich

Status von Features und Komponenten

Die Tabelle 4.37 zeigt, unter welchen Bedingungen die Präfixe für Features und Komponenten verwendet werden dürfen:

Operator	Gültig
$ (Aktionsstatus der Komponente)	In der Tabelle *Condition* und in den Sequenztabellen nach der Aktion *CostFinalize*.
& (Aktionsstatus des Features)	In der Tabelle *Condition* und in den Sequenztabellen nach der Aktion *CostFinalize*.
! (Installationsstatus des Features)	In der Tabelle *Condition* und in den Sequenztabellen nach der Aktion *CostFinalize*.
? (Installationsstatus der Komponente)	In der Tabelle *Condition* und in den Sequenztabellen nach der Aktion *CostFinalize*.

Tabelle 4.37: Gültigkeit der Präfixe für Features und Komponenten

Die Tabelle 4.38 zeigt die Statuswerte, die als Vergleich für die Features und Komponenten in Bedingungen verwendet werden können:

Status	Wert	Beschreibung
INSTALLSTATE_UNKNOWN	-1	Es wird keine Aktion ausgeführt.
INSTALLSTATE_ADVERTISED	1	Angekündigtes Feature. Dieser Status ist für Komponenten nicht gültig.
INSTALLSTATE_ABSENT	2	Feature oder Komponente ist nicht vorhanden.
INSTALLSTATE_LOCAL	3	Feature oder Komponente wird lokal ausgeführt.
INSTALLSTATE_SOURCE	4	Feature oder Komponente wird vom Quellmedium ausgeführt.

Tabelle 4.38: Vergleich der Statuswerte

Enthält eine Bedingung, beispielsweise den Ausdruck »&MyFeature=3«, wird *True* zurückgegeben, falls der aktuelle Status des Features auf den Wert zur lokalen Installation verändert wird.

Ausführungsbedingungen

Die Tabelle *LaunchCondition* enthält Bedingungen, die beim Ausführen der Aktion *LaunchConditions* geprüft werden. Diese Aktion ist standardmäßig die erste Aktion, die im Installationsprozess ausgeführt wird. Sie ist dazu gedacht, die entsprechenden Systemvoraussetzungen zu prüfen. Gehen Sie zurück zu dem Ausgangsbeispiel und definieren Sie die notwendigen Bedingungen in der Tabelle *LaunchCondition*. Sie müssen vor der Installation sicherstellen, dass als Betriebssystem Microsoft Windows XP mit mindestens 512 MByte Arbeitsspeicher verwendet wird. Die Bildschirmauflösung soll mindestens 1.024 x 768 Bildpunkte betragen und bei dem System soll es sich um ein Mehrprozessorsystem handeln. Als letztes ist zu prüfen, ob das .NET Framework auf dem Rechner installiert ist. Die Tabelle 4.39 stellt die Originaltabelle für unser Beispiel dar. Die Spalte *Description* enthält den Hinweistext, der dem Benutzer angezeigt wird, falls die Bedingung nicht den Wert *True* zurückliefert.

Condition	Description
VersionNT AND (VersionNT >= 501)	Diese Anwendung setzt die Verwendung von Microsoft Windows XP voraus.
ScreenX >= 1024 AND ScreenY >= 768	Die Bildschirmauflösung muss mindestens 1.024 x 768 Bildpunkte betragen.
PhysicalMemory >= 512	Es werden mindestens 512 MByte Arbeitsspeicher benötigt.
%NUMBER_OF_PROCESSORS >= 2	Bei dem System handelt es sich um kein Mehrprozessorsystem.
MsiNetAssemblySupport	Das Microsoft .NET Framework ist nicht auf dem System installiert.

Tabelle 4.39: Die Tabelle LaunchCondition *für das Ausgangsbeispiel*

Suche nach existierenden Elementen

Die Ausführungsbedingungen ermöglichen das Festlegen von Bedingungen, die erfüllt sein müssen, damit die Installation gestartet werden kann. In vielen Fällen ist es jedoch zusätzlich erforderlich, den Installationsprozess variabel zu gestalten, d.h. auf bestimmte Eigenarten des Zielsystems Bezug zu nehmen und in Abhängigkeit des ermittelten Ergebnisses den Installationsprozess abweichend durchzuführen. Eine solche Flexibilität ist beispielsweise erforderlich, falls Sie die Existenz des Microsoft Internet Explorers in einer bestimmten Version voraussetzen möchten, da in Abhängigkeit dieses Ergebnisses, andere Dateien installiert werden müssen. Leider enthält der Windows Installer keine direkte Implementierung, die auf dieses erwartete Ergebnis abzielt.

Der Windows Installer enthält einen äußerst flexiblen Mechanismus, um nach existierenden Ordnern oder Dateien, Einträgen in Initialisierungsdateien, Einträgen der Systemregistrierung und installierten Windows Installer-Komponenten zu suchen. Die Basis für diese Funktionalität stellt die Tabelle *AppSearch* dar, die während der gleichnamigen Aktion abgearbeitet wird. Die Tabelle *AppSearch* enthält die Spalten *Property* und *Signature_*. Die Spalte *Property* enthält eine Variable, die bei erfolgreicher Suche das zurück gelieferte Ergebnis aufnimmt. Die Spalte *Signature_* enthält eine Referenz auf weitere Tabellen, die die Suche letztlich festlegen. Diese weiteren Tabellen legen die Quelle fest, in der gesucht werden soll. Es wird die Tabelle *CompLocator* verwendet, um nach einer Windows Installer-Komponente zu suchen, die Tabelle *RegLocator* zur Suche in der Systemregistrierung, die Tabelle *IniLocator* zur Suche in Initialisierungsdateien und die Tabelle *DrLocator* zur Suche im Dateisystem. Alle diese Tabellen verfügen über eine Spalte mit der Bezeichnung *Signature_*, deren Inhalt mit der gleichnamigen Spalte der Tabelle *AppSearch* übereinstimmen muss. Zielt die Suche auf eine Datei, auf die von einer bestimmten Stelle der Systemregistrierung Bezug genommen wird, kann diese Datei noch weiter spezifiziert werden. Sie können die Versionsnummer, die verwendeten Sprachen, die Dateigröße und natürlich den Dateinamen in die Suche mit einschließen. Hierzu ist es erforderlich, einen Eintrag in der Tabelle *Signature* zu erstellen, der mit den entsprechenden Tabellen verknüpft werden muss.

Falls Sie nicht im Voraus beurteilen können, über welchen Suchalgorithmus die Suche durchgeführt werden soll, können Sie mehrere Suchvorgänge miteinander verknüpfen. Bei diesem Szenario wird vorausgesetzt, dass alle verwendeten Tabellen über den gleichen Wert des Feldes *Signature_* mit der Tabelle *AppSearch* verknüpft sind. In einem solchen Fall wird die Suche in der Reihenfolge *CompLocator*, *RegLocator*, *IniLocator* und *DrLocator* durchgeführt. Es wird jeweils zur nächsten Suchtabelle gewechselt, falls die Suche ein nicht gefordertes Ergebnis zurückliefert.

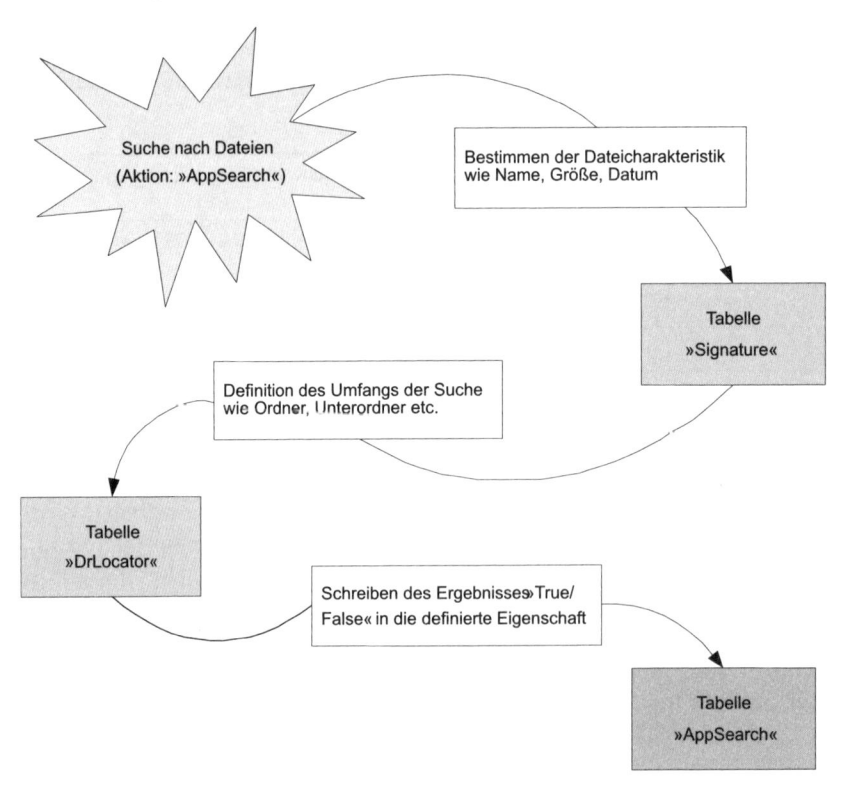

Abbildung 4.18: *Schematischer Ablauf bei der Suche nach Dateien*

Suche nach einer Datei auf allen Laufwerken

In diesem Beispiel möchte ich das Verzeichnis bestimmen, in dem der Microsoft Internet Explorer installiert wurde. Dabei ist es erforderlich, dass alle lokalen Datenträger nach der Datei *IExplore.exe* durchsucht werden. Bei erfolgreicher Suche soll das Verzeichnis, das diese Datei enthält, in einer Variablen abgelegt werden.

Geben Sie die Signatur der Datei, wie beispielsweise minimale Dateiversion, maximale Dateiversion, minimale Dateigröße, maximale Dateigröße oder verwendete Sprache und den Namen der Datei in die Tabelle *Signature* ein. Sie können die Dateisignatur weglassen, falls Sie nach einer nicht definierten Version der Datei suchen möchten.

Signature	FileName
IEFile	IExplore.exe

***Tabelle 4.40:** Ausschnitt aus der Tabelle* Signature

Verwenden Sie die Tabelle *DrLocator*, um eine Suche im Dateisystem auszuführen. Lassen Sie das Feld *Path* leer, um eine Suche auf allen lokalen Datenträgern durchzuführen. Legen Sie über die Spalte *Depth* die Tiefe fest, in der gesucht werden soll. Enthält diese Spalte den Wert »0« wird die Datei gefunden, falls sie sich direkt im Stammverzeichnis befindet. Die Suche schlägt fehl, falls sie sich im Ordner *C:\Programme* befindet. Hierzu muss die Tiefe mindestens auf den Wert »1« festgelegt werden. Legen Sie eine Eintragung für den Ordner an, der eine Referenz zu der Tabelle *Signature* enthält. Legen Sie einen weiteren Eintrag für die Datei an, die im Feld *Parent* den definierten Ordner enthält.

Signature_	Parent	Path	Depth
IEFileFolder	IEFile		3
IEFile			3

***Tabelle 4.41:** Inhalt der Tabelle* DrLocator

Vergeben Sie eine Eigenschaft, in die das Verzeichnis geschrieben werden soll, falls der Windows Installer die Datei findet.

Eigenschaft	Signature_
IEFOLDER	IEFileFolder

***Tabelle 4.42:** Inhalt der Tabelle* AppSearch

Bei erfolgreicher Suche wird das Verzeichnis, indem sich die Datei *IExplore.exe* befindet, in die Eigenschaft *IEFOLDER* geschrieben, die natürlich in Bedingungen weiter verwendet werden kann.

Suche nach einer Datei in einem bestimmten Ordner

An dieser Stelle möchte ich auf das Anfangsbeispiel zur Ermittlung des Microsoft Internet Explorers Bezug nehmen. Hierzu sei angemerkt, dass die Version des Microsoft Internet Explorers durch die Datei *Shdocvw.dll* bestimmt wird.

Signature	FileName	MinVersion
IEFile	Shdocvw.dll	6.0.0.0

Tabelle 4.43: Ausschnitt aus der Tabelle Signature

Im nächsten Schritt muss wiederum die Eigenschaft festgelegt werden, die den Pfad der zu suchenden Datei enthalten soll.

Eigenschaft	Signature_
IEFOUND	IEFile

Tabelle 4.44: Inhalt der Tabelle AppSearch

Für die tatsächliche Suche wird auch die Tabelle *DrLocator* verwendet. Im Unterschied zu dem vorherigen Beispiel wird allerdings ein Verzeichnis vorgegeben, in dem gesucht werden soll. Ist der Microsoft Internet Explorer auf dem System bereits installiert, muss sich die Datei *Shdocvw.dll* im Systemverzeichnis von Windows befinden.

Signature_	Parent	Path	Depth
IEFile		[SystemFolder]	0

Tabelle 4.45: Inhalt der Tabelle DrLocator

Bei erfolgreicher Suche wird der vollständige Pfad zu der gefundenen Datei in die Eigenschaft *IEFOUND* geschrieben, die beliebig in Bedingungen weiter verwendet werden kann.

Suchen in der Systemregistrierung

In diesem Beispiel möchte ich die Version des installierten Microsoft Internet Explorers bestimmen, die in der Systemregistrierung abgelegt ist. Als erstes muss der entsprechende Eintrag der Registrierung in der Tabelle *RegLocator* festgelegt werden. Findet die Signatur dieser Eintragung keine Entsprechung in der Tabelle *Signature* und ist als Attribut *msidbLocatorTypeRawValue* gesetzt, wird nach einem beliebigen Eintrag in der Registrierung gesucht.

Signature_	Root	Key	Name	Type
IEReg	2	SOFTWARE\Microsoft\Internet Explorer	Version	2

Tabelle 4.46: Inhalt der Tabelle RegLocator

In der vorangehenden Tabelle 4.46 steht der Wert »2« der Spalte *Root* für den Schlüssel *HKEY_LOCAL_MACHINE* und der Wert »2« in der Spalte *Type* für *msidbLocatorTypeRawValue*. Im letzten Schritt müssen noch die Werte in der Tabelle *AppSearch* festgelegt werden.

Eigenschaft	Signature_
IEVERSION	IEReg

Tabelle 4.47: Inhalt der Tabelle AppSearch

Verwenden Sie Microsoft Windows XP mit installierten Service Pack 1 ist der Microsoft Internet Explorer in der Version 6.0.2800.1106 auf dem System vorhanden. Dieser Wert wird in der Eigenschaft *IEVERSION* abgelegt.

Fazit

Nachdem Sie in ▶ Kapitel 3 den Windows Installer von außen betrachtet haben, sind Sie mit diesem Kapitel nun zu den internen Implementierungen des Windows Installers vorgedrungen. Dieses Kapitel sollte Ihnen tiefere Informationen zu den Basistechnologien geben. Die wesentlichen Aspekte verbergen sich hierbei in dem Design der Windows Installer-Komponenten und der Features. Eine ordentlich konzipierte Struktur dieser Elemente ist die Grundvoraussetzung für ein robustes Installationsprogramm.

5 Design eines Installer-Paketes

141 Erstellen der Anwendung
148 Erstellen des Windows Installer-Paketes
157 Fazit

Nachdem Sie in dem vorherigen ▶ Kapitel 4 die theoretischen Grundlagen zur Windows Installer-Technologie erfahren haben, gilt es nun, diese praxisbezogen anzuwenden. Im ersten Teil dieses Kapitels möchte ich Ihnen Lösungsmöglichkeiten aufzeigen, eine Microsoft .NET-Anwendung zu erstellen, die in bestimmten Teilbereichen Windows Installer-spezifische Technologien implementiert. Im Anschluss muss für diese Anwendung ein Installationspaket erstellt werden, welches die geforderten Installationsszenarien beinhaltet. Zur Umsetzung dieser praxisbezogenen Vorgaben sollten Sie folgende Anwendungen und Tools verwenden:

- Microsoft Visual C# .NET oder Microsoft Visual Basic .NET zum Erstellen der Anwendung.
- Den Windows Installer Tabellen Editor (*Orca*) zum Erstellen des Installationspaketes.
- Ein Tool zum Erstellen von Paketdateien (*.cab*). Auf der Seite *http://www.microlog<i></i>net.com/* finden Sie den *Cabinet Manager*. Hierbei handelt es sich wohl um das zurzeit komfortabelste Tool zum Erstellen von Paketdateien.
- Ein Tool zum Ermitteln eines Windows Installer-kompatiblen Hashs für Dateien. Sie finden ein solches Tool auf der beiliegenden Buch-CD.
- Eine Anwendung zur Erzeugung von Windows Installer-kompatiblen *GUIDs*.
- Eine Windows Installer-Schemadatenbank.

Die vollständige Beispielanwendung sowie das zugehörige Installationspaket finden Sie auf der beiliegenden Buch-CD.

Erstellen der Anwendung

Erstellen Sie eine Microsoft .NET-Anwendung, die folgende Funktionen aufweisen soll:

- Anzeige von allgemeinen Systeminformationen wie beispielsweise Betriebssystem, Version und Anwender.
- Darstellung aller speziellen Ordner auf dem System wie *ProgramFilesFolder*.
- Anzeige aller lokal installierten Windows Installer-Produkte mit zusätzlichen Eigenschaften.

- Die gerade beschriebenen Darstellungsformen sollen individuell installiert werden können. Durch diese Vorgabe empfiehlt es sich, für jeden dieser Teilbereiche ein einzelnes Assembly zu erstellen, welches als qualifizierte Komponente installiert wird.
- Automatische Nachinstallation der Assemblies bei Interaktion mit dem Benutzer in der Anwendung.
- Implementierung einer Funktion zum Reparieren der Anwendung.

In der Abbildung 5.1 wird Ihnen die fertige Anwendung dargestellt. Die Eintragungen im linken Teil der Anwendung resultieren aus den qualifizierten Komponenten.

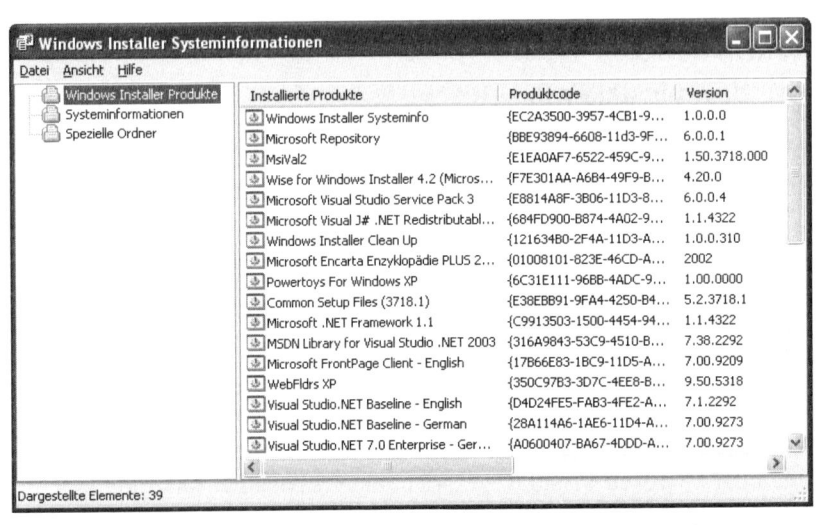

Abbildung 5.1: Beispielanwendung zur Darstellung von Systeminformationen

Klassenbibliotheken

Erstellen Sie zunächst die Klassenbibliotheken, um die zu ermittelnden Informationen bereitzustellen. Es empfiehlt sich, für alle Bibliotheken eine identische Signatur zu verwenden. Normalerweise würde eine solche Implementierung unter Verwendung von *Interfaces* vorgenommen. Da die Zielsetzung des Buches jedoch nicht auf die Thematik von *Interfaces* und *Reflection* abzielt, wurden auch in der Beispielanwendung nur die unbedingt notwendigen Techniken verwendet.

Das nachfolgende Beispiel zeigt Ihnen die Methode *Load* der Klassenbibliothek *MSIProducts*. Diese Klassenbibliothek enthält die Implementierungen zur Anzeige der installierten Windows-Installer-Produkte. Die Methode *Load* befindet sich in der Klasse *SystemInfoData* und verfügt über einen Parameter mit der Bezeichnung *View*, dem ein Objekt vom Typ *Listenansicht* (ListView) übergeben wird, in dem die ermittelten Informationen angezeigt werden.

```
public void Load(ListView View)
{
    Installer Installer;    // Deklaration für den Installer
    try
    {
        View.Columns.Add("Installierte Produkte", 250, HorizontalAlignment.Left);
        View.Columns.Add("Produktcode",150, HorizontalAlignment.Left);
        View.Columns.Add("Version",100, HorizontalAlignment.Left);
```

```
        View.Columns.Add("Status",150, HorizontalAlignment.Left);
        View.Columns.Add("Quelle",300, HorizontalAlignment.Left);
        // Objektvariable für das Installerobjekt festlegen
        Installer = new WindowsInstallerClass() as Installer;
        // Installierte Produkte als StringList zurückgeben
        StringList Products = Installer.Products;
        foreach (string ProductID in Products)
        {
            ListViewItem Item =
                View.Items.Add(Installer.get_ProductInfo(ProductID,
                                    "InstalledProductName"), 0);
            Item.SubItems.Add(ProductID);
            Item.SubItems.Add(Installer.get_ProductInfo(ProductID,
                                        "VersionString"));
            Item.SubItems.Add(Installer.get_ProductState(ProductID).ToString());
            Item.SubItems.Add(Installer.get_ProductInfo(ProductID,
                                        "InstallSource"));
        }
    }
    finally
    {
        Marshal.ReleaseComObject(Products);
        Marshal.ReleaseComObject(Installer);
    }
}
```

Listing 5.1: Darstellung der installierten Produkte

Erstellen Sie die weiteren Klassenbibliotheken zur Ermittlung der zusätzlichen Informationen. Verwenden Sie für diese Klassenbibliotheken die Bezeichnungen *MSIFolder* und *MSIInfos*.

HINWEIS: Bei dem verwendeten Windows Installer-Objekt handelt es sich um eine COM-Komponente, deren Terminierung Sie veranlassen müssen. Microsoft .NET stellt Ihnen zu diesem Zweck die Methode *System.Runtime.InteropServices.Marshal.ReleaseComObject* zur Verfügung. Beachten Sie, dass Sie vom Basisobjekt zur Verfügung gestellte Objekte ebenfalls mit dieser Methode terminieren müssen.

Basisanwendung

Bei der Basisanwendung handelt es sich um eine *Windows Forms Anwendung*, deren Hauptform im Wesentlichen ein Steuerelement vom Typ *Strukturansicht* (TreeView) und ein Steuerelement vom Typ *Listenansicht* (ListView) enthält. Die Basisanwendung muss Windows Installer-spezifische Funktionalitäten verwenden, um zu überprüfen, ob bestimmte Komponenten installiert sind, und Möglichkeiten anbieten, eine Reparatur der Anwendung zu veranlassen. Die Implementierung einer solchen Funktionalität setzt in unserem Beispiel die Verwendung des *Windows Installer Objektmodells* voraus.

Die Abbildung 5.2 zeigt die Darstellung der gesamten Anwendung im *Projektmappen-Explorer* von Microsoft Visual Studio .NET.

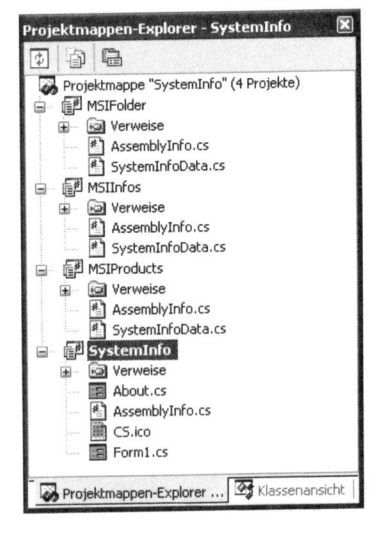

Abbildung 5.2:
Darstellung der Anwendung im Projektmappen-Explorer

HINWEIS: Sie können auch das Windows Installer-API zur Implementierung verwenden, welches jedoch im Rahmen dieses Buches nicht erläutert wird.

Konfigurationsdaten

Zur Reparatur der Anwendung wird die Eigenschaft *ProductCode* des Windows Installer-Produktes und zur Verwendung der qualifizierten Komponenten die *ComponentId* benötigt. Da diese Informationen erst bei der Erstellung des Windows Installer-Paketes definiert werden, empfiehlt es sich, diese variabel zu implementieren.

HINWEIS: Unter Microsoft .NET sollten variable Informationen in Konfigurationsdateien abgelegt werden. Die Systemregistrierung sollte nur im Ausnahmefall verwendet werden.

Da ich im weiteren Verlauf dieses Kapitels auch demonstrieren möchte, wie unter Verwendung eines Windows Installer-Paketes, Daten in die Systemregistrierung geschrieben werden können, möchte ich von dem gerade dargestellten Hinweis Abstand nehmen und die Konfigurationswerte in der Systemregistrierung ablegen.

Das nachfolgende Beispiel zeigt den *Konstruktor* des Objektes *Form1*. Beim Instanzieren dieses Objektes, werden die benötigten Informationen durch die Methoden des Namensraumes *Microsoft.Win32* aus der Systemregistrierung ausgelesen und in Variablen zur weiteren Verwendung abgelegt.

```
public Form1()
{
    // CTOR
    try
    {
        // Installationsdaten aus Registry auslesen
        RegistryKey rk =
            Registry.LocalMachine.OpenSubKey("SOFTWARE\\Inside
                        MSI\\Systeminformationen", false);

        // ProduktID und ID für quelifizierte Komponenten
        ProductID = rk.GetValue("ProductID", "").ToString();
```

```
            QualifiedComponentID = rk.GetValue("QualifiedId","").ToString() ;

            rk.Close();
        }
        catch (Exception ex)
        {
            MessageBox.Show(ex.Message, this.Text);
        }
    }
```

Listing 5.2: Konfigurationsdaten bestimmen

Komponentenauflistung

Die Klassenbibliotheken werden im Windows Installer-Paket als qualifizierte Komponenten implementiert. Qualifizierte Komponenten verfügen über eine gemeinsame ID sowie weitere informative Eigenschaftswerte. Zu diesen Eigenschaften zählen der Pfad zu der Schlüsseldatei und eine Beschreibung der Komponente. In der Beispielanwendung müssen Sie eine Funktion implementieren, die überprüft, welche Komponenten installiert wurden und die die Komponentenbeschreibung in dem Steuerelement *Strukturansicht* anzeigt. Die benötigte ID zur Bestimmung der Komponenten wurde bereits aus der Systemregistrierung ausgelesen und in einer Variablen abgelegt.

```
private void Form1_Load(object sender, System.EventArgs e)
{
    Installer Installer;    // Deklaration für den Installer
    try
    {
        // Objektvariable für das Installerobjekt festlegen
        Installer = new WindowsInstallerClass() as Installer;

        // Stringlist der qualifizierten Komponenten erzeugen
        StringList Components =
                    Installer.get_ComponentQualifiers(QualifiedComponentID);

        foreach (string Qualifier in Components)
        {
            // Beschreibung auslesen (AppData)
            string AppData =
                        Installer.get_QualifierDescription(QualifiedComponentID,
                        Qualifier);

            // Beschreibung der Strukturansicht hinzufügen
            TreeNode Node = this.treeView1.Nodes.Add(AppData);
            ComponentItem Item = new ComponentItem();
            Item.Qualifier = Qualifier;

            try
            {
                // Pfad bestimmen
                Item.Path = Installer.ProvideQualifiedComponent(QualifiedComponentID,
                        Qualifier, MsiInstallMode.msiInstallModeNoSourceResolution);
                Item.Installed = true;
            }
            catch
            {
```

Design eines Installer-Paketes

```
                // Komponente ist nicht installiert
                Node.ForeColor = System.Drawing.SystemColors.GrayText;
            }
            finally
            {
                Node.Tag = Item;
            }
        }
    }
    catch (Exception ex)
    {
        // Exceptionhandling
        MessageBox.Show(ex.Message, this.Text);
    }
    finally
    {
        Marshal.ReleaseComObject(Components);
        Marshal.ReleaseComObject(Installer);
    }
}
```

Listing 5.3: *Qualifizierte Komponenten bestimmen*

Die Funktion *ComponentQualifiers* gibt eine Auflistung aller qualifizierten Komponenten zurück, die über die mit *QualifiedComponentID* bezeichnete ID verfügen. Bei der Iteration durch diese Auflistung können Sie mit der Funktion *QualifierDescription* eine Beschreibung der Komponente abrufen, die in dem Steuerelement angezeigt werden soll.

Da die Komponenten dynamisch von der Anwendung verwendet werden, benötigt die Anwendung den vollständigen Pfad zu der jeweiligen Klassenbibliothek, um über *Reflection* die jeweiligen Methodenaufrufe durchzuführen. Sie können den Pfad zu der Bibliothek bestimmen, indem Sie die Funktion *ProvideQualifiedComponent* verwenden. Übergeben Sie dieser Funktion als letzten Parameter *msiInstallModeNoSourceResolution*, um nur für lokal installierte Komponenten den Installationspfad zurückgeliefert zu bekommen. Sollte die Komponente nicht installiert sein, wird eine *Exception* ausgelöst.

Aufruf der Methoden

In dem von mir gewählten Lösungsweg habe ich alle qualifizierten Komponenten der Auflistung, der *Strukturansicht* (TreeView) angefügt. Diese Vorgehensweise ermöglicht die automatische Nachinstallation der nicht installierten Komponenten, nachdem die Beschreibung in der *Strukturansicht* aktiviert wurde. Bei der Auflistung der Komponenten wurde dem jeweiligen Knoten (Node), ein Objekt zum Speichern von Konfigurationsinformationen zugeordnet. Dieses Objekt verfügt über die Eigenschaft *Installed*, die auf *True* gesetzt wird, falls die Komponente bereits installiert wurde. Durch die Verwendung dieser Eigenschaft wird die Abfrage des Installationsstatus der Komponente wesentlich vereinfacht.

```
void treeView1_AfterSelect(object sender, TreeViewEventArgs e)
{
    // Tag-Wert in Item-Klasse überführen
    ComponentItem Item = (ComponentItem)e.Node.Tag;
    if (Item.Installed == false)
    {
        if (MessageBox.Show(string.Format("Die Komponente \"{0}\"
```

```
                        ist nicht installiert. Möchten Sie diese
                        nun installieren", e.Node.Text),this.Text, MessageBoxButtons.YesNo,
                        MessageBoxIcon.Question)
            == DialogResult.Yes)
    {
        Installer Installer; // Deklaration für den Installer

        try
        {
            // Objektvariable für das Installerobjekt festlegen
            Installer = new WindowsInstallerClass() as Installer;

            // Komponente lokal installieren
            Item.Path =
                            Installer.ProvideQualifiedComponent(QualifiedComponentID,
                            Item.Qualifier, MsiInstallMode.msiInstallModeDefault);
            Item.Installed = true;

            e.Node.ForeColor = Drawing.SystemColors.WindowText;
        }
        finally
        {
            Marshal.ReleaseComObject(Installer);
        }
    }
}
if (Item.Installed)
{
    // Über Reflection - Methodenaufruf initiieren
    ReflectionObject obj = new ReflectionObject(this.listView1, Item.Path );
    obj.InvokeMethod();
}
}
```

Listing 5.4: Installation bei Bedarf

Ist die qualifizierte Komponente lokal installiert, wird über das *ReflectionObject* ein Methodenaufruf durchgeführt. Dem *ReflectionObject* werden hierzu das Steuerelement vom Typ *Listenansicht* (ListView) und der Installationspfad der Komponente übergeben.

Reparatur der Anwendung

Die letzte Windows Installer-spezifische Implementierung in den Quellcode der Anwendung bezieht sich auf die Reparatur der Anwendung. Diese Funktionalität steht in der Anwendung über den Befehl *Erkennen und Reparieren* des Menüs *Hilfe* zur Verfügung.

```
private void mnuRepair_Click(object sender, System.EventArgs e)
{
    // Erkennen und Reparieren
    if (MessageBox.Show(Möchten Sie die Anwendung reparieren?",this.Text,
            MessageBoxButtons.YesNo, MessageBoxIcon.Question) == DialogResult.Yes)
    {
        try
        {
            // Objektvariable für das Installerobjekt festlegen
```

```
            Installer Installer = new WindowsInstallerClass() as Installer;
            Installer.ReinstallProduct(ProductID,
                        MsiReinstallMode.msiReinstallModeShortcut |
                        MsiReinstallMode.msiReinstallModeFileOlderVersion);
        }
        catch (Exception ex)
        {
            MessageBox.Show(ex.Message, this.Text);
        }
    }
}
```

Listing 5.5: *Reparatur der Anwendung*

Die Reparatur einer Anwendung wird über die Funktion *ReinstallProduct* veranlasst. Dieser Funktion müssen der *ProductCode* und der Umfang der Reparaturaktionen übergeben werden. In dem dargestellten Szenario werden die Optionen *msiReinstallModeShortcut* und *msiReinstallModeFileOlderVersion* verwendet. Durch die Festlegung dieser Reparaturoptionen werden Dateiverknüpfungen hergestellt und Dateien rekonstruiert, die fehlen oder in älteren Versionen vorliegen.

Erstellen des Windows Installer-Paketes

Sie haben eine Microsoft Visual C#-Anwendung erstellt, die grundlegende Windows Installer-Funktionen verwendet. Nun geht es darum, für diese Anwendung ein Windows Installer-Paket zu erstellen.

Planung der Installation

Beginnen Sie zunächst mit der Planung des Installationspaketes. Erstellen Sie hierzu eine Liste der zu installierenden Dateien, der Registrierungseinträge und der Dateiverknüpfungen.

Datei	Beschreibung	Zielverzeichnis
SystemInfo.exe	Hauptanwendung	*[ProgramFilesFolder]\Systeminfo\SystemInfo.exe*
SystemInfo.exe.manifest	Konfigurationsdatei zur Festlegung des Erscheinungsbilds	*[ProgramFilesFolder]\Systeminfo\ SystemInfo.exe.manifest*
MSIInfos.dll	Assembly zur Darstellung der Systeminformationen.	*[ProgramFilesFolder]\Systeminfo\MSIInfos.dll*
MSIProducts.dll	Assembly zur Darstellung der installierten Produkte.	*[ProgramFilesFolder]\Systeminfo\ MSIProducts.dll*
MSIFolder.dll	Assembly zur Darstellung der Systemordner.	*[ProgramFilesFolder]\Systeminfo\MSIFolder.dll*
interop.windowsinstaller.dll	Assembly zur Verwendung der Windows Installer Funktionen in Microsoft .NET.	*[ProgramFilesFolder]\Systeminfo\ interop.windowsinstaller.dll*

Tabelle 5.1: *Festlegen der zu installierenden Dateien*

Der Zugriff auf Windows Installer-Funktionen aus der Anwendung setzt Kenntnisse über bestimmte Eigenschaften des Installationspaketes voraus. Aus diesem Grund greifen Sie auf bestimmte Registrierungseinträge zu, die während des Installationsprozesses angelegt werden müssen. Die Einträge befinden sich in der Systemregistrierung unter dem Schlüssel *HKEY_LOCAL_MACHINE\SOFTWARE\Software\Inside MSI\Systeminformationen*.

Name	Wert
ProductID	Die Eigenschaft *ProductCode* muss unter diesem Eintrag abgelegt werden.
QualifiedId	Die ID der qualifizierten Komponente muss unter diesem Eintrag abgelegt werden.

Tabelle 5.2: *Definition der Registrierungseinträge*

Moderne Anwendungen verfügen über eine Dateiverknüpfung im Startmenü, die auch im Installationspaket definiert werden muss.

Name	Speicherort	Ziel
sSysInfo	[ProgramMenuFolder]	[ProgramFilesFolder]\Systeminfo\SystemInfo.exe

Tabelle 5.3: *Definition der Dateiverknüpfungen*

Je nach Umfang des zu installierenden Produktes müssen noch weitere Überlegungen in die Planung des Installationspaketes, wie Festlegung von Dateinamenerweiterungen, Einträge in Initialisierungsdateien etc. mit einfließen. Bei der vorliegenden Anwendung sind diese weiteren Überlegungen nicht notwendig.

Verwenden des Datenbankschemas

Auf der Buch-CD befindet sich eine Windows Installer-Datenbank mit der Bezeichnung *Schema.msi*, die als Vorlage für das Installationspaket verwendet werden sollte. Erstellen Sie eine Kopie dieser Datei und öffnen Sie die Datei mit *Orca*. Die Datenbank enthält bereits einige allgemeine Eintragungen wie beispielsweise die entsprechenden Werte der Sequenztabellen, die Werte zur Darstellung der Benutzeroberfläche und der lokalisierten Meldungen. Die Tabelle *Directory* zur Festlegung der Ordnerstruktur ist nahezu vollständig definiert. Sie müssen lediglich das Installationsverzeichnis Ihren Vorgaben entsprechend festlegen.

Directory	Directory_Parent	DefaultDir
INSTALLDIR	ProgramFilesFolder	System~1|Systeminfo

Tabelle 5.4: *Eintragungen der Tabelle* Directory

Bei der Definition des Zielverzeichnisses in der Spalte *DefaultDir* verlangt der Windows Installer, dass dem langen Verzeichnisnamen das kurze Adäquat vorangestellt wird. Der kurze und der lange Verzeichnisname werden durch das *Pipe*-Zeichen »|« voneinander getrennt.

Bestimmen der Komponenten

Der Windows Installer installiert und deinstalliert immer eine Gruppe von logisch zusammenhängenden Ressourcen, die als Windows Installer-Komponenten bezeichnet werden. Die Definition dieser logischen Gruppen wird in der Tabelle *Component* vorgenommen. Zunächst gilt es jedoch, die Informationen aus der Planungsphase um die Festlegung von Komponenten zu erweitern.

Komponente	Ressourcen
C_Base	SystemInfo.exe, SystemInfo.exe.manifest, sSysInfo, HKLM\SOFTWARE\ Software\Inside MSI\Systeminformationen
C_Infos	MSIInfos.dll
C_Products	MSIProducts.dll
C_Folder	MSIFolder.dll
C_Interop	interop.windowsinstaller.dll

Tabelle 5.5: Zuordnung von Komponenten und Ressourcen

Jede Windows Installer-Komponente wird durch eine *GUID* eindeutig identifiziert. Auf der Buch-CD finden Sie ein Tool, das Windows Installer-kompatible *GUIDs* erzeugen kann. Sie können den Windows Installer-Komponenten ebenfalls Attribute zuweisen, die das Installationsverhalten der Komponente beeinflussen können.

TIPP: Die Beschreibung der möglichen Attribute sowie deren Verwendung finden Sie in der Referenz der Windows Installer-Datenbank. Auf der Buch-CD befindet sich zusätzlich ein Tool zum Berechnen der möglichen Attributkombinationen.

Zur Definition der Komponenten der Beispielanwendung sollte als Attribut der Wert »2« verwendet werden. Dieser Wert legt fest, dass die Komponente lokal installiert oder vom Quellmedium ausgeführt werden kann.

Component	ComponentId	Directory_	Attributes	KeyPath
C_Folder	{417AA444-926A-4DED-9C71-CA53A970F123}	INSTALLDIR	2	F_Folder
C_Interop	{9C73FE87-D079-4D99-9B26-5EF48824B3CE}	INSTALLDIR	2	F_Interop
C_Products	{2E0A08CC-AC18-4155-9320-10764FBFA826}	INSTALLDIR	2	F_Products
C_Infos	{C6E5DC2F-7351-4747-A834-4A5E5ABDE47F}	INSTALLDIR	2	F_Infos
C_Base	{B3C54D12-AF50-4C27-84B7-85428EEA3B61}	INSTALLDIR	2	F_Base

Tabelle 5.6: Eintragungen in der Tabelle Component

Die Werte der Spalte *KeyPath* legen die Schlüsseldatei der Komponente fest und müssen eine Entsprechung in der Tabelle *File* aufweisen. Die Werte der Spalte *Directory_* legen das Installationsverzeichnis für die definierte Komponente fest und müssen eine gültige Referenz in der Tabelle *Directory* besitzen. Die Spalte *Condition* wurde aus Gründen der Übersichtlichkeit nicht dargestellt.

Festlegen der Features

Windows Installer-Features definieren die kleinste installierbare Einheit aus Sicht des Benutzers und stellen somit eine Gruppierung von Windows Installer-Komponenten dar. Der Benutzer kann die Installationsart für die einzelnen Features bestimmen. In der Spalte *Attributes* der Tabelle *Features* werden der Initialisierungswert für die Installationsart sowie weitere diesbezügliche Vorgaben festgelegt.

Feature	Feature_Parent	Title	Description	Display	Level	Directory	Attributes
BASE		Basisanwendung	Installiert die Anwendung	5	3	INSTALLDIR	0
SYSINFO	BASE	Systeminformationen	Komponenten zur Anzeige der Systeminformationen	10	3	INSTALLDIR	32
PRODUCTS	BASE	Produkte	Komponenten zur Anzeige der installierten Produkte	12	3	INSTALLDIR	36
FOLDERS	BASE	Spezielle Ordner	Komponenten zur Anzeige der speziellen Ordner	14	3	INSTALLDIR	36

Tabelle 5.7: *Eintragungen in der Tabelle* Features

Das Feature mit der Bezeichnung *Base* stellt das Stammfeature des Windows Installer-Paketes dar, dem alle weiteren Features untergeordnet werden. Das Design dieser hierarchischen Gliederung wird durch die Spalte *Feature_Parent* ermöglicht. Die folgende Abbildung 5.3 zeigt Ihnen das auf dieser Tabelle beruhende Dialogfeld des Installationsprogramms zur Auswahl der Features.

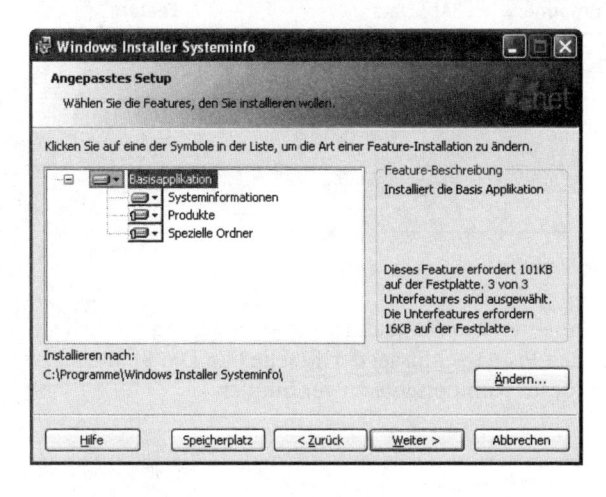

Abbildung 5.3: *Dialogfeld zur Auswahl der Features*

Die Anzeigereihenfolge kann durch die Werte der Spalte *Display* beeinflusst werden. Die Spalte *Directory* legt das Standardinstallationsverzeichnis für das Feature fest, das vom Benutzer normalerweise modifiziert werden kann. Befindet sich jedoch in dieser Spalte keine Eintragung, ist eine Modifikation des Zielverzeichnisses für den Benutzer nicht möglich.

Design eines Installer-Paketes

Beziehungen zwischen Features und Komponenten

Features definieren die kleinste installierbare Einheit aus Sicht des Endanwenders. Die kleinste tatsächlich zu installierende Einheit wird durch Windows Installer-Komponenten repräsentiert. Die Tabelle *FeatureComponents* verknüpft die Komponenten mit den entsprechenden Features.

Feature_	Component_
BASE	C_Interop
BASE	C_Base
FOLDERS	C_Folder
PRODUCTS	C_Interop
PRODUCTS	C_Products
SYSINFO	C_Infos

Tabelle 5.8: Eintragungen in der Tabelle FeatureComponents

Die Verwendung dieser Tabelle ermöglicht somit eine *n:m*-Verknüpfung zwischen Features und Komponenten. Betrachten Sie hierzu die Komponente *C_Interop*, die sowohl mit dem Feature *BASE* als auch mit dem Feature *PRODUCTS* installiert wird.

Definition der qualifizierten Komponenten

Die erstellte Beispielanwendung ermittelt über die Funktion *ComponentQualifiers* den Installationsstatus der Windows Installer-Komponenten sowie zusätzliche Informationen wie die Beschreibung und den Installationspfad. Qualifizierte Komponenten werden in der Tabelle *PublishComponent* festgelegt.

ComponentId	Qualifier	Component_	AppData	Feature_
{744D5CE4-C180-44F2-9376-0D93AE9A6380}	ProductComp	C_Products	Windows Installer-Produkte	PRODUCTS
{744D5CE4-C180-44F2-9376-0D93AE9A6380}	SysInfoComp	C_Infos	Systeminformationen	SYSINFO
{744D5CE4-C180-44F2-9376-0D93AE9A6380}	FolderComp	C_Folder	Spezielle Ordner	FOLDERS

Tabelle 5.9: Verwendung der Tabelle PublishComponent

Die Spalte *ComponentId* enthält eine *GUID*, die eine Gruppe qualifizierter Komponenten festlegt. In Verbindung mit der Spalte *Qualifier* stellt sie den Primärschlüssel der Tabelle dar. Die Spalte *AppData* ermöglicht, zusätzliche Informationen mit dieser Komponente zu verknüpfen.

Verwendung der Dateien

Die zu installierenden Dateien werden in der Tabelle *File* definiert und über die Spalte *Component_* mit der jeweiligen Windows Installer-Komponente verknüpft.

File	Component_	FileName	FileSize	Version	Language	Sequence
F_Folder	C_Folder	MSIFOL~1.DLL| MSIFolder.dll	16384	1.0.1176.26201	0	1
F_Products	C_Products	MSIPRO~1.DLL| MSIProducts.dll	16384	1.0.1176.26201	0	2
F_Infos	C_Infos	MSIInfos.dll	16384	1.0.1176.26201	0	3
F_Interop	C_Interop	INTERO~1.DLL| interop.windows-installer.dll	32768	1.0.0.0	0	4
F_Base	C_Base	SYSTEM~1.EXE| SystemInfo.exe	61440	1.0.1176.26201	0	5
F_Manifest	C_Base	SYSTEM~1.MAN| SystemInfo.exe.manifest	694			6

Tabelle 5.10: Eintragungen in der Tabelle File

Bei der Spalte *File* handelt es sich um das Primärschlüsselfeld dieser Tabelle. Bei der späteren Erstellung der Paketdatei müssen Sie die hier verwendeten Werte als Dateinamen verwenden, um die Referenz zwischen dem Archiv und der Tabelle herzustellen. Bei der Datei *SystemInfo.exe.manifest* handelt es sich um eine Konfigurationsdatei, die das optische Erscheinungsbild der Anwendung festlegt. Diese Konfigurationsdatei verfügt über keine Versionsnummer, sodass hierfür ein Hash berechnet und in der Tabelle *MsiFileHash* abgelegt werden muss.

File_	Options	HashPart1	HashPart2	HashPart3	HashPart4
F_Manifest	0	-1804355439	-1111452981	-2126314019	-221260633

Tabelle 5.11: Eintragung in der Tabelle MsiFileHash

Bei allen weiteren Dateien, handelt es sich um Microsoft .NET-Assemblies, die in den Tabellen *MsiAssembly* und *MsiAssemblyName* definiert werden müssen. Die Verwendung und die Installation von Assemblies werden im folgenden ▶ Kapitel 6 erläutert. Außerdem wird die Beispielanwendung um die Verwendung der Assembly-Tabellen ergänzt.

Verwenden der Quellmedien

Der Windows Installer gestattet es, die Quellmedien auf unterschiedliche Arten dem Installationspaket beizufügen. Der komfortabelste Weg ist hierbei die Verwendung einer Paketdatei, die sämtliche Quelldateien beinhaltet und direkt in das Windows Installer-Paket integriert wird. In einem solchen Szenario brauchen Sie lediglich die MSI-Datei verteilen.

Zur Erstellung einer Paketdatei existieren eine Vielzahl von Anwendungen, die Sie auf mehr oder weniger komfortable Art bei dem Erstellungsprozess unterstützen. Bei dem von mir bevorzugten Tool für diese Tätigkeiten handelt es sich um den *Cabinet Manager 2003*.

Benennen Sie zunächst die Quelldateien entsprechend der Definition in der Spalte *File* der gleichnamigen Tabelle um. Im Anschluss fügen Sie die Dateien einer leeren Paketdatei hinzu. Stellen Sie sicher, dass die Reihenfolge der Dateien in der Paketdatei der Reihenfolge in der Spalte *Sequence* der Tabelle *File* entspricht.

HINWEIS: Nachdem Sie eine Paketdatei einmal geschlossen haben, können keine weiteren Modifikationen daran vorgenommen werden.

Die nachfolgende Abbildung 5.4 zeigt Ihnen die erstellte Paketdatei mit der Bezeichnung *MyCab.cab*.

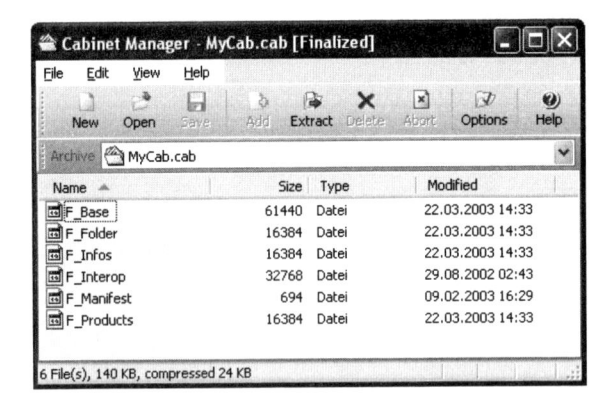

Abbildung 5.4: Darstellung der Paketdatei im Cabinet Manager 2003

Diese Paketdatei muss in der Systemtabelle *_Streams* abgelegt werden. Hierzu kann das bereits vorgestellte Tool *Msidb.exe* des Windows Installer SDK verwendet werden.

Eine sehr komfortable Möglichkeit lässt sich durch einen kleinen Trick realisieren. Erstellen Sie in der Windows Installer-Datenbank eine neue Tabelle mit der Bezeichnung *Cabs*. Fügen Sie dieser Tabelle eine Spalte *Name* vom Typ *s32* und eine Binärspalte mit der Bezeichnung *Data* hinzu. Möchten Sie nun dieser Tabelle mit *Orca* eine neue Zeile hinzufügen, können Sie die entsprechende Paketdatei bequem über ein Dialogfeld auswählen. Die Paketdatei wird automatisch der Systemtabelle *_Streams* hinzugefügt. Die Bezeichnung dieses Streams wird aus dem Tabellennamen und dem Inhalt der Spalte *Name* der Tabelle *Cabs* generiert. In unserem Beispiel wurde für die Paketdatei in der Spalte *Name* der Tabelle *Cabs* der Wert *MyCab* verwendet. Die Datei wird in der Tabelle *_Streams* unter der Bezeichnung *Cabs.MyCab* abgelegt.

HINWEIS: Alle Schemadatenbanken auf der beiliegenden Buch-CD enthalten bereits die Tabelle *Cabs*.

Die Tabelle *Media* enthält eine Liste aller Quellmedien, die für die Installation benötigt werden. Erstellen Sie einen neuen Datensatz in der Tabelle und vergeben Sie eine fortlaufende ID. In der Spalte *Cabinet* nehmen Sie Bezug auf die implementierte Paketdatei. Hierzu müssen Sie den Namen verwenden, unter dem die Datei in der Systemtabelle *_Streams* abgelegt ist.

DiskId	LastSequence	DiskPrompt	Cabinet	VolumeLabel	Source
1	6		#Cabs.MyCab		

Tabelle 5.12: Eintragungen der Tabelle Media

Bei der Verwendung von Paketdateien, die in der Systemtabelle *_Streams* abgelegt sind, muss in der Tabelle *Media* dem Namen der Datei das Zeichen »#« vorangestellt werden. Beachten Sie auch den Wert der Spalte *LastSequence*. Hierbei handelt es sich um den höchsten Wert der Spalte *Sequence* der Tabelle *File* für die Dateien, die sich in dieser Paketdatei befinden.

Hinzufügen von Registrierungseinträgen

Die Tabelle *Registry* enthält Eintragungen, die während des Installationsprozesses in die Systemregistrierung geschrieben werden müssen. In unserer Beispielanwendung verwenden wir Eintragungen, die sich unter dem Schlüssel *HKEY_LOCAL_MACHINE* befinden. Wir definieren diesen Schlüssel als Basis, indem wir der Spalte *Root* den Wert »2« zuordnen.

Registry	Root	Key	Name	Value	Component_
R_01	2	Software\Inside MSI\System-informationen	ProductID	[ProductCode]	C_Base
R_02	2	Software\Inside MSI\System-informationen	QualifiedId	{744D5CE4-C180-44F2-9376-0D93AE9A6380}	C_Base

Tabelle 5.13: Eintragungen der Tabelle Registry

Als Wert für den Registrierungseintrag *QualifiedId* verwenden Sie die *GUID*, die Sie als ID für die qualifizierten Komponenten definiert haben. Dem Eintrag *ProductID* ist der *ProductCode* dieses Windows Installer-Produktes zuzuordnen. Verwenden Sie dazu den entsprechenden Eigenschaftswert, indem Sie den Eigenschaftsnamen in eckigen Klammern einschließen.

Hinzufügen von Dateiverknüpfungen

Die Tabelle *Shortcut* stellt die Funktionalität bereit, um Dateiverknüpfungen (Shortcuts) in das Installationspaket zu integrieren. Es können zwei Arten von Verknüpfungen erstellt werden, wobei im einfachen Fall direkt eine Datei über das Feld *Target* referenziert wird. Diese Verknüpfung wird nur erstellt, wenn das zugeordnete Feature physisch installiert wird. Angekündigte Verknüpfungen (Advertised Shortcuts) referenzieren keine Datei, sondern ein Feature des Windows Installer-Paketes. Die Art der Verknüpfung wird auch erstellt, wenn das zugeordnete Feature nicht physisch installiert wird. Wird eine solche Verknüpfung aktiviert, werden die benötigten Komponenten automatisch installiert.

Shortcut	Directory_	Name	Component_	Target	Icon	IconIndex	WkDir
sSysInfo	ProgramMenuFolder	SYSTEM~1.EXE|Systeminformationen	C_Base	BASE	InsideMSI.Exe	1	INSTALLDIR

Tabelle 5.14: Eintragungen in der Tabelle Shortcut

Eine weitere Unterscheidung der beiden Verknüpfungsarten liegt in der Definition des zu verwendenden Symbols. Bei der Standardverknüpfung wird hierbei direkt die Datei referenziert, die über diese Verknüpfung gestartet werden soll. Bei der angekündigten Verknüpfung weist der Inhalt der Spalte *Icon* auf einen Eintrag der Tabelle *Icon*. Symbole in der Tabelle *Icon*, die für eine Verknüpfung verwendet werden, müssen in dieser Tabelle im Binärformat einer EXE-Datei abgelegt werden.

Name	Data
InsideMSI.exe	[Binary Data]

Tabelle 5.15: Eintragungen der Tabelle Icon

TIPP: Sie finden auf der Buch-CD eine Datei mit der Bezeichnung *InsideMSI.exe*. Bei dieser Datei handelt es sich um eine Ressourcendatei zur Implementierung der Symbole, die Sie für diese Zwecke verwenden und mit einem Ressource-Editor individuell anpassen können.

Festlegen der Eigenschaften

Bei den Windows Installer-Eigenschaften handelt es sich um globale Variablen, die während der Installation verwendet werden. Diese Eigenschaften enthalten Identifizierungsmerkmale und zusätzliche Informationen zu dem aktuellen Windows Installer-Produkt. Die verwendete Schema-Datenbank enthält bereits alle notwendigen Eigenschaften, die Sie jedoch noch individuell in der Tabelle *Property* anpassen müssen.

Property	Value
ARPCOMMENTS	Anzeige von Windows Installer-spezifischen Systeminformationen
ARPCONTACT	Andreas Kerl
ARPHELPLINK	www.microsoft.com/germany
ARPHELPTELEPHONE	+49(0)89-3176-0
ARPURLINFOABOUT	www.microsoft.com/germany
Manufacturer	Microsoft Deutschland GmbH
ProductCode	{EC2A3500-3957-4CB1-9FFC-78E1099B1567}
ProductLanguage	1031
ProductName	Windows Installer Systeminfo
ProductVersion	1.0.0.0
UpgradeCode	{C6D38BFD-1357-443A-88DC-CF6D332D62D5}

Tabelle 5.16: Anpassungen in der Tabelle Property

Definieren der Ausführungsbedingungen

Die zu installierende Anwendung wurde unter Verwendung der Microsoft .NET-Technologie entwickelt. Zur Ausführung einer solchen Anwendung muss sich das Microsoft .NET Framework bereits auf dem Zielcomputer befinden oder in den Installationsprozess integriert werden. Sie können durch Eintragungen in der Tabelle *LaunchCondition* entsprechende Bedingungen definieren, die bei der Ausführung des Installationspaketes geprüft werden.

Condition	Description
MsiNetAssemblySupport	Das Microsoft .NET Framework ist zur Ausführung der Anwendung erforderlich.

Tabelle 5.17: Verwenden der Tabelle LaunchCondition

In der Spalte *Condition* legen Sie die Bedingung fest, die geprüft werden soll. Gibt diese Bedingung nicht den Wert *True* zurück, wird ein Dialogfeld mit der Meldung angezeigt, die in der Spalte *Description* festgelegt wurde. Die Installation wird daraufhin beendet.

Festlegen der zusammenfassenden Informationen

Die zusammenfassenden Informationen (Summary Information) werden benötigt, um das Windows Installer-Paket zu identifizieren und weitergehende Bedingungen, wie die zu verwendende Windows Installer-Version zu definieren. Im Weiteren werden diese Informationen vom Microsoft Windows Explorer zur Anzeige der Eigenschaften verwendet.

Eigenschaft	Wert
Title	Windows Installer Datenbank
Subject	Windows Installer Systeminfo
Keywords	Microsoft Windows Installer, MSI
Author	Andreas Kerl
Comments	Installiert eine Anwendung zur Anzeige von Systeminformationen
Schema	200
Source Images	Lange Dateinamen und Komprimiert ist zu aktivieren.

Tabelle 5.18: Definition der zusammenfassenden Informationen

Nachdem Sie diese Eintragungen vorgenommen und das Windows Installer-Paket gespeichert haben, ist der Erstellungsprozess abgeschlossen. Normalerweise würde nun eine Überprüfung der Eintragungen (Validation) erfolgen. An dieser Stelle soll aber nicht weiter darauf eingegangen werden, da die Validierung in einem späteren Kapitel ausführlich erläutert wird.

Fazit

In diesem Kapitel haben Sie die bereits betrachteten theoretischen Grundlagen zur Erstellung eines Windows Installer-Paketes an einem praktischen Beispiel nachvollzogen. Sie haben zunächst eine Microsoft Visual C# .NET-Anwendung erstellt, die diverse Windows Installer-Funktionen in der Anwendung verwendet. Hierzu haben Sie das Windows Installer-Objektmodell benutzt.

Der zweite Teil dieses Kapitels hat sich mit der Erstellung eines Windows Installer-Paketes für die entwickelte Anwendung beschäftigt. Hierbei haben Sie mit *Orca* und einigen weiteren Tools die notwendigen Implementierungen in der Windows Installer-Datenbank vorgenommen, um ein ordnungsgemäßes Installationspaket zu erstellen.

6 Installation spezieller Dateien

159 Component Object Model (COM)
167 Assemblies
174 Systemdienste
176 Fazit

In den beiden vorherigen ▶ Kapiteln 4 und 5 haben Sie die Basistechnologie des Windows Installers kennen gelernt und diese Kenntnisse in einem Beispielszenario angewendet. Das erstellte Installationspaket enthält Implementierungen, um Dateien zu installieren, Einträge in der Systemregistrierung vorzunehmen und Dateiverknüpfungen zu erstellen. Die Installation der Dateien in diesem Beispiel zog keine weiteren Aktionen nach sich, sondern erstreckte sich auf einen einfachen Kopiervorgang.

In diesem Kapitel geht es nun darum, zusätzliche Aktionen mit diesen Dateien auszuführen. In heutigen Installationspaketen sind in vielen Fällen COM-Komponenten oder Microsoft .NET-Assemblies enthalten. Die Verwendung von COM-Komponenten in einer installierten Anwendung setzt die ordnungsgemäße Registrierung dieser Komponenten voraus. Microsoft .NET-Assemblies können allen Anwendungen systemweit zur Verfügung gestellt oder von einer einzelnen Anwendung verwendet werden. Die Vorgänge, die zum Implementieren dieser Funktionalität notwendig sind, werden in diesem Kapitel erläutert.

Component Object Model (COM)

Die Installation von COM-Komponenten ist in der heutigen Zeit eine der wesentlichsten Aufgaben, die im Rahmen des Installationsprozesses ausgeführt werden müssen. Die Aufgabe hierbei erstreckt sich nicht nur auf die simplen Kopieraktionen, sondern zieht auch umfangreiche Registrierungsaktionen nach sich. Gerade bei der Installation solcher Komponenten treten häufig Probleme auf, die in vielen Fällen zu einer fehlerhaften Ausführung der Anwendung führen können.

Im Bereich der Programmierung sind zwei Arten von COM-Komponenten zu unterscheiden:

- Komponenten, die in den Speicherbereich der Anwendung geladen und dort verwendet werden. Diese Komponenten werden als *InProcess-Komponenten* bezeichnet und tragen die Dateierweiterung *.dll*.

- Komponenten, die in einem eigenen Speicherbereich ausgeführt werden. Diese Komponenten werden als *OutOfProcess-Komponenten* bezeichnet und tragen die Dateierweiterung *.exe*.

Die nachfolgende Darstellung des schematischen Ablaufs bei der Instanzierung einer COM-Komponente, wird sich ausschließlich auf *InProcess-Komponenten* beziehen. Die Installation werde ich jedoch für beide Arten der COM-Komponenten erläutern.

Instanzierung von COM-Komponenten

Betrachten Sie den nachfolgenden Beispielcode. Sie erkennen in der zweiten Zeile, dass eine Instanzierung der benötigten COM-Komponente durch den Aufruf *CreateObject()* veranlasst wird, bevor in den folgenden Zeilen auf die Funktionen des erstellten Objekts zugegriffen wird.

```
Sub CreateSampleObject()
    '/* Festlegen einer Objektvariablen
    Dim Sample As Sample.Application

    '/* Instanzieren des Objektes
    Set Sample = CreateObject("Sample.Application")

    '/* Funktionen des Objektes verwenden
    Sample.Caption = "Meine BeispielAnwendung"
    Sample.Visible = True
End Sub
```

Listing 6.1: Instanzieren von Objekten

Sie erkennen, dass dem Aufruf *CreateObject()* ein Parameter übergeben wird. Bei diesem Parameter handelt es sich um die *ProgID* der COM-Komponente, die in der Systemregistrierung abgelegt ist. Beim Aufruf der Methode *CreateObject("Sample.Application")* muss zunächst von Teilen des Betriebssystems die zugehörige COM-Komponente ermittelt werden, also die Datei mit der Endung *.dll*. Nachdem dieses geschehen ist, muss die Komponente in den Speicherbereich der Anwendung geladen werden. Sämtliche hierzu benötigten Informationen sind in der Systemregistrierung zu finden (siehe Abbildung 6.1).

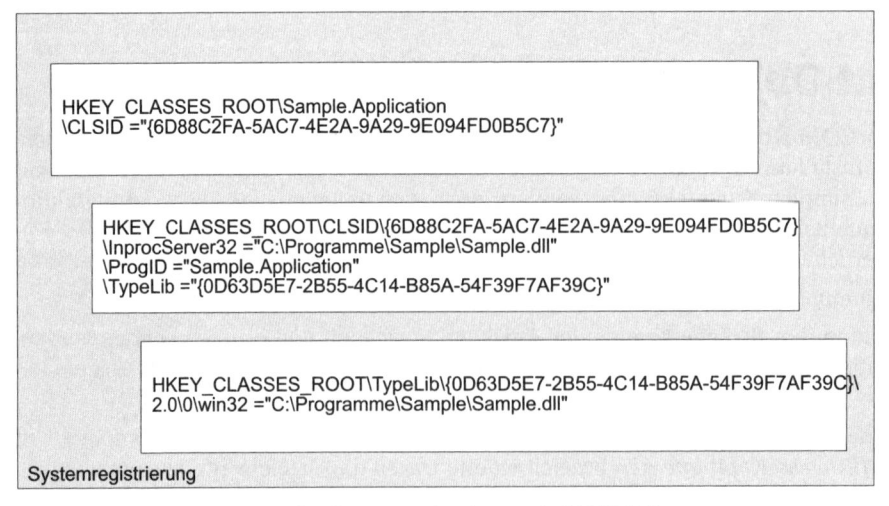

```
HKEY_CLASSES_ROOT\Sample.Application
\CLSID ="{6D88C2FA-5AC7-4E2A-9A29-9E094FD0B5C7}"

HKEY_CLASSES_ROOT\CLSID\{6D88C2FA-5AC7-4E2A-9A29-9E094FD0B5C7}
\InprocServer32 ="C:\Programme\Sample\Sample.dll"
\ProgID ="Sample.Application"
\TypeLib ="{0D63D5E7-2B55-4C14-B85A-54F39F7AF39C}"

HKEY_CLASSES_ROOT\TypeLib\{0D63D5E7-2B55-4C14-B85A-54F39F7AF39C}\
2.0\0\win32 ="C:\Programme\Sample\Sample.dll"
```
Systemregistrierung

Abbildung 6.1: Einträge in der Systemregistrierung bei COM-Komponenten

Unterhalb von *HKEY_CLASSES_ROOT* befindet sich ein Registrierungsschlüssel, der der *ProgID* (Sample.Application) der COM-Komponente entspricht. Dieser Schlüssel verfügt über einen Unterschlüssel, der die *CLSID*, ein eindeutiges Identifizierungsmerkmal für die Komponente, in Form einer *GUID*, enthält. Über diese *CLSID* kann die physische Datei der COM-Komponente bestimmt werden. Unterhalb des Schlüssels *HKEY_CLASSES_ ROOT\CLSID* existiert ein weiterer Schlüssel, der der *CLSID* der COM-Komponente entspricht. Diesem ist ein Schlüssel mit der Bezeichnung *InProcServer32* untergeordnet, der auf die entsprechende physische Datei verweist. Zusätzlich verfügt eine COM-Komponente noch über weitere Informationen wie beispielsweise *TypeLib*, die jedoch an dieser Stelle nicht weiter betrachtet werden müssen.

Die Ursache für auftretende Fehler bei der Verwendung von COM-Komponenten liegt häufig an fehlenden oder fehlerhaften Einträgen in der Systemregistrierung. Im Rahmen des Installationsprozesses muss sichergestellt werden, dass diese Informationen vollständig an den benötigten Stellen der Systemregistrierung abgelegt werden.

Installation von COM-Komponenten

Der Windows Installer stellt drei Möglichkeiten zur Verfügung, um COM-Komponenten zu registrieren. Im Folgenden werden diese Möglichkeiten erläutert und die Implementierung anhand der bereits oben angegeben COM-Komponente verdeutlicht. Nachfolgend finden Sie die Tabellen *Component* und *File*, die Informationen zur Installation der Komponente enthalten.

Component	ComponentId	Directory_	KeyPath
SAMPLECOMP	{E116570C-1ECE-4E39-BDBC-922CBF73E7ED}	INSTALLDIR	Sample.dll

Tabelle 6.1: *Inhalt der Tabelle* Component

File	Component_	FileName	FileSize	Version	Language
SAMPLEFILE	SAMPLECOMP	Sample.dll	20480	1.0.0.0	1031

Tabelle 6.2: *Inhalt der Tabelle* File

Verwenden der Selbstregistrierung

Jede *InProcess*-Komponente verfügt über die interne Funktion *DLLRegisterServer()*. Bei der Selbstregistrierung von Komponenten, wird diese Funktion vom Windows Installer aufgerufen. Sie können eine COM-Komponente über diese Funktion registrieren, indem Sie hierzu die Tabelle *SelfReg* verwenden. Die Tabelle *SelfReg* enthält die Spalte *File_*, die einen Eintrag enthalten muss, der auf eine Datei verweist, die in der Tabelle *File* definiert ist. Die Tabelle *SelfReg* wird während der Aktion *SelfRegModules* abgearbeitet. Bei der Deregistrierung wird während der Aktion *SelfUnRegModules* die interne Funktion *DLLUnRegisterServer()* der COM-Komponenten ausgeführt, die in dieser Tabelle enthalten sind.

File_	Cost
SAMPLEFILE	0

Tabelle 6.3: *Inhalt der Tabelle* SelfReg

Sie erkennen, dass die Registrierung von COM-Komponenten über die Tabelle *SelfReg* einfach zu implementieren ist. Auf diese Möglichkeit sollte jedoch verzichtet werden, da hierbei viele Probleme auftreten können:

- Um die Funktion *DLLRegisterServer()* aufzurufen, muss die COM-Komponente ordnungsgemäß installiert werden. Ist eine vorherige Version bereits in Verwendung, muss vor der Registrierung ein Computerneustart durchgeführt werden.
- Komponenten, die über Selbstregistrierung registriert werden, unterstützen keine »Installation bei Bedarf«.
- Eine installationsabhängige Registrierung, also die Unterscheidung zwischen einer Benutzer- und einer Computerinstallation, von COM-Komponenten ist nicht möglich.
- Bei einem Rollback kann der Windows Installer bereits geschriebene Einträge nicht rückgängig machen, da er keine Kenntnis über den Registrierungsfortschritt besitzt. Der Windows Installer stellt lediglich sicher, dass die Funktion *DLLRegisterServer()* aufgerufen wird. Die Tätigkeiten, die hierbei ausgeführt werden, können komponentenspezifisch sein und bleiben dem Windows Installer verborgen.

Es ist verführerisch die Tabelle *SelfReg* zu verwenden, da die Implementierung relativ einfach durchzuführen ist. Sie sollten jedoch auf Grund der vielen Nachteile auf einen Einsatz der Tabelle verzichten.

Verwenden der Tabelle *Registry*

Wie bereits verdeutlicht, besteht die Installation von COM-Komponenten aus der tatsächlichen Kopieraktion und dem Registrieren der Komponente. Beim Registrieren werden die benötigten Daten in die Systemregistrierung geschrieben. Es besteht somit die Möglichkeit, diese Daten direkt in der Tabelle *Registry* der Windows Installer-Datenbank anzugeben. Die Daten dieser Tabelle werden durch die Aktion *WriteRegistryValues* in die Systemregistrierung des Zielcomputers geschrieben. Die Tabelle 6.4 zeigt Ihnen die benötigten Eintragungen für die Beispielkomponente.

Root	Key	Name	Value
0	Sample.Application		Sample.Application
0	TypeLib\{0D63D5E7-2B55-4C14-B85A-54F39F7AF39C}\2.0\FLAGS		0
0	TypeLib\{0D63D5E7-2B55-4C14-B85A-54F39F7AF39C}\2.0\HELPDIR		[INSTALLDIR]
0	TypeLib\{0D63D5E7-2B55-4C14-B85A-54F39F7AF39C}\2.0\0\win32		[!SAMPLEFILE]
0	TypeLib\{0D63D5E7-2B55-4C14-B85A-54F39F7AF39C}\2.0		Sample
0	TypeLib\{0D63D5E7-2B55-4C14-B85A-54F39F7AF39C}	+	
0	CLSID\{6D88C2FA-5AC7-4E2A-9A29-9E094FD0B5C7}\Programmable	+	
0	CLSID\{6D88C2FA-5AC7-4E2A-9A29-9E094FD0B5C7}\TypeLib		{0D63D5E7-2B55-4C14-B85A-54F39F7AF39C}
0	CLSID\{6D88C2FA-5AC7-4E2A-9A29-9E094FD0B5C7}\ProgID		Sample.Application
0	CLSID\{6D88C2FA-5AC7-4E2A-9A29-9E094FD0B5C7}\InprocServer32	ThreadingModel	Apartment

Root	Key	Name	Value
0	CLSID\{6D88C2FA-5AC7-4E2A-9A29-9E094FD0B5C7}\InprocServer32		[!SAMPLEFILE]
0	CLSID\{6D88C2FA-5AC7-4E2A-9A29-9E094FD0B5C7}\Implemented Categories\{40FC6ED5-2438-11CF-A3DB-080036F12502}	+	
0	CLSID\{6D88C2FA-5AC7-4E2A-9A29-9E094FD0B5C7}\Implemented Categories	+	
0	CLSID\{6D88C2FA-5AC7-4E2A-9A29-9E094FD0B5C7}	AppID	{6D88C2FA-5AC7-4E2A-9A29-9E094FD0B5C7}
0	TypeLib\{0D63D5E7-2B55-4C14-B85A-54F39F7AF39C}\2.0\0	+	
0	CLSID\{6D88C2FA-5AC7-4E2A-9A29-9E094FD0B5C7}\VERSION		2.0
0	Sample.Application\Clsid		{6D88C2FA-5AC7-4E2A-9A29-9E094FD0B5C7}
0	CLSID\{6D88C2FA-5AC7-4E2A-9A29-9E094FD0B5C7}		Sample.Application

Tabelle 6.4: Inhalt der Tabelle Registry

Die Verwendung der Tabelle *Registry* beseitigt viele Probleme, die bei der Selbstregistrierung von Komponenten auftreten:

- Ein Rollback kann ordnungsgemäß ausgeführt werden, da der Windows Installer zu jeder Zeit über die durchzuführenden Tätigkeiten unterrichtet ist.
- Ein eventueller Computerneustart kann bis zum Ende der Installation warten.
- Eine installationsabhängige Registrierung von COM-Komponenten ist möglich.

Sie sehen, dass hiermit viele Probleme vermieden werden können. Die einzige Funktion, die auch hiermit nicht unterstützt werden kann, ist die Bedarfsinstallation von COM-Komponenten.

HINWEIS: Die Verwendung der Tabelle *Registry* stellt einen nicht supporteten Weg dar. Bei einer ICE-Validierung wird Ihnen eine entsprechende Warnung aufgezeigt.

Verwenden der COM-Tabellen

Der bisher beste Weg zur Registrierung von COM-Komponenten stellte die Verwendung der Tabelle *Registry* dar. Lediglich die »Installation bei Bedarf« von COM-Komponenten ist über diese Methode nicht möglich.

Die Bedarfsinstallation von COM-Komponenten ist nur bei der Verwendung von den Windows Installer-COM-Tabellen möglich. Bei Verwendung dieser Tabellen, wird die entsprechende COM-Komponente erst installiert, wenn im Programmcode *CreateObject()* aufgerufen wird, oder ein vergleichbarer Methodenaufruf erfolgt. Die Verwendung der Installer-COM-Tabellen ist der Verwendung der Tabelle *Registry* ähnlich. Die benötigten Informationen werden hingegen auf mehrere Tabellen der Windows Installer-Datenbank verteilt. Die Erstellung der benötigten Eintragungen ist allerdings sehr aufwändig, sodass hierzu professionelle Authoringtools verwendet werden sollten, da diese eine solche Funktionalität »Out-Of-The-Box« bereitstellen.

CLSID	ProgId_Default	Description	Context
{6D88C2FA-5AC7-4E2A-9A29-9E094FD0B5C7}	Sample.Application	Sample.Application	InprocServer32

Tabelle 6.5: Eintragungen in der Tabelle Class

ProgId	Class	Description
Sample.Application	{6D88C2FA-5AC7-4E2A-9A29-9E094FD0B5C7}	Sample.Application

Tabelle 6.6: Eintragungen in der Tabelle ProgId

Root	Key	Name	Value
0	Interface\{76AEE68A-38B2-4C83-AD03-1E1F378A74F3}\TypeLib	Version	2.0
0	Interface\{76AEE68A-38B2-4C83-AD03-1E1F378A74F3}\TypeLib		{0D63D5E7-2B55-4C14-B85A-54F39F7AF39C}
0	Interface\{76AEE68A-38B2-4C83-AD03-1E1F378A74F3}\ProxyStubClsid32		{00020424-0000-0000-C000-000000000046}
0	Interface\{76AEE68A-38B2-4C83-AD03-1E1F378A74F3}\ProxyStubClsid		{00020424-0000-0000-C000-000000000046}
0	Interface\{76AEE68A-38B2-4C83-AD03-1E1F378A74F3}		Application
0	CLSID\{6D88C2FA-5AC7-4E2A-9A29-9E094FD0B5C7}\InprocServer32	ThreadingModel	Apartment
0	CLSID\{6D88C2FA-5AC7-4E2A-9A29-9E094FD0B5C7}\TypeLib		{0D63D5E7-2B55-4C14-B85A-54F39F7AF39C}
0	CLSID\{6D88C2FA-5AC7-4E2A-9A29-9E094FD0B5C7}	AppID	{6D88C2FA-5AC7-4E2A-9A29-9E094FD0B5C7}
0	CLSID\{6D88C2FA-5AC7-4E2A-9A29-9E094FD0B5C7}\VERSION		2.0

Tabelle 6.7: Eintragungen in der Tabelle Registry

LibID	Language	Version	Directory_
{0D63D5E7-2B55-4C14-B85A-54F39F7AF39C}	0	512	INSTALLDIR

Tabelle 6.8: Eintragungen in der Tabelle TypeLib

Distributed Component Object Model (DCOM)

Die Registrierung von *OutOfProcess*-Komponenten kann nur über die Tabelle *Registry* oder die Installer-COM-Tabellen erfolgen, da *OutOfProcess-Komponenten* nicht über die Funktionen *DLLRegisterServer()* und *DLLUnRegisterServer()* verfügen. Bei der Verwendung der Tabelle *Registry* müssen alle Eintragungen in dieser Tabelle hinterlegt werden. Bei Verwendung der Installer-COM-Tabellen, kann für erforderliche DCOM-Konfigurationen die Tabelle *AppId* verwendet werden.

Die generelle Implementierung erfolgt analog zu den geschilderten Szenarien der *InProcess*-Komponenten. *OutOfProcess*-Komponenten können über die *Komponentendienste* von Microsoft Windows 2000, Microsoft Windows XP und Microsoft Windows Server 2003 und über die DCOM-Konfiguration (dcomcnfg.exe) der anderen Betriebssysteme konfiguriert werden. Diese Informationen, die unter dem Registrierungsschlüssel *HKEY_CLASSES_ROOT\AppID* abgelegt werden, können auch über Eintragungen der Windows Installer-Tabelle *AppId* festgelegt werden.

Isolierte Komponenten

Der Windows Installer unterstützt die Installation von isolierten Dateien. Hierzu kann in der Windows Installer-Datenbank festgelegt werden, dass gemeinsam verwendete Dateien (Shared Files) zusätzlich in den Anwendungsordner kopiert werden. Diese privaten Dateien werden fortan ausschließlich von der Anwendung verwendet, die sich auch in dem Anwendungsverzeichnis befindet. Die Verwendung von isolierten Komponenten bringt eine große Anzahl von Vorteilen für die Stabilität der Anwendung:

- Die Anwendung verwendet ausschließlich die Dateien, die mit der Anwendung ausgeliefert wurden.
- Bei der Installation werden keine bereits vorhandenen gemeinsamen Dateien überschrieben.
- Später durchgeführte Installationen von anderen Anwendungen können die Dateien, die durch die Anwendung verwendet werden, nicht überschreiben.

Wie bereits im vorangegangenen Abschnitt verdeutlicht, wird bei der Registrierung der vollständige Pfad zu der COM-Komponente in der Systemregistrierung abgelegt. Bei der Verwendung von Microsoft Windows 98, Microsoft Windows 2000 und höher können sie die Verwendung von privaten Komponenten ermöglichen, indem sie eine Datei mit der Erweiterung *.local* in dem Anwendungsverzeichnis ablegen. Sollte sich eine solche Datei im Anwendungsverzeichnis befinden, wird der Suchalgorithmus des Ladeprogramms geändert, sodass erst im Anwendungsverzeichnis die Existenz einer benötigten Komponente geprüft und diese geladen wird.

Zur Implementierung von isolierten Komponenten in die Windows Installer-Datenbank muss die Tabelle *IsolatedComponent* verwendet werden. Während der Aktion *IsolateComponents* werden die Dateien der gemeinsam genutzten Komponente in das Anwendungsverzeichnis kopiert.

Die Tabelle *IsolatedComponent* enthält zwei Spalten, die jeweils Einträge der Tabelle *Component* referenzieren müssen. Die Spalte *Component_Shared* muss eine Referenz auf die gemeinsame Komponente, und die Spalte *Component_Application* auf die Komponente, die die Anwendung enthält, implementieren. Der Windows Installer kopiert die gemeinsame Komponente in das globale Verzeichnis und legt die entsprechenden Registrierungsinformationen an. Gleichfalls wird eine Kopie der Komponente im Anwendungsverzeichnis erstellt und eine leere Datei, die aus dem kurzen Dateinamen der Anwendung mit der angefügten Zeichenfolge *.local* besteht, angelegt.

Führen Sie die nachfolgenden Schritte aus, um eine COM-Komponente als isolierte Komponente zu installieren:

- Erstellen Sie für die COM-Komponente und für die Anwendung separate Windows Installer-Komponenten.
- Fügen Sie der Tabelle *IsolatedComponent* einen Datensatz hinzu. Erfassen Sie die benötigten Daten, in dem Sie der Spalte *Component_Shared* eine Referenz auf die COM-Komponente und der Spalte *Component_Application* eine Referenz auf die Anwendung zuordnen.
- Fügen Sie die Aktion *IsolateComponents* der Sequenztabelle hinzu, falls dieses noch nicht geschehen ist.

- Setzen Sie das Attribut *msidbComponentAttributesSharedDllRefCount* für die gemeinsame Komponente in der Tabelle *Component*.

Zur Verdeutlichung dieser Vorgehensweise finden Sie nachfolgend die Tabellen *Component* und *IsolatedComponent*.

Component	Directory_	Attributes	KeyPath
SHAREDCOMP	MySharedFolder	8	Sample.dll
APPCOMP	INSTALLDIR	0	App.exe

Tabelle 6.9: *Die Tabelle* Component *zur Verwendung isolierter Komponenten*

Component_Shared	Component_Application
SHAREDCOMP	APPCOMP

Tabelle 6.10: *Verwendung der Tabelle* IsolatedComponent

Nach der Installation wird die Datei *Sample.Dll* in den Ordner *C:\Programme\Gemeinsame Dateien\Meine Komponente* abgelegt und mit dieser Pfadangabe registriert. Eine Kopie dieser Datei wird mit der Anwendung im Anwendungsverzeichnis *C:\Programme\Sample* abgelegt. Eine leere Datei mit der Bezeichnung *App.exe.local* wird ebenfalls im Anwendungsverzeichnis erstellt.

HINWEIS: Die Verwendung von isolierten Komponenten setzt die Verwendung des Windows Installer Version 1.1 und höher voraus.

COM+

Bei COM+-Anwendungen handelt es sich um COM-Komponentengruppen, die entwickelt und konfiguriert wurden, damit COM+-Dienste, wie die rollenbasierte Sicherheit usw. verwendet werden können. COM+-Anwendungen können in zwei Typen unterteilt werden. Jeder Typ erfordert bestimmte Verwaltungstätigkeiten. Es handelt sich hierbei um COM+-Serveranwendungen und COM+-Bibliotheksanwendungen. Serveranwendungen werden in ihrem eigenen Prozessbereich ausgeführt. Eine Serveranwendung kann z.B. aus einer Gruppe von DLLs bestehen, die eine Lohnbuchhaltung kapseln. Bibliotheksanwendungen bestehen aus Komponenten, die im Prozess einer Hostanwendung ausgeführt werden. In einer Bibliotheksanwendung können Sie z.B. DLLs gruppieren, die Dienste für andere Anwendungskomponenten bereitstellen und die gleichen Sicherheitsmerkmale wie diese Komponenten aufweisen können.

Die Erstellung von Windows Installer-Paketen zum Installieren von COM+-Anwendungen sollte über die Exportfunktionalität der *Komponentendienste* von Microsoft Windows 2000, Microsoft Windows XP oder Microsoft Windows Server 2003 erfolgen.

Beim Export müssen Sie zwischen einer Server- oder Bibliotheksanwendung wählen. Sie können niemals beide Typen in ein Windows Installer-Paket exportieren. Bei dem Export werden alle benötigten Dateien der Windows Installer-Datenbank angefügt. Zusätzlich wird eine Datei erstellt und integriert, die die entsprechenden Attribute für die COM+-Datenbank aufweist. Die Registrierungsinformationen werden über die Windows Installer-COM-Tabellen bereitgestellt.

Assemblies

In früheren Kapiteln dieses Buches wurde bereits auf die Problematik bei der Verwendung von COM-Komponenten eingegangen. Das wesentlichste Problem besteht hierbei, dass diese zentral in der Systemregistrierung abgelegt werden müssen, und dass Anwendungen keine Möglichkeiten besitzen, eine explizite Version dieser Komponenten zu laden. Zur Vermeidung dieser Problematik gab es im Laufe der Zeit einige Lösungsansätze, die als Ziel die private Nutzung von COM-Komponenten verfolgten. Diese Ansätze haben sicherlich in einigen Bereichen zu einer Entzerrung der Problematik geführt, ohne jedoch das Problem vollständig zu entkräften.

Microsoft .NET ist eine neue Technologie, die nicht mehr auf COM basiert. Eine wesentliche Vorgabe bei der Entwicklung von .NET war die Isolierung und die *Side-By-Side-Installation* globaler Komponenten. Ein solcher Lösungsansatz ist jedoch mit den Möglichkeiten der Systemregistrierung nicht realisierbar und es bedurfte deswegen eine grundlegende Neustrukturierung der Komponentenentwicklung. Ein weiteres Ziel wird im Rahmen von .NET als so genanntes »XCopy-Deployment« bezeichnet. Hierunter versteht man die Installation einfacher Anwendungen durch einfache Kopieraktionen oder das Starten von Anwendungen vom Quelldatenträger. Die Basis für diese Szenarien ist ein vollständiger Verzicht auf irgendwelche Registrierungstätigkeiten hinsichtlich der Anwendung und der verwendeten Komponenten.

Die Komponenten einer .NET-Anwendung sind selbstbeschreibend. Dies bedeutet, dass alle Informationen die eine Anwendung benötigt, um diese Komponente ordnungsgemäß verwenden zu können, direkt in der Komponente zu finden sind. Diese Komponenten werden unter Microsoft .NET als Assembly bezeichnet. Unter Assemblies versteht man vereinfacht gesagt alle Komponenten, die eine Anwendung referenziert und benutzt. Man unterscheidet zwei Arten von Assemblies. Private Assemblies stehen nur für eine Anwendung zur Verfügung und werden daher im Anwendungsverzeichnis bzw. einem Unterordner abgelegt. Gemeinsame Assemblies (Shared Assemblies) sind Komponenten, die systemweit, also für mehrere Anwendungen zur Verfügung stehen. Gemeinsame Assemblies werden an einem zentralen Speicherort, dem »Global Assembly Cache (GAC)« abgelegt.

Der *Global Assembly Cache* ist kein einfacher Ordner, der Daten enthält, sondern eine strukturierte Ordnerhierarchie. Der *Global Assembly Cache* bietet die Möglichkeit verschiedene Versionen oder Sprachen einer identischen Komponente zu verwalten.

System.CF.Windows.Forms.DataGrid	7.0.5000.0		b03f5f7f11d50a3a
System.Configuration.Install	1.0.5000.0		b03f5f7f11d50a3a
System.Configuration.Install	1.0.2411.0		b03f5f7f11d50a3a
System.Configuration.Install.resources	1.0.2411.0	de	b03f5f7f11d50a3a
System.Data	1.0.5000.0		b77a5c561934e089
System.Data	1.0.2411.0		b77a5c561934e089

Abbildung 6.2: Cacheordner für globale Assembly (Global Assembly Cache)

HINWEIS: Das Konzept der Versionierung innerhalb der »Common Language Runtime« basiert auf Assemblies. Es ermöglicht u.a., dass unterschiedliche Versionen eines Assemblies parallel von mehreren Anwendungen benutzt werden können. So können beispielsweise die Anwendungen A und B mit der Version 2.0 arbeiten und die Anwendungen C und D gleichzeitig mit der Version 3.0.

Der Windows Installer enthält seit der Version 2.0 entsprechende Implementierungen, um Microsoft .NET-Assemblies und Win32-Assemblies verwalten zu können. Der Windows Installer stellt zu diesem Zweck die Tabellen *MsiAssembly* und *MsiAssemblyName* zur Verfügung. Die folgenden Möglichkeiten stehen Ihnen hierdurch zur Verfügung:

- Installation, Reparatur und Deinstallation von globalen .NET- und Win32-Assemblies.
- Installation, Reparatur und Deinstallation von privaten .NET- und Win32-Assemblies.
- Die Durchführung von Rollback-Maßnahmen bei der erfolglosen Installation, Deinstallation oder Reparatur von .NET-Assemblies.
- Installation bei Bedarf von globalen .NET-Assemblies, die unter Verwendung eines starken Namens (Strong Name) angemeldet wurden.
- Installation bei Bedarf von privaten Win32-Assemblies.
- Installation bei Bedarf von .NET- und Win32-Assemblies, die durch Dateiverknüpfungen gestartet werden.

Die Installation von privaten Assemblies setzt die Installation der zugehörigen Anwendung voraus. Auf diese Anwendung muss in der Spalte *File_Application* der Tabelle *MsiAssembly* verwiesen werden. Der Windows Installer verwendet die Ordnerstruktur der Tabelle *Directory*, um das Assembly im gleichen Ordner wie die Anwendung zu installieren. Bei der Installation von globalen Assemblies muss die Spalte *File_Application* der Tabelle *MsiAssembly* den Wert *Null* aufweisen.

.NET-Assemblies

Der Windows Installer verwendet das Microsoft .NET Framework, um Assemblies in den *Global Assembly Cache* zu installieren und wieder zu deinstallieren. Sie sollten durch die Eigenschaft *MsiNetAssemblySupport* in der Tabelle *LaunchConditions* die Existenz des .NET Frameworks sicherstellen.

Beim *Global Assembly Cache* handelt es sich nicht um einen Ordner, sondern um eine hierarchische Ordnerstruktur. Aus diesem Grund kann der Windows Installer nicht die Ordnerstruktur und die Versionierungsregeln verwenden, die für sonstige Windows Installer-Komponenten gelten. Ebenso enthält der Windows Installer keine Implementierung zur Ermittlung des Speicherbedarfs. Zu diesem Zweck findet eine Kommunikation mit dem .NET Framework statt.

Die Installation der Assemblies in den *Global Assembly Cache* wird durch eine Zwei-Phasen-Transaktion durchgeführt. Während der ersten Phase werden für die zu installierenden Assemblies vom .NET Framework entsprechende Schnittstellen installiert, die bei einem Rollback problemlos entfernt werden können. Nachdem der Windows Installer alle Assemblies und Windows Installer-Komponenten ordnungsgemäß installiert hat, werden im zweiten Schritt die installierten Schnittstellen durch die tatsächlichen Assemblies ersetzt. Die Deinstallation der Assemblies wird durch die *Common Language Runtime* durchgeführt. Der Windows Installer hat eine ähnliche Logik implementiert wie bei der Installation von normalen Windows Installer-Komponenten. Allerdings werden hierbei nicht alle Anwendungen protokolliert, die das Assembly verwenden. Der Windows Installer setzt bei der Installation der ersten Anwendung ein Flag, welches bei der Deinstallation der letzten Anwendung wieder entfernt wird. In diesem Fall wird von der *Common Language Runtime* der endgültige Deinstallationsprozess für das Assembly durchgeführt. Dieser Prozess arbeitet nicht transaktional, sodass hierfür keine Rollback-Funktionalität verfügbar ist. Beim Design des Installationsprogrammes ist darauf zu achten, dass diese Aktion erst an einer Stelle ausgeführt wird, an der der Anwender den Deinstallationsprozess nicht mehr abbrechen kann.

> **HINWEIS:** Im *Global Assembly Cache* befindliche Assemblies, die für den aktuellen Benutzer installiert worden sind, unterliegen nicht dem Windows-Dateischutz (Windows File Protection). Assemblies, die in den *Global Assembly Cache* bei einer Computerinstallation abgelegt worden sind, unterliegen dem Windows-Dateischutz.

Ergänzung der Beispielanwendung

In der Beispielanwendung des vorherigen ▶ Kapitels 5 wurden Microsoft .NET-Assemblies installiert, ohne die Assembly-Tabellen der Windows Installer-Datenbank zu verwenden. Die Beispielanwendung soll an dieser Stelle um die Eintragungen in den Tabellen *MsiAssembly* und *MsiAssemblyName* ergänzt werden. Öffnen Sie hierzu die Beispielanwendung mit *Orca* und wechseln Sie zur Tabelle *MsiAssembly*.

Legen Sie in der Spalte *Attributes* die Art des Assemblies fest. Microsoft .NET-Assemblies werden durch den Wert »0«, Win32-Assemblies durch den Wert »1« bestimmt. Die Assemblies der Tabelle *MsiAssembly* müssen ebenfalls mit dem Windows Installer-Feature verknüpft werden, dem dieses Assembly zugeordnet ist.

Component_	Feature_	File_Manifest	File_Application	Attributes
C_Folder	FOLDERS	F_Folder	F_Folder	0
C_Interop	BASE	F_Interop	F_Interop	0
C_Products	PRODUCTS	F_Products	F_Products	0
C_Infos	SYSINFO	F_Infos	F_Infos	0
C_Base	BASE	F_Base	F_Base	0

Tabelle 6.11: Eintragungen in der Tabelle MsiAssembly

Die Spalte *File_Manifest* enthält einen Wert, der das Manifest des Assemblies definiert. Bei diesem Wert muss es sich um einen Eintrag der Tabelle *File* handeln. Bei Microsoft .NET-Assemblies befindet sich das Manifest in dem Assembly selbst, wodurch hierbei eine Referenz auf das Assembly selbst anzugeben ist.

Die Tabelle *MsiAssemblyName* legt Einstellungen für Microsoft .NET- und Win32-Assemblies zur Erstellung eines »starken Namens« fest. Bei .NET-Assemblies ist hierzu für jede Eintragung des Abschnittes zur Festlegung der Assembly-Identität (AssemblyIdentity) im Manifest, ein Wertepaar zu definieren.

Component_	Name	Value
C_Interop	Name	Interop.WindowsInstaller
C_Interop	Version	1.0.0.0
C_Interop	Language	neutral
C_Folder	Name	MSIFolder
C_Folder	Version	1.0.1135.30023
C_Infos	Name	MSIInfos
C_Infos	Version	1.0.1135.30023
C_Products	Name	MSIProducts
C_Products	Version	1.0.1135.30023
C_Base	Name	SystemInfo
C_Base	Version	1.0.1135.30023

Tabelle 6.12: Eintragungen in der Tabelle MsiAssemblyName

Auf der beiliegenden Buch-CD befindet sich eine Anwendung, mit der Sie die notwendigen Informationen des Assemblies auslesen können.

Win32-Assemblies

Wie bereits erläutert, werden durch die Verwendung von .NET-Assemblies Szenarien bereitgestellt, die eine vollständige Isolierung der Komponenten ermöglichen und somit einen Ausweg aus der DLL-Hölle darstellen. Betrachten Sie unter diesem Aspekt Komponenten, die nicht auf der .NET-Technologie basieren. In diesem Bereich ist es auch erforderlich, entsprechende Szenarien bereitzustellen, die ein .NET-ähnliches Verhaltensmuster aufweisen.

Win32-Assemblies verfolgen das gleiche Ziel wie .NET-Assemblies, nämlich die Möglichkeit der gemeinsamen Nutzung verschiedener Versionen einer identischen Komponente. Win32-Assemblies enthalten in einem so genannten Manifest die Metadaten, die diese Komponente, deren Struktur und deren Abhängigkeiten beschreiben. Beginnend mit Microsoft Windows XP können mehrere Versionen dieser Assemblies von Anwendungen zur gleichen Zeit verwendet werden (Side-By-Side). Das Manifest und die Versionsnummer werden durch das Ladeprogramm verwendet, um das zur Anwendung zugehörige Assembly zu ermitteln. Die Abbildung 6.3 zeigt Ihnen das Zusammenspiel zwischen den Assemblies, der Anwendung und dem *Side-By-Side Manager* (SxS Manager) auf.

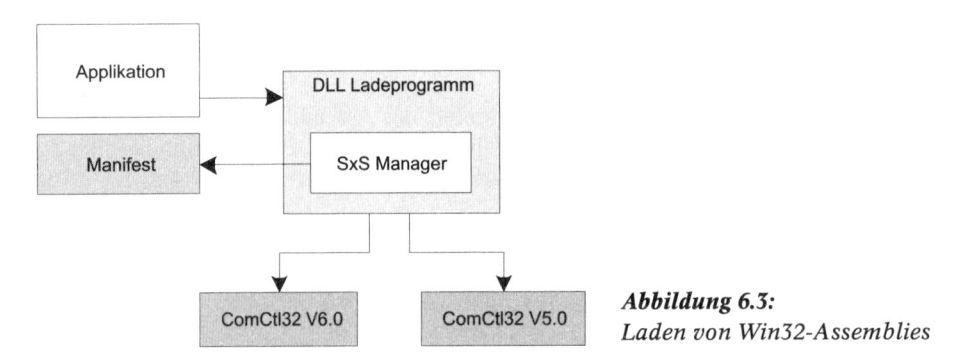

Abbildung 6.3:
Laden von Win32-Assemblies

In dem vorangehenden Beispiel befinden sich die Versionen 5.0 und 6.0 der *Comctl32.dll* in dem *Side-By-Side-Assembly-Cache*. Der *Side-By-Side-Assembly-Cache* ist bei Microsoft Windows XP und Microsoft Windows Server 2003 ein Ordner mit der Bezeichnung *WinSxS*, der sich unterhalb des Windows-Verzeichnisses befindet.

Nachdem die Anwendung einen Aufruf zum Laden der DLL gesendet hat, prüft der Side-By-Side-Manager, ob die Anwendung eine bestimmte Version der DLL benötigt. Diese Informationen sind im Manifest der Anwendung beschrieben. Bei dieser Datei handelt es sich um eine XML strukturierte Datei, die sich im Anwendungsverzeichnis befinden muss. Der Dateiname dieser Datei muss im Format *Anwendungsname.exe.manifest* definiert sein. Existiert kein relevantes Manifest für die Anwendung, wird die Standardversion des Assemblies geladen.

An dieser Stelle möchte ich noch ein Szenario beschreiben: Microsoft Windows XP ermöglicht dem Anwender, die bereitgestellten *Themes* und *Styles* für die jeweilige Anwendung zu nutzen. Hierfür ist die Version 6.0 der *Comctl32.dll* unbedingt erforderlich. Die Standardversion dieser DLL ist unter Microsoft Windows XP die Version 5.0, sodass ein normaler Ladevorgang der DLL nicht zu dem gewünschten Ergebnis führen würde.

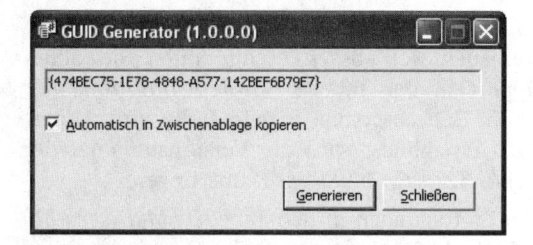

Abbildung 6.4: *Verwendung der Version 5.0 der Datei* Comctl32.dll

Um die Microsoft Windows XP Styles zu verwenden muss ein entsprechendes Manifest für die Anwendung erstellt werden, in der explizit die Version 6.0 der Datei *Comctl32.dll* angefordert wird. Im folgenden Codefragment wird Ihnen die Manifestdatei für die Beispielanwendung dargestellt.

```xml
<?xml version="1.0" encoding="UTF-8" standalone="yes"?>
<assembly xmlns="urn:schemas-microsoft-com:asm.v1" manifestVersion="1.0">
    <assemblyIdentity
        version="1.0.0.0"
        processorArchitecture="X86"
        name="GuidGenerator"
        type="win32"
    />
    <description>GuidGenerator</description>
    <dependency>
        <dependentAssembly>
            <assemblyIdentity
                type="win32"
                name="Microsoft.Windows.Common-Controls"
                version="6.0.0.0"
                processorArchitecture="X86"
                publicKeyToken="6595b64144ccf1df"
                language="*"
            />
        </dependentAssembly>
    </dependency>
</assembly>
```

Listing 6.2: *Manifestdatei einer Anwendung*

Die Manifestdatei trägt die Bezeichnung *GuidGen.exe.manifest* und befindet sich im Anwendungsverzeichnis. Nachdem die Anwendung erneut gestartet wurde, hat sich das Erscheinungsbild den Vorgaben entsprechend angepasst.

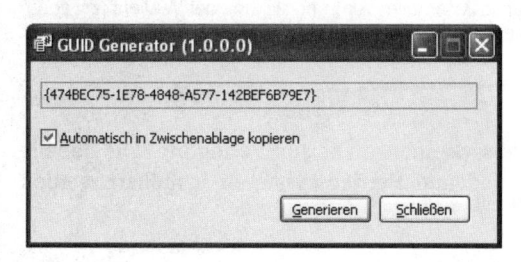

Abbildung 6.5: *Verwendung der Version 6.0 der Datei* Comctl32.dll

Installation spezieller Dateien

Installation von Win32-Assemblies

Die Verwendung von Win32-Assemblies wird nicht von jedem Betriebssystem unterstützt. Sie sollten daher über die Eigenschaft *MsiWin32AssemblySupport* in der Tabelle *LaunchConditions* der Anwendung sicherstellen, dass diese Funktionalität vom Betriebssystem bereitgestellt wird. Unterstützt das Betriebssystem die Verwendung von Win32-Assemblies, wird die Versionsnummer der Datei *sxs.dll* in die Windows Installer-Eigenschaft *MsiWin32AssemblySupport* übertragen.

Die Installation von Win32-Assemblies wird durch die Eintragungen in den Tabellen *MsiAssembly* und *MsiAssemblyName* ermöglicht. Die Tabelle *MsiAssembly* muss in der Spalte *Component_* auf eine Windows Installer-Komponente verweisen, die als Assembly installiert werden soll. Die Spalte *Attributes* kennzeichnet den Typ des Assemblies.

Wert	Typ des Assemblies
0	Win32-Assembly
1	Microsoft .NET Framework-Assembly

Tabelle 6.13: Die Spalte »Attributes« der Tabelle MsiAssembly

Die Tabelle *MsiAssemblyName* enthält Identifizierungsmerkmale, die benötigt werden, um einen starken Namen (Strong Name) für .NET- und Win32-Assemblies zu erstellen. Der »starke Name« wird konstruiert, indem alle Elemente mit einem identischen Wert in der Spalte *Component_*, zusammengefasst werden.

Bei der Verwendung von Microsoft Windows XP und späteren Systemen können sie Side-By-Side-Assemblies entwickeln oder auf die bereits implementierten Microsoft Side-By-Side-Assemblies zurückgreifen. Microsoft stellt in Abhängigkeit zum verwendeten Betriebssystem einige Side-By-Side-Assemblies zur Verfügung, die in der folgenden Tabelle 6.14 aufgelistet werden:

Betriebssystem	Assembly
Microsoft Windows XP	Shell Common Controls Version 6.0 (Comctl32.dll)
	GDI Plus Version 1.0 (GDIplus.dll)
	Visual C++ Runtime Libraries Version 6.0
Microsoft Windows Server 2003	Shell Common Controls Version 6.0 (Comctl32.dll)
	GDI Plus Version 1.0 (GDIplus.dll)
	Visual C++ Runtime Libraries Version 6.0
	WinHTTP 5.1
	Microsoft Isolation Automation Assemblies zur Ermöglichung der Verwendung von Side-By-Side-Assemblies beim Scripting.

Tabelle 6.14: Microsoft Side-By-Side-Assemblies

Side-By-Side-Assemblies stehen unter früheren Betriebssystemen nicht zur Verfügung. Die Tabelle 6.15 zeigt Ihnen, wie Win32-Assemblies unter verschiedenen Betriebssystemen installiert werden können:

Betriebssystem	Installer schreibt Informationen in die Registrierung	Verwenden von gemeinsamen Assemblies	Verwenden von privaten Assemblies	Verwenden von Side-By-Side-Assemblies
Windows Server 2003		x	x	x
Windows XP	x	x	x	x
Windows 2000	x	x	x	
Windows 98 SE	x	x	x	
Windows Me	x	x	x	
Windows 98	x	x		
Windows 95	x	x		
Windows NT 4.0	x	x		

Tabelle 6.15: Unterstützung durch das Betriebssystem von Win32-Assemblies

Gemeinsame Assemblies

Ein Win32-Assembly kann zur gemeinsamen Verwendung installiert werden. Unter Microsoft Windows XP werden gemeinsame Assemblies als Side-By-Side-Assemblies installiert. Der Windows Installer installiert Side-By-Side-Assemblies in dem Ordner *WinSxS*. Diese Assemblies werden nicht global registriert, sie sind jedoch für alle Anwendungen global verfügbar, die eine entsprechende Abhängigkeit in ihrem Manifest definiert haben.

Bei älteren Betriebssystemen werden gemeinsame Assemblies im Systemordner von Windows installiert und global registriert. Hierdurch ist ausschließlich die zuletzt installierte Version für die entsprechenden Anwendungen zugänglich.

Private Assemblies

Ein Win32-Assembly kann für die exklusive Verwendung durch eine Anwendung installiert werden. In diesem Fall spricht man von privaten Assemblies. Unter Microsoft Windows XP werden private Assemblies als Side-By-Side-Assemblies installiert. Der Microsoft Windows Installer installiert diese Side-By-Side-Assemblies im Anwendungsordner. Diese Assemblies werden nicht registriert, sind jedoch für die Anwendung verfügbar, falls diese eine entsprechende Abhängigkeit in ihrem Manifest definiert hat.

Bei älteren Betriebssystemen wird eine Kopie des Assemblies global registriert und ist somit für alle Anwendungen verfügbar. Eine Kopie des Assemblies mit einer zugehörigen Datei *.local* wird im Anwendungsverzeichnis für die ausschließliche Nutzung der zugehörigen Anwendung installiert. Bei der globalen Version kann es sich auch um eine ältere Version des Assemblies handeln.

HINWEIS: Der Microsoft Windows Installer kann ein privates Assembly nicht in einem Ordner installieren, wenn die Pfadlänge mehr als 256 Zeichen entspricht.

Systemdienste

Bei einem Dienst handelt es sich um einen Anwendungstyp, der im Hintergrund ausgeführt wird. Dienstanwendungen stellen in der Regel Features wie Webserver, Datenbankserver und andere serverbasierte Anwendungen für Benutzer auf lokaler Ebene sowie im Netzwerk bereit.

Die Installation von Betriebssystemdiensten erstreckt sich zunächst auf die bereits bekannte Aktion: das Kopieren der Dateien. Bei der Installation von Diensten müssen zusätzliche Informationen festgelegt werden, um das Ausführungsverhalten zu bestimmen:

- Unter welchem Benutzerkonto soll der Dienst ausgeführt werden?
- Ist der Dienst von anderen Diensten abhängig?
- Wie soll der Dienst gestartet werden?
- Wie soll reagiert werden, wenn der Dienst nicht gestartet werden kann?
- Interagiert der Dienst mit der Benutzeroberfläche?
- Soll der Dienst bei der Installation automatisch gestartet werden?
- Was muss vor der Deinstallation des Dienstes geschehen?

Zur Installation und zur Konfiguration von Systemdiensten verfügt eine Windows Installer-Datenbank über die Tabellen *ServiceInstall* und *ServiceControl*. Die Tabelle *ServiceInstall* wird zur Installation des Systemdienstes benötigt. Die Tabelle *ServiceControl* wird verwendet, um Systemdienste zu verwalten und zu deinstallieren.

Die Installation eines Systemdienstes erstreckt sich somit auf die folgenden Aktionen:

- Kopieren der benötigten Dateien.
- Festlegen der Optionen zur Installation des Systemdienstes in der Tabelle *ServiceInstall*.
- Festlegen der Optionen zur Konfiguration des Systemdienstes in der Tabelle *ServiceControl*.

Installation des Systemdienstes

Zur Installation eines Systemdienstes sind zunächst die Eintragungen zur Definition der Dateien, Komponenten, Features usw. in der Windows Installer-Datenbank vorzunehmen. Ich gehe an dieser Stelle nicht näher auf diese Aktionen ein, sondern setze voraus, dass Sie eine Windows Installer-Komponente mit der Bezeichnung »C_SERVICE« definiert haben. Dieser Komponente haben Sie die Systemdienstdatei zugeordnet. Alle weiteren Aktionen, wie das Zuordnen der Komponente zu einem Feature, und die Definition der notwendigen Eigenschaften sind ebenfalls abgeschlossen.

Der verwendete Dienst wurde mit Microsoft Visual C# .NET erstellt und unter der Bezeichnung *TimeService.exe* gespeichert. Nehmen Sie die folgenden Einstellungen in der Tabelle *ServiceInstall* vor, um diese Datei als Betriebssystemdienst zu registrieren.

ServiceInstall	Name	DisplayName	ServiceType	StartType	ErrorControl	Component
TimeService	TimeService	Windows Installer TimeService	16	2	0	C_SERVICE

Tabelle 6.16: Eintragungen in der Tabelle ServiceInstall

Der Systemdienst wird unter dem Namen »TimeService« registriert. Im Dienstemanager von Microsoft Windows wird er unter der Bezeichnung »Windows Installer TimeService« angezeigt. Der Dienst wird in einem eigenen Prozess ausgeführt und mit dem Betriebssystem gestartet. Diese Einstellungen werden in den Spalten *ServiceType* und *StartType* festgelegt. Tritt während des Systemstarts beim Starten des Dienstes ein Fehler auf, wird dieses im Ereignisprotokoll von Windows vermerkt und der Startvorgang des Systems fortgesetzt. Das Verhalten kann in der Spalte *ErrorControl* festgelegt werden.

Sie können weiterhin festlegen, unter welchem Benutzerkonto der Dienst ausgeführt werden soll. Sollten hier keine Eintragungen vorgenommen werden, wird der Dienst unter dem Konto *LocalSystem* ausgeführt. Sie können noch Argumente verwenden, die an den Dienst beim Starten übergeben werden sollen und bestimmen, ob der Dienst von anderen Diensten abhängig ist.

Verwalten des Systemdienstes

Nachdem der Systemdienst in der Tabelle *ServiceInstall* festgelegt wurde, müssen Sie definieren, wie der Dienst auf bestimmte Ereignisse reagieren soll. Diese Einstellungen werden in der Tabelle *ServiceControl* vorgenommen.

ServiceControl	Name	Event	Wait	Component
TimeService	TimeService	161	0	C_SERVICE

Tabelle 6.17: Eintragungen in der Tabelle ServiceControl

In der Spalte *Name* legen Sie den Systemdienst fest, der verwaltet werden soll. Die Spalte *Event* enthält eine Kombination von Werten zur Festlegung der Kontrolloptionen für diesen Dienst. Der Wert »161« in dieser Spalte bedeutet:

- Der Dienst wird nach der Installation gestartet (1).
- Der Dienst wird vor der Deinstallation gestoppt (32).
- Der Dienst wird bei der Deinstallation vom System entfernt (128).

Systemdienste werden nicht automatisch bei der Deinstallation der verknüpften Komponente entfernt. Es muss in der Spalte *Event* explizit festgelegt werden, wie mit einem Systemdienst bei der Deinstallation zu verfahren ist. In der Spalte *Wait* kann festgelegt werden, ob der Installationsprozess wartet, bis die durchzuführende Aktion abgeschlossen ist.

Nachdem Sie das Installationspaket ausgeführt haben, steht Ihnen der Systemdienst zur Verfügung. Sie können im Dienstemanager von Microsoft Windows den Status des Dienstes ändern. Bei jeder Statusänderung legt der Dienst einen Eintrag im Ereignisprotokoll von Windows an.

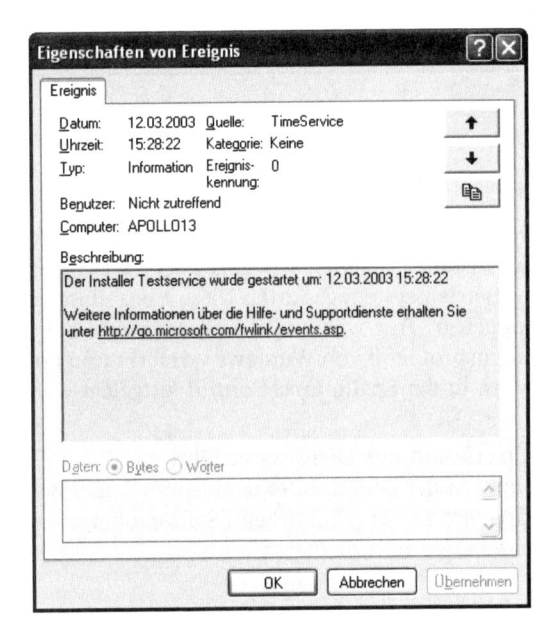

Abbildung 6.6: Installierter und konfigurierter Systemdienst

HINWEIS: Bei der Verwendung der Setup- und Weitergabeprojekte von Microsoft Visual Studio .NET werden die Tabellen *ServiceInstall* und *ServiceControl* nicht verwendet. Die Registrierung des Betriebssystemdienstes wird über eine benutzerdefinierte Aktion durchgeführt. Sie sollten auf diese Implementierung verzichten und die zuständigen Windows Installer-Tabellen verwenden.

Fazit

Die Installation von COM-Komponenten stellt hohe Anforderungen an ein Installationsprogramm. Die fehlerhafte Registrierung einer solchen Komponente kann zu einem Fehlverhalten der gesamten Anwendung führen. Der Windows Installer stellt Funktionen zur Verfügung, um COM-Komponenten ausfallsicher zu registrieren. Die Verwendung von Win32- und .NET-Assemblies ermöglicht die Installation identischer Komponenten in unterschiedlichen Versionen. Der Windows Installer stellt seit der Version 2.0 Funktionen zur Verfügung, um Win32- und Microsoft .NET-Assemblies zu installieren.

7 Sequenzen und Aktionen

177	Sequenzen
182	Standardaktionen
214	Benutzerdefinierte Aktionen
226	Verwenden von .NET-Komponenten
229	Fazit

In den vorangegangenen Kapiteln haben Sie detaillierte Informationen über die Basisimplementierungen der Windows Installer-Technologie erhalten. Die bisherigen Darstellungen haben den Windows Installer bisher als statisches Gebilde betrachtet. Dieses Kapitel nun soll die bisherigen Aspekte um die dynamische Funktionalität ergänzen. Hierbei wird Bezug genommen auf den tatsächlichen Ablauf des Installationsprozesses, der durch Sequenzen und Aktionen gesteuert wird. Im Folgenden finden Sie Lösungswege, um individuelle Implementierungen, beispielsweise das Anlegen einer Datenbank auf einem Microsoft SQL Server, in den Installationsprozess integrieren zu können.

Die dynamische Implementierung basiert im Wesentlichen auf vier Elementkategorien, wobei die Kategorie »Bedingungen« bereits in ▶ Kapitel 4 »Basistechnologie des Windows Installers« ausführlich betrachtet wurde:

- Sequenzen
- Standardaktionen
- Benutzerdefinierte Aktionen
- Bedingungen

Auf Basis dieser Kategorien ist es möglich, den Installationsprozess dynamisch zu gestalten und an individuelle Bedürfnisse anzupassen.

Sequenzen

Die dynamische Abfolge von Aktionen und Befehlen im Installationsprozess wird durch mehrere Sequenztabellen gesteuert. Diese Sequenztabellen legen die Reihenfolge der auszuführenden Aktionen fest. In den Sequenztabellen können Standardaktionen und benutzerdefinierte Aktionen definiert werden. Die Anzeige von Dialogfeldern der Benutzeroberfläche kann ebenfalls über die Sequenztabellen gesteuert werden.

Wie bereits am Anfang dieses Buches erläutert, unterscheidet der Windows Installer mehrere Installationsarten:

- Reguläre Installation
- Administrative Installation
- Angekündigte Installation (Advertised Installation)

Jeder dieser Installationsarten verfügt über eine Sequenztabelle zur Darstellung der Benutzeroberfläche (Benutzeroberflächensequenz) und eine Sequenztabelle zur Definition der tatsächlichen Installationsaufgaben (Ausführungssequenz). Normalerweise wird zunächst die Tabelle zur Darstellung der Benutzeroberfläche aufgerufen und die enthaltenen Aktionen abgearbeitet. Die Aktion *ExecuteAction* übergibt die Befehlsausführung an die Ausführungssequenztabelle. Es gibt drei Top-Level-Aktionen (*INSTALL*, *ADMIN* und *ADVERTISE*), die nicht in den Sequenztabellen verwendet werden, sondern in Abhängigkeit zur Installationsart, vom Windows Installer ausgeführt werden. Diese Aktionen legen das zu verwendende Sequenztabellenpaar für die Installation fest.

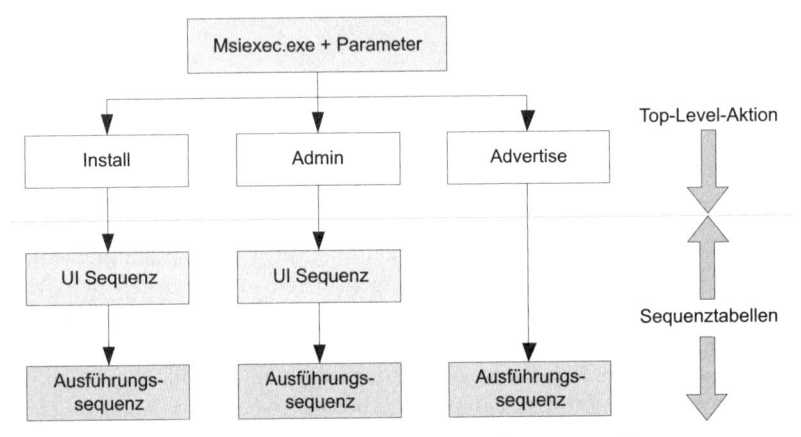

Abbildung 7.1: Schematischer Ablauf der Installationsausführung

Die Tabelle zur Darstellung der Benutzeroberfläche wird nur verwendet, wenn die Installation unter Anzeige der reduzierten oder der vollständigen Benutzeroberfläche ausgeführt wird. Typischerweise enthält diese Tabelle Aktionen zur Interaktion mit dem Benutzer und zur Anzeige von Dialogfeldern. Nachdem der Benutzer die erforderlichen Eingaben vorgenommen hat, wird die Befehlsausführung an die Ausführungssequenztabelle übergeben und der tatsächliche Installationsprozess durchgeführt.

Jede Sequenztabelle ist identisch aufgebaut und verfügt über die Felder *Action*, *Condition* und *Sequence*. Das Feld *Action* kann entweder den Namen einer Standard- oder benutzerdefinierten Aktion oder den Namen eines Dialogfeldes enthalten. Das Feld *Condition* ermöglicht die Definition einer logischen Bedingung, die den Wert *True* zurückgeben muss, um die definierte Aktion auszuführen oder das Dialogfeld anzuzeigen. Das Feld *Sequence* legt die Ausführungsreihenfolge der Aktionen und Dialogfelder fest. Dieses Feld kann auch zur Definition einiger Standardvorgaben verwendet werden, die in der Tabelle 7.1 beschrieben sind:

Wert	Beschreibung
Positive Zahl	Führt die Aktion in dieser Reihenfolge aus.
0	Diese Aktion wird niemals ausgeführt.
Null	Diese Aktion wird niemals ausgeführt.
-1	Diese Aktion wird bei erfolgreicher Installation ausgeführt. ▶

Wert	Beschreibung
-2	Diese Aktion wird ausgeführt, wenn der Benutzer die Installation abbricht.
-3	Diese Aktion wird bei einem Fehler ausgeführt.
-4	Diese Aktion wird ausgeführt, wenn die Installation unterbrochen wird.
Andere negative Zahl	Diese Aktion wird niemals ausgeführt.

Tabelle 7.1: Sequenznummer in den entsprechenden Tabellen

Der Windows Installer erwartet die entsprechenden Implementierungen für die Werte −1, −2 und −3 in der Sequenztabelle zur Darstellung der Benutzeroberfläche.

Reguläre Installation

Eine reguläre Installation wird durch Verwendung des Parameters /i beim Aufruf der Anwendung *Msiexec.exe* ausgeführt. Dieser Aufruf veranlasst den Windows Installer die Top-Level-Aktion INSTALL aufzurufen, um die entsprechenden Sequenztabellen abzuarbeiten. Während einer regulären Installation werden die Sequenztabellen *InstallUISequence* und *InstallExecuteSequence* verwendet.

Administrative Installation

Eine administrative Installation wird durch Verwendung des Parameters /a beim Aufruf der Anwendung *Msiexec.exe* ausgeführt. Dieser Aufruf veranlasst den Windows Installer die Top-Level-Aktion ADMIN aufzurufen, um die entsprechenden Sequenztabellen abzuarbeiten. Während einer administrativen Installation werden die Sequenztabellen *AdminUISequence* und *AdminExecuteSequence* verwendet.

Angekündigte Installation

Eine angekündigte Installation wird durch Verwendung der Parameter /jm oder /ju beim Aufruf der Anwendung *Msiexec.exe* ausgeführt. Dieser Aufruf veranlasst den Windows Installer die Top-Level-Aktion ADVERTISE aufzurufen, um die entsprechenden Sequenztabellen abzuarbeiten. Während einer angekündigten Installation wird nur die Sequenztabelle *AdvtExecuteSequence* verwendet. In vielen Installationspaketen existiert zwar die Tabelle *AdvtUISequence*, jedoch ist diese für künftige Windows Installer-Versionen reserviert und darf keine Eintragungen enthalten.

Sequenztabelle

Die Tabelle 7.2 zeigt Ihnen eine Beispielimplementierung für eine Sequenztabelle:

Action	Condition	Sequence
Fatal_Error		-3
User_Exit		-2
Exit_Dialog		-1
LaunchConditions		100 ▶

Sequenzen und Aktionen

Action	Condition	Sequence
AppSearch		200
CCPSearch	CCP_TEST	300
CCPDialog	NOT_CCP_SUCCESS	400
MyCustomConfig	NOT Installed	425
CostInitialize		450
FileCost		500
CostFinalize		600
InstallDialog	NOT Installed	700
MaintenanceDialog	Installed AND NOT Resume	800
ActionDialog		900
RegisterProduct		1000
InstallValidate		1100
InstallFiles		1200
MyCustomAction	$MyComponent > 2	1225
InstallFinalize		1250

Tabelle 7.2: Beispielimplementierung einer Sequenztabelle

Betrachten Sie bei dieser Tabelle zunächst die Spalte *Action*. Bei den folgenden Eintragungen handelt es sich um Standardaktionen, die direkt vom Windows Installer definiert sind.

- *LaunchConditions*
- *AppSearch*
- *CCPSearch*
- *CostInitialize*
- *FileCost*
- *CostFinalize*
- *RegisterProduct*
- *InstallFiles*
- *InstallValidate*

Bei den folgenden Eintragungen handelt es sich um benutzerdefinierte Aktionen. Diese Eintragungen müssen eine Entsprechung in der Tabelle *CustomAction* aufweisen.

- *MyCustomConfig*
- *MyCustomAction*

Die folgenden Eintragungen symbolisieren Dialogfelder und müssen demzufolge eine Entsprechung in der Tabelle *Dialog* aufweisen.

- *Fatal_Error*
- *User_Exit*
- *Exit_Dialog*

- *CCPDialog*
- *InstallDialog*
- *MaintenanceDialog*
- *ActionDialog*

Betrachten Sie nun die Datensätze, die eine Eintragung in der Spalte *Condition* enthalten. Der Windows Installer überspringt die durchzuführenden Aktionen, wenn diese definierten Bedingungen den Wert *False* zurückliefern. Die Eigenschaften *Installed* und *RESUME* werden automatisch vom Windows Installer gesetzt. Die Eigenschaft *Installed* enthält *True*, falls das Produkt bereits auf dem Zielrechner installiert ist. Die Eigenschaft *RESUME* enthält *True*, falls eine unterbrochene Installation fortgesetzt wurde. Die beiden Eigenschaften *CCP_TEST* und *NOT_CCP_SUCCESS* sind Beispiele für Eigenschaften, die der Benutzer von der Befehlszeile setzen kann.

Alle Aktionen dieser Sequenz werden unter Berücksichtigung der folgenden Bedingungen ausgeführt:

- Die Aktion *CCPSearch* wird nur ausgeführt, wenn die Eigenschaft *CCP_TEST* den Wert *True* aufweist.
- Das Dialogfeld *CCPDialog* wird nur angezeigt, falls die Eigenschaft *NOT_CCP_ SUCCESS* den Wert *True* aufweist.
- Das Dialogfeld *MaintenanceDialog* wird nur angezeigt, falls das Produkt bereits auf dem Zielsystem installiert ist und eine unterbrochene Installation nicht fortgesetzt wurde.
- Die benutzerdefinierte Aktion *MyCustomAction* wird nur ausgeführt, wenn die Bedingung der Spalte *Condition* den Wert *True* zurückliefert. Die Bedingung »$MyComponent > 2« bezieht sich auf den Aktionsstatus der Windows Installer-Komponente *MyComponent*. Diese Bedingung gibt den Wert *True* zurück, falls die entsprechende Komponente zur Installation vorgesehen ist.

In Abbildung 7.2 wird Ihnen die vollständige Tabelle *InstallUISequence* anhand einer Beispielanwendung dargestellt.

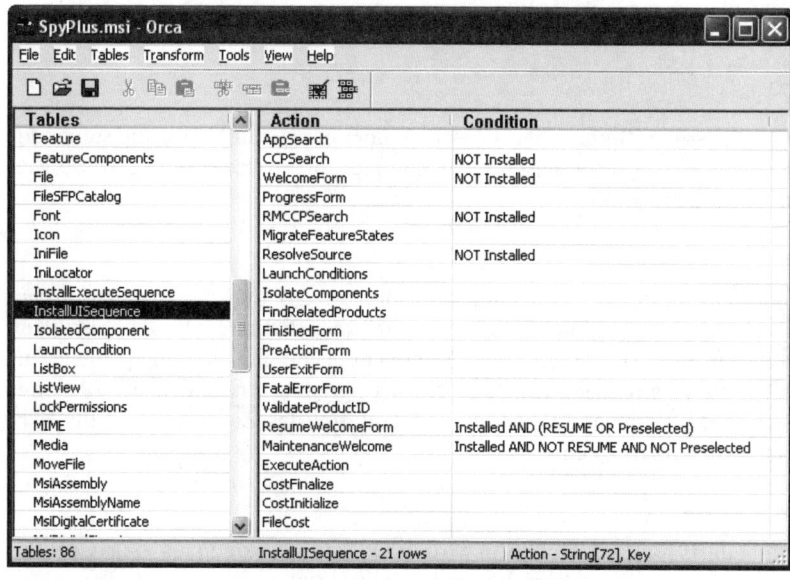

Abbildung 7.2: *Sequenztabelle einer Beispielanwendung*

Sequenzen und Aktionen

HINWEIS: Bei der Erstellung von Sequenztabellen sollten einige Grundsätze beachtet werden. Bei der Verwendung von Standardaktionen sollten die Sequenznummern durch 10 teilbar sein. Bei der Verwendung von benutzerdefinierten Aktionen sollten die Sequenznummern nicht durch 10 teilbar sein.

Standardaktionen

Microsoft Windows Installer enthält eine Vielzahl integrierter Funktionen, die als Standardaktionen oder Built-In-Aktionen bezeichnet werden. Im Folgenden finden Sie einige Beispiele zur Verwendung von Standardaktionen:

- Die Aktion *CreateShortcuts* erstellt Verknüpfungen zu entsprechenden Dateien, die mit der aktuellen Anwendung installiert werden. Diese Aktion benötigt die Daten aus der Tabelle *Shortcut*.
- Die Aktion *InstallFiles* kopiert Dateien vom Quellmedium in die Zielverzeichnisse. Diese Aktion benötigt die Daten aus der Tabelle *File*.

Zur Erweiterung der Funktionalität können eigene Aktionen erstellt werden. Eine Erläuterung zu diesen benutzerdefinierten Aktionen finden Sie an späterer Stelle in diesem Kapitel.

Aktionen können auf unterschiedliche Arten ausgeführt werden. Die Aktion kann in eine Sequenztabelle integriert werden, wodurch diese in der Sequenzreihenfolge verwendet werden. Hierbei gilt es zu beachten, dass eine eventuell vorhandene Bedingung den Wert *True* zurückliefern muss, damit die Aktion ausgeführt werden kann.

HINWEIS: Viele Aktionen besitzen Einschränkungen hinsichtlich ihres Ausführungszeitpunktes. Beispielsweise muss vor dem Aufruf der Aktion *FileCost* die Aktion *CostInitialize* ausgeführt werden. Die Einschränkungen für die Aktionen werden Ihnen im Verlauf dieses Kapitels dargestellt. Im Anhang befindet sich auch eine tabellarische Übersicht dieser Sequenzrestriktionen.

Eine weitere Möglichkeit zum Ausführen einer Aktion stellt die Windows Installer-Funktion *MsiDoAction* dar. Diese Funktion kann beispielsweise mit einer Schaltfläche verknüpft werden. Beim Aktivieren dieser Schaltfläche wird die zugeordnete Aktion ausgeführt.

Verwendung

Die nachfolgenden Möglichkeiten sollen Ihnen einen Überblick über einige zur Verfügung stehenden Aktionen geben und Ihnen aufzeigen, dass bei diesen recht komplexen Prozessen eine gewisse Ausführungsreihenfolge eingehalten werden muss.

Suchen von Dateien

Während einer Installation besteht häufig die Notwendigkeit, die Existenz und das Installationsverzeichnis einer Datei zu bestimmen. Der Windows Installer verfügt über mehrere Aktionen, eine entsprechende Suche durchzuführen. Die Aktion *AppSearch* verwendet die gleichnamige Tabelle, um die Suche auf dem Zielsystem zu veranlassen. Während eines Upgrades verwenden die Aktionen *CCPSearch* und *RMCCPSearch* die korrespondierenden Tabellen, um das Zielsystem auf die Existenz einer älteren Produktversion zu überprüfen.

Speicherbedarf berechnen

Die Berechnung des Speicherbedarfs für die Installation wird in Dokumentationen als »File Costing« bezeichnet. Folgende Faktoren werden bei der Berechnung berücksichtigt:

- Die Größe der zu installierenden Dateien

- Der Speicherbedarf für die Systemregistrierung und für Verknüpfungen
- Die Clustergröße des Zielmediums
- Extraspeicher zum Rollback
- Speicher, der durch das Ersetzen existierender Dateien eingespart wird
- Speicher, der durch das Löschen von Dateien eingespart wird

Die Berechnung des benötigten Speicherbedarfs ist ein recht komplexer Prozess, der durch mehrere Aktionen veranlasst wird. Bei der Berechnung werden mehrere Einzelwerte ermittelt, die im Folgenden kombiniert werden.

1. Zuerst muss die Aktion *CostInitialize* ausgeführt werden. Diese Aktion initialisiert die Berechnungseinheit (Costing Engine) des Windows Installers.
2. Im Folgenden überprüft die Aktion *FileCost* die zu installierenden Dateien und vergleicht die Versionen, falls diese Dateien bereits installiert sind, um eine tatsächliche Installationsliste zu erhalten.
3. Die Aktion *CostFinalize* kombiniert den ermittelten Speicherbedarf für die Dateien mit dem zusätzlichen Installationsbedarf. Hierbei werden den temporären Spalten der Tabelle Component die berechneten Daten angefügt.
4. Nachdem die Aktion *CostFinalize* abgeschlossen ist, kann ein Dialogfeld angezeigt werden, das ein Steuerelement vom Typ *Auswahlstruktur* (SelectionTree) enthält, um dem Benutzer die individuelle Auswahl der Features zu ermöglichen. Die Auswahlstruktur gibt diese Änderungen direkt an den Windows Installer weiter, sodass der benötigte Speicherbedarf automatisch aktualisiert wird.
5. Nachdem der Benutzer die endgültige Auswahl der zu installierenden Komponenten getroffen hat, muss die Aktion *InstallValidate* aufgerufen werden. Durch diese Aktion wird ein Vergleich des benötigten Speicherplatzes mit dem zur Verfügung stehenden Speicherplatz durchgeführt.

Wie bereits weiter oben angedeutet werden bei der Aktion *CostInitialize* temporäre Spalten der Tabelle Component angefügt. Mit der Aktion *CostFinalize* werden diese Spalten mit den errechneten Werten gefüllt. Während des weiteren Installationsprozesses, insbesondere bei der Auswahl von Features werden diese Daten ständig aktualisiert. Die Tabelle 7.3 gibt Ihnen einen Überblick über die temporären Spalten und deren Inhalt, die für die Berechnung des Speicherbedarfs relevant erscheinen.

Spalte	Beschreibung
LocalCost	Enthält den Speicherbedarf für eine lokale Installation der Komponente.
NoRbLocalCost	Enthält den Speicherbedarf für eine lokale Installation der Komponente. Hierbei wird der zusätzliche Speicherbedarf für den Rollback nicht berücksichtigt.
SourceCost	Enthält den Speicherbedarf, falls die Komponente vom Quellmedium ausgeführt wird.
RemoveCost	Enthält den Speicherbedarf, der eingespart wird, falls die Komponente vom Zielrechner entfernt wird.
NoRbSourceCost	Enthält den Speicherbedarf, falls die Komponente vom Quellmedium ausgeführt wird. Hierbei wird der zusätzliche Speicherbedarf für den Rollback nicht berücksichtigt.
NoRbRemoveCost	Enthält den Speicherbedarf, der eingespart wird, falls die Komponente vom Zielrechner entfernt wird. Hierbei wird der zusätzliche Speicherbedarf für den Rollback nicht berücksichtigt.
ARPLocalCost	Enthält den Speicherbedarf, der für das lokale Cachen der Komponente benötigt wird.
NoRbARPLocalCost	Enthält den Speicherbedarf, der für das lokale Cachen der Komponente benötigt wird. Hierbei wird der zusätzliche Speicherbedarf für den Rollback nicht berücksichtigt.

Tabelle 7.3: Temporäre Spalten der Tabelle Component

Sie sehen, dass der Prozess zur Ermittlung des benötigten Speichers sehr viele Informationen verwendet und daher ein sehr genaues Ergebnis liefern kann. Das Ziel des »File Costing« ist es, niemals eine Installation zu starten, wenn nicht genügend Speicherplatz zur Verfügung steht.

TIPP: Sie können die temporären Spalten einer Windows Installer-Datenbank mit einem Debugger wie beispielsweise dem *Debugger für den Wise for Windows Installer* analysieren.

Installation der Dateien

Nachdem der Prozess zur Ermittlung des Speicherbedarfs abgeschlossen ist, hat der Windows Installer alle benötigten Informationen gesammelt, um die folgenden Dateiaktionen auszuführen:

- Die Aktion *DuplicateFiles* wird verwendet, um Dateien zu duplizieren. Die Dateien werden in der Tabelle *DuplicateFile* festgelegt.
- Die Aktion *MoveFiles* wird verwendet, um Dateien zu verschieben. Die Dateien werden in der Tabelle *MoveFile* festgelegt. Die Spalte *Options* der Tabelle *MoveFile* legt fest, ob die Datei kopiert oder verschoben werden soll. Dateien, die mit der Aktion MoveFiles verschoben oder kopiert werden, werden bei der Deinstallation des Produktes nicht entfernt.
- Die Aktion *InstallFiles* verwendet die Tabellen *Media*, *File* und *Component* um festzulegen, welche Dateien in welches Zielverzeichnis kopiert werden sollen. Diese Aktion wird ausgeführt, nachdem die Aktionen *DuplicateFiles* und *MoveFiles* abgeschlossen sind. Die Aktion *InstallFiles* erstellt die benötigte Ordnerstruktur, um die Dateien definitionsgemäß zu installieren. Wird für die Anwendung ein leerer Ordner benötigt, muss dieser in der Tabelle *CreateFolder* aufgeführt sein. Diese Ordner werden durch die Aktion *CreateFolders* erstellt.

Aktualisierung der Systemregistrierung

In der Systemregistrierung können Einträge erstellt und verändert werden, nachdem alle ausgewählten Komponenten und die zugehörenden Dateien installiert wurden. Die Standardaktionen zum Modifizieren der Systemregistrierung müssen demzufolge nach den Aktionen zum Installieren von Dateien angeordnet werden. Für die Manipulation gibt es viele Aktionen, die in Abhängigkeit des Basisobjektes verwendet werden:

- Die Aktion *RegisterClassInfo* verwendet die Tabelle *Class*, um die darin aufgeführten COM-Klassen zu registrieren.
- Die Aktion *RegisterExtensionInfo* registriert die Dateierweiterungen und die korrespondierenden Tätigkeiten. Hierzu werden die Informationen der Tabellen *Extension* und *Verb* verwendet.
- Die Aktion *RegisterProgIdInfo* schreibt alle Informationen der COM Komponenten in die Systemregistrierung, die in der Tabelle *ProgId* aufgeführt sind.
- Die Registrierung der Verknüpfung zwischen einem *MIME-Typ*, der Dateierweiterung und der *CLSID* wird durch die Aktion *RegisterMIMEInfo* veranlasst.
- Für alle Windows Installer-Komponenten, die lokal installiert oder zur Ausführung vom Quellmedium markiert sind, werden durch die Aktion *WriteRegistryValues* die Einträge der Tabelle *Registry* in die Systemregistrierung geschrieben.
- Die Aktion *RemoveRegistryValues* entfernt alle Einträge aus der Systemregistrierung, die in der Spalte *Name* der Tabelle *Registry* zum Entfernen markiert wurden, oder die in der Tabelle *RemoveRegistry* aufgeführt worden sind.
- Die Registrierung von TypeLibraries wird durch die Aktion *RegisterTypeLibraries* durchgeführt. Hierzu wird die Tabelle *TypeLib* herangezogen.

Beachten Sie, dass eine Eintragung in der Systemregistrierung nicht vorgenommen werden kann, wenn die zugeordnete Komponente nicht ordnungsgemäß installiert wurde.

Meldungen

Während des Installationsprozesses informiert das Dialogfeld *Progress* über den Installationsfortschritt. Neben der Fortschrittsanzeige enthält dieses Dialogfeld auch Bezeichnungsfelder, die Informationen über die Installationsdauer und die derzeitig durchgeführte Aktion anzeigen. Die Bezeichnungsfelder empfangen zu diesem Zweck die Meldungen *ActionText* und *ActionData*, die vom Windows Installer gesendet werden.

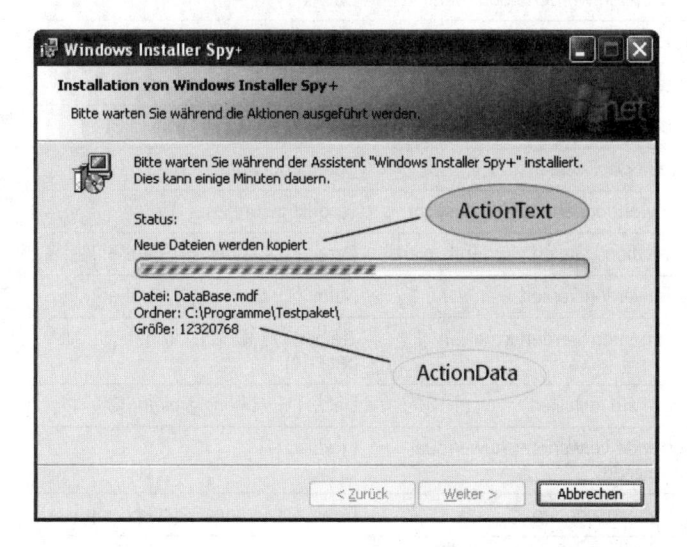

Abbildung 7.3: Darstellung von Meldungen beim Ausführen von Aktionen

Einige Standardaktionen senden bei der Ausführung Meldungen vom Typ *ActionData* und *ActionText*. Die Tabelle *ActionText* enthält für diese Meldungen die lokalisierten Zeichenfolgen.

Betrachten Sie zum besseren Verständnis die Abbildung 7.3. Während des hier dargestellten Installationsprozesses werden die entsprechenden Dateien kopiert. Für diesen Kopiervorgang ist die Aktion *InstallFiles* zuständig. Die Aktion *InstallFiles* sendet während der Ausführung die Meldung *ActionText*, die in diesem Fall die lokalisierte Zeichenfolge »Neue Dateien werden kopiert« enthält, und die Meldung *ActionData*, die derzeitig eine detaillierte Beschreibung der zu kopierenden Datei enthält. Die Tabelle *ActionText* enthält für diese Aktion folgenden Eintrag:

- Action: *InstallFiles*
- Description: Neue Dateien werden kopiert
- Template: Datei: [1], Ordner: [9], Größe: [6]

Während der Ausführung einer Standardaktion wird im Feld *Action* der Tabelle *ActionText* ein identischer Eintrag für den Namen der Aktion gesucht. Findet der Windows Installer einen gültigen Datensatz, wird der Eintrag der Spalte *Description* an die Meldung *ActionText* und der Eintrag der Spalte *Template* an die Meldung *ActionData* übergeben. In der Spalte *Template* können Platzhalter verwendet werden, die vom Windows Installer vor der Übergabe aufgelöst werden.

Nachfolgend finden Sie die Meldungen vom Typ *ActionData*, die der Windows Installer während der Ausführung einer Standardaktion sendet.

Action	Description	Template
AllocateRegistrySpace	In der Registrierung wird Speicherplatz reserviert	Freier Speicherplatz: [1]
AppSearch	Installierte Anwendungsprogramme werden gesucht	Eigenschaft: [1], Signatur: [2]
BindImage	Ausführbare Dateien werden gebunden	Datei: [1]
CreateFolders	Ordner werden erstellt	Ordner: [1]
CreateShortcuts	Verknüpfungen werden erstellt	Verknüpfung: [1]
DeleteServices	Dienste werden gelöscht	Anzeigename: [1], Dienst: [2]
DuplicateFiles	Dateien werden dupliziert	Datei: [1], Ordner: [9], Größe: [6]
FindRelatedProducts	Verwandte Anwendungen werden gesucht	Produkt gefunden: [1]
InstallAdminPackage	Netzwerkinstallationsdateien werden kopiert	Datei: [1], Ordner: [9], Größe: [6]
InstallFiles	Neue Dateien werden kopiert	Datei: [1], Ordner: [9], Größe: [6]
InstallODBC	ODBC-Komponenten werden installiert	Treiber: [1], ID: [2], Ordner: [3], Attribute: [4]
InstallSFPCatalogFile	Systemkatalog wird installiert	Datei: [1], Abhängigkeiten: [2]
MigrateFeatureStates	Funktionszustände verwandter Anwendungen werden migriert	Produkt: [1]
MoveFiles	Dateien werden verschoben	Datei: [1], Ordner: [9], Größe: [6]
MsiPublishAssemblies	Assemblierungsinformationen werden veröffentlicht	Anwendungskontext: [1], Assemblyname: [2]
MsiUnpublishAssemblies	Veröffentlichung der Assemblierungsinformationen wird aufgehoben	Anwendungskontext: [1], Assemblyname: [2]
PatchFiles	Dateien werden gepatcht	Datei: [1], Ordner: [2], Größe: [3]
ProcessComponents	Registrierung der Komponente(n) wird aktualisiert	Produkt-ID: [1], Komponenten-ID: [2], Schlüssel:[3]
PublishComponents	Qualifizierte Komponenten werden veröffentlicht	Komponentenkennung: [1], Kennzeichner: [2]
PublishFeatures	Produktfunktionen werden veröffentlicht	Feature: [1]
PublishProduct	Produktinformation wird veröffentlicht	Produkt: [1]
RegisterClassInfo	Klassenserver werden registriert	Klassenkennung: [1]
RegisterComPlus	COM+-Anwendungen und Komponenten werden registriert	Anwendungskennung: [1]
RegisterExtensionInfo	Erweiterungsserver werden registriert	Erweiterung: [1]
RegisterFonts	Schriftarten werden registriert	Schriftart: [1]
RegisterMIMEInfo	MIME-Informationen werden registriert	MIME-Inhaltstyp: [1], Erweiterung: [2]
RegisterProduct	Produkt wird registriert	Produkt: [1]
RegisterProgIdInfo	Programmidentifikatoren werden registriert	Programmkennung: [1]
RegisterTypeLibraries	Typbibliotheken werden registriert	Bibliothekenkennung: [1] ▶

Action	Description	Template
RegisterUser	Benutzer wird registriert	Anwenderinformationen: [1]
RemoveDuplicateFiles	Duplizierte Dateien werden entfernt	Datei: [1], Ordner: [9]
RemoveEnvironmentStrings	Umgebungsstrings werden aktualisiert	Name: [1], Wert: [2], Aktion [3]
RemoveExistingProducts	Anwendungen werden entfernt	Produkt: [1]
RemoveFiles	Dateien werden entfernt	Datei: [1], Ordner: [9]
RemoveFolders	Ordner werden entfernt	Ordner: [1]
RemoveIniValues	INI-Dateieinträge werden entfernt	Datei: [1], Abschnitt: [2], Schlüssel: [3], Wert: [4]
RemoveODBC	ODBC-Komponenten werden entfernt	Treiber: [1], ID: [2]
RemoveRegistryValues	Werte werden aus der Systemregistrierung entfernt	Schlüssel: [1], Name: [2]
RemoveShortcuts	Verknüpfungen werden entfernt	Verknüpfungen: [1]
SelfRegModules	Module werden registriert	Datei: [1], Ordner: [2]
SelfUnregModules	Module werden aus der Registrierung entfernt	Datei: [1], Ordner: [2]
SetODBCFolders	ODBC-Ordner werden initialisiert	Treiber: [1], Alter Ordner: [2], Neuer Ordner: [3]
StartServices	Dienste werden gestartet	Anzeigename: [1], Dienst: [2]
StopServices	Dienst werden angehalten	Anzeigename: [1], Dienst: [2]
UnpublishComponents	Veröffentlichung qualifizierter Komponenten wird rückgängig gemacht	Komponentenkennung: [1], Kennzeichner: [2]
UnpublishFeatures	Veröffentlichung von Produktfunktionen wird rückgängig gemacht	Feature: [1]
UnregisterClassInfo	Klassenserver werden aus der Registrierung entfernt	Klassenkennung: [1]
UnregisterComPlus	COM+-Anwendungen und Komponenten werden aus der Registrierung entfernt	Anwendungskennung: [1]
UnregisterExtensionInfo	Erweiterungsserver werden aus der Registrierung entfernt	Erweiterung: [1]
UnregisterFonts	Schriftarten werden aus der Registrierung entfernt	Schriftart: [1]
UnregisterMIMEInfo	MIME-Informationen werden aus der Registrierung entfernt	MIME-Typ: [1], Erweiterung: [2]
UnregisterProgIdInfo	Programmidentifikatoren werden aus der Registrierung entfernt	Programmkennung: [1]
UnregisterTypeLibraries	Typbibliotheken werden aus der Registrierung entfernt	Bibliothekenkennung: [1]
WriteEnvironmentStrings	Umgebungsstrings werden aktualisiert	Name: [1], Wert: [2], Aktion [3] ▶

Action	Description	Template
WriteIniValues	INI-Dateiwerte werden geschrieben	Datei: [1], Abschnitt: [2], Schlüssel: [3], Wert: [4]
WriteRegistryValues	Werte werden in die Systemregistrierung geschrieben	Schlüssel: [1], Name: [2], Wert: [3]

Tabelle 7.4: Gesendete Meldungen vom Typ ActionData

Referenz

Der Microsoft Windows Installer verfügt in der Version 2.0 über die nachfolgend aufgeführten Standardaktionen.

ADMIN

Bei der Aktion *ADMIN* handelt es sich um eine Top-Level-Aktion, die bei einer administrativen Installation ausgeführt wird. Diese Aktion wird nicht aus einer Sequenztabelle aufgerufen. Der Windows Installer führt diese Aktion während des Initialisierungsprozesses automatisch aus, wenn eine administrative Installation veranlasst wird.

ADVERTISE

Bei der Aktion *ADVERTISE* handelt es sich um eine Top-Level-Aktion, die bei einer angekündigten Installation ausgeführt wird. Diese Aktion wird nicht aus einer Sequenztabelle aufgerufen. Der Windows Installer führt diese Aktion während des Initialisierungsprozesses automatisch aus, wenn eine angemeldete Installation veranlasst wird.

AllocateRegistrySpace

Diese Aktion überprüft die Systemregistrierung hinsichtlich des benötigten Speicherplatzes. Der Speicherplatzbedarf wird durch die Eigenschaft *AVAILABLEFREEREG* festgelegt.

Die Aktion *AllocateRegistrySpace* muss nach der Aktion *InstallInitialize* ausgeführt werden. Es empfiehlt sich, diese Aktion dennoch frühzeitig durchzuführen, da sichergestellt werden muss, dass ausreichend Speicherplatz vorhanden ist.

Feld	Beschreibung
[1]	Speicherplatzbedarf in der Systemregistrierung in Kilobyte.

Tabelle 7.5: Meldung ActionData *für die Aktion* AllocateRegistrySpace

HINWEIS: Diese Aktion steht unter Microsoft Windows 95 und Microsoft Windows 98 nicht zur Verfügung.

AppSearch

Diese Aktion verwendet Dateisignaturen, um die Existenz einer definierten Dateiversion zu ermitteln. Diese Informationen sind relevant für das Anwenden eines Upgrades. Die Aktion *AppSearch* kann ebenfalls verwendet werden, um einer Eigenschaft einen Wert aus der Systemregistrierung oder einer Initialisierungsdatei zuzuweisen.

Feld	Beschreibung
[1]	Installationspfad der gefundenen Datei.
[2]	Dateisignatur.

Tabelle 7.6: Meldung ActionData *für die Aktion* AppSearch

Die Aktion *AppSearch* verwendet für die Suche nach Dateisignaturen die Tabellen *CompLocator*, *RegLocator*, *IniLocator* und *DrLocator*. Die Dateisignaturen sind in der Tabelle *Signature* aufgelistet.

BindImage

Die Aktion *BindImage* verwendet die Tabelle *BindImage*, um die darin definierten Dateien zu optimieren, falls diese lokal installiert werden. Diese Aktion verwendet intern die Windows API Funktion *BindImageEx* um die virtuelle Adresse jeder zu importierenden Funktion zu ermitteln und diese in der »Import Address Table (IAT)« zu speichern.

Die Aktion *BindImage* muss nach der Aktion *InstallFiles* ausgeführt werden.

Feld	Beschreibung
[1]	Kennzeichnung der ausführbaren Datei.

Tabelle 7.7: Meldung ActionData *für die Aktion* BindImage

CCPSearch

Diese Aktion verwendet Dateisignaturen, um die Existenz einer definierten Dateiversion zu ermitteln. Diese Informationen sind relevant für das Einspielen eines Upgrades. Diese Aktion ist vergleichbar mit der Aktion *AppSearch*, jedoch werden hierbei nicht alle Einträge der zugeordneten Tabelle durchsucht. Die Kompatibilitätsprüfung (Compliance Checking Program) benötigt lediglich eine Übereinstimmung bei der Suche, um den Zusammenhang zu dem zu installierenden Programm sicherzustellen.

Die Aktion *CCPSearch* muss vor der Aktion *RMCCPSearch* ausgeführt werden.

Die Aktion *CCPSearch* sucht nach Dateisignaturen, die in der Tabelle *CCPSearch* aufgelistet sind unter Verwendung der Tabellen *Signature*, *CompLocator*, *RegLocator*, *IniLocator* und *DrLocator*. Wurde eine übereinstimmende Dateisignatur ermittelt, wird die Eigenschaft *CCP_Success* auf den Wert »1« gesetzt und die Aktion beendet.

CostFinalize

Die Aktion *CostFinalize* schließt den internen Prozess zur Berechnung des Speicherbedarfs, der durch die Aktion *CostInitialize* eingeleitet wurde, ab.

Die Aktion *CostInitialize* und alle weiteren Aktionen zur Berechnung des Speicherbedarfs müssen vor der Aktion *CostFinalize* abgeschlossen sein. Die Aktion *CostFinalize* muss ausgeführt werden, bevor eine Benutzeroberflächensequenz angezeigt wird, die dem Anwender die Auswahl von Features oder Verzeichnissen ermöglicht.

Diese Aktion verwendet die Tabelle *Condition*, um festzustellen, welche Features installiert werden sollen. Die Berechnung des Speicherplatzes wird für jede Windows Installer-Komponente der Tabelle *Component* ausgeführt.

Die Aktion *CostFinalize* überprüft ebenfalls, ob alle Zielverzeichnisse beschreibbar sind, bevor die Installation fortgesetzt wird.

CostInitialize

Die Aktion *CostInitialize* initialisiert den Prozess zur Berechnung des Speicherbedarfs.

Die Aktion *FileCost* sollte unmittelbar nach der Aktion *CostInitialize* ausgeführt werden. Danach sollte die Aktion *CostFinalize* folgen, um den Berechnungsprozess abzuschließen und die Ergebnisse in den temporären Spalten der Tabelle *Component* abzulegen.

HINWEIS: Die Aktion *CostInitialize* lädt die Tabelle *Features* und *Components* in den Arbeitsspeicher.

CreateFolders

Bei der Installation von Dateien wird automatisch die benötigte Verzeichnisstruktur angelegt. Besteht allerdings der Bedarf einen leeren Ordner zu erstellen, muss eine Eintragung in der Tabelle *CreateFolder* vorgenommen werden, der mit einer Windows Installer-Komponente verknüpft wird. Die Aktion *CreateFolders* verwendet diese Tabelle, um die entsprechenden Ordner zu erstellen, falls die zugeordnete Komponente lokal installiert wird oder zur Ausführung vom Quellmedium markiert worden ist.

Die Aktion *CreateFolders* muss ausgeführt werden, bevor die Aktion *InstallFiles* oder eine weitere Aktion die Dateien zu Ordnern hinzufügt, gestartet wurde.

Feld	Beschreibung
[1]	Bezeichnung des erstellten Ordners.

Tabelle 7.8: Meldung ActionData *für die Aktion* CreateFolders

Der Windows Installer entfernt bei der Deinstallation des Produktes keine Ordner automatisch, die durch die Aktion *CreateFolders* erstellt wurden. Diese Ordner werden nur entfernt, wenn die Aktion *RemoveFolders* in der entsprechenden Sequenz enthalten ist.

CreateShortcuts

Die Aktion *CreateShortcuts* ist für das Erstellen von Dateiverknüpfungen zuständig und muss nach den Aktionen *InstallFiles* und *RemoveShortcuts* ausgeführt werden.

Feld	Beschreibung
[1]	Bezeichnung der erstellten Verknüpfung.

Tabelle 7.9: Meldung ActionData *für die Aktion* CreateShortcuts

Die Aktion *CreateShortcuts* erstellt Verknüpfungen zu den Schlüsseldateien einer Windows Installer-Komponente, falls das zugeordnete Feature zur lokalen Installation oder zur Installation bei Bedarf markiert wurde.

DeleteServices

Die Aktion *DeleteServices* stoppt und deregistriert einen Windows-Dienst. Diese Aktion verwendet die Tabelle *ServiceControl*.

Die Aktionen zur Verwaltung von Windows-Diensten müssen in folgender Reihenfolge ausgeführt werden.

1. StopServices
2. DeleteServices
3. Jeder der folgenden Aktionen: *InstallFiles*, *RemoveFiles*, *MoveFiles*, *PatchFiles*, *RemoveDuplicateFiles* und *DuplicateFiles*.
4. InstallServices
5. StartServices

Feld	Beschreibung
[1]	Anzeigename des Windows-Dienstes.
[2]	Name des Windows-Dienstes.

Tabelle 7.10: Meldung ActionData *für die Aktion* DeleteServices

HINWEIS: Zum Ausführen dieser Aktion muss der Anwender über Administratorenrechte oder über Rechte zum Entfernen eines Windows-Dienstes verfügen.

DisableRollback

Die Aktion *DisableRollback* deaktiviert die Rollback-Funktionalität für die Installation. Das Rollback wird nur für die Aktionen deaktiviert, die in der Sequenztabelle nach der Aktion *DisableRollback* ausgeführt werden. Die Rollback-Funktionalität wird für die gesamte Installation deaktiviert, falls diese Aktion vor der Aktion *InstallInitialize* ausgeführt wird.

DuplicateFiles

Die Aktion *DuplicateFiles* kann Kopien der Dateien erstellen, die mit der Aktion *InstallFiles* installiert wurden. Die Dateiduplikate können im gleichen Verzeichnis abgelegt werden wie die Originaldateien, wenn diese über abweichende Dateinamen verfügen. Die Kopien können aber auch in anderen Verzeichnissen erstellt werden.

Die Aktion *DuplicateFiles* muss nach der Aktion *InstallFiles* ausgeführt werden. Die Aktion *DuplicateFiles* muss auch nach der Aktion *PatchFiles* ausgeführt werden, damit sichergestellt ist, dass Duplikate der bereits gepatchten Version der Datei erstellt werden.

Feld	Beschreibung
[1]	Bezeichnung der duplizierten Datei.
[2]	Größe der duplizierten Datei.
[9]	Verzeichnis in das die duplizierte Datei abgelegt wird.

Tabelle 7.11: Meldung ActionData *für die Aktion* DuplicateFiles

Die Aktion *DuplicateFiles* verwendet die Tabelle *DuplicateFile*, um Dateiduplikate zu erstellen. Diese Duplikate werden jedoch nur erstellt, wenn die zugeordnete Komponente zur lokalen Installation vorgesehen ist.

Bei der Zeichenfolge im Feld *DestFolder* der Tabelle *DuplicateFile* muss es sich um eine Eigenschaft handeln, deren Wert nach der Auflösung einen qualifizierten Pfad zurückliefert. Bei der Eigenschaft kann es sich um einen zugeordneten Eintrag aus der Tabelle *Directory* oder um einen vordefinierten Ordner wie beispielsweise *CommonFilesFolder* handeln. Ebenso ist es möglich dieser Eigenschaft im Verlauf der Installation, beispielsweise durch die Aktion *AppSearch*, einen gültigen Wert zuzuweisen. Handelt es ich bei der Eigenschaft um keine gültige Pfadangabe, wird für diesen Eintrag keine Aktion ausgeführt. Wird in das Feld *DestName* kein Wert eingegeben, wird als Dateiname der Originalname verwendet.

Dateien, die durch die Aktion *DuplicateFile* installiert werden, lassen sich nur durch die Aktion *RemoveDuplicateFiles* wieder entfernen.

ExecuteAction

Die Aktion *ExecuteAction* aktiviert die Ausführungssequenz, die durch die Top-Level-Aktionen *INSTALL*, *ADVERTISE* oder *ADMIN* definiert wurde. Beispielsweise wird bei einer Standardinstallation die Eigenschaft EXECUTEACTION durch die Aktion *INSTALL* auf den Wert »INSTALL« gesetzt. Hiernach wird zunächst die Tabelle *InstallUISequence* abgearbeitet. Beim Erreichen der Aktion *ExecuteAction* wird die Ausführung an die Tabelle *InstallExecuteSequence* übergeben.

Diese Aktion muss nach den Aktionen ausgeführt werden, die zur Sammlung von Installationsoptionen benötigt werden. Zusätzliche Aktionen können nach dieser Aktion in den Tabellen *InstallUISequence* und *AdminUISequence* verwendet werden. Typischerweise beginnt eine Sequenz mit den Aktionen zur Ermittlung des Speicherbedarfs. Danach folgen die Aktionen zur Darstellung der Benutzeroberfläche und am Ende dieser Sequenz wird die Aktion *ExecuteAction* ausgeführt.

HINWEIS: Die Aktion *ExecuteAction* wird mit Systemprivilegien ausgeführt, wenn diese zur Verfügung stehen.

FileCost

Die Aktion *FileCost* veranlasst die dynamische Ermittlung des Speicherbedarfs bei der Anwendung weiterer Standardaktionen.

Die Aktion *CostInitialize* muss vor der Aktion *FileCost* ausgeführt werden. Die Aktion *CostFinalize* muss nach der Aktion *FileCost* ausgeführt werden.

FindRelatedProducts

Die Aktion *FindRelatedProducts* verwendet die Eigenschaft *UpgradeCode* und die Versions- und Sprachinformationen, die in der Tabelle *Upgrade* definiert sind, um verwandte Produkte auf dem Zielsystem zu finden. Bei der Existenz eines solchen Produktes wird der *ProductCode* des gefundenen Produktes in die Spalte *ActionProperty* der Tabelle *Upgrade* übertragen.

Die Aktion *FindRelatedProducts* sollte in den Tabellen *InstallUISequence* und *InstallExecuteSequence* vorhanden sein. Der Windows Installer verhindert das Ausführen dieser Aktion in der *InstallExecuteSequence*, wenn sie bereits in der *InstallUISequence* ausgeführt wurde. Die Aktion *FindRelatedProducts* muss vor den Aktionen *MigrateFeatureStates* und *RemoveExistingProducts* ausgeführt werden.

Feld	Beschreibung
[1]	Produkt. Es wird für jedes gefundene Produkt eine Meldung gesendet.

Tabelle 7.12: Meldung ActionData *für die Aktion* FindRelatedProducts

ForceReboot

Die Aktion *ScheduleReboot* veranlasst einen Computerneustart am Ende der Installation. Die Aktion *ForceReboot* hingegen ermöglicht einen Neustart an der aktuellen Position des Installationsprozesses.

Wird die Installation mit der Darstellung einer Benutzeroberfläche durchgeführt, wird bei jedem *ForceReboot* ein Dialogfeld angezeigt, durch das der Benutzer den Neustart veranlassen kann. Zum Unterdrücken dieses Dialogfeldes können Einstellungen über die Eigenschaft *REBOOT* festgelegt werden. Wird die Installation ohne Benutzeroberfläche durchgeführt, erfolgt der Computerneustart automatisch.

Stellt der Windows Installer im Verlauf des Installationsprozesses fest, dass ein Computerneustart erforderlich ist, wird dieser automatisch am Ende der Installation veranlasst, ohne das die Aktionen *ForceReboot* oder *ScheduleReboot* in einer Sequenz vorliegen müssen.

Die folgenden Aktionen werden als eine Gruppe in der jeweiligen Sequenz betrachtet, wodurch sichergestellt werden sollte, dass die Aktion *ForceReboot* erst nach dieser Gruppe von Aktionen ausgeführt wird. Wird die Aktion *ForceReboot* vor der Aktion *RegisterProduct* ausgelöst, benötigt der Windows Installer das Originalinstallationspaket nach dem Computerneustart. Der beste Zeitpunkt zum Auslösen der Aktion *ForceReboot* ist nach der folgenden Sequenz.

- *RegisterProduct*
- *RegisterUser*
- *PublishProduct*
- *PublishFeatures*
- *CreateShortcuts*
- *RegisterMIMEInfo*
- *RegisterExtensionInfo*
- *RegisterClassInfo*
- *RegisterProgIdInfo*

Die Aktion *ForceReboot* muss zwischen den Aktionen *InstallInitialize* und *InstallFinalize* der Ausführungssequenz implementiert werden.

HINWEIS: Die Aktion *ForceReboot* legt eine Eintragung in der Systemregistrierung an, um den Windows Installer zu veranlassen den Installationsprozess nach dem Neustart fortzusetzen. Um im Verlauf des Installationsprozesses auf Computerneustarts variabel reagieren zu können, kann hierzu die Eigenschaft *AFTERREBOOT* verwendet werden.

INSTALL

Bei der Aktion *INSTALL* handelt es sich um eine Top-Level-Aktion, die bei einer Standardinstallation ausgeführt wird. Diese Aktion wird nicht aus einer Sequenztabelle aufgerufen. Der Windows Installer führt diese Aktion während des Initialisierungsprozesses automatisch aus, wenn eine Standardinstallation veranlasst wird.

InstallAdminPackage

Die Aktion *InstallAdminPackage* kopiert das Windows Installer-Paket zu dem administrativen Installationspunkt, der durch die Eigenschaft *TARGETDIR* definiert wurde.

Feld	Beschreibung
[1]	Bezeichnung der Datei.
[2]	Größe der Datenbank.
[9]	Verzeichnis in das die Datei abgelegt wird.

Tabelle 7.13: Meldung ActionData *für die Aktion* InstallAdminPackage

Die Aktion *InstallAdminPackage* aktualisiert ebenfalls den Summary Information Stream und entfernt alle internen Paketdateien, nachdem das Installationspaket kopiert wurde.

InstallExecute

Die Aktion *InstallExecute* veranlasst den Windows Installer, alle ausstehenden Skriptoperationen auszuführen, ohne die Transaktion abzuschließen. Bei einem Installationspaket für ein umfangreiches Produkt kann diese Aktion verwendet werden, um die Installation in Teilprozesse zu gliedern. Durch diese Aktion können bereits Änderungen am Zielsystem durchgeführt werden, während andere Modifikationen noch ermittelt werden. Diese Aktion wird normalerweise nicht benötigt, da die Aktion *InstallFinalize* alle ausstehenden Operationen abschließt. Diese Aktion muss zwischen den Aktionen *InstallInitialize* und *InstallFinalize* ausgeführt werden.

Die Aktionen *InstallExecute* und *InstallExecuteAgain* sind hinsichtlich der Prozessausführung vollkommen identisch. In umfangreichen Installationen kann es erforderlich sein, den Installationsprozess in mehrere Teilausschnitte zu gliedern. Da jedoch die Sequenztabellen über ein Primärschlüsselfeld verfügen, das den Namen der Aktion enthält, kann eine Aktion nicht mehrfach in einer Sequenztabelle angeordnet werden.

InstallExecuteAgain

Die Aktion *InstallExecuteAgain* ist identisch mit der Aktion *InstallExecute*.

InstallFiles

Die Aktion *InstallFiles* kopiert die Dateien der Tabelle *File* vom Quellmedium in die Zielverzeichnisse. Diese Aktion muss nach der Aktion *InstallValidate* und vor weiteren dateiabhängigen Aktionen wie *DuplicateFiles* oder *BindImage* usw. ausgeführt werden.

Feld	Beschreibung
[1]	Bezeichnung der Datei.
[2]	Größe der Datei in Byte.
[9]	Verzeichnis in das die Datei abgelegt wird.

Tabelle 7.14: Meldung ActionData *für die Aktion* InstallFiles

Die Aktion *InstallFiles* basiert auf den Eintragungen in der Tabelle *File*. Jede enthaltene Datei wird in das Zielverzeichnis kopiert, das für die zugeordnete Komponente festgelegt ist, wenn sie für die lokale Installation vorgesehen wurde. Die Datei wird somit nur auf den Zielrechner kopiert, wenn eine der nachfolgenden Vorgaben gültig ist:

- Die Datei ist noch nicht auf dem Zielsystem vorhanden.

- Die Datei ist bereits auf dem Zielsystem vorhanden, jedoch ist die Versionsbezeichnung kleiner als die in der Tabelle *File*.
- Die Datei ist bereits auf dem Zielsystem vorhanden, jedoch verfügt sie über keine Versionsbezeichnung.

Die Installationsquelle für die Dateien wird durch die Spalte *Cabinet* der Tabelle *Media* definiert. Handelt es sich bei der Quelle um ein Wechselmedium, überprüft die Aktion *InstallFiles* vor dem eigentlichen Kopiervorgang, ob dieses zur Verfügung steht. Die Aktion *InstallFiles* durchsucht alle Wechsellaufwerke des Systems und überprüft die Datenträgerbezeichnung gegen den definierten Wert in der Spalte *VolumeLabel* der Tabelle *Media*. Wird das Medium identifiziert, wird der Kopiervorgang gestartet. Wird das Medium nicht gefunden, wird der Benutzer aufgefordert, ein gültiges Installationsmedium bereitzustellen.

InstallFinalize

Die Aktion *InstallFinalize* veranlasst den Windows Installer, alle ausstehenden Skriptoperationen auszuführen, die seit Beginn der Installation oder seit der letzen Aktion *InstallExecute* ausstehen. Mit der Aktion *InstallFinalize* wird die Transaktion abgeschlossen, die mit der Aktion *InstallInitialize* gestartet wurde. Die Aktion *InstallFinalize* muss nach der Aktion *InstallInitialize* ausgeführt werden.

HINWEIS: Wird eine vollständige Deinstallation des Produktes veranlasst, werden die Operationen zum Entfernen der Informationen aus dem Dialogfeld *Software* und das Löschen der zwischengespeicherten lokalen Datenbank dem Skript hinzugefügt.

InstallInitialize

Die Aktionen *InstallInitialize* und *InstallFinalize* markieren den Beginn und das Ende der Aktionen, die das System im Rahmen einer Transaktion verändern.

Die Aktion *InstallInitialize* muss vor jeder anderen Aktion ausgeführt werden, die Veränderungen am System vornimmt. Die Aktion *InstallInitialize* muss vor den Aktionen *InstallFinalize* und *InstallExecute* ausgeführt werden.

InstallODBC

Die Aktion *InstallODBC* installiert die Treiber, die Datenquellen und die Übersetzer, die in den Tabellen *ODBCDriver*, *ODBCDataSource* und *ODBCTranslator* definiert sind. Diese Aktion muss nach allen Aktionen ausgeführt werden, die Dateien kopieren oder entfernen.

Feld	Beschreibung
[1]	Beschreibung des Treibers.
[2]	ID der Komponente.
[3]	Zielverzeichnis
[4, 5, ...]	Attribute und Werte der Tabelle *ODBCAttribute*

Tabelle 7.15: Meldung ActionData *für die Installation von ODBC Treibern und -Übersetzern*

Feld	Beschreibung
[1]	Beschreibung des Treibers.
[2]	ID der Komponente.
[3]	Registrierung: Benutzer oder System.
[4, 5, …]	Attribute und Werte der Tabelle *ODBCAttribute*

Tabelle 7.16: Meldung ActionData für die Installation von ODBC Datenquellen

HINWEIS: Werden mit dem Installationspaket ODBC-Komponenten installiert, muss eine Windows Installer-Komponente erstellt werden, die die Bezeichnung »ODBCDriverManager« trägt und die aktuelle Version des »ODBC Datenquellen Adminstrators« beinhaltet.

InstallServices

Die Aktion *InstallServices* registriert einen Windows-Dienst auf dem Zielsystem. Diese Aktion verwendet die Tabelle *ServiceInstall*. Die Reihenfolge der Aktionen zur Veränderung von Windows-Diensten wurde bereits bei der Aktion *DeleteServices* erläutert.

HINWEIS: Zum Ausführen dieser Aktion muss der Benutzer über Administratorenrechte oder über Rechte zum Installieren eines Windows-Dienstes verfügen.

InstallSFPCatalogFile

Die Aktion *InstallSFPCatalogFile* installiert die Kataloge, die von Microsoft Windows Me für den Windows-Dateischutz (Windows File Protection) verwendet werden. Diese Aktion benötigt die Tabellen *Component*, *File*, *FileSFPCatalog* und *SFPCatalog*. Ein Katalog wird nur installiert, wenn dieser mit einer Datei in einer Komponente verknüpft ist, die für die lokale Installation vorgesehen wurde. Die Aktion *InstallSFPCatalogFile* muss vor der Aktion *InstallFiles* und nach der Aktion *CostFinalize* ausgeführt werden. Eine Kataloginstallation, die von einer anderen abhängig ist, wird nach der Installation des übergeordneten Katalogs ausgeführt.

Feld	Beschreibung
[1]	Name des Katalogs, der installiert wird.
[2]	Name des Katalogs, von dem dieser Katalog abhängig ist.

Tabelle 7.17: Meldung ActionData für die Aktion InstallSFPCatalogFile

HINWEIS: Diese Funktion steht Ihnen bei der Verwendung der Windows Installer Versionen 1.0 und 1.1 nicht zur Verfügung.

InstallValidate

Die Aktion *InstallValidate* stellt sicher, dass alle für die Installation ausgewählten Laufwerke über genügend freien Speicherplatz verfügen. Sollte das nicht der Fall sein, beendet diese Aktion den Installationsprozess mit einem schwerwiegenden Fehler. Die Aktion *InstallValidate* informiert den Benutzer, wenn zu entfernende oder zu ersetzende Dateien in Verwendung sind.

Die Aktion *CostFinalize* und alle Benutzeroberflächensequenzen, die es dem Benutzer ermöglichen, die Installationsauswahl oder die Zielverzeichnisse zu verändern, müssen vor der Aktion *InstallValidate* ausgeführt werden.

Sollte nicht genügend Speicher auf bestimmten Laufwerken zur Verfügung stehen, werden diese Informationen in die interne Windows Installer-Tabelle *FileInUse* geschrieben. Diese Informationen werden bei einer Installation mit Benutzeroberfläche in einem Dialogfeld angezeigt und dem Benutzer werden mehrere Möglichkeiten zum Fortsetzen der Installation angeboten. Bei einer Installation ohne Benutzeroberfläche wird die Installation beendet und die Informationen werden dem Installationsprotokoll angefügt.

IsolateComponents

Die Aktion *IsolateComponents* installiert die private Kopie einer Komponente (normalerweise einer gemeinsam verwendeten DLL) im Anwendungsverzeichnis. Diese Aktion kann nur in den Tabellen *InstallUISequence* und *InstallExecuteSequence* verwendet werden. Die Aktion *IsolateComponents* muss nach der Aktion *CostInitialize* und vor der Aktion *CostFinalize* ausgeführt werden.

Unterstützt das Betriebssystem die Verwendung von isolierten Komponenten, werden bei dieser Aktion alle Dateien, die in der Tabelle *IsolatedComponent* vorhanden sind, entsprechend installiert.

LaunchConditions

Die Aktion *LaunchConditions* verwendet die Tabelle *LaunchCondition*, um die darin enthaltenen Bedingungen auszuwerten. Wird die Bedingung bei mindestens einer dieser Einträge nicht erfüllt, wird ein Dialogfeld angezeigt und die Installation abgebrochen.

Die Aktion *LaunchConditions* ist optional. Normalerweise wird diese Aktion zu Beginn der Sequenz ausgeführt, um frühzeitig die Installationsvoraussetzungen zu prüfen. Die Aktion *AppSearch* sollte vor der Aktion *LaunchConditions* verwendet werden, da mit dieser Aktion neue Vergleichsbedingungen für die Installationsvoraussetzungen festgelegt werden können.

MigrateFeatureStates

Die Aktion *MigrateFeatureStates* wird benötigt, wenn bei einem Upgrade ein verwandtes Produkt bereits auf dem System installiert ist und dieses aktualisiert werden soll. Diese Aktion ermittelt den Status der Features des bereits installierten Produkts und modifiziert den Featurestatus des zu installierenden Produktes. Diese Methode ist jedoch nur sinnvoll, wenn die Struktur der Features nicht wesentlich in dem neuen Produkt verändert wurde.

Die Aktion *MigrateFeatureStates* wird für jeden Datensatz der Tabelle *Upgrade* aufgerufen und die Überprüfung auf vorhandene Produkte wird veranlasst. Wird ein verwandtes Produkt gefunden, wird überprüft, ob hierfür das Attribut *msidbUpgradeAttributesMigrateFeatures* in der Tabelle *Upgrade* gesetzt ist. Ist dies der Fall, werden die Features der neuen Produktversion entsprechend angepasst. Beachten Sie, dass entsprechende Features nicht modifiziert werden, wenn die Eigenschaft *Preselected* gesetzt wurde.

Die Aktion *MigrateFeatureStates* sollte unmittelbar nach der Aktion *CostFinalize* ausgeführt werden und muss in den beiden Sequenztabellen *InstallUISequence* und *InstallExecuteSequence* vorhanden sein.

Feld	Beschreibung
[1]	Produkt. Es wird für jedes gefundene Produkt eine Meldung gesendet.

Tabelle 7.18: Meldung ActionData *für die Aktion* MigrateFeatureStates

Sind mehrere Produkte installiert, die ein Feature gemeinsam verwenden, und unterscheidet sich der Status dieses Features, wird der Status entsprechend der folgenden Liste übertragen.

1. Lokale Installation
2. Ausführung vom Quellemedium
3. Installation bei Bedarf
4. Feature ist nicht installiert

MoveFiles

Die Aktion *MoveFiles* ermittelt existierende Dateien auf dem Zielsystem und verschiebt diese in ein anderes Verzeichnis. Diese Aktion verwendet die Tabelle *MoveFile*. Die Aktion wird nur ausgeführt, wenn die zugeordnete Windows Installer-Komponente zur lokalen Installation oder zur Ausführung vom Quellmedium konfiguriert wurde.

Die Aktion *MoveFiles* muss nach der Aktion *InstallValidate* und vor der Aktion *InstallFiles* ausgeführt werden.

Feld	Beschreibung
[1]	Bezeichnung der verschobenen Datei.
[2]	Größe der verschobenen Datei.
[9]	Verzeichnis, in das die Datei verschoben wird.

Tabelle 7.19: Meldung ActionData *für die Aktion* MoveFiles

Die Tabelle *MoveFiles* verfügt über eine Spalte mit der Bezeichnung *Options*. Durch Verwendung dieser Spalte kann festgelegt werden, ob die Datei kopiert oder verschoben werden soll.

Bei der Zeichenfolge in den Feldern *SourceFolder* und *DestFolder* der Tabelle *MoveFile* muss es sich um eine Eigenschaft handeln, deren Wert nach der Auflösung einen qualifizierten Pfad zurückliefert. Bei der Eigenschaft kann es sich um einen zugeordneten Eintrag aus der Tabelle *Directory* oder um einen vordefinierten Ordner wie beispielsweise *CommonFilesFolder* handeln. Ebenso ist es möglich dieser Eigenschaft im Verlauf der Installation, beispielsweise durch die Aktion *AppSearch*, einen gültigen Wert zuzuweisen. Handelt es sich bei der Eigenschaft um keine gültige Pfadangabe, wird für diesen Eintrag keine Aktion ausgeführt.

Die Aktion *MoveFiles* ermöglicht es, alle Dateien eines Quellverzeichnisses zu kopieren oder zu verschieben, die einen übereinstimmenden Namen mit der Spalte *SourceName* aufweisen. Der Name in der Spalte *SourceName* kann die Platzhalter »*« oder »?« enthalten. Die Datei kann unter einem anderen Namen im Zielverzeichnis abgelegt werden, indem die Spalte *DestName* verwendet wird. Enthält dieses Feld keinen Wert oder enthält die Spalte *SourceName* ein Platzhalterzeichen, wird der Originaldateiname verwendet.

HINWEIS: Dateien, die durch die Aktion *MoveFiles* verschoben oder kopiert worden sind, werden bei der Deinstallation nicht entfernt.

MsiPublishAssemblies

Die Aktion *MsiPublishAssemblies* ist zuständig für die Verwaltung von *Common Language Runtime Assemblies* und *Win32 Assemblies*. Diese Aktion verwendet die Tabelle *MsiAssembly*, um festzustellen, welche zugeordneten Features für die Installation bei Bedarf konfiguriert oder für die Installation im Global Assembly Cache vorgesehen sind.

Die Aktion *MsiPublishAssemblies* muss nach der Aktion *InstallInitialize* in den Tabellen *InstallExecuteSequence* und *AdvtExecuteSequence* enthalten sein.

Feld	Beschreibung
[1]	Anwendungskontext.
[2]	Name des Assembly

Tabelle 7.20: Meldung ActionData *für die Aktion* MsiPublishAssemblies

HINWEIS: Diese Aktion setzt die Verwendung des Microsoft Windows Installer 2.0 voraus. Bei der Verwendung von Microsoft Windows XP und Microsoft Windows Server 2003 können Win32-Assemblies als Side-By-Side-Assemblies installiert werden.

MsiUnpublishAssemblies

Die Aktion *MsiUnpublishAssemblies* ist zuständig für die Verwaltung von *Common Language Runtime Assemblies* und *Win32 Assemblies*. Diese Aktion verwendet die Tabelle *MsiAssembly*, um festzustellen, welche zugeordneten Features für die Installation bei Bedarf konfiguriert oder für die Installation im Global Assembly Cache vorgesehen waren und nun entfernt werden sollen.

Die Aktion *MsiUnpublishAssemblies* muss nach der Aktion *InstallInitialize* in der Tabelle *InstallExecuteSequence* enthalten sein.

Feld	Beschreibung
[1]	Anwendungskontext.
[2]	Name des Assemblies

Tabelle 7.21: Meldung ActionData *für die Aktion* MsiUnpublishAssemblies

HINWEIS: Diese Aktion setzt die Verwendung des Microsoft Windows Installer 2.0 voraus. Bei der Verwendung von Microsoft Windows XP und Microsoft Windows Server 2003 können Win32-Assemblies als Side-By-Side Assemblies installiert werden.

PatchFiles

Die Aktion *PatchFiles* verwendet die Tabelle *Patch*, um festzustellen, welche Windows Installer-Patches angewendet werden sollen. Diese Aktion führt ebenso das binäre Patchen von Dateien durch. Die Aktion *PatchFiles* muss nach der Aktion *InstallFiles* und vor der Aktion *DuplicateFiles* ausgeführt werden.

Feld	Beschreibung
[1]	Bezeichnung der gepatchten Datei.
[2]	Verzeichnis, welches die gepatchte Datei enthält.
[3]	Größe des Patches in Byte.

Tabelle 7.22: Meldung ActionData *für die Aktion* PatchFiles

ProcessComponents

Die Aktion *ProcessComponents* registriert Windows Installer-Komponenten, die Schlüsselpfade und die zugehörigen Clients. Diese Aktion hebt die Registrierung auch wieder auf.

Feld	Beschreibung
[1]	*ProductID.*
[2]	*ComponentID.*
[3]	Schlüsselpfad der Komponente.

Tabelle 7.23: Meldung ActionData *für die Registrierung von Komponenten*

Feld	Beschreibung
[1]	*ProductID.*
[2]	*ComponentID.*

Tabelle 7.24: Meldung ActionData *für das Aufheben der Registrierung von Komponenten*

PublishComponents

Die Aktion *PublishComponents* verwendet die Informationen aus der Tabelle *PublishComponent*, um Einträge in der Systemregistrierung für qualifizierte Komponenten zu erstellen, die installiert oder für die Installation bei Bedarf markiert sind.

Feld	Beschreibung
[1]	*ComponentID*
[2]	Qualifizierte Zeichenfolge der Komponente.

Tabelle 7.25: Meldung ActionData *für die Aktion* PublishComponents

PublishFeatures

Die Aktion *PublishFeatures* verwendet die Informationen aus den Tabellen *FeatureComponents*, *Feature* und *Components*, um den jeweiligen Status der Features in der Systemregistrierung abzulegen. Die Aktion *PublishFeatures* ermittelt die Zugehörigkeit von Features und Komponenten und legt diese in der Systemregistrierung ab. Die Aktion *PublishFeatures* muss vor der Aktion *PublishProduct* ausgeführt werden.

Feld	Beschreibung
[1]	Name des Features.

Tabelle 7.26: Meldung ActionData *für die Aktion* PublishFeatures

HINWEIS: Diese Aktion ist notwendig, damit der aktuelle Featurestatus bei einem späteren Aufruf des Windows Installers zur Verfügung steht.

PublishProduct

Die Aktion *PublishProduct* legt die Produktinformationen in der Systemregistrierung ab. Diese Aktion muss nach der Aktion *PublishFeatures* ausgeführt werden.

Feld	Beschreibung
[1]	ProductID

Tabelle 7.27: Meldung ActionData *für die Aktion* PublishProduct

RegisterClassInfo

Die Aktion *RegisterClassInfo* ist zuständig für die Registrierung von COM-Klassen auf dem Zielsystem. Diese Aktion benötigt die Tabelle *AppId*. Die Aktion *RegisterClassInfo* muss nach den Aktionen *InstallFiles* und *UnregisterClassInfo* ausgeführt werden. Sie gehört zu einer Gruppe von Aktionen, die in einer definierten Reihenfolge ausgeführt werden müssen. Es ist nicht erforderlich, dass alle aufgeführten Aktionen in den entsprechenden Sequenztabellen vorhanden sind.

1. *UnregisterClassInfo*
2. *UnregisterExtensionInfo*
3. *UnregisterProgIdInfo*
4. *UnregisterMIMEInfo*
5. *RegisterClassInfo*
6. *RegisterExtensionInfo*
7. *RegisterProgIdInfo*
8. *RegisterMIMEInfo*

Sie können überprüfen, ob das aktuelle Betriebssystem die Installation bei Bedarf von COM-Komponenten unterstützt, indem Sie die Eigenschaft *OLEAdvtSupport* abfragen.

Feld	Beschreibung
[1]	*CLSID* der registrierten COM-Komponente.

Tabelle 7.28: Meldung ActionData *für die Aktion* RegisterClassInfo

Falls das Betriebssystem die Installation bei Bedarf von COM-Komponenten unterstützt, registriert die Aktion *RegisterClassInfo* alle COM-Klassen der Tabelle *Class*, die mit einem Feature verknüpft sind, das für die lokale Installation oder für die Installation bei Bedarf konfiguriert wurde. Stellt das Betriebssystem diese Möglichkeit nicht zu Verfügung, werden nur die COM-Klassen registriert, deren zugeordnetes Feature für die lokale Installation markiert wurde.

RegisterComPlus

Die Aktion *RegisterComPlus* registriert *COM+ Applikationen*. Diese Aktion muss nach den Aktionen *InstallFiles* und *UnregisterComPlus* ausgeführt werden.

Feld	Beschreibung
[1]	Anwendungs-ID der *COM+ Applikation*.

Tabelle 7.29: Meldung ActionData *für die Aktion* RegisterComPlus

HINWEIS: Diese Möglichkeit steht Ihnen bei der Verwendung der Windows Installer Version 1.0 nicht zur Verfügung.

RegisterExtensionInfo

Die Aktion *RegisterExtensionInfo* ist zuständig für die Registrierung von Dateinamenerweiterungen auf dem Zielsystem. Diese Aktion muss nach den Aktionen *InstallFiles* und *UnregisterExtensionInfo* ausgeführt werden. Die Aktion *RegisterExtensionInfo* gehört zu einer Gruppe von Aktionen, die in einer definierten Reihenfolge ausgeführt werden müssen, die bereits bei der Aktion *RegisterClassInfo* beschrieben wurde.

Feld	Beschreibung
[1]	Registrierte Dateinamenerweiterung.

Tabelle 7.30: *Meldung* ActionData *für die Aktion* RegisterExtensionInfo

Falls das Betriebssystem die Installation bei Bedarf von Erweiterungsservern (Extension Server) unterstützt, registriert die Aktion *RegisterExtensionInfo* alle Erweiterungsserver der Tabelle *Extension*, die mit einem Feature verknüpft sind, das für die Installation oder die Installation bei Bedarf konfiguriert wurde. Stellt das Betriebssystem diese Möglichkeit nicht zu Verfügung, werden nur die Erweiterungsserver registriert, deren zugeordnetes Feature für die lokale Installation markiert wurde.

RegisterFonts

Die Aktion *RegisterFonts* registriert alle installierten Schriftarten auf dem Zielsystem. Die Schriftart wird unter dem Namen registriert, der in der Spalte *FontTitle* der Tabelle *Font* eingetragen wurde. Diese Aktion muss nach der Aktion *InstallFiles* ausgeführt werden.

Feld	Beschreibung
[1]	Schriftart.

Tabelle 7.31: *Meldung* ActionData *für die Aktion* RegisterFonts

RegisterMIMEInfo

Die Aktion *RegisterMIMEInfo* ist zuständig für die Registrierung von MIME-Informationen auf dem Zielsystem. Diese Aktion muss nach den Aktionen *InstallFiles*, *UnregisterMIMEInfo*, *RegisterClassInfo* und *RegisterExtensionInfo* ausgeführt werden. Die Aktion *RegisterMIMEInfo* gehört zu einer Gruppe von Aktionen, die in einer definierten Reihenfolge ausgeführt werden müssen, die bereits bei der Aktion *RegisterClassInfo* beschrieben wurde.

Feld	Beschreibung
[1]	MIME-Inhaltstyp.
[2]	Erweiterung.

Tabelle 7.32: *Meldung* ActionData *für die Aktion* RegisterMIMEInfo

HINWEIS: Die Aktion *RegisterMIMEInfo* registriert die MIME-Informationen aus der Tabelle *MIME* für die Komponenten, die zur lokalen Installation markiert wurden.

RegisterProduct

Die Aktion *RegisterProduct* registriert die Produktinformationen zur weiteren Verwendung für den Windows Installer. Zusätzlich wird durch diese Aktion die lokale Speicherung des Windows Installer-Paketes veranlasst.

Feld	Beschreibung
[1]	Informationen über das registrierte Produkt.

Tabelle 7.33: Meldung ActionData *für die Aktion* RegisterProduct

HINWEIS: Die Aktion *RegisterProduct* wird bei einer administrativen Installation nicht ausgeführt.

RegisterProgIdInfo

Die Aktion *RegisterProgIdInfo* ist zuständig für die Registrierung von ProgID-Informationen auf dem Zielsystem. Diese Aktion muss nach den Aktionen *InstallFiles, UnregisterProgIdInfo, RegisterClassInfo* und *RegisterExtensionInfo* ausgeführt werden. Die Aktion *RegisterProgIdInfo* gehört zu einer Gruppe von Aktionen, die in einer definierten Reihenfolge ausgeführt werden müssen, die bereits bei der Aktion *RegisterClassInfo* beschrieben wurde.

Feld	Beschreibung
[1]	*ProgID* des registrierten Programms.

Tabelle 7.34: Meldung ActionData *für die Aktion* RegisterProgIdInfo

HINWEIS: Die Aktion *RegisterProgIdInfo* registriert alle *ProgID*-Informationen für Dateien, die in der Tabelle *ProgId* definiert sind, und deren verknüpfte Komponente zur lokalen Installation vorgesehen ist.

RegisterType0ibraries

Die Aktion *RegisterTypeLibraries* ist zuständig für die Registrierung von Typbibliotheken auf dem Zielsystem. Diese Aktion wird für jede Eintragung der Tabelle *TypeLib* ausgeführt. Die Aktion *RegisterTypeLibraries* muss nach der Aktion *InstallFiles* ausgeführt werden.

Feld	Beschreibung
[1]	*GUID* der registrierten Typbibliothek.

Tabelle 7.35: Meldung ActionData *für die Aktion* RegisterTypeLibraries

HINWEIS: Die Aktion *RegisterTypeLibraries* setzt voraus, dass die Sprache der Bibliothek ordnungsgemäß in der Spalte *Language* der Tabelle *TypeLib* angegeben wird.

RegisterUser

Die Aktion *RegisterUser* registriert zur Identifikation des Benutzers die Benutzerinformationen für das aktuelle Produkt.

Feld	Beschreibung
[1]	Informationen des registrierten Benutzers.

Tabelle 7.36: Meldung ActionData *für die Aktion* RegisterUser

HINWEIS: Die Aktion *RegisterUser* wird bei einer administrativen Installation nicht ausgeführt.

RemoveDuplicateFiles

Die Aktion *RemoveDuplicateFiles* entfernt alle Dateien, die durch die Aktion *DuplicateFiles* installiert wurden. Diese Aktion muss nach der Aktion *InstallValidate* und vor der Aktion *InstallFiles* ausgeführt werden.

Feld	Beschreibung
[1]	Bezeichnung der zu entfernenden Datei.
[9]	Verzeichnis, aus dem die Datei entfernt wird.

Tabelle 7.37: Meldung ActionData *für die Aktion* RemoveDuplicateFiles

HINWEIS: Um eine Datei zu entfernen, die mit der Aktion *DuplicateFiles* installiert wurde, muss die Aktion *RemoveDuplicateFiles* verwendet werden. Die zugeordnete Windows Installer-Komponente muss zum Entfernen markiert worden sein.

RemoveEnvironmentStrings

Die Aktion *RemoveEnvironmentStrings* modifiziert die Werte der Umgebungsvariablen. Diese Aktion wird nur ausgeführt, wenn die zugeordnete Komponente entfernt wird. Die Aktion *RemoveEnvironmentStrings* muss nach der Aktion *InstallValidate* ausgeführt werden.

Feld	Beschreibung
[1]	Name der Umgebungsvariablen, die modifiziert werden soll.
[2]	Wert der Umgebungsvariablen.
[3]	Definition der durchzuführenden Aktion.

Tabelle 7.38: Meldung ActionData *für die Aktion* RemoveEnvironmentStrings

HINWEIS: Beachten Sie, dass die modifizierten Umgebungsvariablen während des aktuellen Installationsprozesses noch nicht zur Verfügung stehen.

RemoveExistingProducts

Die Aktion *RemoveExistingProducts* wird ausgeführt, um bereits installierte Produkte zu deinstallieren. Hierbei werden alle Produkte verwendet, deren *ProductCode* in der Spalte *ActionProperty* der Tabelle *Upgrade* aufgelistet sind. Das Entfernen des Produktes wird im Rahmen einer eingebetteten Installation (Nested Installation) durchgeführt. Der Windows Installer führt diese Aktion nur während der Basisinstallation aus. Die Aktion *RemoveExistingProducts* muss an eine der nachfolgenden Positionen in die Sequenztabelle integriert werden.

- Zwischen den Aktionen *InstallValidate* und *InstallInitialize*. Hierbei werden alle Dateien entfernt, bevor die neuen Dateien kopiert werden. Dieser Weg ist sehr ineffizient.
- Nach der Aktion *InstallInitialize*, jedoch vor einer Aktion, die ein Ausführungsskript generiert.
- Zwischen der Aktion *InstallExecute* oder der Aktion *InstallExecuteAgain* und der Aktion *InstallFinalize*.
- Nach der Aktion *InstallFinalize*. Dieses ist der beste und effizienteste Weg, da zunächst die neuen Dateien kopiert und erst im Anschluss die nicht mehr benötigten älteren Dateien entfernt werden.

Feld	Beschreibung
[1]	Das zu entfernende Produkt.

Tabelle 7.39: Meldung ActionData *für die Aktion* RemoveExistingProducts

HINWEIS: Während dieser Aktion setzt der Microsoft Windows Installer ab der Version 1.1 die Eigenschaft *UPGRADINGPRODUCTCODE*.

RemoveFiles

Die Aktion *RemoveFiles* entfernt ausschließlich Dateien, die durch die Aktion *InstallFiles* installiert wurden. Diese Aktion muss nach der Aktion *InstallValidate* und vor der Aktion *InstallFiles* ausgeführt werden.

Feld	Beschreibung
[1]	Bezeichnung der zu entfernenden Datei.
[9]	Verzeichnis, aus dem die Datei entfernt wird.

Tabelle 7.40: Meldung ActionData *für die Aktion* RemoveFiles

HINWEIS: Die Aktion *RemoveFiles* kann auch Dateien entfernen, die nicht durch die Aktion *InstallFiles* installiert worden sind. Diese Dateien müssen dazu in der Tabelle *RemoveFile* festgelegt werden. Ebenso können Ordner entfernt werden. Hierzu darf die Spalte *FileName* der Tabelle *RemoveFile* keinen Wert enthalten.

RemoveFolders

Die Aktion *RemoveFolders* entfernt Ordner, die mit Komponenten verknüpft sind, die zum Entfernen oder zur Ausführung vom Quellmedium vorgesehen sind. Diese Ordner werden jedoch nur entfernt, wenn sie keinen Inhalt mehr aufweisen. Diese Aktion muss nach der Aktion *RemoveFiles* oder nach jeder weiteren Aktion ausgeführt werden, die Dateien aus Ordnern entfernt.

Feld	Beschreibung
[1]	Name des zu entfernenden Ordners.

Tabelle 7.41: Meldung ActionData *für die Aktion* RemoveFolders

HINWEIS: Der Windows Installer entfernt bei der Deinstallation nicht automatisch die Ordner, die durch die Aktion *CreateFolders* erstellt worden sind. Zu diesem Zweck muss die Aktion *RemoveFolders* verwendet werden. Zur Festlegung des Ordnernamens und des Installationsverzeichnisses dient die Spalte *Directory_* der Tabelle *CreateFolder*.

RemoveIniValues

Die Aktion *RemoveIniValues* entfernt Informationen aus Initialisierungsdateien (*.ini*). Die Informationen, die entfernt werden sollen, werden in der Tabelle *RemoveIniFile* festgelegt. Die Aktion *RemoveIniValues* entfernt alle Informationen, deren verknüpfte Komponente lokal installiert werden soll oder zur Ausführung vom Quellmedium konfiguriert wurde. Ebenso werden durch diese Aktion alle Informationen entfernt, die mit der Aktion *WriteIniValues* geschrieben wurden, oder wenn die verknüpfte Komponente deinstalliert wird. Die Aktion *RemoveIniValues* muss nach der Aktion *InstallValidate* und vor der Aktion *WriteIniValues* ausgeführt werden.

Feld	Beschreibung
[1]	Name der Initialisierungsdatei.
[2]	Abschnitt
[3]	Eintragung, die entfernt werden soll.
[4]	Wert, der entfernt werden soll.

Tabelle 7.42: Meldung ActionData *für die Aktion* RemoveIniValues

RemoveODBC

Die Aktion *RemoveODBC* entfernt die Treiber, die Datenquellen und die Übersetzer, die in den Tabellen *ODBCDriver*, *ODBCDataSource* und *ODBCTranslator* zur Deinstallation festgelegt wurden.

Feld	Beschreibung
[1]	Beschreibung des Treibers.
[2]	ID der Komponente.

Tabelle 7.43: Meldung ActionData *für die Deinstallation von ODBC Treibern und Übersetzern*

Feld	Beschreibung
[1]	Beschreibung des Treibers.
[2]	ID der Komponente.
[3]	Registrierung: Benutzer oder System.

Tabelle 7.44: Meldung ActionData *für die Deinstallation von ODBC Datenquellen*

RemoveRegistryValues

Die Aktion *RemoveRegistryValues* kann ausschließlich Informationen aus der Systemregistrierung entfernen, die in der Tabelle *Registry* oder *RemoveRegistry* definiert wurden. Diese Aktion entfernt die in der Tabelle *Registry* definierten Werte, wenn die zugeordnete Komponente bisher installiert ist, jedoch für die Deinstallation vorgesehen wurde. Diese Aktion entfernt weiterhin die in der Tabelle *RemoveRegistry* definierten Werte, wenn die verknüpfte Komponente zur lokalen Installation oder zur Ausführung vom Quellmedium konfiguriert wurde. Diese Aktion muss nach der Aktion *InstallValidate*, jedoch vor den Aktionen *WriteRegistryValues*, *UnregisterMIMEInfo* und *UnregisterProgIDInfo* ausgeführt werden.

Feld	Beschreibung
[1]	Schlüssel für den zu entfernenden Wert.
[2]	Wert, der entfernt werden soll.

Tabelle 7.45: Meldung ActionData *für die Aktion* RemoveRegistryValues

HINWEIS: Wurde von der Aktion *WriteRegistryValues* eine Zeichenfolge vom Typ REG_MULTI_SZ an einen bestehenden Wert angefügt, wird durch die Aktion *RemoveRegistryValues* ausschließlich dieser Wert entfernt.

RemoveShortcuts

Die Aktion *RemoveShortcuts* entfernt eine normale Dateiverknüpfung, wenn die verknüpfte Komponente für die Deinstallation vorgesehen wurde, und eine angemeldete Verknüpfung (Advertised Shortcut), wenn das zugehörige Feature für die Deinstallation konfiguriert wurde. Die Aktion *RemoveShortcuts* muss vor der Aktion *CreateShortcuts* ausgeführt werden.

Feld	Beschreibung
[1]	Bezeichnung der zu entfernenden Verknüpfung.

Tabelle 7.46: Meldung ActionData *für die Aktion* RemoveShortcuts

ResolveSource

Die Aktion *ResolveSource* bestimmt das Verzeichnis der Quelldatei und legt die Eigenschaft *SourceDir* fest. Diese Aktion muss nach der Aktion *CostInitialize* ausgeführt werden. Die Aktion *ResolveSource* muss ausgeführt werden, bevor im Installationsprozess auf die Eigenschaft *SourceDir* zugegriffen wird. Die Aktion wird nicht ausgeführt, wenn die Quelldateien nicht verfügbar sind.

RMCCPSearch

Diese Aktion verwendet Dateisignaturen, um die Existenz einer definierten Dateiversion zu ermitteln. Die Informationen sind relevant für das Anwenden eines Upgrades. Diese Aktion ist vergleichbar mit der Aktion *CCPSearch*, jedoch werden hierbei nur Wechselmedien durchsucht. Die Aktion *RMCCPSearch* sucht nach Dateisignaturen, die in der Tabelle *CCPSearch* aufgelistet sind, und verwendet dabei die Tabellen *Signature* und *DrLocator*. Wurde eine übereinstimmende Dateisignatur ermittelt, wird die Aktion beendet.

ScheduleReboot

Fügen Sie die Aktion *ScheduleReboot* an eine beliebige Stelle einer Sequenztabelle ein, um am Ende der Installation dem Anwender ein Dialogfeld anzuzeigen, das zu einem Computerneustart auffordert. Dieses Dialogfeld wird nur bei einer Installation mit Benutzeroberfläche angezeigt. Bei einer Installation ohne Benutzeroberfläche wird der Neustart automatisch ausgeführt. Zum Unterdrücken des Dialogfeldes können Sie entsprechende Einstellung in der Eigenschaft *REBOOT* festlegen. Stellt der Windows Installer im Verlauf des Installationsprozesses fest, dass ein Computerneustart erforderlich ist, wird dieser automatisch am Ende der Installation ausgeführt, ohne dass die Aktionen *ForceReboot* oder *ScheduleReboot* in einer Sequenz vorliegen müssen.

HINWEIS: Diese Aktion kann verwendet werden, um einen Computerneustart zu veranlassen, falls beispielsweise Treiber installiert wurden, die einen Neustart erfordern. Sollte für das Ersetzen von Dateien ein Neustart erforderlich sein, braucht diese Aktion nicht verwendet werden, da der Windows Installer die Notwendigkeit automatisch feststellt. Die Aktion *ScheduleReboot* kann an einer beliebigen Stelle der Sequenztabelle aufgerufen werden, jedoch empfiehlt es sich, dies am Ende der Sequenz zu tun.

SelfRegModules

Die Aktion *SelfRegModules* registriert alle Module, die in der Tabelle *SelfReg* aufgeführt sind. Der Windows Installer kann unter Verwendung dieser Aktion keine Out-Of-Process-Serverkomponenten registrieren. Diese Aktion muss nach den Aktionen *InstallValidate*, *InstallInitialize* und *InstallFiles* ausgeführt werden.

Feld	Beschreibung
[1]	Bezeichnung des Moduls.
[2]	Name des Ordners, in dem das Modul abgelegt wird.

Tabelle 7.47: Meldung ActionData *für die Aktion* SelfRegModules

HINWEIS: Die Aktion *SelfRegModules* verwendet für die Registrierung die interne Funktion *DllRegisterServer()*. Diese Aktion wird bei einer Computerinstallation mit erhöhten Rechten ausgeführt, wenn diese veranlasst wurde. Bei einer Benutzerinstallation wird diese Aktion in dem Kontext des Benutzers ausgeführt. Die Reihenfolge, in der die Registrierung ausgeführt wird, kann nicht festgelegt werden.

SelfUnregModules

Die Aktion *SelfUnregModules* hebt die Registrierung für alle Module auf, die in der Tabelle *SelfReg* aufgeführt sind und zur Deinstallation vorgesehen wurden. Der Windows Installer kann unter Verwendung dieser Aktion keine Registrierung von Out-Of-Process-Serverkomponenten aufheben. Diese Aktion muss nach der Aktion *InstallValidate*, jedoch vor den Aktionen *RemoveFiles* und *SelfRegModules* ausgeführt werden.

Feld	Beschreibung
[1]	Bezeichnung des Moduls.
[2]	Name des Ordners, in dem das Modul abgelegt wird.

Tabelle 7.48: Meldung ActionData *für die Aktion* SelfUnregModules

HINWEIS: Die Aktion *SelfUnregModules* verwendet für die Deregistrierung die interne Funktion *DllUnRegisterServer()*. Diese Aktion wird bei einer Computerinstallation mit erhöhten Rechten ausgeführt, wenn diese veranlasst wurde. Bei einer Benutzerinstallation wird diese Aktion in dem Kontext des Benutzers ausgeführt. Die Reihenfolge, in der die Deregistrierung ausgeführt wird, kann nicht festgelegt werden.

SEQUENCE

Die Aktion *SEQUENCE* kann verwendet werden, um Aktionen auszuführen, die nicht in den Standardsequenztabellen abgelegt sind. Sie können hierzu eine eigene Tabelle definieren und den Namen in der Eigenschaft *SEQUENCE* ablegen. Beim Aufruf der Aktion *SEQUENCE* aus einer Standardsequenztabelle wird zu der selbst definierten Tabelle gewechselt und die darin befindlichen Aktionen werden abgearbeitet.

HINWEIS: Die Struktur der selbst definierten Tabelle muss der Struktur einer Standardsequenztabelle entsprechen.

SetODBCFolders

Die Aktion *SetODBCFolders* überprüft das System auf die Existenz bereits installierter ODBC-Treiber und setzt das Zielverzeichnis des neuen Treibers auf das Installationsverzeichnis des existierenden Treibers. Diese Aktion muss vor der Aktion *InstallValidate* und nach der Aktion *CostFinalize* ausgeführt werden.

Feld	Beschreibung
[1]	Beschreibung des Treibers.
[2]	Originalzielverzeichnis des neuen Treibers.
[3]	Installationsverzeichnis des existenten Treibers.

Tabelle 7.49: Meldung ActionData *für die Aktion* SetODBCFolders

HINWEIS: Diese Aktion installiert den neuen ODBC-Treiber in jenem Verzeichnis, in dem sich bereits ein existierender Treiber befindet, der hierbei gleichfalls ersetzt wird. Die Aktion *SetODBCFolders* verwendet die Tabelle *Directory* zur Bestimmung der Installationsverzeichnisse.

StartServices

Die Aktion *StartServices* startet einen Windows-Dienst und verwendet dafür die Inhalte der Tabelle *ServiceControl*. Die Reihenfolge der Aktionen zur Veränderung von Windows-Diensten wurde bereits bei der Aktion *DeleteServices* erläutert.

Feld	Beschreibung
[1]	Anzeigename des Windows-Dienstes.
[2]	Name des Windows-Dienstes.

Tabelle 7.50: Meldung ActionData *für die Aktion* StartServices

HINWEIS: Zum Ausführen dieser Aktion muss der Benutzer über Administratorenrechte oder über Rechte zum Installieren eines Windows-Dienstes verfügen.

StopServices

Die Aktion *StopServices* stoppt einen Windows-Dienst und verwendet dafür die Inhalte der Tabelle *ServiceControl*. Die Reihenfolge der Aktionen zur Veränderung von Windows-Diensten wurde bereits bei der Aktion *DeleteServices* erläutert.

Feld	Beschreibung
[1]	Anzeigename des Windows-Dienstes.
[2]	Name des Windows-Dienstes.

Tabelle 7.51: Meldung ActionData *für die Aktion* StopServices

HINWEIS: Zum Ausführen dieser Aktion muss der Benutzer über Administratorenrechte oder über Rechte zum Installieren eines Windows-Dienstes verfügen.

UnpublishComponents

Die Aktion *UnpublishComponents* verwendet die Informationen aus der Tabelle *PublishComponent*, um Einträge aus der Systemregistrierung für qualifizierte Komponenten zu entfernen. Diese Aktion entfernt Informationen von qualifizierten Komponenten, deren zugeordnetes Feature für die Deinstallation vorgesehen wurde.

Feld	Beschreibung
[1]	ComponentID.
[2]	Qualifizierte Zeichenfolge der Komponente.

Tabelle 7.52: *Meldung* ActionData *für die Aktion* UnpublishComponents

UnpublishFeatures

Bei der Deinstallation eines Produktes entfernt die Aktion *UnpublishFeatures* den Status der Features und hebt die Zuordnung von Features zu Windows Installer-Komponenten in der Systemregistrierung auf. Diese Aktion verwendet hierzu Informationen aus der Tabelle *FeatureComponents*.

Feld	Beschreibung
[1]	Name des Features.

Tabelle 7.53: *Meldung* ActionData *für die Aktion* UnpublishFeatures

UnregisterClassInfo

Die Aktion *UnregisterClassInfo* ist zuständig für das Entfernen von Registrierungsinformationen der COM-Klassen. Diese Aktion benötigt die Tabelle *AppId*. Die Aktion *UnregisterClassInfo* muss nach den Aktionen *InstallInitalize* und *RemoveRegistryValues* und vor der Aktion *RegisterClassInfo* ausgeführt werden. Sie gehört zu einer Gruppe von Aktionen, die in einer definierten Reihenfolge ausgeführt werden müssen. Diese Reihenfolge ist bei der Erläuterung zu der Aktion *RegisterClassInfo* zu finden.

Sie können überprüfen, ob das aktuelle Betriebssystem die Installation bei Bedarf von COM-Komponenten unterstützt, indem Sie die Eigenschaft *OLEAdvtSupport* abfragen.

Feld	Beschreibung
[1]	CLSID der COM-Komponente, die deregistriert wird.

Tabelle 7.54: *Meldung* ActionData *für die Aktion* UnregisterClassInfo

HINWEIS: Wenn das Betriebssystem die Installation bei Bedarf von COM-Komponenten unterstützt, hebt die Aktion *UnregisterClassInfo* die Registrierung aller COM-Klassen der Tabelle *Class* auf, die mit einem Feature verknüpft sind, das für die Deinstallation konfiguriert wurde. Stellt das Betriebssystem diese Möglichkeit nicht zu Verfügung, werden die COM-Klassen deregistriert, deren zugeordnetes Feature für die Deinstallation oder die Installation bei Bedarf markiert wurde.

UnregisterComPlus

Die Aktion *UnregisterComPlus* entfernt die Registrierungsinformationen von COM+-Applikationen. Diese Aktion muss vor der Aktion *RegisterComPlus* ausgeführt werden.

Feld	Beschreibung
[1]	Anwendungs-ID der *COM+ Applikation*.

Tabelle 7.55: Meldung ActionData für die Aktion UnregisterComPlus

HINWEIS: Diese Möglichkeit steht Ihnen bei der Verwendung der Windows Installer Version 1.0 nicht zur Verfügung.

UnregisterExtensionInfo

Die Aktion *UnregisterExtensionInfo* ist zuständig für das Entfernen von Informationen aus der Systemregistrierung, die spezifische Informationen zu Dateierweiterungen aufweisen. Diese Aktion muss nach den Aktionen *InstallInitalize* und *RemoveRegistryValues* und vor der Aktion *RegisterExtensionInfo* ausgeführt werden. Die Aktion *UnregisterExtensionInfo* gehört zu einer Gruppe von Aktionen, die in einer definierten Reihenfolge ausgeführt werden müssen. Diese Reihenfolge ist bei der Erläuterung zu der Aktion *RegisterClassInfo* zu finden.

Feld	Beschreibung
[1]	Zu entfernende Dateinamenerweiterung.

Tabelle 7.56: Meldung ActionData für die Aktion UnregisterExtensionInfo

HINWEIS: Wenn das Betriebssystem die Installation bei Bedarf von Erweiterungsservern unterstützt, hebt die Aktion *UnregisterExtensionInfo* die Registrierung aller Erweiterungsserver der Tabelle *Extension* auf, die mit einem Feature verknüpft sind, das für die Deinstallation konfiguriert wurde. Stellt das Betriebssystem diese Funktionalität nicht zu Verfügung, werden die Erweiterungsserver deregistriert, deren zugeordnetes Feature für die Deinstallation oder die Installation bei Bedarf markiert wurde.

UnregisterFonts

Die Aktion *UnregisterFonts* hebt die Registrierung von installierten Schriftarten auf und muss vor der Aktion *RemoveFiles* ausgeführt werden.

Feld	Beschreibung
[1]	Schriftart

Tabelle 7.57: Meldung ActionData für die Aktion UnregisterFonts

HINWEIS: Diese Aktion wird für die Schriftarten der Tabelle *Font* ausgeführt, bei denen die zugeordnete Datei zur Deinstallation markiert wurde.

UnregisterMIMEInfo

Die Aktion *UnregisterMIMEInfo* ist zuständig für das Entfernen von MIME-spezifischen Eintragungen aus der Systemregistrierung. Diese Aktion wird für alle Elemente der Tabelle *MIME* ausgeführt, deren zugeordnetes Feature für die Deinstallation vorgesehen ist. Sie muss nach den Aktionen *InstallInitalize*, *RemoveRegistryValues*, *UnregisterClassInfo* und *UnregisterExtensionInfo*, jedoch vor der Aktion *RegisterMIMEInfo* ausgeführt werden. Die Aktion *UnregisterMIMEInfo* gehört zu einer

Gruppe von Aktionen, die in einer definierten Reihenfolge ausgeführt werden müssen. Diese Reihenfolge ist bei der Erläuterung zu der Aktion *RegisterClassInfo* zu finden.

Feld	Beschreibung
[1]	MIME-Inhaltstyp
[2]	Erweiterung

Tabelle 7.58: Meldung ActionData *für die Aktion* UnregisterMIMEInfo

UnregisterProgIdInfo

Die Aktion *UnregisterProgIdInfo* ist zuständig für das Entfernen der ProgId-Informationen aus der Systemregistrierung. Diese Aktion muss nach den Aktionen *InstallInitalize*, *RemoveRegistryValues*, *UnregisterClassInfo* und *UnregisterExtensionInfo*, jedoch vor der Aktion *RegisterProgIdInfo* ausgeführt werden. Die Aktion *UnregisterProgIdInfo* gehört zu einer Gruppe von Aktionen, die in einer definierten Reihenfolge ausgeführt werden müssen. Diese Reihenfolge ist bei der Erläuterung zu der Aktion *RegisterClassInfo* zu finden.

Feld	Beschreibung
[1]	*ProgID* des Programms, das deregistriert werden soll.

Tabelle 7.59: Meldung ActionData *für die Aktion* UnregisterProgIdInfo

HINWEIS: Die Aktion *UnregisterProgIdInfo* entfernt die ProgId-Informationen aus der Systemregistrierung für Elemente, die in der Tabelle *ProgId* definiert sind, und deren zugeordnete Komponente zur Deinstallation markiert wurde.

UnregisterTypeLibraries

Die Aktion *UnregisterTypeLibraries* hebt die Registrierung von Typbibliotheken auf. Diese Aktion wird für jede Eintragung der Tabelle *TypeLib* ausgeführt, deren zugeordnete Datei zur Deinstallation vorgesehen ist. Die Aktion *UnregisterTypeLibraries* muss vor der Aktion *RemoveFiles* ausgeführt werden.

Feld	Beschreibung
[1]	*GUID* der Typbibliothek, die deregistriert werden soll.

Tabelle 7.60: Meldung ActionData *für die Aktion* UnregisterTypeLibraries

ValidateProductId

Die Aktion *ValidateProductId* setzt die Eigenschaft *ProductId* auf die vollständige Identifizierungsnummer des Produktes. Sie muss in der Tabelle *InstallUISequence* vor der Aktion zur Anzeige der Benutzeroberfläche, und in der Tabelle *InstallExecuteSequence* vor der Aktion *RegisterUser* ausgeführt werden. Wurde die *ProductId* bereits erfolgreich validiert, wird diese Aktion nicht ausgeführt. Die Aktion *ValidateProductId* gibt immer den Wert *Success* zurück, unabhängig davon, ob es sich um eine gültige *ProductId* handelt oder nicht. Die *ProductId* kann auch von der Befehlszeile über die öffentliche Eigenschaft *PIDKEY* übergeben werden.

WriteEnvironmentStrings

Die Aktion *WriteEnvironmentStrings* verändert die Werte von Umgebungsvariablen und wird nur während der Installation des Produktes ausgeführt. Sie muss nach der Aktion *InstallValidate* ausgeführt werden.

Feld	Beschreibung
[1]	Name der Umgebungsvariablen, die modifiziert werden soll.
[2]	Wert der Umgebungsvariablen.
[3]	Spezifikation der durchzuführenden Aktion.

Tabelle 7.61: Meldung ActionData *für die Aktion* WriteEnvironmentStrings

HINWEIS: Beachten Sie, dass die modifizierten Umgebungsvariablen während des aktuellen Installationsprozesses noch nicht zur Verfügung stehen.

WriteIniValues

Die Aktion *WriteIniValues* wird verwendet, um Informationen den Initialisierungsdateien hinzuzufügen oder existierende Eintragungen zu verändern. Diese Aktion verwendet alle Elemente der Tabelle *IniFile*, deren zugeordnete Komponente für die lokale Installation oder die Ausführung vom Quellmedium konfiguriert wurde. Die Aktion *WriteIniValues* muss nach den Aktionen *InstallValidate* und *RemoveIniValues* ausgeführt werden.

Feld	Beschreibung
[1]	Name der Initialisierungsdatei.
[2]	Abschnitt
[3]	Eintragung, die hinzugefügt werden soll.
[4]	Wert, der hinzugefügt werden soll.

Tabelle 7.62: Meldung ActionData *für die Aktion* WriteIniValues

WriteRegistryValues

Die Aktion *WriteRegistryValues* wird verwendet, um Informationen der Systemregistrierung hinzuzufügen oder existierende Eintragungen zu verändern. Diese Aktion verwendet alle Elemente der Tabelle *Registry*, deren zugeordnete Komponente für die lokale Installation oder die Ausführung vom Quellmedium konfiguriert wurde. Die Aktion *WriteRegistryValues* muss nach den Aktionen *InstallValidate* und *RemoveRegistryValues* ausgeführt werden.

Feld	Beschreibung
[1]	Pfad zu dem Schlüssel in der Systemregistrierung.
[2]	Formatierte Zeichenfolge des Namens, der geschrieben werden soll.
[3]	Formatierte Zeichenfolge des Wertes, der geschrieben werden soll.

Tabelle 7.63: Meldung ActionData *für die Aktion* WriteRegistryValues

Benutzerdefinierte Aktionen

Im vorherigen Abschnitt haben Sie die Standardaktionen kennen gelernt, die der Windows Installer direkt zur Verfügung stellt. Diese Standardaktionen decken den Funktionsvorrat ab, der bei einer normalen Installation benötigt wird. In vielen Fällen benötigt der Entwickler jedoch weitere Möglichkeiten, die während des Installationsprozesses verwendet werden sollen:

- Sie möchten eine ausführbare Datei während der Installation aufrufen, die sich bereits auf dem Zielrechner befindet oder im Rahmen des Installationsvorganges installiert wird.
- Sie möchten während der Installation eine spezielle Funktion aufrufen, die in einer Dynamic-Link Library (DLL) implementiert ist.
- Sie möchten eine Funktion verwenden, die in Microsoft Visual Basic® Scripting Edition oder Microsoft JScript® zur Verfügung steht.
- Sie möchten eine eingebettete Installation ausführen.

Diese und weitere Möglichkeiten stehen Ihnen durch die Verwendung von benutzerdefinierten Aktionen (Custom Actions) zur Verfügung. Beachten Sie, dass benutzerdefinierte Aktionen aus der Sicht des Windows Installer eine Art »Black-Box« darstellen. Der Windows Installer veranlasst lediglich den Methodenaufruf; die tatsächliche Funktionalität bleibt ihm verborgen. Aus diesem Grund ist es für den Windows Installer nicht möglich, bei der Deinstallation oder beim Rollback die hierbei durchgeführten Tätigkeiten rückgängig zu machen. Sie müssen also selbst dafür sorgen, dass auch benutzerdefinierte Aktionen für den Deinstallationsprozess und für die Rollback-Installation zur Verfügung stehen.

HINWEIS: Vermeiden Sie die Implementierung einer benutzerdefinierten Aktion, die durch Standardaktionen realisiert werden kann.

Installationsphasen

Sie werden im weiteren Verlauf dieses Abschnittes feststellen, dass der Windows Installer verschiedene Arten von benutzerdefinierten Aktionen zur Verfügung stellt. Es ist extrem wichtig, diese an die richtigen Positionen der Installationssequenzen zu platzieren, damit eine fehlerfreie Ausführung sichergestellt wird.

Benutzeroberflächensequenz

Wie bereits am Anfang dieses Kapitels erläutert, dient die Benutzeroberflächensequenz dazu, mit dem Anwender zu interagieren und dabei die notwendigen Installationsoptionen zu sammeln. Die Implementierung für diese Sequenz wird in den Tabellen *InstallUISequence* und *AdminUISequence* vorgenommen.

Installationsphase:	Standardaktion:	Benutzerdefinierte Aktion:
Initialisierung	Aktionen zur Initialisierung, wie LaunchConditions, FileCost etc.	Sofortige Ausführung
Aufruf der Dialogsequenz Hierbei: Aufruf des 1. Dialoges	WelcomeForm, bzw. Der Name des Willkommen-Dialogfelds	Sofortige Ausführung
Aufruf der Ausführungssequenz	ExecuteAction	(Erläuterung in der Ausführungssequenz)
Beenden	FinishedForm, bzw. Der Name des Dialog „Fertigstellen"	Sofortige Ausführung

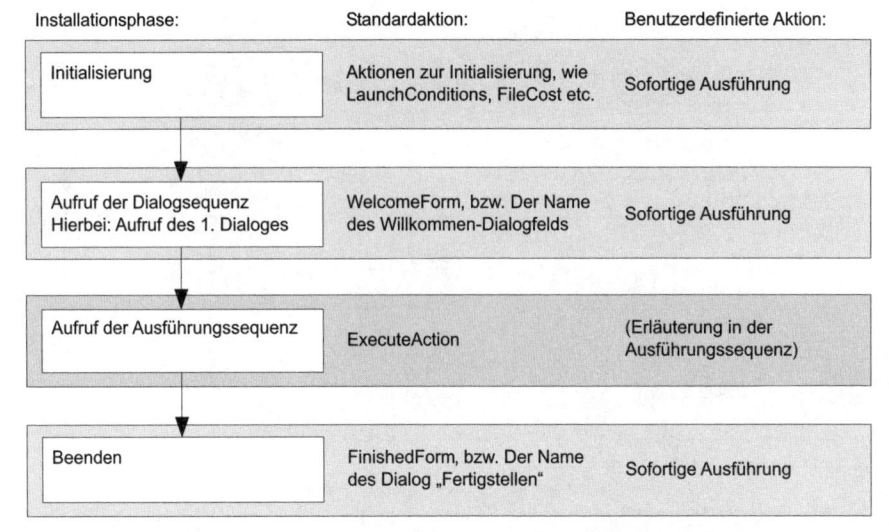

Abbildung 7.4: Installationsphasen der Benutzeroberflächensequenz

In der Benutzeroberflächensequenz können nur benutzerdefinierte Aktionen mit sofortiger Ausführung verwendet werden. Dies gilt sowohl für die entsprechende Sequenztabelle als auch für Aktionen, die von einem Steuerelement aufgerufen werden.

Während der Initialisierungsphase werden alle Aktionen abgearbeitet, die die Grundlage für den weiteren Installationsprozess zur Verfügung stellen. Hier werden u.a. die Systemvoraussetzungen geprüft, Anwendungen gesucht und der Prozess zur Berechnung des Speicherplazes gestartet. Danach wird das erste Dialogfeld der Dialogsequenz angezeigt, um eine Interaktion mit dem Benutzer zu ermöglichen. Nachdem sämtliche Informationen gesammelt wurden, wird durch die Aktion *ExecuteAction* die entsprechende Ausführungssequenz als Unterprozedur gestartet. Nachdem die Aktionen der Ausführungssequenz abgearbeitet wurden, kehrt die Ausführung zur Benutzeroberflächensequenz zurück und führt dort die Aktionen aus, die nach der Aktion *ExecuteAction* aufgeführt sind.

Der Abschluss des Installationsprozesses wird dem Benutzer durch das Dialogfeld *Fertigstellen* mitgeteilt. Das hierfür verwendete Dialogfeld ist in der Sequenztabelle mit der Sequenznummer »–1« gekennzeichnet.

Ausführungssequenz

Die Ausführungssequenz stellt den eigentlichen Installationsprozess dar. Während dieser Sequenz werden die Installationsvorgänge auf dem Zielsystem durchgeführt. Die Aktionen der Ausführungssequenz werden in den Tabellen *InstallExecuteSequence*, *AdminExecuteSequence* und *AdvtExecuteSequence* festgelegt. Die Ausführungssequenz wird durch die Aktion *ExecuteAction* der Benutzeroberflächensequenz aufgerufen. Bei einer Installation ohne Benutzeroberfläche wird diese als Startsequenz vom Windows Installer direkt ausgeführt.

Installationsphase:	Standardaktion:	Benutzerdefinierte Aktion:
Initialisierung	Aktionen zur Initialisierung, wie LaunchConditions, FileCost etc.	Sofortige Ausführung
	InstallInitalize	
Erzeugung des Installationsskriptes		Sofortige Ausführung
Modifikation des Zielsystems Also: Tatsächliche Aktivitäten	InstallFinalize	Verzögerte Ausführung
		Commit und Rollback
Beenden		Sofortige Ausführung

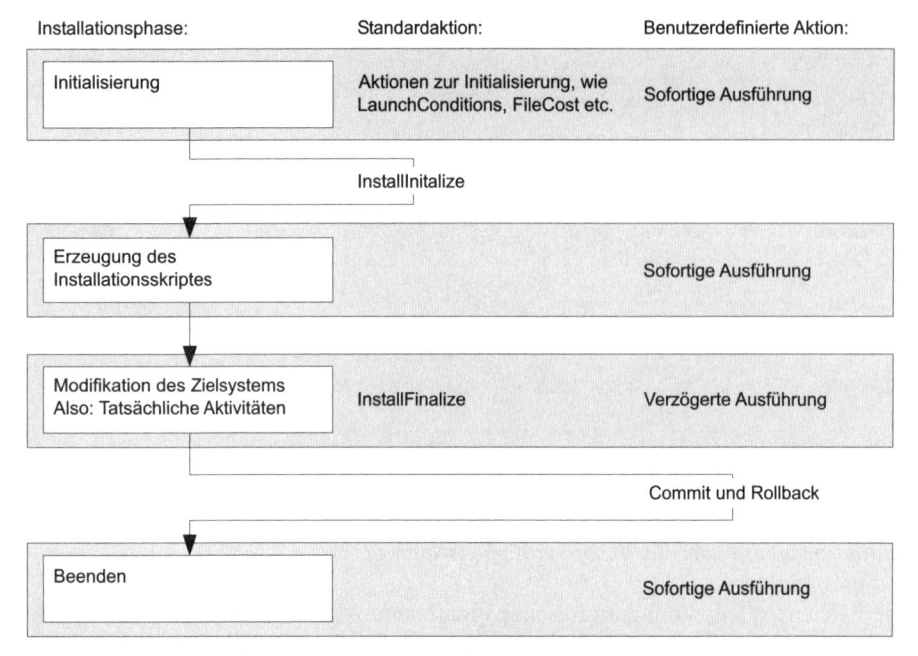

Abbildung 7.5: Installationsphasen während der Ausführungssequenz

Während der Initialisierungsphase werden die identischen Tätigkeiten verrichtet, wie in der gleichen Phase der Benutzeroberflächensequenz. Die Implementierung in beiden Sequenztabellen ist darauf begründet, dass eine Installation ohne Benutzeroberfläche ausgeführt werden kann, bei der daraufhin keine Abarbeitung der Benutzeroberflächensequenz erfolgt.

Der Teil der Ausführungssequenz zwischen den Aktionen *InstallInitialize* und *InstallFinalize* wird in zwei Phasen verarbeitet. Im ersten Teil geht der Windows Installer alle Einträge (Standardaktionen und benutzerdefinierte Aktionen) durch und notiert sie in einem Installationsskript. Im zweiten Teil arbeitet er das Skript ab, führt die Befehle aus und aktualisiert hierbei das Zielsystem. Parallel zu der Ausführung des Installationsskripts wird vom Windows Installer auch ein Skript für den Rollback-Mechanismus erstellt, das bei einem eventuellen Fehlverhalten während der Installationsphase benötigt wird, um die Änderungen rückgängig zu machen. Nachdem die Ausführungssequenz abgearbeitet ist, wird die Befehlausführung an die Benutzeroberflächensequenz zurückgegeben oder der Installationsvorgang beendet.

Ausführungsarten

Während der Erläuterung zu den Installationsphasen haben Sie festgestellt, dass die folgenden Arten von benutzerdefinierten Aktionen verwendet werden können:

- Benutzerdefinierte Aktionen mit sofortiger Ausführung.
- Benutzerdefinierte Aktionen mit verzögerter Ausführung.
- Benutzerdefinierte Aktionen mit der Ausführung während des Rollbacks.
- Benutzerdefinierte Aktionen mit der Ausführung während des Commit.

Nachfolgend finden Sie detaillierte Erläuterungen zu den einzelnen Arten der benutzerdefinierten Aktionen.

Sofortige Ausführung

Benutzerdefinierte Aktionen mit sofortiger Ausführung (Immediate Execution) werden auch als Aktionen beschrieben, die im Rahmen der Skripterzeugung ausgeführt werden.

Während der Windows Installer das Installationsskript erstellt, werden nur Aktionen mit sofortiger Ausführung gestartet. Alle anderen Aktionen, beispielsweise *InstallFiles*, *MoveFiles* und benutzerdefinierte Aktionen mit verzögerter Ausführung, werden zu diesem Zeitpunkt nur im Installationsskript notiert. Alle Eigenschaftswerte werden im Skript abgelegt und können nicht mehr geändert werden, bis die Skriptausführung abgeschlossen ist. Wenn Aktionen mit Bedingungen versehen sind, werden diese in der Skripterzeugungsphase ausgewertet.

Verzögerte Ausführung

Benutzerdefinierte Aktionen mit verzögerter Ausführung (Deferred Execution) werden auch als Aktionen beschrieben, die während der Skriptausführung verarbeitet werden.

Nachdem der Windows Installer das Installationsskript erstellt hat (beim Erreichen der Standardaktion *InstallFinalize*), wird mit der Abarbeitung dieses Skripts begonnen. Auf Computern mit Microsoft Windows NT, Microsoft Windows 2000, Microsoft Windows XP und Microsoft Windows Server 2003 wird dazu ein gesonderter Prozess gestartet. Die gesamte Skriptausführung erfolgt innerhalb der Aktion *InstallFinalize*. Während dieser Phase werden benutzerdefinierte Aktionen mit verzögerter Ausführung, zusammen mit allen Standardaktionen, aufgerufen. Die Aktionen werden in der Reihenfolge ausgeführt, in der sie im Skript während der Erzeugungsphase abgelegt wurden, allerdings nur, wenn ihre Bedingung zum Zeitpunkt der Skripterzeugung erfüllt gewesen ist. Da diese Phase in einem separaten Prozess abläuft, können benutzerdefinierte Aktionen mit verzögerter Ausführung nicht direkt auf Eigenschaftswerte zugreifen, und sie können keine Eigenschaftswerte festlegen.

Verzögerte Ausführung im Systemkontext: Diese benutzerdefinierte Aktion (Deferred Execution in System Context) ist eine spezielle Variante der verzögerten Ausführung. Auf Microsoft Windows NT, Microsoft Windows 2000, Microsoft Windows XP und Microsoft Windows Server 2003 wird der Windows Installer als Betriebssystemdienst ausgeführt und hätte damit vollen Zugriff auf das System. Um Benutzer daran zu hindern, unerlaubte Änderungen am System vorzunehmen, führt der Windows Installer jedoch alle Aktionen mit den Zugriffsrechten des aktuell angemeldeten Benutzers aus (Impersonation). Wenn auf dem Zielcomputer die Installation mit erhöhten Rechten (Elevated Privileges) vom Systemadministrator zugelassen wurde, wird diese Variante von benutzerdefinierter Aktion, mit Systemprivilegien ausgeführt. Abgesehen von den erhöhten Zugriffsrechten ist diese Variante identisch zur benutzerdefinierten Aktion mit verzögerter Ausführung.

HINWEIS: Wenn die Installation mit erhöhten Rechten nicht freigegeben ist, werden auch diese Aktionen mit Benutzerrechten ausgeführt.

Rollback-Ausführung

Während der Windows Installer das Installationsskript abarbeitet, baut er gleichzeitig ein Rollback-Skript auf. Für jede Standardaktion im Installationsskript wird ein entsprechender Befehl zum Rollback-Skript hinzugefügt. Änderungen, die durch eine benutzerdefinierte Aktion am Zielsystem vorgenommen werden, kann der Installer nicht automatisch zurücknehmen. Stattdessen werden die entsprechenden benutzerdefinierten Rollback-Aktionen im Rollback-Skript eingetragen. Zusätzlich werden Sicherungskopien aller Dateien, die der Installer überschreibt, in einem temporären Verzeichnis angelegt. Rollback-Aktionen werden in der Reihenfolge zum Rollback-Skript hinzugefügt, in der sie im Installationsskript angetroffen werden, allerdings nur, wenn ihre Bedingung zum Zeitpunkt der Erzeugung des Installationsskripts erfüllt war.

Wenn die Installation vom Benutzer abgebrochen wird oder während der Skriptausführung wegen eines Fehlers beendet werden muss, wird das Rollback-Skript ausgeführt, um das Zielsystem wieder in den ursprünglichen Zustand zurückzuversetzen. Dabei werden auch die benutzerdefinierten Rollback-Aktionen ausgeführt. Das Rollback-Skript wird von unten nach oben abgearbeitet, d.h. die letzten Aktionen werden zuerst zurückgenommen. Wenn das Installationsskript jedoch erfolgreich ohne Störung durchlaufen wurde, werden das Rollback-Skript und die Backup-Dateien gelöscht. Im Anschluss werden die benutzerdefinierten Commit-Aktionen ausgeführt.

HINWEIS: Der Zielcomputer kann auch so eingestellt sein, dass Rollback deaktiviert ist. In diesem Fall wird kein Rollback-Skript erzeugt und es werden keine Sicherungskopien der überschriebenen Dateien angelegt.

Commit Ausführung

Commit-Aktionen sind das Gegenteil von Rollback-Aktionen. Während der Abarbeitung des Installationsskripts werden sie zu einem Commit-Skript hinzugefügt. Commit-Aktionen werden nur im Commit-Skript eingetragen, wenn ihre Bedingung zum Zeitpunkt der Erzeugung des Installationsskripts erfüllt war. Das Commit-Skript wird am Ende der Aktion *InstallFinalize* abgearbeitet, nachdem das Installationsskript vollständig durchlaufen wurde, und nur wenn die Installation nicht abgebrochen wurde.

Commit-Aktionen dienen dazu, eventuelle Sicherungskopien zu löschen, die von einer benutzerdefinierten Aktion angelegt wurden.

HINWEIS: Wenn auf dem Zielcomputer Rollback deaktiviert wurde, wird auch kein Commit-Skript angelegt. Commit ist das Gegenstück zu Rollback. Wenn Rollback deaktiviert ist, sollte die benutzerdefinierte Aktion keine Sicherheitskopie der Datei anlegen. Daher werden in diesem Fall Commit-Aktionen ignoriert.

Best Practices

Nachfolgend finden Sie einige Regeln, die Sie beim Implementieren von benutzerdefinierten Aktionen unbedingt beachten sollten.

- Benutzerdefinierte Aktionen mit sofortiger Ausführung sollten den Zielcomputer nicht verändern, denn sie können nicht zurückgenommen werden. Diese Aktionen sollten nur Einstellungen vornehmen, die den Installationsvorgang beeinflussen, etwa Installationspfade und Eigenschaftswerte setzen, Features auswählen und Passwörter überprüfen.
- Jede Aktion mit verzögerter Ausführung sollte eine entsprechende Rollback-Aktion besitzen.
- Die Rollback-Aktion sollte unmittelbar vor der verzögerten Aktion in die Sequenztabelle eingefügt werden, sodass sie unmittelbar vor der Ausführung der verzögerten Aktion zum Rollback-Skript hinzugefügt wird. Damit wird ein korrekter Rollback für den Fall sichergestellt, dass die Installation während der Ausführung der verzögerten Aktion abbricht.
- Die Rollback-Aktion sollte genau die gleiche Bedingung aufweisen wie die zugehörende verzögerte Aktion, damit immer beide Aktionen gemeinsam zum Skript hinzugefügt werden.
- Benutzerdefinierte Aktionen, die mit erhöhten Rechten ausgeführt werden sollen, müssen vom Typ *Verzögerte Ausführung im Systemkontext* sein.
- Verzögerte-, Rollback- und Commit-Aktionen können nur zwischen *InstallInitialize* und *InstallFinalize* in die Sequenztabelle eingefügt werden.
- Wenn die Installation in der Benutzeroberflächensequenz abgebrochen wird oder in der Ausführungssequenz vor *InstallInitialize* oder nach *InstallFinalize*, findet kein Rollback statt.

WICHTIG: Verwenden Sie Commit-Aktionen mit Vorsicht. Sie werden nicht ausgeführt, wenn Rollback deaktiviert ist.

Kategorisierung

Microsoft Windows Installer unterstützt verschiedene Basistypen für benutzerdefinierte Aktionen, die je nach Implementierungsanforderung individuell eingesetzt werden können. Diese Basistypen können hinsichtlich der verwendeten Technologie und der zugrunde liegenden Quellen kategorisiert werden.

Quelle	Benutzerdefinierte Aktion
Quelldateien sind in der Tabelle *Binary* gespeichert.	Typ 1, Typ 2, Typ 5, Typ 6
Quelldateien werden während der Installation aufs Zielsystem kopiert.	Typ 17, Typ 18, Typ 19, Typ 21, Typ 22
Benutzerdefinierte Aktion, die ein Verzeichnis festlegt.	Typ 34
Benutzerdefinierte Aktion, die einen Eigenschaftswert festlegt.	Typ 50, Typ 53, Typ 54
Benutzerdefinierte Aktion, die als ausführbarer Skriptcode in der Datenbank gespeichert ist.	Typ 37, Typ 38

Tabelle 7.64: Quellen von benutzerdefinierten Aktionen

HINWEIS: Bei der Verwendung einer früheren Version des Windows Installers als 2.0 gilt es gewisse Einschränkungen bei der Ausführung von benutzerdefinierte Aktion zu beachten. Es dürfen keine benutzerdefinierten Aktionen aus einer anderen benutzerdefinierten Aktion durch die Windows Installer-Funktionen *MsiDoAction* und *DoAction* aufgerufen werden, wenn beide Aktionen in der gleichen Binärdatei der Tabelle *Binary* abgelegt sind.

Ausführbare Dateien

Eine benutzerdefinierte Aktion kann eine ausführbare Datei starten, die bereits auf dem Zielrechner zu finden ist oder sich in dem Windows Installer-Paket befindet.

Typ	Beschreibung
Typ 2	Ausführbare Datei, die in der Tabelle *Binary* gespeichert ist.
Typ 18	Ausführbare Datei, die mit dem Produkt installiert wird.
Typ 34	Ausführbare Datei, die durch einen Eintrag der Tabelle *Directory* festgelegt ist.
Typ 50	Ausführbare Datei, die durch einen Eigenschaftswert festgelegt ist.

Tabelle 7.65: Aufruf von ausführbaren Dateien

Dynamic-Link Libraries

Eine benutzerdefinierte Aktion kann eine Funktion einer *Dynamic-Link Library* (*.dll*) aufrufen, die in der Tabelle *Binary* abgelegt ist oder im Rahmen der Installation auf das Zielsystem kopiert wird.

Typ	Beschreibung
Typ 1	Dynamic-Link Library, die in der Tabelle *Binary* gespeichert ist.
Typ 17	Dynamic-Link Library, die mit dem Produkt installiert wird.

Tabelle 7.66: Aufruf von Funktionen in Dynamic-Link Libraries

Skripts

Eine benutzerdefinierte Aktion kann eine Funktion aufrufen, die in Microsoft Visual Basic® Script oder Microsoft JScript® verfasst worden ist. Der Microsoft Windows Installer stellt die benötigte *Scripting-Engine* nicht zur Verfügung. Vielmehr muss der Autor des Windows Installer-Paketes sicherstellen, dass diese bis zur Ausführung entsprechender benutzerdefinierter Aktionen auf dem Zielsystem zur Verfügung steht.

HINWEIS: Der Microsoft Windows Installer unterstützt nicht Microsoft JScript® 1.0.

Typ	Beschreibung
Typ 5	JScript-Datei, die in der Tabelle *Binary* gespeichert ist.
Typ 21	JScript-Datei, die mit dem Produkt installiert wird.
Typ 37	JScript-Code, der in der Sequenztabelle bestimmt wird.
Typ 53	JScript-Code, der durch einen Eigenschaftswert bestimmt wird.
Typ 6	VBScript-Datei, die in der Tabelle *Binary* gespeichert ist.
Typ 22	VBScript-Datei, die mit dem Produkt installiert wird.
Typ 38	VBScript-Code, der in der Sequenztabelle bestimmt wird.
Typ 54	VBScript-Code, der durch einen Eigenschaftswert bestimmt wird.

Tabelle 7.67: Aufruf von Funktionen im Skript

Formatierter Text

Diese benutzerdefinierte Aktion ordnet einer Eigenschaft oder einem Installationsverzeichnis eine formatierte Zeichenfolge zu. Bei dieser Zeichenfolge kann es sich um weitere Eigenschaften, Umgebungsvariablen oder Pfadangaben handeln.

Typ	Beschreibung
Typ 35	Weist einem Eintrag der Tabelle *Directory* einen neuen Wert zu.
Typ 51	Weist einer Eigenschaft einen neuen Wert zu.

Tabelle 7.68: Zuweisen von formatierten Zeichenfolgen

Fehlermeldungen

Diese benutzerdefinierte Aktion zeigt eine spezielle Fehlermeldung an und beendet den Installationsprozess. Die anzuzeigende Fehlermeldung kann als Zeichenfolge oder als Index der Tabelle *Error* übergeben werden.

Typ	Beschreibung
Typ 19	Beendet die Installation und zeigt eine Fehlermeldung an.

Tabelle 7.69: Anzeige von Fehlermeldungen

Eingebettete Installationen

Diese benutzerdefinierte Aktion führt die Installation eines anderen Windows Installer-Paketes während des aktuellen Installationsprozesses aus. Die eingebettete Installation kann dem aktuellen Windows Installer-Paket hinzugefügt werden, indem sie der Tabelle *CustomAction* hinzugefügt und an der entsprechenden Position der Sequenztabelle zugeordnet wird. Das Feld *Target* der Tabelle *CustomAction* enthält eine Zeichenfolge, um die öffentlichen Eigenschaften der eingebetteten Installation anzupassen. Das Feld *Source* legt das eingebettete Windows Installer-Paket fest.

Typ	Beschreibung
Typ 7	Eingebettete Installation, die im aktuellen Installationspaket abgelegt ist.
Typ 23	Eingebettete Installation, die in der Ordnerstruktur der Quellverzeichnisse abgelegt ist.
Typ 39	Eingebettete Installation eines bereits angemeldeten Installationspaketes.

Tabelle 7.70: *Ausführen von eingebetteten Installationen*

Eine eingebettete Installation verwendet die identischen Einstellungen zur Darstellung der Benutzeroberfläche und für die Protokollierung wie die Hauptinstallation. Die benutzerdefinierte Aktion zur Ausführung einer eingebetteten Installation muss zwischen den Standardaktionen *InstallInitialize* und *InstallFinalize* der Ausführungssequenz implementiert werden. Die Rollback-Informationen beider Installationen werden bei der Skripterstellung kombiniert und im eintretenden Fehlerfall zusammenhängend ausgeführt. Bei der Ausführung der eingebetteten Installation werden vom Windows Installer alle Installationsaufgaben der Hauptinstallation unterbrochen bis die eingebettete Installation abgeschlossen ist. Über die Rückgabewerte der benutzerdefinierten Aktion, kann der Installationserfolg ermittelt werden.

Die Ermittlung des Speicherbedarfs ist für eingebettete Installationen nicht möglich. Um trotzdem den Speicherbedarf zu berücksichtigen, müssen Sie den Bedarf der eingebetteten Installation in die Tabelle *ReserveCost* der Hauptinstallation aufnehmen.

HINWEIS: Eingebettete Installationen stehen unter Microsoft Windows Installer 1.0 nicht zur Verfügung.

Implementierung

Die Tabelle 7.71 stellt die Basistypen für benutzerdefinierte Aktionen dar. Die Spalten *Type*, *Source* und *Target* entsprechen den gleichnamigen Spalten der Tabelle *CustomAction*. Beachten Sie, dass sich die Verwendung der Spalten *Source* und *Target* in Abhängigkeit zum verwendeten Basistyp unterscheidet.

Beschreibung	Type	Source	Target
In der Tabelle *Binary* gespeicherte DLL.	1	Referenz zur Tabelle *Binary*.	Einstiegspunkt der DLL.
In der Tabelle *Binary* gespeicherte EXE.	2	Referenz zur Tabelle *Binary*.	Befehlszeile.
In der Tabelle *Binary* gespeicherte JScript-Datei.	5	Referenz zur Tabelle *Binary*.	Eine optionale JScript Funktion, die aufgerufen wird.
In der Tabelle *Binary* gespeicherte VBScript-Datei.	6	Referenz zur Tabelle *Binary*.	Eine optionale VBScript-Funktion, die aufgerufen wird.
Eingebettete Installation, die sich in der Datenbank befindet.	7	Referenz zur Tabelle *_Storage*.	Zeichenfolge der zu übergebenden öffentlichen Eigenschaften.
DLL, die mit dem Produkt installiert wird.	17	Referenz zur Tabelle *File*.	Einstiegspunkt der DLL.

Beschreibung	Type	Source	Target
EXE, die mit dem Produkt installiert wird.	18	Referenz zur Tabelle *File*.	Befehlszeile
Anzeige einer speziellen Fehlermeldung.	19		Formatierte Zeichenfolge oder Referenz zur Tabelle *Error*.
JScript-Datei, die mit dem Produkt installiert wird.	21	Referenz zur Tabelle *File*.	Eine optionale JScript-Funktion, die aufgerufen wird.
VBScript-Datei, die mit dem Produkt installiert wird.	22	Referenz zur Tabelle *File*.	Eine optionale VBScript-Funktion, die aufgerufen wird.
Eingebettete Installation, die sich im Quellverzeichnis befindet.	23	Zum Hauptverzeichnis angegebener relativer Pfad zur Datenbank der eingebetteten Installation.	Zeichenfolge der zu übergebenden öffentlichen Eigenschaften.
EXE, die durch einen Eintrag der Tabelle *Directory* definiert wird.	34	Referenz zur Tabelle *Directory*.	Der Name der ausführbaren Datei sowie eine optionale Befehlszeile.
Formatierten Text einem Eintrag der Tabelle *Directory* zuweisen.	35	Referenz zur Tabelle *Directory*.	Formatierte Zeichenfolge.
JScript-Code, der in der Sequenztabelle definiert wird.	37	*Null*	Der auszuführende JScript-Code.
VBScript-Code, der in der Sequenztabelle definiert wird.	38	*Null*	Der auszuführende VBScript-Code.
Installation eines bereits installierten oder angemeldeten Produkts.	39	*ProductCode* der Anwendung.	Zeichenfolge der zu übergebenden öffentlichen Eigenschaften.
EXE, die durch eine Eigenschaft definiert wird.	50	Name der Eigenschaften oder Referenz zur Tabelle *Property*.	Befehlszeile
Formatierten Text einer Eigenschaft zuweisen.	51	Name der Eigenschaften oder Referenz zur Tabelle *Property*.	Formatierte Zeichenfolge.
JScript-Code, der durch eine Eigenschaft definiert wird.	53	Name der Eigenschaften oder Referenz zur Tabelle *Property*.	Eine optionale JScript-Funktion, die aufgerufen wird.
VBScript-Code, der durch eine Eigenschaft definiert wird.	54	Name der Eigenschaften oder Referenz zur Tabelle *Property*.	Eine optionale VBScript-Funktion, die aufgerufen wird.

Tabelle 7.71: Basistypen von benutzerdefinierten Aktionen

Die Tabelle *CustomAction* enthält die bereits dargestellten Spalten *Type*, *Source* und *Target*. Eine weitere Spalte mit der Bezeichnung *Action* legt den Namen der benutzerdefinierten Aktion fest. Dieser Name muss beim Aufruf dieser Aktion in den entsprechenden Sequenztabellen bzw. in den Ereignissen der Steuerelemente verwendet werden. Die Spalte *Action* ist gleichzeitig die Schlüsselspalte der Tabelle.

Ausführungskontext

Nachdem der Basistyp der benutzerdefinierten Aktion festgelegt wurde, gilt es nun den Ausführungskontext bzw. die Art der Ausführung für diese Aktion festzulegen. In Abhängigkeit zu der festgelegten Definition, wird diese Aktion in das Installationsskript, Rollback-Skript oder Commit-Skript übernommen. Wird der Ausführungskontext nicht definiert, wird die benutzerdefinierte Aktion sofort ausgeführt (Immediate Execution).

Der Ausführungskontext wird ebenfalls über die Spalte *Type* der Tabelle *CustomAction* bestimmt. Hierzu muss der entsprechende Wert zu dem bisher eingetragenen Wert addiert werden.

Konstante	Hexadezimal	Dezimal	Beschreibung
(keine)	0x00000000	+0	Sofortige Ausführung (Immediate Custom Action).
msidbCustomAction TypeInScript	0x00000400	+1024	Benutzerdefinierte Aktion mit verzögerter Ausführung (Deferred Execution Custom Action).
msidbCustomAction TypeInScript + msidbCustomAction TypeRollback	0x00000400 + 0x00000100	+1280	Benutzerdefinierte Aktion mit der Ausführung im Rahmen des Rollbacks (Rollback Custom Action).
msidbCustomAction TypeInScript + msidbCustomAction TypeCommit	0x00000400 + 0x00000200	+1536	Benutzerdefinierte Aktion mit der Ausführung im Rahmen des Commit (Commit Custom Action).
msidbCustomAction TypeInScript + msidbCustomAction TypeNoImpersonate	0x00000400 + 0x00000800	+3072	Benutzerdefinierte Aktion mit verzögerter Ausführung. Diese Aktion wird im Systemkontext ausgeführt (Deferred Execution Custom Action in System Context).
msidbCustomAction TypeInScript + msidbCustomAction TypeNoImpersonate + msidbCustomAction TypeRollback	0x00000400 + 0x00000800 + 0x00000100	+3328	Benutzerdefinierte Aktion mit der Ausführung im Rahmen des Rollbacks. Jedoch wird diese Aktion im Systemkontext ausgeführt.
msidbCustomAction TypeInScript + msidbCustomAction TypeNoImpersonate + msidbCustomAction TypeCommit	0x00000400 + 0x00000800 + 0x00000200	+3584	Benutzerdefinierte Aktion mit der Ausführung im Rahmen des Commit. Jedoch wird diese Aktion im Systemkontext ausgeführt. Verfügbar mit Windows Installer 2.0 und höher.
msidbCustomAction TypeTSAware	0x00004000	+16384	Diese Aktion wird zum Zeitpunkt der Skriptausführung im Kontext des Benutzers während einer Computerinstallation unter dem Terminal Server ausgeführt. Ohne dieses Attribut werden Aktionen bei einer Computerinstallation unter dem Terminal Server im Systemkontext ausgeführt. Dieses Attribut steht nur unter dem Microsoft Windows Server 2003 zur Verfügung.
msidbCustomAction TypeTSAware + msidbCustomAction TypeRollback	0x00004000 + 0x00000100	+16640	Es wird eine benutzerdefinierte Aktion im Rahmen des Rollbacks im Kontext des Benutzers während einer Computerinstallation unter dem Terminal Server ausgeführt. Dieses Attribut steht nur unter dem Microsoft Windows Server 2003 zur Verfügung.
msidbCustomAction TypeTSAware + msidbCustomAction TypeCommit	0x00004000 + 0x00000200	+16896	Es wird eine benutzerdefinierte Aktion im Rahmen des Commit im Kontext des Benutzers während einer Computerinstallation unter dem Terminal Server ausgeführt. Dieses Attribut steht nur unter dem Microsoft Windows Server 2003 zur Verfügung.

Tabelle 7.72: Ausführungskontext für benutzerdefinierte Aktionen

Ausführungsverhalten

Nachdem der Basistyp und der Ausführungskontext definiert wurden, gilt es das Ausführungsverhalten zu bestimmen. Der Windows Installer bietet hierbei die Möglichkeiten, eine benutzerdefinierte Aktion synchron oder asynchron auszuführen. Der Windows Installer führt benutzerdefinierte Aktionen in einem separaten *Thread* aus. Bei der synchronen Ausführung der benutzerdefinierten Aktion wartet der Installationsthread, bis die Aktion abgeschlossen wurde. Bei der asynchronen Ausführung werden beide Threads parallel ausgeführt. Benutzerdefinierte Aktionen von Typ *Rollback* und Aktionen, die eine eingebettete Installation ausführen können, werden ausschließlich synchron ausgeführt.

Das Ausführungsverhalten wird ebenfalls in der Spalte *Type* festgelegt. Nachfolgend finden Sie eine Liste der Optionen zum Festlegen des Ausführungsverhaltens. Der in der Tabelle angegebene Wert muss zu den bisherigen Werten der Tabelle *Type* addiert werden. Sie können ebenfalls festlegen, ob der Rückgabewert der benutzerdefinierten Aktion ausgewertet werden soll.

Konstante	Hexadezimal	Dezimal	Beschreibung
(keine)	0x00000000	+0	Synchrone Ausführung. Der Installationsprozess wird beendet, wenn der »Exit Code« der Aktion einen von »0« abweichenden Wert liefert.
msidbCustomActionTypeContinue	0x00000040	+64	Synchrone Ausführung. Der »Exit Code« der Aktion wird ignoriert und der Installationsprozess fortgesetzt.
msidbCustomActionTypeAsync	0x00000080	+128	Asynchrone Ausführung. Es wird am Ende der Sequenz auf den »Exit Code« gewartet und ggf. die Installation abgebrochen. Diese Option kann nicht mit eingebetteten Installationen und Rollback-Aktionen verwendet werden.
msidbCustomActionTypeAsync + msidbCustomActionTypeContinue	0x00000040+ 0x00000080	+192	Asynchrone Ausführung. Es wird nicht auf die Fertigstellung der Aktion gewartet. Der Installationsprozess kann vor der Aktion abgeschlossen werden. Diese Option ist nur gültig bei benutzerdefinierten Aktionen, die ausführbare Dateien aufrufen.

Tabelle 7.73: Ausführungsverhalten von benutzerdefinierten Aktionen

Bei der Definition des Ausführungsverhaltens kann festgelegt werden, ob der Installationsprozess den Rückgabewert (Exit Code) der benutzerdefinierten Aktion auswerten soll. Um diese Möglichkeit nutzen zu können, müssen Sie entsprechende Rückgabewerte im Microsoft Visual C++-Quellcode der benutzerdefinierten Aktionen verwenden.

Rückgabewert	Beschreibung
ERROR_FUNCTION_NOT_CALLED	Aktion wurde nicht ausgeführt.
ERROR_SUCCESS	Aktion wurde ordnungsgemäß beendet.
ERROR_INSTALL_USEREXIT	Benutzer hat die Aktion vorzeitig beendet.
ERROR_INSTALL_FAILURE	Nicht behebbarer Fehler aufgetreten.
ERROR_NO_MORE_ITEMS	Überspringen der ausstehenden Aktionen. Kein Fehler.

Tabelle 7.74: Rückgabewerte von benutzerdefinierten Aktionen

HINWEIS: Beachten Sie, dass ausführbare Dateien einen Wert von »0« bei erfolgreicher Ausführung zurückgeben müssen. Alle anderen Werte werden als fehlerhafte Ausführung interpretiert.

Ebenso wie bei den gerade dargestellten Rückgabewerten von Microsoft Visual C++-Funktionen können auch Skriptfunktionen entsprechende Rückgabewerte liefern. Bei der Verwendung von Skriptcode wird das Windows Installer Objektmodell verwendet, das entsprechende Konstanten bereitstellt.

Konstante	Wert	Beschreibung
msiDoActionStatusNoAction	0	Aktion wurde nicht ausgeführt.
msiDoActionStatusSuccess	1	Aktion wurde ordnungsgemäß beendet.
msiDoActionStatusUserExit	2	Benutzer hat die Aktion vorzeitig beendet.
msiDoActionStatusFailure	3	Nicht behebbarer Fehler aufgetreten.
msiDoActionStatusSuspend	4	Aktion wird unterbrochen und später fortgesetzt.
msiDoActionStatusFinished	5	Überspringen der ausstehenden Aktionen. Kein Fehler.

Tabelle 7.75: Rückgabewerte von Skriptfunktionen

HINWEIS: Beachten Sie, dass der Windows Installer die Rückgabewerte aller Aktionen beim Eintragen in das Installationsprotokoll umwandelt. In das Installationsprotokoll werden ausschließlich numerische Werte geschrieben, sodass bei dem Rückgabewert *msiDoActionStatusSuccess* der Wert »1« in das Protokoll geschrieben wird.

Ausführungshäufigkeit

Die Aktionen zur Berechnung des Speicherbedarfs müssen in die Benutzeroberflächensequenz enthalten sein, da ansonsten diverse Funktionalitäten wie die Auswahl der Features nicht zur Verfügung stehen. Diese Aktionen müssen jedoch auch in der Ausführungssequenz vorhanden sein, da eine Installation ohne Benutzeroberfläche durchgeführt werden kann und somit die Benutzeroberflächensequenz nicht verwendet wird.

Bei den benutzerdefinierten Aktionen finden Sie ein identisches Bild. Benutzerdefinierte Aktionen können in beide Sequenztabellen eingetragen und somit durch beide Prozesse ausgeführt werden.

- Der Windows Installer führt standardmäßig die Aktionen in den Sequenztabellen sofort aus (Immediate Execution).
- Es werden keine Aktionen ausgeführt, deren Ausführungsbedingung den Wert *False* zurückliefert.
- Die Aktionen der Benutzeroberflächensequenz werden nur ausgeführt, wenn die Installation mit einer vollständigen Benutzeroberfläche veranlasst wurde.
- Bei der Installation unter Microsoft Windows NT, Microsoft Windows 2000, Microsoft Windows XP und Microsoft Windows Server 2003 wird die Ausführungssequenz im Prozess des Windows Installer-Dienstes verarbeitet.
- Bei der Installation unter Microsoft Windows 95, Microsoft Windows 98 und Microsoft Windows Me wird die Ausführungssequenz im Prozess des Clients verarbeitet.

Sie können die folgenden Optionen verwenden, um die Ausführungshäufigkeit von benutzerdefinierten Aktionen zu steuern. Auch bei diesen Optionen müssen Sie den entsprechenden Wert auf den bisherigen Wert der Spalte *Type* der Tabelle *CustomAction* addieren.

HINWEIS: Beachten Sie, dass die folgenden Optionen nicht für benutzerdefinierte Aktionen mit verzögerter Ausführung verwendet werden können.

Konstante	Hexadezimal	Dezimal	Beschreibung
(keine)	0x00000000	+0	Aktion wird immer ausgeführt. Die Aktion wird zweimal ausgeführt, wenn sie in beiden Sequenztabellen vorhanden ist.
msidbCustomAction-TypeFirstSequence	0x00000100	256	Aktion wird nur einmal ausgeführt, wenn diese in beiden Sequenztabellen vorhanden ist. Die Aktion der Ausführungssequenz wird hierbei ausgelassen, wenn die Benutzeroberflächensequenz ausgeführt wurde.
msidbCustomAction-TypeOncePerProcess	0x00000200	512	Wenn die Aktion in beiden Sequenztabellen vorhanden ist, wird sie nur einmal pro Prozess ausgeführt. Die Aktion der Ausführungssequenz wird hierbei ausgelassen, falls die Benutzeroberflächensequenz im gleichen Prozess ausgeführt wird.
msidbCustomAction-TypeClientRepeat	0x00000300	768	Die Aktion wird nur ausgeführt, wenn die Ausführungssequenz im Anschluss an die Benutzeroberflächensequenz im Client-Prozess ausgeführt wird.

Tabelle 7.76: Ausführungshäufigkeit von benutzerdefinierten Aktionen

TIPP: Bei der Entwicklung des Quellcodes, der von benutzerdefinierten Aktionen ausgeführt werden soll, können Sie die Windows Installer-Funktion *MsiGetMode* verwenden, um den aktuellen Ausführungsmodus abzurufen.

Protokollinformationen

Benutzerdefinierte Aktionen, die in Form eines Skripts ausgeführt werden, werden dem Installationsprotokoll im Klartext zugefügt. Weiterhin werden Parameter für benutzerdefinierte Aktionen dem Protokoll hinzugefügt. Unter bestimmten Umständen ist es angebracht, diese Protokollierung einzuschränken. Sie können die folgende Option verwenden, um den Windows Installer zu veranlassen, den Wert der Spalte *Target* der Tabelle *CustomAction* nicht dem Installationsprotokoll anzufügen. Um diese Option zu aktivieren, müssen Sie den entsprechenden Wert auf den bisherigen Wert der Spalte *Type* der Tabelle *CustomAction* aufaddieren.

Konstante	Hexadezimal	Dezimal	Beschreibung
(keine)	0x00000000	+0	Der Installer fügt den Wert der Spalte *Target* der Tabelle *CustomAction* dem Installationsprotokoll hinzu.
msidbCustomAction-TypeHideTarget	0x2000	8192	Der Installer verhindert das Anfügen des Wertes der Spalte *Target* an das Installationsprotokoll.

Tabelle 7.77: Informationen bei der Protokollierung unterdrücken

TIPP: Verwenden Sie die Eigenschaft *MsiHiddenProperties*, um Eigenschaftswerte von der Protokollierung auszuschließen.

Verwenden von .NET-Komponenten

Benutzerdefinierte Aktionen, die mit einer verwalteten .NET-Sprache entwickelt wurden, können mit den Basisfunktionen des Windows Installers nicht ausgeführt werden. Das Microsoft .NET Framework stellt allerdings Klassen und Bibliotheken zur Verfügung, um eine solche Implementierung mit vertretbarem Aufwand zu realisieren. Die Basis für eine solche Implementierung stellt die Klasse *System.Configuration.Install.Installer* dar.

Ein häufiger Einsatzzweck für die Verwendung von benutzerdefinierten Aktionen liegt in de
gen einer Datenbank auf einem Datenbankserver, wie Microsoft SQL Server. Sie finden auf u
genden Buch-CD das Installationsprogramm und den Quellcode zur Realisierung einer solcn
Funktionalität.

Erstellen der Komponente

Das Installationsprogramm enthält ein Dialogfeld, mit dem individuelle Einstellungen für die zu erstellende Datenbank festgelegt werden können. Sie können den Namen der Datenbank und des Datenbankservers bestimmen und außerdem festlegen, unter welchem Benutzerkonto die Anmeldung auf dem Datenbankserver erfolgen soll. Die hier ermittelten Werte werden der benutzerdefinierten Aktion übergeben.

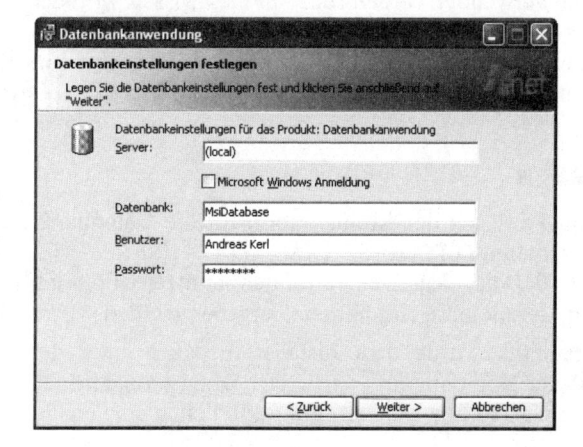

Abbildung 7.6: *Dialogfeld zum Festlegen der Datenbankeinstellungen*

Das Beispielprojekt enthält eine Klasse mit der Bezeichnung »InstallData«, in der die vollständige Funktionalität zum Anlegen der Datenbank enthalten ist. Diese Klasse ist von *System.Configuration.Install.Installer* abgeleitet und enthält somit Methoden, die im Rahmen einer benutzerdefinierten Aktion ausgeführt werden.

```
public override void Install(IDictionary stateSaver)
{
    // Prozedur, die vom Windows Installer aufgerufen wird
    base.Install (stateSaver);

    if (this.Context.Parameters["dbauth"] == "1")
    {
        // Windows-Authentifizierung wird verwendet
        ConnectionString = string.Format("data source={0}; initial catalog=master;
integrated security=SSPI;
persist security info=False",
this.Context.Parameters["dbserver"]);
    }
    else
    {
        // SQL Server-Authentifizierung wird verwendet
        ConnectionString = string.Format("data source={0}; initial catalog=master; user id={1};
Passwort={2}; persist security info=False",
```

```
        this.Context.Parameters["dbserver"],
        this.Context.Parameters["dbuser"],
        this.Context.Parameters["dbpw"]);
    }

    this.CreateDatabase(this.Context.Parameters["dbname"]);
}
```

Listing 7.1: Methode, die während der Installation aufgerufen wird

Die im Listing 7.1 dargestellte Methode wird während der Installation aufgerufen. Das Objekt *Context* stellt eine Parameterauflistung bereit, in der die Konfigurationen enthalten sind, die der benutzerdefinierten Aktion übergeben werden. In dieser Prozedur wird ermittelt, welche Authentifizierungsmethode zur Anmeldung am Datenbankserver verwendet werden soll. Auf dieser Basis wird der *ConnectionString* konstruiert und die Methode *CreateDatabase* aufgerufen. Das SQL-Skript zum Erstellen der Datenbank ist als eingebettete Ressource in dem .NET-Projekt enthalten und wird von der Methode *CreateDatabase* verwendet, um die notwendigen Aktionen auszuführen.

Erstellen des Installationspaketes

Das Installationspaket enthält ein Dialogfeld zum Festlegen der Konfiguration für die Datenbank. Die hierfür benötigten Werte werden in den Eigenschaften *DATABASENAME*, *DATAUSERNAME*, *NTAUTHENTIFICATION*, *SERVER* und *PASSWORD* abgelegt. Der Aufruf der benutzerdefinierten Aktion muss über eine Laufzeitbibliothek erfolgen, der diese Eigenschaften übergeben werden.

Die .NET-Komponente zum Erstellen der Datenbank wurde dem Installationspaket unter der Bezeichnung »CreateData.dll1« hinzugefügt und der Komponente »CREATE1.DLL1« zugeordnet. Die Komponente wurde mit einem Feature verknüpft und alle weiteren grundsätzlichen Implementierungen vorgenommen.

Im Microsoft .NET Framework ist die Datei *InstallUtilLib.dll* enthalten, die Funktionen bereitstellt, um .NET-Komponenten in benutzerdefinierten Aktionen zu verwenden. Diese Datei wurde unter der Bezeichnung »InstallUtilLib« der Tabelle *Binary* hinzugefügt.

Name	Data
InstallUtilLib	[BinaryData]

Tabelle 7.78: Tabelle Binary der Beispielanwendung

Es wurden zwei benutzerdefinierte Aktionen erstellt, um die Funktionalität der Datei *InstallUtilLib.dll* zu verwenden.

Action	Type	Source	Target
CreateDatabase.SetProperty	51	CreateDatabase	/action=install /dbname=[DATABASENAME] /dbserver=[SERVER] /dbuser=[DATAUSERNAME] / dbpw=[PASSWORD] /dbauth=[NTAUTHENTIFICATION] "[#CreateData.dll1]"
CreateDatabase	1025	InstallUtilLib	*ManagedInstall*

Tabelle 7.79: Tabelle CustomAction der Beispielanwendung

Die benutzerdefinierte Aktion »CreateDatabase.SetProperty« legt die Parameter fest, die an die Aktion »CreateDatabase« zu übergeben sind. Dem Parameter /action ist die durchzuführende Aktion zu übergeben. Gültige Werte hierfür sind *install*, *uninstall*, *rollback* und *commit*. Bei den weiteren Parametern handelt es sich um die benutzerdefinierten Eigenschaften zum Festlegen der Datenbankkonfiguration. Als Letztes wird der vollständige Pfad zu der .NET-Komponente übergeben, die die Logik zum Erstellen der Datenbank enthält. Die Aktion »CreateDatabase« basiert auf einer *Dynamic Link Library* (.*dll*), die als benutzerdefinierte Aktion mit verzögerter Ausführung (Deferred Custom Action) verwendet wird.

Die Aktionen werden im Rahmen der Skriptausführung verwendet. Daher ist es erforderlich, sie in der Tabelle *InstallExecuteSequence* zwischen den Aktionen *InstallInitialize* und *InstallFinalize* einzuordnen.

Action	Condition	Sequence
CreateDatabase.SetProperty	NOT Installed	5955
CreateDatabase	NOT Installed	5965

Tabelle 7.80: Tabelle InstallExecuteSequence *der Beispielanwendung*

Beachten Sie, dass die benutzerdefinierte Aktion »InstallCA.SetProperty« vor der Aktion »InstallCA« ausgeführt werden muss. Beide Aktionen sind mit einer Bedingung versehen, da diese nur während der Installation ausgeführt werden sollen.

Das Erstellen von benutzerdefinierten Aktionen für die Deinstallation und den Rollback ist auf identische Weise zu realisieren.

HINWEIS: Die Verwendung von .NET-Komponenten im Rahmen des Installationsprozesses setzt das Microsoft .NET Framework voraus. Aus diesem Grund ist die Existenz mit Hilfe der Tabelle *LaunchCondition* sicherzustellen.

Fazit

Dieses Kapitel stellte die dynamischen Ansätze bei der Erstellung von Windows Installer-Paketen in den Vordergrund. Im Rahmen dieser dynamischen Implementierung galt es, die Sequenzen, die Standardaktionen und die benutzerdefinierten Aktionen detailliert zu erläutern. Bei der Diskussion der Standardaktionen wurde eine Referenz der vom Windows Installer zur Verfügung gestellten Aktionen beigefügt. Die benutzerdefinierten Aktionen ermöglichen die Implementierung individueller Funktionalität und stellten den wesentlichen Abschnitt dieses Kapitels dar.

8 Die Benutzeroberfläche

232	Gestaltung der Benutzeroberfläche
236	Dialogfelder
250	Steuerelemente
297	Fazit

In der Vergangenheit habe ich mich viel mit dem Design von Benutzeroberflächen befasst, und hierbei die Entwicklung und Trends in Bezug auf den intuitiven Einsatz analysiert. Bei älteren Anwendungsprogrammen wirken die Benutzeroberflächen häufig überladen und sind für den Benutzer nicht oder nur teilweise intuitiv bedienbar. Obwohl Microsoft Windows immer neue Funktionen zur Gestaltung der Benutzeroberfläche zur Verfügung stellt, werden diese in modernen Anwendungen nicht primär, jedoch für den Anwender effektiv eingesetzt. Moderne Benutzeroberflächen sind in den meisten Fällen identisch aufgebaut, sodass der Benutzer diese neuen Anwendungen relativ schnell einsetzen kann.

Dieses beobachtete Verhalten bei den Anwendungsprogrammen ist nicht auf Installationsprogramme übertragbar. Ältere wie neue Installationsprogramme haben keinen identischen Aufbau. Einige Programme zeigen vollkommen überladene Dialogfelder mit Installationsoptionen an, andere hingegen führen den Benutzer programmtechnisch durch diese Einstellungen. In vielen Fällen sind die Überlegungen des Entwicklers bei der Gestaltung der Oberfläche nicht mit denen des Benutzers zu vereinbaren, sodass dieser extreme Probleme bei der Bedienung des Programms erfährt. Zur Gestaltung eines ordentlich konzipierten Installationsprogrammes sollten daher die folgenden Aspekte unbedingt berücksichtigt werden:

- Bei der Ausführung der Installationsroutine erhält der Benutzer erstmals Einblick in Ihre Anwendung. Jede noch so gute Anwendung wird zwangsläufig durch die Verwendung eines schlecht konzipierten Installationsprogrammes negativ betrachtet.
- Das Erscheinungsbild Ihres Installationsprogrammes ist einer der bedeutendsten Aspekte, durch den Sie sich von ihrem Mitbewerber abgrenzen können.
- Nehmen Sie den Power-User nicht als Maßstab. In vielen Fällen wird die Installation von Benutzern ausgeführt, die eher als Laien bezeichnet werden können.
- Beschränken Sie sich bei der Interaktion mit dem Benutzer ausschließlich auf die notwendigen Informationen.
- Fordern Sie vom Benutzer nicht für alles und jedes eine Bestätigung. Implementieren Sie eine Programmlogik, die dem Benutzer einige Entscheidungen abnimmt.

Die Abbildung 8.1 zeigt ein Dialogfeld, das dem Benutzer mitteilt, dass eine neuere Datei bereits auf dem System zu finden ist und gleichzeitig nachfragt, welche Tätigkeit das Installationsprogramm nun durchführen soll. Für einen Power-User ist diese Nachfrage sicherlich problemlos zu bewältigen. Ein unerfahrener Benutzer kann die Folgen dieser Aktion nicht absehen und sollte hierbei unterstützt werden.

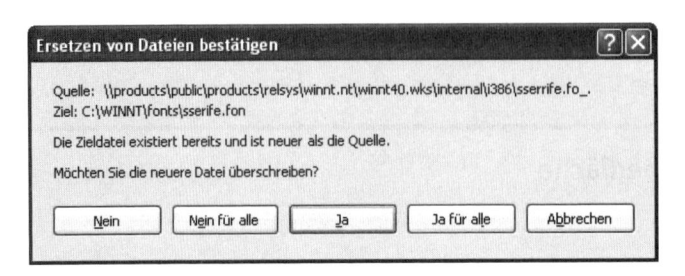

Abbildung 8.1: Interaktion mit dem Anwender

Der Microsoft Windows Installer stellt Funktionen bereit, um ansprechende, funktionale und intuitive Benutzeroberflächen zu gestalten. Während des Installationsprozesses wird der Benutzer vor schwer verständlichen Fragen geschützt, da der Windows Installer für Fälle wie im obigen Beispiel eine entsprechende Logik implementiert hat.

Der Windows Installer stellt sowohl eine interne als auch eine externe Benutzeroberfläche zur Verfügung. Bei der externen Verwendung wird die Benutzeroberfläche durch eine separate Anwendung repräsentiert, und die Kommunikation mit dem Windows Installer findet über *Callbacks* statt.

HINWEIS: Die externe Oberfläche kann durch die Windows Installer-Funktion *MsiSetExternalUI* verwendet werden. Im Rahmen dieses Buches wird jedoch auf diese Möglichkeit nicht näher eingegangen. Informationen finden Sie im Windows Installer SDK.

Wie bereits erläutert, sollten die Benutzeroberflächen von Installationsprogrammen einheitlich aufgebaut sein und somit dem Benutzer eine Einarbeitungszeit in diese Oberfläche ersparen. Das Design dieser Oberflächen und der hierbei verwendeten Steuerelemente wird durch Tabellen der Windows Installer-Datenbank realisiert. Ein guter Einstiegspunkt in die Gestaltung der zu verwendenden Dialogfelder stellt die Datenbank *UISample.msi* aus dem Windows Installer SDK dar.

Gestaltung der Benutzeroberfläche

Alle Informationen zur Darstellung der Benutzeroberfläche werden in mehreren Windows Installer-Tabellen verwaltet, wodurch sich die Gestaltung der Oberfläche, nicht von dem Design der weiteren Windows Installer-Implementierungen abhebt. Der Entwurf einer funktionellen, intuitiven und modernen Benutzeroberfläche stellt somit unter Verwendung des Windows Installer SDK eine große und besondere Herausforderung dar, weil kein Tool enthalten ist, um die Benutzeroberfläche grafisch zu gestalten. Der *Windows Installer Tabellen Editor* enthält lediglich eine Option zur Anzeige der Dialogfelder, der jedoch hervorragend zur Kontrolle verwendet werden kann.

In der heutigen Zeit, in der Benutzeroberflächen von Anwendungen mit Hilfsmitteln wie z.B. Microsoft Visual Studio .NET in kurzer Zeit gestaltet werden können, kommt einem das Design der Benutzeroberfläche von Windows Installer-Paketen mit *Orca* wie ein Rückschritt in längst vergessene Episoden der Programmentwicklung vor. Zum einen kann die Gestaltung von Oberflächen durch eigene Tools automatisiert werden, da sich die Erstellung lediglich auf die Ausführung von Datenbankabfragen erstreckt, zum anderen ist der Lerneffekt enorm. Um eine Benutzeroberfläche mit *Orca* zu gestalten, ist ein Verständnis der Arbeitsweise des Windows Installer hinsichtlich der Anzeige der Benutzeroberfläche, sowie des Zusammenspiels der verschiedenen hierfür benötigten Tabellen unerlässlich.

HINWEIS: Die nachfolgenden Darstellungen beziehen sich auf die beiliegende Datei *MySchema.msi* falls nicht ausdrücklich ein anderes Windows Installer-Paket hierfür angegeben wurde. Bei der Datei *MySchema.msi* handelt es sich um die Grundstruktur eines Microsoft Windows Installer-Paketes, das komplett mit *Orca* erstellt wurde.

Richtlinien

Beim Design der Benutzeroberfläche eines Windows Installer-Paketes können Sie auf vertraute Elemente wie QuickInfo, HotKeys etc. zurückgreifen. Beachten Sie jedoch hierbei, dass die Gestaltung einer den Active Accessibility® Guidelines entsprechenden Benutzeroberfläche eine entsprechende Kenntnis der benötigten Tabellenelemente voraussetzt, da die Implementierung der notwendigen Optionen nicht immer als intuitiv charakterisiert werden kann.

Nachfolgend finden Sie eine Auflistung der Aspekte und Vorgehensweisen, die beim Design der Benutzeroberfläche äußerst hilfreich erscheinen. Zusätzlich enthält diese Auflistung auch Informationen, die zur Verwendung des Installationsprogrammes mit der Microsoft Windows XP-Sprachausgabe oder anderen Bildschirmsprachausgabe-Anwendungen (Screen Reader) zu beachten sind.

Bildschirmsprachausgabe-Anwendungen ermöglichen die Ausgabe von Text auf alternative Medien. Zu diesen Medien gehören Sprachausgaben oder Anzeigegeräte, die Informationen in Blindenschrift darstellen. Zur Implementierung der vollständigen Möglichkeiten mit diesen Anwendungen müssen die verwendeten Steuerelemente mit Namen und Zugriffstasten versehen werden, die von der *Screen Reader-Anwendung* erkannt und dargestellt werden:

- Um QuickInfos für bestimmte Objekte anzuzeigen, müssen Sie diesen in der Spalte *Help* der Tabelle *Control* eingeben. Der eingegebene Text wird auch von Screen Reader-Anwendungen verwendet, falls das Steuerelement mit einem Bild angezeigt wird.
- Der Inhalt der Spalte *Text* der Tabelle *Control* wird für die Steuerelemente *VolumeCostList, ListView, DirectoryList* und *SelectionTree* niemals angezeigt. Der eingegebene Text wird von Screen Reader-Anwendungen über die Sprachausgabe ausgegeben.
- Auf einem Dialogfeld befindliche Steuerelemente sind über die Spalte *Control_Next* der Tabelle *Control* hinsichtlich der Tabulatorreihenfolge miteinander verkettet. Beachten Sie beim Design der Benutzeroberfläche, dass Steuerelemente auch über Tastenkombinationen oder die Tab-Taste erreichbar sein sollten.
- Die Farbe der Schriftarten, die in der Benutzeroberfläche verwendet werden, wird in der Tabelle *TextStyle* festgelegt. Hebt sich der festgelegte Text nicht stark genug vom Hintergrund ab, wird die Schriftfarbe ignoriert.
- Schriftarten, Schriftgrößen und zusätzliche Schriftattribute werden in der Tabelle *TextStyle* festgelegt.
- Bei der Verwendung von Steuerelementen vom Typ *Edit, PathEdit, ListView, ComboBox* oder *VolumeSelectCombo* werden von Screen Reader-Anwendungen der *Name* und der *HotKey* des vorangegangenen Bezeichnungsfelds verwendet. Es wird das Bezeichnungsfeld verwendet, das den Namen des Eingabesteuerelementes in der Spalte *Control_Next* enthält. Es wird für den Namen der Inhalt des Bezeichnungsfelds und für den *HotKey* die für das Bezeichnungsfeld angegebene Tastenkombination verwendet.
- Ein Bezeichnungsfeld kann niemals den Fokus erhalten. Das Bezeichnungsfeld, das Steuerelemente vom Typ *Edit, PathEdit, ListView, ComboBox* oder *VolumeSelectCombo* beschreibt, muss das erste Steuerelement auf dem Dialogfeld sein, um die Kompatibilität mit *Screen Reader-Anwendungen* sicherzustellen.

- Wird bei einem *PushButton* anstelle des Textes eine Bitmap oder ein Symbol angezeigt, können die notwendigen Optionen zur Implementierung von Namen und Zugriffstasten in der Spalte *Help* der Tabelle *Control* definiert werden. Beachten Sie, dass das Hilfefeld normalerweise die Quick-Info und den Hilfetext enthält. Beide Zeichenfolgen werden hierzu durch das Pipe-Zeichen »|« getrennt. Die Definition der Zugriffstasten muss sich auf der linken Seite des Trennzeichens befinden.
- Vermeiden Sie die Verwendung von Bezeichnungsfeldern mit schwarzer Schriftfarbe auf einem Hintergrund, der aus einer weißen Bitmap besteht. Falls der Benutzer das Farbschema auf *Kontrast Schwarz* ändert, ist der Text nicht sichtbar.
- Vermeiden Sie die Verwendung von Bezeichnungsfeldern mit weißer Schriftfarbe auf einem Hintergrund, der aus einem schwarzen Bitmap besteht. Falls der Benutzer das Farbschema auf *Kontrast Weiß* ändert, ist der Text nicht sichtbar.
- Beachten Sie, dass der Fokus in einem Dialogfeld niemals zu einer *RadioButtonGroup* wechseln kann, ohne dass ein *RadioButton* dieser Gruppe selektiert ist.

Benutzeroberflächenassistent

Die Implementierung der Benutzeroberfläche in Form eines von Microsoft Windows bekannten Assistenten gestaltet sich sehr einfach. Das erste Dialogfeld einer Installationssequenz wird im Normalfall über eine Aktion der entsprechenden *UISequence-Tabelle* aufgerufen. Beispielsweise beginnt die standardmäßige Installation mit der Anzeige des Dialogfeldes *Welcome*, das über eine Aktion der Tabelle *InstallUISequence* aufgerufen wird. Jedes Dialogfeld dieser Installationssequenz verfügt zum Wechseln der Dialogfelder über die Schaltflächen *Zurück* und *Weiter*. Durch die Ereignismethoden dieser Schaltflächen wird die Anzeige des vorherigen und des nächsten Dialogfeldes ermöglicht. Das letzte Dialogfeld dieser Sequenz enthält anstelle der Schaltfläche *Weiter* eine Schaltfläche mit der Bezeichnung *Fertig stellen* zum Starten des tatsächlichen Installationsprozesses.

Anzeige der Benutzeroberfläche

Der Microsoft Windows Installer unterstützt vier unterschiedliche Stufen zur Anzeige der Benutzeroberfläche, die unterschiedliche Erscheinungsbilder ermöglichen. Diese Stufen sind wie folgt definiert:

Stufe	Beschreibung
None	Installation ohne Benutzeroberfläche (Silent).
Basic	Zeigt die standardmäßigen nicht modalen Dialogfelder an, die zur Ausgabe von Fortschrittsanzeigen implementiert wurden.
Reduced	Zeigt alle nicht modalen Dialogfelder und die spezifizierten Dialogfelder zur Darstellung von Fehlermeldungen an.
Full	Zeigt modale und nicht modale Dialogfelder an, die für das interne UI konzipiert worden sind. Ebenfalls werden die Dialogfelder zur Darstellung von Fehlermeldungen verwendet.

Tabelle 8.1: *Stufen zur Anzeige der Benutzeroberfläche*

Die zu verwendende Stufe kann über die Eigenschaft *UILevel* sowie über die Funktion *MsiSetInternalUI* festgelegt werden. Ebenfalls kann die Befehlszeilenoption */q* mit weiteren Argumenten verwendet werden.

Schema der Benutzeroberfläche

Die Abbildung 8.2 zeigt Ihnen die Tabellen der Windows Installer-Datenbank, die zur Anzeige der Benutzeroberfläche und zur Darstellung der verwendeten Steuerelemente benötigt werden:

ComboBox
- Property
- Order
- Value
- Text

CheckBox
- Property
- Value

ListBox
- Property
- Order
- Value
- Text

ControlEvent
- Dialog_ (FK)
- Control_ (FK)
- Event
- Argument
- Condition
- Ordering

UIText
- Key
- Text

TextStyle
- TextStyle
- FaceName
- Size
- Color
- StyleBits

Dialog
- Dialog
- Hcentering
- Vcentering
- Width
- Height
- Attributes
- Title
- Control_First
- Control_Default
- Control_Cancel

EventMapping
- Dialog_ (FK)
- Control_ (FK)
- Event
- Attribute

Control
- Dialog_ (FK)
- Control
- Type
- X
- Y
- Width
- Height
- Attributes
- Property
- Test
- Control_Next (FK)
- Help

RadioButton
- Property
- Order
- Value
- X
- Y
- Width
- Height
- Text (FK)
- Help

Binary
- Name
- Data

ListView
- Property
- Order
- Value
- Text
- Binary_ (FK)

ControlCondition
- Dialog_ (FK)
- Control_ (FK)
- Action
- Condition

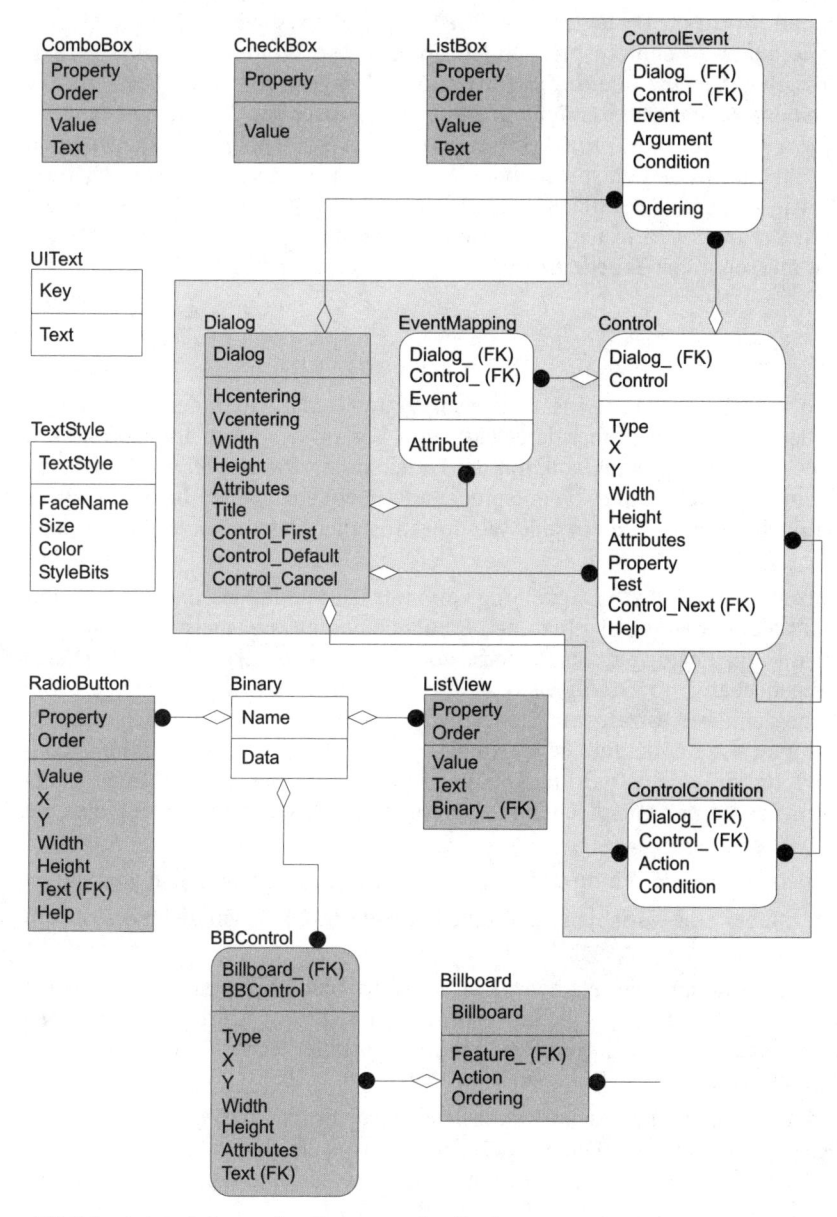

BBControl
- Billboard_ (FK)
- BBControl
- Type
- X
- Y
- Width
- Height
- Attributes
- Text (FK)

Billboard
- Billboard
- Feature_ (FK)
- Action
- Ordering

Abbildung 8.2: *Schema des Benutzeroberfläche*

Die Basistabelle zur Darstellung der Benutzeroberfläche ist die Tabelle *Dialog*. Hier werden sämtliche Informationen für die zu verwendenden Dialogfelder abgelegt. Die Tabelle *Controls* enthält eine Liste aller im Windows Installer-Paket verwendeten Steuerelemente. Hiervon abhängig sind die

Die Benutzeroberfläche

Tabellen *ControlEvent* und *ControlCondition*, die die Ereignisse bzw. Bedingungen der jeweiligen Steuerelemente enthalten. Je nach Typ des Steuerelementes existieren zusätzliche Tabellen, die ergänzende Informationen und Eigenschaften enthalten.

Zur Erstellung von benutzerdefinierten Dialogfeldern legen Sie in der Spalte *Dialog* der Tabelle *Dialog* einen eindeutigen Namen für dieses Dialogfeld fest. Anschließend spezifizieren Sie die Größe, Position und weitere Eigenschaften in den entsprechenden Spalten. Der Windows Installer enthält alle notwendigen Standardsteuerelemente, die in diesem Dialogfeld angezeigt werden können. Zur Darstellung eines Steuerelementes auf einem bestimmten Dialogfeld müssen Sie den Namen des Dialogfeldes in der Spalte *Dialog_* der Tabelle *Control* verwenden. Legen Sie den Typ und die weiteren Eigenschaften des Steuerelementes in den entsprechenden Spalten fest. Handelt es sich hierbei um ein aktives Steuerelement, wie z.B. eine Schaltfläche, müssen Sie die Aktion, die bei Betätigung ausgeführt wird, in der Tabelle *ControlEvent* festlegen. Passive Steuerelemente, die auf entsprechende Ereignisse reagieren sollen, müssen in der Tabelle *EventMapping* festgelegt werden.

Dialogfelder

Dialogfelder stellen die Benutzeroberfläche des Installationsprogrammes dar. Sie fordern Informationen vom Benutzer und geben ein Feedback über den Status und Verlauf des Installationsprozesses. Das Windows Installer SDK enthält eine Datenbank mit der Bezeichnung *UISample.msi*, in der sich die am häufigsten benötigten Dialogfelder und die entsprechenden Sequenztabellen befinden. Diese Datenbank kann relativ einfach angepasst und in jede Windows Installer-Datenbank importiert werden.

Der Microsoft Windows Installer benötigt zur Darstellung von internen Meldungen und Fehlern entsprechende Dialogfelder mit einem Satz an signifikanten Steuerelementen. Beispielsweise muss die Windows Installer-Datenbank ein Dialogfeld zur Anzeige von Fehlermeldungen enthalten. Dieses Dialogfeld wird über die Eigenschaft *ErrorDialog* als Standarddialog für diesen Zweck definiert. Ein solches Dialogfeld muss eine definierte Anzahl von Steuerelementen enthalten, um auf die auftretenden Fehler reagieren zu können. Ist auf diesem Dialogfeld ein Steuerelement vom Typ Symbol (Icon) mit der Bezeichnung *ErrorIcon* vorhanden, wird in Abhängigkeit zum auftretenden Fehlertyp (Fehler, Warnung, Information), das hierfür entsprechende Symbol automatisch in dem Steuerelement angezeigt.

Die Anzeige von Dialogfeldern kann dem Windows Installer auf mehrere Arten mitgeteilt werden:

- Festlegen des Dialogfeldes über eine Variable in der Tabelle *Property*. Diese Vorgehensweise trifft für den *Fehlerdialog* zu.

- Identifizieren des Dialogfeldes anhand des Namens. Der Windows Installer enthält eine Liste von reservierten Namen für Dialogfelder, die bei Bedarf geprüft und angezeigt werden. Diese Vorgehensweise wird beispielsweise angewandt, wenn der Windows Installer feststellt, dass Dateien in Verwendung sind. In diesem Fall wird das Dialogfeld *FilesInUse* angezeigt.

- Identifizieren der Dialogfelder über spezifische Kennzeichnungen in den *UISequence-Tabellen*. Die Dialogfelder zur Anzeige eines fatalen Fehlers »–3«, zur Anzeige eines Installationsabbruches durch den Benutzer »–2« und zur Anzeige des ordnungsgemäßen Abschlusses des Installationsprozesses »–1« werden über diese Routine festgelegt.

   HINWEIS: Die Existenz der benötigten Dialogfelder sowie die Implementierung der erforderlichen Steuerelemente auf diesen Dialogfeldern werden bei der Validierung mittels *ICE20* überprüft.

Sie können individuelle Dialogfelder erstellen, die entweder in einer definierten Ausführungssequenz angezeigt werden oder durch das Auslösen eines Ereignisses von einem anderen Dialogfeld aktiviert werden.

Reservierte Namen für Dialogfelder

Die nachfolgend aufgeführten Namen der Dialogfelder sind vom Windows Installer reserviert und dürfen nicht von benutzerdefinierten Dialogfeldern für einen abweichenden Zweck verwendet werden. Der Windows Installer überprüft das Vorhandensein dieser Dialogfelder anhand der Tabelle *Dialog*.

FilesInUse

Dieses Dialogfeld informiert den Benutzer während des Installationsprozesses über verwendete Dateien, die im Laufe der Installation ersetzt oder entfernt werden müssen. Hierdurch besitzt der Benutzer die Möglichkeit, die entsprechenden Prozesse zu beenden, um einen unnötigen Computerneustart zum Ersetzen der Dateien zu vermeiden. Dieses Dialogfeld wird automatisch durch die Aktion *InstallValidate* erzeugt, falls es erforderlich ist.

Das Dialogfeld *FilesInUse* muss ein Listenfeld (ListBox) enthalten, in dem die Spalte *Property* auf den Wert *FileInUseProcess* festgelegt wurde. Beim Erreichen der Aktion *InstallValidate* überprüft der Windows Installer den Status jeder zu installierenden Datei, die überschrieben oder ersetzt werden muss.

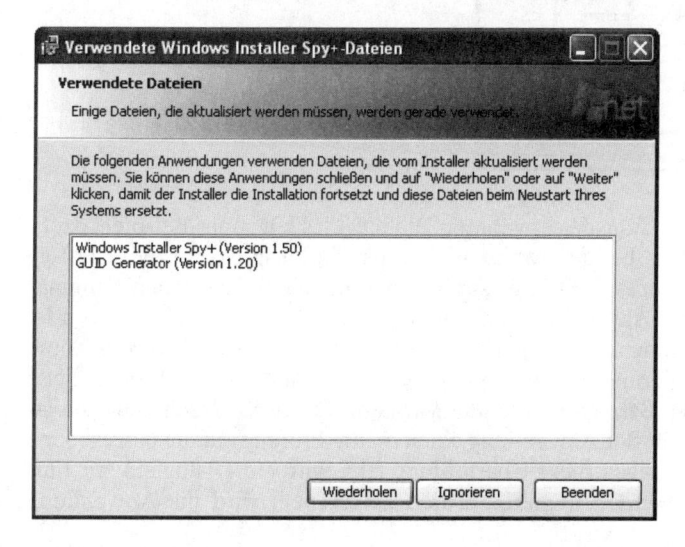

Abbildung 8.3: *Das Dialogfeld FilesInUse*

Für jede Datei, die in Verwendung ist, wird der Tabelle *ListBox* ein temporärer Eintrag hinzugefügt, der folgende Werte enthält:

Spalte	Inhalt
Property	FileInUseProcess
Value	Der Name des Prozesses.
Text	Der Fenstertitel des Hauptfensters, das von dem Prozess ausgeführt wird.

Tabelle 8.2: *Eintragungen in der Tabelle* ListBox

FirstRun

Das Dialogfeld *FirstRun* wird benötigt, um Benutzerinformationen zu erfassen und zu verifizieren. Die Benutzerinformationen beziehen sich normalerweise auf den Benutzernamen, die Firma und die Seriennummer des Produktes. Bei der Überprüfung der Seriennummer wird ein Steuerelement verwendet, das eine direkte Eingabevalidierung durchführt. Das Dialogfeld *FirstRun* ist standardmäßig in keiner Installationssequenz zu finden, vielmehr existieren in vielen Fällen Dialoge wie *CustomerInformation*, die diese Informationen bereitstellen und in den entsprechenden Sequenzen vorhanden sind. Eine Überprüfung auf Existenz dieses Dialogfeldes wird vom Windows Installer nicht durchgeführt.

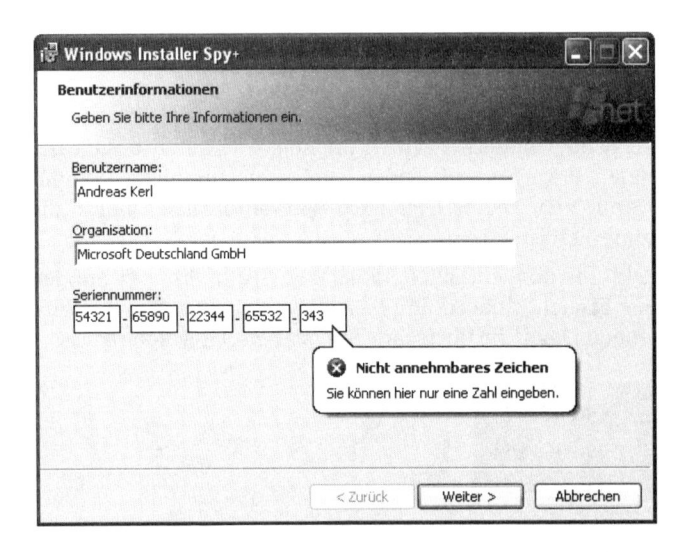

Abbildung 8.4: Das Dialogfeld FirstRun

Sie sollten jedoch hinsichtlich der Verwendung des erwähnten Dialogfeldes folgendes Beispiel beachten: Sie erstellen ein Installationsszenario, bei dem während des Installationsprozesses ein CD-Key oder eine Seriennummer geprüft wird. Der Algorithmus zur Validierung der eingegebenen Nummer befindet sich in einer benutzerdefinierten Aktion, die in Form einer C++-DLL implementiert wurde. Ein Benutzer, der nicht über die Seriennummer verfügt, kann aus dem Windows Installer-Paket ohne Schwierigkeiten die Eingabe- und Validierungsmöglichkeiten entfernen. Nach diesem Eingriff ließe sich das Produkt problemlos installieren. Betrachten Sie nun Microsoft Office XP. Nach der Installation dieser Software wird beim ersten Start der Anwendung eine erneute Prüfung auf die eingegebene und gültige Seriennummer ausgeführt. Schlägt diese Überprüfung fehl, wird ein Dialogfeld zur Eingabe der benötigten Daten angezeigt. Werden ungültige Daten eingegeben, wird die Anwendung automatisch beendet.

Seitens der Programmlogik ist es natürlich möglich, ein entsprechendes Dialogfeld mit Validierungsfunktionen in die Anwendung zu integrieren. Ein wesentlich einfacherer Weg liegt jedoch in der Verwendung des Dialogfeldes *FirstRun*. Dieses Dialogfeld kann über die Methode *CollectUserInfo* der Windows Installer-Objektbibliothek oder der Windows Installer-Funktion *MsiCollectUserInfo* aufgerufen werden.

```
public void CheckCustomerInfo()
{
    // Variablen-Deklaration und Instanzierung
    WindowsInstaller.Installer Installer = new WindowsInstallerClass() as Installer;
```

```
// UI-Level setzen
Installer.UILevel = MsiUILevel.msiUILevelFull;

try
{
    // Benutzerinformationen von Microsoft Office XP abrufen
    Installer.CollectUserInfo("{90280407-6000-11D3-8CFE-0050048383C9}");
}
catch
{
    // Fehlerhafte Eingabe
}
}
```

Listing 8.1: Überprüfung der Benutzerdaten

Benötigte Dialogfelder

Der Windows Installer benötigt einen gewissen Satz an Dialogfeldern, um spezifische Hinweise im Installationsprozess auszugeben. Während der Installation wird beim Auftreten eines bestimmten Ereignisses das zur Darstellung benötigte Dialogfeld anhand der Tabellen zur Anzeige der Benutzeroberfläche (*InstallUISequence* und *AdminUISequence*) identifiziert. Tritt beispielsweise während einer Standardinstallation ein schwerwiegender Fehler (Fatal Error) auf, wird das Dialogfeld angezeigt, das in der Tabelle *InstallUISequence* mit der Sequenznummer »–3« definiert ist. Die Tabelle 8.3 zeigt die spezifischen Ereignisse und die zugeordneten Sequenznummern zur Steuerung der Installation.

Ereignis	Sequenz	Beschreibung
Suspend	-4	Die Installation wurde vorübergehend unterbrochen. Dieses Dialogfeld ist nicht unbedingt erforderlich und daher in den wenigsten Windows Installer-Paketen zu finden.
Fatal Error	-3	Die Installation wurde durch einen schwerwiegenden Fehler abgebrochen.
User Exit	-2	Die Installation wurde durch den Benutzer abgebrochen.
Exit	-1	Die Installation wurde ordnungsgemäß beendet.

Tabelle 8.3: Sequenznummern zur Steuerung der Installation

Ergänzend zu der Festlegung von Dialogfeldern in den Sequenztabellen, muss ein Dialogfeld zur Darstellung von Fehlermeldungen definiert werden. Dieses Dialogfeld lässt sich individuell benennen, es muss jedoch als Fehlerdialog durch die Eigenschaft *ErrorDialog* in der Tabelle *Property* bestimmt werden.

FatalError

Hierbei handelt es sich um ein modales Dialogfeld, das am Ende des Installationsprozesses angezeigt wird, falls während der Installation ein schwerwiegender Fehler auftritt. Dieses Dialogfeld enthält im einfachsten Fall ein Bezeichnungsfeld (Text) und eine Schaltfläche (PushButton) zum Beenden der Installation. In diesem Dialogfeld wird keine detaillierte Darstellung des aufgetretenen Fehlers angezeigt.

Abbildung 8.5: Das Dialogfeld FatalError

Die Definition dieses Dialogfeldes muss in den beiden Tabellen *InstallUISequence* und *AdminUISequence* erfolgen. Beide Tabellen müssen die nachfolgenden Werte enthalten:

Spalte	Inhalt
Action	Der Name des Dialogfeldes *FatalError*, wie es in der Tabelle *Dialog* gespeichert ist.
Condition	Null
Sequence	-3

Tabelle 8.4: Eintragungen zur Definition des Dialogfeldes FatalError

UserExit

Hierbei handelt es sich um ein modales Dialogfeld, das am Ende des Installationsprozesses angezeigt wird, wenn der Benutzer die Installation vorzeitig abbricht.

Abbildung 8.6: Das Dialogfeld UserExit

Die Definition dieses Dialogfeldes muss in den beiden Tabellen *InstallUISequence* und *AdminUISequence* erfolgen. Beide Tabellen müssen die nachfolgenden Werte enthalten:

Spalte	Inhalt
Action	Der Name des Dialogfeldes *UserExit*, wie es in der Tabelle *Dialog* gespeichert ist.
Condition	Null
Sequence	-2

Tabelle 8.5: Eintragungen zur Definition des Dialogfeldes UserExit

Exit

Dieses Dialogfeld wird angezeigt, wenn der Installationsprozess ordnungsgemäß durchgeführt wurde. Im einfachsten Fall verfügt dieses Dialogfeld über die Schaltfläche *OK* und einen Hinweistext, der den Benutzer über die ordnungsgemäße Installation informiert. In vielen Fällen enthält dieses Dialogfeld variable Textinhalte wie z.B. Installation, Deinstallation oder Reparatur. Die Anzeige des jeweils benötigten Textes wird über entsprechende Bedingungen realisiert.

Abbildung 8.7: Das Dialogfeld Exit

Die Definition dieses Dialogfeldes muss in den beiden Tabellen *InstallUISequence* und *AdminUISequence* erfolgen. Beide Tabellen müssen die nachfolgenden Werte enthalten:

Spalte	Inhalt
Action	Der Name des Dialogfeldes *Exit*, wie es in der Tabelle *Dialog* gespeichert ist.
Condition	Null
Sequence	-1

Tabelle 8.6: Eintragungen zur Definition des Dialogfeldes Exit

Error

Das Dialogfeld *Error* ist ein modales Dialogfeld, welches vom Windows Installer verwendet wird, um Fehlermeldungen anzuzeigen. Es können mehrere Dialogfelder zur Darstellung von Fehlermeldungen in der Windows Installer-Datenbank vorhanden sein. Daher muss das tatsächlich zu verwendende Dialogfeld durch die Eigenschaft *ErrorDialog* in der Tabelle *Property* festgelegt werden. Wird hingegen für ein Windows Installer-Paket kein Dialogfeld zum Anzeigen von Fehlermeldungen definiert, werden auftretende Fehler ausschließlich dem Installationsprotokoll angefügt.

Bei einem Dialogfeld zur Anzeige von Fehlermeldungen muss das Dialogattribut *msidbDialogAttributesError* verwendet werden. Das Dialogfeld muss über ein Bezeichnungsfeld (Text) mit der Bezeichnung *ErrorText* verfügen, das in der Tabelle *Dialog* als erstes Steuerelement für den Fehlerdialog definiert wurde. Die in diesem Feld angezeigte Fehlermeldung resultiert aus den Daten der Tabelle *Error*. Zusätzlich muss das Dialogfeld über sieben Schaltflächen (PushButton) verfügen, von denen für jede das Ereignis *EndDialog* in der Tabelle *ControlEvent* definiert wurde. Jede Schaltfläche ist daher noch mit einem spezifischen Attribut versehen. Die nachfolgende Liste zeigt die notwendigen und optionalen Steuerelemente für das Dialogfeld *Error*. Die Spalte *Argument* stellt hierbei das spezifische Attribut dar, das an das Ereignis *EndDialog* übergeben werden muss.

Name	Typ	Argument	Beschreibung
A	PushButton	ErrorAbort	Die Schaltfläche *Installation beenden*
C	PushButton	ErrorCancel	Die Schaltfläche *Abbrechen*
I	PushButton	ErrorIgnore	Die Schaltfläche *Ignorieren* oder *Weiter*
N	PushButton	ErrorNo	Die Schaltfläche *Nein*
O	PushButton	ErrorOk	Die Schaltfläche *OK*
R	PushButton	ErrorRetry	Die Schaltfläche *Wiederholen*
Y	PushButton	ErrorYes	Die Schaltfläche *Ja*
ErrorText	Text		Bezeichnungsfeld zur Darstellung der Fehlermeldung
ErrorIcon	Icon		Steuerelement zur Darstellung des zur Fehlermeldung zugehörenden Symbols. Dieses Steuerelement ist optional.

Tabelle 8.7: Steuerelemente für das Dialogfeld Error

Die Benutzeroberfläche

Bei der Anzeige einer Fehlermeldung wird das Layout des Dialogfeldes vom Windows Installer entsprechend des Fehlers individuell angepasst. Es werden nur die Schaltflächen angezeigt, die mit dem Fehler in Beziehung stehen. Beachten Sie beim Design dieses Dialogfeldes, dass der Windows Installer die X-Koordinate der Schaltflächen selbstständig anpasst, sodass alle anzuzeigenden Schaltflächen nebeneinander dargestellt werden. Die Y-Koordinate, die Höhe und die Breite der Schaltflächen werden vom Windows Installer hierbei nicht verändert.

HINWEIS: Die Tabulatorreihenfolge für die Steuerelemente dieses Dialogfeldes kann nicht über die Spalte *Control_Next* der Tabelle *Control* festgelegt werden. Die beiden Spalten *Control_Default* und *Control_Cancel* der Tabelle *Dialog* werden ebenfalls ignoriert. In der Spalte *Control_First* muss das Steuerelement mit der Bezeichnung *ErrorText* angegeben werden.

Abbildung 8.8: Das Dialogfeld zur Anzeige von Fehlermeldungen

Befindet sich auf dem Dialogfeld ein Steuerelement vom Typ Symbol (Icon) mit der Bezeichnung *ErrorIcon*, werden in diesem – in Abhängigkeit zum auftretenden Fehler – die folgenden Symbole verwendet:

Wert	Symbol	Beschreibung
IDI_ERROR	❌	Wird beim Auftreten von schwerwiegenden Fehlern angezeigt.
IDI_WARNING	⚠	Wird beim Auftreten von Fehlern und Warnungen angezeigt.
IDI_INFORMATION	ⓘ	Wird zur Darstellung von Informationen, wie z.B. nicht ausreichender Speicherplatz, angezeigt.

Tabelle 8.8: Symbole im Steuerelement ErrorIcon

TIPP: Legen Sie für das Steuerelement mit der Bezeichnung *ErrorIcon* das Attribut *FixedSize* fest, um unpassende Größenänderungen bei der Darstellung der Symbole zu vermeiden.

Typische Dialogfelder

Die nachfolgenden Dialogfelder sind optional und stellen eine Auswahl aus einer typischen Windows Installer-Benutzeroberfläche dar. Die Bezeichnung dieser Dialogfelder ist nicht festgelegt, jedoch sollten hierfür aussagekräftige Namen verwendet werden.

DiskCost

Dieses Dialogfeld wird angezeigt, wenn die Eigenschaft *OutOfDiskSpace* gesetzt wurde, um festzulegen, dass nicht genügend Speicher auf dem Datenträger zur Durchführung der Installation vorhanden ist.

Dieses Dialogfeld kann auch von weiteren Dialogfeldern aufgerufen werden, um dem Benutzer einen Überblick über den benötigten Speicherbedarf zu beschaffen.

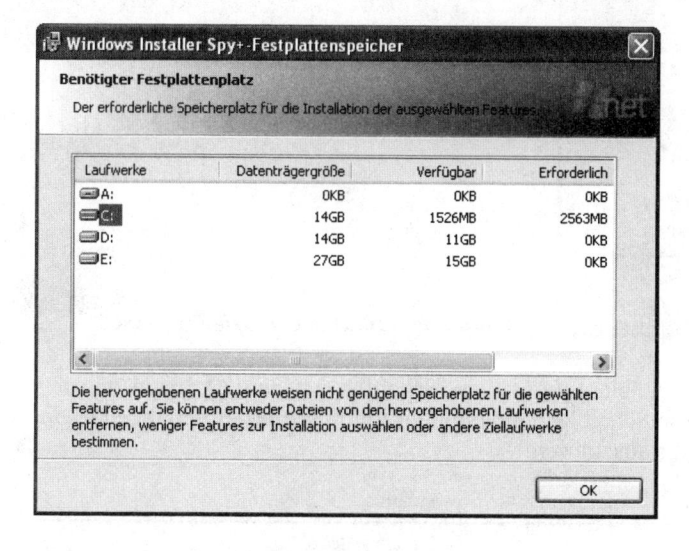

Abbildung 8.9: Das Dialogfeld DiskCost

Bei dem Dialogfeld *DiskCost* handelt es sich um ein modales Dialogfeld, das eine Schaltfläche enthält, um zum vorherigen Dialogfeld zurückzugelangen. Ebenfalls verfügt dieses Dialogfeld über eine Speicherplatzdarstellung (*VolumeCostList*). Beim Erreichen der Aktion *InstallValidate* überprüft der Windows Installer den Status jeder zu installierenden Datei und berechnet den erforderlichen Speicherbedarf. Hierbei werden natürlich zugehörige Einträge in die Systemregistrierung und zu erstellende Verknüpfungen ebenfalls herangezogen. Der Berechnungsprozess berücksichtigt Dateien, die entfernt oder ersetzt werden, die Clustergröße des verwendeten Dateisystems und den Speicherbedarf für den Rollbackmechanismus.

Browse

Das Dialogfeld *Browse* ermöglicht dem Benutzer das Festlegen eines Zielverzeichnisses. Sollte dieses Verzeichnis nicht existieren, kann es durch dieses Dialogfeld angelegt werden. Das Dialogfeld *Browse* verfügt standardmäßig über die folgenden Steuerelemente, die alle mit der gleichen Eigenschaft verknüpft sind. Die Eigenschaft enthält den ausgewählten Installationspfad:

- Das Pfadbearbeitungsfeld (*PathEdit*) ermöglicht dem Benutzer die manuelle Eingabe des Installationsverzeichnisses.

- Das Verzeichniskombinationsfeld (*DirectoryCombo*) enthält die Ziellaufwerke und die bereits definierten Verzeichnisse. Über dieses Steuerelement kann der Typ der zu verwendenden Ziellaufwerke festgelegt werden, z.B. Festplattenlaufwerke, Diskettenlaufwerke.

- Die Verzeichnisliste (*DirectoryList*) stellt die Unterverzeichnisse des aktuellen Installationspfades dar.

Zusätzlich sind natürlich die Schaltflächen *OK* und *Abbrechen* auf diesem Dialogfeld zu finden.

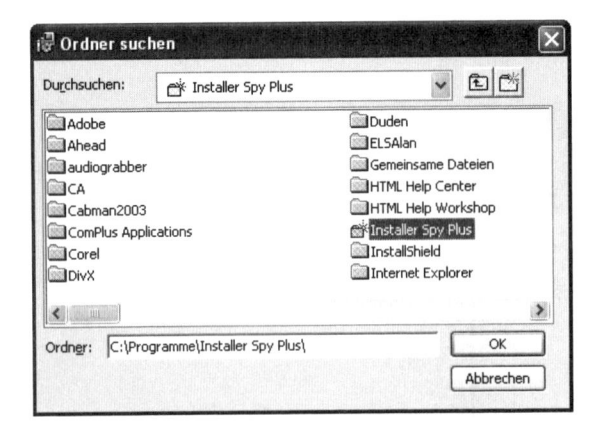

Abbildung 8.10: Das Dialogfeld Browse

Das Dialogfeld *Browse* enthält in vielen Fällen zusätzliche Schaltflächen, um Aktionen mit dem aktuellen Verzeichnis auszuführen. Diese Schaltflächen enthalten Eintragungen in der Tabelle *ControlEvent*, um das entsprechende Ereignis auszulösen.

Beschreibung	Ereignis
Zum übergeordneten Verzeichnis wechseln.	*DirectoryListUp*
Einen neuen Ordner erstellen.	*DirectoryListNew*
Markierten Ordner öffnen.	*DirectoryListOpen*

Tabelle 8.9: Schaltflächen auf dem Dialogfeld Browse

Beim Aktivieren der Schaltfläche zum Erstellen eines neuen Verzeichnisses, wird ein Standardordnername verwendet. Dieser zu verwendende Standardwert kann in der Tabelle *UIText* über das Festlegen eines Wertes für den Schlüssel »NewFolder« definiert werden. Der zu verwendende Name sollte im Format *kurzer Dateiname|langer Dateiname* angegeben werden.

Cancel

Das Dialogfeld *Cancel* ermöglicht dem Benutzer, den Installationsprozess vorzeitig zu beenden. Hierbei handelt es sich um ein modales Dialogfeld. Das Dialogfeld *Cancel* enthält ein Bezeichnungsfeld (*Text*) und zwei Schaltflächen (*PushButton*). Die zwei Schaltflächen ermöglichen dem Benutzer den Abbruch des Installationsprozesses oder die Rückkehr zu dem vorherigen Dialogfeld.

Abbildung 8.11: Das Dialogfeld Cancel

Die gerade angesprochenen Schaltflächen *Ja* und *Nein* lösen das Ereignis *EndDialog* aus, das in der Tabelle *ControlEvent* definiert wurde. Der Parameter *Return* des Ereignisses *EndDialog* ist mit der Schaltfläche *Nein* verknüpft. Beim Aktivieren dieser Schaltfläche wird das Dialogfeld *Cancel* geschlossen und der Fokus wechselt zum vorherigen Dialogfeld zurück. Der Parameter *Exit* ist mit der Schaltfläche *Ja* verknüpft. Beim Aktivieren wird der Windows Installer informiert, dass der Benutzer den Installationsprozess vorzeitig abbrechen möchte. Beim Aktivieren dieser Schaltfläche wird der Verarbeitungsvorgang beendet und der Windows Installer zeigt das Dialogfeld *UserExit* an.

LicenseAgreement

Dieses modale Dialogfeld ist in die Sequenz zur Darstellung durch den Benutzeroberflächenassistent integriert und zeigt dem Benutzer die Lizenzvereinbarungen an. Typischerweise enthält dieses Dialogfeld ein Steuerelement vom Typ Bildlauffähiger-Text (ScrollableText) zur Anzeige der Lizenzvereinbarung und eine Auswahlmöglichkeit zur Annahme oder Ablehnung dieser Vereinbarung. Die Lizenzvereinbarung kann im Rich-Text-Format (RTF) vorliegen.

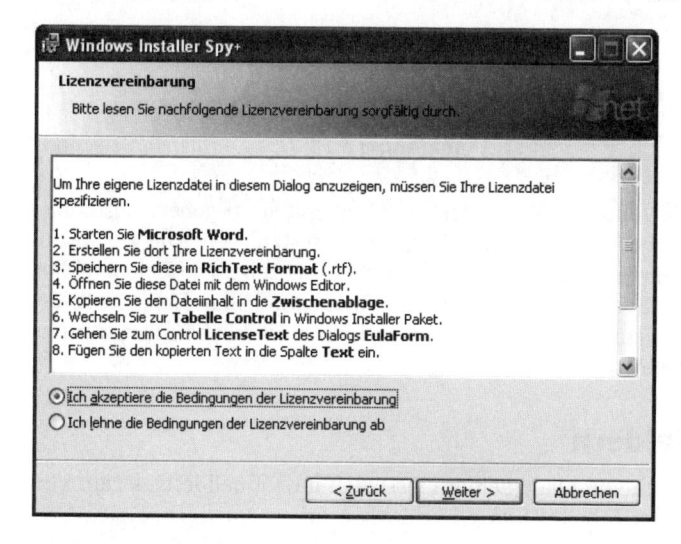

Abbildung 8.12: Das Dialogfeld LicenseAgreement

Aus rechtlichen Gründen ist es wichtig, dass die Option mit der Ablehnung der Lizenzvereinbarung vorselektiert ist. Hierdurch muss der Anwender aktiv tätig werden, um den Lizenzvertrag anzunehmen und den Installationsprozess fortzusetzen. Häufig wird zur Darstellung dieser Auswahlmöglichkeit eine Optionsfeldgruppe (RadioButtonGoup) verwendet.

HINWEIS: Beachten Sie, dass der Fokus durch Aktivieren der Tabulatortaste nur zu der Optionsfeldgruppe wechseln kann, wenn eine darin befindliche Option ausgewählt ist. Definieren Sie aus diesem Grund einen Standardwert in der Tabelle *Property* für diese Optionsfeldgruppe.

Selection

Dieses modale Dialogfeld ist in die Sequenz zur Darstellung durch den Benutzeroberflächenassistent integriert und ermöglicht die individuelle Auswahl einzelner Features für den Installationsprozess. Typischerweise enthält dieses Dialogfeld ein Steuerelement vom Typ Auswahlstruktur (SelectionTree), das bei der Benutzung mehrere Ereignisse auslöst. Die ausgelösten Ereignisse sind sehr vielseitig und können von Steuerelementen vom Typ Bezeichnungsfeld (Text), Symbol (Icon) und Bitmap zur Anzeige von Informationen des ausgewählten Features verwendet werden.

Auf diesem Dialogfeld befindet sich ebenfalls eine Schaltfläche, die das Ereignis *SelectionBrowse* auslöst und damit das Dialogfeld *Browse* zur Auswahl eines Installationsverzeichnisses aufruft. Die Auswahlstruktur kann nur verwendet werden, nachdem die Aktionen *CostInitialize* und *CostFinalize* ausgeführt wurden.

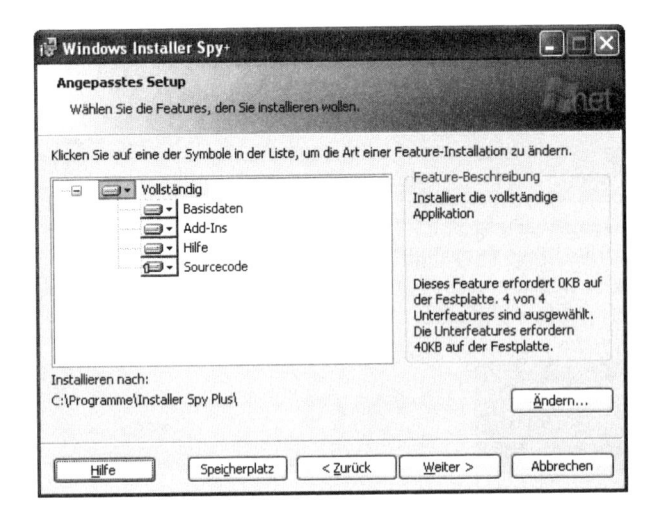

Abbildung 8.13: Das Dialogfeld Selection

Das Dialogfeld *Selection* wird verwendet, um dem Benutzer die Möglichkeit zu geben, bestimmte Features auszuwählen und hierfür entsprechende Installationsoptionen festzulegen. Die zur Verfügung stehenden Features werden mit ihrem Titel in der Auswahlstruktur angezeigt. Die Zeichenfolge, die sich in der Spalte *Description* der Tabelle *Features* befindet, wird durch das Ereignis *SelectionDescription* veröffentlicht. Dieses Ereignis kann von einem Bezeichnungsfeld abonniert werden, das daraufhin die aktuelle Beschreibung darstellt.

Eigenschaften von Dialogfeldern

Die optische Darstellung und das Verhalten von Dialogfeldern lässt sich individuell festgelegen. Verwenden Sie hierzu die Spalte *Attributes* der Tabelle *Dialog*.

Die Tabelle 8.10 zeigt Ihnen die möglichen Attribute:

Name	Wert	Bedeutung
Visible	1	Das Dialogfeld ist sichtbar.
Modal	2	Das Dialogfeld wird modal angezeigt.
Minimize	4	Das Dialogfeld kann minimiert werden.
SysModal	8	Das Dialogfeld wird systemmodal angezeigt.
KeepModeless	16	Andere Dialogfelder werden nicht zerstört, wenn dieses Dialogfeld erstellt wird.
TrackDiskSpace	32	Das Dialogfeld ermittelt dynamisch den freien Speicherplatz.
UseCustomPalette	64	Es wird die Farbpalette des ersten Steuerelementes verwendet.
RTLRO	128	Das Dialogfeld verwendet die Rechts-nach-Links-Schreibweise.
RightAligned	256	Der Text wird rechtsbündig in diesem Dialogfeld ausgerichtet.
LeftScroll	512	Eine Bildlaufleiste wird an der linken Seite des Dialogfeldes angezeigt.
BIDI	896	Eine Kombination aus *RTLRO*, *RightAligned* und *LeftScroll*.
Error	65.536	Das Dialogfeld wird zur Anzeige von Fehlermeldungen verwendet.

Tabelle 8.10: Attribute für Dialogfelder

Auf der beiliegenden Buch-CD befindet sich eine Anwendung mit der Bezeichnung *Attributes.Exe*, die Sie bei der Festlegung von Attributen unterstützt. Die Anwendung kann ebenfalls aus einer bestimmten Bitkombination die einzelnen Attribute extrahieren.

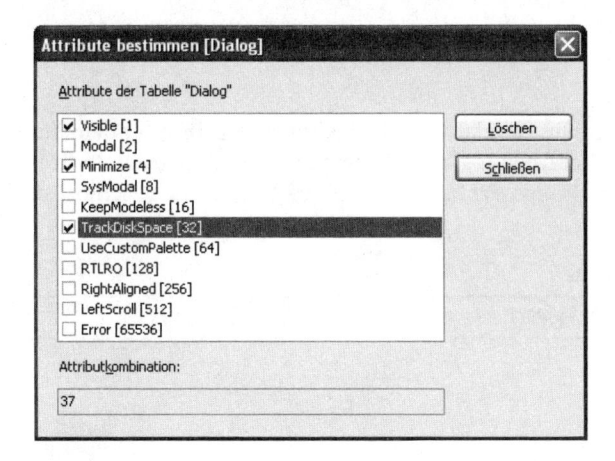

Abbildung 8.14: *Anwendung zum Berechnen der Attributwerte*

Visible

Sie müssen dieses Attribut verwenden, damit das Dialogfeld angezeigt wird.

Dezimal	Hexadezimal	Konstante
1	0x00000001	*msidbDialogAttributesVisible*

Tabelle 8.11: *Definition des Attributes* Visible

Modal

Das Dialogfeld wird modal angezeigt, sodass die Verarbeitung des Installationsprozesses unterbrochen wird, bis dieses Dialogfeld geschlossen wurde. Beachten Sie, dass die Dialogfelder des Benutzeroberflächenassistenten modal definiert sind, sodass der Verarbeitungsprozess erst fortgesetzt wird, nachdem das letzte Dialogfeld dieser Sequenz geschlossen wurde. Wird das Attribut *Modal* nicht gesetzt, wird das Dialogfeld nicht modal angezeigt. Nachdem ein nicht modales Dialogfeld erstellt und angezeigt worden ist, gibt die Benutzeroberfläche die Kontrolle an den Windows Installer zurück, der die weiteren Verarbeitungsschritte durchführt. Der Windows Installer sendet im Folgenden periodische Meldungen an das Dialogfeld, um Statusmeldungen o.ä. anzuzeigen. Bei dem Dialogfeld *Progress* handelt es sich beispielsweise um ein nicht modales Dialogfeld.

Dezimal	Hexadezimal	Konstante
2	0x00000002	*msidbDialogAttributesSysModal*

Tabelle 8.12: *Definition des Attributes* Modal

Minimize

Ein Dialogfeld, für das dieses Attribut gesetzt wurde, kann minimiert werden. Dieses Attribut wird von modalen Dialogfeldern ignoriert, da diese niemals minimiert werden können.

Dezimal	Hexadezimal	Konstante
4	0x00000004	*msidbDialogAttributesMinimize*

Tabelle 8.13: Definition des Attributes Minimize

SysModal

Verwenden Sie dieses Attribut, um ein systemweites, modales Dialogfeld anzuzeigen. Nachdem ein solches Dialogfeld angezeigt wurde, wird die Verarbeitung aller anderen Anwendungen unterbrochen, und kein weiteres Dialogfeld kann den Fokus erhalten, bis dieses Dialogfeld geschlossen wurde.

Dezimal	Hexadezimal	Konstante
8	0x00000008	*msidbDialogAttributesSysModal*

Tabelle 8.14: Definition des Attributes SysModal

KeepModeless

Wenn dieses Attribut nicht gesetzt wurde und ein Dialogfeld durch die Aktion *DoAction* erzeugt wurde, werden alle anderen nicht modalen Dialogfelder zerstört. Wird dieses Attribut gesetzt, bleiben die übrigen Dialogfelder erhalten.

Dezimal	Hexadezimal	Konstante
16	0x00000010	*msidbDialogAttributesKeepModeless*

Tabelle 8.15: Definition des Attributes KeepModeless

TrackDiskSpace

Dieses Attribut wird von Dialogfeldern verwendet, die über ein Steuerelement zur Anzeige des Speicherbedarfs verfügen. Das Dialogfeld kommuniziert in diesem Fall periodisch mit dem Windows Installer, um über Veränderungen am Speicherbedarf informiert zu werden. Beispielsweise können Sie nach dem Anzeigen eines solchen Dialogfeldes zu einer anderen Anwendung wie beispielsweise zum Windows-Explorer wechseln und einige Dateien dem Installationslaufwerk hinzufügen oder von diesem entfernen. Das Dialogfeld stellt diese Änderungen unverzüglich dar. Jedes Dialogfeld, das die Eigenschaft *OutOfDiskSpace* überprüft, muss über das gesetzte Attribut *TrackDiskSpace* verfügen, damit ein dynamischer Abgleich des Speicherbedarfs erfolgen kann.

Dezimal	Hexadezimal	Konstante
32	0x00000020	*msidbDialogAttributesTrackDiskSpace*

Tabelle 8.16: Definition des Attributes TrackDiskSpace

UseCustomPalette

Eine benutzerdefinierte Palette ist nur dann erforderlich, wenn das Dialogfeld Bilder enthält, die eine andere Farbpalette als die Standardpalette vom Windows Installer für das Dialogfeld verwenden. Wird dieses Attribut verwendet, werden alle Bilder dieses Dialogfeldes auf Basis der benutzerdefinierten Palette erstellt. Die benutzerdefinierte Palette orientiert sich an dem ersten Steuerelement, das erstellt wurde.

Dezimal	Hexadezimal	Konstante
64	0x00000040	msidbDialogAttributesUseCustomPalette

Tabelle 8.17: Definition des Attributes UseCustomPalette

RTLRO

Verwenden Sie dieses Attribut, um den Text in diesem Dialogfeld von rechts nach links darzustellen.

Dezimal	Hexadezimal	Konstante
128	0x00000080	msidbDialogAttributesRTLRO

Tabelle 8.18: Definition des Attributes RTLRO

RightAligned

Verwenden Sie dieses Attribut, um den Text in diesem Dialogfeld rechtsbündig auszurichten.

Dezimal	Hexadezimal	Konstante
256	0x00000100	msidbDialogAttributesRightAligned

Tabelle 8.19: Definition des Attributes RightAligned

LeftScroll

Verwenden Sie dieses Attribut, um eine Bildlaufleiste auf der linken Seite des Dialogfeldes zu erzeugen.

Dezimal	Hexadezimal	Konstante
512	0x00000200	msidbDialogAttributesLeftScroll

Tabelle 8.20: Definition des Attributes LeftScroll

BiDi

Bei diesem Attribut handelt es sich um eine Kombination aus den Attributen *RTLRO*, *RightAligned* und *LeftScroll*. Dieses Attribut wird ausschließlich bei Sprachen verwendet, die von rechts nach links geschrieben werden, wie z.B. Hebräisch.

Dezimal	Hexadezimal	Konstante
896	0x00000380	msidbDialogAttributesBiDi = msidbDialogAttributesRTLRO + msidbDialogAttributesRightAligned + msidbDialogAttributesLeftScroll

Tabelle 8.21: Definition des Attributes BiDi

Error

Verwenden Sie dieses Attribut, um das Dialogfeld als Fehlerdialog festzulegen. Sie können in einem Windows Installer-Paket mehrere Fehlerdialoge definieren. Das letztlich zu verwendende Dialogfeld muss über die Eigenschaft *ErrorDialog* der Tabelle *Property* festgelegt werden. Es können hierzu nur Dialogfelder verwendet werden, die über das Attribut *Error* verfügen.

Dezimal	Hexadezimal	Konstante
65536	0x00010000	msidbDialogAttributesError

Tabelle 8.22: Definition des Attributes Error

Steuerelemente

Der Microsoft Windows Installer stellt eine Sammlung unterschiedlicher Steuerelemente zur Gestaltung der Benutzeroberfläche zur Verfügung. Hierbei sind Windows-Standard-Steuerelemente wie Textfelder (Edit), Bezeichnungsfelder (Text) und Schaltflächen (PushButton) zu finden. Zur Implementierung einer zielgerichteten Funktionalität verfügt der Windows Installer über spezifische Steuerelemente wie Auswahlstrukturen (SelectionTree), Speicherplatzdarstellungen (VolumeCostList) und Fortschrittsanzeigen (Progressbar). Für das Design der Steuerelemente und die Implementierung in Windows Installer-Pakete gilt die gleiche Vorgehensweise wie beim Erstellen von Dialogfeldern. Steuerelemente werden durch das Einfügen von Daten in die Tabelle *Control* definiert und durch das Hinzufügen weiterer Daten in zusätzlichen Tabellen präzisiert:

- Die Tabelle *Control* enthält die Definition des Steuerelementes mit Festlegung des Typs und der Zuordnung zu einem Dialogfeld.
- Die Tabelle *ControlCondition* ermöglicht das Festlegen von Bedingungen für einzelne Steuerelemente. Sie können beispielsweise einen Text in einem Dialogfeld anzeigen, der je nach Installationsmodus (Installation oder Deinstallation) unterschiedliche Inhalte enthält.
- Die Tabelle *ControlEvent* definiert ein Ereignis, das beim Aktivieren eines aktiven Steuerelementes ausgelöst werden soll. Sie können beispielsweise beim Aktivieren der Schaltfläche *Weiter* das nächste Dialogfeld aufrufen.
- Die Tabelle *EventMapping* stellt den umgekehrten Weg zur Tabelle *ControlEvent* dar. In diese Tabelle können Steuerelemente eingetragen werden, die auf bestimmte Ereignisse reagieren sollen. Prominentestes Beispiel für die Verwendung dieser Tabelle ist die Fortschrittsanzeige. Der Windows Installer sendet während des Installationsprozesses unterschiedliche Meldungen, die von der Fortschrittsanzeige in einer grafischen Darstellungsform ausgegeben werden.

Weitere spezifische Tabellen stehen für bestimmte Steuerelementtypen zur Verfügung. Beispielsweise enthält die Tabelle *RadioButton* entsprechende Optionsfelder, die in dem Steuerelement *RadioButtonGroup* verwendet werden.

HINWEIS: Private Eigenschaften (Private Properties) können vom Benutzer durch Interaktion mit der Benutzeroberfläche nicht verändert werden.

Steuerelementtypen

Die zur Verfügung stehenden Steuerelemente können in zwei Gruppen unterteilt werden. Die erste Gruppe enthält die Steuerelemente, die nicht mit einer Eigenschaft der Tabelle *Property* verknüpft sind, da diese lediglich als Darstellungsobjekte verwendet werden. Diese Steuerelemente werden auch als statische oder passive Elemente bezeichnet. Die zweite Gruppe umfasst die Steuerelemente, die als Eingabe- oder Auswahlmöglichkeit dienen, und daher mit einer Eigenschaft verknüpft sind. Diese Steuerelemente werden als aktive Elemente bezeichnet.

HINWEIS: Beachten Sie, dass die Verknüpfung eines aktiven Steuerelementes mit einer Eigenschaft der Tabelle *Property* eine öffentliche Eigenschaft (Public Property) voraussetzt. Private Eigenschaften können nicht mit aktiven Steuerelementen verknüpft werden.

Name	Aktiv	Beschreibung
Billboard	X	Zeigt Billboards an, die auf Meldungen vom Programm reagieren.
Bitmap		Zeigt ein statisches Bild auf Grundlage eines Bitmaps an.
CheckBox	X	Ein Kontrollkästchen, das zwei Zustände darstellen kann.
ComboBox	X	Ein Kombinationsfeld mit einem editierbaren Feld. Dieses Steuerelement kann so konfiguriert werden, dass kein editierbares Feld dargestellt wird.
DirectoryCombo	X	Eine Dropdownliste zur Auswahl eines Laufwerks oder Ordners.
DirectoryList	X	Ein Listenfeld zur Auswahl eines Ordners.
Edit	X	Ein Eingabefeld zur Erfassung von Zeichenfolgen und numerischen Werten.
GroupBox		Ein Steuerelement zur grafischen Hervorhebung einer Gruppe von Objekten.
Icon		Zeigt ein statisches Bild auf Grundlage eines Symbols an.
Line		Zeigt eine horizontale Linie an.
ListBox	X	Ein Listenfeld-Steuerelement.
ListView	X	Entspricht einem Listenfeld, jedoch können hierbei zusätzliche Symbole für jeden Listeneintrag angezeigt werden.
MaskedEdit	X	Ein Eingabefeld zur Erfassung von maskiertem Text.
PathEdit	X	Zeigt den Namen des Ordners oder den vollständigen Pfad in einem Textfeld an.
ProgressBar		Eine Fortschrittsanzeige zur grafischen Darstellung des Installationsverlaufes.
PushButton		Eine Schaltfläche, die entweder Text oder ein Symbol enthalten kann.
RadioButtonGroup	X	Eine Gruppe von Optionsschaltflächen.
ScrollableText		Ein mehrzeiliges Textfeld mit Bildlaufleiste, das auch Text im RTF-Format darstellen kann.
SelectionTree	X	Zeigt die Features des Windows Installer-Paketes an und ermöglicht dem Benutzer, eine bestimmte Auswahl zu treffen.
Text		Ein Bezeichnungsfeld zur Darstellung von statischem Text.
VolumeCostList		Ein Listenfeld zur Darstellung des Speicherbedarfs und des verfügbaren Speichers für alle Laufwerke.
VolumeSelectCombo	X	Eine Dropdownliste zur Auswahl eines Laufwerkes.

Tabelle 8.23: Zur Verfügung stehende Steuerelementtypen

Billboard

Ein *Billboard* wird verwendet, um Daten anzuzeigen, die als Antwort auf Steuerelement-Ereignisse aktualisiert werden können. *Billboards* können andere Steuerelemente zum Anzeigen dieser Informationen enthalten, wobei es sich jedoch um statische Steuerelemente handeln muss. Dazu gehören *Text*, *Bitmaps* und *Symbole*, die nicht mit einer Windows Installer-Eigenschaft verknüpft sind. Sie

Die Benutzeroberfläche

können ein *Billboard* verwenden, um den Status einer ausgedehnten Aktion anzuzeigen. So ist es möglich, ein *Billboard* zu definieren, das eine grafische Darstellung während der Aktion *InstallFiles* anzeigt.

Attribut	Beschreibung
BillboardName	Name des aktuellen *Billboards*.
Position	Legt die Position des Steuerelementes in dem Dialogfeld fest.
Visible	Legt fest, ob das Steuerelement sichtbar oder unsichtbar dargestellt wird.
Sunken	Legt fest, ob das Steuerelement in normaler oder dreidimensionaler Darstellung angezeigt wird.

Tabelle 8.24: *Attribute des Steuerelementes* Billboard

HINWEIS: Unter dem Attribut *Position* sind die Eigenschaften *Height*, *Width*, *X* und *Y* zusammengefasst. Dieses gilt für alle aufgeführten Steuerelemente, die über dieses Attribut verfügen.

Verwenden eines Billboards: Sie verwenden ein Windows Installer-Paket, das die beiden Features »MSN Explorer« und »Hilfe und Dokumentation« enthält. Bei der Installation der Dateien, also während der Aktion *InstallFiles*, sollen in Abhängigkeit zu dem gerade zu installierenden Feature, unterschiedliche Abbildungen angezeigt werden. Die nachfolgenden Abbildungen zeigen Ihnen das spätere Ergebnis:

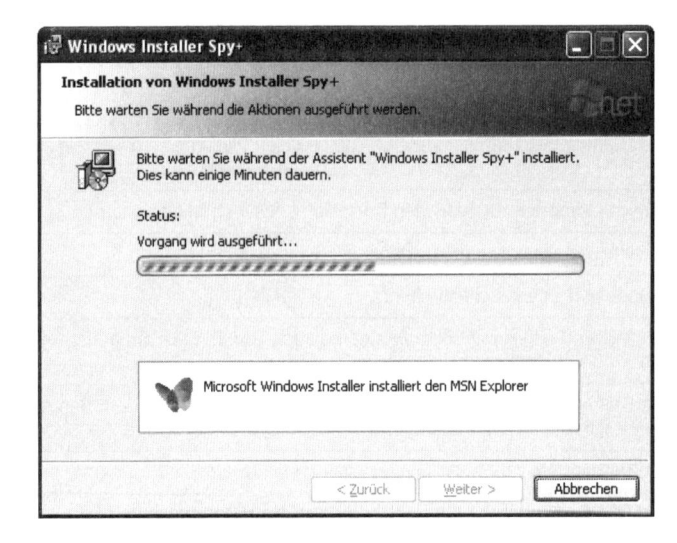

Abbildung 8.15: *Billboard während der Installation des MSN Explorers*

Sie können *Billboards* auf mehreren Dialogfeldern gleichzeitig anzeigen. Hierzu müssen Sie die Dialogfelder als nicht modal definieren und das Attribut *KeepModeless* festlegen.

Abbildung 8.16: Billboard während der Installation der Hilfe und Dokumentation

Die Implementierung einer solchen Darstellungsform der *Billboards* erstreckt sich auf die Erfassung von Daten in den nachfolgend beschriebenen Tabellen. Erstellen Sie ein Steuerelement vom Typ *Billboard* auf dem Dialogfeld *ProgressForm*. Das Steuerelement *Billboard* dient hierbei als Container für die darzustellenden Elemente. Eine treffendere Bezeichnung für dieses Steuerelement wäre meines Erachtens daher *Billboard-Container*. Die Platzierung des *Billboards* nehmen Sie in der Tabelle *Controls* vor.

Dialog_	Control	Type	X	Y	Width	Height	Attributes
ProgressForm	Billboard	*Billboard*	58	148	273	70	3

Tabelle 8.25: Die Tabelle Control *zur Definition eines Billboards*

Der *Billboard-Container* muss so konfiguriert werden, dass er auf die entsprechenden Ereignisse der durchzuführenden Aktionen reagieren kann. Legen Sie hierzu einen Datensatz in der Tabelle *EventMapping* an und nehmen Sie die folgenden Einstellungen vor.

Dialog_	Control_	Event	Attribute
ProgressForm	Billboard	*SetProgress*	*Progress*

Tabelle 8.26: Die Tabelle EventMapping *zur Definition eines Billboards*

In der Tabelle *Billboard* definieren Sie die tatsächlichen *Billboards* und legen die entsprechenden Aktionen fest, auf die reagiert werden soll. Sie können in dieser Tabelle auch die Zuordnungen von *Billboards* zu einzelnen Features vornehmen. Sollten Sie mehrere *Billboards* mit einer identischen Aktion des gleichen Features verknüpfen, können Sie über die Spalte *Ordering* die Anzeigereihenfolge festlegen.

Beachten Sie, dass der Windows Installer keine Verknüpfung zwischen den Elementen der Tabelle *Billboard* und dem definierten Billboard-Steuerelement (Billboard-Container) der Tabelle *Control* herstellt. Die Darstellungsmethode des Windows Installers beruht auf der Existenz eines Billboard-Steuerelementes auf den angezeigten Dialogfeldern. Der Windows Installer prüft während der Ausführung von Aktionen, ob Billboards für diese Aktion definiert sind. Sind Billboards definiert und wird die Aktion für das festgelegte Feature ausgeführt, prüft der Windows Installer, ob das aktuelle Dialogfeld oder die angezeigten Dialogfelder über ein Billboard-Steuerelement verfügen. Trifft auch dieses zu, werden die entsprechenden Billbords angezeigt.

Billboard	Feature_	Action	Ordering
BB1	MSN	*InstallFiles*	0
BB2	HELP	*InstallFiles*	1

Tabelle 8.27: *Die Tabelle* Billboard *zur Definition eines Billboards*

Im letzten Schritt muss noch die Darstellungsform festgelegt werden. In der Tabelle *Billboard* wurden die Aktionen und Features festgelegt, auf die reagiert werden sollte. In der Tabelle *BBControl* müssen noch die statischen Elemente definiert werden, die während der Aktion dargestellt werden sollen. Hierbei können mehrere Elemente mit einem *Billboard* verknüpft werden. Als Steuerelementtypen stehen *Bitmap*, *Icon* und *Text* zur Verfügung.

Billboard_	BBControl	Type	X	Y	Width	Height	Attributes	Text
BB1	Bitmap	*Bitmap*	1	28	271	42	3	MSN
BB2	Bitmap	*Bitmap*	1	28	271	42	3	Help

Tabelle 8.28: *Die Tabelle* BBControl *zur Definition eines Billboards*

Die Integration von Billboards in Installationssequenzen ist bei den meisten professionellen Authoringtools nur unvollständig implementiert, sodass eine Nachbearbeitung der entsprechenden Tabellen notwendig ist. Die Vorschauansicht eines Dialogfeldes mit integriertem Billboard ist in keinem Authoringtool vorhanden, obwohl die programmtechnische Umsetzung eines solchen Szenarios recht einfach durchzuführen ist.

Auf der beigefügten Buch-CD finden Sie ein Tool mit der Bezeichnung *ViewDialog.exe*, das es ermöglicht, sowohl die Dialogfelder eines Windows Installer-Paketes als auch die integrierten Billboards in einer Vorschauansicht zu betrachten.

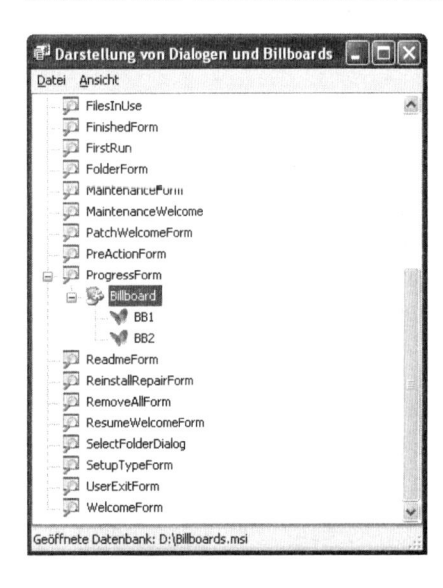

Abbildung 8.17: *Darstellung des Tools* ViewDialog.exe

Bitmap

Das Steuerelement *Bitmap* dient zur statischen Anzeige eines Bitmaps.

Attribut	Beschreibung
Position	Legt die Position des Steuerelementes in dem Dialogfeld fest.
Text	Enthält den Namen des Bitmaps, unter der es in der Tabelle *Binary* gespeichert ist. Alternativ kann hier auch das Handle zu einem Bitmap angegeben werden, das bereits geladen wurde.
Visible	Legt fest, ob das Steuerelement sichtbar oder unsichtbar dargestellt wird.
Sunken	Legt fest, ob das Steuerelement in normaler oder dreidimensionaler Darstellung angezeigt wird.
FixedSize	Legt fest, ob das Bitmap auf die Größe des Steuerelementes skaliert wird, oder ob es zentriert bzw. der überstehende Rand abgeschnitten wird.

***Tabelle 8.29:** Attribute des Steuerelementes* Bitmap

CheckBox

Hierbei handelt es sich um ein Kontrollkästchen, das die beiden Zustände »markiert« und »nicht markiert« darstellen kann. Bei der *CheckBox* handelt es sich um ein aktives Steuerelement, das mit einer Eigenschaft verknüpft werden muss. Die Eigenschaft enthält den Initialisierungswert und später den entsprechenden Zustandswert. Bei der Übergabe des Wertes ist zu beachten, dass ein nicht markiertes Kontrollkästchen *Null* übergibt. Der Wert für ein markiertes Kontrollkästchen kann individuell über die Tabelle *CheckBox* bestimmt werden.

Attribut	Beschreibung
IndirectPropertyName	Legt den Namen einer Eigenschaft fest, die indirekt mit diesem Steuerelement verknüpft werden soll.
Position	Legt die Position des Steuerelementes in dem Dialogfeld fest.
PropertyName	Legt den Namen einer Eigenschaft fest, die mit diesem Steuerelement verknüpft werden soll.
PropertyValue	Enthält den aktuellen Eigenschaftswert, der in diesem Steuerelement dargestellt wird.
Text	Legt den Text fest, der auf dem Steuerelement angezeigt werden soll. Es kann auch eine Abbildung der Tabelle *Binary* referenziert werden.
Visible	Legt fest, ob das Steuerelement sichtbar oder unsichtbar dargestellt wird.
Enabled	Legt fest, ob das Steuerelement aktiviert werden kann.
Sunken	Legt fest, ob das Steuerelement in normaler oder dreidimensionaler Darstellung angezeigt wird.
Indirect	Wurde für die indirekte Eigenschaft *True* festgelegt, löst der Windows Installer die Eigenschaft, zu der ein Bezug hergestellt wurde, zur Laufzeit auf. Verwendet dieses Steuerelement beispielsweise die Eigenschaft *_BROWSE*, deren Wert *INSTALLDIR* ist, enthält die Eigenschaft *_Browse* den aktuellen Wert von *INSTALLDIR*. Wurde dem Attribut *Indirect* nicht *True* zugewiesen enthält *_BROWSE* die Zeichenfolge *INSTALLDIR*.
Integer	Legt fest, ob das Steuerelement mit einer Eigenschaft vom Typ *Integer* oder *String* verknüpft werden soll.
RTLRO	Legt fest, ob der Text in diesem Steuerelement in der Darstellungsform »Von rechts nach links« angezeigt werden soll. ▶

Die Benutzeroberfläche

Attribut	Beschreibung
RightAligned	Legt fest, ob der Text rechtsbündig ausgerichtet werden soll.
PushLike	Legt fest, ob das Steuerelement als *PushButton* dargestellt werden soll.

***Tabelle 8.30:** Attribute des Steuerelementes* CheckBox

ComboBox

Ein Kombinationsfeld vereint die Funktionen eines Listenfeldes mit denen eines Eingabefeldes. Dieses Steuerelement enthält eine ausklappbare Liste zur Auswahl von vordefinierten Werten und ein Textfeld zur Eingabe von weiteren Daten. Sie können jedoch entsprechende Konfigurationen vornehmen, sodass lediglich eine Auswahl aus der Liste getroffen werden kann. Die in dem Listenteil zur Verfügung stehenden Werte werden in der Tabelle *ComboBox* definiert. Die in der Spalte *Text* festgelegten Werte werden in der Liste angezeigt. Der Wert der Spalte *Value* wird nach der Auswahl eines Elementes der zugeordneten Eigenschaft zugewiesen.

Attribut	Beschreibung
IndirectPropertyName	Legt den Namen einer Eigenschaft fest, die indirekt mit diesem Steuerelement verknüpft werden soll.
Position	Legt die Position des Steuerelementes in dem Dialogfeld fest.
PropertyName	Legt den Namen einer Eigenschaft fest, die mit diesem Steuerelement verknüpft werden soll.
PropertyValue	Enthält den aktuellen Eigenschaftswert, der in diesem Steuerelement dargestellt wird.
Text	Um die Schriftart und Schriftattribute für das Textfeld festzulegen, geben Sie {\style} in die Spalte *Text* der Tabelle *Control* ein, wobei es sich bei *style* um einen Wert handeln muss, der in der Spalte *TextStyle* der gleichnamigen Tabelle definiert ist. Verwenden Sie {&style}, um die definierten Schriftattribute auf die Standardschriftart *(DefaultUIFont)* anzuwenden. Sie können die maximale Anzahl der im Textfeld einzugebenden Zeichen bestimmen. Fügen Sie dazu {n} an eine vorhandene Schriftspezifikation an, wobei es sich bei *n* um eine positive Zahl handeln muss.
Visible	Legt fest, ob das Steuerelement sichtbar oder unsichtbar dargestellt wird.
Enabled	Legt fest, ob das Steuerelement aktiviert werden kann.
Sunken	Legt fest, ob das Steuerelement in normaler oder dreidimensionaler Darstellung angezeigt wird.
Indirect	Wurde für die indirekte Eigenschaft *True* festgelegt, löst der Windows Installer die Eigenschaft, zu der ein Bezug hergestellt wurde, zur Laufzeit auf.
Integer	Legt fest, ob das Steuerelement mit einer Eigenschaft vom Typ *Integer* oder *String* verknüpft werden soll.
RTLRO	Legt fest, ob der Text in diesem Steuerelement in der Darstellungsform »Von rechts nach links« angezeigt werden soll.
RightAligned	Legt fest, ob der Text rechtsbündig ausgerichtet werden soll.
LeftScroll	Legt fest, ob die Bildlaufleiste auf der linken Seite des Steuerelementes angezeigt werden soll.
BiDi	Hierbei handelt es sich um eine Kombination aus den Attributen *RTLRO*, *RightAligned* und *LeftScroll*.
Sorted	Legt fest, ob die Werte in dem Listenfeld alphabetisch sortiert werden sollen. ▶

Attribut	Beschreibung
ComboList	Legt fest, ob das Textfeld zur Verfügung stehen soll oder nicht.
UsersLanguage	Legt fest, ob die Schriftarten aus der Codepage der Windows Installer-Datenbank oder aus der standardmäßigen UI-Codepage des Benutzers verwendet werden.

Tabelle 8.31: Attribute des Steuerelementes ComboBox

DirectoryCombo

Ein Verzeichnis-Kombinationsfeld wird in Verbindung mit einer Verzeichnisliste und dem Steuerelement zur Pfadbearbeitung verwendet, um ein Dialogfeld zur Auswahl des Installationsverzeichnisses zu erstellen. Alle drei Steuerelemente werden mit der gleichen Eigenschaft verknüpft. Bei dieser Eigenschaft handelt es sich um den Installationspfad, den der Benutzer individuell festlegen kann. Das Verzeichnis-Kombinationsfeld zeigt eine alphabetisch sortierte Liste der verfügbaren Laufwerke an, und stellt darüber hinaus den aktuellen Pfad hierarchisch dar.

Die Arten der darzustellenden Laufwerke können über die Attribute *RemovableVolume*, *FixedVolume*, *RemoteVolume*, *CDROMVolume*, *RAMDiskVolume* und *FloppyVolume* festgelegt werden.

Attribut	Beschreibung
IndirectPropertyName	Legt den Namen einer Eigenschaft fest, die indirekt mit diesem Steuerelement verknüpft werden soll.
Position	Legt die Position des Steuerelementes in dem Dialogfeld fest.
PropertyName	Legt den Namen einer Eigenschaft fest, die mit diesem Steuerelement verknüpft werden soll.
PropertyValue	Enthält den aktuellen Eigenschaftswert, der in diesem Steuerelement dargestellt wird.
Text	Um die Schriftart und Schriftattribute für dieses Steuerelement festzulegen, geben Sie {\style} in die Spalte *Text* der Tabelle *Control* ein, wobei es sich bei *style* um einen Wert handeln muss, der in der Spalte *TextStyle* der gleichnamigen Tabelle definiert ist. Verwenden Sie {&style}, um die definierten Schriftattribute auf die Standardschriftart *(DefaultUIFont)* anzuwenden.
Visible	Legt fest, ob das Steuerelement sichtbar oder unsichtbar dargestellt wird.
Enabled	Legt fest, ob das Steuerelement aktiviert werden kann.
Sunken	Legt fest, ob das Steuerelement in normaler oder dreidimensionaler Darstellung angezeigt wird.
Indirect	Wurde für die indirekte Eigenschaft *True* festgelegt, löst der Windows Installer die Eigenschaft, zu der ein Bezug hergestellt wurde, zur Laufzeit auf.
RTLRO	Legt fest, ob der Text in diesem Steuerelement in der Darstellungsform »Von rechts nach links« angezeigt werden soll.
RightAligned	Legt fest, ob der Text rechtsbündig ausgerichtet werden soll.
LeftScroll	Gibt an, ob die Bildlaufleiste auf der linken Seite des Steuerelementes angezeigt werden soll.
BiDi	Hierbei handelt es sich um eine Kombination aus den Attributen *RTLRO*, *RightAligned* und *LeftScroll*.
RemovableVolume	Das Steuerelement stellt alle Wechseldatenträger dar.
FixedVolume	Das Steuerelement stellt alle internen Festplattenlaufwerke dar.
RemoteVolume	Das Steuerelement stellt alle Netzlaufwerke dar.
CDROMVolume	Das Steuerelement stellt alle CD-ROM- und DVD-Laufwerke dar. ▶

Die Benutzeroberfläche

Attribut	Beschreibung
RAMDiskVolume	Das Steuerelement stellt alle RAM-Datenträger dar.
FloppyVolume	Das Steuerelement stellt alle Diskettenlaufwerke dar.

Tabelle 8.32: Attribute des Steuerelementes DirectoryCombo

DirectoryList

Eine Verzeichnisliste wird in Verbindung mit einem Verzeichnis-Kombinationsfeld und dem Steuerelement zur Pfadbearbeitung verwendet, um das Dialogfeld zur Auswahl des Installationsverzeichnisses zu erstellen. Die Verzeichnisliste zeigt die Ordner unter dem Laufwerk an, das im Verzeichnis-Kombinationsfeld ausgewählt ist, und füllt den Wert des Steuerelementes zur Pfadbearbeitung aus.

Die Verzeichnisliste reagiert auf die nachfolgenden Ereignisse und stellt die entsprechenden Resultate dar:

Attribut	Beschreibung
DirectoryListNew	Erstellt einen neuen Ordner und markiert das Eingabefeld zur Festlegung einer Bezeichnung.
IgnoreChange	Markiert einen Ordner im aktuellen Verzeichnis ohne diesen zu öffnen.
DirectoryListUp	Wechselt zu dem übergeordneten Ordner.
DirectoryListOpen	Selektiert einen Ordner und hebt diesen hervor.

Tabelle 8.33: Darzustellende Ereignisse des Steuerelementes DirectoryList

Die Inhalte der Spalte *Text* der Tabelle *Control* werden bei der Verzeichnisliste niemals angezeigt. Stattdessen können über dieses Feld die verwendete Schriftart und die Schriftattribute festgelegt werden. Weitere Inhalte dieser Spalte werden von Screen Reader-Anwendungen verwendet.

Attribut	Beschreibung
IndirectPropertyName	Legt den Namen einer Eigenschaft fest, die indirekt mit diesem Steuerelement verknüpft werden soll.
Position	Legt die Position des Steuerelementes in dem Dialogfeld fest.
PropertyName	Legt den Namen einer Eigenschaft fest, die mit diesem Steuerelement verknüpft werden soll.
PropertyValue	Enthält den aktuellen Eigenschaftswert, der in diesem Steuerelement dargestellt wird.
Text	Um die Schriftart und Schriftattribute für dieses Steuerelement festzulegen, geben Sie {\style} in die Spalte *Text* der Tabelle *Control* ein, wobei es sich bei *style* um einen Wert handeln muss, der in der Spalte *TextStyle* der gleichnamigen Tabelle definiert ist. Verwenden Sie {&style}, um die definierten Schriftattribute auf die Standardschriftart *(DefaultUIFont)* anzuwenden.
Visible	Legt fest, ob das Steuerelement sichtbar oder unsichtbar dargestellt wird.
Enabled	Legt fest, ob das Steuerelement aktiviert werden kann.
Sunken	Legt fest, ob das Steuerelement in normaler oder dreidimensionaler Darstellung angezeigt wird.
Indirect	Wurde für die indirekte Eigenschaft *True* festgelegt, löst der Windows Installer die Eigenschaft, zu der ein Bezug hergestellt wurde, zur Laufzeit auf.
RTLRO	Legt fest, ob der Text in diesem Steuerelement in der Darstellungsform »Von rechts nach links« angezeigt werden soll. ▶

Attribut	Beschreibung
RightAligned	Legt fest, ob der Text rechtsbündig ausgerichtet werden soll.
LeftScroll	Gibt an, ob die Bildlaufleiste auf der linken Seite des Steuerelementes angezeigt werden soll.
BiDi	Hierbei handelt es sich um eine Kombination aus den Attributen *RTLRO*, *RightAligned* und *LeftScroll*.

Tabelle 8.34: Attribute des Steuerelementes DirectoryList

Edit

Hierbei handelt es sich um ein Eingabefeld, das mit einer Eigenschaft vom Typ *String* oder *Integer* verknüpft ist. Die zugeordnete Eigenschaft wird in der Spalte *Property* der Tabelle *Control* festgelegt.

Attribut	Beschreibung
IndirectPropertyName	Legt den Namen einer Eigenschaft fest, die indirekt mit diesem Steuerelement verknüpft werden soll.
Position	Legt die Position des Steuerelementes in dem Dialogfeld fest.
PropertyName	Legt den Namen einer Eigenschaft fest, die mit diesem Steuerelement verknüpft werden soll.
PropertyValue	Enthält den aktuellen Eigenschaftswert, der in diesem Steuerelement dargestellt wird.
Text	Um die Schriftart und Schriftattribute für das Textfeld festzulegen, geben Sie {\style} in die Spalte *Text* der Tabelle *Control* ein, wobei es sich bei *style* um einen Wert handeln muss, der in der Spalte *TextStyle* der gleichnamigen Tabelle definiert ist. Verwenden Sie {&style}, um die definierten Schriftattribute auf die Standardschriftart *(DefaultUIFont)* anzuwenden. Sie können weiterhin die Anzahl der im Textfeld einzugebenden Zeichen definieren. Fügen Sie dazu {n} an eine vorhandene Schriftspezifikation an, wobei es sich bei *n* um eine positive Zahl handeln muss.
Visible	Legt fest, ob das Steuerelement sichtbar oder unsichtbar dargestellt wird.
Enabled	Legt fest, ob das Steuerelement aktiviert werden kann.
Sunken	Legt fest, ob das Steuerelement in normaler oder dreidimensionaler Darstellung angezeigt wird.
Indirect	Wurde für die indirekte Eigenschaft *True* festgelegt, löst der Windows Installer die Eigenschaft, zu der ein Bezug hergestellt wurde, zur Laufzeit auf.
Integer	Legt fest, ob das Steuerelement mit einer Eigenschaft vom Typ *Integer* oder *String* verknüpft werden soll.
RTLRO	Legt fest, ob der Text in diesem Steuerelement in der Darstellungsform »Von rechts nach links« angezeigt werden soll.
RightAligned	Legt fest, ob der Text rechtsbündig ausgerichtet werden soll.
LeftScroll	Gibt an, ob die Bildlaufleiste auf der linken Seite des Steuerelementes angezeigt werden soll.
BiDi	Hierbei handelt es sich um eine Kombination aus den Attributen *RTLRO*, *RightAligned* und *LeftScroll*.
MultiLine	Erstellt ein mehrzeiliges Eingabefeld mit einer vertikalen Bildlaufleiste.
Password	Gibt an, ob das Textfeld zur Eingabe von Passwörtern verwendet werden soll. Verwenden Sie den Wert 2.097.152 in der Spalte *Attributes* der Tabelle *Control*, um jedes eingegebene Zeichen durch das Zeichen »*« zu ersetzen.

Tabelle 8.35: Attribute des Steuerelementes Edit

GroupBox

Ein Gruppenfeld wird dazu verwendet, verschiedene Steuerelemente in einem Bereich zusammenzufassen.

Attribut	Beschreibung
Position	Legt die Position des Steuerelementes in dem Dialogfeld fest.
Text	Legt die in der linken oberen Ecke angezeigte Beschriftung fest. Um die Schriftart und Schriftattribute hierfür festzulegen, geben Sie {\style} in die Spalte *Text* der Tabelle *Control* ein, wobei es sich bei *style* um einen Wert handeln muss, der in der Spalte *TextStyle* der gleichnamigen Tabelle definiert ist. Verwenden Sie {&style}, um die definierten Schriftattribute auf die Standardschriftart *(DefaultUIFont)* anzuwenden.
Visible	Legt fest, ob das Steuerelement sichtbar oder unsichtbar dargestellt wird.
Sunken	Legt fest, ob das Steuerelement in normaler oder dreidimensionaler Darstellung angezeigt wird.
RTLRO	Legt fest, ob der Text in diesem Steuerelement in der Darstellungsform »Von rechts nach links« angezeigt werden soll.
RightAligned	Legt fest, ob der Text rechtsbündig ausgerichtet werden soll.

Tabelle 8.36: Attribute des Steuerelementes GroupBox

Icon

Das Steuerelement *Icon* dient zur Anzeige eines statischen Symbols (Icon). Der Hintergrund dieses Symbols wird transparent dargestellt.

Attribut	Beschreibung
Position	Legt die Position des Steuerelementes in dem Dialogfeld fest.
Text	Enthält den Namen des Symbols, unter dem es in der Tabelle *Binary* gespeichert ist. Alternativ kann hier auch das Handle zu einem Symbol angegeben werden, das bereits geladen wurde.
Visible	Legt fest, ob das Steuerelement sichtbar oder unsichtbar dargestellt wird.
Sunken	Legt fest, ob das Steuerelement in normaler oder dreidimensionaler Darstellung angezeigt wird.
FixedSize	Gibt an, ob das Symbol auf die Größe des Steuerelementes skaliert wird oder ob es zentriert bzw. der überstehende Rand abgeschnitten wird.
IconSize	Legt die Symbolgröße fest. Zur Auswahl stehen »First Image«, »16 x 16«, »32 x 32« und »48 x 48«.

Tabelle 8.37: Attribute des Steuerelementes Icon

Line

Mit dem Linien-Steuerelement werden horizontale Linien erstellt, deren Länge und Breite angepasst werden können.

Attribut	Beschreibung
Position	Legt die Position des Steuerelementes in dem Dialogfeld fest.
Visible	Legt fest, ob das Steuerelement sichtbar oder unsichtbar dargestellt wird.
Sunken	Legt fest, ob das Steuerelement in normaler oder dreidimensionaler Darstellung angezeigt wird.

Tabelle 8.38: Attribute des Steuerelementes Line

ListBox

Ein Listenfeld ermöglicht dem Benutzer die Auswahl eines vordefinierten Listenelementes. Zur Verfügung stehende Werte werden in der Tabelle *Listbox* definiert. Die in der Spalte *Text* definierten Werte werden in der Liste angezeigt. Die Werte der Spalte *Value* werden nach der Auswahl der zugeordneten Eigenschaft zugewiesen.

Attribut	Beschreibung
IndirectPropertyName	Legt den Namen einer Eigenschaft fest, die indirekt mit diesem Steuerelement verknüpft werden soll.
Position	Legt die Position des Steuerelementes in dem Dialogfeld fest.
PropertyName	Legt den Namen einer Eigenschaft fest, die mit diesem Steuerelement verknüpft werden soll.
PropertyValue	Enthält den aktuellen Eigenschaftswert, der in diesem Steuerelement dargestellt wird.
Text	Um die Schriftart und Schriftattribute für dieses Steuerelement festzulegen, geben Sie {\style} in die Spalte *Text* der Tabelle *Control* ein, wobei es sich bei *style* um einen Wert handeln muss, der in der Spalte *TextStyle* der gleichnamigen Tabelle definiert ist. Verwenden Sie {&style}, um die definierten Schriftattribute auf die Standardschriftart (*DefaultUIFont*) anzuwenden. Weitere hier erfasste Zeichenfolgen werden zur Darstellung von Screen Reader-Anwendungen verwendet.
Visible	Legt fest, ob das Steuerelement sichtbar oder unsichtbar dargestellt wird.
Enabled	Legt fest, ob das Steuerelement aktiviert werden kann.
Sunken	Legt fest, ob das Steuerelement in normaler oder dreidimensionaler Darstellung angezeigt wird.
Indirect	Wurde für die indirekte Eigenschaft *True* festgelegt, löst der Windows Installer die Eigenschaft, zu der ein Bezug hergestellt wurde, zur Laufzeit auf.
Integer	Legt fest, ob das Steuerelement mit einer Eigenschaft vom Typ *Integer* oder *String* verknüpft werden soll.
RTLRO	Legt fest, ob der Text in diesem Steuerelement in der Darstellungsform »Von rechts nach links« angezeigt werden soll.
RightAligned	Legt fest, ob der Text rechtsbündig ausgerichtet werden soll.
LeftScroll	Legt fest, ob die Bildlaufleiste auf der linken Seite des Steuerelementes angezeigt werden soll.
BiDi	Hierbei handelt es sich um eine Kombination aus den Attributen *RTLRO*, *RightAligned* und *LeftScroll*.
Sorted	Legt fest, ob die Werte in dem Listenfeld alphabetisch sortiert werden sollen.
UsersLanguage	Legt fest, ob die Schriftarten aus der Codepage der Windows Installer-Datenbank oder aus der standardmäßigen UI-Codepage des Benutzers verwendet werden.

Tabelle 8.39: Attribute des Steuerelementes ListBox

ListView

Bei der Listenansicht handelt es sich um ein Listenfeld, das eine Spalte mit vordefinierten Werten und zugeordneten Symbolen zur Auswahl anzeigt. Die zur Verfügung stehenden Werte werden in der Tabelle *ListView* definiert. Die in der Spalte *Text* definierten Werte werden in der Liste angezeigt. Der Wert der Spalte *Value* wird nach der Auswahl eines Elementes der zugeordneten Eigenschaft zugewiesen. Die Spalte *Binary_* enthält einen Verweis auf die Tabelle *Binary*, in der das zu verwendende Symbol gespeichert ist.

Die Inhalte der Spalte *Text* der Tabelle *Control* werden bei der Listenansicht niemals angezeigt. Stattdessen können über dieses Feld die verwendete Schriftart und die Schriftattribute festgelegt werden. Weitere Inhalte dieser Spalte werden von Screen Reader-Anwendungen verwendet.

Attribut	Beschreibung
IndirectPropertyName	Legt den Namen einer Eigenschaft fest, die indirekt mit diesem Steuerelement verknüpft werden soll.
Position	Legt die Position des Steuerelementes in dem Dialogfeld fest.
PropertyName	Legt den Namen einer Eigenschaft fest, die mit diesem Steuerelement verknüpft werden soll.
PropertyValue	Enthält den aktuellen Eigenschaftswert, der in diesem Steuerelement dargestellt wird.
Text	Um die Schriftart und Schriftattribute für dieses Steuerelement festzulegen, geben Sie {\style} in die Spalte *Text* der Tabelle *Control* ein, wobei es sich bei *style* um einen Wert handeln muss, der in der Spalte *TextStyle* der gleichnamigen Tabelle definiert ist. Verwenden Sie {&style}, um die definierten Schriftattribute auf die Standardschriftart *(DefaultUIFont)* anzuwenden. Weitere hier erfasste Zeichenfolgen werden zur Darstellung von Screen Reader-Anwendungen verwendet.
Visible	Legt fest, ob das Steuerelement sichtbar oder unsichtbar dargestellt wird.
Enabled	Legt fest, ob das Steuerelement aktiviert werden kann.
Sunken	Legt fest, ob das Steuerelement in normaler oder dreidimensionaler Darstellung angezeigt wird.
Indirect	Wurde für die indirekte Eigenschaft *True* festgelegt, löst der Windows Installer die Eigenschaft, zu der ein Bezug hergestellt wurde, zur Laufzeit auf.
Integer	Legt fest, ob das Steuerelement mit einer Eigenschaft vom Typ Integer oder String verknüpft werden soll.
RTLRO	Legt fest, ob der Text in diesem Steuerelement in der Darstellungsform »Von rechts nach links« angezeigt werden soll.
RightAligned	Legt fest, ob der Text rechtsbündig ausgerichtet werden soll.
LeftScroll	Legt fest, ob die Bildlaufleiste auf der linken Seite des Steuerelementes angezeigt werden soll.
BiDi	Hierbei handelt es sich um eine Kombination aus den Attributen *RTLRO*, *RightAligned* und *LeftScroll*.
Sorted	Legt fest, ob die Werte in dem Listenfeld alphabetisch sortiert werden sollen.
FixedSize	Legt fest, ob das Icon auf die Größe des Steuerelementes skaliert wird, oder ob es zentriert bzw. der überstehende Rand abgeschnitten wird.
IconSize	Legt die Symbolgröße fest. Zur Auswahl stehen »First Image«, »16 x 16«, »32 x 32« und »48 x 48«.

Tabelle 8.40: *Attribute des Steuerelementes* ListView

MaskedEdit

Bei diesem Steuerelement handelt es sich um ein Eingabefeld, bei dem die einzugebenden Werte maskiert werden können. Dieses Steuerelement kann verwendet werden, um dem Benutzer die Eingabe einer Telefonnummer oder einer Produkt-ID anhand einer Vorlage zu vereinfachen und Validierungen hierbei durchzuführen.

Die Eigenschaft *ProductID* kann mit dem Steuerelement *MaskedEdit* erfasst werden. Die benötigte Maskierung wird durch die Eigenschaft *PIDTemplate*, die den Wert »12345<###

-%%%%%%>@@@@@« enthält, vorgenommen. Der sichtbare Teil der Zeichenfolge ist durch die Zeichen < > eingeschlossen. Eine detaillierte Beschreibung der hierbei verwendeten Syntax wird in der Tabelle 8.41 dargestellt:

Zeichen	Beschreibung
<	Dieses Zeichen markiert den Anfang des sichtbaren Teils der Vorlage. Dieses und alle vorangehenden Zeichen werden nicht sichtbar in der Benutzeroberfläche dargestellt. Dieses Zeichen darf nur einmal pro Vorlage verwendet werden. Es wird bei der Validierung in einen Strich »-« konvertiert, wenn definierte Werte vorangestellt wurden.
>	Dieses Zeichen markiert das Ende des sichtbaren Teils der Vorlage. Dieses und alle nachfolgenden Zeichen werden nicht sichtbar in der Benutzeroberfläche dargestellt. Sobald der sichtbare Teil der Vorlage mit dem Zeichen < eingeleitet wird, muss das Zeichen > zur Kennzeichnung des Endes verwendet werden. Dieses Zeichen wird bei der Validierung in einen Strich »-« konvertiert, wenn nachfolgend Werte angefügt wurden.
#	Dieses Zeichen stellt eine Ziffer dar, die nicht in den Validierungsprozess einbezogen wird.
%	Dieses Zeichen stellt eine alternative Möglichkeit zur Darstellung einer Ziffer dar. Bei der Verwendung dieses Zeichens wird die Ziffer in den Validierungsprozess einbezogen.
@	Dieses Zeichen repräsentiert eine Zufallszahl. Es kann nicht im sichtbaren Teil der Vorlage verwendet werden.
?	Dieses Zeichen repräsentiert ein alphanumerisches Zeichen, das nicht in den Validierungsprozess einbezogen wird.
^	Dieses Zeichen repräsentiert einen Buchstaben, der in den Validierungsprozess einbezogen wird. Der Buchstabe wird bei der Validierung in einen Großbuchstaben umgewandelt.
_	Dieses Zeichen repräsentiert ein alphanumerisches Zeichen.
`	Dieses Zeichen (ASCII 96) repräsentiert ein alphanumerisches Zeichen.
=	Dieses Zeichen dient dazu, ein Eingabefeld abzuschließen. Es kann nur nach »#«, »%«, »^« oder »'« verwendet werden, trennt automatisch das Eingabefeld und wiederholt das vorangehende Maskierungszeichen. In der Benutzeroberfläche wird ein solches Zeichen als »-« angezeigt.
Sonstige	Alle weiteren Zeichen werden als statische Zeichenfolge verwendet.

Tabelle 8.41: Syntax zur Verwendung des Steuerelementes MaskedEdit

Verwendung: Der Windows Installer enthält eine Aktion mit der Bezeichnung *ValidateProductID*. Diese Aktion vergleicht den Inhalt der Eigenschaft *ProductID* mit der Eigenschaft *PIDTemplate*, hinsichtlich der ordnungsgemäßen Eingabe der Daten. Bei dieser Prüfung werden die Daten nach verschiedenen, in Abhängigkeit zur verwendeten Vorlage, Algorithmen geprüft und letztlich die endgültige *ProductID* gebildet. Betrachten Sie die Vorlage »12345<###-%%%%%>@@@@@«. Diese Vorlage sorgt dafür, dass das Steuerelement *MaskedEdit* in der Benutzeroberfläche aus zwei Eingabefeldern besteht, wie in Abbildung 8.18 zu sehen ist.

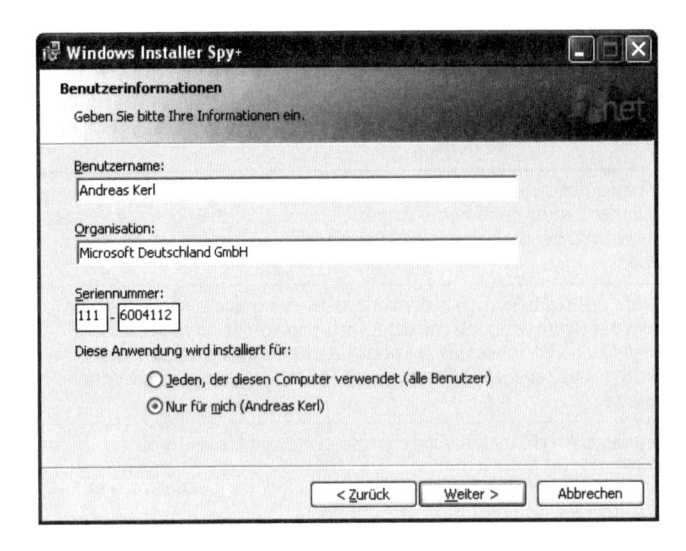

Abbildung 8.18: *Darstellung des Steuerelementes* MaskedEdit

Nach der Eingabe des Wertes »111-6004112« und Ausführen der Aktion *ValidateProductID* wird als tatsächliche *ProductID* die Zeichenfolge »12345-111-6004112-nnnnn« generiert, wobei »nnnnn« durch eine Zufallszahl ersetzt wird. Betrachten Sie den Algorithmus, der die Validierung des zweiten Teils der Vorlage, also »%%%%%%« durchführt. Hierbei werden alle Ziffern addiert (Quersumme) und das Ergebnis durch sieben geteilt. Bleibt bei dieser Operation ein Rest, ist die Validierung fehlgeschlagen, ist hingegen der Rest = 0, wurde eine ordnungsgemäße *ProductID* eingegeben.

HINWEIS: Diese interne Validierung wird nicht automatisch durchgeführt. In den meisten Windows Installer-Paketen wird die benötigte Aktion *ValidateProductID* durch das Aktivieren der Schaltfläche *Weiter* ausgelöst.

Beachten Sie, dass diese Validierung immer nach dem identischen Algorithmus ausgeführt wird. Da dieser Algorithmus nicht veränderbar ist, stellt er keinen wirkungsvollen Mechanismus zur effektiven Überprüfung der von Ihnen verwendeten IDs zur Verfügung. In den meisten Fällen wird eine individuelle Validierung in Form einer benutzerdefinierten Aktion durchgeführt. Betrachten Sie hierzu auch die Erläuterungen zum Dialogfeld *FirstRun*.

Attribut	Beschreibung
IndirectPropertyName	Legt den Namen einer Eigenschaft fest, die indirekt mit diesem Steuerelement verknüpft werden soll.
Position	Legt die Position des Steuerelementes in dem Dialogfeld fest.
PropertyName	Legt den Namen einer Eigenschaft fest, die mit diesem Steuerelement verknüpft werden soll.
PropertyValue	Enthält den aktuellen Eigenschaftswert, der in diesem Steuerelement dargestellt wird.
Text	Legt die Zeichenfolge fest, die als Vorlage für die Maskierung des Steuerelementes dienen soll. Um die Schriftart und Schriftattribute für dieses Steuerelement festzulegen, geben Sie {\style} gefolgt von der Zeichenfolge zur Definition der Vorlage in die Spalte *Text* der Tabelle *Control* ein, wobei es sich bei *style* um einen Wert handeln muss, der in der Spalte *TextStyle* der gleichnamigen Tabelle definiert ist. Verwenden Sie {&style}, um die definierten Schriftattribute auf die Standardschriftart *(DefaultUIFont)* anzuwenden.
Visible	Legt fest, ob das Steuerelement sichtbar oder unsichtbar dargestellt wird.
Enabled	Legt fest, ob das Steuerelement aktiviert werden kann. ▶

Attribut	Beschreibung
Sunken	Legt fest, ob das Steuerelement in normaler oder dreidimensionaler Darstellung angezeigt wird.
Indirect	Wurde für die indirekte Eigenschaft *True* festgelegt, löst der Windows Installer die Eigenschaft, zu der ein Bezug hergestellt wurde, zur Laufzeit auf.

Tabelle 8.42: Attribute des Steuerelementes MaskedEdit

PathEdit

Das Steuerelement zur Pfadbearbeitung wird in Verbindung mit einem Verzeichnis-Kombinationsfeld und einem Verzeichnislisten-Steuerelement verwendet, um das Dialogfeld zur Auswahl des Installationsverzeichnisses zu erstellen. Die Pfadbearbeitung zeigt den vollständigen Pfad an, zusammengesetzt aus der im Verzeichnis-Kombinationsfeld und der Verzeichnisliste getroffenen Auswahl, sowie oder anstelle der vom Benutzer vorgenommenen Bearbeitungen. Alle drei Steuerelemente werden hierbei mit einer Eigenschaft verknüpft. Bei dieser Eigenschaft handelt es sich um den Installationspfad, den der Benutzer festlegen kann. Das Steuerelement zur Pfadbearbeitung unterstützt auch die Eingabe von Dateinamen nach UNC-Konventionen (Universal Naming Convention).

Attribut	Beschreibung
IndirectPropertyName	Legt den Namen einer Eigenschaft fest, die indirekt mit diesem Steuerelement verknüpft werden soll.
Position	Legt die Position des Steuerelementes in dem Dialogfeld fest.
PropertyName	Legt den Namen einer Eigenschaft fest, die mit diesem Steuerelement verknüpft werden soll.
PropertyValue	Enthält den aktuellen Eigenschaftswert, der in diesem Steuerelement dargestellt wird.
Text	Um die Schriftart und Schriftattribute für das Steuerelement festzulegen, geben Sie {\style} in die Spalte *Text* der Tabelle *Control* ein, wobei es sich bei *style* um einen Wert handeln muss, der in der Spalte *TextStyle* der gleichnamigen Tabelle definiert ist. Verwenden Sie {&style}, um die definierten Schriftattribute auf die Standardschriftart *(DefaultUIFont)* anzuwenden. Sie können weiterhin die Anzahl der im Textfeld einzugebenden Zeichen definieren. Fügen Sie dazu {n} an eine vorhandene Schriftspezifikation an, wobei es sich bei *n* um eine positive Zahl handeln muss.
Visible	Legt fest, ob das Steuerelement sichtbar oder unsichtbar dargestellt wird.
Enabled	Legt fest, ob das Steuerelement aktiviert werden kann.
Sunken	Legt fest, ob das Steuerelement in normaler oder dreidimensionaler Darstellung angezeigt wird.
Indirect	Wurde für die indirekte Eigenschaft *True* festgelegt, löst der Windows Installer die Eigenschaft, zu der ein Bezug hergestellt wurde, zur Laufzeit auf.
RTLRO	Legt fest, ob der Text in diesem Steuerelement in der Darstellungsform »Von rechts nach links« angezeigt werden soll.
RightAligned	Legt fest, ob der Text rechtsbündig ausgerichtet werden soll.

Tabelle 8.43: Attribute des Steuerelementes PathEdit

ProgressBar

Eine Fortschrittsanzeige ist ein grafischer Balken mit einer dynamischen Anzeige, die diesen Balken in Abhängigkeit vom Status bestimmter Windows Installer-Ereignisse ausfüllt.

Die Benutzeroberfläche

Attribut	Beschreibung
Position	Legt die Position des Steuerelementes in dem Dialogfeld fest.
Progress	Dieses Attribut legt fest, wie viel Fläche der Fortschrittsanzeige bereits gefüllt ist und wird durch das Ereignis *SetProgress* festgelegt und fortgeschrieben.
Text	Legt den Text fest, der in diesem Steuerelement angezeigt werden soll. Um die Schriftart und Schriftattribute zur Darstellung der Rahmenfarbe festzulegen, geben Sie {\style} in die Spalte *Text* der Tabelle *Control* ein, wobei es sich bei *style* um einen Wert handeln muss, der in der Spalte *TextStyle* der gleichnamigen Tabelle definiert ist. Verwenden Sie {&style}, um die definierten Schriftattribute auf die Standardschriftart *(DefaultUIFont)* anzuwenden.
Visible	Legt fest, ob das Steuerelement sichtbar oder unsichtbar dargestellt wird.
Sunken	Legt fest, ob das Steuerelement in normaler oder dreidimensionaler Darstellung angezeigt wird.
RTLRO	Legt fest, ob der Text in diesem Steuerelement in der Darstellungsform »Von rechts nach links« angezeigt werden soll.
Progress95	Legt fest, ob die Fortschrittsanzeige als einheitlicher blauer Balken oder durch eine Reihe blauer Rechtecke dargestellt werden soll.

Tabelle 8.44: Attribute des Steuerelementes ProgressBar

PushButton

Hierbei handelt es sich um die von Microsoft Windows bekannte Standardschaltfläche.

Attribut	Beschreibung
Position	Legt die Position des Steuerelementes in dem Dialogfeld fest.
Text	Legt den Text fest, der auf dem Steuerelement angezeigt werden soll. Es kann auch eine Abbildung der Tabelle *Binary* referenziert werden. Um die Schriftart und Schriftattribute zur Darstellung festzulegen, geben Sie {\style} in die Spalte *Text* der Tabelle *Control* ein, wobei es sich bei *style* um einen Wert handeln muss, der in der Spalte *TextStyle* der gleichnamigen Tabelle definiert ist. Verwenden Sie {&style}, um die definierten Schriftattribute auf die Standardschriftart *(DefaultUIFont)* anzuwenden.
Visible	Legt fest, ob das Steuerelement sichtbar oder unsichtbar dargestellt wird.
Enabled	Legt fest, ob das Steuerelement aktiviert werden kann.
Sunken	Legt fest, ob das Steuerelement in normaler oder dreidimensionaler Darstellung angezeigt wird.
RTLRO	Legt fest, ob der Text in diesem Steuerelement in der Darstellungsform »Von rechts nach links« angezeigt werden soll.
Bitmap	Der Text in diesem Steuerelement wird durch ein Bitmap ersetzt. Die Spalte *Text* muss in diesem Fall eine Referenz auf das zu verwendende Bitmap der Tabelle *Binary* besitzen. Um bei einer solchen Darstellung das Steuerelement weiterhin mit Tastenkombinationen verwenden zu können, müssen Sie diese in den ersten Teil der Spalte *Help* eingeben.
IconControl	Der Text in diesem Steuerelement wird durch ein Symbol ersetzt. Die Spalte *Text* muss in diesem Fall eine Referenz auf das zu verwendende Symbol der Tabelle *Binary* besitzen. Um bei einer solchen Darstellung das Steuerelement weiterhin mit Tastenkombinationen verwenden zu können, müssen Sie diese in den ersten Teil der Spalte *Help* eingeben.
FixedSize	Gibt an, ob das Symbol auf die Größe des Steuerelementes skaliert wird oder ob es zentriert bzw. der überstehende Rand abgeschnitten wird.
IconSize	Legt die Symbolgröße fest. Zur Auswahl stehen »First Image«, »16 x 16«, »32 x 32« und »48 x 48«.

Tabelle 8.45: Attribute des Steuerelementes PushButton

RadioButtonGroup

Eine *RadioButtonGroup* stellt eine Gruppe von Optionsschaltflächen dar, die eine identische Verwendung erlauben wie eine Listbox. Aus der Auflistung kann jeweils nur ein Element ausgewählt werden.

Erstellen Sie eine *RadioButtonGroup* und verknüpfen Sie diese mit einer Eigenschaft. Wechseln Sie in die Tabelle *RadioButton* und legen Sie die einzelnen darzustellenden Elemente an. Legen Sie in der Spalte *Property* für jedes Element die gleiche Eigenschaft fest wie für die *RadioButtonGroup* selbst. Die Spalte *Text* enthält die Beschreibung, die für das einzelne Element angezeigt werden soll. Die Spalte *Value* enthält den Wert, der der Eigenschaft der *RadioButtonGroup* nach Auswahl der Optionsschaltfläche zugewiesen werden soll. Beachten Sie, dass die einzelnen Optionsschaltflächen niemals einer *RadioButtonGroup* direkt zugeordnet sind, sondern immer mit einem solchen Steuerelement über die verwendete Eigenschaft verknüpft werden.

HINWEIS: Die Vorgehensweise bei dieser Art von Steuerelementen ist identisch aufgebaut. Bei der *RadioButtonGroup* wird die Tabelle *RadioButton*, bei der *CheckBox* die Tabelle *CheckBox*, bei der *ListBox* die Tabelle *ListBox*, beim *ListView* die Tabelle *ListView* und bei der *ComboBox* die Tabelle *ComboBox* hierzu verwendet.

Beachten Sie, dass eine *RadioButtonGroup* niemals den Fokus erhalten kann, wenn bei der Initialisierung des zugrunde liegenden Dialogfeldes keine Standardoptionsschaltfläche zugewiesen wurde. Sie können dieses erreichen, indem Sie der zugeordneten Eigenschaft einen Initialisierungswert in der Tabelle *Property* zuweisen.

Attribut	Beschreibung
IndirectPropertyName	Legt den Namen einer Eigenschaft fest, die indirekt mit diesem Steuerelement verknüpft werden soll.
Position	Legt die Position des Steuerelementes in dem Dialogfeld fest.
PropertyName	Legt den Namen einer Eigenschaft fest, die mit diesem Steuerelement verknüpft werden soll.
PropertyValue	Enthält den aktuellen Eigenschaftswert, der in diesem Steuerelement dargestellt wird.
Text	Legt den Text fest, der auf dem Steuerelement angezeigt werden soll. Es kann auch eine Abbildung der Tabelle *Binary* referenziert werden. Um die Schriftart und Schriftattribute zur Darstellung festzulegen, geben Sie {\style} in die Spalte *Text* der Tabelle *Control* ein, wobei es sich bei *style* um einen Wert handeln muss, der in der Spalte *TextStyle* der gleichnamigen Tabelle definiert ist. Verwenden Sie {&style}, um die definierten Schriftattribute auf die Standardschriftart (*DefaultUIFont*) anzuwenden.
Visible	Legt fest, ob das Steuerelement sichtbar oder unsichtbar dargestellt wird.
Enabled	Legt fest, ob das Steuerelement aktiviert werden kann.
Sunken	Legt fest, ob das Steuerelement in normaler oder dreidimensionaler Darstellung angezeigt wird.
Indirect	Wurde für die indirekte Eigenschaft *True* festgelegt, löst der Windows Installer die Eigenschaft, zu der ein Bezug hergestellt wurde, zur Laufzeit auf.
Integer	Legt fest, ob das Steuerelement mit einer Eigenschaft vom Typ *Integer* oder *String* verknüpft werden soll.
RTLRO	Legt fest, ob der Text in diesem Steuerelement in der Darstellungsform »Von rechts nach links« angezeigt werden soll.
RightAligned	Legt fest, ob der Text rechtsbündig ausgerichtet werden soll.
PushLike	Legt fest, ob das Steuerelement als *PushButton* dargestellt werden soll.
Bitmap	Der Text in diesem Steuerelement wird durch ein Bitmap ersetzt. Die Spalte *Text* muss in diesem Fall eine Referenz auf das zu verwendende Bitmap der Tabelle *Binary* besitzen.

Attribut	Beschreibung
IconControl	Der Text in diesem Steuerelement wird durch ein Symbol ersetzt. Die Spalte *Text* muss in diesem Fall eine Referenz auf das zu verwendende Symbol der Tabelle *Binary* besitzen.
FixedSize	Gibt an, ob das Symbol auf die Größe des Steuerelementes skaliert wird, oder ob es zentriert bzw. der überstehende Rand abgeschnitten wird.
IconSize	Legt die Symbolgröße fest. Zur Auswahl stehen »First Image«, »16 x 16«, »32 x 32« und »48 x 48«.
HasBorder	Legt fest, ob das Steuerelement mit einem Rand und einer Beschriftung dargestellt werden soll.

Tabelle 8.46: Attribute des Steuerelements RadioButtonGroup

ScrollableText

Dieses Steuerelement dient zur Darstellung von langen Texten, die auf Grund ihrer Größe nicht auf einer Dialogseite angezeigt werden können, wie z.B. bei der Lizenzvereinbarung. Das Steuerelement *ScrollableText* kann RTF-Text (Rich-Text-Format) verwenden und stellt diesen entsprechend der Formatierung dar. Eingebettete Eigenschaften werden bei der Darstellung nicht aufgelöst.

Attribut	Beschreibung
Position	Legt die Position des Steuerelementes in dem Dialogfeld fest.
Text	Legt den Text fest der von dem Steuerelement dargestellt werden soll. Geben Sie hierzu die RTF-Zeichenfolge in die Spalte *Text* der Tabelle *Controls* ein.
Visible	Legt fest, ob das Steuerelement sichtbar oder unsichtbar dargestellt wird.
Enabled	Legt fest, ob das Steuerelement aktiviert werden kann.
Sunken	Legt fest, ob das Steuerelement in normaler oder dreidimensionaler Darstellung angezeigt wird.
RTLRO	Legt fest, ob der Text in diesem Steuerelement in der Darstellungsform »Von rechts nach links« angezeigt werden soll.
RightAligned	Legt fest, ob der Text rechtsbündig ausgerichtet werden soll.
LeftScroll	Legt fest, ob die Scrollbar auf der linken Seite des Steuerelementes angezeigt werden soll.
BiDi	Hierbei handelt es sich um eine Kombination aus den Attributen *RTLRO*, *RightAligned* und *LeftScroll*.

Tabelle 8.47: Attribute des Steuerelementes ScrollableText

SelectionTree

Die Auswahlstruktur ermöglicht dem Benutzer den Installationsstatus von Features zu ändern, die in der Tabelle *Feature* aufgelistet sind. Dieses Steuerelement ist mit der Eigenschaft verknüpft, die der Benutzer im Dialogfeld *Browse* verändern kann.

Die Auswahlstruktur löst automatisch die folgenden Ereignisse unter Microsoft Windows XP und früheren Betriebssystemen aus. Die Ereignisse werden ausgelöst, wenn ein Eintrag der hierarchischen Liste markiert wird.

Ereignis	Beschreibung
SelectionAction	Veröffentlicht die Zeichenfolge aus der Tabelle *UIText*, die das markierte Element beschreibt.
SelectionBrowse	Wird ausgelöst, falls der Benutzer die Schaltfläche *Ändern* auf dem gleichen Dialogfeld aktiviert, um ein Zielverzeichnis für das ausgewählte Feature festzulegen. ▶

Ereignis	Beschreibung
SelectionDescription	Veröffentlicht die Zeichenfolge aus der Tabelle Feature, die das markierte Element beschreibt.
SelectionNoItems	Wird ausgelöst, wenn kein Eintrag markiert ist. Wird verwendet, um Schaltflächen zu deaktivieren oder existierende Beschreibungen zurückzusetzen.
SelectionPath	Veröffentlicht den Installationspfad des markierten Elementes.
SelectionPathOn	Veröffentlicht einen booleschen Wert, der angibt, ob ein Installationspfad mit dem markierten Element verknüpft ist.
SelectionSize	Veröffentlicht den Speicherbedarf des markierten Elementes.

Tabelle 8.48: Von der Auswahlstruktur ausgelöste oder empfangenen Ereignisse

Bei der Ausführung unter Microsoft Windows Server 2003 oder späteren Betriebssystemen können zusätzlich zu den gerade aufgelisteten Ereignissen die Ereignisse *DoAction* und *SetProperty* von einer Auswahlstruktur ausgelöst werden. Diese Ereignisse werden nicht automatisch ausgelöst, sondern müssen in der Tabelle *ControlEvent* definiert werden.

Die Inhalte der Spalte *Text* der Tabelle *Control* werden bei der Auswahlstruktur niemals angezeigt. Stattdessen können über dieses Feld die verwendete Schriftart und die Schriftattribute festgelegt werden. Weitere Inhalte dieser Spalte werden von Screen Reader-Anwendungen verwendet.

Attribut	Beschreibung
IndirectPropertyName	Legt den Namen einer Eigenschaft fest, die indirekt mit diesem Steuerelement verknüpft werden soll.
Position	Legt die Position des Steuerelementes in dem Dialogfeld fest.
PropertyName	Legt den Namen einer Eigenschaft fest, die mit diesem Steuerelement verknüpft werden soll.
PropertyValue	Enthält den aktuellen Eigenschaftswert, der in diesem Steuerelement dargestellt wird.
Text	Um die Schriftart und Schriftattribute für dieses Steuerelement festzulegen, geben Sie {\style} in die Spalte *Text* der Tabelle *Control* ein, wobei es sich bei *style* um einen Wert handeln muss, der in der Spalte *TextStyle* der gleichnamigen Tabelle definiert ist. Verwenden Sie {&style}, um die definierten Schriftattribute auf die Standardschriftart (*DefaultUIFont*) anzuwenden. Weitere hier erfasste Zeichenfolgen werden zur Darstellung von Screen Reader-Anwendungen verwendet.
Visible	Legt fest, ob das Steuerelement sichtbar oder unsichtbar dargestellt wird.
Enabled	Legt fest, ob das Steuerelement aktiviert werden kann.
Sunken	Legt fest, ob das Steuerelement in normaler oder dreidimensionaler Darstellung angezeigt wird.
Indirect	Wurde für die indirekte Eigenschaft *True* festgelegt, löst der Windows Installer die Eigenschaft, zu der ein Bezug hergestellt wurde, zur Laufzeit auf.
RTLRO	Legt fest, ob der Text in diesem Steuerelement in der Darstellungsform »Von rechts nach links« angezeigt werden soll.
RightAligned	Legt fest, ob der Text rechtsbündig ausgerichtet werden soll.
LeftScroll	Legt fest, ob die Bildlaufleiste auf der linken Seite des Steuerelementes angezeigt werden soll.
BiDi	Hierbei handelt es sich um eine Kombination aus den Attributen *RTLRO*, *RightAligned* und *LeftScroll*.

Tabelle 8.49: Attribute des Steuerelementes SelectionTree

Die Auswahlstruktur verwendet eine große Anzahl von Zeichenfolgen aus der Tabelle *UIText*, um die vorliegenden Daten vor ihrer Anzeige aufzubereiten und zu formatieren. Diese Funktionalität dient der Lokalisierung und der individuellen Anpassung von Windows Installer-Paketen. Der formatierte Text wird in dem Kontextmenü des Steuerelementes verwendet, das durch das Aktivieren der Symbole in der hierarchischen Darstellung angezeigt wird. Die Abbildung 8.19 zeigt Ihnen einen Hilfedialog zu den verwendeten Symbolen in dem Kontextmenü.

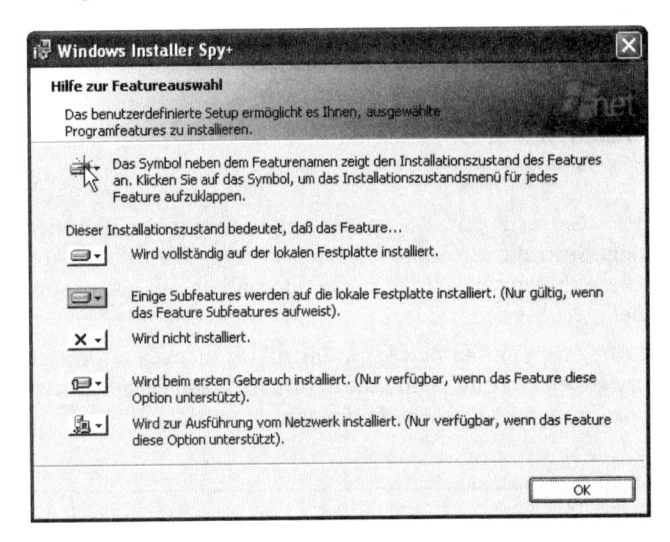

Abbildung 8.19: Darstellung der Symbole in der Auswahlstruktur

Des Weiteren wird der formatierte Text verwendet, um aus mehreren Teilen entsprechende Meldungen zu konstruieren und diese im Anschluss als Argument an die auszulösenden Ereignisse anzufügen und zu übergeben.

Zeichenfolge	Beschreibung
AbsentPath	Der anzuzeigende Installationspfad für ein Feature, das nicht installiert werden soll. Hier wird standardmäßig eine leere Zeichenfolge verwendet.
Bytes	Lokalisierte Zeichenfolge zur Darstellung der Größe in Bytes.
GB	Lokalisierte Zeichenfolge zur Darstellung der Größe in Kilobyte.
KB	Lokalisierte Zeichenfolge zur Darstellung der Größe in Megabyte.
MB	Lokalisierte Zeichenfolge zur Darstellung der Größe in Gigabyte.
MenuAbsent	Dieses Feature wird nicht verfügbar sein.
MenuAllCD	Das gesamte Feature wird von CD startbar installiert.
MenuAllLocal	Dieses Feature wird vollständig auf der lokalen Festplatte installiert.
MenuAllNetwork	Das gesamte Feature wird vom Netzwerk startbar installiert.
MenuCD	Wird zum Starten von der CD installiert.
MenuLocal	Wird auf der lokalen Festplatte installiert.
MenuNetwork	Wird zum Starten vom Netzwerk installiert.
SelAbsentAbsent	Dieses Feature wird nicht installiert.
SelAbsentCD	Dieses Feature wird zum Starten von der CD installiert.

Zeichenfolge	Beschreibung
SelAbsentLocal	Dieses Feature wird auf der lokalen Festplatte installiert.
SelAbsentNetwork	Dieses Feature wird zum Starten vom Netzwerk installiert.
SelCDAbsent	Dieses Feature wird vollständig entfernt. Sie können es auch nicht von der CD starten.
SelCDCD	Dieses Feature bleibt zum Starten von der CD installiert.
SelCDLocal	Dieses Feature war bisher zum Starten von der CD installiert. Es wird nun auf der lokalen Festplatte installiert.
SelChildCostPos	Dieses Feature gibt [1] auf der Festplatte frei.
SelChildCostNeg	Dieses Feature belegt [1] auf der Festplatte.
SelLocalAbsent	Dieses Feature wird vollständig entfernt.
SelLocalCD	Dieses Feature wird von der lokalen Festplatte entfernt, bleibt aber zum Starten von der CD installiert.
SelLocalLocal	Dieses Feature bleibt auf der lokalen Festplatte installiert.
SelLocalNetwork	Dieses Feature wird von der lokalen Festplatte entfernt, bleibt aber zum Starten vom Netzwerk installiert.
SelNetworkAbsent	Dieses Feature wird vollständig entfernt. Sie können es auch nicht vom Netzwerk starten.
SelNetworkLocal	Dieses Feature war bisher zum Starten vom Netzwerk installiert. Es wird nun auf der lokalen Festplatte installiert.
SelNetworkNetwork	Dieses Feature bleibt zum Starten vom Netzwerk installiert.
SelParentCostNegNeg	Dieses Feature gibt [1] auf der Festplatte frei. [2] von [3] Unterfeatures sind ausgewählt. Die Unterfeatures geben [4] auf der Festplatte frei.
SelParentCostNegPos	Dieses Feature gibt [1] auf der Festplatte frei. [2] von [3] Unterfeatures sind ausgewählt. Die Unterfeatures erfordern [4] auf der Festplatte.
SelParentCostPosNeg	Dieses Feature erfordert [1] auf der Festplatte. [2] von [3] Unterfeatures sind ausgewählt. Die Unterfeatures geben [4] auf der Festplatte frei.
SelParentCostPosPos	Dieses Feature erfordert [1] auf der Festplatte. [2] von [3] Unterfeatures sind ausgewählt. Die Unterfeatures erfordern [4] auf der Festplatte.

Tabelle 8.50: Zeichenfolgen der Tabelle UIText *für die Auswahlstruktur*

HINWEIS: Die vom *SelectionTree* verwendeten Informationen werden während der Aktionen *CostInitialize* und *CostFinalize* ermittelt und zur Verfügung gestellt. Beachten Sie, dass ein Dialogfeld auf dem ein *SelectionTree* platziert ist, erst nach Abschluss dieser beiden Aktionen aufgerufen werden kann.

Text

Das Bezeichnungsfeld wird verwendet, um einzeiligen statischen Text auszugeben. Etwaige Sequenzen durch Implementierung eines Zeilenumbruchs wie z.B. \n oder \r\n werden ignoriert und als Zeichenfolge direkt angezeigt. Die einzige Methode, mehrzeiligen statischen Text anzuzeigen, ist die Verwendung von mehreren Bezeichnungsfeldern, die untereinander angeordnet sind. Bei der Ausgabe des Textes können Sie Eigenschaften direkt in den Text einfügen. Falls Sie die Zeichenfolge »Hallo, mein Name ist *[USERNAME]*« in die Spalte *Text* der Tabelle *Control* eingegeben haben, wird der Platzhalter *[USERNAME]* automatisch durch den Benutzernamen ersetzt.

Attribut	Beschreibung
Position	Legt die Position des Steuerelementes in dem Dialogfeld fest.
Text	Dieses Attribut legt den Text fest, der in dem Steuerelement angezeigt werden soll. Um die Schriftart und Schriftattribute festzulegen, geben Sie {\style} in die Spalte *Text* der Tabelle *Control* ein, wobei es sich bei *style* um einen Wert handeln muss, der in der Spalte *TextStyle* der gleichnamigen Tabelle definiert ist. Verwenden Sie {&style}, um die definierten Schriftattribute auf die Standardschriftart *(DefaultUIFont)* anzuwenden.
TimeRemaining	Dieses Attribut ermöglicht die Darstellung der verbleibenden Dauer der Installation in einem Textfeld. Hierzu müssen sie das Ereignis *TimeRemaining* abonnieren.
Visible	Legt fest, ob das Steuerelement sichtbar oder unsichtbar dargestellt wird.
Enabled	Legt fest, ob das Steuerelement aktiviert werden kann.
Sunken	Legt fest, ob das Steuerelement in normaler oder dreidimensionaler Darstellung angezeigt wird.
RTLRO	Legt fest, ob der Text in diesem Steuerelement in der Darstellungsform »Von rechts nach links« angezeigt werden soll.
RightAligned	Legt fest, ob der Text rechtsbündig ausgerichtet werden soll.
Transparent	Legt fest, ob der Hintergrund Transparent oder Ausgefüllt angezeigt werden soll.
NoPrefix	Legt fest, ob das Zeichen »&« zur Darstellung des Unterstrichs, also des Shortcuts, verwendet werden soll.
NoWrap	Legt fest, ob der Text in einer Zeile angezeigt, oder ob dieser umgebrochen werden soll.
UsersLanguage	Legt fest, ob die Schriftarten aus der Codepage der Windows Installer-Datenbank oder aus der standardmäßigen UI-Codepage des Benutzers verwendet werden sollen.
FormatSize	Über dieses Attribut können Sie festlegen, dass der auszugebende Text als eine Ziffer dargestellt wird, die eine Anzahl von Bytes repräsentiert.

Tabelle 8.51: Attribute des Steuerelementes Text

VolumeCostList

Die *VolumeCostList* zeigt Informationen über den tatsächlich benötigten Speicherbedarf für die verschiedenen Laufwerke an. Das Steuerelement listet alle Laufwerke auf, die von der aktuellen Installation verwendet werden und zusätzlich alle Laufwerkstypen, die über Attribute festgelegt wurden. Wird der verfügbare Speicherplatz vom benötigten Speicherbedarf übertroffen, wird das entsprechende Laufwerk in der Tabelle farblich hervorgehoben dargestellt.

Wie bereits die Auswahlstruktur verwendet die *VolumeCostList* die Tabelle *UIText*, um die lokalisierten Spaltenbeschriftungen und die Zeichenfolgen für die Formatierung der Speichergrößen darzustellen.

Zeichenfolge	Beschreibung
VolumeCostAvailable	Spaltenbeschriftung für verfügbaren Speicherplatz. Der Standardwert ist »Verfügbar«.
VolumeCostDifference	Spaltenbeschriftung für die Differenz zwischen verfügbarem und benötigtem Speicherplatz. Der Standardwert ist »Differenz«.
VolumeCostRequired	Spaltenbeschriftung für den erforderlichen Speicherbedarf. Der Standardwert ist »Erforderlich«.
VolumeCostSize	Spaltenbeschriftung für Angabe der Datenträgergröße. Der Standardwert ist »Datenträgergröße«.
VolumeCostVolume	Spaltenbeschriftung für die Bezeichnung des Laufwerks. Der Standardwert ist »Laufwerke«.

Zeichenfolge	Beschreibung
Bytes	Lokalisierte Zeichenfolge zur Darstellung der Größe in Bytes
KB	Lokalisierte Zeichenfolge zur Darstellung der Größe in Kilobyte.
MB	Lokalisierte Zeichenfolge zur Darstellung der Größe in Megabyte.
GB	Lokalisierte Zeichenfolge zur Darstellung der Größe in Gigabyte.

Tabelle 8.52: Zeichenfolgen der Tabelle UIText *für die* VolumeCostList

Die Spaltenbreite der *VolumeCostList* kann durch Anfügen einer Zeichenfolge an eine vorhandene Schriftartdefinition in der Spalte *Text* der Tabelle *Control* angepasst werden. Die Definition der Spaltenbreiten wird durch eine Serie von positiven Ganzzahlwerten, die in geschweiften Klammern eingeschlossenen sind, vorgenommen (z.B. {116}{80}{80}{80}). Wird in eine geschweifte Klammer kein Wert oder der Wert »0« eingegeben, wird die Spalte ausgeblendet. Werden ungültige Werte verwendet (negative Zahlen oder Zeichenfolgen, die nicht in positive Zahlen konvertiert werden können) führt diese ungültige Definition ebenfalls dazu, dass die Spalten ausgeblendet werden. Sie können für maximal fünf Spalten die Breite festlegen.

Die Inhalte der Spalte *Text* der Tabelle *Control* werden bei der *VolumeCostList* niemals angezeigt. Stattdessen können über dieses Feld die verwendete Schriftart und die Schriftattribute festgelegt werden. Weitere Inhalte dieser Spalte werden von Screen Reader-Anwendungen verwendet.

HINWEIS: Der Windows Installer kann den Inhalt der *VolumeCostList* nicht aktualisieren, wenn der Benutzer einen anderen Pfad über das Dialogfeld *Browse* oder die Steuerelemente *PathEdit*, *DirectoryList* oder *DirectoryCombo* eingibt, da die *VolumeCostList* über keine Eigenschaft verfügt, die mit den Auswahlmöglichkeiten verknüpft werden kann.

Attribut	Beschreibung
Position	Legt die Position des Steuerelementes in dem Dialogfeld fest.
Text	Um die Schriftart und Schriftattribute festzulegen, geben Sie {\style} in die Spalte *Text* der Tabelle *Control* ein, wobei es sich bei *style* um einen Wert handeln muss, der in der Spalte *TextStyle* der gleichnamigen Tabelle definiert ist. Verwenden Sie {&style}, um die definierten Schriftattribute auf die Standardschriftart *(DefaultUIFont)* anzuwenden.
Visible	Legt fest, ob das Steuerelement sichtbar oder unsichtbar dargestellt wird.
Enabled	Legt fest, ob das Steuerelement aktiviert werden kann.
Sunken	Legt fest, ob das Steuerelement in normaler oder dreidimensionaler Darstellung angezeigt wird.
RTLRO	Legt fest, ob der Text in diesem Steuerelement in der Darstellungsform »Von rechts nach links« angezeigt werden soll.
RightAligned	Legt fest, ob der Text rechtsbündig ausgerichtet werden soll.
LeftScroll	Legt fest, ob die Beispiele auf der linken Seite des Steuerelementes angezeigt werden sollen.
BiDi	Hierbei handelt es sich um eine Kombination aus den Attributen *RTLRO*, *RightAligned* und *LeftScroll*.
RemovableVolume	Das Steuerelement stellt alle Wechseldatenträger dar.
FixedVolume	Das Steuerelement stellt alle internen Festplattenlaufwerke dar.
RemoteVolume	Das Steuerelement stellt alle Netzlaufwerke dar.
CDROMVolume	Das Steuerelement stellt alle CD-ROM- bzw. DVD-Laufwerke dar. ▶

Die Benutzeroberfläche

Attribut	Beschreibung
RAMDiskVolume	Das Steuerelement stellt alle RAM-Datenträger dar.
FloppyVolume	Das Steuerelement stellt alle Diskettenlaufwerke dar.
ControlShowRollbackCost	Legt fest, ob die vom Rollback und Backup verwendeten Dateien in die Berechnung für den Speicherbedarf berücksichtigt werden sollen.

Tabelle 8.53: Attribute des Steuerelementes VolumeCostList

VolumeSelectCombo

Das Steuerelement zur Laufwerksauswahl ermöglicht dem Benutzer die Auswahl eines bestimmten Laufwerkes aus einer alphabetisch sortierten Liste. Die Arten der darzustellenden Laufwerke können über die Attribute *RemovableVolume*, *FixedVolume*, *RemoteVolume*, *CDROMVolume*, *RAMDiskVolume* und *FloppyVolume* festgelegt werden.

Attribut	Beschreibung
IndirectPropertyName	Legt den Namen einer Eigenschaft fest, die indirekt mit diesem Steuerelement verknüpft werden soll.
Position	Legt die Position des Steuerelementes in dem Dialogfeld fest.
PropertyName	Legt den Namen einer Eigenschaft fest, die mit diesem Steuerelement verknüpft werden soll.
PropertyValue	Enthält den aktuellen Eigenschaftswert, der in diesem Steuerelement dargestellt wird.
Text	Um die Schriftart und Schriftattribute festzulegen, geben Sie {\style} in die Spalte *Text* der Tabelle Control ein, wobei es sich bei *style* um einen Wert handeln muss, der in der Spalte *TextStyle* der gleichnamigen Tabelle definiert ist. Verwenden Sie {&style}, um die definierten Schriftattribute auf die Standardschriftart *(DefaultUIFont)* anzuwenden.
Visible	Legt fest, ob das Steuerelement sichtbar oder unsichtbar dargestellt wird.
Enabled	Legt fest, ob das Steuerelement aktiviert werden kann.
Sunken	Legt fest, ob das Steuerelement in normaler oder dreidimensionaler Darstellung angezeigt wird.
Indirect	Wurde für die indirekte Eigenschaft *True* festgelegt, löst der Windows Installer die Eigenschaft, zu der ein Bezug hergestellt wurde, zur Laufzeit auf.
RTLRO	Legt fest, ob der Text in diesem Steuerelement in der Darstellungsform »Von rechts nach links« angezeigt werden soll.
RightAligned	Legt fest, ob der Text rechtsbündig ausgerichtet werden soll.
LeftScroll	Legt fest, ob die Bildlaufleiste auf der linken Seite des Steuerelementes angezeigt werden soll.
BiDi	Hierbei handelt es sich um eine Kombination aus den Attributen *RTLRO*, *RightAligned* und *LeftScroll*.
RemovableVolume	Das Steuerelement stellt alle Wechseldatenträger dar.
FixedVolume	Das Steuerelement stellt alle internen Festplattenlaufwerke dar.
RemoteVolume	Das Steuerelement stellt alle Netzlaufwerke dar.
CDROMVolume	Das Steuerelement stellt alle CD-ROM- bzw. DVD-Laufwerke dar.
RAMDiskVolume	Das Steuerelement stellt alle RAM-Datenträger dar.
FloppyVolume	Das Steuerelement stellt alle Diskettenlaufwerke dar.

Tabelle 8.54: Attribute des Steuerelementes VolumeCostList

Steuerelementattribute

Attribute dienen zur Festlegung der Darstellungsart eines Steuerelementes sowie dem Verhalten beim Eintreten bestimmter Ereignisse. Die Definition der Steuerelementattribute kann durch unterschiedliche Methoden realisiert werden:

- Verwenden der Tabelle *ControlCondition*, um das Steuerelement in Abhängigkeit zu der zugeordneten Eigenschaft zu aktivieren, zu deaktivieren, sichtbar oder unsichtbar zu machen. Diese Tabelle kann auch verwendet werden, um das in der Tabelle *Dialog* festgelegte Standardsteuerelement zu ändern.
- Anmelden des Steuerelementes als Empfänger für bestimmte Ereignisse. Hierzu muss das Attribut in die Spalte *Attribute* und das Ereignis in die Spalte *Event* der Tabelle *EventMapping* eingetragen werden.
- Festlegen der Steuerelementattribute in der Spalte *Attribute* der Tabelle *Control*. Diese Vorgehensweise weist die definierten Attribute dem Steuerelement bereits beim Erstellen zu.

Im Folgenden finden Sie eine Übersicht über alle zur Verfügung stehenden Attribute mit einer Beschreibung der Funktionsweise sowie den Steuerelementen, die diese Attribute verwenden können.

BiDi

Bei diesem Attribut handelt es sich um eine Kombination aus den Attributen *RTLRO*, *RightAligned* und *LeftScroll*. Dieses Attribut wird normalerweise bei Sprachen verwendet, die von rechts nach links geschrieben werden, wie z.B. Hebräisch.

Das Attribut kann von den Steuerelementen *ScrollableText*, *VolumeCostList*, *ComboBox*, *DirectoryList*, *DirectoryCombo*, *Edit*, *ListBox*, *ListView*, *SelectionTree* und *VolumeSelectCombo* verwendet werden.

Dezimal	Hexadezimal	Konstante
224	0x000000E0	msidbControlAttributesBiDi

Tabelle 8.55: *Definition des Attributes* BiDi

BillboardName

Dieses Attribut gibt den Namen des aktuell dargestellten Billboards zurück oder zeigt das benannte Billboard an. Es wird in der Vorschauansicht benötigt und ausschließlich vom Steuerelement *Billboard* verwendet.

Bitmap

Wurde dieses Attribut verwendet, wird der im Steuerelement dargestellte Text durch ein Bitmap ersetzt. Die Spalte *Text* der Tabelle *Control* muss auf einen gültigen Schlüssel der Tabelle *Binary* verweisen. Dieses Attribut kann von den Steuerelementen *CheckBox*, *PushButton* und *RadioButtonGroup* verwendet werden.

Dezimal	Hexadezimal	Konstante
262144	0x00040000	msidbControlAttributesBitmap

Tabelle 8.56: *Definition des Attributes* Bitmap

HINWEIS: Beachten Sie, dass ein Steuerelement nicht gleichzeitig Text und Bitmap darstellen kann. Sie sollten das Attribut *Icon* und *Bitmap* niemals gemeinsam verwenden.

CDROMVolume

Wird dieses Attribut verwendet, werden im Steuerelement alle Laufwerke angezeigt, die im Installationsprozess benutzt werden. Zusätzlich werden alle CD-ROM- bzw. DVD-Laufwerke angezeigt. Das Attribut kann von den Steuerelementen *DirectoryCombo*, *VolumeCostList* und *VolumeSelectCombo* verwendet werden.

Dezimal	Hexadezimal	Konstante
524288	0x00080000	msidbControlAttributesCDROMVolume

Tabelle 8.57: Definition des Attributes CDROMVolume

ComboList

Wird dieses Attribut verwendet, wird das editierbare Feld der *ComboBox* durch ein statisches Textfeld ersetzt. Hierdurch wird der Benutzer gezwungen, einen Eintrag aus einer Liste mit vordefinierten Werten auszuwählen.

Dezimal	Hexadezimal	Konstante
131072	0x00020000	msidbControlAttributesComboList

Tabelle 8.58: Definition des Attributes ComboList

ControlShowRollbackCost

Dieses Attribut ermöglicht die Einbeziehung von Dateien in die Berechnung des Speicherbedarfs in der *VolumeCostList*. Die nachfolgende Tabelle zeigt Ihnen die Kombinationsmöglichkeiten und die Einbeziehung von Dateien in die Berechnung.

Verwendung des Attributs *ControlShowRollbackCost*	Wert der Eigenschaft *PROMPTROLBACKCOST*	Einbeziehung in die Berechnung
Ja	»P«	Rollback-Dateien
Nein	»P«	Keine
Ja oder Nein	»F«	Rollback- und Backupdateien
Ja oder Nein	»D« oder *DISABLEROLLBACK*	Keine

Tabelle 8.59: Auswirkung des Attributs auf den Berechnungsprozess

Dezimal	Hexadezimal	Konstante
4194304	0x00400000	msidbControlShowRollbackCost

Tabelle 8.60: Definition des Attributes ControlShowRollbackCost

Enabled

Mit diesem Attribut kann festgelegt werden, ob das Steuerelement während der Initialisierung aktiviert oder deaktiviert wird. Einige Steuerelemente werden im deaktivierten Zustand abgeblendet dargestellt.

Alle Steuerelemente verwenden dieses Attribut, jedoch verfügen einige, wie *Bitmap* und *Icon*, über keine interne Implementierung um diese Funktion umzusetzen.

Dezimal	Hexadezimal	Konstante
2	0x00000002	msidbControlAttributesEnabled

Tabelle 8.61: Definition des Attributes Enabled

Sie können die Tabelle *ControlCondition* verwenden, um das Steuerelement in Abhängigkeit von einer Bedingung zur Laufzeit zu aktivieren oder zu deaktivieren.

FixedSize

Wenn Sie dieses Attribut verwenden, wird die zugrunde liegende Abbildung in ihrer Größe nicht verändert, also entweder wird es zentriert im Steuerelement eingepasst oder die überstehenden Ränder werden entfernt. Wird dieses Attribut nicht verwendet, wird die Größe der Abbildung an das Steuerelement angepasst. Dieses Attribut kann von den Steuerelementen *Bitmap*, *CheckBox*, *Icon*, *PushButton* und *RadioButtonGroup* verwendet werden.

Dezimal	Hexadezimal	Konstante
1048576	0x00100000	msidbControlAttributesFixedSize

Tabelle 8.62: Definition des Attributes FixedSize

Die Verwendung des Attributs hat keinen Einfluss auf die Darstellung bei der *CheckBox*, dem *PushButton* oder der *RadioButtonGroup* wenn weder das Attribut *Bitmap* noch das Attribut *Icon* zugewiesen wurde. Die Verwendung des Attributs hat ebenfalls keinen Einfluss auf die Darstellung, wenn bei einem *Icon* oder einem *PushButton* das Attribut *IconSize* nicht verwendet wurde.

FixedVolume

Wird dieses Attribut verwendet, werden im Steuerelement alle Laufwerke angezeigt, die im Installationsprozess benutzt werden. Zusätzlich werden alle lokalen Festplattenlaufwerke angezeigt. Das Attribut kann von den Steuerelementen *DirectoryCombo*, *VolumeCostList* und *VolumeSelectCombo* verwendet werden.

Dezimal	Hexadezimal	Konstante
131072	0x00020000	msidbControlAttributesFixedVolume

Tabelle 8.63: Definition des Attributes FixedVolume

FloppyVolume

Wird dieses Attribut verwendet, werden im Steuerelement alle Laufwerke angezeigt, die im Installationsprozess benutzt werden. Zusätzlich werden alle Diskettenlaufwerke angezeigt. Das Attribut kann von den Steuerelementen *DirectoryCombo*, *VolumeCostList* und *VolumeSelectCombo* verwendet werden.

Dezimal	Hexadezimal	Konstante
2097152	0x00200000	msidbControlAttributesFloppyVolume

Tabelle 8.64: Definition des Attributes FloppyVolume

FormatSize

Wenn dieses Attribut für ein Steuerelement zur Darstellung von statischem Text verwendet wird, versucht das Steuerelement, den enthaltenen Text automatisch in eine Zahl umzuwandeln, die eine Anzahl von Bytes darstellt. Zur ordnungsgemäßen Formatierung und Umrechnung muss der anzuzeigende Speicherbedarf in Einheiten à 512 Byte vorliegen. Die formatierte Zeichenfolge wird anschließend mit Angabe der entsprechenden Einheit angezeigt.

Numerischer Originalwert	Verwendete Einheit
Kleiner als 20.480	KByte
Kleiner als 20.971.520	MByte
Kleiner als 10.737.418.240	GByte

Tabelle 8.65: Formatierungsfunktion des Attributs FormatSize

Dezimal	Hexadezimal	Konstante
524288	0x00080000	msidbControlAttributesFormatSize

Tabelle 8.66: Definition des Attributes FormatSize

Der Text der zu verwendenden Einheiten ist in der Tabelle *UIText* definiert. Die Positionierung der Einheiten wird durch die Eigenschaft *LeftUnit* festgelegt.

Zur Laufzeit ermittelt der Windows Installer den von der Installation benötigten Speicher und schreibt diesen Wert in die Eigenschaft *PrimaryVolumeSpaceRequired*. Benötigen Sie beispielsweise einen Speicherbedarf von 18.336.768 Byte, wird dieser vom Windows Installer unverändert in die Eigenschaft *PrimaryVolumeSpaceRequired* geschrieben. Zur Darstellung im Steuerelement wird dieser Wert durch 512 dividiert; diese Berechnung ergibt den Wert 35.814. Der Wert wird nun im Steuerelement formatiert und als 17 MByte angezeigt.

HasBorder

Verwenden Sie dieses Attribut, um eine *RadioButtonGroup* mit einem Rand zu umschließen und den Text in der linken oberen Ecke anzuzeigen.

Dezimal	Hexadezimal	Konstante
16777216	0x01000000	msidbControlAttributesHasBorder

Tabelle 8.67: Definition des Attributes HasBorder

Icon

Wurde dieses Attribut verwendet, wird der im Steuerelement dargestellte Text durch ein Symbol (Icon) ersetzt. Die Spalte *Text* der Tabelle *Control* muss auf einen gültigen Schlüssel der Tabelle

Binary verweisen. Das Attribut kann von den Steuerelementen *CheckBox*, *PushButton* und *RadioButtonGroup* verwendet werden.

Dezimal	Hexadezimal	Konstante
5242288	0x00080000	msidbControlAttributesIcon

Tabelle 8.68: *Definition des Attributes* Icon

HINWEIS: Beachten Sie, dass das Steuerelement nicht gleichzeitig Text und ein Symbol darstellen kann. Sie sollten das Attribut *Icon* und *Bitmap* niemals gemeinsam verwenden.

IconSize

Ein Symbol kann mehrere Abbildungen in unterschiedlichen Größen enthalten. Dieses Attribut legt fest, welche dieser Abbildungen beim Laden verwendet werden soll. Wird das Attribut nicht verwendet, wird das erste Bild geladen. Sie können mit Hilfe des Attributes bestimmen, ob das Symbol in der Größe »16x16«, »32x32« oder »48x48« verwendet werden soll. Dieses Attribut kann von den Steuerelementen *CheckBox*, *Icon*, *PushButton* und *RadioButtonGroup* verwendet werden.

Dezimal	Hexadezimal	Konstante
2097152	0x00200000	msidbControlAttributesIconSize16
4194304	0x00400000	msidbControlAttributesIconSize32
6291456	0x00600000	msidbControlAttributesIconSize48

Tabelle 8.69: *Definition des Attributes* IconSize

Indirect

Dieses Attribut legt fest, ob die zugeordnete Eigenschaft direkt oder indirekt verändert wird. Wenn für die indirekte Eigenschaft *True* festgelegt wurde, löst der Windows Installer diese Eigenschaft zur Laufzeit auf. Beispielsweise verwendet ein Steuerelement die Eigenschaft *_BROWSE*, deren Wert *INSTALLDIR* ist. Falls für die indirekte Eigenschaft *True* festgelegt wurde, ist der Wert von *_BROWSE* der aktuelle Wert von *INSTALLDIR* (z.B. *C:\Programme\Test*); andernfalls enthält *_BROWSE* die Zeichenfolge »INSTALLDIR«. Dieses Attribut kann von allen aktiven Steuerelementen verwendet werden.

Dezimal	Hexadezimal	Konstante
8	0x00000008	msidbControlAttributesIndirect

Tabelle 8.70: *Definition des Attributes* Indirect

IndirectPropertyName

Bei diesem Attribut handelt es sich um den Namen der indirekten Eigenschaft, die mit diesem Steuerelement verknüpft ist. Dieser Name kann in der Spalte *Property* der Tabelle *Control* festgelegt werden, wenn das Attribut *IndirectPropertyName* verwendet wird. Dieses Attribut wird von allen aktiven Steuerelementen verwendet.

Integer

Verwenden Sie dieses Attribut, wenn die zugeordnete Eigenschaft eine Ganzzahl (Integer) enthalten soll. Es kann von den Steuerelementen *CheckBox*, *ComboBox*, *Edit*, *ListBox* und *RadioButtonGroup* verwendet werden.

Dezimal	Hexadezimal	Konstante
16	0x00000010	msidbControlAttributesInteger

Tabelle 8.71: Definition des Attributes Integer

LeftScroll

Verwenden Sie dieses Attribut, um die Bildlaufleiste auf der linken Seite des Steuerelementes darzustellen. Es wird von den Steuerelementen *ScrollableText*, *VolumeCostList*, *ComboBox*, *DirectoryList*, *DirectoryCombo*, *Edit*, *ListBox*, *ListView*, *SelectionTree* und *VolumeSelectCombo* verwendet.

Dezimal	Hexadezimal	Konstante
128	0x00000080	msidbControlAttributesLeftScroll

Tabelle 8.72: Definition des Attributes LeftScroll

MultiLine

Verwenden Sie dieses Attribut, um ein mehrzeiliges Steuerelement zur Texteingabe zu erzeugen. Es wird ausschließlich vom Steuerelement *Edit* verwendet.

Dezimal	Hexadezimal	Konstante
65536	0x00010000	msidbControlAttributesMultiline

Tabelle 8.73: Definition des Attributes MultiLine

NoPrefix

Dieses Attribut kann für das Steuerelement *Text* verwendet werden, um das Zeichen »&« (Ampersand) auch in dieser Form darzustellen. Wird dieses Attribut nicht verwendet, wird das Zeichen, das dem Zeichen »&« folgt, unterstrichen dargestellt.

Dezimal	Hexadezimal	Konstante
131072	0x20000	msidbControlAttributesNoPrefix

Tabelle 8.74: Definition des Attributes NoPrefix

NoWrap

Dieses Attribut kann für das Steuerelement *Text* verwendet werden, um den darzustellenden Text auf einer Linie anzuzeigen. Sollte der Text länger sein und somit die Ränder überschreiten, wird dieser am Ende mit der Zeichenfolge »...« gekennzeichnet. Wird dieses Attribut nicht verwendet, wird der Text automatisch in die nächste Zeile umbrochen.

Dezimal	Hexadezimal	Konstante
262144	0x00040000	msidbControlAttributesNoWrap

Tabelle 8.75: Definition des Attributes NoWrap

Password

Dieses Attribut kann für das Steuerelement *Edit* verwendet werden, um Zeichenfolgen nicht lesbar darzustellen. Das Steuerelement ersetzt in diesem Fall jedes Zeichen durch »*«.

HINWEIS: Wird dieses Attribut mit dem Windows Installer Version 2.0 verwendet, wird der Inhalt des Steuerelementes nicht mehr in das Installationsprotokoll übernommen.

Dezimal	Hexadezimal	Konstante
2097152	0x00200000	msidbControlAttributesPasswordInput

Tabelle 8.76: Definition des Attributes Password

Position

Diese Attribute bestimmen die Position und die Größe des Steuerelementes in dem Dialogfeld. Zur Festlegung geben Sie die entsprechenden Werte für den linken Rand, den oberen Rand, die Breite und die Höhe des Steuerelementes in die Spalten *X*, *Y*, *Width* und *Height* der Tabelle *Control* ein. Als Maßeinheit für diese Angaben werden *Installer Units* verwendet. Dieses Attribut wird von allen Steuerelementen verwendet.

Progress95

Wird dieses Attribut verwendet, wird die Fortschrittsanzeige im Windows 95-Stil dargestellt. Hierbei wird der Fortschritt durch eine Reihe blauer Rechtecke charakterisiert. Ist dieses Attribut nicht gesetzt, wird der Fortschritt durch einen blauen Balken dargestellt. Dieses Attribut wird von dem Steuerelement *ProgressBar* verwendet.

Dezimal	Hexadezimal	Konstante
65536	0x00010000	msidbControlAttributesProgress95

Tabelle 8.77: Definition des Attributes Progress95

Progress

Dieses Attribut legt fest, wie weit der Indikator in dem Steuerelement *ProgressBar* fortgeschritten ist. Dieses Attribut enthält zwei Ganzzahlen und eine Zeichenfolge. Die erste Zahl repräsentiert den Fortschritt und die zweite Zahl den Bereich, also die größtmögliche Zahl für den Fortschritt. Wird für die zweite Zahl kein Wert angegeben, wird der Standardwert (1.024) verwendet. Übersteigt der Vorgang die maximale Obergrenze, wird diese automatisch korrigiert. Das dritte Feld enthält eine Zeichenfolge, die den Namen der Aktion enthält, deren Prozess gerade ausgeführt wird.

PropertyName

Hierbei handelt es sich um den Namen der Eigenschaft, die mit diesem Steuerelement verknüpft ist. Das Attribut *PropertyName* wird in der Spalte *Property* der Tabelle *Control* festgelegt. Bei inaktiven Steuerelementen gibt dieses Attribut *Null* zurück. Alle Steuerelemente verfügen über dieses Attribut.

PropertyValue

Hierbei handelt es sich um den aktuellen Wert der Eigenschaft, die mit diesem Steuerelement verknüpft ist. Wurde das Attribut *Indirekt* nicht verwendet, handelt es sich hierbei um den tatsächlichen Wert der Eigenschaft, die unter *PropertyName* definiert wurde. Wurde das Attribut *Indirekt* verwendet, handelt es sich um den Wert der Eigenschaft, die im Attribut *IndirectPropertyName* festgelegt wurde. Alle Steuerelemente verfügen über dieses Attribut.

PushLike

Dieses Attribut kann bei den Steuerelementen *CheckBox* oder *RadioButtonGroup* verwendet werden, um die Elemente in Form einer Standardschaltfläche anzuzeigen, ohne etwas an der Grundfunktionalität zu verändern.

Dezimal	Hexadezimal	Konstante
131072	0x00020000	msidbControlAttributesPushLike

Tabelle 8.78: Definition des Attributes PushLike

RAMDiskVolume

Wird dieses Attribut verwendet, werden im Steuerelement alle Laufwerke angezeigt, die im Installationsprozess benutzt werden. Zusätzlich werden alle RAM-Datenträger angezeigt. Das Attribut kann von den Steuerelementen *DirectoryCombo*, *VolumeCostList* und *VolumeSelectCombo* verwendet werden.

Dezimal	Hexadezimal	Konstante
1048567	0x00100000	msidbControlAttributesRAMDiskVolume

Tabelle 8.79: Definition des Attributes RAMDiskVolume

RemoteVolume

Wird dieses Attribut verwendet, werden im Steuerelement alle Laufwerke angezeigt, die im Installationsprozess benutzt werden. Zusätzlich werden alle Netzlaufwerke angezeigt. Das Attribut kann von den Steuerelementen *DirectoryCombo*, *VolumeCostList* und *VolumeSelectCombo* verwendet werden.

Dezimal	Hexadezimal	Konstante
262144	0x00040000	msidbControlAttributesRemoteVolume

Tabelle 8.80: Definition des Attributes RemoteVolume

RemovableVolume

Wird dieses Attribut verwendet, werden im Steuerelement alle Laufwerke angezeigt, die im Installationsprozess benutzt werden. Zusätzlich werden alle Wechseldatenträger angezeigt. Das Attribut kann von den Steuerelementen *DirectoryCombo*, *VolumeCostList* und *VolumeSelectCombo* verwendet werden.

Dezimal	Hexadezimal	Konstante
65536	0x00010000	msidbControlAttributesRemovableVolume

Tabelle 8.81: Definition des Attributes RemovableVolume

RightAligned

Verwenden Sie dieses Attribut, um den Text im Steuerelement rechtsbündig auszurichten. Es wird von den Steuerelementen *GroupBox, ScrollableText, Text, VolumeCostList, CheckBox, ComboBox, DirectoryList, DirectoryCombo, Edit, PathEdit, ListBox, ListView, RadioButtonGroup, SelectionTree* und *VolumeSelectCombo* verwendet.

Dezimal	Hexadezimal	Konstante
64	0x00000040	msidbControlAttributesRightAligned

Tabelle 8.82: Definition des Attributes RightAligned

RTLRO

Verwenden Sie dieses Attribut, um den Text in einem Steuerelement in der Schreibweise »Von rechts nach links« darzustellen. Es wird von den Steuerelementen *GroupBox, ProgressBar, PushButton, ScrollableText, Text, VolumeCostList, CheckBox, ComboBox, DirectoryList, DirectoryCombo, Edit, PathEdit, ListBox, ListView, RadioButtonGroup, SelectionTree* und *VolumeSelectCombo* verwendet.

Dezimal	Hexadezimal	Konstante
32	0x00000020	msidbControlAttributesRTLRO

Tabelle 8.83: Definition des Attributes RTLRO

Sorted

Wird dieses Attribut verwendet, werden die im Steuerelement befindlichen Elemente in einer festgelegten Reihenfolge angezeigt. Wird dieses Attribut nicht verwendet, werden die Elemente alphabetisch sortiert aufgelistet. Es wird von den Steuerelementen *ComboBox, ListBox* und *ListView* verwendet.

Dezimal	Hexadezimal	Konstante
65536	0x00010000	msidbControlAttributesSorted

Tabelle 8.84: Definition des Attributes Sorted

Um die Elemente einer *ComboBox* zu sortieren, müssen Sie dieses Attribut in der Spalte *Attribute* der Tabelle *Control* verwenden und die Sortierreihenfolge in der Spalte *Order* der Tabelle *ComboBox* festlegen. Eine identische Vorgehensweise ist für die *ListBox* und das *ListView* anzuwenden, wobei Sie jedoch die Sortierreihenfolge in den Tabellen *ListBox* und *ListView* festlegen müssen.

Sunken

Wenn Sie dieses Attribut verwenden, wird das Steuerelement in einer dreidimensionalen Darstellung angezeigt. Der hieraus resultierende Effekt ist abhängig von der Art des Steuerelementes und von der verwendeten Microsoft Windows-Version. Bei einigen Steuerelementen ist kein sichtbarer Effekt erkennbar. Das Attribut wird von allen Steuerelementen verwendet.

Dezimal	Hexadezimal	Konstante
4	0x00000004	*msidbControlAttributesSunken*

Tabelle 8.85: Definition des Attributes Sunken

Text

Über dieses Attribut können Sie den Inhalt festlegen, der in einem Steuerelement angezeigt werden soll. Um eine Zugriffstaste (Hotkey) zu definieren, müssen Sie das Zeichen »&« (Ampersand) vor dem Buchstaben verwenden, der die Zugriffstaste repräsentieren soll. Alle Steuerelemente mit Ausnahme des Steuerelementes *Line* unterstützen dieses Attribut, jedoch wird nicht in jedem Steuerelement der Text angezeigt.

TimeRemaining

Bei der Verwendung dieses Attributes wird die noch verbleibende Dauer der Installation in Minuten und Sekunden angezeigt. Das Steuerelement *Text* verwendet zur Darstellung einer lokalisierten Zeichenfolge den Datensatz *TimeRemaining* aus der Tabelle *UIText*.

Transparent

Wird dieses Attribut verwendet, wird der Hintergrund des Steuerelementes *Text* durchsichtig dargestellt. Wird dieses Attribut nicht verwendet, wird der Hintergrund in einer Standardfarbe abgebildet.

Dezimal	Hexadezimal	Konstante
65536	0x00010000	*msidbControlAttributesTransparent*

Tabelle 8.86: Definition des Attributes Transparent

UsersLanguage

Wird dieses Attribut verwendet, werden die Schriftzeichen unter Verwendung der standardmäßigen Codepage des Benutzers dargestellt. Ist dieses Attribut nicht gesetzt, wird die Codepage der Windows Installer-Datenbank benutzt. Das Attribut wird von den Steuerelementen *Text*, *ListBox* und *ComboBox* verwendet.

Dezimal	Hexadezimal	Konstante
1048576	0x00100000	*msidbControlAttributesUsersLanguage*

Tabelle 8.87: Definition des Attributes UsersLanguage

Die Steuerelemente *Edit*, *PathEdit*, *DirectoryList* und *DirectoryCombo* verwenden immer die standardmäßige Codepage des derzeitigen Benutzers.

Visible

Über dieses Attribut kann festgelegt werden, ob das Steuerelement sichtbar oder unsichtbar dargestellt werden soll. Es wird von allen Steuerelementen verwendet.

Dezimal	Hexadezimal	Konstante
1	0x00000001	msidbControlAttributesVisible

Tabelle 8.88: Definition des Attributes Visible

Sie können die Tabelle *ControlCondition* verwenden, um das Steuerelement in Abhängigkeit von einer Bedingung zur Laufzeit sichtbar oder unsichtbar darzustellen. Sie können diese Funktionalität ebenfalls implementieren, indem Sie das Steuerelement auf bestimmte Ereignisse reagieren lassen.

Steuerelementereignisse

Der Windows Installer unterstützt eine Vielzahl von unterschiedlichen Steuerelementereignissen zur Kommunikation zwischen Teilen der Benutzeroberfläche, und zur Kommunikation zwischen der Benutzeroberfläche und dem Rest des Installationsprozesses. Steuerelementereignisse sind vergleichbar mit *Microsoft Windows Messages*. Bei dieser Art von Anwendungen werden Messages über die Funktion *SendMessage* gesendet die über Callback-Mechanismen auf bestimmte Ereignisse reagieren. Diese Szenarien werden in ähnlicher Weise auch vom Windows Installer zur Verfügung gestellt. Einige Steuerelemente, wie der *PushButton* können ein Ereignis, wie beispielsweise das Anzeigen eines Dialogfeldes, auslösen. Diese Implementierung wird in der Tabelle *ControlEvents* vorgenommen. Um entsprechende Meldungen zu empfangen und ggf. darauf zu reagieren, müssen die Eintragungen in der Tabelle *EventMapping* vorgenommen werden. Hierbei können Sie festlegen, wie das Steuerelement auf das Ereignis reagieren soll. Zur Verdeutlichung soll das folgende Beispiel dienen:

Das Steuerelement *SelectionTree* sendet eine Vielzahl von Ereignissen. Ist kein Element in dem Steuerelement markiert, wird das Ereignis *SelectionNoItems* gesendet. Sie können eine Schaltfläche mit diesem Ereignis verknüpfen, die in dem geschilderten Fall deaktiviert wird. Wird hingegen ein Element markiert, wird vom Steuerelement *SelectionTree* das Ereignis *SelectionDescription* ausgelöst. Sie können das Steuerelement *Text* mit diesem Ereignis verknüpfen, um die Beschreibung des ausgewählten Elementes anzeigen zu lassen.

Wie Sie in dem beschriebenen Beispiel sicherlich bemerkt haben, lösen einige Steuerelemente bestimmte Ereignisse aus, die von anderen Steuerelementen empfangen werden können. Die in diesem Prozess beteiligten Steuerelemente müssen sich jedoch auf dem gleichen Dialogfeld befinden. Eine wesentlich höhere Anzahl an Ereignissen wird vom Windows Installer selbst ausgelöst. Selbstverständlich können auch diese Ereignisse empfangen werden.

Der Windows Installer führt im Installationsprozess automatisch bestimmte Ereignisse aus und sendet entsprechende Meldungen an die Steuerelemente, die dieses Ereignis abonniert haben. Um auf ein Ereignis zu reagieren, müssen Sie die Eintragungen in der Tabelle *EventMapping* vornehmen. Nachfolgend finden Sie eine Auflistung dieser Ereignisse. Typischerweise wird hierbei das Ereignis *SetProgress* von den Steuerelementen *ProgressBar* und *Billboard* empfangen, und die weiteren Ereignisse vom Steuerelement *Text*.

- *ActionData*
- *ActionText*
- *SetProgress*
- *TimeReimaining*
- *ScriptInProgress*

Die folgenden Ereignisse werden von den Steuerelementen *SelectionTree* und *DirectoryList* ausgelöst, wenn das aktuelle Element wechselt. Um auf diese Ereignisse zu reagieren, muss sich das Empfängerelement auf dem gleichen Dialogfeld befinden und die Eintragungen müssen in der Tabelle *EventMapping* vorgenommen worden sein.

- *IgnoreChange*
- *SelectionDescription*
- *SelectionSize*
- *SelectionPath*
- *SelectionAction*
- *SelectionNoItems*

Die folgenden Ereignisse werden nicht automatisch ausgelöst, sondern können nach Ermessen des Autors von einem *PushButton* oder einer *CheckBox* ausgelöst werden. Das Steuerelement *CheckBox* kann jedoch nur die Ereignisse *AddLocal*, *AddSource*, *Remove*, *DoAction* und *SetProperty* senden. Bei der Ausführung unter Microsoft Windows Server 2003 kann das Steuerelement *SelectionTree* auch die Ereignisse *DoAction* und *SetProperty* auslösen.

- *AddLocal*
- *AddSource*
- *CheckExistingTargetPath*
- *ChaeckExistingPath*
- *DoAction*
- *EnableRollback*
- *EndDialog*
- *NewDialog*
- *Reinstall*
- *ReinstallMode*
- *Remove*
- *Reset*
- *SetInstallLevel*
- *SetProperty*
- *SetTargetPath*
- *SpawnDialog*
- *SpawnWaitDialog*
- *ValidateProductID*

Falls es sich bei dem Empfänger um ein Steuerelement vom Typ *SelectionTree* oder *DirectoryList* handelt, können diese auf die folgenden, von einem *PushButton* ausgelösten Ereignisse reagieren, falls sich alle Steuerelemente auf einem Dialogfeld befinden.

- *SelectionBrowse*
- *DirectoryListUp*
- *DirectoryListNew*
- *DirectoryListOpen*

Die ordnungsgemäße Ausführung setzt die Verwendung einer vollständigen Benutzeroberfläche (Full UI) voraus. Die meisten Steuerelementereignisse können nicht bei der Verwendung einer reduzierten Benutzeroberfläche (Reduced UI) oder der Standardbenutzeroberfläche (Basic UI) ausgeführt werden, da diese ausschließlich nicht modale Dialogfelder verwenden. Die Ereignisse *ActionText*, *AddSource*, *SetProgress*, *TimeRemaining* und *ScriptInProgress* sind hiervon ausgenommen.

Sie können benutzerdefinierte Aktionen durch das Auslösen eines Ereignisses von den Steuerelementen *PushButton* und *CheckBox* aufrufen. Erstellen Sie hierzu einen neuen Datensatz in der Tabelle *ControlEvent*, und legen Sie das aktivierende Steuerelement und das entsprechende Dialogfeld fest. Ergänzen Sie die Eintragungen um das Ereignis *DoAction* und um den Namen der benutzerdefinierten Aktion. Unter Microsoft Windows Server 2003 können vom Steuerelement *SelectionTree* auch Ereignisse gesendet werden, die die Ausführung einer benutzerdefinierten Aktion veranlassen.

ActionData

Der Windows Installer verwendet dieses Ereignis, um Daten der aktuell ausgeführten Aktion zu veröffentlichen. Diese Daten können durch das Steuerelement *Text* angezeigt werden, wenn das Ereignis in der Tabelle *EventMapping* abonniert wurde. Das Ereignis *ActionData* verlangt die vollständige, reduzierte oder Standardbenutzeroberfläche.

Veröffentlicht durch: Dieses Ereignis wird vom Installer ausgelöst.

Aktion bei dem Empfänger: Die Empfänger sind unsichtbar, wenn eine neue Aktion gestartet wird und werden angezeigt, wenn die Daten vom Installer eingetroffen sind.

Typische Verwendung: Das Steuerelement *Text* auf einem nicht modalen Dialogfeld kann sich als Empfänger dieses Ereignisses in der Tabelle *EventMapping* registrieren. Das Attribut *Text* muss in der Spalte *Attribute* dieser Tabelle verwendet werden, um die entsprechenden Meldungen zu empfangen und darzustellen. Beispielsweise wird dieses Ereignis verwendet, um den Namen der Datei, die Größe und das Zielverzeichnis während der Aktion *InstallFiles* anzuzeigen.

ActionText

Der Windows Installer verwendet dieses Ereignis, um den Namen der aktuell ausgeführten Aktion zu veröffentlichen. Dieser Name kann durch das Steuerelement *Text* angezeigt werden, wenn das Ereignis in der Tabelle *EventMapping* abonniert wurde. Das Ereignis *ActionText* verlangt die vollständige, reduzierte oder Standardbenutzeroberfläche.

Veröffentlicht durch: Dieses Ereignis wird vom Installer ausgelöst.

Aktion bei dem Empfänger: Die Empfänger werden angezeigt, wenn die Daten vom Installer eingetroffen sind.

Typische Verwendung: Das Steuerelement *Text* auf einem nicht modalen Dialogfeld kann sich als Empfänger dieses Ereignisses in der Tabelle *EventMapping* registrieren. Das Attribut *Text* muss in der Spalte *Attribute* dieser Tabelle verwendet werden, um den Namen der aktuellen Aktion zu empfangen und darzustellen.

HINWEIS: Bei den Ereignissen *ActionData* und *ActionText* wird die Tabelle *ActionText* verwendet. Der Name der durchgeführten Aktion ist mit der Spalte *Action* dieser Tabelle verknüpft. Beim Ereignis *ActionText* wird der Inhalt der Spalte *Description*, und beim Ereignis *ActionData* der Inhalt der Spalte *Template* übermittelt.

AddLocal

Dieses Ereignis wird verwendet, um die Installation von allen oder speziell festgelegten Features zu veranlassen, ohne das aktuelle Dialogfeld zu verlassen. Dieses Ereignis kann durch einen *PushButton* oder den *SelectionTree* ausgelöst werden und muss in der Tabelle *ControlEvent* definiert werden. Das Ereignis verlangt die vollständige Benutzeroberfläche.

Veröffentlicht durch: Dieses Ereignis wird vom Installer ausgelöst.

Argument: Eine Zeichenfolge, die das entsprechende Feature definiert, oder die Zeichenfolge »ALL« für alle Features.

Aktion bei dem Empfänger: Durch dieses Ereignis wird keine Aktion beim Empfänger ausgelöst.

AddSource

Dieses Ereignis wird verwendet, um die Ausführung vom Quellmedium von allen oder speziell festgelegten Features zu veranlassen, ohne das aktuelle Dialogfeld zu verlassen. Dieses Ereignis kann durch einen *PushButton* oder den *SelectionTree* ausgelöst werden und muss in der Tabelle *ControlEvent* definiert werden. Das Ereignis verlangt die vollständige Benutzeroberfläche.

Veröffentlicht durch: Dieses Ereignis wird vom Installer ausgelöst.

Argument: Eine Zeichenfolge, die das entsprechende Feature definiert, oder die Zeichenfolge »ALL« für alle Features.

Aktion bei dem Empfänger: Durch dieses Ereignis wird keine Aktion beim Empfänger ausgelöst.

CheckExistingTargetPath

Dieses Ereignis wird verwendet, um den Installer zu veranlassen, den übergebenen Pfad hinsichtlich der Beschreibbarkeit zu prüfen. Sollte in das Verzeichnis nicht geschrieben werden können, werden weitere mit diesem Steuerelement verknüpfte Ereignisse nicht ausgeführt. Dieses Ereignis kann durch einen *PushButton* oder *SelectionTree* ausgelöst werden, und muss in der Tabelle *ControlEvent* definiert werden. Das Ereignis verlangt die vollständige Benutzeroberfläche.

Veröffentlicht durch: Dieses Ereignis wird vom Installer ausgelöst.

Argument: Der Name der Eigenschaft, die den zu überprüfenden Pfad enthält. Sollte es sich um eine indirekte Eigenschaft handeln, muss der Eigenschaftsname in eckige Klammern eingeschlossen werden.

Aktion bei dem Empfänger: Durch dieses Ereignis wird keine Aktion beim Empfänger ausgelöst.

Typische Verwendung: Ein *PushButton* auf dem Dialogfeld *Browse* löst dieses Ereignis aus, um den selektierten Pfad zu überprüfen, bevor zum vorherigen Dialogfeld zurückgekehrt wird.

CheckTargetPath

Dieses Ereignis wird verwendet, um den Installer zu veranlassen, den übergebenen Pfad hinsichtlich seiner Gültigkeit zu prüfen. Sollte es sich um einen ungültigen Pfad handeln, werden weitere mit diesem Steuerelement verknüpfte Ereignisse nicht ausgeführt. Dieses Ereignis kann durch einen *PushButton* oder *SelectionTree* ausgelöst werden, und muss in der Tabelle *ControlEvent* definiert werden. Das Ereignis verlangt die vollständige Benutzeroberfläche.

Veröffentlicht durch: Dieses Ereignis wird vom Installer ausgelöst.

Argument: Der Name der Eigenschaft, die den zu überprüfenden Pfad enthält. Sollte es sich um eine indirekte Eigenschaft handeln, muss der Eigenschaftsname in eckige Klammern eingeschlossen werden.

Aktion bei dem Empfänger: Durch dieses Ereignis wird keine Aktion beim Empfänger ausgelöst.

Typische Verwendung: Ein *PushButton* auf dem Dialogfeld *Browse* löst dieses Ereignis aus, um den selektierten Pfad zu überprüfen, bevor zum vorherigen Dialogfeld zurückgekehrt wird.

IgnoreChange

Dieses Ereignis wird durch das Steuerelement *DirectoryList* ausgelöst, wenn der aktuelle Ordner gewechselt wird, ohne diesen zu öffnen. Dieses Ereignis muss in der Tabelle *EventMapping* definiert werden und verlangt die vollständige Benutzeroberfläche.

Veröffentlicht durch: *DirectoryList*

Aktion bei dem Empfänger: Durch dieses Ereignis wird keine Aktion beim Empfänger ausgelöst.

Typische Verwendung: Dieses Ereignis wird verwendet, um die Steuerelemente *DirectoryList* und *DirectoryCombo* zu synchronisieren. Die Funktionalität zur Synchronisation der Steuerelemente ist bereits implementiert, sodass keine zusätzlichen Schritte erforderlich sind.

DirectoryListNew

Dieses Ereignis informiert das Steuerelement *DirectoryList*, dass ein neuer Ordner erstellt werden soll. Das Steuerelement erstellt daraufhin einen neuen Ordner und markiert diesen zur Bearbeitung. Der Standardname für einen neuen Ordner ist in der Tabelle *UIText* unter dem Schlüssel »NewFolder« abgelegt. Die Bezeichnung für den neuen Ordner muss als Datentyp *FileName* angegeben werden. Ist dieser Schlüssel nicht vorhanden, wird ein neuer Ordner mit der Bezeichnung »Ordner|Neuer Ordner« angelegt.

HINWEIS: Sollte der Ordner bereits existieren, wird kein neuer Ordner angelegt, sondern der existierende zur Bearbeitung markiert.

Dieses Ereignis kann durch einen *PushButton* ausgelöst werden, der sich auf dem gleichen Dialogfeld wie das Empfängerelement befindet. Dieses Ereignis muss in der Tabelle *ControlEvent* definiert werden und verlangt die vollständige Benutzeroberfläche.

Veröffentlicht durch: *DirectoryList*

Aktion bei dem Empfänger: Durch dieses Ereignis wird keine Aktion beim Empfänger ausgelöst.

Typische Verwendung: Ein *PushButton*, der sich auf dem gleichen Dialogfeld befindet wie eine *DirectoryList*, um diese darüber zu informieren, dass ein neuer Ordner angelegt werden soll.

DirectoryListOpen

Dieses Ereignis wird verwendet, um einen Ordner zu öffnen, der im Steuerelement *DirectoryList* markiert wurde. Dieses Ereignis kann durch einen *PushButton* ausgelöst werden, der sich auf dem gleichen Dialogfeld wie das Empfängerelement befindet. Dieses Ereignis muss in der Tabelle *ControlEvent* definiert werden und verlangt die vollständige Benutzeroberfläche.

Veröffentlicht durch: *DirectoryList*

Aktion bei dem Empfänger: Durch dieses Ereignis wird keine Aktion beim Empfänger ausgelöst.

Typische Verwendung: Ein *PushButton*, der sich auf dem gleichen Dialogfeld befindet wie eine *DirectoryList*, kann verwendet werden, um in der Ordnerhierarchie nach unten zu navigieren.

DirectoryListUp

Dieses Ereignis wird verwendet, um den übergeordneten Ordner des im Steuerelement *DirectoryList* markierten Ordners zu öffnen. Handelt es sich bei dem aktuellen Ordner um das Stammverzeichnis, werden alle Steuerelemente dieses Dialogfeldes, die das Ereignis *DirectoryListUp* verwenden, deaktiviert. Dieses Ereignis kann durch einen *PushButton* ausgelöst werden, der sich auf dem gleichen Dialogfeld wie das Empfängerelement befindet. Es muss in der Tabelle *ControlEvent* definiert werden und verlangt die vollständige Benutzeroberfläche.

Veröffentlicht durch: *DirectoryList*

Aktion bei dem Empfänger: Durch dieses Ereignis wird keine Aktion beim Empfänger ausgelöst.

Typische Verwendung: Ein *PushButton*, der sich auf dem gleichen Dialogfeld befindet wie eine *DirectoryList*, kann verwendet werden, um in der Ordnerhierarchie nach oben zu navigieren.

DoAction

Dieses Ereignis wird verwendet, um benutzerdefinierte Aktionen auszuführen und kann durch die Steuerelemente *PushButton*, *CheckBox* und *SelectionTree* ausgelöst werden. Das Ereignis muss in der Tabelle *ControlEvent* definiert werden und verlangt die vollständige Benutzeroberfläche.

Veröffentlicht durch: Dieses Ereignis wird vom Installer ausgelöst.

Argument: Der Name der benutzerdefinierten Aktion.

Aktion bei dem Empfänger: Durch dieses Ereignis wird keine Aktion beim Empfänger ausgelöst.

EnableRollback

Dieses Ereignis wird verwendet, um die Rollback-Funktion des Windows Installers zu aktivieren oder zu deaktivieren, und kann durch einen *PushButton* oder *SelectionTree* ausgelöst werden. Es muss in der Tabelle *ControlEvent* definiert werden und verlangt die vollständige Benutzeroberfläche.

Veröffentlicht durch: Dieses Ereignis wird vom Installer ausgelöst.

Argument: Um die Rollback-Funktion zu verwenden muss *True* übergeben werden, ansonsten *False*.

Aktion bei dem Empfänger: Durch dieses Ereignis wird keine Aktion beim Empfänger ausgelöst.

EndDialog

Dieses Ereignis wird verwendet, um das aktuelle modale Dialogfeld zu schließen. Das Ereignis *EndDialog* kann durch einen *PushButton* oder *SelectionTree* ausgelöst werden. Es muss in der Tabelle *ControlEvent* definiert werden und verlangt die vollständige Benutzeroberfläche.

Die Tabelle 8.89 zeigt die durch dieses Ereignis ausgelösten Aktionen, die von dem übergebenen Argument abhängig sind:

Argument	Aktion durch den Installer
Exit	Die Benutzeroberflächensequenz wird beendet und die Kontrolle wird an den Installer mit dem Wert »UserExit« zurückgegeben. Dieses Argument kann nicht in Dialogfeldern verwendet werden, die ein übergeordnetes Dialogfeld besitzen, also modal aufgerufen wurden.
Retry	Die Benutzeroberflächensequenz wird beendet und die Kontrolle wird an den Installer mit dem Wert »Suspend« zurückgegeben. Dieses Argument kann nicht in Dialogfeldern verwendet werden, die ein übergeordnetes Dialogfeld besitzen, also modal aufgerufen wurden.
Ignore	Die Benutzeroberflächensequenz wird beendet und die Kontrolle wird an den Installer mit dem Wert »Finished« zurückgegeben Dieses Argument kann nicht in Dialogfeldern verwendet werden, die ein übergeordnetes Dialogfeld besitzen, also modal aufgerufen wurden.
Return	Die Kontrolle wird an das übergeordnete (aufrufende) Dialogfeld zurückgegeben. Falls kein übergeordnetes Dialogfeld vorhanden ist, wird die Kontrolle an den Windows Installer mit dem Wert »Success« zurückgegeben.

Tabelle 8.89: Aktionen beim Auslösen des Ereignisses EndDialog

Veröffentlicht durch: Dieses Ereignis wird vom Installer ausgelöst.

Argument: Bei regulären Dialogfeldern können als Argumente *Return*, *Exit*, *Ignore* oder *Retry* übergeben werden.

Bei Fehlerdialogfeldern können als Attribute *ErrorOk*, *ErrorCancel*, *ErrorAbort*, *ErrorRetry*, *ErrorIgnore*, *ErrorYes* oder *ErrorNo* übergeben werden.

Aktion bei dem Empfänger: Durch dieses Ereignis wird keine Aktion beim Empfänger ausgelöst.

NewDialog

Dieses Ereignis wird verwendet, um den Windows Installer zu veranlassen, ein neues modales Dialogfeld aufzurufen. Der Installer entfernt daraufhin das aktuelle Dialogfeld und öffnet das Dialogfeld, dessen Name als Argument übergeben wurde. Dieses Ereignis kann durch einen *PushButton* oder *SelectionTree* ausgelöst werden und muss in der Tabelle *ControlEvent* definiert werden. Es verlangt die vollständige Benutzeroberfläche.

Veröffentlicht durch: Dieses Ereignis wird vom Installer ausgelöst.

Argument: Eine Zeichenfolge, die den Namen des anzuzeigenden Dialogfeldes enthält.

Aktion bei dem Empfänger: Durch dieses Ereignis wird keine Aktion beim Empfänger ausgelöst.

Reinstall

Dieses Ereignis wird verwendet, um die Reinstallation von allen oder speziell festgelegten Features zu veranlassen, ohne das aktuelle Dialogfeld zu verlassen. Das Ereignis kann durch einen *PushButton* oder *SelectionTree* ausgelöst werden und muss in der Tabelle *ControlEvent* definiert werden. Es verlangt die vollständige Benutzeroberfläche.

Veröffentlicht durch: Dieses Ereignis wird vom Installer ausgelöst.

Argument: Eine Zeichenfolge, die das entsprechende Feature definiert, oder die Zeichenfolge »ALL« für alle Features.

Aktion bei dem Empfänger: Durch dieses Ereignis wird keine Aktion beim Empfänger ausgelöst.

ReinstallMode

Dieses Ereignis wird verwendet, um den Modus für die Reinstallation festzulegen, ohne das aktuelle Dialogfeld zu verlassen. Das Ereignis kann durch einen *PushButton* oder *SelectionTree* ausgelöst werden und muss in der Tabelle *ControlEvent* definiert werden. Es verlangt die vollständige Benutzeroberfläche.

Veröffentlicht durch: Dieses Ereignis wird vom Installer ausgelöst.

Argument: Eine Zeichenfolge, die den Reinstallationsmodus festlegt. Eine Auflistung der gültigen Werte zeigt die Tabelle 8.90:

Argument	Beschreibung
p	Ausschließliche Reinstallation der fehlenden Dateien.
o	Reinstallation, wenn eine Datei fehlt oder in einer älteren Version vorliegt.
e	Reinstallation von fehlenden Dateien oder von Dateien, deren Versionsnummer kleiner oder gleich ist.
d	Reinstallation von fehlenden Dateien oder von Dateien mit abweichenden Versionsnummern.
c	Reinstallation von fehlenden Dateien oder von Dateien, bei denen die gespeicherte Checksumme nicht mit der berechneten übereinstimmt. Dies gilt nur für Dateien, bei denen das Attribut *msidbFileAttributesChecksum* der Tabelle *File* verwendet wurde.
a	Reinstallation aller Dateien ohne Beachtung der Versionen oder Checksummen. ▶

Argument	Beschreibung
u	Restaurierung aller benutzerspezifischen Registrierungseinträge unter *HKEY_CURRENT_USER* und *HKEY_USERS*.
m	Restaurierung aller computerspezifischen Registrierungseinträge unter *HKEY_LOCAL_MACHINE* und *HKEY_CLASSES_ROOT*. Schreiben aller Informationen der Tabellen *Class*, *Verb*, *PublishComponents*, *ProgID*, *MIME*, *Icon*, *Extension* und *AppID*. Reinstallation aller qualifizierten Komponenten.
s	Reinstallation aller Verknüpfungen im Startmenü.
v	Erzwingt das erneute Ausführen vom Originalmedium und recached das lokale Windows Installer-Paket.

Tabelle 8.90: Argumente für die Reinstallation

Aktion bei dem Empfänger: Durch dieses Ereignis wird keine Aktion beim Empfänger ausgelöst.

Remove

Dieses Ereignis wird verwendet, um die Deinstallation von allen oder speziell festgelegten Features zu veranlassen, ohne das aktuelle Dialogfeld zu verlassen. Das Ereignis kann durch die Steuerelemente *PushButton*, *CheckBox* oder *SelectionTree* ausgelöst werden und ist in der Tabelle *ControlEvent* zu definieren. Es verlangt die vollständige Benutzeroberfläche.

Veröffentlicht durch: Dieses Ereignis wird vom Installer ausgelöst.

Argument: Eine Zeichenfolge, die das entsprechende Feature definiert, oder die Zeichenfolge »ALL« für alle Features.

Aktion bei dem Empfänger: Durch dieses Ereignis wird keine Aktion beim Empfänger ausgelöst.

Reset

Dieses Ereignis wird verwendet, um das Dialogfeld in den Initialisierungszustand zurückzusetzen, wodurch alle vorgenommenen Änderungen rückgängig gemacht werden. Die Werte der zugeordneten Eigenschaften werden ebenfalls in den Zustand der Initialisierung zurückgesetzt. Das Ereignis kann durch einen *PushButton* oder *SelectionTree* ausgelöst werden und ist in der Tabelle *ControlEvent* zu definieren. Es verlangt die vollständige Benutzeroberfläche.

Veröffentlicht durch: Dieses Ereignis wird vom Installer ausgelöst.

Aktion bei dem Empfänger: Durch dieses Ereignis wird keine Aktion beim Empfänger ausgelöst.

Typische Verwendung: Ein *PushButton* auf dem Dialogfeld zur Auswahl der zu installierenden Features. Das Aktivieren der Schaltfläche nimmt alle vorgenommenen Änderungen im Steuerelement *SelectionTree* zurück.

ScriptInProgress

Der Windows Installer verwendet dieses Ereignis, um Informationen während der Generierung des Ausführungsskripts zu senden. Diese Informationen können von dem Steuerelement *Text* dargestellt werden, das dieses Ereignis über die Tabelle *EventMapping* abonniert hat.

Das Ereignis *ScriptInProgress* verlangt die vollständige, reduzierte oder Standardbenutzeroberfläche.

Veröffentlicht durch: Dieses Ereignis wird vom Installer ausgelöst.

Aktion bei dem Empfänger: Das Steuerelement *Text* stellt die in der Tabelle *UIText* festgelegte Zeichenfolge dar.

Typische Verwendung: Nachdem der Benutzer die Installationsoptionen festgelegt hat, wird vom Windows Installer ein Ausführungsskript generiert. Der Windows Installer sendet die unter dem Schlüssel »ScriptInProgress« der Tabelle *UIText* definierte Zeichenfolge an die Empfänger. Typischerweise wird dieses Ereignis von Steuerelementen des Dialogfeldes *Progress* empfangen.

SelectionAction

Das Steuerelement *SelectionTree* sendet dieses Ereignis, um die Empfänger über den Installationsstatus des ausgewählten Features zu informieren. Dieses Ereignis muss in der Tabelle *EventMapping* definiert werden und kann nur von Steuerelementen empfangen werden, die auf dem gleichen Dialogfeld angeordnet sind. Das Ereignis verlangt die vollständige Benutzeroberfläche.

Veröffentlicht durch: *SelectionTree*

Aktion bei dem Empfänger: Durch dieses Ereignis wird keine Aktion beim Empfänger ausgelöst.

SelectionBrowse

Das Steuerelement *SelectionTree* stellt dieses Ereignis bereit, um ein Dialogfeld anzuzeigen, mit dem das Zielverzeichnis des ausgewählten Elementes geändert werden kann. Dieses Ereignis muss in der Tabelle *ControlEvent* definiert werden. Es sollte durch einen *PushButton* ausgelöst werden, der sich auf dem gleichen Dialogfeld befindet.

Alle Steuerelemente, die das Ereignis *SelectionBrowse* abonniert haben, werden deaktiviert, wenn das ausgewählte Feature bereits installiert ist, nicht konfiguriert werden kann oder nicht für die lokale Installation vorgesehen ist. Um das Feature konfigurieren zu können, muss es über einen Eintrag in der Spalte *Directory_* der Tabelle *Feature* verfügen. Das Ereignis verlangt die vollständige Benutzeroberfläche.

Veröffentlicht durch: *SelectionTree*

Argument: Der Name des Dialogfeldes, das angezeigt werden soll.

Aktion bei dem Empfänger: Durch dieses Ereignis wird keine Aktion beim Empfänger ausgelöst.

SelectionDescription

Das Steuerelement *SelectionTree* sendet dieses Ereignis, um die Empfänger über die Beschreibung des ausgewählten Features zu informieren. Das Ereignis muss in der Tabelle *EventMapping* definiert werden und kann nur von Steuerelementen empfangen werden, die auf dem gleichen Dialogfeld angeordnet sind. Es verlangt die vollständige Benutzeroberfläche.

Veröffentlicht durch: *SelectionTree*

Argument: Dieses Ereignis verwendet kein Argument.

Aktion bei dem Empfänger: Durch dieses Ereignis wird keine Aktion beim Empfänger ausgelöst.

SelectionNoItems

Das Steuerelement *SelectionTree* sendet dieses Ereignis, um den Empfängern mitzuteilen, dass kein Feature ausgewählt wurde. Das Ereignis ist in der Tabelle *EventMapping* zu definieren und kann nur von Steuerelementen empfangen werden, die auf dem gleichen Dialogfeld angeordnet sind. Es verlangt die vollständige Benutzeroberfläche.

Veröffentlicht durch: *SelectionTree* (ohne darstellbare Features).

Argument: Dieses Ereignis verwendet kein Argument.

Aktion bei dem Empfänger: Durch dieses Ereignis wird keine Aktion beim Empfänger ausgelöst.

Typische Verwendung: Sie sollten dieses Ereignis verwenden, um die Schaltflächen *Weiter*, *Zurücksetzen* und *Speicherbedarf* zu deaktivieren, falls die Installation über keine konfigurierbaren Features verfügt.

SelectionPath

Das Steuerelement *SelectionTree* sendet dieses Ereignis, um die Empfänger über das Installationsverzeichnis des ausgewählten Features zu informieren. Wurde das Feature zur Ausführung vom Quellmedium konfiguriert, wird der Pfad zum Quellmedium übermittelt. Soll das Feature hingegen nicht installiert werden, wird die Beschreibung *AbsentPath* aus der Tabelle *UIText* verwendet.

Dieses Ereignis ist in der Tabelle *EventMapping* zu definieren und kann nur von Steuerelementen empfangen werden, die auf dem gleichen Dialogfeld angeordnet sind. Es verlangt die vollständige Benutzeroberfläche.

Veröffentlicht durch: *SelectionTree*

Argument: Dieses Ereignis verwendet kein Argument.

Aktion bei dem Empfänger: Durch dieses Ereignis wird keine Aktion beim Empfänger ausgelöst.

SelectionPathOn

Das Steuerelement *SelectionTree* sendet einen booleschen Wert an die Empfänger, der mitteilt, ob für das auswählte Feature ein Installationsverzeichnis festgelegt werden kann. Dieses Ereignis ist in der Tabelle *EventMapping* zu definieren und kann nur von Steuerelementen empfangen werden, die auf dem gleichen Dialogfeld angeordnet sind. Es verlangt die vollständige Benutzeroberfläche.

Veröffentlicht durch: *SelectionTree*

Argument: Dieses Ereignis verwendet kein Argument.

Aktion bei dem Empfänger: Durch dieses Ereignis wird keine Aktion beim Empfänger ausgelöst.

Typische Verwendung: Das Steuerelement *Text* stellt den Installationspfad des ausgewählten Features dar. Es kann in Abhängigkeit zu dem Ergebnis dieses Ereignisses sichtbar oder unsichtbar (aktiviert oder deaktiviert) dargestellt werden.

SelectionSize

Das Steuerelement *SelectionTree* sendet dieses Ereignis, um die Empfänger über die Installationsgröße des ausgewählten Features zu informieren. Verfügt das Feature über untergeordnete Features, wird dessen Speicherbedarf mit übermittelt. Die übermittelte Zeichenfolge wird aus den Werten *SelChildCostPos*, *SelChildCostNeg*, *SelParentCostPosPos*, *SelParentCostPosNeg*, *SelParentCostNegPos* und *SelParentCostNegNeg* der Tabelle *UIText* konstruiert.

Das Ereignis ist in der Tabelle *EventMapping* zu definieren und kann nur von Steuerelementen empfangen werden, die auf dem gleichen Dialogfeld angeordnet sind. Es verlangt die vollständige Benutzeroberfläche.

Veröffentlicht durch: *SelectionTree*

Argument: Dieses Ereignis verwendet kein Argument.

Aktion bei dem Empfänger: Durch dieses Ereignis wird keine Aktion beim Empfänger ausgelöst.

SetInstallLevel

Dieses Ereignis wird verwendet, um den Installationslevel auf den Wert zu setzen, der mit dem Argument übergeben wurde. Das Ereignis kann durch einen *PushButton* oder *SelectionTree* ausgelöst werden und ist in der Tabelle *ControlEvent* zu definieren. Es verlangt die vollständige Benutzeroberfläche.

Veröffentlicht durch: Dieses Ereignis wird vom Installer ausgelöst.

Argument: Eine Ganzzahl (Integer), die den neuen Installationslevel darstellt.

Aktion bei dem Empfänger: Durch dieses Ereignis wird keine Aktion beim Empfänger ausgelöst.

Typische Verwendung: Ein *PushButton* auf einem modalen Dialogfeld, der aktiviert wird, um den Installationslevel zu ändern, beispielsweise um eine *Typische-* oder *Vollständige Installation* zu veranlassen.

SetProgress

Dieses Ereignis wird vom Windows Installer verwendet, um Informationen über den Installationsverlauf zu veröffentlichen. Die Steuerelemente *ProgressBar* und *Billboard* können sich als Empfänger für dieses Ereignis registrieren. Es muss in der Tabelle *EventMapping* definiert werden und verlangt die vollständige, reduzierte oder Standard-Benutzeroberfläche.

Veröffentlicht durch: Dieses Ereignis wird vom Installer ausgelöst.

Aktion bei dem Empfänger: Durch dieses Ereignis wird keine Aktion beim Empfänger ausgelöst.

SetProperty

Die Syntax für dieses Ereignis unterscheidet sich von den bisherigen Ereignisdefinitionen. Anstelle des Ereignisnamens müssen Sie die zu modifizierende Eigenschaft in eckigen Klammern übergeben. Das Argument ist der neue Eigenschaftswert. Das übergebene Argument wird vor der Zuweisung durch die Methode *FormatText* automatisch formatiert und aufgelöst. Diese Formatierung findet zum Zeitpunkt der Ereignisauslösung statt. Um der Eigenschaft *Null* zuzuweisen, müssen Sie die Zeichenfolge »{}« als Argument übergeben.

Dieses Ereignis kann von den Steuerelementen *PushButton*, *CheckBox* oder *SelectionTree* ausgelöst werden und muss in der Tabelle *ControlEvent* definiert werden. Das Ereignis verlangt die vollständige Benutzeroberfläche.

Veröffentlicht durch: Dieses Ereignis wird vom Installer ausgelöst.

Argument: Den neuen Eigenschaftswert oder »{}« für *Null*.

Aktion bei dem Empfänger: Durch dieses Ereignis wird keine Aktion beim Empfänger ausgelöst.

Typische Verwendung: Ein *PushButton*, der aktiviert wird, um einer Eigenschaft einen neuen Wert zuzuweisen.

SetTargetPath

Dieses Ereignis wird verwendet, um den Installer zu veranlassen, den übergebenen Pfad zu prüfen und ihn als Installationspfad festzulegen. Handelt es sich um ein ungültiges oder nicht beschreibbares Verzeichnis, werden alle weiteren Ereignisse dieses Steuerelementes verhindert. Das Ereignis kann durch einen *PushButton* oder *SelectionTree* ausgelöst werden und ist in der Tabelle *ControlEvent* zu definieren. Es verlangt die vollständige Benutzeroberfläche.

Veröffentlicht durch: Dieses Ereignis wird vom Installer ausgelöst.

Argument: Der Name der Eigenschaft, die den neuen Pfad enthält. Sollte es sich um eine indirekte Eigenschaft handeln, muss der Name in eckige Klammern eingeschlossen werden.

Aktion bei dem Empfänger: Durch dieses Ereignis wird keine Aktion beim Empfänger ausgelöst.

Typische Verwendung: Ein *PushButton* im Dialogfeld *Browse* löst dieses Ereignis aus, um den aktuellen Pfad zu überprüfen, bevor zum vorherigen Dialogfeld zurückgekehrt wird.

SpawnDialog

Dieses Ereignis wird verwendet, um den Windows Installer zu veranlassen, von dem aktuellen modalen Dialogfeld aus ein untergeordnetes Dialogfeld (Child-Dialog) anzuzeigen, ohne das aktuelle Dialogfeld zu schließen. Dieses Ereignis kann durch einen *PushButton* oder *SelectionTree* ausgelöst werden und ist in der Tabelle *ControlEvent* zu definieren. Es verlangt die vollständige Benutzeroberfläche.

Veröffentlicht durch: Dieses Ereignis wird vom Installer ausgelöst.

Argument: Eine Zeichenfolge, die den Namen des anzuzeigenden Dialogfeldes enthält.

Aktion bei dem Empfänger: Durch dieses Ereignis wird keine Aktion beim Empfänger ausgelöst.

Typische Verwendung: Ein *PushButton* in einem modalen Dialogfeld, das aktiviert wird, um ein Dialogfeld anzuzeigen, das beispielsweise die Information »Sind Sie sicher, dass Sie die Installation abbrechen möchten?« enthält.

SpawnWaitDialog

Dieses Ereignis veranlasst den Windows Installer, ein Dialogfeld anzuzeigen, solange die übergebene Bedingung den Wert *False* enthält. Sobald die Bedingung den Wert *True* annimmt, schließt der Windows Installer dieses Dialogfeld automatisch. Die Bedingung wird vom Installer während der Dialoganzeige geprüft und die entsprechenden Aktionen ausgeführt. Dieses Ereignis kann durch einen *PushButton* oder *SelectionTree* ausgelöst werden und ist in der Tabelle *ControlEvent* zu definieren. Es verlangt die vollständige Benutzeroberfläche.

Veröffentlicht durch: Dieses Ereignis wird vom Installer ausgelöst.

Argument: Eine Zeichenfolge, die den Namen des anzuzeigenden Dialogfeldes enthält.

Aktion bei dem Empfänger: Durch dieses Ereignis wird keine Aktion beim Empfänger ausgelöst.

Typische Verwendung: Dieses Ereignis kann verwendet werden, um während der Ausführung einer Hintergrundaktion einen Informationsdialog anzuzeigen. Prominentestes Beispiel ist das Dialogfeld, das während der Ermittlung des Speicherbedarfs angezeigt wird.

TimeRemaining

Der Windows Installer verwendet dieses Ereignis, um die geschätzte Dauer der noch verbleibenden Installation in Sekunden zu veröffentlichen. Diese Daten können durch das Steuerelement *Text* angezeigt werden, das dieses Ereignis in der Tabelle *EventMapping* abonniert hat. Das Ereignis *TimeRemaining* verlangt die vollständige, reduzierte oder Standardbenutzeroberfläche.

Veröffentlicht durch: Dieses Ereignis wird vom Installer ausgelöst.

Aktion bei dem Empfänger: Durch dieses Ereignis wird keine Aktion beim Empfänger ausgelöst.

Typische Verwendung: Das Steuerelement *Text* auf einem nicht modalen Dialogfeld kann sich als Empfänger dieses Ereignisses in der Tabelle *EventMapping* registrieren. Hierdurch werden die Informationen über die noch ausstehende Installationsdauer an dieses Steuerelement übertragen und angezeigt. Zusätzlich kann dieses Steuerelement das Ereignis *ScriptInProgress* abonnieren, da diese Aktionen nicht gleichzeitig ausgeführt werden, und dadurch die Standardinformation »Erforderliche Daten werden ermittelt...« durch die Information »Geschätzte verbleibende Zeit: n Minute(n) n Sekunde(n)« ersetzt wird. Die Vorlagen für diese Meldungen sind in der Tabelle *UIText* definiert.

ValidateProductID

Dieses Ereignis veranlasst den Windows Installer, eine Überprüfung der eingegebenen Produkt-ID durchzuführen. Hierbei wird der Inhalt der Eigenschaft *ProductID* in die vollständige Produkt-ID überführt. Schlägt die Überprüfung fehl, wird eine Fehlermeldung angezeigt. Dieses Ereignis kann durch einen *PushButton* oder *SelectionTree* ausgelöst werden und muss in der Tabelle *ControlEvent* definiert werden. Es verlangt die vollständige Benutzeroberfläche.

Veröffentlicht durch: Dieses Ereignis wird vom Installer ausgelöst.

Aktion bei dem Empfänger: Durch dieses Ereignis wird keine Aktion beim Empfänger ausgelöst.

Typische Verwendung: Ein *PushButton* auf dem Dialogfeld zur Eingabe der Benutzerinformationen, der aktiviert wird, um eine Überprüfung der eingegebenen Produkt-ID durchzuführen.

Fazit

In diesem Kapitel wurden Ihnen alle notwendigen Informationen vermittelt, um eine moderne und effektive Benutzeroberfläche zu gestalten. Sie haben einen Überblick über Designkonzepte und Hinweise für die Gestaltung von Windows Installer-Benutzeroberflächen erhalten. Hierbei wurden auch Themen wie »Accessibility Options« behandelt.

Der Großteil dieses Kapitels hat sich mit den Dialogfeldern und Steuerelementen beschäftigt. Sie haben gesehen, wie Dialogfelder im Windows Installer erstellt und entsprechende Steuerelemente darauf angeordnet werden können. Ein wichtiger Aspekt ergab sich hierbei aus der Betrachtung der Attribute und Ereignisse, um eine aktive Oberfläche gestalten zu können.

9 Transformationen

300 Einsatzmöglichkeiten
302 Erstellen einer Transformation
307 Transformationsarten
313 Lokalisierung
314 Fazit

Das Thema der Transformationen möchte ich zunächst mit einigen alltäglichen Erlebnissen beginnen. In vielen Unternehmen wird das Produkt Microsoft Office XP eingesetzt. Häufig besteht die Anforderung, das Installationspaket individuell zu konfigurieren, sodass bestimmte Einzelanwendungen nur einer gewissen Zielgruppe zur Verfügung stehen sollen. Weiterhin soll das Paket so angepasst werden, dass eine Installation ohne Benutzeroberfläche ausgeführt werden kann und sämtliche hierfür notwendigen Installationsoptionen im Vorfeld definiert werden können. Zusätzlich zu diesen Anforderungen besteht die Notwendigkeit, unternehmensspezifische Dokumentvorlagen zielgruppenorientiert mit zu verteilen.

Es stellt sich nun die Frage, wie eine solche Funktionalität in ein bestehendes Windows Installer-Paket integriert werden kann. Eine erste Überlegung befasst sich mit der Verwendung des Windows Installer Tabellen Editors, um hiermit das Installationspaket den Vorgaben entsprechend anzupassen. Bei dieser Vorgehensweise sind die folgenden Punkte zu berücksichtigen:

- Die direkte Modifikation des Installationspaketes von Microsoft Office XP stellt einen Verstoß gegen die lizenzrechtlichen Bestimmungen dar.
- Es müsste für jede Zielgruppe ein individuelles Paket erstellt und verteilt werden.

Wie stellen somit fest, dass der von uns avisierte Prozess auf diese Weise nicht durchführbar ist. Wir müssen also eine abweichende Vorgehensweise wählen.

Im Lieferumfang von Microsoft Office XP ist das *Microsoft Office XP Resource Kit* enthalten. Dieses Resource Kit enthält eine Anwendung mit der Bezeichnung *Custom Installation Wizard*. Sie können diese Anwendung verwenden, um ein Installationspaket von Microsoft Office XP entsprechend den oben angegebenen Vorgaben anzupassen.

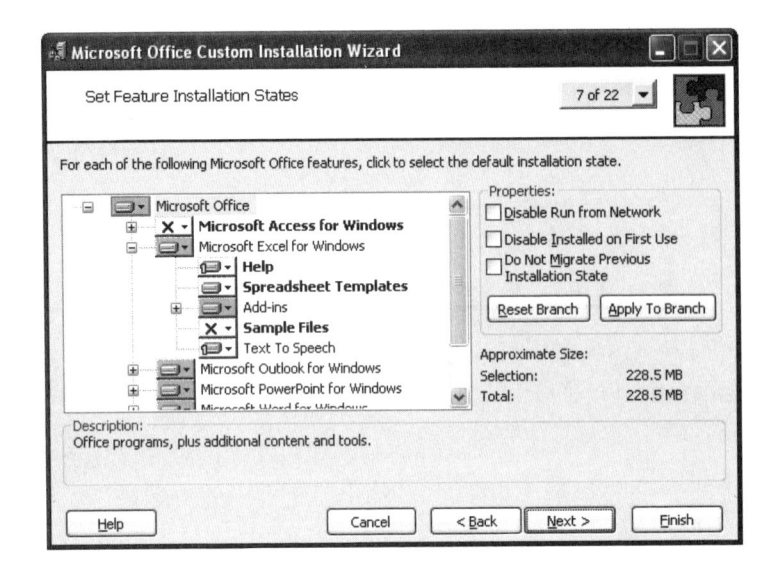

Abbildung 9.1: Microsoft Office XP »Custom Installation Wizard«

Sie sehen anhand der Abbildung 9.1, dass der Assistent vielfältige Möglichkeiten zur individuellen Anpassung bereitstellt. Sie können die Auswahl der zu installierenden Features direkt bestimmen, individuelle Dateien hinzufügen und spezifische Einstellungen und Vorgaben festlegen.

Betrachten Sie nun das Resultat Ihrer individuellen Anpassungen. Nachdem Sie die Schaltfläche *Finish* aktiviert haben, startet der Assistent einen Prozess, um diese Modifikationen umzusetzen. Das Ergebnis ist eine Datei mit der Dateierweiterung .mst. Eine solche Datei wird als Windows Installer-Transformation bezeichnet.

Einsatzmöglichkeiten

Bei einer Transformation handelt es sich um eine Ansammlung spezifischer Modifikationen einer Windows Installer-Datenbank, die in einer Datei mit der Endung .mst gespeichert werden. Transformationen werden im Rahmen des Installationsprozesses auf das Basispaket angewendet. Sie können Transformationen entwickeln, die den Installationsverlauf der Anwendung beeinflussen und spezielle Daten der Installationsdatenbank hinzufügen oder existierende modifizieren. Ein weiterer Einsatzschwerpunkt von Transformationen liegt in der Lokalisierung von Windows Installer-Paketen.

Der große Vorteil von Transformationen begründet sich in der Flexibilität. Sie können Transformationen in das Basispaket integrieren oder diese als separate Datei ausliefern. Sie können die Basisinstallation mit oder ohne angewandte Transformation durchführen. Ein administratives Abbild kann durch die Anwendung von Transformationen modifiziert werden. Transformationen sind Hilfsmittel zur Anpassung bestehender Windows Installer-Pakete für den Entwickler und den Systemadministrator.

Ich möchte nun die im Einführungsbeispiel dargestellten Anforderungen zur Installation von Microsoft Office XP kategorisieren und hinsichtlich der Umsetzbarkeit durch eine Transaktion analysieren.

Individuelle Zielgruppenanpassung

Die Anpassung der Installation soll zielgruppengerecht durchgeführt werden. Betrachten Sie zu diesem Zweck drei fiktive Abteilungen. Eine Abteilung soll das komplette Microsoft Office XP verwenden können, eine andere Abteilung benötigt alle Einzelanwendungen mit Ausnahme von Microsoft Access 2002 und bei der letzten Abteilung soll lediglich Microsoft Outlook 2002 installiert werden. Zu diesem Zweck können zwei Transformationen erstellt werden. Eine Transformation wird im Folgenden verwendet, um Microsoft Office XP ohne Microsoft Access zu installieren, die andere Transformation wird für die Installation von Microsoft Outlook verwendet.

Hinzufügen neuer Features

Die im vorherigen Beispiel beschriebenen Transformationen müssen für dieses Szenario weiter ergänzt werden. Die beiden Abteilungen, bei denen die Einzelanwendung Microsoft Word 2002 mit installiert wird, benötigen abteilungsspezifische Dokumentvorlagen. Transformationen können verwendet werden, um neue Features dem Installationspaket hinzuzufügen. Hierbei gilt es einige Vorgaben zu beachten:

- Eine Transformation kann alle Informationen modifizieren, die in persistenten Tabellen der Windows Installer-Datenbank abgelegt sind.
- Eine Transformation kann auch verwendet werden, um neue Tabellen der Datenbank hinzuzufügen oder existierende zu entfernen.
- Beim Hinzufügen neuer Ressourcen ist zu beachten, dass diese mit neuen Windows Installer-Komponenten verknüpft werden müssen. Es dürfen keine neuen Ressourcen an existierende Komponenten angefügt werden.
- Sollen durch Transformationen neue Features dem Windows Installer-Paket hinzugefügt werden, ist zu beachten, dass diese niemals ein übergeordnetes Feature für bereits existierende Features repräsentieren dürfen.
- Transformationen können nicht verwendet werden, um Teile des Windows Installer-Paketes zu modifizieren, die nicht in einer Datenbanktabelle abgelegt sind. Hierzu zählen der Summary Information Stream, Informationen in eingebetteten Installationen, Dateien in internen Paketdateien und Informationen in weiteren Speicherbereichen (Substorages).

Festlegen von Installationsoptionen

Die letzte Vorgabe aus dem Einführungsbeispiel betrifft die unternehmensweit gültigen Installationsoptionen. Die folgenden Optionen sollen hierbei berücksichtigt werden:

- Ein fest definiertes Installationsverzeichnis, das nicht verändert werden kann.
- Der Benutzername soll auf den aktuellen Computernamen gesetzt und dem Firmennamen soll ein fest definierter Wert zugewiesen werden.
- Das Dialogfeld zur Auswahl der zu installierenden Features soll nicht angezeigt werden.

Um diese Anforderungen zu erfüllen, erstellen wir eine neue Transformation, in der wir diese Unternehmensforderungen berücksichtigen. Bei der Installation des vollständigen Microsoft Office XP wird ausschließlich diese Transformation angewendet. Bei der Installation der bereits angepassten Installationen werden mehrere Transformationen verwendet.

HINWEIS: Sie können Transformationen nur im Rahmen einer Installation anwenden. Sie können keine Transformation auf ein bereits installiertes Produkt anwenden.

Befehlszeilenoptionen

Die Befehlszeilenoptionen zur Verwendung mit Windows Installer-Paketen wurden bereits ausführlich erläutert. Im Folgenden werden die Unterschiede bei der Festlegung von Installationsoptionen durch die Verwendung von Transformationen und bei der Verwendung von Befehlszeilenoptionen aufgezeigt:

- Eine Transformation steht bis zur Deinstallation des Produkts zur Verfügung. Befehlszeilenoptionen sind nur zum Installationszeitpunkt verfügbar.
- Transformationen können öffentliche und private Eigenschaften verändern. Über die Befehlszeile können ausschließlich öffentliche Eigenschaften modifiziert werden.
- Durch Transformationen und Befehlszeilenoptionen können Verzeichnisse und Dateien beeinflusst werden. Einträge in der Systemregistrierung können nur durch Transformationen modifiziert werden.
- Bei der Softwareverteilung über Gruppenrichtlinien von Microsoft Windows 2000 und Microsoft Windows Server 2003 werden nur Installationsanpassungen durch Transformationen unterstützt. Befehlszeilenoptionen können nicht verwendet werden.

Die folgenden Aktionen können nur durch die Verwendung von Transformationen umgesetzt werden:

- Spezifikation des Installationsstatus von Windows Installer-Features: Lokale Installation, Installation bei Bedarf oder Ausführung vom Quellmedium.
- Features definieren, die für den Benutzer unsichtbar oder nicht verfügbar sind.
- Hinzufügen, modifizieren oder entfernen von Dateiverknüpfungen.
- Beeinflussung des Verhaltens bei einem Upgrade.

Die bisherigen Darstellungen sollten Ihnen einen Überblick über die Einsatzmöglichkeiten von Transformationen geben. Dieser Abschnitt bezog sich im Wesentlichen auf den typischen Einsatzbereich für einen Systemadministrator. Im folgenden Abschnitt möchte ich zu den technischen Aspekten überleiten und die Transformationen aus Sicht des Softwareentwicklers darstellen.

Erstellen einer Transformation

Bei einer Transformation handelt es sich um eine Datei, die eine bestimmte Anzahl von Modifikationen bereitstellt, um ein Windows Installer-Paket in ein neues Installationspaket zu überführen. Grundlage dafür bildet das Original- oder Basispaket, das den aktuellen Installationsumfang repräsentiert, und das Referenzpaket. Das Referenzpaket enthält letztlich den zu erwartenden Stand des Installationsumfanges.

HINWEIS: Auf der Buch-CD befindet sich eine Beispielanwendung, die für die weiteren Betrachtungen in diesem Kapitel herangezogen wird. Sie finden ein Windows Installer-Paket mit der Bezeichnung *base.msi*, das die Originalinstallation repräsentiert. Dieses Paket enthält die Anwendung *Windows Installer Spy* mit dem zugehörigen Microsoft Visual Basic .NET- und Microsoft Visual C# .NET-Quellcode. Sie finden ein weiteres Windows Installer-Paket mit der Bezeichnung *ref.msi*, das das neue Paket repräsentiert. In diesem Paket ist die Anwendung ohne den Quellcode zu finden. Das Ziel für den Einsatz einer oder mehrerer Transformationen begründet sich in der Forderung, den Quellcode nicht an alle Zielgruppen zu verteilen.

Das Erstellen einer Transformation ist relativ einfach durchführbar, da diese lediglich die Differenzen zweier Windows Installer-Datenbanken enthält. Zum Erstellen von Transformationen eignen sich zwei Methoden, die in Anhängigkeit zum Umfang der Änderungen und der Verfügbarkeit der Quellen eingesetzt werden.

Indirekte Erstellung

Die erste Möglichkeit wird unter Zuhilfenahme entsprechender Tools aus dem Windows Installer SDK oder durch eigene programmtechnische Implementierungen durchgeführt. Gehen Sie hierzu wie folgt vor:

1. Erstellen Sie eine Kopie der Originaldatenbank.
2. Öffnen Sie diese Kopie mit einem Editor (beispielsweise *Orca*), und führen Sie die benötigten Änderungen daran durch.
3. Erstellen Sie eine Transformation von der Originaldatenbank zur Referenzdatenbank.

Zur Erstellung von Transformationen können die folgenden Möglichkeiten herangezogen werden:

Tools des Windows Installer SDK

Im Windows Installer SDK befindet sich die Anwendung *MsiTran.exe* die zur Erzeugung von Transformationen verwendet werden kann.

Syntax: Verwenden Sie die folgende Syntax, um eine Transformation zu erstellen:

msitran -g {BasisDB} {ReferenzDB} {Transformationsdatei} [{Fehlerbehandlung / Validierungsbedingungen}]

Fehlerbehandlung: Die nachfolgend aufgeführten Fehler können beim Anwenden einer Transformation unterdrückt werden. Um einen Fehler zu unterdrücken, übergeben Sie die entsprechende Option an das Argument *{Fehlerbehandlung}*. Um mehrere Bedingungen zu verwenden, kombinieren Sie die Zeichen entsprechend. Bei der Erstellung von Transformationen werden die Argumente der *{Fehlerbehandlung}* in den *Summary Information Stream* geschrieben. Diese werden jedoch beim Anwenden der Transformation nicht automatisch verwendet.

Option	Unterdrückter Fehler
a	Hinzufügen einer bereits existierenden Zeile
b	Entfernen einer nicht existierenden Zeile
c	Hinzufügen einer bereits existierenden Tabelle
d	Entfernen einer nicht existierenden Tabelle
e	Modifikation einer existierenden Zeile
f	Änderung der Codepage

Tabelle 9.1: Fehlerbedingungen

Bedingungen für die Validierung: Geben Sie die folgenden Optionen als Argumente für *{Validierungsbedingungen}* an. Um mehrere Bedingungen zu verwenden, kombinieren Sie die Zeichen entsprechend. Die angegebenen Bedingungen müssen beim Anwenden der Transformation erfüllt sein, damit die Transformation verwendet werden darf. Diese Bedingungen können nur beim Anwenden von Transformationen verwendet werden.

Option	Validierungsbedingung
g	Überprüfung des Upgrade-Codes
l	Überprüfung der verwendeten Sprache
p	Überprüfung der Plattform
r	Überprüfung des Produkts
s	Ausschließliche Überprüfung der Major-Version
t	Ausschließliche Überprüfung der Major- und Minor-Version
u	Überprüfung der Major- und Minor-Version, sowie der Upgrade-Versionen
v	Anzuwendende Datenbankversion < Basisdatenbankversion
w	Anzuwendende Datenbankversion <= Basisdatenbankversion
x	Anzuwendende Datenbankversion = Basisdatenbankversion
y	Anzuwendende Datenbankversion >= Basisdatenbankversion
z	Anzuwendende Datenbankversion > Basisdatenbankversion

Tabelle 9.2: Validierungsbedingungen

Beispiel: Die Erstellung einer Transformation für das Beispielszenario liegt somit folgenden Befehlsaufruf zugrunde:

msitran –g base.msi ref.msi source.mst

Durch diesen Befehl wird eine Transformation mit der Bezeichnung »source.mst« erstellt und es werden die erforderlichen Eintragungen im *Summary Information Stream* vorgenommen.

Programmtechnischer Ansatz

Hinsichtlich des programmtechnischen Ansatzes gibt es zwei Implementierungsmöglichkeiten. Die erste Möglichkeit verwendet die Windows Installer-Funktion *MsiDatabaseGenerateTransform*. Zu beachten ist hierbei, dass der *Summary Information Stream* nicht automatisch generiert wird. Sie müssen hierzu die Funktion *MsiCreateTransformSummaryInfo* verwenden.

Die zweite Möglichkeit bezieht sich auf das Windows Installer-Objektmodell, das das Objekt *Database* enthält und die Methoden *GenerateTransform* und *CreateTransformSummaryInfo* zum Generieren von Transformationen bereitstellt.

```
private void btnGo_Click(object sender, System.EventArgs e)
{
    // Objektvariable für das Installerobjekt festlegen
    Installer MyInstaller = new Installerbase() as Installer;

    // Basisdatenbank öffnen
    Database BaseDB = MyInstaller.OpenDatabase(txtbase.Text,
        MsiOpenDatabaseMode.msiOpenDatabaseModeDirect);

    // Referenzdatenbank öffnen
    Database RefDB = MyInstaller.OpenDatabase(txtref.Text,
        MsiOpenDatabaseMode.msiOpenDatabaseModeDirect);

    // Transformation erstellen
```

```
if (RefDB.GenerateTransform(BaseDB, txtTrans.Text) ==
  true)
{

    RefDB.CreateTransformSummaryInfo(BaseDB,txtTrans.Text,
    MsiTransformError.msiTransformErrorNone,
    MsiTransformValidation.msiTransformValidationNone);
}
}
```

Listing 9.1: Erstellen von Transformationen

Bei der Verwendung des Windows Installer-Objektmodells ist es auch erforderlich den *Summary Information Stream* zu erstellen.

HINWEIS: Eine vollständige Anwendung zum Erstellen von Transformationen finden Sie unter der Bezeichnung *CreateTrans* auf der dem Buch beiliegenden CD.

Skriptdateien

Das Windows Installer SDK stellt eine große Anzahl von Skriptdateien zur Verfügung, die für unterschiedliche Verwendungszwecke konzipiert wurden. Für die Erstellung, die Anwendung und die Betrachtung von Transformationen sind die Skriptdateien *WiGenXfm.vbs*, *WiUseXfm.vbs* und *WiLstXfm.vbs* im SDK zu finden.

Direkte Erstellung

Im vorangehenden Abschnitt habe ich Ihnen die Möglichkeiten aufgezeigt, eine Transformation als Differenz zweier existierender Datenbanken zu erstellen. Dieser Weg hat durchaus seine Berechtigung, jedoch kommt es häufig vor, dass nur minimale Änderungen an einer Datenbank vorgenommen werden sollen, und der gerade skizzierte Weg etwas umständlich zu sein scheint.

Im Windows Installer SDK sind entsprechende Tools vorhanden, die eine direkte Modifikation der Basisdatenbank erlauben und dieses Ergebnis als Transformation abspeichern. Gehen Sie hierzu wie folgt vor:

1. Starten Sie den *Windows Installer Tabellen Editor* (*Orca*) und öffnen Sie die Originaldatenbank.
2. Wählen Sie im Menü *Transform* den Menüpunkt *New Transform*. In der Titelleiste wird Ihnen angezeigt, dass eine Transformation aktiviert ist.
3. Nehmen Sie nun die Modifikationen direkt in dem Tabelleneditor vor.
4. Speichern Sie die Transformation, indem Sie den Menüpunkt *GenerateTransform* des Menüs *Transform* auswählen.
5. Sie können auch eine neue Windows Installer-Datenbank mit der angewandten Transformation erstellen. Wählen Sie hierzu den Menüpunkt *Save Transformed As* im Menü *File*.

Der *Summary Information Stream* der Transformation wird automatisch generiert. Die Einstellungen für die Fehlerbehandlung und die Validierungsbedingungen können Sie festlegen, indem Sie den Menüpunkt *Transform Properties* im Menü *Transform* aufrufen und die entsprechenden Einstellungen vornehmen.

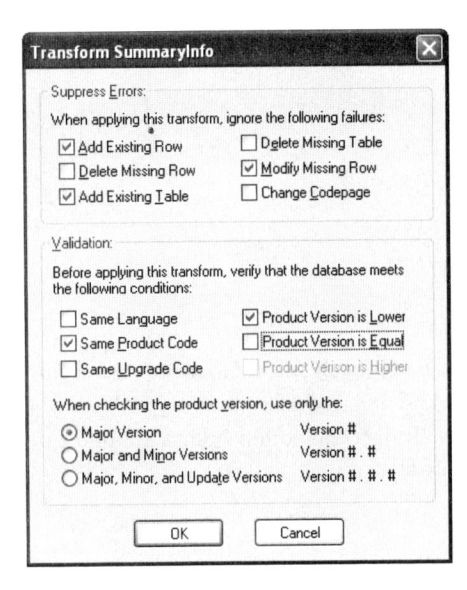

Abbildung 9.2: Eigenschaftswerte einer Transformation

Die dargestellten Einstellungen sind identisch mit den Darstellungen bei der Verwendung von *Msitran.exe*.

Informationen der Transformation

Bei einer Transformation handelt es sich auch um ein Verbunddokument, das somit über einen *Summary Information Stream* verfügt. Wie in den oberen Beispielen verdeutlicht, wird der *Summary Information Stream* automatisch oder durch explizite Befehlsaufrufe erzeugt. In der Tabelle 9.3 sind die Eigenschaftswerte dieser Informationen dargestellt.

Eigenschaft	Beschreibung
Title	Transform
Subject	Kurze Beschreibung der Transformation. Enthält häufig den Produktnamen.
Author	Installer-Eigenschaft *Manufacturer*
Keywords	Wird für Anwendungen verwendet, die nach Schlüsselwörtern suchen können. Typischerweise ist der Begriff *Transform* hier zu verwenden.
Comments	»Diese Transformation enthält die Daten zur Modifikation des Produktes <ProductName>«
Template (Erforderlich)	Plattformen und Sprachen, die kompatibel mit dieser Transformation sind. Es kann lediglich eine Sprache angegeben werden. Bleibt dieses Feld leer, sind keine Einschränkungen definiert.
Last Saved By	Plattformen und Sprachen, die von dieser Transformation unterstützt werden.
Revision Number (Erforderlich)	Eine durch Semikolon getrennte Liste der *ProductCodes* und Versionen der alten und neuen Version, sowie dem *UpgradeCode*.
Last Printed	Null
Create Time/Date	Uhrzeit und Datum, an dem die Transformation erstellt wurde.

Eigenschaft	Beschreibung
Last Saved Time/Date	Null bei der Erstellung. Uhrzeit und Datum werden bei jeder Änderung auf das aktuelle Systemdatum/-zeit gesetzt.
Page Count (Erforderlich)	Mindestens benötigte Windows Installer-Version zum Anwenden der Transformation.
Word Count (Erforderlich)	Null
Character Count	Der höherwertige Bereich spezifiziert die Transform Validation Flags der Transformation, der niederwertigere Teil spezifiziert die Transform Error Condition Flags.
Creating Application	Die Anwendung, die verwendet wird, um die Transformation zu erstellen.
Security	4 – Erzwungener Schreibschutz
Codepage	Gibt an, welche Codepage verwendet werden muss, um den Summary Information Stream anzuzeigen

Tabelle 9.3: Summary Information Stream einer Transformation

Wie aus dieser tabellarischen Darstellung ersichtlich, werden die Einstellungen zur Fehlerbehandlung und die Validierungsbedingungen unter der Eigenschaft *Character Count* abgelegt.

HINWEIS: Die Anwendung *Msitran.exe* füllt nicht alle dargestellten Eigenschaftswerte aus, sondern nur jene, die zur internen Verarbeitung des Windows Installers notwendig sind.

Änderungen durch eine Transformation

In vielen Fällen besteht die Notwendigkeit die Änderungen zu betrachten, die durch eine Transformation vorgenommen werden, oder bereits bestehende Transformationen zu modifizieren. Da eine Transformation jedoch eine Basisdatenbank voraussetzt, kann eine Transformation niemals eigenständig geöffnet werden, sondern muss auf eine Windows Installer-Datenbank angewendet werden. Nachfolgend finden Sie die durchzuführenden Tätigkeiten, um eine Transformation zu betrachten:

1. Starten Sie den *Windows Installer Tabellen Editor* (*Orca*) und öffnen Sie die Originaldatenbank.
2. Wählen Sie im Menü *Transform* den Menüpunkt *Apply Transform*. In der Titelleiste wird Ihnen angezeigt, dass momentan eine Transformation aktiviert ist.

Der *Windows Installer Tabellen Editor* wendet daraufhin die Transformation auf die existierende Basisdatenbank an und stellt die Änderungen durch diese Transformation grafisch dar. Diese grafischen Hervorhebungen werden sowohl in dem Bereich der Tabellenauflistung, als auch in dem Bereich der Datensätze dargestellt. Datensätze, die durch eine Transformation der Originaldatenbank hinzugefügt oder in dieser modifiziert werden, werden farblich umrandet dargestellt. Aus der Originaldatenbank entfernte Datensätze werden farblich durchgestrichen dargestellt.

Sie können, wie bei der Erstellung von Transformationen, in diesen Ansichten Modifikationen durchführen und die Transformation über den Menüpunkt *Generate Transform* des Menüs *Transform* speichern.

Transformationsarten

Nachdem wir nun Transformationen erstellt haben, möchten wir diese nun in Verbindung mit unseren Basispaketen anwenden. Die Anwendung von Transformationen ist durch Befehlszeilenoptionen realisierbar. Der Windows Installer unterstützt vier Basistypen von Transformationen, die in den folgenden Abschnitten beschrieben werden.

Standardmäßige Transformationen

Standardmäßige Transformationen werden auch als nicht eingebettete Transformationen bezeichnet. Diese standardmäßigen Transformationen werden in einer separaten Datei mit der Dateiendung *.mst* abgelegt. Bei der Installation werden diese Transformationen vom Windows Installer-Paket getrennt zwischengespeichert. Der Aufruf für die Installation eines Basispaketes mit standardmäßiger Transformation sieht wie folgt aus:

msiexec.exe /I Base.Msi TRANSFORMS=source.mst

HINWEIS: Sie können standardmäßige Transformationen als sichere oder unsichere Transformationen verwenden.

Eingebettete Transformationen

Eingebettete Transformationen werden innerhalb des Windows Installer-Paketes gespeichert. Diese Vorgehensweise garantiert die permanente Verfügbarkeit der Transformation, da diese ja nicht getrennt verwaltet werden muss. Bei der Installation wird dieser Transformationstyp nicht separat zwischengespeichert, da der Windows Installer jederzeit auf den Speicherbereich zugreifen kann. Um eine Installation durchzuführen, bei der eine eingebettete Transformation verwendet werden soll, müssen Sie dem Dateinamen der Transformation einen Doppelpunkt (:) voranstellen.

msiexec.exe /I Base.Msi TRANSFORMS=:source.mst

HINWEIS: Eingebettete Transformationen können als sichere oder unsichere Transformationen verwendet werden.

Um die Transformation in das Windows Installer-Paket zu integrieren, ist es erforderlich die benötigte Transformationsdatei in der Tabelle *_Storages* zu speichern. Die Implementierung kann auf mehrere Arten durchgeführt werden:

Tools des Windows Installer SDK: Im Windows Installer SDK befindet sich die Anwendung *MsiDB.exe*, die verwendet werden kann, um Transformationen in Windows Installer-Pakete einzubetten. Verwenden Sie die folgende Syntax:

msidb.exe -d {BasisDB} -r {Transformationsdatei}

Die Erstellung einer Transformation für das Beispielszenario liegt somit folgenden Befehlsaufruf zugrunde:

msidb.exe –d base.msi -r source.mst

Durch diesen Befehl wird die Transformation mit der Bezeichnung *source.mst* im Windows Installer-Paket *base.msi* gespeichert. Bei der Verwendung dieses Tools wird der Dateiname (ohne Pfadangabe) als Bezeichnung für diese Transformation verwendet.

Programmtechnischer Ansatz: Hinsichtlich des programmtechnischen Ansatzes gibt es zwei Implementierungsmöglichkeiten. Die erste Möglichkeit verwendet die Windows Installer-Funktionen, die zweite Möglichkeit bezieht sich auf die Verwendung des Windows Installer-Objektmodells. Der programmtechnische Ansatz ist relativ einfach realisierbar, da die benötigten Daten lediglich über Windows Installer-SQL-Befehle hinzugefügt werden müssen.

```
public void AddFileToTable(string FileName, string Name)
{
    // Windows Installer-Database öffnen
    Database Database = MyInstaller.OpenDatabase(_DatabaseName, msiOpenDatabaseModeTransact);

    // Anweisung einfügen
```

```
string SQL = "INSERT INTO '_Storages' ('Name', 'Data')
            VALUES (?, ?)";

// View öffnen
View View = Database.OpenView(SQL);

// Record erstellen
Record Record = MyInstaller.CreateRecord(2);

// Werte übergeben
Record.set_StringData(1, Name);
Record.SetStream(2, FileName);

// Ausführen
View.Execute(Record);

// Schließen
View.Close();

// Commit
Database.Commit();
}
```

Listing 9.2: Transformationen einbetten

HINWEIS: Eine vollständige Anwendung zum Einbetten von Transformationen finden Sie unter der Bezeichnung *AddTrans* auf der beiliegenden Buch-CD.

Skriptdateien: Das Windows Installer SDK stellt eine große Anzahl von Skriptdateien zur Verfügung, die für unterschiedliche Verwendungszwecke konzipiert sind. Unter Verwendung der Skriptdatei *WiSubStg.vbs* können Sie Transformationen in ein Windows Installer-Paket einbetten.

Unsichere Transformationen

Bei der Standardinstallation oder bei der angekündigten Installation werden die Transformationen und die *.msi*-Datei auf dem lokalen Computer zwischengespeichert. Bei einer Benutzerinstallation werden Transformationen im Ordner *Anwendungsdaten* des Benutzerprofils abgelegt. Bei einer Computerinstallation werden Transformationen im Ordner »*%windir%/Installer*« zwischengespeichert.

Alle Transformationen, die nicht besonders gekennzeichnet werden, werden als unsichere Transformation eingestuft und entsprechend verwaltet.

Sichere Transformationen

Die Verwendung von sicheren Transformationen wurde entwickelt, um besondere Sicherheitsvorkehrungen gegen unautorisierten Gebrauch und Missbrauch von Transformationsdateien zu treffen. Wie bei den unsicheren Transformationen verdeutlicht, besteht für den Benutzer die Möglichkeit, Transformationen zu manipulieren. Besonders schwerwiegend kommt dieses zum Tragen, falls die Installation mit erhöhten Rechten durchgeführt wurde. Betrachten Sie hierzu ein Beispiel:

Ein Benutzer, der über keine administrativen Rechte verfügt, installiert eine Anwendung für den aktuellen Benutzer. Die Installation wird mit erhöhten Rechten ausgeführt und es wird eine Transformation bei der Installation angewendet. Die Transformation wird auf dem lokalen Computer im Verzeichnis *Anwendungsdaten* unter dem Benutzerprofil zwischengespeichert. Auf dieses Verzeichnis hat der aktuelle Benutzer vollen Zugriff und kann nun die Transformationsdatei manipulieren. Beispielsweise fügt er Einträge in die Tabelle *RemoveFiles* hinzu, die Eintragungen aus dem Systemverzeichnis löschen sollen. Im Anschluss führt der Benutzer eine Reparatur der Installation aus, die auch mit erhöhten Rechten ausgeführt wird. Im Rahmen dieser Reparatur werden die Dateien aus dem Systemverzeichnis gelöscht.

Sie sehen, dass die Verwendung von unsicheren Transformationen hinsichtlich der Sicherheit extreme Folgen haben kann. Eine wirkungsvolle Abhilfe bieten hierzu nur sichere Transformationen. Sicherere Transformationen werden in einem Verzeichnis zwischengespeichert, auf das der Benutzer ausschließlich schreibgeschützt zugreifen kann.

Ein weiterer Sicherheitsaspekt bietet sich in der Verfügbarkeit der Transformationen. Alle Transformationen werden lokal zwischengespeichert, sodass auf diese bei einer Modifikation des Produktes zugegriffen werden kann. Stehen diese zwischengespeicherten Dateien nicht zur Verfügung, fordert der Windows Installer den Benutzer auf, das entsprechende Verzeichnis der Transformation zu bestimmen. Um in solchen Szenarien auch einen wirkungsvollen Schutz gegen Missbrauch zu implementieren, gibt es die folgenden Arten von sicheren Transformationen:

Secure-At-Source

Steht eine solche Transformation im lokalen Zwischenspeicher nicht zur Verfügung, wird diese ausschließlich aus dem Stammverzeichnis des Windows Installer-Paketes verwendet. Um eine Transformation anzuwenden, die als »Secure-At-Source« abgesichert werden soll, müssen Sie dem Dateinamen der Transformation das Zeichen »@« voranstellen.

msiexec.exe /I Base.Msi TRANSFORMS=@source.mst

Weitere Möglichkeiten für eine solche Implementierung finden sich in der Festlegung von Gruppenrichtlinien und in der Verwendung der Eigenschaft *TRANSFORMSATSOURCE*.

msiexec.exe /I Base.Msi TRANSFORMSATSOURCE=1 /TRANSFORMS=source.mst

Die zweite Darstellung der Befehlszeilenoptionen führt zu dem gleichen Ergebnis.

Secure-Full-Path

Steht eine solche Transformation im lokalen Zwischenspeicher nicht zur Verfügung, wird diese ausschließlich aus der vollständigen Pfadangabe der Transformationsliste rekonstruiert. Wird beispielsweise eine Transformation bei der Originalinstallation angewendet, die sich im Verzeichnis »E:\« befindet, und wird bei einer späteren Reparatur eine Transformation angegeben, die sich im Verzeichnis »D:\« befindet, wird die Installation mit der in Abbildung 9.3 gezeigten Fehlermeldung abgebrochen.

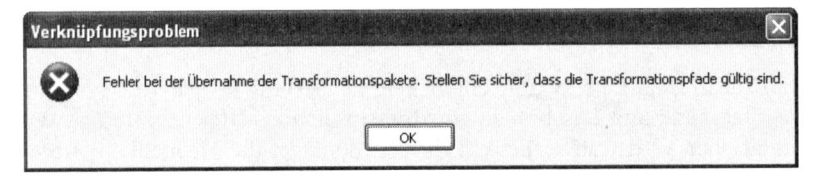

Abbildung 9.3: Fehlerhafte Anwendung sicherer Transformationen

Um eine Transformation anzuwenden, die als »Secure-Full-Path« abgesichert werden soll, müssen Sie dem vollständigen Dateinamen der Transformation das Pipe-Zeichen »|« voranstellen.

msiexec.exe /I Base.Msi TRANSFORMS="|e:\source.mst"

Weitere Möglichkeiten für eine solche Implementierung finden sich in der Festlegung von Gruppenrichtlinien und in der Verwendung der Eigenschaft *TRANSFORMSSECURE*.

msiexec.exe /I Base.Msi TRANSFORMSSECURE=1 /TRANSFORMS=source.mst

Die zweite Darstellung der Befehlszeilenoptionen führt zu dem gleichen Ergebnis.

HINWEIS: Sie können keine sicheren und unsicheren Transformationen in einer Transformationsauflistung kombinieren.

Instanztransformationen

Bei der Installation von Anwendungen unter Verwendung der Windows Installer-Technologie wird das zu installierende Produkt anhand des *ProductCode* eindeutig identifiziert. Der Windows Installer erlaubt die Installation einer Instanz des Produktes pro Kontext. Wird der *ProductCode* nicht verändert, kann somit eine Instanz des Produktes im »Machine Context« und eine Instanz in jedem »User Context« installiert werden. Die einzige Möglichkeit, mehrere Instanzen eines Produktes in einem Kontext zu installieren, ist die Verwendung mehrerer Installationspakete, wobei für jede Instanz ein eigenständiges Paket vorliegen muss. Jedes Paket enthält in diesem Fall einen eindeutigen *ProductCode* und beinhaltet den vollständigen Satz an installierbaren Ressourcen.

Mit der Verwendung des Windows Installer für Windows Server 2003 können mehrere Instanzen eines Produktes unter Verwendung einer Transformation installiert werden, die den *ProductCode* ändert. Diese Transformation kann auf Windows Installer-Pakete und auf Windows Installer-Patches angewendet werden.

HINWEIS: Diese Funktionalität steht Ihnen mit dem Windows Installer für Windows Server 2003 unter den Betriebssystemen Microsoft Windows XP mit Service Pack 1 und dem Microsoft Windows Server 2003 zur Verfügung.

Die Verwendung solcher Transformationen verringert den Aufwand erheblich, der bei der Erstellung von Windows Installer-Paketen zur Installation von mehreren Instanzen eines Produktes anfällt. Sie können unter Verwendung dieses Szenarios ein Basispaket erstellen und für jede weiter zu installierende Produktinstanz eine Transformation.

Erstellen von Instanztransformationen

Um mehrere Instanzen eines Produktes zu installieren, benötigen Sie ein Basispaket für das Produkt und eine Transformation für jede zu installierende Produktinstanz. Beachten Sie bei der Erstellung des Paketes und der Transformationen die folgenden Hinweise:

- Implementieren Sie eine Logik in das Installationspaket, die überprüft, ob die gültige Windows Installer-Version unter Microsoft Windows XP Service Pack 1 oder Microsoft Windows Server 2003 ausgeführt wird.
- Jede Instanz muss über einen eindeutigen *ProductCode* und über eine eindeutige Instanznummer verfügen. Definieren Sie eine Eigenschaft in dem Basispaket, die die Instanznummer aufnimmt.
- Um die zu installierenden Dateien für jede Instanz zu isolieren, sollten Sie im Basispaket ein Installationsverzeichnis festlegen, das auf der Instanznummer basiert.
- Um nicht-dateibasierte Ressourcen für jede Instanz zu isolieren, sollten Sie diese im Basispaket in entsprechenden Windows Installer-Komponenten anordnen und diese mit einer Installationsbedingung versehen, die auf die Instanznummer abzielt.

- Erstellen Sie eine Instanztransformation für jede Produktinstanz, die in Verbindung mit dem Basispaket installiert werden soll. Das Basispaket repräsentiert eine eigene Produktinstanz.
- Die Instanztransformation muss den *ProductCode* und die Instanznummer für jede Produktinstanz modifizieren.
- Es ist zu empfehlen, dass der Name des Produktes durch die Transformation ebenfalls verändert wird, damit dieser im Dialogfeld *Software* der Systemsteuerung identifiziert werden kann.

Beachten Sie besonders, dass das Installationsverzeichnis von Dateien auf der Instanznummer basieren sollte. Ebenso sollten Sie bei den weiteren zu installierenden Ressourcen die Instanznummer zur Isolierung der Einträge verwenden. Das nachfolgende Beispiel zeigt Ihnen einen Ausschnitt der Tabelle *Registry*, in der die Eigenschaft *InstanceID* zur Definition der Instanznummer verwendet wurde.

Registry	Root	Key	Name	Value
Reg1	1	Software\MyApp\[InstanceId]	InstanceGuid	[ProductCode]

Tabelle 9.4: Verwenden der Instanznummer

Installation mehrerer Produktinstanzen

Bei der Installation oder Reinstallation von mehreren Produktinstanzen sollten Sie die folgenden Hinweise beachten:

- Bei der Installation einer neuen Produktinstanz unter Verwendung von Instanztransformationen müssen Sie die Eigenschaft *MSINEWINSTANCE* verwenden und dieser die Instanznummer übergeben.
- Bei der Angabe der zu verwendenden Transformationen von der Befehlszeile sollte der erste Eintrag der Transformationsauflistung die Instanztransformation definieren. Weitere Transformationen zur benutzerdefinierten Anpassung des Paketes können angefügt werden.
- Der einfachste Weg, den Wartungsmodus zu starten oder eine Produktinstanz zu reinstallieren, ist die Verwendung des *ProductCode* für die entsprechende Instanz.

Das folgende Beispiel installiert eine neue Instanz des Produktes. Die Instanztransformation ist in das Produkt eingebettet:

msiexec /i base.msi TRANSFORMS=:inst01.mst MSINEWINSTANCE=1

Das folgende Beispiel demonstriert die Reinstallation einer spezifischen Produktinstanz:

msiexec /i {00000001-0002-0000-0000-624474736554} REINSTALL=ALL REINSTALLMODE=omus

Dieses Beispiel zeigt Ihnen, wie eine Produktinstanz für die Installation angekündigt wird:

msiexec /jm base.msi /t:inst01.mst /c

Das folgende Beispiel zeigt Ihnen, wie ein Windows Installer-Patch auf eine Produktinstanz angewendet wird. Hierzu benötigen Sie wiederum den *ProductCode* der entsprechenden Instanz.

msiexec /p patch.msp /n {00000001-0002-0000-0000-624474736554}

Auf der Begleit-CD finden Sie Installationspakete, die den Einsatz und die Verwendung von Instanztransformationen demonstrieren.

Anwenden einer Transformation

Ich fasse an dieser Stelle die bereits geschilderten Möglichkeiten bei der Anwendung von Transformationen zusammen. Die Eigenschaft *TRANSFORMS* des Basispaketes enthält eine Auflistung aller Transformationen, die bei der Installation verwendet wurden. Der Windows Installer verwendet alle Transformationen dieser Auflistung bei jeder zukünftigen Modifikation des Produktes, also während der Installation bei Bedarf, der Reinstallation und im Wartungsmodus.

Sie können die zu verwendenden Transformationen von der Befehlszeile angeben, indem Sie die Eigenschaft *TRANSFORMS* anfügen und dieser die entsprechenden Werte zuweisen. Beachten Sie jedoch, dass bei der angekündigten Installation, die mit den Parametern */jm* bzw. */ju* veranlasst wird, anstelle der Eigenschaft *TRANSFORMS* der Parameter */t* verwendet werden muss. Die Tabelle 9.5 enthält einige Beispiele für die Anwendung von Transformationen:

Transformation	Beschreibung
trans1.mst;:trans2.mst;:trans3.mst	Bei den Transformationen *Trans2* und *Trans3* handelt es sich um eingebettete Transformationen. Bei *Trans1* handelt es sich um eine Standardtransformation.
@:Trans1.mst;Trans2.mst	Bei der Transformation *Trans1* handelt es sich um eine eingebettete Transformation. Beide Transformationen werden als »Secure-At-Source« abgesichert.
|:Trans1.mst;\\server\share\Trans2.mst	Bei der Transformation *Trans1* handelt es sich um eine eingebettete Transformation. Die Transformation *Trans2* ist eine Standardtransformation, die als »Secure-Full-Path« abgesichert wurde.

Tabelle 9.5: Anwendung von Transformationen

Lokalisierung

Eines der am häufigsten verwendeten Einsatzgebiete für die Verwendung von Transformationen betrifft die Lokalisierung von Windows Installer-Paketen. Hierunter versteht man die Bereitstellung von Installationen in verschiedenen Sprachen. Bei der Lokalisierung sollten Sie entsprechende Transformationen erstellen, die die sprachspezifischen Anpassungen des Windows Installer-Paketes modifizieren. Dabei sind die folgenden Tätigkeiten durchzuführen:

1. Importieren Sie die lokalisierten Tabellen *Error* und *ActionText*. Sie finden diese im Windows Installer SDK für alle vom Windows Installer unterstützten Sprachversionen.
2. Übersetzen Sie den Text, der in der Benutzeroberfläche angezeigt wird. Dieser befindet sich in den Tabellen *Dialog*, *Control* und *Property*.
3. Setzen Sie die Eigenschaft *ProductLanguage* auf die Sprachkennzeichnung der zu verwendenden Sprache.
4. Setzen Sie im *Summary Information Stream* die Eigenschaft *Template* ebenfalls auf diese Sprachkennzeichnung oder fügen Sie diese der Auflistung hinzu.
5. Übersetzen Sie die Beschreibungen im *Summary Information Stream*.
6. Übersetzen Sie jede Meldung, die von benutzerdefinierten Aktionen verwendet wird.

Möchten Sie dem Endanwender die Möglichkeit eröffnen, verschiedene Sprachen eines Softwareproduktes auf einem Computer zu installieren, sollten Sie entweder den *ProductCode* und den *ProductName* ändern oder die Verwendung einer Instanztransformation in Erwägung ziehen. Die entsprechenden Transformationen sollten als eingebettete Transformationen implementiert werden, damit diese permanent zur Verfügung stehen. Bei der Erstellung des Bootstrappers kann hierauf Bezug genommen werden und es lassen sich entsprechende Dialogfelder zur Auswahl der Sprache integrieren.

Abbildung 9.4: *Dialogfeld zur Auswahl der Sprache*

Auf der Buch-CD finden Sie im Ordner *Localization* entsprechende Quellen. Im Ordner *Setup* befindet sich ein Installationspaket in deutscher Sprache, das eine eingebettete Sequenztransformation zur Installation mit einer Benutzeroberfläche in englischer Sprache enthält. Die Anwendung *Bootstrapper* bietet einen Sprachauswahldialog und startet entsprechend der Auswahl das Installationsprogramm.

Fazit

Der Systemadministrator möchte eine Anwendung zur Verfügung stellen, die zielgruppenorientierte Anpassungen enthält. Sie öffnen das Originalpaket mit einem geeigneten Tool, nehmen die entsprechenden Modifikationen daran vor und speichern diese anschließend als Transformation. Der Systemadministrator kann nun das Basispaket für eine Zielgruppe als Installationsmedium zur Verfügung stellen und das Basispaket mit anzuwendender Transformation für eine weitere Zielgruppe. Die Abbildung 9.5 stellt diesen Ablauf nochmals grafisch dar:

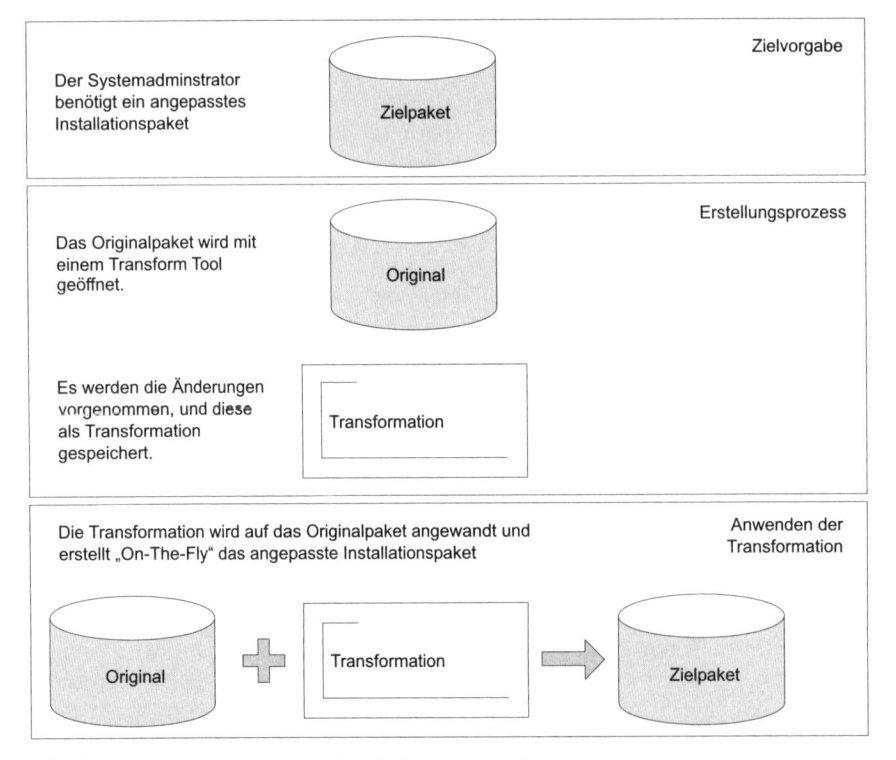

Abbildung 9.5: *Anpassungen durch Transformationen*

Hinsichtlich der Verteilung der Transformationsdatei stehen dem Systemadministrator noch weitere Möglichkeiten zur Verfügung. Die Transformation kann in das Paket eingebettet werden, und steht somit jederzeit zur Verfügung. Hinsichtlich des Sicherheitsaspektes kann auch die Verwendung von sicheren Transformationen in Erwägung gezogen werden. Der Systemadministrator möchte weiterhin verschiedene Sprachen des Installationspaketes zur Verfügung stellen. Bei Bedarf sollen diese auch parallel auf einem Computer installiert werden können. Es können zu diesem Zweck Transformationen verwendet werden, die entsprechende lokalisierte Elemente zur Verfügung stellen und als Sequenztransformation erstellt wurden.

Eine weitere Technologie zur Erstellung und Modifikation von Windows Installer-Paketen wurde detailliert betrachtet. Die Verwendung von Transformationen bietet vielfältige Möglichkeiten hinsichtlich der individuellen Anpassung von Windows Installer-Paketen.

10 Aktualisieren von Anwendungen

317   Upgrade von Software
324   Update-Erstellung
331   Software-Patches
346   Automatische Updates
348   Fazit

Die Aktualisierung von Anwendungen ist ein sehr umfassender Bereich, der durch unterschiedliche Technologien und Lösungsansätze realisiert werden kann. Durch die Anwendung von Transformationen haben Sie Windows Installer-Pakete im Rahmen der Basisinstallation aktualisiert. In diesem Kapitel werden wir uns mit einer weiteren Form der Aktualisierung von Softwareanwendungen widmen. Der wesentliche Unterschied zwischen den beiden Technologien ergibt sich aus den folgenden Darstellungen:

- Die Anwendung einer Transformation geschieht während der Basisinstallation des Softwareproduktes. Die zu transformierende Anwendung ist zu dem Zeitpunkt noch nicht installiert.
- Die Aktualisierung oder Erweiterung von Anwendungen geschieht zu einem nicht näher definierten Zeitpunkt während des Lebenszyklus des Softwareproduktes. Die Anwendung ist zum Zeitpunkt der Aktualisierung bereits auf dem Zielsystem installiert.

Dieses Kapitel wird sich also mit der Technologie beschäftigen, mit der bereits installierte Produkte aktualisiert und erweitert werden. Der Windows Installer stellt zur Umsetzung dieser Technologie die Aktualisierungsszenarien »Softwareupdates« und »Softwarepatches« zur Verfügung, wobei die »Softwarepatches« eine Anwendungsform für »Softwareupdates« darstellen.

HINWEIS: Beachten Sie, dass eine Aktualisierung von Softwareprodukten nur auf Basis der Windows Installer-Technologie möglich ist. Ein Update von Software, die unter Verwendung einer anderen Technologie installiert wurde, kann mit den Bordmitteln des Windows Installers nicht aktualisiert werden, sondern setzt individuelle Implementierungen in Form von benutzerdefinierten Aktionen voraus.

Upgrade von Software

Dieser Abschnitt zeigt Ihnen die Möglichkeiten des Windows Installers hinsichtlich der Aktualisierung und Ergänzung von installierten Softwarepaketen auf. Dazu wird zunächst der normale Installationsprozess skizziert, um nachfolgend die Möglichkeiten beim Softwareupgrade aufzuzeigen. Die Abbildung 10.1 zeigt eine schematische Darstellung des normalen Installationsprozesses.

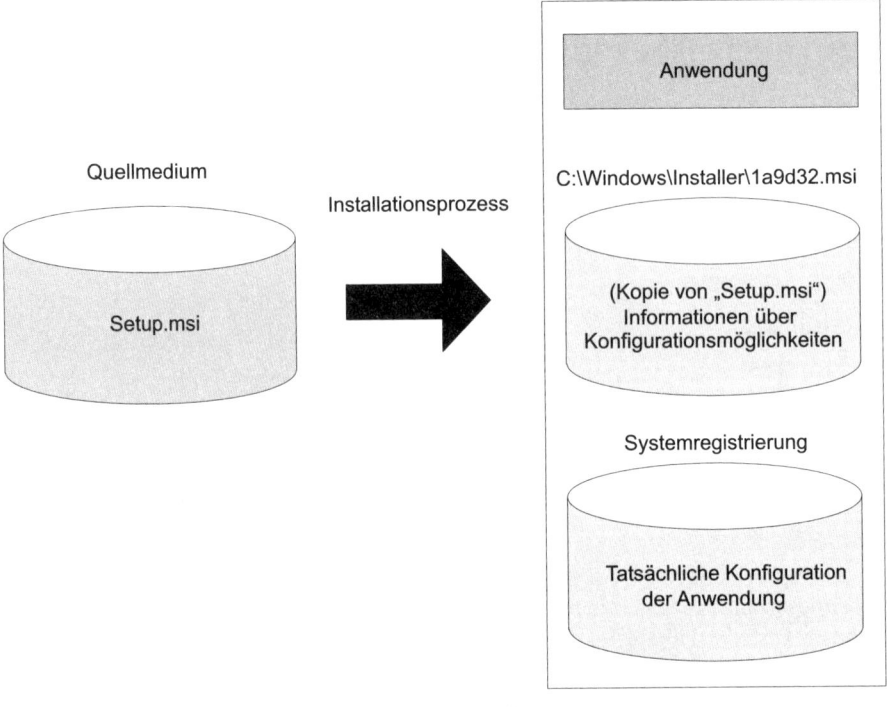

Abbildung 10.1: Schematischer Ablauf des Installationsprozesses

Während des Installationsprozesses wird die im Windows Installer-Paket definierte Anwendung mit allen zugehörenden Ressourcen installiert. Zusätzlich wird eine Kopie des Installationspaketes auf dem lokalen Rechner in einem separaten Verzeichnis, standardmäßig *C:\Windows\Installer*, abgelegt. Dieses Installationspaket wird entsprechend der Installationsoptionen modifiziert, und eingebettete Paketdateien (*.cab*) werden entfernt. Wird zu einem späteren Zeitpunkt der Wartungsmodus für diese Installation gestartet oder stellt der Windows Installer fest, dass eine Reparatur notwendig ist, werden die Informationen aus diesem Paket verwendet. In der Systemregistrierung werden während des Installationsprozesses weitere Informationen abgelegt, wie Daten, die im Dialogfeld *Software* der Systemsteuerung erscheinen sollen, Daten über die zwischengespeicherte Datei und Informationen über die Beziehungen und die Verwendung von Windows Installer-Komponenten, -Features und -Produkten. Hieraus ergibt sich in Bezug auf den Aktualisierungsprozess folgendes Bild:

- Aktualisierungen können auf das zwischengespeicherte Installationspaket angewendet werden.
- Aktualisierungen können auf die Anwendungsdateien angewendet werden.
- Aktualisierungen können auf die Informationen in der Systemregistrierung angewendet werden.

Die Erstellung von Windows Installer-Paketen, die zur Aktualisierung von installierten Anwendungen verwendet werden sollen, ist identisch zur Vorgehensweise bei der Erstellung der Basisinstallationen. Ein solches Aktualisierungspaket enthält den vollständigen Satz an zu installierenden Ressourcen und kann daher auch zur Basisinstallation verwendet werden. Wird während des Installationsprozesses jedoch festgestellt, dass eine qualifizierte Anwendung bereits auf dem lokalen Computer vorhanden ist, wird ein entsprechender Aktualisierungsprozess gestartet. Dieser Aktualisierungsprozess gestaltet sich im Rahmen eines Upgrades bzw. Updates immer in Form einer Reinstallation des Produktes oder Teilen des Produktes. Die Form und der Umfang der Reinstallation sind abhängig von der Definition der hierfür notwendigen Aktion *RemoveExistingProducts* in den entsprechenden Sequenztabellen.

Der Windows Installer unterstützt drei Arten von Softwareaktualisierungen, die sich schwerpunktmäßig hinsichtlich des Aktualisierungsumfangs unterscheiden:

Typ	ProductCode	ProductVersion	Beschreibung
Small Update	Nicht ändern	Nicht ändern	Aktualisierungen von einer oder mehreren Dateien, die jedoch zu gering sind, um eine Versionsänderung zu rechtfertigen.
Minor Upgrade	Nicht ändern	Ändern	Minimale Aktualisierungen, die jedoch eine Versionsänderung rechtfertigen.
Major Upgrade	Ändern	Ändern	Umfassende Aktualisierungen, die die Installation eines neuen Produktes rechtfertigen.

Tabelle 10.1: Aktualisierungstypen

Wie bereits an vorheriger Stelle erwähnt, können alle Aktualisierungstypen als vollständige Produktinstallation ausgeliefert werden. Sie können jedoch alle Typen auch in Form eines Windows Installer-Patches verteilen und anwenden.

Minimale Aktualisierung

Unter dem Begriff der minimalen Aktualisierung werden die Typen »Small Update« und »Minor Upgrade« zusammengefasst. Diese beiden Typen sind zwar nicht vollkommen identisch, sie verfügen jedoch über Gemeinsamkeiten, die eine zusammenfassende Betrachtung rechtfertigen. Die Unterscheidung zwischen diesen beiden Aktualisierungstypen befindet sich in der Version des zu installierenden Produktes. Während beim »Minor Upgrade« die Produktversion, repräsentiert durch die Eigenschaft *ProductVersion*, modifiziert wird, bleibt diese beim »Small Update« grundsätzlich unverändert. Unterscheidungen in der Produktversion können nützlich sein, wenn Windows Installer-Patches erstellt werden, die nur auf bestimmte Produktversionen abzielen. Zu diesem Zweck können Sie beim Erstellen eines Windows Installer-Patches das entsprechende Flag zur Überprüfung der Produktversion verwenden.

Small Update

Ein »Small Update« sollte verwendet werden, wenn ein oder mehrere Dateien der installierten Anwendung modifiziert werden sollen, ohne dass eine Änderung der Produktversion gerechtfertigt wäre. Beachten Sie jedoch, dass bei einem »Small Update« auch Informationen in der zwischengespeicherten Windows Installer-Datei modifiziert werden, sodass der *PackageCode* geändert werden muss. Zur Änderung des *PackageCode* müssen Sie eine neue *GUID* generieren und diese in der Eigenschaft *Revision Number* des *Summary Information Stream* ablegen. Bei einem »Small Update« dürfen die Eigenschaften *ProductCode* und *ProductVersion* nicht verändert werden.

Minor Upgrade

Ein »Minor Upgrade« sollte verwendet werden, falls mehrere Dateien der installierten Anwendung modifiziert werden sollen, ohne dass eine neue Produktinstallation gerechtfertigt wäre. Bei einem »Minor Upgrade« darf der *ProductCode* nicht verändert werden. Die *ProductVersion* muss hingegen aktualisiert werden. Beachten Sie, dass bei einem »Minor Upgrade« auch Informationen in der zwischengespeicherten Windows Installer-Datei modifiziert werden, sodass der *PackageCode* geändert werden muss.

Aktualisierung des Zielsystems

Wie bereits erwähnt, kann ein Windows Installer-Paket, das zur minimalen Aktualisierung definiert wurde, als Basisinstallationspaket oder als Aktualisierungspaket verwendet werden. Die Verwendung im Rahmen einer Basisinstallation setzt voraus, dass zum Installationszeitpunkt kein qualifiziertes Basisprodukt auf dem Zielsystem vorhanden ist. Sollte dieses hingegen der Fall sein, wird der Aktualisierungsprozess mit der Fehlermeldung beendet.

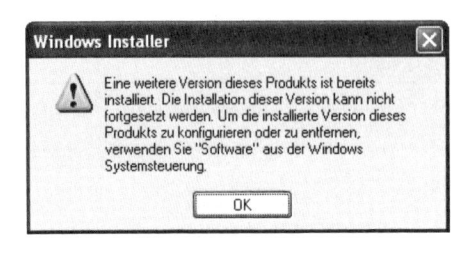

Abbildung 10.2: Ein qualifiziertes Produkt wurde auf dem Zielsystem gefunden

Die Anwendung als Aktualisierungspaket richtet sich nach dem Ziel der Aktualisierung und dem Anwendungsmodus. Liegt das Aktualisierungspaket in Form eines Windows Installer-Paketes vor, wird das Aktualisierungspaket durch Reinstallation des Basisproduktes angewendet. Liegt hingegen das Aktualisierungspaket in Form eines Windows Installer-Patches vor, erfolgt die Aktualisierung durch Patchen der lokalen Installation.

Reinstallation des Basisproduktes: In diesem Szenario liegt das Aktualisierungspaket in Form eines Windows Installer-Paketes vor. Bei der Anwendung wird das komplette Basisprodukt oder Teile davon reinstalliert.

Zur vollständigen Reinstallation der Basisinstallation müssen Sie von der Befehlszeile folgende Befehlszeilenoptionen verwenden:

msiexec /fvomus [Pfad zum Aktualisierungspaket]

Sie können alternativ auch die folgende Syntax verwenden:

msiexex /i [Pfad zum Aktualisierungspaket] REINSTALL=ALL REINSTALLMODE=vomus

Um nur definierte Teile zu reinstallieren, verwenden Sie folgende Befehlszeilenoptionen:

msiexec /i [Pfad zum Aktualisierungspaket] REINSTALL=[Features] REINSTALLMODE=vomus

Bei der Verwendung dieser Option müssen Sie den Platzhalter *[Features]* durch die Namen der Features ersetzen, die reinstalliert werden sollen.

HINWEIS: Sie können diese Funktionalität auch programmtechnisch umsetzen. Hierzu steht Ihnen die Funktion *MsiReinstallProduct* und die Methode *ReinstallProduct* zur Verfügung.

Patchen der lokalen Installation: In diesem Szenario liegt das Aktualisierungspaket in Form eines Windows Installer-Patches vor. Sie können den Patch auf die gesamte Anwendung oder nur auf bestimmte Teile anwenden.

Verwenden Sie hierzu die folgenden Befehlszeilenoptionen:

msiexec /p [Pfad zum Windows Installer Patch] REINSTALL=[Features] REINSTALLMODE=omus.

HINWEIS: Sie können diese Funktionalität auch programmtechnisch umsetzen. Hierzu steht Ihnen die Funktion *MsiApplyPatch* und die Methode *ApplyPatch* zur Verfügung.

Patchen einer administrativen Installation: Ein großer Vorteil des Aktualisierungsprozesses der Windows Installer-Technologie ist die statische Implementierung von Softwareupdates. Bei einer administrativen Installation wird ein Abbild des Installationspaketes in einem Netzwerkverzeichnis angelegt. Benutzer, die auf dieses Verzeichnis Zugriff haben, können die Installation direkt starten. Verwenden Sie in diesem Szenario folgende Befehlszeilenoptionen:

msiexec /a [Msi-Datei des administrativen Abbildes] /p [Pfad zum Windows Installer-Patch]

In einem solchen Szenario können Sie einen Windows Installer-Patch direkt auf das administrative Abbild des Installationspaketes anwenden, sodass bei einer Installation der aktualisierte Softwarestand verwendet wird.

Änderung des Produktcodes

Wir haben uns bisher mit den minimalen Aktualisierungen beschäftigt, bei denen der Produktcode nicht verändert wurde. Im nächsten Schritt werden wir die komplexeren Aktualisierungen besprechen, die eine Änderung des Produktcodes voraussetzen. Die Beibehaltung des Produktcodes ist nicht ausschließlich vom Entwickler abhängig, sondern setzt auch einen disziplinierten Umgang beim Design der Paketstruktur voraus.

Nachfolgend finden Sie eine Auflistung von Regeln, die Beachtung finden müssen, falls der Produktcode nicht verändert werden soll. Auf Basis dieser Regeln kann sich jedoch der Sachverhalt ergeben, dass Sie planen, eine Installation als »Small Update« zu verteilen, jedoch durch Verstöße gegen die Regeln gezwungen sind, ein »Major Upgrade« zu verwenden:

- Sie dürfen den hierarchischen Aufbau der Darstellung der Features verändern, ohne eine Reorganisation vorzunehmen. Dies bedeutet, dass Sie niemals den Wert der Spalte *Feature_Parent* der Tabelle *Features* verändern dürfen, ohne den Produktcode ändern zu müssen.
- Sie dürfen der existierenden Featurestruktur neue Features hinzufügen, ohne den Produktcode zu verändern.
- Sie dürfen existierende Features aus der Featurestruktur entfernen. Um den Produktcode beizubehalten, müssen alle dem Feature untergeordneten Subfeatures ebenfalls entfernt werden.
- Bei der Verwendung des Windows Installers in einer Version, die kleiner ist als 2.0, dürfen Sie neue Windows Installer-Komponenten nur hinzufügen, wenn diese mit einem neu hinzugefügten Feature verknüpft werden. Bei der Verwendung des Windows Installers 2.0 oder höher können Sie eine neue Komponente auch einem bereits existierenden Feature hinzufügen, ohne den Produktcode ändern zu müssen.
- Sie dürfen die Werte der Spalte *ComponentId* bei existierenden Windows Installer-Komponenten nicht verändern. Die Spalte *ComponentId* stellt das Identifizierungsmerkmal von Windows Installer-Komponenten dar.
- Sie dürfen den Wert der Spalte *KeyPath* bei existierenden Windows Installer-Komponenten nicht verändern. Durch eine Veränderung des *KeyPath* wäre diese Komponente nicht mehr abwärtskompatibel, sodass die *ComponentId* geändert werden muss.
- Sie dürfen den Namen der *.msi*-Datei nicht verändern. Sie müssen jedoch bei Änderungen immer den *PackageCode* verändern.
- Sie dürfen Dateien, Einträge der Systemregistrierung und Verknüpfungen in Windows Installer-Komponenten verändern, wenn diese Komponente lediglich mit einem Feature verknüpft ist.
- Sie dürfen auch Dateien, Einträge der Systemregistrierung und Verknüpfungen in Windows Installer-Komponenten verändern, die mit mehreren Features verknüpft sind, wenn sichergestellt ist, dass diese mit allen Features und Anwendungen vollständig kompatibel sind.

Im Folgenden soll diese Auflistung ergänzt und die Szenarien vorgestellt werden, in denen der Produktcode immer verändert werden muss:

- Ein Parallelbetrieb des Originalproduktes und des aktualisierten Produktes auf demselben System müssen möglich sein.
- Der Name der *.msi*-Datei wurde geändert.
- Die *ComponentId* einer existierenden Windows Installer-Komponente wurde verändert.
- Eine Komponente wurde von einem existierenden Feature entfernt.
- Ein existierendes Feature wurde einem neuen Feature untergeordnet (Veränderung der Spalte *Feature_Parent*).
- Bei der Verwendung des Windows Installers in einer Version kleiner als 2.0 wurde eine Windows Installer-Komponente einem bereits existierenden Feature hinzugefügt.

HINWEIS: Beachten Sie, dass beim Hinzufügen neuer Features durch die Verwendung des »Minor Upgrades« beim Windows Installer in einer Version kleiner als 2.0 bestimmte Vorgaben beachtet werden müssen. Sie müssen alle neu hinzuzufügenden Features als Werte der Eigenschaft *ADDLOCAL* übergeben. Sie müssen alle Features, die reinstalliert werden sollen, explizit der Eigenschaft *REINSTALL* übergeben. Die Verwendung der Eigenschaft *REINSTALL* mit dem Wert »All« ist hierbei nicht möglich.

Komplexe Aktualisierungen

Die komplexen Aktualisierungen werden in der Windows Installer-Terminologie als »Major Upgrade« bezeichnet. Bei einem »Major Upgrade« handelt es sich um ein neues Windows Installer-Produkt, das parallel zur Basisinstallation bestehen kann. Dieses setzt voraus, dass der Produktcode und die Produktversion gegenüber dem Originalpaket verändert werden. Komplexe Aktualisierungen können in Form einer eigenständigen Installation oder als Windows Installer-Patch angewendet werden.

HINWEIS: Die Verwendung von »Major Upgrades« ist nur mit der Windows Installer Version 1.1 und höher möglich. Der Windows Installer in der Version 1.0 unterstützt keine Updates, die den Produktcode verändern.

Major Upgrade

Während eines »Major Upgrades« führt der Windows Installer eine Suche nach verwandten Produkten aus, auf die dieses Upgrade angewendet werden kann. Sollte der Windows Installer ein solches Produkt finden, werden weitere Informationen zu diesem Produkt aus der Systemregistrierung ausgelesen. Daraufhin werden alle ermittelten Werte mit den Entsprechungen des Aktualisierungspaketes verglichen und auf Basis dieser Ergebnisse der Umfang und die anzuwendenden Funktionalitäten für das Upgrade festgelegt.

Betrachten Sie zunächst einen simplen Updateprozess. Der Windows Installer durchsucht das System nach Produkten, auf die das Update angewendet werden kann. Würde hierbei die Identifizierung anhand des Produktcodes vorgenommen werden, müsste für jedes installierte Produkt ein eigenständiges Upgrade zur Verfügung gestellt werden. Seit der Version 1.1 verfügt jedes Windows Installer-Paket über eine Eigenschaft mit der Bezeichnung *UpgradeCode*. Diese Eigenschaft muss im Gegensatz zum Produktcode nicht eindeutig für alle Anwendungen sein, sondern definiert eine Produktfamilie, die als Basis für ein Aktualisierungspaket dient. Im Aktualisierungspaket existiert eine Tabelle mit der Bezeichnung *Upgrade*, in der die Produktversion, die Sprache und der *UpgradeCode* der Windows Installer-Pakete aufgeführt sind, die als Ausgangsprodukte für das Upgrade verwendet werden sollen. Durch die Aktion *FindRelatedProducts* werden diese Informationen der Tabelle *Upgrade* verwendet, um die tatsächliche Suche zu veranlassen. Wurde ein entsprechendes Produkt gefunden, wird der *ProductCode* dem Feld *ActionProperty* der Tabelle *Upgrade* angefügt. Werden mehrere Produkte gefunden, werden diese Produktcodes durch ein Semikolon getrennt dem Feld angefügt.

Im weiteren Verlauf werden die Aktionen *RemoveExistingProducts* und *MigrateFeatureStates* in der definierten Reihenfolge ausgeführt. Die Aktion *RemoveExistingProducts* entfernt hierbei alle Produkte, die im *ActionProperty* aufgelistet sind. Die Aktion *MigrateFeatureStates* wird für die gleichen Produkte verwendet, um den aktuellen Status der Features auf das Upgradepaket zu übertragen.

Beachten Sie, dass die ordnungsgemäße Einordnung der Aktionen in die jeweiligen Sequenztabellen entscheidend für den Umfang und die Performance des Aktualisierungsprozesses ist. Ordnen Sie beispielsweise die Aktion *RemoveExistingProducts* zwischen den Aktionen *InstallValidate* und *InstallInitialize* an, werden alle Dateien entfernt, bevor die neuen Dateien kopiert werden konnten. Dieser Weg ist also sehr ineffizient. Wird diese Aktion nach der Aktion *InstallFinalize* angeordnet, werden erst die neuen Dateien kopiert und im Anschluss die nicht mehr benötigten älteren Dateien entfernt. Dies ist somit der beste und effizienteste Weg.

> **HINWEIS:** Bei der Überprüfung der Produktversion werden ausschließlich die ersten drei Felder der Versionsbezeichnung (*Major.Minor.Build*) verwendet. Sollten Sie noch ein viertes Feld verwenden, wird dieses im Upgradeprozess nicht berücksichtigt.

Anwenden von komplexen Aktualisierungen

Im Vergleich zum Einspielen eines »Small Updates« oder eines »Minor Upgrades« brauchen Sie beim »Major Upgrade« keine besonderen Befehlszeilenaufrufe beachten.

Upgrade liegt als Windows Installer-Paket vor:

msiexec /i [Pfad zum Windows Installer-Paket]

Upgrade liegt als Windows Installer-Patch vor:

msiexec /p [Pfad zum Windows Installer-Patch]

> **HINWEIS:** Natürlich können auch »Major Upgrades« programmtechnisch installiert werden. Hierzu steht Ihnen die Funktion *MsiApplyPatch* und die Methode *ApplyPatch* zur Verfügung. Liegt das Upgrade in Form eines Windows Installer-Paketes vor, sollten Sie die Funktion *MsiInstallProduct* oder die Methode *InstallProduct* verwenden.

Präparieren für zukünftige Updates

In vielen Fällen kann während des Entwicklungsprozesses eines Windows Installer-Paketes nicht abgesehen werden, ob zukünftige Updates oder Upgrades erforderlich sind. Aus diesem Grund sollten Sie Ihr Installationspaket für das Einspielen zukünftiger Updates präparieren, indem Sie die folgenden Punkte beachten:

1. Vergeben Sie einen eindeutigen Produktcode für das Windows Installer-Paket. Hierbei handelt es sich um eine *GUID*, die in der Eigenschaft *ProductCode* der Tabelle *Property* abgelegt ist.
2. Vergeben Sie eine Produktversion in der Form »AA.BB.CCCC«. Diese Version legen Sie in der Eigenschaft *ProductVersion* der Tabelle *Property* fest.
3. Vergeben Sie eine Sprachkennzeichnung und speichern Sie diese in der Eigenschaft *ProductLanguage* der Tabelle *Property*.
4. Bestimmen Sie den Aktualisierungscode und legen Sie diesen in der Eigenschaft *UpgradeCode* der Tabelle *Property* ab. Beachten Sie beim Festlegen dieses Codes die folgenden Positionen:

- Handelt es sich bei dem Produkt um die erste Version, generieren Sie einen neuen *Upgrade-Code*.
- Handelt es sich bei diesem Produkt um eine abweichende Sprache, verwenden Sie den *UpgradeCode* des Basisproduktes.
- Handelt es sich um eine neuere Version eines existierenden Produktes, verwenden Sie den *UpgradeCode* des Basisproduktes.

Mehr Schritte sind nicht notwendig, um Ihre Anwendung für zukünftige Updates zu präparieren. Sie können eine solche Anwendung aktualisieren, indem Sie Updates in Form von Windows Installer-Paketen oder -Patches anwenden.

Update-Erstellung

Nachdem Sie die theoretischen Aspekte der Softwareaktualisierung kennen gelernt haben, sollen Sie nun diese Erfahrungen in die Praxis umsetzen. Auf der diesem Buch beiliegenden CD finden Sie die entsprechenden Anwendungen, um die folgenden Szenarien zu realisieren. Im ersten Schritt gilt es, ein Installationspaket für die Version 1.0.0.0 einer Anwendung zur Erzeugung von *GUIDs* zu erstellen. Im Folgenden sollte ein »Minor Upgrade« für diese Anwendung erstellt werden, da in der Basisinstallation die Readme-Datei nicht implementiert wurde. Im letzten Schritt soll ein »Major Upgrade« erstellt werden, das den GUID Generator auf die Version 2.0.0.0 aktualisiert.

Beispielanwendung

Bei der Beispielanwendung handelt es sich um eine Anwendung zur Erzeugung von *GUIDs*, die in Windows Installer-Paketen verwendet werden können. In der Version 1.0.0.0 dieser Anwendung wird lediglich die Erzeugung von *GUIDs* im Standardformat unterstützt. Die Verwendung eines eigenen Tools zu diesem Zweck ist hierbei von Vorteil, da alle weiteren Generatoren *GUIDs* erzeugen, in denen auch Kleinbuchstaben enthalten sind. Eine *GUID* darf aber bei der Verwendung in Windows Installer-Paketen keine Kleinbuchstaben enthalten.

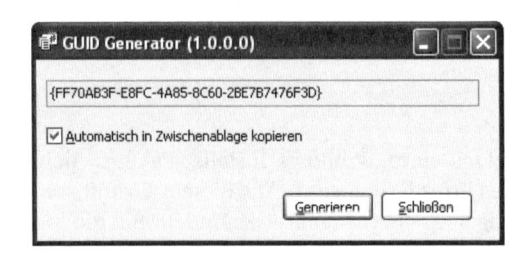

Abbildung 10.3: *GUID Generator Version 1.0.0.0*

Die Verwendung von *GUIDs* kann jedoch beim Design von Windows Installer-Paketen auch an anderen Positionen sehr hilfreich sein. Denken Sie an die programmtechnische Erstellung von Installationspaketen und die damit verbundene Generierung von Primärschlüsseln für diverse Tabellen. In vielen Tabellen, beispielsweise *Components*, wird eine solche *GUID* als ungültiger Wert in einem Schlüsselfeld interpretiert, sodass eine Umformatierung der *GUID* vorgenommen werden muss. Aus diesem Grund wurde die Version 2.0.0.0 des GUID Generators entwickelt.

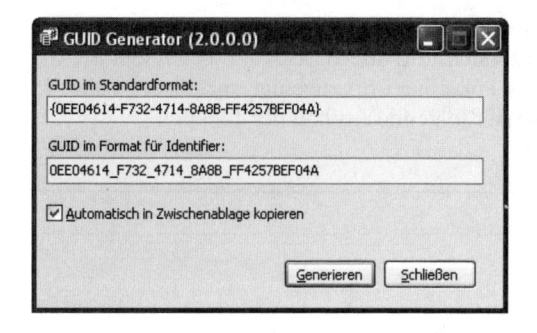

Abbildung 10.4: GUID Generator Version 2.0.0.0

Basisinstallation

Ich möchte an dieser Stelle nicht alle Schritte zum Erstellen eines Installationspaketes erläutern, sondern nur die relevanten Aspekte für die Erstellung von Upgrades aufzeigen. Zur Erstellung des Installationspaketes verwende ich den *Windows Installer Tabellen Editor (Orca)*.

Bei der Erstellung eines Installationspaketes besteht meines Erachtens die größte Schwierigkeit darin, die tatsächlich zu installierenden Dateien zu verpacken und im Anschluss im Installationspaket zu speichern. Zum Verpacken der Dateien verwende ich das Tool *Makecab.exe*, das bereits an früherer Stelle erläutert wurde. Ich setze also voraus, dass die zu installierenden Dateien bereits in einer Paketdatei (*.cab*) vorliegen. Nach der Erstellung der Paketdatei gilt es nun, diese in der Systemtabelle *_Streams* des Windows Installer-Paketes abzuspeichern. Zu diesem Zweck steht das Tool *Msidb.exe* und das VBScript *WiStream.vbs* zur Verfügung. Ich möchte jedoch ausschließlich den *Windows Installer Tabellen Editor* für diesen Zweck verwenden, woraufhin wir einen kleinen Trick anwenden müssen, da dieser Editor die Tabelle *_Streams* nicht anzeigt und somit keine Manipulationen möglich sind.

Legen Sie zunächst eine neue Tabelle mit der Bezeichnung *Cabs* an, indem Sie die beiliegende Datei *cabs.idt* in die Datenbank importieren. Fügen Sie nun dieser Tabelle einen neuen Datensatz hinzu und vergeben Sie eine Bezeichnung für die Paketdatei. Nachdem Sie in dem Eingabedialog in die Zeile *Data* gewechselt sind, können Sie bequem über die Schaltfläche *Browse* die entsprechende Paketdatei auswählen. Diese Datei wird automatisch in der Tabelle *_Streams* mit dem Präfix *Cabs.* gespeichert.

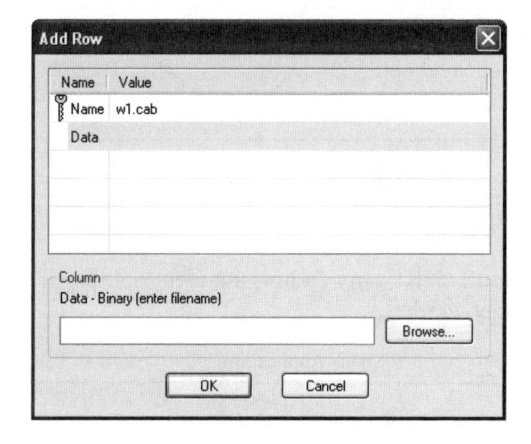

Abbildung 10.5: Hinzufügen von Daten zur Tabelle Cabs

In der Abbildung 10.5 habe ich den Wert »w1« als Namen für die Paketdatei verwendet. Dieses Paket wird somit unter der Bezeichnung »Cabs.w1.cab« in der Tabelle *_Streams* abgelegt. Dieser Wert der Tabelle *_Streams* muss an späterer Stelle in der Tabelle *Media* referenziert werden.

Aktualisieren von Anwendungen

Erstellen Sie sich zunächst eine Kopie der Datei *Schema_1031.Msi*, die Sie auf der beiliegenden CD finden. Diese Datei enthält bereits alle notwendigen Tabellen und alle Basisdaten. Nachdem Sie die Datei *GUIDGenerator.exe* in der Version 1.0.0.0 einer Paketdatei hinzugefügt und dieses Paket in der Tabelle *Cabs* abgelegt haben, ergibt sich momentan der folgende Aufbau der Tabellen:

Name	Data
w1.cab	[Binary Data]

Tabelle 10.2: *Tabelle* Cabs *der Basisinstallation*

Bei der folgenden Darstellung der Tabelle *File* wurden die Spalten *Language* und *Attributes* aus Gründen der Übersichtlichkeit nicht dargestellt.

File	Component_	FileName	FileSize	Version	Sequence
GUIDGenerator.exe	GUIDCOMP	GUIDGE~1.EXE|GUIDGenerator.exe	24576	1.0.0.0	1

Tabelle 10.3: *Tabelle* File *der Basisinstallation*

Im nächsten Schritt sollte die Windows Installer-Komponente erstellt werden, der diese Datei zugeordnet wird, und die Datei ebenfalls als Schlüsseldatei referenziert werden.

Component	ComponentId	Directory_	KeyPath
GUIDCOMP	{DDDA399A-C174-4D1F-8971-323507D341C6}	INSTALLDIR	GUIDGenerator.exe

Tabelle 10.4: *Tabelle* Component *der Basisinstallation*

Im Anschluss definieren Sie die Tabelle *Feature* und stellen über die Tabelle *FeatureComponents* die Beziehung zu der Windows Installer-Komponente her.

Feature	Title	Display	Level	Directory_
Complete	Vollständig	32513	3	INSTALLDIR

Tabelle 10.5: *Tabelle* Feature *der Basisinstallation*

Feature_	Component_
Complete	GUIDCOMP

Tabelle 10.6: *Tabelle* FeatureComponents *der Basisinstallation*

Da es sich bei der Beispielanwendung um eine Microsoft .NET_Anwendung handelt, sollten die Tabellen *MsiAssembly* und *MsiAssemblyName* verwendet werden.

Component_	Feature_	File_Manifest	File_Application
GUIDCOMP	Complete	GUIDGenerator.exe	GUIDGenerator.exe

Tabelle 10.7: *Tabelle* MsiAssembly *der Basisinstallation*

Die Tabelle *MsiAssemblyName* enthält nur wenige Eintragungen, da es sich bei der Anwendung um kein signiertes Microsoft .NET-Assembly handelt.

Component_	Name	Value
GUIDCOMP	Name	GUIDGenerator
GUIDCOMP	Version	1.0.0.0

Tabelle 10.8: Tabelle MsiAssemblyName *der Basisinstallation*

Im letzten Schritt müssen die relevanten Werte der Tabellen *Property* und *Media* festgelegt werden.

Property	Value
ProductCode	{79FD32CD-EF4D-496A-9DB3-F5328B7BFF3B}
ProductLanguage	1031
ProductName	GUID Generator
ProductVersion	1.00.0000
UpgradeCode	{E765949D-0233-466E-8FBE-6F55F25E7964}

Tabelle 10.9: Tabelle Property *der Basisinstallation*

Bei der Tabelle *Media* müssen Sie darauf achten, dass die angegebenen Sequenzen mit der Tabelle *File* übereinstimmen und dass die Paketdatei als internes Paket durch das vorangestellte Zeichen »#« gekennzeichnet wird.

DiskId	LastSequence	DiskPrompt	Cabinet
1	1	LABEL	#Cabs.w1.cab

Tabelle 10.10: Tabelle Media *der Basisinstallation*

Mehr Schritte sind nicht notwendig. Speichern Sie nun diese Datei unter der Bezeichnung *GUID.MSI* und führen Sie den Installationsprozess durch.

Erstellen eines »Minor Upgrades«

Nachdem die Basisinstallation erfolgreich durchgeführt wurde, haben Sie festgestellt, dass die erforderliche Readme-Datei im Installationspaket nicht enthalten ist. Sie entschließen sich nun, diese durch ein Upgrade nachzuliefern.

HINWEIS: Im theoretischen Teil dieses Kapitels habe ich Ihnen den Unterschied zwischen »Small Updates« und »Minor Upgrades« dargestellt. Ich erstelle nun ein »Minor Upgrade«, da ich der Meinung bin, dass jede Änderung am Installationspaket einen Versionswechsel zur Folge haben sollte.

Zur Erstellung von »Minor Upgrades« ist es erforderlich, dass bestimmte Regeln eingehalten werden, die bereits in diesem Kapitel beschrieben wurden. Eine dieser Regeln besagt, dass der Name der *.msi*-Datei nicht verändert werden darf. Erstellen Sie zunächst eine Kopie des Basispaketes, speichern Sie dieses in einem anderen Verzeichnis ab und öffnen Sie diese Datei mit dem *Windows Installer Tabellen Editor*.

Die Erstellung eines »Minor Upgrades« setzt die Änderung der Produktversion voraus. Ändern Sie aus diesem Grund in der Tabelle *Property* den Wert von *ProductVersion* in »1.00.0001«. Des Weiteren müssen Sie den *PackageCode* ändern, da Modifikationen am Windows Installer-Paket vorgenommen werden. Generieren Sie hierzu eine neue *GUID* und speichern diese im *Summary Information Stream*.

Im nächsten Schritt müssen Sie die Datei *Readme.txt* in eine Paketdatei mit der Bezeichnung »w2.cab« verpacken und diese in der Tabelle *Cabs* ablegen. Die bisherige Paketdatei »w1.cab« lassen Sie hierbei unangetastet.

Name	Data
w1.cab	[Binary Data]
w2.cab	[Binary Data]

Tabelle 10.11: *Tabelle* Cabs *beim* Minor Upgrade

Im Folgenden fügen Sie der Tabelle *File* einen neuen Datensatz hinzu, der diese Datei repräsentiert.

File	Component_	FileName	FileSize	Version	Sequence
GUIDGenerator.exe	GUIDCOMP	GUIDGE~1.EXE|GUIDGenerator.exe	24576	1.0.0.0	1
ReadMe.txt	READCOMP	Readme.txt	56		2

Tabelle 10.12: *Tabelle* File *beim* Minor Upgrade

Es besteht nun die Möglichkeit, diese neue Datei an eine existierende Windows Installer-Komponente anzufügen, jedoch möchte ich Sie bitten, hiervon Abstand zu nehmen, um bereits im Vorfeld potentielle Fehlerquellen oder Problempunkte auszuschließen. Erstellen Sie aus diesem Grund eine neue Komponente und referenzieren Sie diese in der Spalte *Component_* der Tabelle *File*. Legen Sie die neu hinzugefügte Datei als Schlüsseldatei für diese Komponente fest.

Component	ComponentId	Directory_	KeyPath
GUIDCOMP	{DDDA399A-C174-4D1F-8971-323507D341C6}	INSTALLDIR	GUIDGenerator.exe
READCOMP	{6794250E-495B-4C4C-A224-CAC26D9CD947}	INSTALLDIR	Readme.txt

Tabelle 10.13: *Tabelle* Component *beim* Minor Upgrade

Die Erstellung eines neuen Features ist in dem Beispiel nicht erforderlich, da die Readme-Datei zusammen mit der Anwendung installiert werden soll. Daher brauchen Sie lediglich die neue Komponente dem existierenden Feature zuordnen.

Feature_	Component_
Complete	GUIDCOMP
Complete	READCOMP

Tabelle 10.14: *Tabelle* FeatureComponents *beim* Minor Upgrade

Die Datei *Readme.txt* verfügt über keine Versionskennzeichnung und daher sollte bei der Verwendung des Windows Installers ab der Version 2.0 ein FileHash gebildet werden und die entsprechenden Daten der Tabelle *MsiFileHash* angefügt werden.

File	HashPart1	HashPart2	HashPart3	HashPart4
ReadMe.txt	-1044161181	-1392659550	1416421047	-1866301972

Tabelle 10.15: *Tabelle* MsiFileHash *beim* Minor Upgrade

Durch die Verwendung einer neuen Paketdatei ist es erforderlich, diese in der Tabelle *Media* aufzunehmen. Hierbei ist die Dateisequenz zu beachten und die Kennzeichnung der internen Speicherung zu setzen.

DiskId	LastSequence	DiskPrompt	Cabinet
1	1	LABEL	#Cabs.w1.cab
2	2	LABEL	#Cabs.w2.cab

Tabelle 10.16: *Tabelle* Media *beim* Minor Upgrade

Nach dem Speichern des Windows Installer-Paketes ist die Erstellung des »Minor Upgrades« abgeschlossen. Sie können nun den Upgradeprozess starten, indem Sie den Befehl »Msiexec /fvomus guid.msi« ausführen.

Erstellen eines »Major Upgrades«

Die Erstellung eines »Major Upgrades« entspricht dem Design der Basisinstallation, da hiermit eine neue Produktversion installiert werden soll. Erstellen Sie zu diesem Zweck eine Kopie der Datei *Schema_1031.Msi* und öffnen Sie diese mit *Orca*. Verpacken Sie die Dateien *GUIDGenerator20.exe* sowie *Generator20.txt* in eine Paketdatei und fügen Sie diese der Tabelle *Cabs* hinzu.

Name	Data
w1.cab	[Binary Data]

Tabelle 10.17: *Tabelle* Cabs *beim* Major Upgrade

Im Folgenden müssen die entsprechenden Eintragungen in der Tabelle *File* vorgenommen werden.

File	Component_	FileName	FileSize	Version	Sequence
GUIDGenerator20.exe	GUIDCOMP2	GUIDGE~2.EXE|GUIDGenerator20.exe	28672	2.0.0.0	1
Generator20.txt	GUIDCOMP2	GENERA~1.TXT|Generator20.txt	56		2

Tabelle 10.18: *Tabelle* File *beim* Major Upgrade

Da beide Dateien gemeinsam installiert werden sollen und einen logischen Zusammenhang darstellen, empfiehlt es sich, beide Dateien einer Windows Installer-Komponente zuzuordnen. Die Anwendung *GUIDGenerator20.exe* stellt jedoch die wichtigste Datei dabei dar und wird somit als Schlüsseldatei festgelegt.

Component	ComponentId	Directory_	KeyPath
GUIDCOMP2	{F730ED34-AC12-4F01-B447-63AF1C7CED26}	INSTALLDIR	GUIDGenerator20.exe

Tabelle 10.19: Tabelle Component *beim* Major Upgrade

Eine Auswahl mehrerer Features muss nicht in Betracht gezogen werden, sodass die Tabelle *Feature* analog zur Basisinstallation definiert wird.

Feature	Title	Display	Level	Directory_
Complete	Vollständig	32513	3	INSTALLDIR

Tabelle 10.20: Tabelle Feature *beim* Major Upgrade

Im Folgenden ist die Zuordnung der Windows Installer-Komponente zu dem entsprechenden Feature herzustellen.

Feature_	Component_
Complete	GUIDCOMP2

Tabelle 10.21: Tabelle FeatureComponents *beim* Major Upgrade

Auch bei dieser Anwendung handelt es sich um eine Microsoft .NET-Anwendung, sodass die Tabellen *MsiAssembly* und *MsiAssemblyName* auszufüllen sind.

Component_	Feature_	File_Manifest	File_Application
GUIDCOMP1	Complete	GUIDGenerator20.exe	GUIDGenerator20.exe

Tabelle 10.22: Tabelle MsiAssembly *beim* Major Upgrade

Der Tabelle *MsiAssemblyName* sind der Name und die Version des Microsoft .NET-Assembly anzufügen.

Component_	Name	Value
GUIDCOMP1	Name	GUIDGenerator20
GUIDCOMP1	Version	2.0.0.0

Tabelle 10.23: Tabelle MsiAssemblyName *beim* Major Upgrade

Bei der Datei *Generator20.txt* handelt es sich um eine Datei ohne Versionskennzeichnung, wodurch eine Ermittlung des FileHashs und eine Eintragung der ermittelten Werte in die Tabelle *MsiFileHash* vorgenommen werden sollte.

File	HashPart1	HashPart2	HashPart3	HashPart4
Generator20.txt	-1044161181	-1392659550	1416421047	-1866301972

Tabelle 10.24: Tabelle MsiFileHash *beim* Major Upgrade

Fügen Sie nun der Tabelle *Media* einen neuen Datensatz hinzu, und referenzieren Sie die entsprechende Paketdatei der Tabelle *_Streams*.

DiskId	LastSequence	DiskPrompt	Cabinet
1	2	LABEL	#Cabs.w1.cab

Tabelle 10.25: Tabelle Media *beim* Major Upgrade

Legen Sie die relevanten Einträge der Tabelle *Property* fest. Sie sollten hierbei den identischen *UpgradeCode* verwenden wie in der Basisinstallation, da beide Anwendungen einer Produktfamilie angehören. Beachten Sie jedoch, dass der *ProductCode*, die *ProductVersion* und der *PackageCode* gegenüber dem Basispaket geändert werden müssen.

Property	Value
ProductCode	{6635D8FB-244F-4C21-A233-A5A8B6E136B4}
ProductLanguage	1031
ProductName	GUID Generator 2.0
ProductVersion	2.00.0000
UpgradeCode	{E765949D-0233-466E-8FBE-6F55F25E7964}

Tabelle 10.26: Tabelle Property *beim* Major Upgrade

Sie haben sich entschlossen, ein »Major Upgrade« zur Aktualisierung bereits installierter Produkte zu verwenden. Verwenden Sie die Tabelle *Upgrade*, um bereits installierte Anwendungen dieser Produktfamilie zu verwalten.

UpgradeCode	VersionMin	VersionMax	Language	Attributes
{E765949D-0233-466E-8FBE-6F55F25E7964}	1.00.0000	2.00.0000	1031	261

Tabelle 10.27: Tabelle Upgrade *beim* Major Upgrade

Die Festlegung der Attribute bedeutet für dieses Beispiel, dass alle Anwendungen entfernt werden, die über den definierten *UpgradeCode* verfügen und mindestens die Versionsnummer »1.00.0000« aufweisen. Im Weiteren wird der Status der Features beibehalten und die Installation wird auch fortgesetzt, falls die Deinstallation der älteren Produkte fehlschlägt.

Nachdem Sie das erstellte Windows Installer-Paket gespeichert haben, können Sie dieses direkt installieren. Während des Installationsprozesses werden bereits installierte Produkte entfernt, sodass nach Fertigstellung lediglich die neue Softwareversion auf dem Computer präsent ist.

Software-Patches

Im letzten Abschnitt haben Sie ein Aktualisierungspaket erstellt, das einem vollwertigen Windows Installer-Paket entspricht. Es kann sowohl als Basisinstallation oder als Upgrade für eine bereits installierte Anwendung verwendet werden. In bestimmten Szenarien ist es angebracht, ein Installationspaket zur Verfügung zu stellen, das beide Möglichkeiten vereinigt. Bei der Softwareverteilung über das Internet oder langsame Netzverbindungen ist es jedoch erforderlich, die Paketgröße zu minimieren und entsprechende Pakete zu erstellen, die lediglich die Änderungen zum Originalpaket beinhalten und somit die Netzwerkauslastung zu reduzieren.

Windows Installer-Patches enthalten die Unterschiede zwischen dem Basisprodukt und einem oder mehreren Zielprodukten. Man kann Windows Installer-Patches mit Transformationen vergleichen, die auf ein bereits installiertes Softwarepaket angewendet werden.

Struktur des Patches

Bei einem Windows Installer-Patch handelt es sich um ein Verbunddokument, das über eine eigene *CLSID* verfügt und die Dateierweiterung *.msp* aufweist. Ein solches Dokument verfügt über keine reguläre Windows Installer-Datenbank, sondern enthält einfache Informationsspeicher, um entsprechende zielgerichtete Aktualisierungen ausführen zu können.

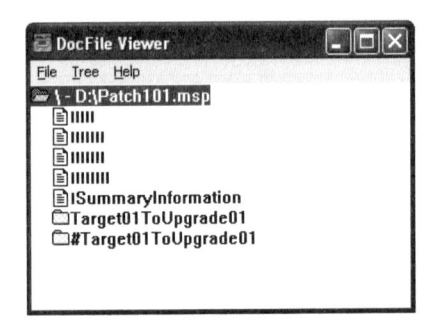

Abbildung 10.6: Aufbau eines Windows Installer-Patches

Ein Windows Installer-Patch enthält einen *Summary Information Stream*, Speicherbereiche für Transformationen und Paketdateien.

Summary Information Stream

Der *Summary Information Stream* ist ein gemeinsamer Bestandteil aller Verbunddokumente. Sie haben diesen Informationsspeicher bereits in Verbindung mit dem Windows Installer-Paket und den Transformationen kennen gelernt. Bei einem Windows Installer-Patch sind im *Summary Information Stream* folgende Informationen enthalten:

Eigenschaft	Beschreibung
Title	Patch
Subject	Kurze Beschreibung des Patches. Enthält häufig den Produktnamen.
Author	Installer-Eigenschaft *Manufacturer*.
Keywords	Eine durch Semikolon getrennte Liste der Quellen für den Patch.
Comments	»Dieser Patch enthält die Daten zur Modifikation des Produktes <ProductName>«
Template (Erforderlich)	Eine durch Semikolon getrennte Liste von *ProductCodes*, die diesen Patch verwenden können.
Last Saved By	Eine durch Semikolon getrennte Liste von Transformationen, in der Reihenfolge, wie diese angewendet wurden.
Revision Number (Erforderlich)	Gibt den Code *(GUID)* für diesen Patch an. Hieran werden alle weiteren Patch-Codes angefügt, die durch Einspielen dieses Patches entfernt werden sollen.
Last Printed	Null

Eigenschaft	Beschreibung
Create Time/Date	Uhrzeit und Datum, an dem der Patch erstellt wurde.
Last Saved Time/Date	Null bei der Erstellung. Uhrzeit und Datum werden bei jeder Änderung auf das aktuelle Systemdatum/-zeit gesetzt.
Page Count (Erforderlich)	Null
Word Count (Erforderlich)	Enthält einen Wert der das Modul definiert, mit dem der Patch erstellt wurde.
Character Count	Null
Creating Application	Die Anwendung, die verwendet wird, um den Patch zu erstellen.
Security	4 – Erzwungener Schreibschutz.
Codepage	Gibt an, welche Codepage verwendet werden muss, um den Summary Information Stream anzuzeigen.

Tabelle 10.28: Summary Information Stream eines Windows Installer-Patches

Speicherbereich für Transformationen

Wie bereits in ▶ Kapitel 9 verdeutlicht, können Transformationen verwendet werden, um einem Windows Installer-Paket Ressourcen hinzuzufügen oder zu entfernen. Windows Installer-Patches nutzen die Funktionalität von Transformationen, um Aktualisierungsoptionen auf Basispakete anzuwenden. Aus diesem Grund werden die benötigten Transformationen in einem speziellen Speicherbereich des Windows Installer-Patches mit einem individuellen *Summary Information Stream* abgelegt.

Für jedes Zielprodukt existieren zwei Transformationen in dem Patchpaket. Die erste Transformation enthält alle Informationen, um das Zielprodukt in das aktualisierte Produkt zu überführen. Die zweite Transformation fügt spezielle Einträge den Tabellen *Patch*, *PatchPackage*, *Media*, *InstallExecuteSequence* und *AdminExecuteSequence* hinzu. Diese Eintragungen sind erforderlich, um die notwendigen Instruktionen zum Anwenden eines Patches dem Windows Installer zur Verfügung zu stellen.

Wird ein Windows Installer-Patch auf ein administratives Abbild angewendet, wird das zugrunde liegende Installationspaket persistent geändert. Wird der Patch auf eine lokale Installation angewendet, werden die notwendigen Transformationen bei jeder Wartungsinstallation oder Deinstallation des Produktes erneut verwendet.

Datenspeicher für Paketdateien

Durch einen Windows Installer-Patch können neue Dateien der Basisinstallation hinzugefügt oder bereits existierende Dateien modifiziert werden. Diese speziellen Ressourcen werden in dem Speicherbereich für Paketdateien abgelegt, der drei Arten von Ressourcen aufnehmen kann:

- Dateien, die in der Basisinstallation nicht implementiert sind und somit während des Aktualisierungsprozesses der Installation hinzugefügt werden.
- Informationen, die benötigt werden, um eine ältere Version der Datei in die neue Dateiversion zu überführen. Hierbei werden die Dateien nicht ersetzt, sondern lediglich binär modifiziert.
- Dateien, die vorhandene Dateien vollständig ersetzen. Bei Dateien, deren neue Version kleiner ist als der generierte binäre Patch, werden die neuen Dateien vollständig im Speicherbereich abgelegt und ersetzen im Aktualisierungsprozess die älteren Dateien.

Sie können festlegen, dass anstelle des binären Patches ausschließlich vollständige Dateien im Aktualisierungsprozess verwendet werden. Im Normalfall ist ein solcher Windows Installer-Patch größer als ein Patch, der binäre Modifikationen verwendet.

Erstellen eines Patches

Das Erstellen eines Windows Installer-Patches ist als nicht trivialer Prozess anzusehen, da viele strukturierte Abläufe in diesen einfließen müssen. Zum Erstellen eines Patches benötigen Sie zunächst folgende Ressourcen:

- Das Windows Installer-Paket, das die Basisinstallation darstellt. Es können auch mehrere Basisinstallationen verwendet werden.
- Das Windows Installer-Paket, das die Aktualisierungsinstallation darstellt.
- Eine Datei, die Strukturinformationen und Einstellungen für die Erzeugung des Windows Installer-Patches enthält. Bei dieser Datei handelt es sich um ein »Patch Creation Property File«, das die Dateiendung *.pcp* verwendet. Der Aufbau dieser Datei wird an späterer Stelle beschrieben.

Vorgehensweise

Zur Erstellung eines Windows Installer-Patches hat sich die folgende Vorgehensweise bewährt, falls Sie über keinerlei Unterstützung durch Assistenten von Authoringtools verfügen:

1. Erstellen Sie eine Kopie der Basisinstallation und nehmen Sie die entsprechenden Modifikationen vor. Beachten Sie, dass die Originaldatenbank zur Erzeugung eines Patches benötigt wird.
2. Erstellen Sie eine Kopie der Datei *Template.pcp*. Diese Datei enthält die Grundstruktur eines »Patch Creation Property Files«. Sie finden die Vorlage im Unterverzeichnis »Patching« des Windows Installer SDK.
3. Öffnen Sie diese Datei mit dem *Windows Installer Tabellen Editor* (*Orca*) und nehmen Sie die spezifischen Eintragungen vor.
4. Erstellen Sie vom Basisinstallationspaket ein administratives Abbild, indem Sie die Installation mit dem Parameter */a* ausführen. Bei der Verwendung mehrerer Ausgangsprodukte müssen Sie von jedem Produkt ein administratives Abbild erstellen.
5. Erstellen Sie vom Aktualisierungspaket ebenfalls ein administratives Abbild.
6. Ergänzen Sie das »*Patch Creation Property File*« um die Eintragungen zur Spezifizierung des Installationsortes der administrativen Abbilder.
7. Erstellen Sie den Patch, indem Sie das Tool *MsiMsp.exe* aus dem Windows Installer SDK verwenden und die entsprechenden Informationen als Parameter übergeben. Alternativ können Sie die Funktion *UiCreatePatchPackage* der Datei *Patchwiz.dll* aufrufen. Diese Datei ist ebenfalls im Windows Installer SDK enthalten.

Das Ergebnis dieses Vorgangs ist ein Windows Installer-Patch, der auf die entsprechenden Produkte angewendet werden kann.

HINWEIS: Sie finden auf der beiliegenden Buch-CD eine Anwendung, die Sie durch die einzelnen Schritte zur Erstellung eines Patches führt und diesen vollständig automatisch erstellt.

Richtlinien

Um bereits im Vorfeld Problemfälle bei der Anwendung eines Windows Installer-Patches auszuschließen, sollten Sie folgende Hinweise beachten:

- Verändern Sie nicht die Primärschlüssel der Tabelle *File* zwischen den Originalpaketen und dem Aktualisierungspaket.
- Verschieben Sie keine Dateien von einem Installationsordner in einen anderen.
- Verschieben Sie keine Dateien von einer Paketdatei in eine andere.
- Verändern Sie nicht die Reihenfolge der Dateien in einer Paketdatei.

Anwenden des Patches

Nachdem Sie einen Windows Installer-Patch erstellt haben, können Sie diesen auf das installierte Produkt anwenden. Verwenden Sie den Parameter /p mit folgender Aufrufsyntax:

msiexec /p [Pfad zur Patchdatei] [Optionen]

Basiert der Windows Installer-Patch auf einem Aktualisierungspaket, das als »Major Upgrade« definiert wurde, verwenden Sie die folgende Syntax:

msiexec /p [Pfad zur Patchdatei]

Basiert der Windows Installer-Patch auf einem Aktualisierungspaket, das als »Small Update« oder als »Minor Upgrade« definiert wurde, verwenden Sie die folgende Syntax:

msiexec /p [Pfad zur Patchdatei] REINSTALL=[Features] REINSTALLMODE=omus.

Der Windows Installer akzeptiert auch eine URL (Uniform Resource Locator) als gültige Quelle für einen Patch. Sie können somit einen Patch installieren, der sich auf einem Webserver befindet:

msiexec /p http://MyWeb/MyPatch.msp

An vorheriger Stelle in diesem Buch haben wir uns mit der Installation mehrerer Instanzen eines Produktes beschäftigt, die mittels Instanztransformationen realisiert wurden. Eine Instanztransformation ändert den Produktcode des Basispaketes, sodass bei der Anwendung eines Windows Installer-Patches auf ein solches Produkt zusätzliche Informationen übergeben werden müssen. Um ein Patch auf ein Produkt anzuwenden, für das mittels einer Transformation eine weitere Instanz angelegt wurde, müssen Sie die folgende Aufrufsyntax verwenden:

msiexec /p [Pfad zur Patchdatei] /n [ProductCode (GUID) der zu aktualisierenden Instanz]

HINWEIS: Beachten Sie, dass die Installation von mehreren Produktinstanzen sowie die Anwendung eines Patches auf eine solche Instanz nur unter den Betriebssystemen Microsoft Windows Server 2003 und Microsoft Windows XP Service Pack 1 zur Verfügung stehen.

Der programmtechnische Ansatz zum Anwenden eines Patches kann durch die Verwendung der Funktion *MsiApplyPatch* oder der Methode *ApplyPatch* realisiert werden.

Patch Creation Property File

Die empfohlene Methode zur Erzeugung eines Windows Installer-Patches ist die Verwendung eines geeigneten Tools wie *MsiMsp.exe*, das im Windows Installer SDK enthalten ist. Erstellen Sie ein Windows Installer-Patch, indem Sie folgende Aufrufsyntax verwenden:

msimsp -s [Pfad zur .pcp Datei] -p [Pfad zum Patch der erstellt werden soll]

Diese beiden Optionen sind zwingend notwendig. Sie können noch weitere optionale Parameter beispielsweise zur Spezifikation eines Protokolls verwenden.

HINWEIS: Das Tool *MsiMsp.exe* verwendet zur Erstellung von Windows Installer-Patches die Funktion *UiCreatePatchPackage* der Datei *Patchwiz.dll*. Sie können diese Funktion auch für den programmtechnischen Ansatz zur Erzeugung von Patches direkt verwenden.

Bei dem »Patch Creation Property File« handelt es sich um ein Verbunddokument, das im identischen Format wie ein Windows Installer-Paket vorliegt, jedoch ein abweichendes Datenbankschema aufweist. Sie können ein »Patch Creation Property File (*.pcp*)« mit einem Windows Installer Tabellen Editor wie beispielsweise *Orca* erstellen und modifizieren. Im Windows Installer SDK befinden sich zwei Vorlagen einer solchen Datei:

- Die Datei template.pcp enthält die benötigte Datenbankstruktur, verfügt jedoch über keinerlei Datenimplementierungen.
- Die Datei example.pcp enthält eine mögliche Implementierung zur Erzeugung eines Windows Installer-Patches.

Nachfolgend zeige ich Ihnen die Datenbankstruktur eines »Patch Creation Property File« auf, die folgende Tabellen enthalten muss:

- *Properties*
- *ImageFamilies*
- *UpgradedImages*
- *TargetImages*

Die folgenden Datenbanktabellen sind optional und müssen nicht in jeder Datei vorhanden sein:

- *UpgradedFiles_OptionalData*
- *FamilyFileRanges*
- *TargetFiles_OptionalData*
- *ExternalFiles*
- *UpgradedFilesToIgnore*

Die Abbildung 10.7 stellt die Beziehungen zwischen den Tabellen eines »Patch Creation Property Files« grafisch dar.

Bei der Verwendung der Version 2.0 der Datei *Patchwiz.dll* können Sie die Performance im Erstellungsprozess steigern, indem Sie den Caching-Mechanismus verwenden. Diese Möglichkeit ist besonders hilfreich, wenn Sie einen Patch erzeugt haben und auf Basis eines aktualisierten Zielpaketes einen erneuten Patch generieren müssen. Sie können diese Funktionalität nutzen, indem Sie der Tabelle *Properties* der *.pcp*-Datei die Eigenschaften *PATCH_CACHE_ENABLED* und *PATCH_CACHE_DIR* anfügen.

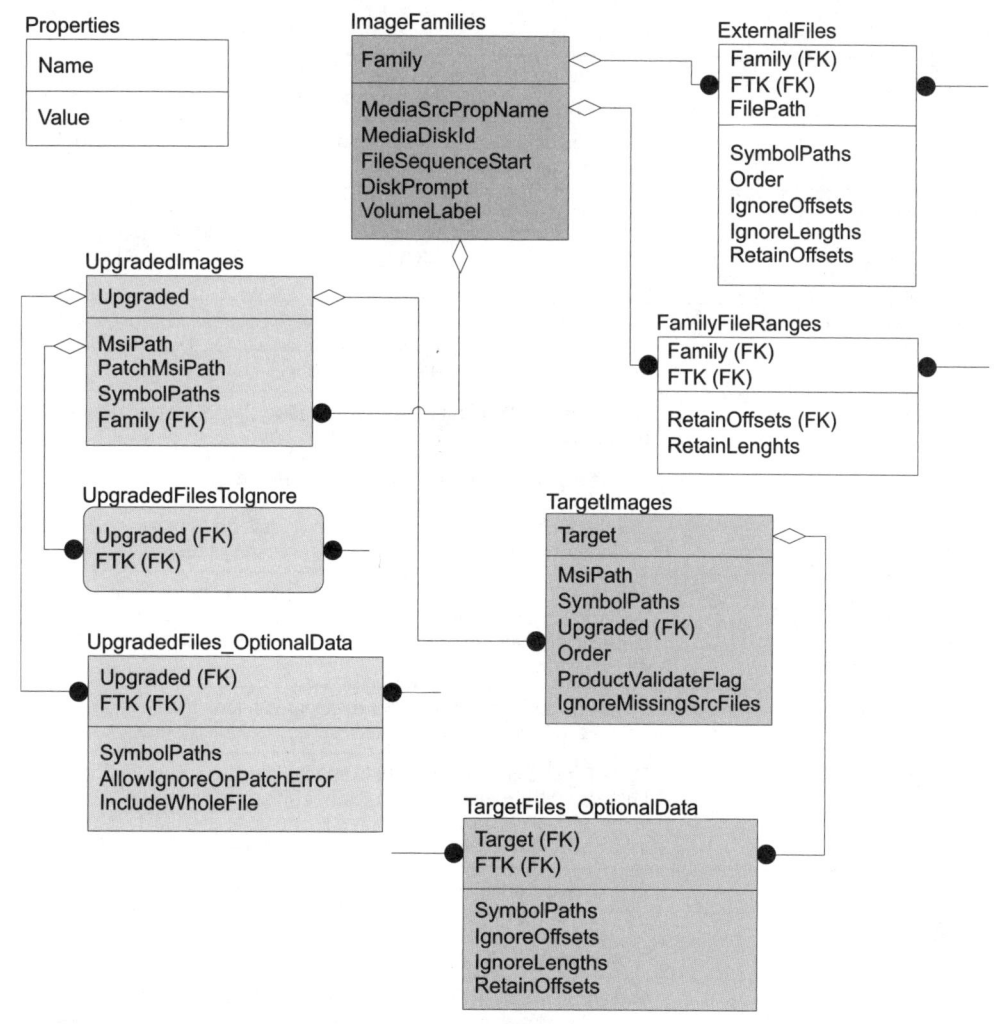

Abbildung 10.7: Beziehungen zwischen den Tabellen

Properties

Die Tabelle *Properties* enthält alle globalen Einstellungen für den Patch. Diese Tabelle ist für die Erstellung eines Windows Installer-Patches zwingend erforderlich.

Spalte	Typ	Größe	Schlüssel	Null
Name	Text	s72	x	
Value	Text	s0		x

Tabelle 10.29: Struktur der Tabelle Properties

Name: Enthält den Namen der Eigenschaft.

Value: Enthält den Eigenschaftswert.

Aktualisieren von Anwendungen

Eigenschaft	Bedeutung
AllowProductCodeMismatches	Setzen Sie den Wert auf »1«, wenn der *ProductCode* zwischen dem Basispaket und den Aktualisierungspaketen nicht übereinstimmt.
AllowProductVersionMajorMismatches	Setzen Sie den Wert auf »1«, wenn die *Major-Version* zwischen dem Basispaket und den Aktualisierungspaketen nicht übereinstimmt.
ApiPatchingSymbolFlags	Enthält Flags, die zur Beeinflussung der internen Operationen der Datei *Patchwiz.dll* verwendet werden können. Der Standardwert ist »0x00000000«. Eine vollständige Auflistung finden Sie in der Datei *patchapi.h*.
DontRemoveTempFolderWhenFinished	Setzen Sie den Wert auf »1«, um temporäre Dateien nicht zu löschen, die während des Erstellungsprozesses generiert wurden. Diese Option ist hilfreich, wenn Sie bestimmte Dateien debuggen müssen.
IncludeWholeFilesOnly	Setzen Sie den Wert auf »1«, um vollständige Dateien anstelle von Binärpatches zu verwenden.
ListOfPatchGUIDsToReplace	Enthält eine Liste von *Patch-GUIDs* ohne Trennzeichen. Wird einer dieser Patches auf dem Zielcomputer gefunden, wird die Zuordnung zu dem entsprechenden Basisprodukt aufgehoben, sodass die enthaltenen Transformationen nicht mehr auf das Paket angewendet werden.
ListOfTargetProductCodes	Enthält eine durch Semikolon getrennte Liste von *ProductCodes*, auf die dieser Patch angewendet werden kann. Setzen Sie den Wert auf »*«, um diese Eigenschaft anhand der Tabelle *TargetImages* automatisch generieren zu lassen.
MsiFileToUseToCreatePatchTables	Enthält einen vollständigen Pfad zu einem Windows Installer-Paket, von dem die Tabellen *Patch* und *PatchPackage* exportiert werden können.
OptimizePatchSizeForLargeFiles	Diese Eigenschaft wird gesetzt indem ein Wert zugeordnet wird, der ungleich »0« ist. Hiermit werden Patches hinsichtlich ihrer Größe optimiert, wenn die Dateien eine Größe von 4 MByte überschreiten. Diese Eigenschaft setzt die Verwendung des Windows Installer 1.2 oder höher voraus.
PatchGUID	Enthält eine eindeutige Identifizierung *(GUID)* für diesen Patch.
PatchOutputPath	Enthält die vollständige Pfadangabe zu dem Patchpaket *(.msp)*, das erzeugt werden soll.
PatchSourceList	Enthält eine Liste an Quellverzeichnissen, in denen das Patchpaket gesucht wird, wenn die Datei aus dem lokalen Cache nicht verfügbar ist.
MinimumRequiredMsiVersion	Setzen Sie diese Eigenschaft, um die minimal zu verwendende Version des Windows Installers festzulegen. Der hierfür notwendige Wert ist identisch mit der Eigenschaft *Page Count* des *Summary Information Streams* eines Windows Installer-Paketes. Diese Eigenschaft setzt die Verwendung der *Patchwiz.dll* des Windows Installer 2.0 oder höher voraus.
PATCH_CACHE_ENABLED	Setzen Sie den Wert auf »1«, um die Informationen, die bei der Patcherstellung generiert wurden zwischenzuspeichern. Die Daten werden hierbei in dem Ordner gespeichert, der mit der Eigenschaft *PATCH_CACHE_DIR* definiert wurde. Diese Eigenschaft setzt die Verwendung der *Patchwiz.dll* des Windows Installer 2.0 oder höher voraus.
PATCH_CACHE_DIR	Setzen Sie diese Eigenschaft auf den Namen eines Ordners, in dem Informationen zwischengespeichert werden sollen. Diese Eigenschaft setzt die Verwendung der *Patchwiz.dll* des Windows Installer 2.0 oder höher voraus.

Tabelle 10.30: Werte, die in der Tabelle Properties *verwendet werden können*

ImageFamilies

Mit dem Begriff der *ImageFamilie* werden mehrere aktualisierte Abbilder eines Produktes zusammengefasst, wobei jede Familie über eine eigene Paketdatei verfügt, die Änderungsdateien zwischen den entsprechenden Paketen enthält. Der Vorteil liegt in der gemeinsamen Nutzung von gepatchten und neuen Dateien von allen Mitgliedern dieser Familie.

Die Tabelle *ImageFamilies* enthält Informationen, die der Tabelle *Media* während der Anwendung des Patches angefügt werden sollen. Ein Patchpaket muss über mindestens einen Datensatz in dieser Tabelle verfügen.

Spalte	Typ	Größe	Schlüssel	Null
Family	Text	s8	x	
MediaSrcPropName	Text	s72		x
MediaDiskId	Integer	i2		x
FileSequenceStart	Integer	i2		x
DiskPrompt	Text	s72		x
VolumeLabel	Text	s72		x

Tabelle 10.31: *Struktur der Tabelle* ImageFamilies

Family: Dieses Feld wird verwendet, um eine Gruppe von Produktabbildern zusammenzufassen. Dieses Feld ist auf eine maximale Länge von acht Zeichen begrenzt. Bei der Generierung der Paketdatei wird der Name aus der Eigenschaft *Family* mit dem Präfix »PCW_CAB« erzeugt.

MediaSrcPropName: Der hier eingegebene Wert wird in der Spalte *Source* des neu hinzugefügten Datensatzes der Tabelle *Media* gespeichert. Sie können in diesem Feld *Null* verwenden, wenn Sie die Datei *Patchwiz.dll* des Windows Installer 2.0 verwenden.

MediaDiskId: Der hier eingegebene Wert wird in der Spalte *DiskId* des neu hinzugefügten Datensatzes der Tabelle *Media* gespeichert. Sie können in diesem Feld *Null* verwenden, wenn Sie die Datei *Patchwiz.dll* des Windows Installer 2.0 verwenden.

FileSequenceStart: Der hier eingegebene Wert wird in der Spalte *LastSequence* des neu hinzugefügten Datensatzes der Tabelle *Media* gespeichert. Sie können in diesem Feld *Null* verwenden, wenn Sie die Datei *Patchwiz.dll* des Windows Installer 2.0 verwenden.

DiskPrompt: Der hier eingegebene Wert wird in der Spalte *DiskPrompt* des neu hinzugefügten Datensatzes der Tabelle *Media* gespeichert

VolumeLabel: Der hier eingegebene Wert wird in der Spalte *VolumeLabel* des neu hinzugefügten Datensatzes der Tabelle *Media* gespeichert

Der Patch fügt den Namen der verwendeten Paketdatei der Spalte *Cabinet* der Tabelle *Media* hinzu. Da es sich immer um eine eingebettete Paketdatei handelt, wird dem Namen der Präfix »#« vorangestellt.

UpgradedImages

Die Tabelle *UpgradedImages* enthält einen Datensatz, der das administrative Abbild der aktualisierten Produktversion festlegt. Für die Erstellung eines Windows Installer-Patches ist ein Datensatz in dieser Tabelle zwingend erforderlich.

Spalte	Typ	Größe	Schlüssel	Null
Upgraded	Text	s13	x	
MsiPath	Text	s255		
PatchMsiPath	Text	s255		x
SymbolPath	Text	s0		x
Family	Text	s8		

Tabelle 10.32: Struktur der Tabelle UpgradedImages

Upgraded: Enthält eine Zeichenfolge, die einen willkürlichen Schlüssel darstellt, der diesen Datensatz eindeutig identifiziert. Dieses Feld ist auf eine maximale Länge von 13 Zeichen begrenzt.

MsiPath: Enthält den vollständigen Pfad zum administrativen Abbild der modifizierten Produktversion.

PatchMsiPath: Enthält den vollständigen Pfad zu einem weiteren Windows Installer-Paket, das optionale Ressourcen aufweist.

SymbolPaths: Enthält eine durch Semikolon getrennte Liste von Ordnern zur Definition von Symboldateien für die gepatchte Anwendung.

Family: Enthält einen Wert, der diesen Datensatz mit einem Datensatz der Tabelle *ImageFamilies* verknüpft.

TargetImages

Die Tabelle *TargetImages* enthält Informationen über Produkte, auf die dieser Patch angewendet werden soll. Bei der Anwendung des Patches werden die Produkte der Tabelle *TargetImages* in die Produkte der Tabelle *UpgradedImages* überführt. Die Tabelle *TargetImages* muss mindestens einen Datensatz enthalten.

Spalte	Typ	Größe	Schlüssel	Null
Target	Text	s13	x	
MsiPath	Text	s255		
SymbolPaths	Text	s0		x
Upgraded	Text	s13		
Order	Integer	i2		
ProductValidateFlags	Text	s10		x
IgnoreMissingSrcFiles	Integer	i2		

Tabelle 10.33: Struktur der Tabelle TargetImages

Target: Enthält eine Zeichenfolge, die einen willkürlichen Schlüssel darstellt, der diesen Datensatz eindeutig identifiziert. Dieses Feld ist auf eine maximale Länge von 13 Zeichen begrenzt.

MsiPath: Enthält den vollständigen Pfad zum administrativen Abbild der ursprünglichen Produktversion.

SymbolPaths: Enthält eine durch Semikolon getrennte Liste von Ordnern zur Definition von Symboldateien für die gepatchte Anwendung.

Upgraded: Enthält einen Wert, der diesen Datensatz mit einem Datensatz der Tabelle *UpgradedImages* verknüpft.

Order: Legt die Reihenfolge fest, in der mehrere ursprüngliche Produktversionen modifiziert werden sollen.

ProductValidateFlags: Dieses Feld wird verwendet, um die Anwendung von irrelevanten Transformationen zu verhindern. Der Standardwert ist »0x00000922«. Bei der Verwendung dieses Wertes werden die *ProductVersion*, der *ProductCode* und der *UpgradeCode* überprüft. Die hier einzugebenden Informationen sind identisch mit den Validierungsbedingungen bei Transformationen.

IgnoreMissingSrcFiles: Setzen Sie dieses Feld auf einen Wert ungleich »0«, um Dateien zu ignorieren, die in der ursprünglichen Produktversion nicht vorhanden sind oder gefunden werden können. Diese Option stellt sicher, dass das Installationsmedium für die ursprüngliche Produktversion nicht benötigt wird.

UpgradedFiles_OptionalData

Die Tabelle *UpgradedFiles_OptionalData* kann verwendet werden, um für bestimmte Dateien der aktualisierten Produktversion eine besondere Behandlung sicherzustellen.

Spalte	Typ	Größe	Schlüssel	Null
Upgraded	Text	s13	x	
FTK	Text	s72	x	
SymbolPaths	Text	s0		x
AllowIgnoreOnPatchError	Integer	i2		x
IncludeWholeFile	Integer	i2		x

Tabelle 10.34: Struktur der Tabelle UpgradedFiles_OptionalData

Upgraded: Enthält einen Wert, der diesen Datensatz mit einem Datensatz der Tabelle *UpgradedImages* verknüpft.

FTK: Dieses Feld dient zur Spezifikation der Datei, die während des Patchvorgangs besonders behandelt werden soll. In dieses Feld ist ein Wert einzugeben, der diesen Datensatz mit dem entsprechenden Datensatz der Tabelle *File* des aktualisierten Windows Installer-Paketes verknüpft.

SymbolPaths: Enthält eine durch Semikolon getrennte Liste von Ordnern zur Definition von Symboldateien für diese Datei.

AllowIgnoreOnPatchError: Setzen Sie den Wert auf »1«, um festzulegen, dass die Anwendung des Patches auf diese Datei nicht für den Erfolg des gesamten Patchvorgangs relevant ist.

IncludeWholeFile: Setzen Sie den Wert auf »1«, um für die festgelegte Datei die Generierung eines Binärpatches zu verhindern und stattdessen die vollständige Datei zu verwenden.

FamilyFileRanges

Die Tabelle *FamilyFileRanges* ermöglicht die Festlegung von Bereichen einer Datei, die während des Patchvorgangs nicht überschrieben werden dürfen.

Spalte	Typ	Größe	Schlüssel	Null
Family	Text	s8	x	
FTK	Text	s72	x	
RetainOffsets	Text	s0		
RetainLengths	Text	s0		

Tabelle 10.35: Struktur der Tabelle FamilyFileRanges

Family: Enthält einen Wert, der diesen Datensatz mit einem Datensatz der Tabelle *ImageFamilies* verknüpft.

FTK: Dieses Feld dient zur Festlegung der Datei, die im Rahmen des binären Patching besonders behandelt werden soll. In dieses Feld ist ein Wert einzugeben, der diesen Datensatz mit dem entsprechenden Datensatz der Tabelle *File* des aktualisierten Windows Installer-Paketes verknüpft.

RetainOffsets: Enthält eine durch Komma getrennte Liste an Offsets (in Byte), die den Beginn des Bereiches definieren, der nicht überschrieben werden darf.

RetainLengts: Enthält eine durch Komma getrennte Liste an Längenangaben (in Byte), die die Größe des Bereichs festlegen, der nicht überschrieben werden darf. Die Reihenfolge und die Anzahl der hier definierten Eintragungen müssen den Eintragungen der Spalte *RetainOffsets* entsprechen.

TargetFiles_OptionalData

Die Tabelle *TargetFiles_OptionalData* kann verwendet werden, um für bestimmte Dateien der ursprünglichen Produktversion eine besondere Behandlung sicherzustellen.

Spalte	Typ	Größe	Schlüssel	Null
Target	Text	s13	x	
FTK	Text	s72	x	
SymbolPaths	Text	s0		x
IgnoreOffsets	Text	s0		x
IgnoreLengts	Text	s0		x
RetainOffsets	Text	s0		x

Tabelle 10.36: Struktur der Tabelle TargetFiles_OptionalData

Target: Enthält einen Wert, der diesen Datensatz mit einem Datensatz der Tabelle *TargetImages* verknüpft.

FTK: Dieses Feld dient zur Festlegung der Datei, die im Rahmen des Patching besonders behandelt werden soll. In dieses Feld ist ein Wert einzugeben, der diesen Datensatz mit dem entsprechenden Datensatz der Tabelle *File* des ursprünglichen Windows Installer-Paketes verknüpft.

SymbolPaths: Enthält eine durch Semikolon getrennte Liste von Ordnern zur Definition von Symboldateien für diese Datei.

IgnoreOffsets: Enthält eine durch Komma getrennte Liste an Offsets (in Byte), die den Beginn des Bereiches definieren, der bei der ursprünglichen Datei ignoriert werden soll.

IgnoreLengths: Enthält eine durch Komma getrennte Liste an Längenangaben (in Byte), die die Größe des Bereichs festlegen, der bei der ursprünglichen Datei ignoriert werden soll. Die Reihenfolge und die Anzahl der hier definierten Eintragungen müssen den Eintragungen der Spalte *IgnoreOffsets* entsprechen.

RetainOffsets: Enthält eine durch Komma getrennte Liste an Offsets (in Byte), die den Beginn des Bereiches definieren, der bei der ursprünglichen Datei nicht überschrieben werden darf. Der hier eingegebene Wert muss eine Entsprechung in der gleichnamigen Spalte der Tabelle *FamilyFileRanges* aufweisen.

ExternalFiles

Die Tabelle *ExternalFiles* enthält Informationen über spezifische Dateien, die nicht Teil einer ursprünglichen Produktversion sind, also nicht in der Tabelle *File* der entsprechenden Windows Installer-Datenbank zu finden sind. Diese Dateien können in Produkten existieren, die durch ein anderes Produkt, einen Patch oder ein Update aktualisiert wurden.

Spalte	Typ	Größe	Schlüssel	Null
Family	Text	s8	x	
FTK	Text	s128	x	
FilePath	Text	s255	x	
SymbolPaths	Text	s255		x
Order	Integer	i2		x
IgnoreOffsets	Text	s255		x
IgnoreLengths	Text	s255		x
RetainOffsets	Text	s255		

Tabelle 10.37: *Struktur der Tabelle* ExternalFiles

Family: Enthält einen Wert, der diesen Datensatz mit einem Datensatz der Tabelle *ImageFamilies* verknüpft.

FTK: In dieses Feld ist ein Wert einzugeben, der diesen Datensatz mit dem entsprechenden Datensatz der Tabelle *File* der ursprünglichen Windows Installer-Datenbank verknüpft.

FilePath: Enthält den vollständigen Pfad zu der Datei, die gepatcht werden soll.

SymbolPaths: Enthält eine durch Semikolon getrennte Liste von Ordnern zur Definition von Symboldateien für diese Datei.

Order: Legt die relative Reihenfolge fest, in der diese Datei gepatcht werden soll.

IgnoreOffsets: Enthält eine durch Komma getrennte Liste an Offsets (in Byte), die den Beginn des Bereiches definieren, der bei der externen Datei ignoriert werden soll.

IgnoreLengths: Enthält eine durch Komma getrennte Liste an Längenangaben (in Byte), die die Größe des Bereichs festlegen, der bei der externen Datei ignoriert werden soll. Die Reihenfolge und die Anzahl der hier definierten Eintragungen müssen den Eintragungen der Spalte *IgnoreOffsets* entsprechen.

RetainOffsets: Enthält eine durch Komma getrennte Liste an Offsets (in Byte), die den Beginn des Bereiches definieren, der bei der externen Datei nicht überschrieben werden darf. Der hier eingegebene Wert muss eine Entsprechung in der gleichnamigen Spalte der Tabelle *FamilyFileRanges* aufweisen.

UpgradedFilesToIgnore

Die Tabelle *UpgradedFilesToIgnore* ermöglicht es, Dateien in dem Windows Installer-Patch zu verwenden, die jedoch nicht auf dem Zielsystem installiert werden sollen. Beispielsweise kann ein solches Szenario zum Tragen kommen, wenn Dateien nur für Benutzer zur Verfügung gestellt werden sollen, die über ein vollständiges Installationspaket verfügen.

Spalte	Typ	Größe	Schlüssel	Null
Upgraded	Text	s13	x	
FTK	Text	s255	x	

Tabelle 10.38: *Struktur der Tabelle* UpgradedFilesToIgnore

Upgraded: Enthält einen Wert, der diesen Datensatz mit einem Datensatz der Tabelle *UpgradedImages* verknüpft. Geben Sie in dieses Feld den Wert »*« ein, um für alle aktualisierten Produktversionen diesen Vorgang zu ermöglichen.

FTK: In dieses Feld ist ein Wert einzugeben, der diesen Datensatz mit dem entsprechenden Datensatz der Tabelle *File* der aktualisierten Windows Installer-Datenbank referenziert. Die hiermit assoziierte Datei wird vom Installationsprozess ausgeschlossen. Geben Sie einen Wert in der Form »<Präfix>*« ein, um alle Dateien vom Installationsprozess auszuschließen, die mit dem definierten Präfix beginnen.

Beispiel für einen Patch

Sie haben bereits ein »Minor Upgrade« und ein »Major Upgrade« für eine Beispielanwendung erstellt. Gerade beim »Minor Upgrade« empfiehlt sich als Verteilungsmechanismus die Verwendung eines Windows Installer-Patches, da hierbei kein vollständiges Installationspaket verteilt werden muss, sondern nur die Differenz der zugrunde liegenden Pakete.

Sie finden auf der diesem Buch beiliegenden CD eine Anwendung, die automatisch Windows Installer-Patches auf Basis zweier Installationspakete erstellt.

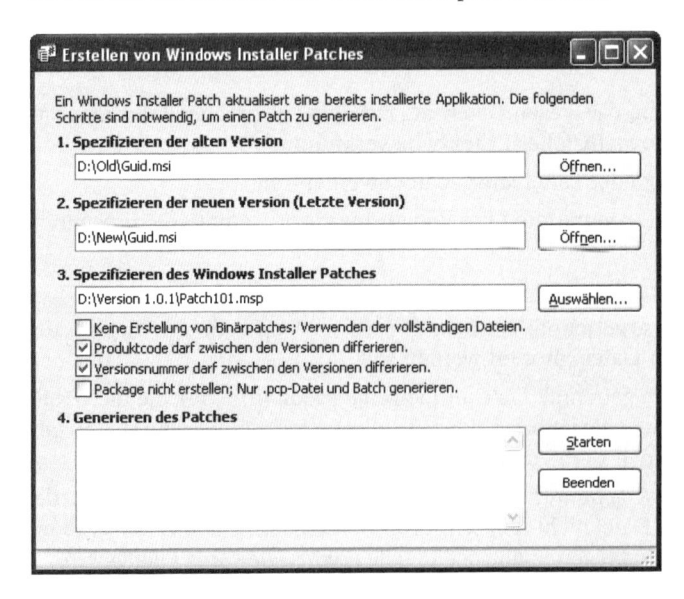

Abbildung 10.8: *Tool zum Erstellen von Patches*

Bei der Erstellung eines Windows Installer-Patches mit diesem Tool wird ein »Patch Creation Property File« erstellt, das im Zielordner des Patches abgelegt wird. Nachdem Sie einen Patch für die Produktversion »1.00.0001« erstellt haben, finden sich folgende relevante Tabellen in der Datei (.pcp).

Family	MediaSrcPropName	MediaDiskId	FileSequenceStart
F6A1AAC2	MNPSrcPropName	2	3

Tabelle 10.39: *Tabelle* ImageFamilies *beim* Small Upgrade Patch

Die Tabelle *TargetImages* spezifiziert die Basisinstallation für diesen Patch.

Target	MsiPath	Upgraded	Order	ProductValidateFlags
Target01	D:\Old\Guid.msi	Upgrade01	1	0x00000002

Tabelle 10.40: *Tabelle* TargetImages *beim* Small Upgrade Patch

Die Tabelle *UpgradedImages* legt die aktualisierte Version der Software fest, also das Installationspaket in das die Basisinstallation durch Anwenden des Patches überführt werden soll.

Upgraded	MsiPath	Family
Upgrade01	D:\New\Guid.msi	F6A1AAC2

Tabelle 10.41: *Tabelle»* UpgradedImages *beim* Small Upgrade Patch

In der Tabelle *Properties* werden allgemeine Einstellungen für den Windows Installer-Patch festgelegt.

Name	Value
PatchGUID	{D220E2CE-A582-4FA5-96BF-02B36367A868}
PatchOutputPath	D:\Version 1.0.1\Patch101.msp
ListOfTargetProductCodes	*
ListOfPatchGUIDsToReplace	
PatchSourceList	PatchSourceList
AllowProductCodeMismatches	1
AllowProductVersionMajorMismatches	1
ApiPatchingSymbolFlags	0x00000000
DontRemoveTempFolderWhenFinished	1
IncludeWholeFilesOnly	0

Tabelle 10.42: *Tabelle* Properties *beim* Small Upgrade Patch

Die weiteren Tabellen enthalten bei diesem Patch keine Eintragungen und werden somit nicht weiter erläutert. Nachdem Sie den Patch erstellt haben, können Sie diesen auf das installierte Basisprodukt anwenden, indem Sie den Befehl »Msiexec /p Patch101.msp REINSTALL=ALL REINSTALLMODE=omus« ausführen.

Automatische Updates

Der Windows Installer verfügt über keine direkte Implementierung, um installierte Softwareprodukte automatisch zu aktualisieren. Er stellt jedoch durch das Objektmodell nahezu alle Methoden zur Verfügung, um eine solche Funktionalität zu realisieren.

Betrachten Sie das folgende Szenario: Sie möchten auf einem Webserver oder einem freigegebenen Netzlaufwerk relevante Softwareupdates bereitstellen. Die Clientcomputer sollen zu definierten Zeitpunkten überprüfen, ob entsprechende Updates verfügbar sind und diese bei Bedarf installieren. Sie möchten als Updates vollständige Windows Installer-Pakete und auch Windows Installer-Patches zur Verfügung stellen.

Legen Sie auf einem Webserver ein Verzeichnis an, das für den Zugriff freigegeben wird. In dieses Verzeichnis muss eine XML-Datei abgelegt werden, in der die verfügbaren Updates mit zusätzlichen Informationen beschrieben werden. Auf den Clientcomputern befindet sich eine Anwendung, die periodisch die Inhalte der XML-Datei analysiert und mit den lokal installierten Softwareprodukten vergleicht. Wird festgestellt, dass aktualisierte Produkte vorliegen, werden diese entsprechend der Konfiguration installiert.

Der Aufbau der Anwendung aus programmtechnischer Sicht ist relativ einfach realisierbar. Beim Start der Anwendung werden alle lokal installierten Windows Installer-Produkte einer Auflistung (ProductList) angefügt. Weiterhin wird aus der Konfigurationsdatei der Pfad zu der XML-Datei auf dem Webserver ermittelt.

```
public Base()
{
    // CTOR
    try
    {
        // FileName aus Config-File auslesen
        AppSettingsReader configurationAppSettings = new AppSettingsReader();
        this.File = ((string)(configurationAppSettings.GetValue("DataFile", typeof(string))));

        //ProductList
        Products P = new Products();
        ProductList = P.Produts;
    }
    catch (Exception ex)
    {
        // Exception Handling
        EventLog.WriteEntry(StaticFunction.EventSource, ex.Message , EventLogEntryType.Error);
    }
}
```

Listing 10.1: Konfigurationsdaten und installierte Produkte bestimmen

Nachdem die gerade erwähnten Aktionen abgeschlossen wurden, wird die Methode zum Ermitteln aktualisierbarer Produkte (*UpgradeProducts()*)aufgerufen. In dieser Methode werden zunächst alle Einträge der XML-Datei in ein Objekt vom Typ *DataTable* abgelegt. Die Zeilen dieser *DataTable* werden in einer Schleife verarbeitet. Es wird zunächst ermittelt, ob das Aktualisierungsprodukt, das in der XML-Datei definiert wurde, als »Major Upgrade« vorliegt.

```
public void UpgradeProducts()
{
    try
```

```csharp
{
    // Daten aus XML File auslesen und in DataTable ablegen
    Data Data = new Data(File);
    Data.Retrieve();
    Upgrades.UpgradeDataTable UpdateList = Data.Upgrades;

    // DataTable für gültige Produkte erstellen
    Upgrades.UpgradeDataTable UpdatedProducts = new Upgrades.UpgradeDataTable();

    // Iteration durch alle Produkte im XML File
    foreach (Upgrades.UpgradeRow Row in UpdateList.Rows)
    {
        if (Row.UpgradeTyp == 2)
        {
            // Major Upgrade
            RelatedProducts rp = new RelatedProducts();
            if (rp.ProductsExist(Row.UpgradeCode, Row.ProductVersion, Row.ProductLanguage)
                == true)
            {
                // Zum Aktualisieren anfügen
                UpdatedProducts.AddUpgradeRow(Row);
            }
        }
        else
        {
            // Minor Upgrade
            Upgrades.UpgradeRow PRow = ProductList.Find(Row.ProductCode,
                    Row.ProductLanguage);

            if (PRow != null)
            {
                // Entsprechendes Produkt gefunden
                if (StaticFunction.VersionToInstall(Row.ProductVersion, PRow.ProductVersion)
                    == true)
                {
                    // Wenn Versionsnummer kleiner, der Auflistung hinzufügen
                    UpdatedProducts.AddUpgradeRow(Row);
                }

            }
        }
    }

    // Falls zu aktualisierende Produkte vorliegen
    if (UpdatedProducts.Rows.Count > 0)
    {
        // Dialog anzeigen
        NewProducts ProductForm = new NewProducts(UpdatedProducts);
        if (ProductForm.ShowDialog() == System.Windows.Forms.DialogResult.OK)
        {
            for ( int i = 0; i < ProductForm.lstProducts.CheckedItems.Count; i++ )
            {
                // Aktiviertes Element bestimmen
                Upgrades.UpgradeRow Row =
                        (Upgrades.UpgradeRow)ProductForm.lstProducts.CheckedItems[i];

                // Installation durchführen
                ExecuteInstall(Row);
            }
```

```
                }
            }
        }
        catch (Exception ex)
        {
            // Exception Handling
            EventLog.WriteEntry(StaticFunction.EventSource, ex.Message , EventLogEntryType.Error);
        }
    }
```

Listing 10.2: Aktualisierung der installierten Produkte durchführen

Handelt es sich um eine minimale Aktualisierung, wird in der Produktauflistung geprüft, ob ein Produkt mit identischem *ProductCode* und Sprache vorhanden ist. Handelt es sich um eine komplexe Aktualisierung, wird geprüft, ob zugeordnete Produkte (*UpgradeCode*) auf dem lokalen Computer existieren. Wird in beiden Fällen ein gültiges Produkt ermittelt, das auch eine entsprechende Versionsnummer aufweist, wird dieses einer weiteren Auflistung angefügt. Nachdem alle Einträge der *DataTable* geprüft wurden, werden die Ergebnisse in einem Dialogfeld angezeigt.

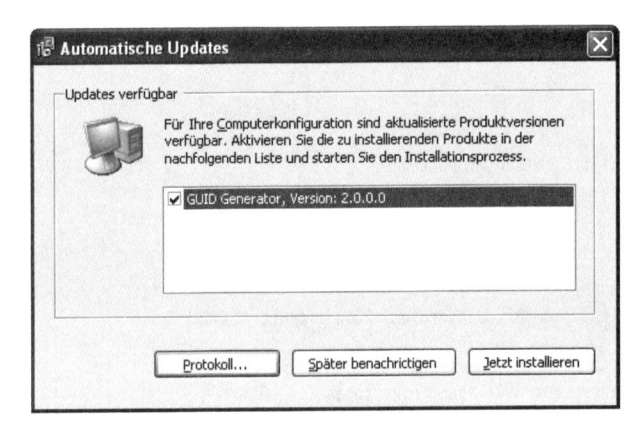

Abbildung 10.9: Aktualisierte Produkte sind verfügbar

Der Benutzer hat nun die Möglichkeit, die aktualisierten Softwareprodukte auszuwählen und den Aktualisierungsprozess zu starten.

HINWEIS: Sie finden auf der Buch-CD eine Anwendung mit der Bezeichnung *MSIUSClient.exe*, die die benötigte Funktionalität bereitstellt.

Fazit

Sie haben in diesem Kapitel Szenarien und Instrumente kennen gelernt, um bereits installierte Produkte zu aktualisieren. Hierbei wurden Ihnen die Unterschiede und Möglichkeiten zwischen den minimalen Aktualisierungen und den komplexen Aktualisierungen aufgezeigt. Die Erstellung und die Anwendung dieser Aktualisierungen wurden beispielhaft vertieft. Im letzten Abschnitt haben wir uns intensiv mit der Erstellung und Anwendung von Softwarepatches als Verteilungsmechanismus beschäftigt und auch diese Technologie durch Beispiele untermauert.

Ich denke, dass in diesem Kapitel äußerst interessante Aspekte einer zukunftsorientierten Softwareentwicklung und Softwareverteilung erläutert wurden, die Ihnen helfen sollen, in Ihren zukünftigen Entwicklungsprozessen potentielle Fehlerquellen bereits im Vorfeld auszuschließen.

11 Mergemodule

350 Struktur von Mergemodulen
358 Entwickeln von Mergemodulen
367 Konfigurierbare Mergemodule
381 Objektmodell für Mergemodule
388 Fazit

Im Zeitalter moderner Softwareentwicklungsprozesse ist die Implementierung von wieder verwendbaren Codefragmenten und Softwarekomponenten ein wesentlicher Aspekt bei der Minimierung der tatsächlichen Entwicklungskosten. Im Weiteren tragen ausgiebig gestestete Softwarekomponenten zur Produktstabilität erheblich bei und minimieren die potentiellen Fehlerquellen, die bei der Implementierung neuer Funktionalitäten nur schwerlich zu vermeiden sind. Betriebssysteme, wie beispielsweise Microsoft Windows XP, beinhalten eine Vielzahl solcher Komponenten, die im System selbst verwendet werden, aber auch dem Softwareentwickler, durch Offenlegung diverser Schnittstellen, zur Integration in eigenen Anwendungen zur Verfügung stehen. Betrachten Sie unter diesem Aspekt den Windows-Explorer, der über eine Vielzahl von grafischen Softwarekomponenten verfügt, die in nahezu jeder individuell erstellten Anwendung mit minimalem Aufwand verwendet werden können.

Eine solche Bereitstellung von Funktionalitäten ist auch im Entwicklungsprozess von Installationskomponenten anzustreben, da die Ziele beider Prozesse ein identisches Erscheinungsbild beinhalten. Betrachten Sie nun die folgenden Szenarien und Problemstellungen im Entwicklungsprozess von Windows Installer-Paketen:

- Sie verwenden einige Softwarekomponenten in mehreren von Ihnen erstellten Anwendungen und müssen demzufolge diese auch in unterschiedliche Installationspakete integrieren. Handelt es sich hierbei um einfache Komponenten, ist der Implementierungsaufwand relativ gering. Handelt es sich jedoch um Softwarekomponenten, die über eine Vielzahl von abhängigen Dateien oder anderen Ressourcen verfügen, steigt der Arbeitsaufwand sehr schnell an, die Entwicklungskosten steigen und die potentiellen Fehlerquellen werden maximiert.

- Ein weiterer Aspekt ergibt sich aus der Tatsache, dass der Windows Installer-Dienst nicht dateibasiert arbeitet, sondern Registrierungen und Modifikationen auf Ebene der Windows Installer-Komponenten durchführt. Dies setzt voraus, dass kompatible Windows Installer-Komponenten über ein identisches Identifizierungsmerkmal verfügen sollten, um eine ordnungsgemäße Funktionsweise gerade im Bereich der Versionierung, zu ermöglichen. Für Sie bedeutet dies, dass Sie die entsprechenden Identifizierungsmerkmale der Windows Installer-Komponenten notieren und in allen Installationspaketen verwenden müssen.

- Müssen Sie Softwarekomponenten anderer Hersteller in Ihr Installationspaket integrieren, wie beispielsweise die *Microsoft Data Access Components*, ist der Aufwand relativ hoch, da in vielen Fällen die entsprechenden Implementierungsinformationen nicht dokumentiert sind. Die Implementierung solcher Komponenten ist auch sehr häufig durch entsprechende Lizenzvereinbarungen eingeschränkt oder gar nicht gestattet.

Die Implementierung von wieder verwendbaren Installationskomponenten stellt eine wesentliche Erleichterung bei der Erstellung von Installationspaketen dar und minimiert auch in vielen Szenarien die Entwicklungskosten und potentiellen Fehlerquellen.

Mergemodule stellen dem Entwickler die benötigte Funktionalität bereit, um gemeinsam verwendete Ressourcen und Installationsprozesse zu kapseln und diese während des Entwicklungsprozesses in die entsprechenden Windows Installer-Pakete zu integrieren. Zu diesem Zweck können individuelle Mergemodule entwickelt oder auf bestehende Module anderer Hersteller zurückgegriffen werden. Bei einem Mergemodul handelt es sich im Wesentlichen um eine Windows Installer-Datei, die jedoch hinsichtlich der Implementierung eingeschränkt ist. Mergemodule sind Hilfsmittel für den Entwickler und können somit nicht separat installiert werden, sondern stellen Informationen bereit, die zum Zeitpunkt der Entwicklung in das Basispaket übernommen werden. Nachdem diese Informationen in das Basispaket integriert wurden, wird das Mergemodul nicht weiter benötigt und braucht somit auch nicht mit dem Installationspaket ausgeliefert werden.

Struktur von Mergemodulen

Bei Mergemodulen handelt es sich im Wesentlichen um vereinfachte Windows Installer-Dateien, die über die Dateierweiterung *.msm* verfügen. Mergemodule können nicht separat installiert werden, da viele der hierzu benötigten Tabellen nicht vorhanden sind. Zusätzlich verfügen Mergemodule jedoch über einen Tabellenvorrat, um die benötigte Funktionalität zur Verfügung zu stellen.

Ein Mergemodul besteht aus den folgenden Teilen:

- Ein Summary Information Stream zur Beschreibung des Moduls.
- Einer Paketdatei (*.cab*) mit der Bezeichnung »MergeModule.CABinet« zur Aufnahme der Dateien, die von diesem Modul zur Verfügung gestellt werden sollen. Die Paketdatei ist in dem Mergemodul gespeichert.
- Eine Mergemodul-Datenbank zur Bereitstellung der Installationseigenschaften.

In den folgenden Abschnitten wird die Struktur sowie der interne Aufbau eines Windows Installer-Mergemoduls beschrieben, die als Grundlage für die zukünftigen Implementierungen unbedingt erforderlich ist.

Summary Information Stream

Der *Summary Information Stream* ist ein gemeinsamer Bestandteil aller Verbunddokumente. Sie haben diesen Informationsspeicher bereits in Verbindung mit dem Windows Installer-Paket, den Transformationen und dem Windows Installer-Patch kennen gelernt. Bei einem Windows Installer-Mergemodul sind im *Summary Information Stream* folgende Informationen enthalten:

Eigenschaft	Beschreibung
Title	»Merge Module«
Subject	Kurze Beschreibung des Moduls, enthält häufig den Produktnamen. ▶

Eigenschaft	Beschreibung
Author	Installer-Eigenschaft *Manufacturer*
Keywords	Wird für Anwendungen verwendet, die nach Schlüsselwörtern suchen können. Typischerweise ist der Begriff *Merge Module* hier zu verwenden.
Comments	Beschreibung des Mergemoduls und der enthaltenen Komponenten.
Template	Plattformen und Sprachen, die von diesem Modul unterstützt werden.
Last Saved By	Plattformen und Sprachen der Datenbank, nachdem dieses Modul angewendet wurde.
Revision Number	Legt den Code *(GUID)* für dieses Mergemodul fest.
Last Printed	Null
Create Time/Date	Uhrzeit und Datum, an dem das Modul erstellt wurde.
Last Saved Time/Date	Null bei der Erstellung. Uhrzeit und Datum werden bei jeder Änderung auf das aktuelle Systemdatum /-zeit gesetzt.
Page Count	Mindestens benötigte Windows Installer-Version. Für die Version 1.0 muss als Eigenschaftswert 100 verwendet werden.
Word Count	Enthält den Wert »0«, da die Quelldateien immer im Modul gespeichert werden.
Character Count	Null
Creating Application	Die Anwendung, die verwendet wird, um das Modul zu erstellen.
Security	2 – Empfohlener Schreibschutz
Codepage	Gibt an, welche Codepage verwendet werden muss, um den Summary Information Stream anzuzeigen.

Tabelle 11.1: Summary Information Stream eines Mergemoduls

Datenspeicher für Paketdateien

Ein Mergemodul enthält Informationen und Ressourcen, die während des Erstellungsprozesses einem Windows Installer-Paket hinzugefügt werden. Die hierbei verwendeten Ressourcen müssen in komprimierter Form in einer Paketdatei (*.cab*) vorliegen. Diese Datei muss die Bezeichnung »MergeModule.CABinet« tragen und in der Tabelle *_Streams* der Datenbank des Mergemoduls gespeichert werden.

Mergemodul-Datenbank

Sie können Mergemodule mit allen Werkzeugen erstellen, mit denen Sie auch Windows Installer-Pakete erstellen können. Bei der Verwendung des *Windows Installer Tabellen Editors* (*Orca*) empfiehlt es sich, eine Kopie des Schemamoduls *schema.msm* als Basis zu verwenden. Bei der Verwendung von Microsoft Visual Studio .NET steht Ihnen ein eigener Projekttyp zur Erzeugung von Mergemodulen zur Verfügung.

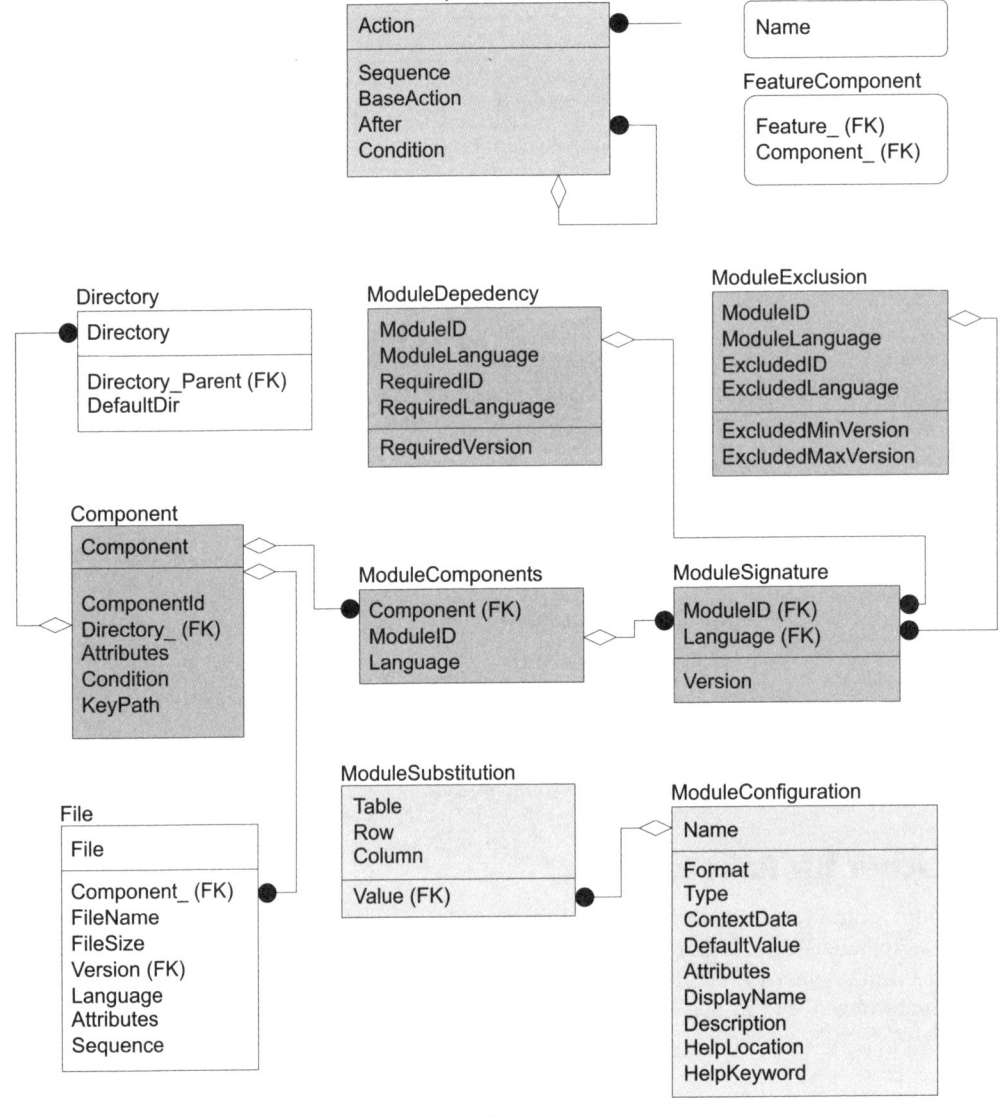

```
ModuleSequence Tabellen          ModuleIgnoreTable
  Action                           Name
  Sequence                       FeatureComponent
  BaseAction
  After                            Feature_ (FK)
  Condition                        Component_ (FK)
```

Directory
  Directory
  Directory_Parent (FK)
  DefaultDir

ModuleDepedency
  ModuleID
  ModuleLanguage
  RequiredID
  RequiredLanguage
  RequiredVersion

ModuleExclusion
  ModuleID
  ModuleLanguage
  ExcludedID
  ExcludedLanguage
  ExcludedMinVersion
  ExcludedMaxVersion

Component
  Component
  ComponentId
  Directory_ (FK)
  Attributes
  Condition
  KeyPath

ModuleComponents
  Component (FK)
  ModuleID
  Language

ModuleSignature
  ModuleID (FK)
  Language (FK)
  Version

File
  File
  Component_ (FK)
  FileName
  FileSize
  Version (FK)
  Language
  Attributes
  Sequence

ModuleSubstitution
  Table
  Row
  Column
  Value (FK)

ModuleConfiguration
  Name
  Format
  Type
  ContextData
  DefaultValue
  Attributes
  DisplayName
  Description
  HelpLocation
  HelpKeyword

Abbildung 11.1: *Struktur der Moduldatenbank*

Bei der Verwendung eines standardmäßigen Mergemoduls sind die folgenden Tabellen unbedingt erforderlich:

Tabelle	Bemerkung
Component	Diese Tabelle ist identisch mit der gleichnamigen Tabelle einer Windows Installer-Datenbank.
Directory	Diese Tabelle ist identisch mit der gleichnamigen Tabelle einer Windows Installer-Datenbank. ▶

Tabelle	Bemerkung
FeatureComponents	Diese Tabelle ist identisch mit der gleichnamigen Tabelle einer Windows Installer-Datenbank.
File	Diese Tabelle ist identisch mit der gleichnamigen Tabelle einer Windows Installer-Datenbank.
ModuleSignature	Diese Tabelle enthält Informationen, um das Mergemodul in der Windows Installer-Datenbank zu identifizieren.
ModuleComponents	Diese Tabelle enthält eine Liste aller Komponenten des Mergemoduls.

Tabelle 11.2: Unbedingt benötigte Datenbanktabellen im Mergemodul

Die folgenden Tabellen werden nur in Mergemodulen verwendet, die bereits mit anderen Modulen kombiniert wurden:

Tabelle	Bemerkung
ModuleDepedency	Enthält eine Liste von Mergemodulen, die von diesem Modul unbedingt benötigt werden.
ModuleExclusion	Enthält eine Liste von Mergemodulen, die mit diesem Modul inkompatibel sind.

Tabelle 11.3: Tabellen zur Festlegung der Modulabhängigkeiten

Die nachfolgend aufgeführten Tabellen sind ausschließlich in Mergemodulen zu finden. Diese Tabellen werden auch beim Einfügen in eine Windows Installer-Datenbank nicht übertragen.

Tabelle	Bemerkung
ModuleAdminUISequence	Diese Eintragungen werden in die Tabelle *AdminUISequence* übernommen.
ModuleAdminExecuteSequence	Diese Eintragungen werden in die Tabelle *AdminExecuteSequence* übernommen.
ModuleAdvtUISequence	Diese Eintragungen werden in die Tabelle *AdvtUISequence* übernommen.
ModuleAdvtExecuteSequence	Diese Eintragungen werden in die Tabelle *AdvtExecuteSequence* übernommen.
ModuleInstallUISequence	Diese Eintragungen werden in die Tabelle *InstallUISequence* übernommen.
ModuleInstallExecuteSequence	Diese Eintragungen werden in die Tabelle *InstallExecuteSequence* übernommen.
ModuleIgnoreTable	Enthält eine Liste von Tabellen, die nicht in die Windows Installer-Datenbank übernommen werden sollen.

Tabelle 11.4: Tabellen, die nur in Mergemodulen existieren

Bei der Verwendung von konfigurierbaren Mergemodulen sind die nachfolgenden Tabellen unbedingt erforderlich. Die Verwendung von konfigurierbaren Mergemodulen setzt die Verwendung des Windows Installers Version 2.0 voraus.

Tabelle	Bemerkung
ModuleSubstitution	Diese Tabelle legt die konfigurierbaren Felder der Moduldatenbank fest und stellt entsprechende Vorlagen zur Konfiguration zur Verfügung. Sie wird nicht in die Windows Installer-Datenbank übernommen.
ModuleConfiguration	Diese Tabelle legt die konfigurierbaren Attribute eines Mergemoduls fest. Sie wird nicht in die Windows Installer-Datenbank übernommen.

Tabelle 11.5: Benötigte Tabellen in konfigurierbaren Mergemodulen

Die folgenden Tabellen dürfen in einem Mergemodul nicht vorkommen:

- *BBControl*
- *Billboard*
- *CCPSearch*
- *Error*
- *Feature*
- *LaunchCondition*
- *Media*
- *Patch*
- *Upgrade*

Alle weiteren Tabellen einer Windows Installer-Datenbank können auch in einem Mergemodul verwendet werden. Der Inhalt dieser Tabellen wird den gleichnamigen Tabellen der Windows Installer-Datenbank beim Zusammenführen angefügt.

ModuleSignature

Die Tabelle *ModuleSignature* enthält alle notwendigen Informationen, um ein Mergemodul zu identifizieren. Diese Tabelle wird bei der Überprüfung von Abhängigkeiten und Inkompatibilitäten verwendet. Bei der Integration des Moduls in die Windows Installer-Datenbank wird diese Tabelle der Datenbank zugefügt, wenn sie noch nicht existiert. Die Tabelle *ModuleSignature* enthält in einem Mergemodul einen Datensatz mit den identifizierenden Informationen. Die Tabelle *ModuleSignature* einer Windows Installer-Datenbank enthält für jedes integrierte Mergemodul einen Datensatz. Diese Tabelle ist unbedingt erforderlich.

Spalte	Typ	Größe	Schlüssel	Null
ModuleID	*Identifier*	s72	x	
Language	*Integer*	i2	x	
Version	*Version*	s32		

Tabelle 11.6: Struktur der Tabelle ModuleSignature

ModuleID: Dieses Feld enthält eine *GUID*, durch die das Modul eindeutig identifiziert wird.

Language: Enthält einen ganzzahligen Wert, der die unterstützte Sprache des Mergemoduls festlegt.

Version: Dieses Feld enthält eine Zeichenfolge zur Definition der Versionsnummer dieses Mergemoduls.

ModuleComponents

In der Tabelle *ModuleComponents* werden alle Komponenten aufgelistet, die in dem Mergemodul vorhanden sind.

Spalte	Typ	Größe	Schlüssel	Null
Component	Identifier	s72	x	
ModuleID	Identifier	s72	x	
Language	Integer	i2	x	

Tabelle 11.7: Struktur der Tabelle ModuleComponents

Component: Enthält einen Wert, der diesen Datensatz mit einem Datensatz der Tabelle *Component* verknüpft. Der verwendete Wert muss den Regeln zur Definition von Primärschlüsseln in Mergemodulen entsprechen.

ModuleID: Enthält einen Wert, der diesen Datensatz mit einem Datensatz der Tabelle *ModuleSignature* über das Feld *ModuleID* verknüpft.

Language: Enthält einen Wert, der diesen Datensatz mit einem Datensatz der Tabelle *ModuleSignature* über das Feld *Language* verknüpft.

ModuleDepedency

Die Tabelle *ModuleDepedency* enthält eine Liste von Mergemodulen, die zur ordnungsgemäßen Anwendung des aktuellen Moduls notwendig sind. Bei der Validierung eines Mergemoduls wird diese Tabelle hinsichtlich der Implementierung von abhängigen Modulen in der Windows Installer-Datenbank geprüft. Hierzu wird die Tabelle *ModuleSignature* der Windows Installer-Datenbank herangezogen.

Spalte	Typ	Größe	Schlüssel	Null
ModuleID	Identifier	s72	x	
ModuleLanguage	Integer	i2	x	
RequiredID	Identifier	s72	x	
RequiredLanguage	Integer	i2	x	
RequiredVersion	Version	s32		x

Tabelle 11.8: Struktur der Tabelle ModuleDepedency

ModuleID: Enthält einen Wert, der diesen Datensatz mit einem Datensatz der Tabelle *ModuleSignature* über das Feld *ModuleID* verknüpft.

ModuleLanguage: Enthält einen Wert, der diesen Datensatz mit einem Datensatz der Tabelle *ModuleSignature* über das Feld *Language* verknüpft.

RequiredID: Identifiziert ein Mergemodul, das von dem in der Spalte *ModuleID* definierten Modul unbedingt benötigt wird.

RequiredLanguage: Enthält einen numerischen Wert zur Definition der benötigten Sprache des Mergemoduls, das durch die Spalte *RequiredID* definiert wurde. Bei der Definition der Sprache kann auch eine Gruppe von Sprachen verwendet werden.

RequiredVersion: Enthält eine Zeichenfolge zur Definition der benötigten Version des Mergemoduls, das durch die Spalte *RequiredID* definiert wird. Wird in diesem Feld *Null* verwendet, werden alle Versionen unterstützt.

ModuleExclusion

Die Tabelle *ModuleExclusion* enthält eine Liste von Mergemodulen, die inkompatibel zur aktuellen Windows Installer-Datenbank sind. Bei der Validierung eines Mergemoduls wird diese Tabelle hinsichtlich der Verwendung von inkompatiblen Modulen in der Windows Installer-Datenbank geprüft. Hierbei wird die Tabelle *ModuleSignature* der Windows Installer-Datenbank herangezogen.

Spalte	Typ	Größe	Schlüssel	Null
ModuleID	Identifier	s72	x	
ModuleLanguage	Integer	i2	x	
ExcludedID	Identifier	s72	x	
ExcludedLanguage	Integer	i2	x	
ExcludedMinVersion	Version	s32		x
ExcludedMaxVersion	Version	s32		x

Tabelle 11.9: Struktur der Tabelle ModuleExclusion

ModuleID: Enthält einen Wert, der diesen Datensatz mit einem Datensatz der Tabelle *ModuleSignature* über das Feld *ModuleID* verknüpft.

ModuleLanguage: Enthält einen Wert, der diesen Datensatz mit einem Datensatz der Tabelle *ModuleSignature* über das Feld *Language* verknüpft.

ExcludedID: Identifiziert ein Mergemodul, das in Verbindung mit dem in der Spalte *ModuleID* definierten Modul nicht verwendet werden darf.

ExcludedLanguage: Enthält einen numerischen Wert zur Definition der inkompatiblen Sprache des Mergemoduls, das durch die Spalte *ExcludedID* definiert wurde. Die Spalte *ExcludedLanguage* kann mehrere Wertetypen enthalten, die sich wie folgt auswirken:

ExcludedLanguage	Beschreibung
Positive Werte	Schließt die definierte Sprache aus. Enthält diese Spalte beispielsweise den Wert »1033«, wird die Sprache »US English« ausgeschlossen.
= 0	Es werden keine Sprachen ausgeschlossen.
Negative Werte	Es werden alle Sprachen ausgeschlossen, mit Ausnahme der hier definierten. Enthält diese Spalte beispielsweise den Wert »-1033«, werden alle Sprachen mit Ausnahme von »US English« ausgeschlossen.

Tabelle 11.10: Wertetypen der Spalte ExcludedLanguage *der Tabelle* ModuleExclusion

ExcludedMinVersion: Enthält die minimale Version des Mergemoduls, das ausgeschlossen werden soll. Enthält diese Spalte *Null* werden alle Versionen ausgeschlossen, die kleiner sind, als die Version, die in der Spalte *ExcludedMaxVersion* definiert ist. Enthalten beide Spalten *Null* werden keine Mergemodule auf Basis der Versionsfestlegung ausgeschlossen.

ExcludedMaxVersion: Enthält die maximale Version des Mergemoduls, das ausgeschlossen werden soll. Enthält diese Spalte *Null* werden alle Versionen ausgeschlossen, die größer sind als die Version, die in der Spalte *ExcludedMinVersion* definiert ist. Enthalten beide Spalten *Null*, werden keine Mergemodule auf Basis der Versionsfestlegung ausgeschlossen.

ModuleAdminUISequence

Bei dem Zusammenführen eines Mergemoduls mit einer Windows Installer-Datenbank, werden die Eintragungen der Tabelle *ModuleAdminUISequence* ausgewertet und unter Berücksichtigung der berechneten Sequenznummer an die ordnungsgemäße Position der Tabelle *AdminUISequence* eingefügt.

Spalte	Typ	Größe	Schlüssel	Null
Action	Identifier	s64	x	
Sequence	Integer	i2		
BaseAction	Identifier	s64		x
After	Integer	i2		x
Condition	Condition	s255		x

Tabelle 11.11: Struktur der Tabelle ModuleAdminUISequence

Action: Enthält den Namen einer Standardaktion, einer benutzerdefinierten Aktion oder eines Dialogfeldes. Handelt es sich bei dem Wert um eine benutzerdefinierte Aktion oder um ein Dialogfeld, müssen die Modultabellen *CustomAction* oder *Dialog* entsprechende Referenzen enthalten. Handelt es sich hingegen um eine Standardaktion, müssen die Spalten *BaseAction* und *After* den Wert *Null* enthalten.

Sequence: Enthält die Sequenznummer für eine Standardaktion. Handelt es sich hingegen um eine benutzerdefinierte Aktion oder um ein Dialogfeld, muss diese Spalte *Null* enthalten.

BaseAction: Enthält den Namen einer Standardaktion, einer benutzerdefinierten Aktion oder eines Dialogfeldes. Handelt es sich bei dem Wert um eine benutzerdefinierte Aktion oder um ein Dialogfeld, müssen die Modultabellen *CustomAction* oder *Dialog* entsprechende Referenzen enthalten. Die Spalte *BaseAction* muss ebenfalls einen Datensatz dieser Tabelle über das Feld *Action* referenzieren. Eine Verknüpfung dieser Aktion mit einer Windows Installer-Datenbank oder einem anderen Mergemodul ist nicht möglich. Zusammenfassend lässt sich feststellen, dass jede Aktion die in der Spalte *BaseAction* aufgeführt ist, auch in der Spalte *Action* aufgeführt sein muss.

After: Enthält einen booleschen Wert, der festlegt, ob die Aktion vor oder nach der *BaseAction* ausgeführt werden soll.

Wert	Beschreibung
0	Die Aktion wird vor der *BaseAction* ausgeführt.
1	Die Aktion wird nach der *BaseAction* ausgeführt.

Tabelle 11.12: Gültige Werte der Spalte After *der Tabelle* ModuleAdminUISequence

Condition: Enthält eine Bedingung, die festlegt, ob die Aktion ausgeführt werden soll. Enthält diese Spalte *Null* wird die Aktion immer ausgeführt.

HINWEIS: Ist diese Tabelle in einem Mergemodul vorhanden, muss ebenfalls die Tabelle *AdminUISequence* vorhanden sein.

ModuleAdminExecuteSequence

Der Aufbau und die Beschreibung sind analog zu der Beschreibung der Tabelle *ModuleAdminUISequence* zu betrachten. Bei der Implementierung werden die entsprechenden Aktionen jedoch in die Tabelle *AdminExecuteSequence* übernommen.

ModuleAdvtUISequence

Diese Tabelle darf nicht verwendet werden, da die Tabelle *AdvtUISequence* für zukünftige Windows Installer-Versionen reserviert ist.

ModuleAdvtExecuteSequence

Der Aufbau und die Beschreibung sind analog zu der Beschreibung der Tabelle *ModuleAdminUISequence* zu betrachten. Bei der Implementierung werden die entsprechenden Aktionen jedoch in die Tabelle *AdvtExecuteSequence* übernommen.

ModuleInstallUISequence

Der Aufbau und die Beschreibung sind analog zu der Beschreibung der Tabelle *ModuleAdminUISequence* zu betrachten. Bei der Implementierung werden die entsprechenden Aktionen jedoch in die Tabelle *InstallUISequence* übernommen.

ModuleInstallExecuteSequence

Der Aufbau und die Beschreibung sind analog zu der Beschreibung der Tabelle *ModuleAdminUISequence* zu betrachten. Bei der Implementierung werden die entsprechenden Aktionen jedoch in die Tabelle *InstallExecuteSequence* übernommen.

ModuleIgnoreTable

Die Tabelle *ModuleIgnoreTable* enthält eine Liste der Tabellen, die nicht in die Windows Installer-Datenbank integriert werden sollen. Existiert die entsprechende Tabelle bereits in der Windows Installer-Datenbank, werden keine Modifikationen daran vorgenommen.

Spalte	Typ	Größe	Schlüssel	Null
Table	Identifier	s72	x	

Tabelle 11.13: Struktur der Tabelle ModuleIgnorcTable

Table: Enthält den Namen der Tabelle in dem Mergemodul, die nicht in die Windows Installer-Datenbank integriert werden soll.

Entwickeln von Mergemodulen

Die Erstellung von Mergemodulen gestaltet sich in einer identischen Art wie die Erstellung von Windows Installer-Paketen. Beim Entwickeln von Mergemodulen sind jedoch einige zusätzliche Faktoren zu berücksichtigen, die vielfach mit der Eindeutigkeit bestimmter Elemente in Verbindung stehen.

Konventionen bei der Namensvergabe

Die Entwicklung von Mergemodulen ist ein von der Entwicklung des Windows Installer-Paketes isolierter Prozess, der auch von einem anderen Personenkreis durchgeführt werden kann. In vielen Fällen verfügt der Autor eines Windows Installer-Paketes über keine detaillierten Informationen über den internen Aufbau des zu verwendenden Mergemoduls.

Nehmen wir an, dass Sie eine Anwendung mit Microsoft Visual Basic 6.0 erstellt haben und hierfür ein Installationspaket erstellen müssen. Zusätzlich zu der Anwendung müssen Sie diverse Laufzeitdateien, wie die Datei *msvbvm60.dll*, in das Paket integrieren. Sie entschließen sich, zu diesem Zweck das Mergemodul *msvbvm60.msm* zu verwenden, da alle benötigten Informationen in dem Modul vorhanden sind. Bei der Zusammenführung des Moduls mit der Windows Installer-Datenbank tritt ein Fehler auf. Ursache hierfür ist, dass der im Mergemodul befindliche Eintrag »Reg1« der Tabelle *Registry* bereits in Ihrer Datenbank vorhanden ist. Das gerade geschilderte Szenario ist fiktiv und trifft in der realen Welt mit diesem Mergemodul nicht zu, da der Eintrag »Reg1« im Modul *msvbvm60.msm* nicht vorhanden ist. Vielmehr sollte Ihnen dieses Beispiel die Problematik hinsichtlich der Namensvergabe bei Primärschlüsseln in Mergemodulen verdeutlichen.

Um einer solchen Problematik vorzubeugen und einem potentiellen Fehlverhalten entgegenzuwirken, sollten Sie die folgende Vorgehensweise bei der Erstellung von Primärschlüsseln in Mergemodulen beachten:

1. Verwenden Sie zunächst einen gut lesbaren Namen für die Eintragung in dem Primärschlüsselfeld (z.B. *RegVB*).
2. Generieren Sie eine Windows Installer-konforme *GUID* oder verwenden Sie den *PackageCode* des Windows Installer-Paketes (z.B. *{880DE2F0-CDD8-11D1-A849-006097ABDE17}*). Sie finden den *PackageCode* im *Summary Information Stream*.
3. Entfernen Sie die geschweiften Klammern von der *GUID*.
4. Ersetzen Sie alle Gedankenstriche (-) durch Unterstriche (_).
5. Fügen Sie das Ergebnis Ihrer durchgeführten Modifikationen an den lesbaren Teil des Primärschlüssels an. Trennen Sie den Namen und die modifizierte *GUID* durch einen Punkt. Das Beispiel würde somit wie folgt aussehen: *RegVB.880DE2F0_CDD8_11D1_A849_006097ABDE17*
6. Wiederholen Sie diesen Vorgang für alle weiteren Primärschlüssel in dem Mergemodul.

Sie brauchen nicht für jedes Primärschlüsselfeld eine eigene *GUID* generieren, sondern können die bereits modifizierte *GUID* für alle weiteren Felder verwenden. Es empfiehlt sich, den *PackageCode* zu verwenden, da nach dem Implementierungsprozess die entsprechenden Tabelleneintragungen besser identifiziert werden können. Auf der CD zu diesem Buch befindet sich die Anwendung *GUID Generator 2.0*, der bereits dieses Format direkt unterstützt.

WICHTIG: Die Primärschlüsselfelder der Tabellen *MIME*, *Extension*, *Icon*, *Verb* und *ProgId* dürfen auf diese Art nicht verwendet werden, da die entsprechenden Werte noch für weitere Prozesse benötigt werden. Bei diesen Tabellen muss das Primärschlüsselfeld unverändert verwendet werden.

Verwenden der Tabellen

An einigen Stellen dieses Buches bin ich bereits auf die Problematik des programmtechnischen Zugriffs von Microsoft .NET-Komponenten auf Windows Installer-Funktionen zu sprechen gekommen. Zur Lösung dieses Problems wurde eine Microsoft Visual C#-Komponente entwickelt, die das Windows Installer-Objektmodell für andere Anwendungen zur Verfügung stellt. Diese Komponente muss mit jeder Microsoft Visual Basic .NET-Anwendung installiert werden, die auf das Windows

Installer-Objektmodell zugreifen muss. Zur Installation dieser Komponente sollten Sie folgende Vorgaben berücksichtigen und entsprechende Implementierungen vornehmen:

- Verwenden Sie ein Mergemodul, da die Komponente von vielen Anwendungen benötigt wird. Hierbei sind natürlich die Namenskonventionen für Primärschlüssel in Mergemodulen zu beachten.
- Installieren Sie die Microsoft Visual C#-Komponente und die benötigte Komponente zur Interoperabilität (COM-Wrapper) in einem gemeinsam verwendeten Ordner.
- Verwenden Sie die Tabellen *MsiAssembly* und *MsiAssemblyName*.
- Konfigurieren Sie die Komponente so, dass sie im Dialogfeld *Verweise* von Microsoft Visual Studio .NET zur Verfügung steht.

Beginnen Sie zunächst mit den bereits bekannten Schritten. Erstellen Sie eine Kopie der Datei *schema.msm*, die Sie auf der diesem Buch beiliegenden CD finden, und öffnen Sie diese mit *Orca*. Sie können auch die Schemadatei aus dem Windows Installer SDK verwenden, jedoch müssen Sie bei dieser Datenbank noch einige Tabellen hinzufügen und Eintragungen in der Tabelle *_Validation* vornehmen.

Öffnen Sie das Dialogfeld zur Darstellung des *Summary Information Stream* und nehmen Sie dort folgende Eintragungen vor.

Eigenschaft	Wert
Title	Merge Module
Subject	Windows Installer für .NET Mergemodule
Comments	Dieses Modul beinhaltet eine Komponente, um den Windows Installer unter .NET zu verwenden.
Plattform	Intel
Languages	1031
PackageCode	{F93F309D-9F54-4670-9A77-FF22225327EB}
Schema	200
Source Images	Aktivieren Sie »Lange Dateinamen« und »Komprimiert«.

Tabelle 11.14: Summary Information Stream des Beispielmoduls

Den *PackageCode* im *Summary Information Stream* sollten Sie mit einem geeigneten Tool generieren. Nachdem Sie diesen in das entsprechende Feld eingefügt haben, sollten Sie die *GUID* analog zu den Primärschlüsselkonventionen formatieren.

HINWEIS: Die gemäß den Primärschlüsselkonventionen formatierte *GUID* ergibt die Zeichenfolge F93F309D_9F54_4670_9A77_FF22225327EB. In den weiteren tabellarischen Darstellungen zum Erstellen des Mergemoduls wurde aus Gründen der Übersichtlichkeit auf diese Darstellung verzichtet und in den Spalten, wo diese ID verwendet werden muss, wurde sie durch die Zeichenfolge »{ID}« ersetzt.

Beginnen Sie die Implementierungen mit der Tabelle *ModuleSignature*. Benennen Sie das Modul, indem Sie einen aussagekräftigen Namen gemäß den Namenskonventionen formatieren und in die Spalte *ModuleID* einfügen. Ergänzen Sie die entsprechenden Werte für die Sprache und die Version.

ModuleID	Language	Version
MSINet.F93F309D_9F54_4670_9A77_FF22225327EB	1031	1.0

Tabelle 11.15: Tabelle ModuleSignature *des Beispielmoduls*

Setzen Sie Ihre Implementierungen fort, indem Sie die Tabelle *Directory* füllen. Durch Mergemodule können der eigentlichen Windows Installer-Datenbank Verzeichnisse hinzugefügt, jedoch keine existierenden Verzeichnisse entfernt oder modifiziert werden. Beim Festlegen der Tabelle *Directory* in einem Mergemodul sollten Sie folgende Richtlinien beachten:

- Die Ordnerstruktur eines Mergemoduls darf nur ein Stammverzeichnis enthalten, das als *TARGETDIR* bezeichnet werden muss.
- Eintragungen in der Modultabelle, mit Ausnahme der Tabelle *Directory*, dürfen *TARGETDIR* niemals direkt referenzieren, sondern müssen immer auf Unterverzeichnisse verweisen.
- Die Namen der Verzeichnisse in dieser Tabelle müssen den Namenskonventionen in Mergemodulen entsprechen. Das gilt auch für vordefinierte Ordner wie beispielsweise *SystemFolder* oder *ProgramFilesFolder*.
- Wird ein vordefinierter Ordner in der Tabelle *Directory* verwendet, wird der entsprechende Ordner vom verwendeten Authoringtool über eine benutzerdefinierte Aktion zugewiesen. Aus diesem Grund muss die Tabelle *CustomAction* im Mergemodul vorhanden sein.

Ihre Beispielkomponenten sollen in einem gemeinsamen Ordner installiert werden. Verwenden Sie dazu den Ordnernamen »Windows Installer Wrapper« als Unterordner von »Programme\Gemeinsame Dateien«. Die Tabelle *Directory* sollte anschließend über folgende Eintragungen verfügen.

Directory	Directory_Parent	DefaultDir
TARGETDIR		SourceDir
CommonFilesFolder.{ID}	TARGETDIR	.:Common
Windows_Installer_Wrapper.{ID}	CommonFilesFolder.{ID}	WINDOW~1|Windows Installer Wrapper

Tabelle 11.16: Tabelle Directory *des Beispielmoduls*

Möchten Sie eine Komponente in das Installationsverzeichnis des späteren Windows Installer-Paketes kopieren, müssen Sie einen neuen Eintrag festlegen und in der Spalte *Directory_Parent* den Wert »TARGETDIR« und in der Spalte *DefaultDir* den Wert ».« verwenden.

Directory	Directory_Parent	DefaultDir
INSTALLDIR.{ID}	TARGETDIR	.

Tabelle 11.17: Kopieren der Komponente ins Installationsverzeichnis

Die Tabelle *Components* muss einen Datensatz für jede Windows Installer-Komponente enthalten, die später in das tatsächliche Windows Installer-Paket integriert werden soll. Die Eintragungen dieser Tabelle müssen ebenfalls in die Tabelle *ModuleComponents* übernommen werden. Beachten Sie, dass Sie bei den Werten der Spalte *Component* die Namenskonventionen für Mergemodule verwenden und dass Sie für die Spalte *ComponentId* individuelle *GUIDs* generieren.

Component	ComponentId	Directory
CPIOP.{ID}	{BF49B856-EA98-442B-A4DB-F0E49E70FA98}	Windows_Installer_Wrapper.{ID}
CPNET.{ID}	{06BFB583-16A9-4960-90E5-9CF0D824AD0D}	Windows_Installer_Wrapper.{ID}

Tabelle 11.18: Tabelle Components *des Beispielmoduls*

Die Spalten *Attributes* und *Condition* sind für das Beispiel nicht relevant, die Spalte *KeyPath* wird aktualisiert, nachdem die Daten der Tabelle *File* erfasst wurden.

Als nächstes müssten die Tabellen *Feature* und *FeatureComponents* gefüllt werden. Da ein Mergemodul jedoch über keine Features verfügt, nimmt die Zuordnung zu einem Feature eine Sonderstellung ein. Die Zuordnung zu einem Feature geschieht tatsächlich erst zu dem Zeitpunkt, wenn das Mergemodul und das Windows Installer-Paket zusammengeführt werden. Um die entsprechenden Beziehungen herzustellen, müssen alle Datenzeilen, die ein Feature direkt referenzieren, über die so genannte *Null-GUID {00000000-0000-0000-0000-000000000000}* definiert werden. Die Verknüpfung über die *Null-GUID* betrifft u.a. die Tabellen *MsiAssembly* und *PublishComponent*, jedoch niemals die Tabelle *FeatureComponents*. Diese Tabelle muss in jedem Mergemodul vorhanden sein, darf jedoch keine Eintragungen enthalten.

Nachdem die Grundstruktur definiert wurde, müssen die zu installierenden Dateien dem Mergemodul hinzugefügt werden. Auch bei diesen Dateien müssen die Namenskonventionen beachtet werden. Benennen Sie daher die zu installierenden Dateien wie in Tabelle 11.19 beschrieben, und erstellen Sie eine Paketdatei mit der Bezeichnung »MergeModule.CABinet«.

Originaldateiname	Neuer Dateiname
Interop.WindowsInstaller.dll	Interop.WindowsInstaller.dll.F93F309D_9F54_4670_9A77_FF22225327EB
WindowsInstallerForDotNet.dll	WindowsInstallerForDotNet.dll.F93F309D_9F54_4670_9A77_FF22225327EB

Tabelle 11.19: Umbenennen der Quelldateien

Nun müssen Sie die erstellte Paketdatei in der Systemtabelle *_Streams* abspeichern. Verwenden Sie dazu das Tool *Msidb.exe*, indem Sie folgende Aufrufsyntax verwenden:

msidb.exe -d <Pfad zum Mergemodul> -a <Pfad zur Paketdatei>

Wechseln Sie zur Tabelle *File* und ergänzen Sie die Eintragungen, bis sich folgende Darstellung ergibt.

File	Comp.	FileName	FileSize	Version	Seq.
Interop.WindowsInstaller.dll.{ID}	CPIOP.{ID}	INTERO~1.DLL|Interop.WindowsInstaller.dll	32768	1.0.0.0	1
WindowsInstallerForDotNet.dll.{ID}	CPNET.{ID}	WINDOW~1.DLL|WindowsInstallerForDotNet.dll	16384	1.0.0.1	2

Tabelle 11.20: Tabelle File *des Beispielmoduls*

Nachdem Sie diese Tabelle ausgefüllt haben, ordnen Sie die Dateien den entsprechenden Komponenten als Schlüsseldateien zu, indem Sie den Wert der Spalte *File* in die Spalte *KeyPath* der Tabelle *Component* übernehmen. Da es sich bei den Dateien um Microsoft .NET-Komponenten handelt, müssen Sie die Tabellen *MsiAssembly* und *MsiAssemblyName* verwenden.

Component	Name	Value
CPIOP.{ID}	Version	1.0.0.0
CPIOP.{ID}	Name	Interop.WindowsInstaller
CPIOP.{ID}	GUID	000c1092-0000-0000-c000-000000000046
CPIOP.{ID}	LCID	1031
CPNET.{ID}	Version	1.0.0.1
CPNET.{ID}	Name	WindowsInstallerForDotNet

Tabelle 11.21: Tabelle MsiAssemblyName *des Beispielmoduls*

Die Tabelle *MsiAssembly* erfordert die Zuordnung zu einem Windows Installer-Feature. Verwenden Sie hierzu die *Null-GUID*.

Component_	Feature_	File_Manifest	File_Application
CPIOP.{ID}	{00000000-0000-0000-0000-000000000000}	Interop.WindowsInstaller .dll.{ID}	Interop.WindowsInstaller.dll.{ID}
CPNET.{ID}	{00000000-0000-0000-0000-000000000000}	WindowsInstallerForDotNet .dll.{ID}	WindowsInstallerForDotNet.dll.{ID}

Tabelle 11.22: Tabelle MsiAssembly *des Beispielmoduls*

Wie bereits zu Beginn dieses Beispielszenarios erwähnt, sind noch die Einträge aus der Tabelle *Component* in die Tabelle *ModuleComponents* zu übernehmen und mit der Tabelle *ModuleSignature* zu verknüpfen.

Component	ModuleID	Language
CPIOP.{ID}	MSINet.{ID}	1031
CPNET.{ID}	MSINet.{ID}	1031

Tabelle 11.23: Tabelle ModuleComponents *des Beispielmoduls*

Der eigentliche Erstellungsprozess für das Mergemodul ist somit abgeschlossen. Sie sollten jedoch an dieser Stelle noch die Tabelle *Registry* implementieren, um die Microsoft .NET-Komponenten im Dialogfeld *Verweise* von Microsoft Visual Studio .NET zugänglich zu machen.

HINWEIS: Diese Vorgehensweise stellt kein alltägliches Szenario dar, sondern ist ein eleganter Weg, diese Komponenten auf Entwicklungsrechnern transparent zur Verfügung zu stellen. Die Verwendung in diesem Szenario soll nur den Einsatz weiterer Tabellen in Mergemodulen erläutern.

Der Ordner, in dem die Assemblies gespeichert werden, muss in der Systemregistrierung referenziert werden, damit die Informationen im Dialogfeld *Verweise* angezeigt werden. Der zu verwendende Registrierungsschlüssel ist abhängig von der Version von Microsoft Visual Studio .NET.

Produkt	Schlüssel
Microsoft Visual Studio .NET 2002	HKLM\Software\Microsoft\NETFramework\AssemblyFolders\
Microsoft Visual Studio .NET 2003	HKLM\SOFTWARE\Microsoft\VisualStudio\7.1\AssemblyFolders\

Tabelle 11.24: *Implementieren von Assemblies im Dialogfeld* Verweise

Für das umzusetzende Szenario sollten Sie das Assembly für beide Versionen von Microsoft Visual Studio .NET veröffentlichen. Zur Implementierung müssen Sie dem dargestellten Schlüssel einen Unterschlüssel mit einer individuellen Bezeichnung anfügen und dem Standardwert dieses Schlüssels den Verzeichnispfad übergeben.

Fügen Sie zunächst Ihrer Moduldatenbank die Tabelle *Registry* hinzu, indem Sie diese über den Menüpunkt *Add Table* des Menüs *Tables* auswählen. Ergänzen Sie die Tabelle *_Validation* mit den spezifischen Eintragungen der Tabelle *Registry*. Sie können hierzu die benötigten Eintragungen aus einer Windows Installer-Datenbank in die Moduldatenbank über die Befehle *Copy Row(s)* und *Paste Row(s)* kopieren.

Registry	Root	Key	Value	Component
REG1.{ID}	2	SOFTWARE\Microsoft\NETFramework\AssemblyFolders\[ProductName]	[$CPNET.{ID}]	CPNET.{ID}
REG1.{ID}	2	SOFTWARE\Microsoft\VisualStudio\7.1\AssemblyFolders\[ProductName]	[$CPNET.{ID}]	CPNET.{ID}

Tabelle 11.25: *Tabelle* Registry *des Beispielmoduls*

Die Spalte *Value* beruht auf dem Datentyp *Formatted*. Befindet sich in dieser Spalte eine Eintragung vom Typ *[$Componentkey]*, wird dieser Wert durch den Installationsordner der Windows Installer-Komponente ersetzt.

Nach dem Speichern ist die Erstellung des Mergemoduls abgeschlossen. Im Normalfall sollte jetzt eine Validierung durchgeführt werden, damit potentielle Probleme bereits im Vorfeld ausgeschlossen werden können.

Verwenden von Mergemodulen

Ein Mergemodul ist ein Hilfsmittel für den Entwickler von Installationspaketen, um die Implementierung von mehrfach verwendeten Komponenten zu vereinfachen und effizienter zu gestalten. Ein Mergemodul kann nicht direkt installiert werden, sondern muss bereits während des Erstellungsprozesses in die Windows Installer-Datenbank integriert werden. Professionelle Authoringtools wie Microsoft Visual Studio .NET ermöglichen eine solche Integration auf einfache und komfortable Weise. Der *Windows Installer Tabellen Editor* (Orca) enthält auch Funktionen, um eine solche Integration vorzunehmen. Hierbei sind allerdings einige zusätzliche Schritte erforderlich.

Starten Sie *Orca* und öffnen Sie das Windows Installer-Paket, das das Mergemodul aufnehmen soll. Aktivieren Sie den Menüpunkt *Mergemodule* aus dem Menü *Tools* oder verwenden Sie die entsprechende Schaltfläche der Symbolleiste.

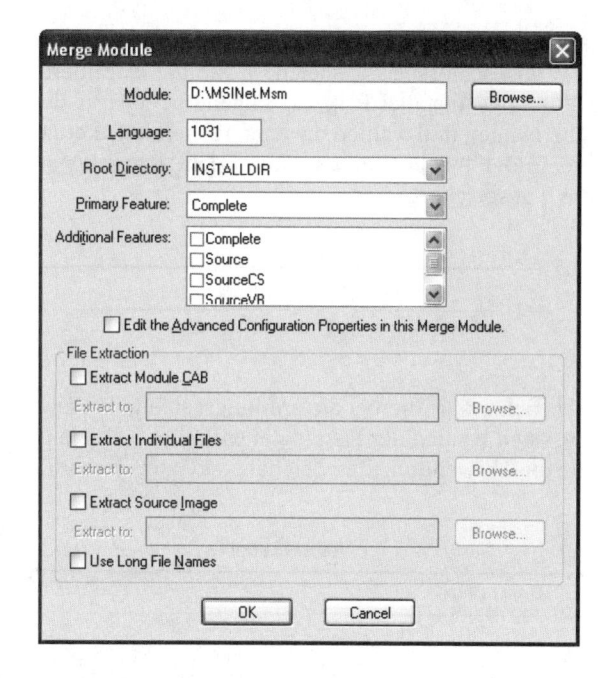

Abbildung 11.2: Implementieren von Mergemodulen mit Orca

Wählen Sie zunächst das Mergemodul aus, das in die Datenbank übernommen werden soll, indem Sie den Pfad in das Textfeld eingeben oder das Modul durch Aktivieren der Schaltfläche *Browse* auswählen. Alle Module müssen in der festgelegten Sprache geöffnet werden; geben Sie hierzu die erforderliche Sprachkennzeichnung in das Feld *Language* ein. Legen Sie das Installationsverzeichnis für das Mergemodul fest, indem Sie den entsprechenden Eintrag in dem Feld *Root Directory* auswählen. Dem hier ausgewählten Verzeichnis wird das Stammverzeichnis des Moduls, normalerweise *TARGETDIR*, zugeordnet.

Die Modulkomponenten müssen bei der Integration mindestens einem Feature der Windows Installer-Datenbank zugeordnet werden. Wählen Sie hierzu das entsprechende Feature in dem Feld *Primary Feature* aus. Möchten Sie die Modulkomponenten weiteren Features der Windows Installer-Datenbank zuordnen, markieren Sie diese in der Liste *Additional Features*.

HINWEIS: Die Funktionalität der »Advanced Configuration Properties« wird im Abschnitt über die konfigurierbaren Mergemodule erläutert.

Orca unterstützt drei Möglichkeiten, die im Mergemodul enthaltenen Dateien zu extrahieren. Um die enthaltene Paketdatei zu extrahieren, aktivieren Sie die Option *Extract Module CAB* und geben Sie den gewünschten Dateinamen in das Feld *Extract To* ein. Sie können auch über die Schaltfläche *Browse* durch das Dateisystem navigieren. Aktivieren Sie die Option *Extract Individuel Files*, um alle Dateien des Mergemoduls zu extrahieren und diese entsprechend der Ordnerstruktur des Moduls abzulegen. Verwenden Sie die Option *Extract Source Image*, um die Dateien des Mergemoduls und die Dateien der Windows Installer-Datenbank zu extrahieren. Standardmäßig werden bei den letzten beiden Optionen die Dateien mit kurzen Dateinamen gespeichert. Aktivieren Sie die Option *Use Long File Names*, um lange Dateinamen hierfür zu verwenden.

HINWEIS: Bei der Zusammenführung des Mergemoduls mit der Windows Installer-Datenbank wird von *Orca* die enthaltene Paketdatei nicht importiert und die Tabelle *Media* wird nicht aktualisiert.

Sie erkennen, dass *Orca* einige Funktionen nicht »Out-Of-The-Box« liefert. Um trotzdem mit *Orca* entsprechende Implementierungen durchführen zu können, aktivieren Sie die Option *Extract*

Module CAB und legen einen entsprechenden Dateinamen für die Paketdatei fest. Starten Sie den Implementierungsprozess. Nachdem dieser Prozess abgeschlossen ist, speichern Sie die extrahierte Paketdatei in der Systemtabelle *_Streams* des Windows Installer-Paketes. Fügen Sie hierzu der Tabelle *Cabs* einen Datensatz hinzu, vergeben einen Namen und wählen die entsprechende Paketdatei aus. Durch diese Vorgehensweise wird die Datei in der Tabelle *_Streams* unter dem angegebenen Namen mit der vorangestellten Zeichenfolge »Cabs.« gespeichert.

Name	Data
Cabinet1.Cab	[Binary Data]

Tabelle 11.26: *Darstellung der Tabelle* Cabs

Ergänzen Sie im Folgenden die Tabelle *Media* und beachten Sie hierbei die ordnungsgemäße Vergabe der letzten Sequenznummer. Das Feld *Cabinet* muss den Namen der Paketdatei enthalten, wie sie in der Tabelle *_Streams* abgelegt wurde. Beachten Sie die Verwendung des Zeichens »#« zur Verdeutlichung einer internen Paketdatei.

DiskId	LastSequence	Label	Cabinet	VolumeLabel	Source
1	2		#Cabs.Cabinet1.Cab		

Tabelle 11.27: *Darstellung der Tabelle* Media

Sollten bei der Zusammenführung mit der Windows Installer-Datenbank Probleme auftreten, stellt *Orca* diese in einem Dialogfeld dar.

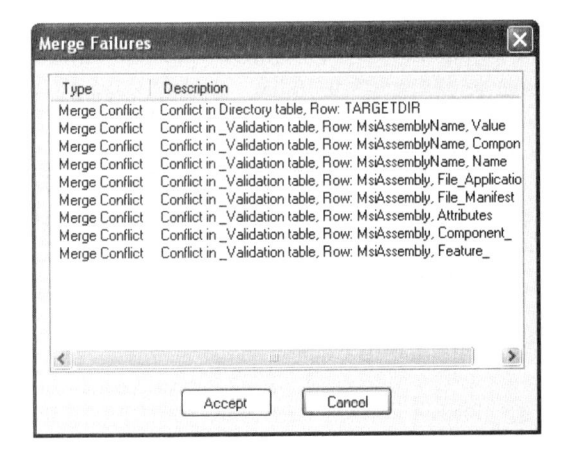

Abbildung 11.3: *Fehler während des Prozesses*

In dem beschriebenen Prozess können mehrere Arten von Fehlern auftreten, die in der Spalte *Type* des Dialogfeldes angezeigt werden:

- Allgemeine Konflikte bei der Zusammenführung (Merge Conflicts)
- Fehler in den Sprachkonfigurationen (Language Errors)
- Konflikte in den Sequenztabellen (Sequence Table Conflicts)
- Probleme beim Extrahieren der Dateien (File Extraction Problems)
- Fehlerhafte Konfigurationen (Invalid Configuration Parameters)

Sie können den Implementierungsprozess fortsetzen, indem Sie die Schaltfläche *Accept* aktivieren. Beachten Sie jedoch, dass diese Aktion ein nicht ordnungsgemäß funktionierendes Windows Installer-Paket zur Folge haben kann.

Konfigurierbare Mergemodule

Die Verwendung von Mergemodulen stellt einen effizienten Weg dar, gemeinsam verwendete Installationskomponenten getrennt zu entwickeln und diese während des Entwicklungsprozesses in die Windows Installer-Datenbank zu integrieren. Die bisherigen Mergemodule verfügten über statische Daten und Implementierungen und boten keine Möglichkeit, individuelle Konfigurationen zu dem Zeitpunkt der Zusammenführung festzulegen. Stellen Sie sich zur besseren Verdeutlichung dieser Problematik folgendes Szenario vor:

Sie entwickeln Installationssysteme für mehrere Anwendungen Ihrer Firma. In jedem Installationspaket benötigen Sie ein Dialogfeld, in dem der Name einer Microsoft SQL Server-Datenbank festgelegt wird, die für die jeweilige Anwendung verwendet werden soll. Der Name der Datenbank variiert in Abhängigkeit von dem jeweiligen Produkt. Das Dialogfeld enthält ein grafisches Element, in dem ebenfalls in Abhängigkeit von der Anwendung unterschiedliche Symbole dargestellt werden sollen. Sie möchten diese Elemente mit der benötigten programmtechnischen Lösung zur Erzeugung einer Microsoft SQL Server-Datenbank in ein Mergemodul auslagern.

Die Verwendung von konfigurierbaren Mergemodulen stellt eine elegante Möglichkeit dar, auf ein entsprechend vorgegebenes Szenario wirkungsvoll zu reagieren. Konfigurierbare Mergemodule ermöglichen dem Entwickler die Festlegung bestimmter Attribute zum Zeitpunkt der Zusammenführung des Moduls mit der Windows Installer-Datenbank. Zur Integration der konfigurierbaren Mergemodule in Windows Installer-Datenbanken benötigen Sie die Version 2.0 der *mergemod.dll* oder ein Authoringtool, das diese Funktionalität unterstützt, wie Microsoft Visual Studio .NET oder *Orca* in der neuesten Version. Nachdem die Mergemodule in die Windows Installer-Datenbank integriert wurden, können die Installationen mit jeder Version des Windows Installers ausgeführt werden.

Bei der Implementierung von konfigurierbaren Mergemodulen handelt es sich um einen zweistufigen Prozess:

1. Bei der Erstellung des Mergemoduls fügt der Entwickler Informationen der Moduldatenbank hinzu, die festlegen, welche Elemente konfiguriert werden können und über welche Anpassungsmöglichkeiten später der Benutzer verfügen soll. Diese Eintragungen werden von dem Entwickler in den Tabellen *ModuleConfiguration* und *ModuleSubstitution* vorgenommen. Um die Kompatibilität mit älteren Versionen der *mergemod.dll* sicherzustellen, sollten diese Tabellennamen der Tabelle *ModuleIgnoreTable* angefügt werden.

2. Bei dem Zusammenführen mit der Windows Installer-Datenbank werden von dem verwendeten Tool die entsprechenden Konfigurationsoptionen angefordert und dem Benutzer zur Interaktion dargestellt. Die Konfigurationsoptionen verfügen über Standardwerte, die verwendet werden, wenn der Benutzer die individuellen Konfigurationsmöglichkeiten nicht wahrnimmt. Nachdem der Benutzer die Konfigurationen vorgenommen hat, wird die Zusammenführung unter Berücksichtigung der modifizierten Werte durchgeführt.

Die Funktionalität zum Zusammenführen der Datenbanken ist in der Datei *mergemod.dll* integriert. Jedes Authoringtool kommuniziert mit dieser Bibliothek, um die benötigten Prozesse auszuführen. Die Abbildung 11.4 stellt den Prozess grafisch dar:

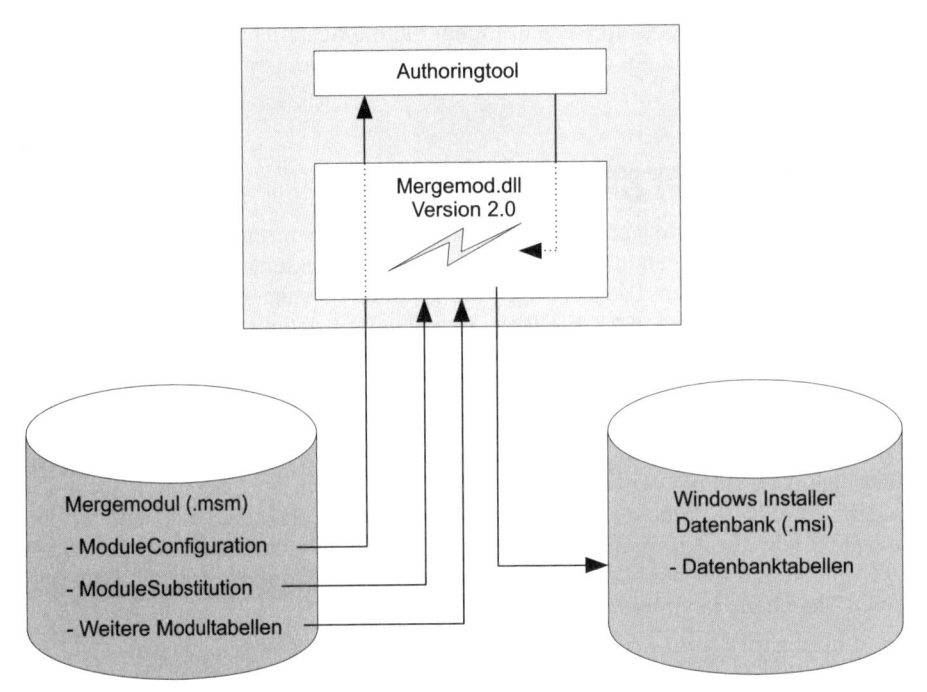

Abbildung 11.4: Darstellung der Zusammenführung

Bevor wir das konstruierte Szenario praktisch umsetzen, möchte ich Ihnen zunächst die notwendigen Informationen hinsichtlich der Tabellenstrukturen liefern. Bei der Verwendung der Tabellen sind bestimmte Formatierungsregeln zu beachten, die im »CMSM-Spezialformat (Configurable Mergemodule)« beschrieben sind. Die Bereitstellung von Informationen für den Anwender wird in semantischen Informationstypen definiert, auf die in der Tabelle *ModuleConfiguration* Bezug genommen wird.

CMSM-Spezialformat

Bei der Verwendung von konfigurierbaren Mergemodulen müssen bestimmte Zeichenfolgen mit einer speziellen Formatierung definiert werden, damit das jeweilige Authoringtool diese Zeichenfolgen ordnungsgemäß auswerten und zuweisen kann. Bei dieser Formatierungsvorschrift handelt es sich um das »CMSM-Spezialformat (Configurable Mergemodule)«. Dieses Format definiert das Semikolon (;) und das Gleichheitszeichen (=) als reserviertes Zeichen, das nicht direkt in einer Zeichenkette verwendet werden darf. Diese reservierten Zeichen werden als Steuerungsinformationen für weitere Tätigkeiten benötigt.

Das CMSM-Spezialformat wird an folgenden Stellen verwendet:

- In der Spalte *Row* der Tabelle *ModuleSubstitution*.
- In der Spalte *Value* der Tabelle *ModuleSubstitution*.
- In der Spalte *ContextData* der Tabelle *ModuleConfiguration*, wenn als Formattyp *Bitfield* verwendet wird.
- In der Spalte *ContextData* der Tabelle *ModuleConfiguration*, wenn als Formattyp *Text* und als genereller Typ *Enum* verwendet wird.

- In der Spalte *DefaultValue* der Tabelle *ModuleConfiguration*, wenn als Formattyp *Key* verwendet wird.

HINWEIS: Um ein Semikolon oder ein Gleichheitszeichen in einer Zeichenkette zu verwenden, die im CMSM-Spezialformat vorliegen muss, ist dem reservierten Zeichen ein Backslash (\) voranzustellen. Um einen Backslash darzustellen, müssen Sie diesem einen weiteren Backslash voranstellen.

Tabellenstrukturen

Die Funktionalität zur Verwendung von konfigurierbaren Mergemodulen ist in zwei Modultabellen hinterlegt. Die Tabelle *ModuleSubstitution* legt die konfigurierbaren Felder der Moduldatenbank fest und stellt die Formatierungsvorlagen zur Verfügung. Die Tabelle *ModuleConfiguration* beschreibt die Elemente, die durch den Benutzer verändert werden können.

ModuleSubstitution

Die Tabelle *ModuleSubstitution* legt die konfigurierbaren Felder der Moduldatenbank fest und stellt Vorlagen zur Konfiguration zur Verfügung. Diese Tabelle wird nicht in die Windows Installer-Datenbank übernommen.

Die folgenden Tabellen können keine konfigurierbaren Felder enthalten und dürfen daher nicht in dieser Tabelle aufgeführt werden:

- *ModuleSubstitution*
- *ModuleConfiguration*
- *ModuleExclusion*
- *ModuleSignature*

Spalte	Typ	Größe	Schlüssel	Null
Table	Identifier	s72	x	
Row	Text	s0	x	
Column	Identier	s72	x	
Value	Text	s0		x

Tabelle 11.28: Struktur der Tabelle ModuleSubstitution

Table: Die Spalte legt die Tabelle fest, die in der Moduldatenbank konfiguriert werden kann.

Row: Dieses Feld dient dazu, den zu modifizierenden Datensatz der definierten Tabelle eindeutig zu bestimmen. Zu diesem Zweck enthält dieses Feld den Inhalt der Primärschlüsselspalte der jeweiligen Tabelle. Setzt sich der Primärschlüssel aus mehreren Feldern zusammen, werden diese durch Semikolon getrennt diesem Feld angefügt. Die zu modifizierenden Datensätze werden selektiert, bevor eine Modifikation ausgeführt wird. Werden beispielsweise Modifikationen an Primärschlüsselfeldern veranlasst, muss der Datensatz noch über die Originalwerte angesprochen werden; weitere Modifikationen, die durch die Tabelle *ModuleSubstitution* veranlasst werden, beruhen weiterhin auf den Originalwerten. Die Werte, die in dieses Feld eingegeben werden können, müssen im »CMSM Spezialformat« definiert werden.

Column: Dieses Feld legt die Spalte des definierten Datensatzes fest, der verändert werden soll. Wie bereits bei dem Feld *Row* erläutert, beruhen alle Modifikationen auf den Originalwerten in der Moduldatenbank.

Value: Diese Spalte enthält eine Formatierungsregel, um die Daten des Feldes zu modifizieren, das durch die Spalten *Table*, *Row* und *Column* festgelegt wurde. Enthält dieses Feld beispielsweise eine Zeichenfolge in der Form *[=WertA]*, werden alle Zeichen, einschließlich der eckigen Klammern durch den für diese Zeichenfolge definierten Wert ersetzt. Das konfigurierbare Element »WertA« wird in der Spalte *Name* der Tabelle *ModuleConfiguration* festgelegt. Die tatsächliche Zuweisung des zu verwendenden Wertes erfolgt durch das jeweilige Authoringtool.

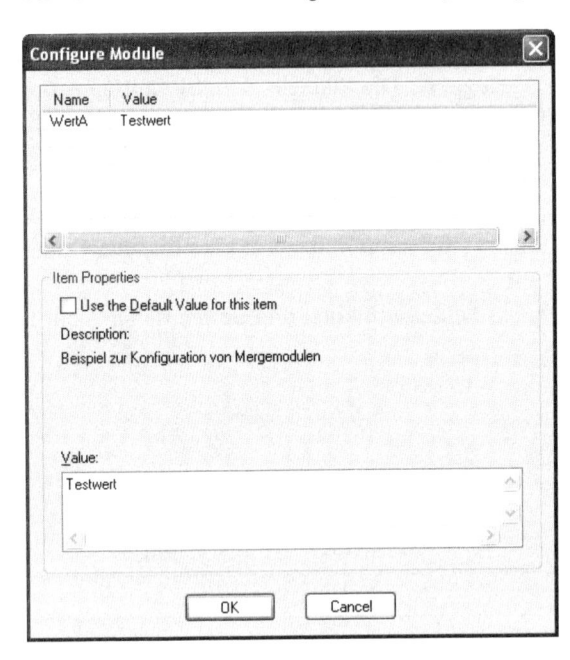

Abbildung 11.5: *Zuweisung des Wertes durch ein Authoringtool*

Bei der Definition des Wertes für diese Spalte sind die nachfolgenden Regeln zu beachten:

- Diese Spalte verwendet das »CMSM-Spezialformat«.
- In dem Feld können mehrere Platzhalter verwendet werden, die sich auch wiederholen dürfen. In dem Feld kann beispielsweise die folgende Zeichenfolge enthalten sein: »Mein Name ist *[=Wert1] [=Wert2]*, *[=Wert1]* ist mein Vorname«. Die konfigurierbaren Elemente sind hierbei *Wert1* und *Wert2*, denen die Zeichenfolgen »Andreas« und »Kerl« übergeben werden.
- Die Platzhalter dürfen nicht ineinander verschachtelt werden. Die Formatierungsregel *[=AB[=CDE]]* ist ungültig.
- Ergibt die Auflösung der Formatierungsregel *Null* und lässt die zugrunde liegende Spalte keine Nullwerte zu, schlägt die Implementierung des Mergemoduls fehl.
- Ergibt die Auflösung der Formatierungsregel die *Null-GUID {00000000-0000-0000-0000-000000000000}*, wird sie durch den Namen des entsprechenden Windows Installer-Features ersetzt.
- Handelt es sich bei dem zugrunde liegenden Datentyp für diese Spalte um einen Integerwert, und wird eine Zeichenfolge übergeben, so wird versucht, diese Zeichenfolge in einen ganzzahligen Wert umzuwandeln. Ist dieses nicht möglich, schlägt die Implementierung des Mergemoduls fehl.

- Handelt es sich bei dem zugrunde liegenden Datentyp für diese Spalte um einen Textdatentyp, und wird eine Ganzzahl übergeben, wird eine dezimale Darstellung dieses Wertes in das Feld eingefügt.
- Basiert die zugrunde liegende Spalte auf dem Datentyp *Key*, und setzt sich der Schlüssel aus mehreren Spalten zusammen, müssen Sie den Index des Schlüsselfeldes durch ein Semikolon getrennt dem Platzhalter anfügen. Die Tabelle *Control* verfügt über die beiden Primärschlüsselfelder *Dialog_* und *Control*. Um dem Primärschlüsselfeld *Control* einen Wert zuzuweisen, müssen Sie die Syntax *[=Wert1; 2]* verwenden.

HINWEIS: Beachten Sie, dass die Tabelle *ModuleSubstitution* nur bei der Verwendung der Datei *mergemod.dll* in der Version 2.0 und höher unterstützt wird. Um die Kompatibilität mit älteren Versionen zu erhalten, sollten Sie die beiden Tabellen *ModuleSubstitution* und *ModuleConfiguration* der Tabelle *ModuleIgnoreTable* anfügen.

ModuleConfiguration

Die Tabelle *ModuleConfiguration* legt die konfigurierbaren Attribute eines Mergemoduls fest, also jene Elemente, die durch den Benutzer verändert werden können. Diese Tabelle wird nicht in die Windows Installer-Datenbank übernommen.

Spalte	Typ	Größe	Schlüssel	Null
Name	Identifier	s72	x	
Format	Integer	i2		
Type	Text	s72		x
ContextData	Text	s0		x
DefaultValue	Text	s0		x
Attributes	Integer	i4		x
DisplayName	Text	s72		x
Description	Text	s0		x
HelpLocation	Text	s0		x
HelpKeyword	Text	s0		x

Tabelle 11.29: Struktur der Tabelle ModuleConfiguration

Name: Dieses Feld enthält den Namen des konfigurierbaren Elements und muss einen Wert enthalten, der in der Formatierungsvorlage der Spalte *Value* in der Tabelle *ModuleSubstitution* vorhanden ist.

Format: Diese Spalte legt das Format der Daten fest, die geändert werden sollen. Eine Auflistung der gültigen Werte finden Sie bei der Erläuterung zu den semantischen Informationstypen.

Type: Diese Spalte legt den generellen Typ für die Daten fest, die geändert werden sollen. Die gültigen Werte für diese Spalte beruhen auf den Werten der Spalte *Format*.

ContextData: Diese Spalte legt den semantischen Zusammenhang der angeforderten Daten fest. Die gültigen Werte für diese Spalte beruhen auf den Werten der Spalten *Format* und *Type*.

HINWEIS: Eine detaillierte Erläuterung zu den semantischen Informationstypen sowie die Implementierungszusammenhänge für die Spalten *Format*, *Type* und *ContextData* finden Sie an späterer Stelle in diesem Kapitel.

DefaultValue: Dieses Feld legt einen Standardwert fest, der verwendet wird, wenn das Tool zum Zusammenführen des Mergemoduls mit einer Windows Installer-Datenbank die Erfassung der konfigurierbaren Elemente nicht unterstützt oder umgeht.

Attributes: Diese Spalte legt die Attribute für das konfigurierbare Element fest. Bei diesem Feld handelt es sich um ein Bitfeld, bei dem *Null* identisch ist mit dem Wert »0«. Die weiteren gültigen Werte sind in der Tabelle 11.30 dargestellt und beliebig kombinierbar:

Name	Dezimal	Hexadezimal	Beschreibung
msmConfigurable-OptionKeyNoOrphan	1	0x00000001	Dieses Attribut trifft nur auf Datensätze zu, die eine Modultabelle über das Feld *DefaultValue* verwenden. Stimmen die Attribute der Referenzen nicht überein, werden diese entfernt. Dieses Attribut hat somit ausschließlich Auswirkungen bei der Verwendung des Formattyps *Key*.
msmConfigurable-OptionNonNullable	2	0x00000002	Der Wert *Null* stellt keinen gültigen Wert für dieses Element dar. Dieses Attribut hat keine Auswirkung beim Formattyp *Integer* und *Bitfield*.

Tabelle 11.30: *Gültige Werte der Spalte* Format *der Tabelle* ModuleConfiguration

DisplayName: Dieses Feld enthält eine kurze Beschreibung zu dem Element, das in der Benutzeroberfläche des verwendeten Authoringtools angezeigt wird.

Description: Dieses Feld enthält eine ausführliche Beschreibung zu dem Element, das in diversen Objekten der Benutzeroberfläche der verwendeten Authoringtools angezeigt wird.

HelpLocation: Diese Spalte enthält den Namen einer Hilfedatei (ohne die Dateinamenerweiterung *.chm*) oder eine durch Semikolon getrennte Liste von Namensräumen für die Hilfe (Help Namespaces).

HelpKeyword: Diese Spalte enthält ein Schlüsselwort (Keyword), das den entsprechenden Hilfetext der Hilfedatei oder des Namensraumes für die Hilfe (Help Namespace) definiert.

HINWEIS: Beachten Sie, dass die Tabelle *ModuleConfiguration* nur bei der Verwendung der Datei *mergemod.dll* in der Version 2.0 und höher unterstützt wird. Um die Kompatibilität mit älteren Versionen zu erhalten, sollten Sie die beiden Tabellen *ModuleSubstitution* und *ModuleConfiguration* der Tabelle *ModuleIgnoreTable* anfügen.

Semantische Informationstypen

In der Tabelle *ModuleConfiguration* wird durch die Spalten *Format* und *Type* der zu verwendende Datentyp für das konfigurierbare Element festgelegt. Die Spalte *ContextData* enthält für bestimmte Datentypen zusätzliche Informationen, die zur weiteren Festlegung des Elementes benötigt werden. Die Definition von semantischen Informationstypen ist erforderlich, da eine Windows Installer-Datenbank eine Vielzahl von Datentypen bereitstellt und eine entsprechende Übereinstimmung dieser Typen gewährleistet werden muss. Andererseits ist die Festlegung des Typs auch relevant für Authoringtools, da diese in Abhängigkeit zum verwendeten Typ andere Eingabemöglichkeiten anbieten müssen.

Die Abbildung 11.6 zeigt das Eigenschaftenfenster von Microsoft Visual Studio .NET, das die Eigenschaften eines konfigurierbaren Mergemoduls darstellt. Bei den ersten Eigenschaften handelt es sich um konfigurierbare Elemente, bei der Eigenschaft *Aufzählung* um den Informationstyp *Enum*. Bei diesem Typ zeigt Microsoft Visual Studio .NET eine aufklappbare Liste, in der das jeweilige Element ausgewählt werden kann. Bei den Eigenschaften *RTF-Text* und *Bitmap* kann eine Datei ausgewählt werden, die die entsprechenden Daten enthält.

Tabelle 11.31: Konfiguration von semantischen Informationstypen

Zur Festlegung eines konfigurierbaren Elementes müssen Sie zunächst den Formattyp festlegen. Verwenden Sie hierzu einen der nachfolgend aufgeführten Werte und legen Sie diesen im Feld *Format* der Tabelle *ModuleConfiguration* fest.

Wert	Formatdatentyp
0	Text
1	Key
2	Integer
3	Bitfield

Tabelle 11.32: Gültige Werte der Spalte Format *der Tabelle* ModuleConfiguration

In Abhängigkeit vom verwendeten Formattyp müssen die entsprechenden Werte für die Spalten *Type* und *ContextData* definiert werden.

Formattyp »Text«

Konfigurierbare Elemente vom Formattyp *Text* können für nicht binäre Datenbankfelder verwendet und durch Zeichenketten beliebiger Längen ersetzt werden. Hierbei sind eingebettete Nullwerte nicht erlaubt. Zur Definition des Formattyps *Text* müssen Sie den Wert »0« in der Spalte *Format* verwenden.

Format	Type	ContextData	Beschreibung
Text			Zur Verwendung einer Zeichenkette beliebiger Länge.
Text	Enum	\<Name1\>=\<Wert1\>; \<Name2\>=\<Wert2\>; \<Name3\>=\<Wert3\>	Zur Verwendung einer unbestimmten Anzahl vordefinierter Werte, die ausgewählt werden können.
Text	Formatted		Zur Verwendung des Windows Installer-Datentyps *Formatted*.
Text	RTF		Zur Verwendung einer Zeichenfolge im Rich-Text-Format (RTF).
Text	Identifier		Zur Verwendung einer Zeichenfolge, die dem Windows Installer-Datentyp *Identifier* entspricht.

Tabelle 11.33: Elemente des Formattyps Text

Formattyp »Key«

Konfigurierbare Elemente vom Formattyp *Key* können verwendet werden, um Beziehungen zu existierenden Datenbanktabellen herzustellen. Die Datensätze der entsprechenden Tabelle werden in einer Liste zur Auswahl angeboten. Zur Definition des Formattyps *Key* müssen Sie den Wert »1« in der Spalte *Format* verwenden.

Format	Type	ContextData	Beschreibung
Key	File	AssemblyContext	Ermöglicht dem Benutzer, eine Referenz zu einem Win32- oder .NET-Assembly festzulegen.
Key	Binary	Bitmap	Referenz zur Tabelle *Binary*. Es werden alle Daten verwendet, die ein Bitmap darstellen.
Key	Binary	Icon	Referenz zur Tabelle *Binary*. Es werden alle Daten verwendet, die ein Symbol (Icon) darstellen.
Key	Binary	EXE	Referenz zur Tabelle *Binary*. Es werden alle Daten verwendet, die eine ausführbare Datei (32 Bit) darstellen.
Key	Binary	EXE64	Referenz zur Tabelle *Binary*. Es werden alle Daten verwendet, die eine ausführbare Datei (32 Bit + 64 Bit) darstellen.
Key	Icon	ShortcutIcon	Referenz zur Tabelle *Icon*. Es werden alle Daten verwendet, die ein Symbol darstellen, das zur Konfiguration einer Dateiverknüpfung verwendet werden kann.
Key	Dialog	DialogNext	Referenz zur Tabelle *Dialog*. Es werden alle Dialoge aufgelistet.
Key	Dialog	DialogPrev	Referenz zur Tabelle *Dialog*. Es werden alle Dialoge aufgelistet.
Key	Directory	IsolationDir	Referenz zur Tabelle *Directory* zur Auswahl eines Zielverzeichnisses.
Key	Directory	ShortcutLocation	Referenz zur Tabelle *Directory* zur Auswahl eines Zielverzeichnisses.
Key	Property		Referenz zur Tabelle *Property* zur Auswahl einer Eigenschaft.
Key	Property	Public	Referenz zur Tabelle *Property* zur Auswahl einer öffentlichen Eigenschaft.
Key	Property	Private	Referenz zur Tabelle *Property* zur Auswahl einer privaten Eigenschaft.

Tabelle 11.34: Elemente des Formattyps Key

Formattyp »Integer«

Konfigurierbare Elemente vom Formattyp *Integer* können verwendet werden, um Daten für Windows Installer-Datenbankfelder vom Typ *Text* oder *Integer* bereitzustellen. Hierbei sind Nullwerte nicht erlaubt. Zur Definition des Formattyps *Integer* müssen Sie den Wert »2« in der Spalte *Format* verwenden.

Format	Type	ContextData	Beschreibung
Integer			Zur Verwendung eines ganzzahligen Wertes.

Tabelle 11.35: Elemente des Formattyps Integer

Formattyp »Bitfield«

Konfigurierbare Elemente vom Formattyp *Bitfield* können verwendet werden, um Daten für Windows Installer-Datenbankfelder vom Typ *Integer* bereitzustellen. Der Benutzer kann hierbei ein Element aus einer vordefinierten Auswahl verwenden. Hierbei sind Nullwerte nicht erlaubt. Zur Definition des Formattyps *Bitfield* müssen Sie den Wert »3« in der Spalte *Format* verwenden.

Format	Type	ContextData	Beschreibung
Bitfield		\<Bits\>; \<Name1\>=\<Wert1\>; \<Name2\>=\<Wert2\>;	Ermöglicht die Änderung einer Teilmenge von Bits in einer Spalte.

Tabelle 11.36: Elemente des Formattyps Bitfield

Zur Verdeutlichung der Thematik soll die Verwendung der semantischen Informationsdatentypen, speziell die Verwendung des Typs *Bitfield*, anhand eines Beispiels näher erläutert werden. Die Einstellungen in dem folgenden Beispiel ermöglichen dem Benutzer die Konfiguration des Attributs *Password* für ein Steuerelement vom Typ *Edit* sowie die Konfiguration der Attribute *msidbFileAttributesChecksum* und *msidbFileAttributesCompressed* für eine Datei.

Table	Row	Column	Value
Control	Dialog1;Edit1	Attributes	[=Password]
File	File1	Attributes	[=Checksum][=Compressed]

Tabelle 11.37: Beispieltabelle ModuleSubstitution

Name	Format	Type	ContextData	DefaultValue
Password	Bitfield		2097152; Wahr=2097152; Falsch=0	0
Checksum	Bitfield		1024; Checksumme=1024; Keine Checksumme=0	0
Compressed	Bitfield		24576; Komprimiert=16384; Unkomprimiert=8192	8192

Tabelle 11.38: Beispieltabelle ModuleConfiguration

Design und Anwendung

Nachdem Sie die theoretischen Grundlagen für konfigurierbare Mergemodule kennen gelernt haben, geht es nun darum, entsprechende Mergemodule zu erstellen und bei der Zusammenführung mit der Windows Installer-Datenbank anzuwenden.

Erstellen von konfigurierbaren Mergemodulen

Die Erstellung von konfigurierbaren Mergemodulen beruht zunächst auf den allgemeinen Designgrundsätzen für standardmäßige Mergemodule. Um in einem solchen Mergemodul die konfigurierbaren Elemente zu implementieren, sollten Sie die folgenden Richtlinien beachten:

- Stellen Sie sicher, dass die Benutzer des Mergemoduls über die Version 2.0 der Datei mergemod.dll verfügen. Bei der Verwendung einer früheren Version dieser Bibliothek werden ausschließlich die Standardwerte bei der Zusammenführung verwendet.
- Fügen Sie dem Modul die Tabelle *ModuleConfiguration* hinzu und erstellen Sie in dieser Tabelle für jedes konfigurierbare Element einen neuen Datensatz. Vergeben Sie einen Namen für ein solches Element, und ergänzen Sie die Eintragungen in den Feldern *Format*, *Type*, *ContextData* und *DefaultValue*.
- Fügen Sie dem Modul die Tabelle *ModuleSubstitution* hinzu. Jeder Datensatz dieser Tabelle entspricht einem oder mehreren konfigurierbaren Elementen der Moduldatenbank, die auf ein definiertes Datenbankfeld abzielen. Definieren Sie dieses Datenfeld, indem Sie die entsprechenden Daten in die Felder *Table*, *Row* und *Column* eingeben. Ergänzen Sie Ihre Eingaben um eine Formatierungsregel, die Sie im Feld *Value* erfassen.
- Fügen Sie der Tabelle *_Validation* entsprechende Datensätze hinzu, um die Validierung für die Tabellen *ModuleSubstitution* und *ModuleConfiguration* sicherzustellen.
- Fügen Sie die Namen der Tabellen *ModuleSubstitution* und *ModuleConfiguration* der Tabelle *ModuleIgnoreTable* hinzu, um die Kompatibilität mit älteren Versionen der mergemod.dll sicherzustellen.

Betrachten Sie an dieser Stelle das Beispielszenario, und fassen Sie die Elemente zusammen, die zur Implementierung der geforderten Funktionalität benötigt werden:

- Ein Dialogfeld, das über die normalen Standardelemente verfügt, um statische Daten anzuzeigen.
- Ein Skript, das die tatsächliche Erstellung der Datenbank durchführt.
- Ein grafisches Element im Dialogfeld zur Darstellung eines individuellen Symbols.
- Ein Textfeld zur Anzeige der zu erstellenden Microsoft SQL Server-Datenbank.

Die Informationen zu dem Dialogfeld und den Standardelementen werden statisch abgelegt, da diese beim Zusammenführen nicht konfiguriert werden müssen. Die Einordnung des Dialogfeldes in die *InstallUISequence* soll nach der Aktion *ExecuteAction* erfolgen, also nachdem sämtliche Installationsaufgaben durchgeführt wurden. Das Skript zum Erstellen der Datenbank wird durch ein Schaltflächenereignis ausgeführt. Die Konfiguration des Symbols muss dynamisch erfolgen. Verwenden Sie zu diesem Zweck den generellen Typ *Key*, um dem Benutzer eine Liste zur Auswahl des entsprechenden Symbols zu ermöglichen. Der Name der anzulegenden Datenbank wird in einer Eigenschaft hinterlegt, die über das Textfeld angezeigt werden soll. Da Ihnen die möglichen Datenbanknamen bekannt sind, sollten Sie die Namen über den Typ *Enum* zur Auswahl anbieten.

HINWEIS: Wie bereits erläutert, müssen Sie bei der Definition von Primärschlüsselwerten, eine modifizierte *GUID* dem Bezeichner anfügen (*CreateDatabase.46744552_F3C2_4927_92BC_0B74E7BC8B4A*). Aus Darstellungsgründen wurde in der Beschreibung der Tabellen darauf verzichtet. Auf der Buch-CD befindet sich ein vollständiges Mergemodul für dieses Beispielszenario.

Erstellen Sie zunächst eine Kopie des Mergemoduls *schema.msm*, das dem Windows Installer SDK beigelegt ist. Beachten Sie dabei, dass Sie die neueste Version der Schemadatei verwenden. Öffnen Sie diese Datei mit *Orca*, und nehmen Sie die entsprechenden Einstellungen im *Summary Information Stream* vor.

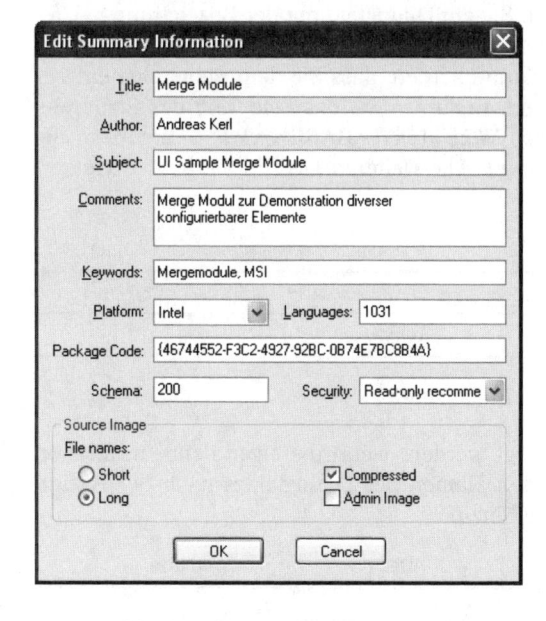

Abbildung 11.6: Summary Information Stream für das Beispielmodul

Im Anschluss definieren Sie die Identifizierungsdaten für das Mergemodul in der Tabelle *ModuleSignature*.

ModuleID	Language	Version
UISampleModule	0	2.0

Tabelle 11.39: Tabelle ModuleSignature *des konfigurierbaren Mergemoduls*

Da Sie sich entschlossen haben, den Namen der zu erstellenden Datenbank über einen Eigenschaftswert zu definieren, müssen Sie der Tabelle *Property* die benötigten Informationen hinzufügen.

Property	Value
DATABASENAME	SqlDBApp1

Tabelle 11.40: Tabelle Property *des konfigurierbaren Mergemoduls*

Erstellen Sie die benutzerdefinierte Aktion, um das Skript zur Erzeugung der Datenbank auszuführen. Sollte sich die Tabelle *CustomAction* noch nicht in dem Modul befinden, fügen Sie diese über den Menüpunkt *Add Table* des Menüs *Tables* hinzu.

Action	Type	Source	Target
CreateDatabase	38		Msgbox "Erstellen der Datenbank wird nun ausgeführt", 48, "Datenbank erstellen"

Tabelle 11.41: Tabelle CustomAction *des konfigurierbaren Mergemoduls*

Mergemodule

HINWEIS: Im Normalfall wird hier auf die reguläre Skriptdatei verwiesen, die zum Erstellen der Datenbank verwendet werden soll. Im Beispielszenario genügt es jedoch, eine entsprechende Aktion zu simulieren.

Als nächstes sollten die Elemente für die Benutzeroberfläche definiert werden. Hierzu sind zunächst die Tabellen *Dialog* und *Control* erforderlich. Erstellen Sie ein Dialogfeld mit der Bezeichnung »CreateDatabase« und fügen diesem die entsprechenden Steuerelemente hinzu. Bei der Definition der Steuerelemente sollten Sie für den weiteren Prozess darauf achten, dass Sie dem Steuerelement zur Darstellung des Symbols den Namen »Icon« zuordnen. Ergänzen Sie das Feld *Text* des Steuerelementes zur Darstellung des Datenbankamens, um den Wert »[DATABASENAME]«. Ergänzen Sie im Folgenden die Eintragungen der Tabelle *ControlEvent*. Alle weiteren Definitionen zur Benutzeroberfläche finden Sie auf der Buch-CD.

Dialog_	Control_	Event	Argument	Order
CreateDatabase	NextButton	*DoAction*	*CreateDatabase*	1
CreateDatabase	NextButton	*EndDialog*	*Return*	2

Tabelle 11.42: Tabelle ControlEvent *des konfigurierbaren Mergemoduls*

Das Dialogfeld soll in der *InstallUISequence* angezeigt werden, wenn die eigentliche Installation abgeschlossen wurde. Fügen Sie aus diesem Grund den Namen des Dialogfeldes nach der Aktion *ExecuteAction* der Tabelle *ModuleInstallUISequence* hinzu.

Action	Sequence	BaseAction	After	Condition
ExecuteAction	1300			
CreateDatabase		*ExecuteAction*	1	NOT Installed

Tabelle 11.43: Tabelle ModuleInstallUISequence *des konfigurierbaren Mergemoduls*

Das es sich bei dieser Aktion um die Anzeige des Dialogfeldes mit der Bezeichnung *CreateDatabase* handelt, müssen Sie eine Standardaktion verwenden, um einen Bezugspunkt in der entsprechenden Sequenz zu definieren.

Die bisher durchgeführten Aktionen entsprachen dem Erstellungsprozess eines standardmäßigen Mergemoduls. Im Folgenden werden Sie nun die dynamischen Elemente eines konfigurierbaren Mergemoduls implementieren. Beginnen Sie zunächst mit der Tabelle *ModuleConfiguration* und definieren Sie dort die Einstellungen zur Festlegung des Symbols. Für das Symbol legen Sie einen semantischen Informationstyp fest, der wie folgt aufgebaut ist:

- *Format*: Key (1)
- *Type*: Binary
- *ContextData*: Icon

Durch diese Definition werden bei der Zusammenführung des Moduls mit der Windows Installer-Datenbank alle Symbole der Tabelle *Binary* zur Auswahl in einer Liste angeboten. Im Weiteren müssen Sie noch den Informationstyp für die Datenbankbezeichnung bestimmen.

- *Format*: Text (0)
- *Type*: Enum
- *ContextData*: Datenbank für Anwendung No. 1=SqlDBApp1;Datenbank für Anwendung No. 2=SqlDBApp2

Da Sie fest definierte Namen für die Datenbank verwenden, empfiehlt es sich, diese dem Benutzer in einer Liste zur Auswahl anzubieten.

Name	Format	Type	ContextData	DefaultValue
DataName	0	Enum	Datenbank für Anwendung No. 1=SqlDBApp1; Datenbank für Anwendung No. 2=SqlDBApp2	SqlDBApp1
DataIcon	1	Binary	Icon	FolderIcon

Tabelle 11.44: Tabelle ModuleConfiguration *des konfigurierbaren Mergemoduls*

Die Spalten *Attributes, DisplayName, Description, HelpLocation* und *HelpKeyword* wurden aus Gründen der Übersichtlichkeit nicht in der tabellarischen Darstellung berücksichtigt.

Als nächstes müssen Sie die konfigurierbaren Felder und die Formatierungsregeln festlegen. Beachten Sie hierbei, dass Sie die Einträge der Tabelle *ModuleConfiguration* über die Spalte *Value* der Tabelle *ModuleSubstitution* referenzieren.

Table	Row	Column	Value
Property	DATABASENAME	Value	[=DataName]
Control	CreateDatabase;Icon	Text	[=DataIcon]

Tabelle 11.45: Tabelle ModuleSubstitution *des konfigurierbaren Mergemoduls*

Beachten Sie in der Tabelle die Spalte *Row*. Zur eindeutigen Identifizierung des Steuerelementes müssen Sie den Namen des Dialogfeldes und den Namen des Steuerelementes verwenden, bevor dem Feld *Text* das anzuzeigende Symbol zugewiesen werden kann.

Um die Kompatibilität mit älteren Versionen der Datei *mergemod.dll* zu gewährleisten, sind die zuletzt bearbeiteten Tabellen der Tabelle *ModuleIgnoreTable* hinzuzufügen.

Table
ModuleConfiguration
ModuleSubstitution

Tabelle 11.46: Tabelle ModuleIgnoreTable *des konfigurierbaren Mergemoduls*

Nachdem Sie das Mergemodul gespeichert haben, können Sie es mit kompatiblen Authoringtools verwenden.

Verwenden von konfigurierbaren Mergemodulen

Nach der Erstellung des konfigurierbaren Mergemoduls können Sie die enthaltenen Daten in eine Windows Installer-Datenbank integrieren.

Starten Sie *Orca* und öffnen Sie eine beliebige Windows Installer-Datenbank. Aktivieren Sie den Konfigurationsdialog für Mergemodule, indem Sie den Menüpunkt *Merge Module* des Menüs *Tools* aktivieren. Wählen Sie in dem erscheinenden Dialogfeld das konfigurierbare Mergemodul aus. Stellen Sie sicher, dass die Option zur Anzeige der erweiterten Konfigurationseinstellungen aktiviert ist. Sollte diese Option nicht aktiviert sein, wird das Mergemodul unter Berücksichtigung der Standardwerte implementiert. Bestätigen Sie Ihre Eingaben mit der Schaltfläche *OK*.

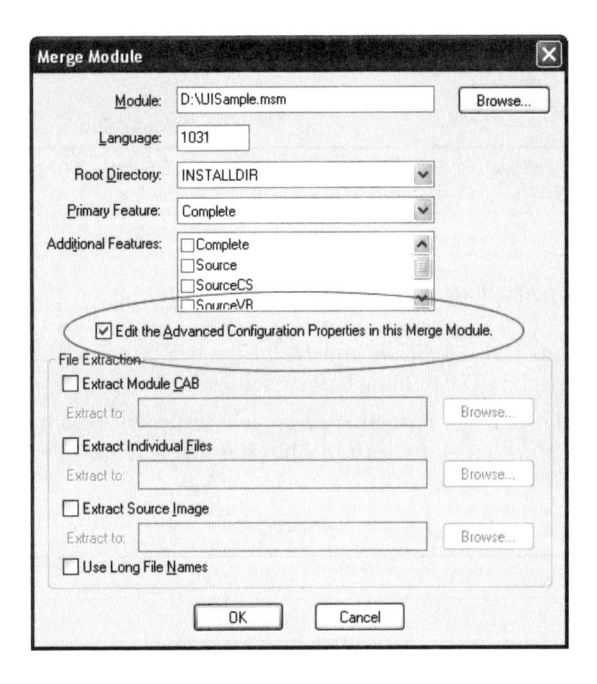

Abbildung 11.7: *Dialogfeld zur Auswahl eines Mergemoduls*

In dem daraufhin angezeigten Dialogfeld werden die konfigurierbaren Elemente in einer Liste angezeigt. Aktivieren Sie nacheinander die Elemente und stellen Sie sicher, dass die Option zur Verwendung der Standardwerte deaktiviert ist. Wählen Sie einen Datenbanknamen und das zu verwendende Symbol aus, und bestätigen Sie Ihre Eingaben.

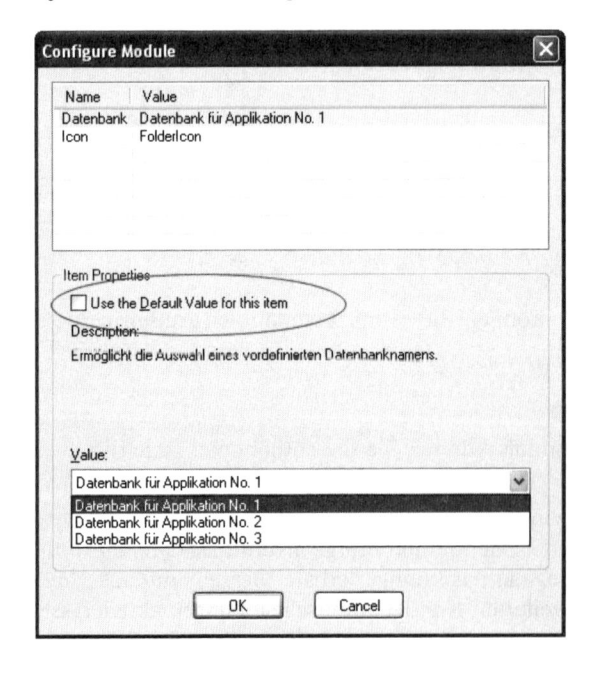

Abbildung 11.8: *Konfiguration eines Mergemoduls*

Sie können nun im *Windows Installer Tabellen Editor* prüfen, ob Ihre Einstellungen in die Windows Installer-Datenbank übernommen wurden. Starten Sie den Installationsprozess. Nachdem die Installation durchgeführt wurde, wird Ihnen das erstellte Dialogfeld mit allen Optionen angezeigt.

Objektmodell für Mergemodule

Die Implementierung eines Mergemoduls in eine Windows Installer-Datenbank setzt ein Authoringtool voraus, das die Funktionalitäten der Datei *mergemod.dll* verwendet. Bei dieser Datei handelt es sich um eine COM-Komponente, die auch in eigenen Anwendungen verwendet werden kann. Betrachtet man unter diesem Aspekt die diesbezüglichen, teilweise unkomfortablen Umsetzungen im *Windows Installer Tabellen Editor* (*Orca*), ergibt sich schnell die Notwendigkeit für eine Eigenimplementierung.

HINWEIS: Die Unterstützung von konfigurierbaren Mergemodulen ist nur durch die Version 2.0 der Datei *mergemod.dll* sichergestellt. Die Darstellung über das Objektmodell dieser Datei werde ich demzufolge auf die Version 2.0 beziehen.

Objektmodell

In Abbildung 11.10 wird das Objektmodell der Datei *mergemod.dll* Version 2.0 dargestellt. Erkennbar sind hierbei die Unterschiede zu älteren Versionen der Datei. Die älteren Versionen verfügen nicht über die Auflistung *ConfigurableItems* und über das Objekt *ConfigurableItem* sowie den in Verbindung stehenden weiteren Elementen.

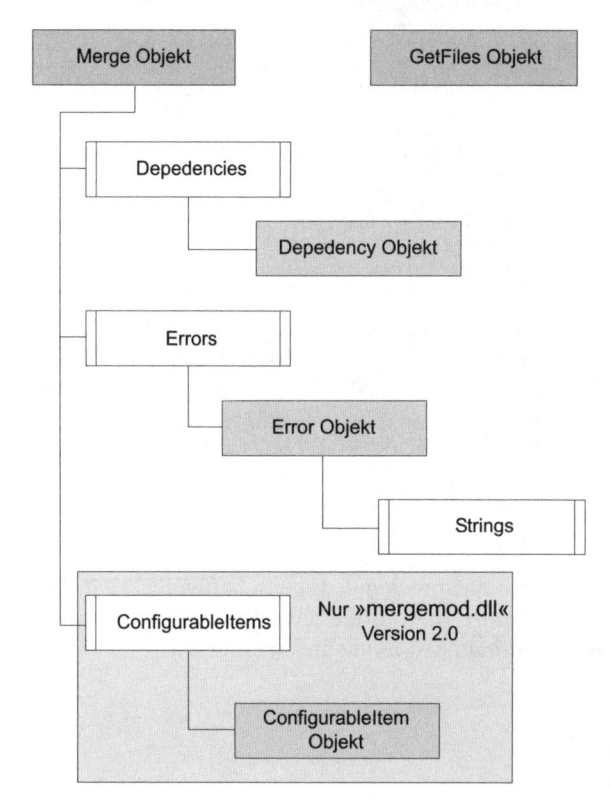

Abbildung 11.9: Objektmodell der mergemod.dll in der Version 2.0

Bei dem Objekt *Merge* handelt es sich um das primäre Objekt in diesem Modell, von dem viele Auflistungen abgeleitet sind. Bei den *Depedencies* handelt es sich um eine Objektauflistung vom Typ *Depedency* und bei den *Errors* um eine Auflistung von Objekten des Typs *Error*. In der Version 2.0 der *mergemod.dll* stehen dem Entwickler noch die *ConfigurableItems* zur Verfügung, bei denen es sich um eine Objektauflistung vom Typ *ConfigurableItem* handelt.

Merge

Das Objekt *Merge* ermöglicht den Zugriff auf die untergeordneten Objekte des Modells. Bevor auf Funktionalitäten der *mergemod.dll* zugegriffen werden kann, muss eine Instanz des Objekts *Merge* erstellt werden. Das Objektmodell stellt hierfür die Klassen *MsmMerge* und *MsmMerge2* zur Verfügung. Bei der Klasse *MsmMerge2* handelt es sich um die Standardklasse für die Version 2.0 der *mergemod.dll*, die im Folgenden die Grundlage für die weiteren Darstellungen bildet.

Methode	Beschreibung
OpenDatabase	Öffnet eine Windows Installer-Datenbank zur Verwendung als Ziel für das Mergemodul.
OpenModuls	Öffnet ein Mergemodul zur Verwendung als Quellmedium im Read-Only-Modus.
CloseDatabase	Schließt die aktuelle Windows Installer-Datenbank.
CloseModule	Schließt das aktuelle Mergemodul.
OpenLog	Öffnet eine Protokolldatei zur Aufnahme v-on Fortschritts- und Fehlermeldungen.
CloseLog	Schließt die aktuelle Protokolldatei.
Log	Schreibt eine Zeichenfolge in die aktuelle Protokolldatei.
Merge	Führt das aktuelle Mergemodul mit der Windows Installer-Datenbank zusammen.
Connect	Verbindet die Komponenten des Mergemoduls mit einem zusätzlichen Feature der Windows Installer-Datenbank.
ExtractCAB	Extrahiert die eingebettete Paketdatei (*.cab*) und speichert sie unter dem festgelegten Dateinamen.
ExtractFiles	Extrahiert die Dateien der eingebetteten Paketdatei und speichert diese im festgelegten Verzeichnis.
MergeEx	Führt das aktuelle Mergemodul mit der Windows Installer-Datenbank zusammen (verfügbar in der Version 2.0).
ExtractFilesEx	Extrahiert die Dateien der eingebetteten Paketdatei und speichert diese im festgelegten Verzeichnis (verfügbar in der Version 2.0).
CreateSourceImage	Extrahiert alle enthaltenen Dateien und speichert diese im festgelegten Verzeichnis, nachdem das Mergemodul mit der Datenbank zusammengeführt wurde (verfügbar in der Version 2.0).

Tabelle 11.47: Methoden der Klasse MsmMerge2

Der Zugriff auf die Auflistungen dieser Klasse wird durch entsprechende Eigenschaften realisiert. Die Auflistungen enthalten die Eigenschaften *Item* und *Count*, um auf die jeweiligen untergeordneten Objekte zugreifen zu können und um die Anzahl der enthaltenen Elemente zu ermitteln.

Eigenschaft	Beschreibung
ConfigurableItems	Gibt eine Auflistung der konfigurierbaren Elemente des Mergemoduls zurück (verfügbar in der Version 2.0).
Depedencies	Gibt eine Auflistung von Abhängigkeiten zurück.
Errors	Gibt eine Fehlerauflistung zurück, die beim Zusammenführen aufgetreten sind.

Tabelle 11.48: Eigenschaften der Klasse MsmMerge2

Depedency

Das Objekt *Depedency* gibt ein Modul zurück, von dem das aktuelle Mergemodul abhängig ist und das noch nicht mit der aktuellen Windows Installer-Datenbank zusammengeführt wurde. Das Objekt *Depedency* wird durch das Interface *IMsmDependency* abgebildet.

Eigenschaft	Beschreibung
Language	Gibt die Sprache des benötigten Mergemoduls zurück.
Module	Gibt die *ModuleID* des benötigten Moduls zurück.
Version	Gibt die Version des benötigten Moduls zurück.

Tabelle 11.49: Eigenschaften des Interfaces IMsmDependency

Error

Das Objekt *Error* gibt Informationen über aufgetretene Fehler während der Zusammenführung zurück. Das Objekt wird durch das Interface *IMsmError* abgebildet.

Eigenschaft	Beschreibung
DatabaseKeys	Gibt eine Auflistung an Objekten vom Typ *String* zurück, die die Primärschlüssel des Datensatzes der Datenbanktabelle enthalten, die den Fehler ausgelöst haben.
DatabaseTable	Gibt den Namen der Datenbanktabelle zurück, die den Fehler ausgelöst hat.
Language	Gibt die Sprache des Fehlers zurück.
ModuleKeys	Gibt eine Auflistung an Objekten vom Typ *String* zurück, die die Primärschlüssel des Datensatzes der Modultabelle enthalten, die den Fehler ausgelöst haben.
ModuleTable	Gibt den Namen der Modultabelle zurück, die den Fehler ausgelöst hat.
Path	Gibt den vollständigen Dateinamen oder den Ordnernamen zurück, der den Fehler ausgelöst hat.
Type	Gibt den Fehlertyp zurück.

Tabelle 11.50: Eigenschaften des Interfaces IMsmError

Die nachfolgenden Fehlertypen können verwendet werden, um den Fehler zu klassifizieren. Diese Fehlertypen können über die Spalte *Type* ermittelt werden.

Wert	Konstante
1	msmErrorLanguageUnsupported
2	msmErrorLanguageFailed

Wert	Konstante
3	*MsmErrorExclusion*
4	*msmErrorTableMerge*
5	*msmErrorResequenceMerge*
6	*MsmErrorFileCreate*
7	*MsmErrorDirCreate*
8	*msmErrorFeatureRequired*
9	*msmErrorBadNullSubstitution*
10	*msmErrorBadSubstitutionType*
11	*msmErrorMissingConfigItem*
12	*msmErrorBadNullResponse*
13	*msmErrorDataRequestFailed*
14	*msmErrorPlatformMismatch*

Tabelle 11.51: Auflistung der Fehlertypen

ConfigurableItem

Das Objekt *ConfigurableItem* stellt einen Datensatz der Tabelle *ModuleConfiguration* dar. Es wird durch das Interface *IMsmConfigurableItem* abgebildet. Das Interface besteht aus schreibgeschützten Eigenschaften, von denen jede Eigenschaft eine Spalte der Tabelle *ModuleConfiguration* darstellt.

Eigenschaft	Beschreibung
Attributes	Inhalt des Feldes *Attributes* der Tabelle *ModuleConfiguration*.
Context	Inhalt des Feldes *Context* der Tabelle *ModuleConfiguration*.
DefaultValue	Inhalt des Feldes *DefaultValue* der Tabelle *ModuleConfiguration*.
Description	Inhalt des Feldes *Description* der Tabelle *ModuleConfiguration*.
DisplayName	Inhalt des Feldes *DisplayName* der Tabelle *ModuleConfiguration*.
Format	Inhalt des Feldes *Format* der Tabelle *ModuleConfiguration*.
HelpKeyword	Inhalt des Feldes *HelpKeyword* der Tabelle *ModuleConfiguration*.
HelpLocation	Inhalt des Feldes *HelpLocation* der Tabelle *ModuleConfiguration*.
Name	Inhalt des Feldes *Name* der Tabelle *ModuleConfiguration*.
Type	Inhalt des Feldes *Type* der Tabelle *ModuleConfiguration*.

Tabelle 11.52: Eigenschaften des Interfaces IMsmConfigurableItem

GetFiles

Das Objekt *GetFiles* gibt alle Dateien zurück, die in dem Mergemodul in der entsprechenden Sprache vorliegen. Das Objekt wird durch das Interface *IMsmGetFiles* abgebildet.

Eigenschaft	Beschreibung
ModuleFiles	Gibt alle Primärschlüssel der Tabelle *File* des aktuellen Mergemoduls als Objektauflistung vom Typ *String* zurück.

Tabelle 11.53: Eigenschaften des Interfaces IMsmGetFiles

Verwendung

Wie bereits zuvor erwähnt, ist die Verwendung von *Orca* als Mergetool relativ unkomfortabel. Die fehlende Implementierung zur Übernahme der integrierten Paketdatei sowie weitere fehlende Funktionalitäten, bieten ausreichend Anlass, diese Funktionalität durch eine eigene Anwendung bereitzustellen. Das Objektmodell der Datei *mergemod.dll* stellt alle notwendigen Objekte zur Verfügung, um mit relativ geringem Aufwand eine ansprechende Implementierung durchzuführen.

> **HINWEIS:** In diesem Abschnitt wird nur auf einige zu erstellende Codefragmente eingegangen. Die vollständige Anwendung finden Sie auf der diesem Buch beiliegenden CD.

Die Abbildung 11.11 zeigt die Benutzeroberfläche der entwickelten Anwendung, um Mergemodule mit Windows Installer-Datenbanken zusammenzuführen.

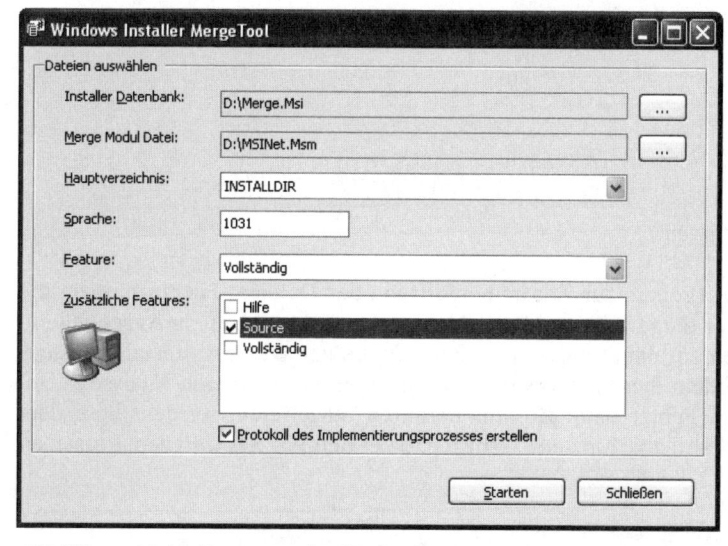

Abbildung 11.10: Benutzeroberfläche der Beispielanwendung

> **HINWEIS:** Bevor Sie die benötigte Objektbibliothek verwenden können, müssen Sie sicherstellen, dass die Datei *mergemod.dll* auf Ihrem Computer ordnungsgemäß registriert wurde. Im Folgenden können Sie die Objektbibliothek der *mergemod.dll* als Verweis Ihrem Microsoft Visual Studio .NET-Projekt hinzufügen, indem Sie im Dialogfeld *Verweise* den Eintrag »Microsoft MSM Merge Type Library« auswählen.

Die Erstellung des MergeTools gestaltet sich in mehreren funktionalen Schritten. Im ersten Teil müssen Informationen aus der Windows Installer-Datenbank ausgelesen werden, damit diese bei der Zusammenführung an die Merge-Routinen übergeben werden können. Diese Informationen werden nach dem Öffnen der Windows Installer-Datenbank ermittelt und in der Benutzeroberfläche dargestellt. Die Features nehmen hierbei eine Sonderrolle ein, da diese in mehreren Steuerelementen angezeigt werden. Das hierfür verwendete Kombinationsfeld ermöglicht die direkte Zuordnung der Komponente aus dem Mergemodul zu einem Installationsfeature. Die Daten des Listenfeldes können optional verwendet werden, um die Modulkomponenten noch weiteren Features zuzuordnen.

```
private string GetInstallerProperty(Installer Installer, Database Database, string Key)
{
    // Funktion zum Abrufen von Werten aus der Property-Tabelle

    string Query = "SELECT 'Value' FROM 'Property' Where Property'.'Property' = ?";

    // View erstellen
    WindowsInstaller.View View = Database.OpenView(Query);

    // Parameter ausfüllen
    WindowsInstaller.Record Record = Installer.CreateRecord(1);
    Record.set_StringData(1, Key);

    View.Execute(Record);

    // Daten abrufen
    WindowsInstaller.Record RecordData = View.Fetch();
    string Value = RecordData.get_StringData(1);

    // Schließen
    View.Close();

    return (Value);
}
```

Listing 11.1: Auslesen der Informationen

Der nächste Schritt beinhaltet den Prozess zur Zusammenführung der Dateien. Hierzu müssen die Basisdateien geöffnet werden, bevor die jeweiligen Methodenaufrufe erfolgen können. Anschließend muss die Paketdatei extrahiert werden, damit diese an späterer Stelle der Windows Installer-Datenbank zugefügt werden kann. Nachdem diese Aktionen ausgeführt wurden, wird eine Analyse aufgetretener Fehler durchgeführt. Sind Fehler beim Zusammenführen aufgetreten, werden diese dem Benutzer angezeigt. Der Benutzer kann anschließend festlegen, ob er den Prozess trotzdem fortsetzen möchte.

```
private bool MergeData()
{
    // Dateien zusammenführen
    MsmMerge2Class MergeObj = new MsmMerge2Class();

    bool Save = true; // Speichern der Implementierungen

    try
    {
        // Datenbank + Modul öffnen
        MergeObj.OpenDatabase(this.txtData.Text);
        MergeObj.OpenModule(this.txtMerge.Text, Convert.ToInt16(this.txtLanguage.Text));

        // Mergeprozess starten
        MergeObj.Merge(this.cmbFeature.Text, this.cmbDir.Text);
```

```csharp
        // An zusätzliche Features anfügen
        for ( int i = 0; i < this.lstAddFeature.CheckedItems.Count; i++ )
        {
            string AddFeature =
            this.lstAddFeature.CheckedItems[i].ToString();

            MergeObj.Connect(AddFeature);
        }

        // Cabinet extrahieren
        MergeObj.ExtractCAB(CabFile);

        if (MergeObj.Errors.Count > 0)
        {
            // Fehler aufgetreten -> Dialog anzeigen
            fError Error = new fError(MergeObj);
            if (Error.ShowDialog() == DialogResult.Cancel)
            {
                // Wenn Abbruch -> nicht speichern
                Save = false;
            }
        }
    }
    finally
    {
        // Objekte schließen
        MergeObj.CloseModule();
        MergeObj.CloseDatabase(Save);
    }
    return(Save);
}
```

Listing 11.2: Zusammenführen der Dateien

Die Integration der Paketdatei sowie das Aktualisieren der Tabelle *Media* stellt eine wichtige Implementierung zur Erstellung eines komfortablen Mergetools dar. Während des Prozesses zur Zusammenführung wurde die Paketdatei in ein temporäres Verzeichnis extrahiert. An dieser Stelle muss diese Datei in der Systemtabelle *_Streams* gespeichert werden. Da dieser Prozess in Verbindung mit dem Aktualisierungsprozess der Tabelle *Media* steht, werden einige gemeinsam benötigte Informationen im Vorfeld ermittelt.

```csharp
private void AddCabToTable(Installer Installer, Database Database, string Name, string Path)
{
    // Daten an _Stream-Tabelle anfügen
    string Query = "INSERT INTO '_Streams' ('Name', 'Data') VALUES (?, ?)";

    // View öffnen
    View View = Database.OpenView(Query);

    // Record erstellen
    Record Record = Installer.CreateRecord(2);

    // Daten übergeben und ausführen
    Record.set_StringData(1, Name);
```

```
    Record.SetStream(2, Path);
    View.Execute(Record);

    // Schließen
    View.Close();
}
```

Listing 11.3: Paketdatei implementieren

Der letzte Schritt besteht nun im Aktualisieren der Tabelle *Media*. Die hierzu benötigten Informationen wurden bereits im Vorfeld ermittelt, sodass diese Aktion lediglich durch ein einfaches SQL-Statement vollzogen werden kann.

```
private void AddToMediaTable(Installer Installer, Database Database, string Name, int DiskId,
            int LastSequence)
{
    // Daten an Media-Tabelle anfügen
    string Query = "INSERT INTO 'Media' ('DiskId', 'LastSequence', 'Cabinet') VALUES (?, ?, ?)";

    // View öffnen
    View View = Database.OpenView(Query);

    // Record erstellen
    Record Record = Installer.CreateRecord(3);

    // Daten übergeben und View ausführen
    Record.set_IntegerData(1, DiskId);
    Record.set_IntegerData(2, LastSequence);
    Record.set_StringData(3, String.Format("#{0}", Name));
    View.Execute(Record);

    // Schließen
    View.Close();
}
```

Listing 11.4: Aktualisieren der Tabelle »Media«

Die entwickelte Beispielanwendung enthält die benötigte Funktionalität, um die Zusammenführung von Modulen und Windows Installer-Datenbanken zu ermöglichen. Eine Implementierung zur Verwaltung von konfigurierbaren Mergemodulen wurde nicht vollzogen, da anhand dieses Beispiels lediglich die Verwendung des Objektmodells im Mittelpunkt stehen sollte.

Fazit

Mergemodule sind vorkompilierte Komponentenpakete, mit denen einer Windows Installer-Datenbank Installationsfeatures hinzugefügt werden können. Bei großen Softwareprodukten mit vielen verschiedenen Setupkonfigurationen und somit einer Vielzahl resultierender Windows Installer-Dateien können Mergemodule verwendet werden, um beispielsweise Basisdateien und weitere Ressourcen zusammenzufassen. Ein Mergemodul ähnelt in seiner Struktur einer Windows Installer-Datenbank, kann jedoch nicht alleine installiert werden, sondern muss mit Hilfe eines Mergetools mit einer Windows Installer-Datenbank zusammengeführt werden. Ein Mergemodul besitzt bis auf wenige Unterschiede im Tabellenlayout dasselbe Format wie eine Windows Installer-Datei und hat die Erweiterung *.msm*.

12 Troubleshooting

389   Validierung
405   Protokollierung
415   Debugging
415   Fazit

Der Bereich des Troubleshootings lässt sich in die Teilbereiche Problemvermeidung und die Problemlösung gliedern. Die Problemvermeidung erfolgt während der Entwicklungsphase und wird durch Überprüfungsmechanismen sichergestellt. Die Problemlösung skizziert ein tatsächliches Installationsproblem in der Live-Umgebung. Zur Feststellung der Ursachen und Behebung dieses Problems können Installationsprotokolle verwendet werden.

Validierung

An dieser Stelle des Buches haben Sie bereits alle internen Strukturen und Verfahrensabläufe des Windows Installer-Paketes kennen gelernt. Sie haben tiefe Einblicke in die Windows Installer-Datenbank erfahren und die logischen Zusammenhänge der enthaltenen Objekte erarbeitet. Sie haben sich Implementierungsregeln angeeignet, die die interne Konsistenz der Windows Installer-Datenbank gewährleisten. Sie sind jedoch ein Mensch, und Menschen neigen dazu, in bestimmten oder unbestimmten Situationen Fehler zu machen. Da solche Fehler das ganze Design des Installationspaketes und somit den Erfolg der Installation in Frage stellen, gibt es einen Prozess, der sämtliche Objekte eines Windows Installer-Paketes auf vorhandene Fehlimplementierungen untersucht. Dieser Prozess wird als Validierung bezeichnet.

Die Validierung eines Installationspaketes stellt sicher, dass dieses Paket den definierten Implementierungsregeln entspricht, dass die interne Konsistenz gewährleistet ist und dass keine fehlerhaften Daten vorhanden sind. Eine Validierung sollte immer durchgeführt werden, wenn Sie ein neues Installationspaket erstellt oder Modifikationen an einem Paket vorgenommen haben.

HINWEIS: Um die Stabilität im Installationsprozess sicherzustellen und Seiteneffekte auszuschließen, darf ein Windows Installer-Paket niemals ohne Validierung ausgeliefert werden.

Die Validierung von Installationspaketen kann mit einer Vielzahl unterschiedlicher Tools durchgeführt werden, die je nach Validierungsart unterschiedlich eingesetzt werden können. Die Windows Installer-Technologie kennt drei verschiedene Validierungsarten, die sich hinsichtlich der Überprüfungsziele und der zeitlichen Abfolge im Erstellungsprozess unterscheiden:

- Interne Validierung

- String-Pool Validierung
- Internal Consistency Evaluators (ICE)

Im weiteren Verlauf dieses Kapitels werden Sie mehr über diese Validierungsarten erfahren, bei denen jedoch die interne Konsistenzauswertung (ICE) den größten Stellenwert in dieser Thematik einnimmt.

Interne Validierung

Die interne Validierung ist die einfachste der drei Validierungsarten. Sie ist vergleichbar mit dem Syntaxcheck im Rahmen der Softwareentwicklung. Die interne Validierung wird automatisch von allen Authoringtools direkt bei der Datenerfassung ausgeführt. Bei der Verwendung eigener programmtechnischer Implementierungen zur Erfassung von Daten ist darauf zu achten, dass hierfür die Methode *View.Modify* oder die Funktion *MsiViewModify* mit den entsprechenden Parametern verwendet wird.

HINWEIS: Die Methode *View.Modify* stellt mehrere Möglichkeiten zur Verfügung mit denen die interne Validierung veranlasst werden kann. Führen Sie diese Methode mit dem Parameter *msiViewModifyValidate* aus, um den zu modifizierenden Datensatz auf Regelkonformität zu prüfen.

Betrachten Sie zum besseren Verständnis der internen Validierung eine Windows Installer-Datenbank zunächst aus der »Low-Level-Perspektive«. Bei der Definition einer Datenbanktabelle können nur wenige Informationen deklariert werden. Zu diesen Informationen zählen der Tabellenname, der Primärschlüssel, die Spaltenbezeichnungen und die verwendeten Datentypen. Eine Spalte in einer Windows Installer-Datenbank kann ausschließlich Ganzzahlen (*Short* oder *Long*), Zeichenketten oder binäre Werte aufnehmen. In vielen Fällen benötigt ein Windows Installer-Paket jedoch spezielle Formen dieser Datentypen. Betrachten Sie hierzu die Spalte *ComponentId* der Tabelle *Component*. In der eigentlichen Tabellendefinition ist diese Spalte als Datentyp »s38«, also als eine Zeichenkette mit einer maximalen Länge von 38 Zeichen festgelegt. Bei der tatsächlichen Nutzung dürfen jedoch ausschließlich Zeichenketten in Form einer *GUID* verwendet werden.

Bei der Erfassung und Modifikation von Daten wird im Rahmen der internen Validierung die ordnungsgemäße Verwendung auf Basis der Tabellendefinition sichergestellt. Dieser Teilaspekt der internen Validierung erstreckt sich auf folgende Szenarien:

- Überprüfung der Eindeutigkeit des Primärschlüssels.
- Ordnungsgemäße Verwendung der Datentypen. Das Speichern einer Zeichenfolge in einem numerischen Feld wird untersagt.

Der zweite Teilaspekt der internen Validierung erstreckt sich auf die Überprüfung zusätzlicher Attribute für die Datenspalten:

- Verfügen *Nicht-Null*-Spalten über eingegebene Werte?
- Befinden sich numerische Werte in einem definierten Bereich (Minimum, Maximum)?
- Sind bei Referenzen die zugeordneten Werte in anderen Tabellen vorhanden?
- Sind nur die Werte einer definierten Auswahl in einer Spalte erfasst worden?
- Entspricht der eingegebene Wert der definierten Vorlage, wie beispielsweise einer *GUID*?

Die Spezifikationen für diese Validierungen werden in der Tabelle *_Validation* festgelegt. Diese Tabelle enthält für jede Spalte der Windows Installer-Datenbank einen Datensatz, der zusätzliche Attribute für die Spalte festlegt. In Abhängigkeit zu dem verwendeten Datentyp können unterschiedliche Überprüfungsmodelle für den Validierungsprozess bereitgestellt werden.

Spalte	Datentypen			Beschreibung
	Integer	String	Binary	
Nullable	x	x	x	Legt fest, ob *Nullwerte* zugelassen sind.
MinValue	x	x		Legt die Unter- und Obergrenze eines Wertebereichs fest.
MaxValue	x	x		Legt die Unter- und Obergrenze eines Wertebereichs fest.
KeyTable	x	x		Definiert die Tabelle zu der eine Beziehung hergestellt werden muss.
KeyColumn	x	x		Definiert die Tabellenspalte, die referenziert werden muss.
Category		x	x	Legt die erweiterte Vorlage für den Datentyp fest, wie *GUID*.
Set	x	x		Definiert eine Werteliste, aus der ein Wert verwendet werden muss.

Tabelle 12.1: Überprüfungsmodelle für die Datentypen

HINWEIS: Die Validierung anhand der Tabelle 12.1 wird leider nicht von allen Authoringtools konsequent durchgeführt, sodass für eine effektive Überprüfung der internen Regelkonformität zusätzliche Validierungsmechanismen verwendet werden müssen.

String-Pool-Validierung

Der Windows Installer speichert alle Zeichenketten aus Gründen der Performancesteigerung und Speicherplatzminimierung an einer zentralen Position, dem so genannten String-Pool. In der Benutzeroberfläche eines Installationspaketes wird häufig die Zeichenkette »Weiter >« verwendet. Diese Zeichenkette wird jedoch nur einmal im String-Pool abgelegt und zur Verwendung von anderen Positionen aus referenziert. Im Rahmen der String-Pool-Validierung werden mehrere Überprüfungsszenarien veranlasst.

Überprüfung des Referenzzählers

Im String-Pool werden alle verwendeten Zeichenketten nur einmal abgelegt und mit einer ID versehen. Ebenfalls wird ein Zähler implementiert, der die Anzahl der Referenzen enthält. Im Rahmen der String-Pool Validierung wird dieser Referenzzähler mit der tatsächlichen Anzahl der Zeichenketten verglichen. Bei einer Differenz dieser beiden Werte wird eine entsprechende Meldung angezeigt.

Weist die von Ihnen geprüfte Datenbank ein Problem hinsichtlich der Referenzzählung auf, können Sie diese Inkonsistenz durch das Tool *msidb.exe* beheben. Öffnen Sie Ihre Datenbank mit dem erwähnten Tool, und exportieren Sie alle Tabellen. Erstellen Sie eine neue Windows Installer-Datenbank, und importieren Sie diese Tabellen.

WICHTIG: Das Manipulieren von Daten einer Windows Installer-Datenbank, die über eine inkonsistente Referenzzählung verfügt, kann zu erheblichen Datenverlusten führen.

DBCS-Zeichenkettentest

Beim DBCS-Zeichenkettentest (Double Byte Character Set) wird jede Zeichenfolge der Datenbank auf Inkonsistenz zu der verwendeten Codepage geprüft. Bei Paketen mit einer neutralen Codepage (Codepage = 0) wird geprüft, ob Zeichen aus dem erweiterten Zeichensatz (ASCII größer als 127) verwendet werden. Bei Paketen, die eine Codepage verwenden, werden alle Zeichenketten auf Verwendung eines für diese Codepage unzulässigen Zeichens geprüft.

Sollte in Ihrem Windows Installer-Paket der DBCS-Zeichenkettentest ungültige Zeichenketten aufzeigen, sollten Sie auf Zeichen des erweiterten Zeichensatzes bei Verwendung einer neutralen Codepage verzichten oder eine spezifizierte Codepage verwenden.

Zum Festlegen einer spezifizierten Codepage erstellen Sie eine leere Textdatei in dem folgenden Format: zwei Leerzeilen, gefolgt von einer neuen Zeile, die die numerische Darstellung der Codepage (z.B. 1252) enthält, einem Tabulatorzeichen und der anschließenden Zeichenfolge »_ForceCodepage«. Speichern Sie diese Datei unter der Bezeichnung *codepage.idt* und importieren Sie diese Datei in Ihre Windows Installer-Datenbank. Verwenden Sie zum Importieren das Tool *msidb.exe*.

Durchführen der String-Pool-Validierung

Zur Durchführung der String-Pool-Validierung befindet sich im Windows Installer SDK das Tool *msiinfo.exe*. Verwenden Sie die folgende Befehlszeile, um die Überprüfung durchzuführen:

msiinfo.exe <Pfad zur .msi Datei> /D

Sollten bei der Überprüfung fehlerhafte Daten entdeckt werden, wird die ID der Zeichenkette ausgegeben. Um die Zeichenkette eindeutig zu identifizieren, müssen Sie sich den Inhalt des String-Pools ebenfalls anzeigen lassen. Verwenden Sie hierzu die folgende Syntax:

msiinfo.exe <Pfad zur .msi Datei> /B /D

Sie finden auf der beiliegenden Buch-CD ein Tool zur Durchführung der String-Pool-Validierung. Dieses Tool verwendet auch *msiinfo.exe*, es stellt jedoch die Ergebnisse in einer modernen Benutzeroberfläche zur Verfügung.

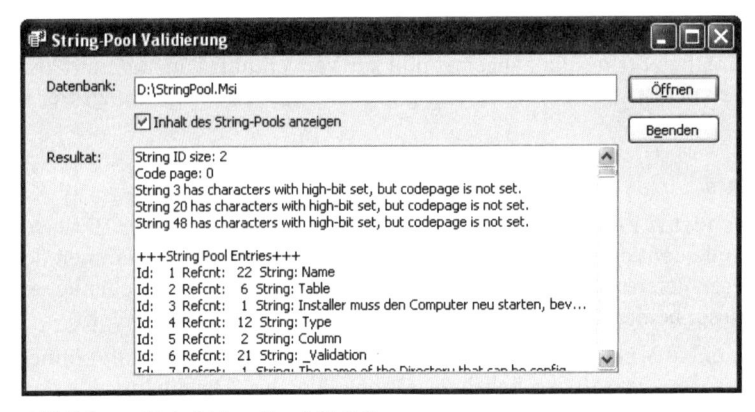

Abbildung 12.1: *String-Pool-Validierung*

Im oberen Bereich des Ausgabefensters finden Sie Hinweise auf die Zeichenketten, die in diesem Beispiel Zeichen des erweiterten Zeichensatzes verwenden. Darunter folgt eine komplette Auflistung der Zeichenketten des String-Pools mit der Anzahl der Referenzen und der IDs.

Internal Consistency Evaluators

Bei dieser Überprüfungsmethode wird die interne Datenbankkonsistenz durch so genannte »Internal Consistency Evaluators (ICE)« sichergestellt. Diese Methode stellt die komplexeste und flexibelste Überprüfungsmöglichkeit im Rahmen der Validierung von Windows Installer-Paketen dar. Die Grundlage dieser Überprüfung bilden benutzerdefinierte Aktionen, die in einer zweckoptimierten

Windows Installer-Datenbank mit der Dateiendung *.cub* abgelegt sind. Eine solche Datenbank kann mit jedem Authoringtool geöffnet und bearbeitet werden und muss über die folgenden Tabellen verfügen.

Tabelle	Beschreibung
Binary	Entspricht der Tabelle *Binary* einer normalen Windows Installer-Datenbank. In dieser Tabelle sind die Skriptdateien, Bibliotheken oder Anwendungen enthalten, die von der Tabelle *CustomAction* referenziert werden.
CustomAction	Jeder Datensatz dieser Tabelle entspricht einer benutzerdefinierten Aktion, die in einer Datei der Tabelle *Binary* abgelegt ist.
_ICESequence	Diese Tabelle enthält die Ausführungsreihenfolge für die benutzerdefinierten Aktionen zur Durchführung der Validierung.
_Validation	Enthält Informationen zur internen Validierung der *.cub*-Datei.
_Special	Die Bezeichnung *_Special* repräsentiert optionale Tabellen, die für den Validierungsprozess benötigt werden. Dem Tabellennamen ist der Unterstrich »_« voranzustellen.

Tabelle 12.2: Benötigte Tabellen einer Validierungsdatenbank

Eine ICE-Validierung kann mit nahezu allen Authoringtools durchgeführt werden. Das meiner Meinung nach beste Validierungstool ist der *Windows Installer Tabellen Editor* (*Orca*). Der Vorteil dieser Anwendung ist die einfache Handhabung und die optimale Darstellungsform aufgefundener Fehlerquellen. Das Windows Installer SDK enthält zusätzlich das Befehlszeilentool *msival2.exe* zur Durchführung von ICE-Validierungen.

HINWEIS: Die benutzerdefinierten Aktionen zur Durchführung der Validierung sind fortlaufend nummeriert und tragen den Präfix »ICE«. Für die aktuelle Windows Installer-Version existieren derzeit die Aktionen *ICE01* bis *ICE96*.

Bei der Installation der Tools aus dem Windows Installer SDK werden vier verschiedene Validierungsdatenbanken (*.cub*) installiert, die eine zweckgerichtete Implementierung aufweisen:

- Die »Full MSI Validation Suite« wird durch die Datei darice.cub repräsentiert und enthält alle *ICEs*, die zur Überprüfung von Windows Installer-Datenbanken notwendig sind. Diese Suite sollte bevorzugt verwendet werden, weil hiermit alle Testszenarien durchlaufen werden.
- Die »Windows 2000 Logo Program Suite« enthält Aktionen, die eine Überprüfung hinsichtlich der Windows 2000 Logo Requirements veranlassen. Diese Suite wird durch die Datei logo.cub bereitgestellt.
- Die »Windows XP Logo Program Suite« prüft die Datenbank auf Einhaltung der Windows XP Logo Requirements. Sie wird durch die Datei XPlogo.cub repräsentiert.
- Die »Merge Module Validation Suite« enthält spezielle Funktionen zur Überprüfung der internen Konsistenz von Mergemodule. Die Funktionalität ist in der Datei mergemod.cub abgelegt.

Der generelle interne Ablauf der Validierung ist bei allen Authoringtools identisch. Zunächst wird eine temporäre Kopie der Windows Installer-Datenbank angelegt und die spezifizierte *.cub*-Datei importiert. Im Folgenden werden die Aktionen der Tabelle *_ICESequence* in der definierten Reihenfolge ausgeführt und die Ergebnisse entsprechend der Anwendung dargestellt. Nachdem der Validierungsprozess beendet ist, werden alle temporären Dateien wieder entfernt.

Durchführen der ICE-Validierung

Öffnen Sie die zu überprüfende Datenbank mit *Orca* und wählen Sie den Menüpunkt *Validate* des Menüs *Tools*. Sie können im Dialogfeld *Validation Output* festlegen, welche Suite Sie als Grundlage für Ihr Validierungsszenario verwenden möchten. Falls die Überprüfung nur auf einzelne ICE-Typen begrenzt werden soll, können Sie diese in dem dafür vorgesehenen Feld eingeben. Starten Sie die Validierung, indem Sie die Schaltfläche *Go* aktivieren.

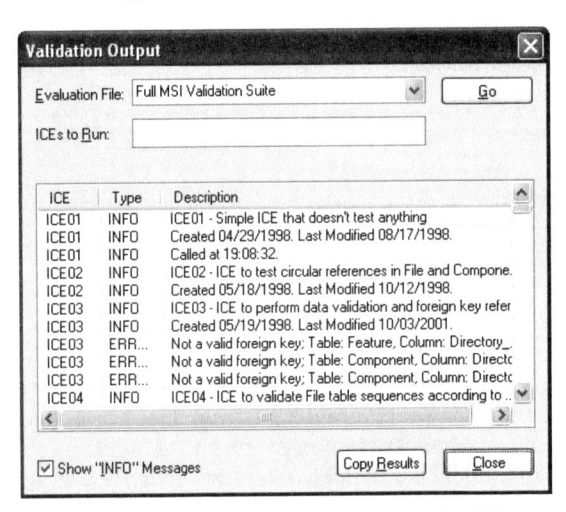

Abbildung 12.2: Dialogfeld zum Starten der Validierung mit Orca

Die Validierung kann in Abhängigkeit zu der Komplexität der Datenbank einige Zeit in Anspruch nehmen. Während der Validierung werden Ihnen die einzelnen Ergebnisse in der tabellarischen Darstellung des Dialogfeldes angezeigt. Die Darstellung bezieht sich auf den entsprechenden ICE-Typ, auf die Kategorie und auf eine detaillierte Beschreibung des Ergebnisses. Die Validierungsmeldungen werden in vier Kategorien unterteilt.

- Fehler: Diese Meldungen beschreiben Probleme in der Windows Installer-Datenbank. Beispielsweise werden zu dieser Kategorie mehrfach verwendete *GUIDs* zur Identifizierung von Komponenten gezählt, da solche Implementierungen die Funktionalität der Komponentenregistrierung negativ beeinflussen.
- Warnungen: Diese Meldungen weisen auf Probleme in der Datenbank hin, die unter bestimmten Umständen auftreten können. Hierzu werden beispielsweise Eigenschaften gezählt, die sich an unterschiedlichen Positionen der Datenbank befinden und über einen identischen Namen verfügen, sich aber in der Groß- und Kleinschreibung unterscheiden. Für den Windows Installer handelt es sich hierbei um verschiedene Eigenschaften.
- Abbrüche: Abbrüche treten auf, wenn die Datenbank so schwerwiegende Fehler enthält, dass die Validierung nur teilweise oder gar nicht durchgeführt werden kann.
- Informationen: Diese Meldungen enthalten Informationen und Beschreibungen über die gerade durchgeführte Aktion. Sie kennzeichnen kein Problem mit der Datenbank. Die Anzeige der Informationen kann durch das entsprechende Kontrollkästchen im Dialogfeld Validation Output deaktiviert werden.

Nachdem Sie das Dialogfeld geschlossen haben, öffnet sich am unteren Rand des Basisfensters von *Orca* eine als *Validation Pane* bezeichnete Liste. Darin werden alle relevanten Validierungsergeb-

nisse dargestellt. Aktivieren Sie in dieser Liste eine entsprechende Validierungsmeldung, aktualisiert
Orca alle weiteren Ansichten und zeigt Ihnen die problembehafteten Stellen automatisch an. Weiterhin werden alle fehlerbehafteten Tabellen und Datenfelder grafisch hervorgehoben dargestellt.

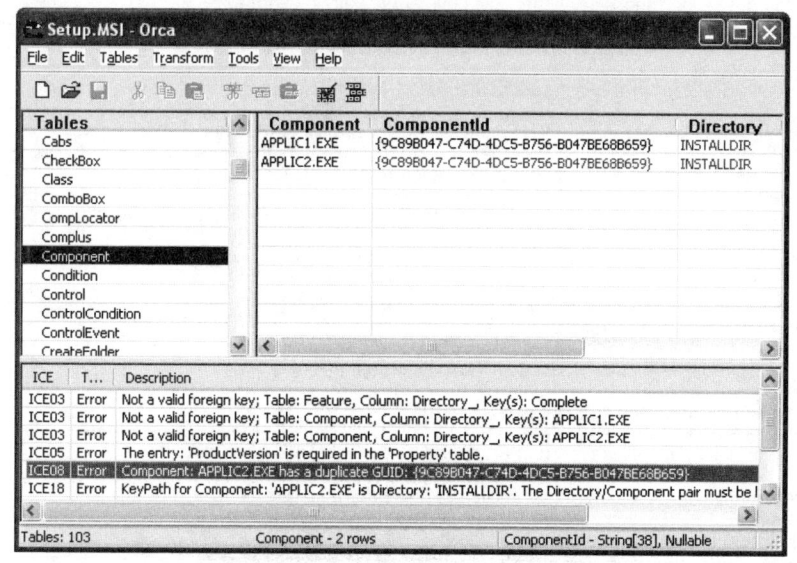

Abbildung 12.3: Darstellung der Validierungsergebnisse in Orca

HINWEIS: Das Windows Installer SDK enthält zur Durchführung von Validierungen zusätzlich das Befehlszeilentool *msival2.exe*. Eine detaillierte Beschreibung der benötigten Parameter finden Sie in ▶ Kapitel 2 »Tools und Anwendungen«.

Validierungstypen

Die »Full MSI Validation Suite« enthält alle verfügbaren Validierungstypen, die zur Überprüfung von Windows Installer-Paketen herangezogen werden können. In der Tabelle 12.3 sind alle verfügbaren Validierungstypen mit einer Beschreibung dargestellt:

ICE	Ziel der Validierung
ICE01	Funktionalität des ICE-Mechanismus.
ICE02	Gegenseitige Referenz zwischen Eintragungen der Tabellen *Component*, *File* und *Registry* über den *KeyPath*.
ICE03	Gültige Datentypen und Referenzen auf Basis der Tabelle *_Validation*.
ICE04	Konsistenz zwischen dem Feld *Sequenz* der Tabelle *File* und dem Feld *LastSequence* der Tabelle *Media*.
ICE05	Gefüllte Pflichtfelder in mehreren Tabellen.
ICE06	Fehlende Spalten und Tabellen in der Datenbank auf Basis der Eintragungen in der Tabelle *_Validation*.
ICE07	Ausschließliche Installation von Schriftarten in dem Systemordner für Schriftarten.
ICE08	Mehrfache Verwendung von identischen *GUIDs* in der Spalte *ComponentId* der Tabelle *Component*.
ICE09	Gesetztes Flag *Permanent* für Dateien, die in den Systemordner kopiert werden.
ICE10	Kompatibler Status für die Installation bei Bedarf zwischen Features und untergeordneten Features. ▶

Troubleshooting

ICE	Ziel der Validierung
ICE11	Verwendung einer *GUID* in der Spalte *Source* der Tabelle *CustomAction* bei eingebetteten Installationen.
ICE12	Gültige Einordnung in die Sequenztabellen bei benutzerdefinierten Aktionen vom *Typ 35* und *51*.
ICE13	Unerlaubte Implementierung von Dialogfeldern in Ausführungssequenzen.
ICE14	Unerlaubte Verwendung des Flags *msidbFeatureAttributesFollowParent* bei dem Basisfeature der Installation.
ICE15	Erforderliche gegenseitige Referenz zwischen den Eintragungen der Tabellen *MIME* und *Extension*.
ICE16	Beachtung der maximalen Länge von 63 Zeichen für die Eigenschaft *ProductName*.
ICE17	Abhängigkeit von bestimmten Eintragungen der Tabelle *Control* mit anderen Tabellen, wie *PushButton*, *ListBox* etc.
ICE18	Verwendung des Zielverzeichnisses als *KeyPath*, falls dieser *Null* aufweist.
ICE19	Gültige Verwendung von Tabellen für die Installation bei Bedarf.
ICE20	Existenz der unbedingt benötigten Dialogfelder in der Tabelle *Dialog*.
ICE21	Gültige Zuordnung aller Komponenten zu mindestens einem Feature.
ICE22	Gültige Eintragungen in den Spalten *Feature_* und *Component_* der Tabelle *PublishComponent*.
ICE23	Gültige Tabulatorreihenfolge der Steuerelemente in allen Dialogfeldern.
ICE24	Verwendung bestimmter Eintragungen der Tabelle *Property*.
ICE25	Gültigkeit der Abhängigkeiten und Ausschlüsse von Mergemodulen.
ICE26	Existenz von benötigten und verbotenen Aktionen in Sequenztabellen.
ICE27	Ordnungsgemäße Organisation und Anordnung in den Sequenztabellen.
ICE28	Korrekte Einordnung der Aktion *ForceReboot* in den Prozess.
ICE29	Eindeutigkeit des Datenstroms, wenn dieser auf 62 Zeichen gekürzt wurde.
ICE30	In mehreren Komponenten enthaltene Dateien, die nicht mehrfach in den identischen Zielordner kopiert werden.
ICE31	Schriftstile der Spalte *Text* in der Tabelle *Control*.
ICE32	Verwendung identischer Datentypen und Feldgrößen bei Primär- und Fremdschlüsseln.
ICE33	Unzulässige Einträge der Tabelle *Registry*, die normalerweise anderen Tabellen zugeordnet werden müssen.
ICE34	Fehlender Standardwert für jede Gruppe von *RadioButtons*.
ICE35	Unerlaubte Ausführung vom Quellmedium bei Dateien, die in der Paketdatei (*.cab*) gespeichert sind.
ICE36	Gültige Verwendung der Symbole, die in der Tabelle *Icon* aufgelistet sind.
ICE38	Existierender Eintrag in der Systemregistrierung unter *HKEY_CURRENT_USER* als *KeyPath*, falls die Komponente im Benutzerprofil abgelegt wird.
ICE39	Gültige Eigenschaftswerte des *Summary Information Streams*.
ICE40	Verschiedene Überprüfungen.
ICE41	Gültige Zuordnung von Eintragungen der Tabellen *Extension* und *Class* zu Komponenten.
ICE42	Ungültige Verwendung von Eintragungen in der Tabelle *Class*, die eine ausführbare Datei referenzieren.
ICE43	Verwendung eines Eintrages unter *HKEY_CURRENT_USER* als *KeyPath* für normale Dateiverknüpfungen. ▶

ICE	Ziel der Validierung
ICE44	Verwendung von gültigen Dialogfeldern bei den Ereignissen *NewDialog*, *SpawnDialog* und *SpawnWaitDialog* der Tabelle *ControlEvent*.
ICE45	Unzulässige Verwendung von reservierten Flags.
ICE46	Unzulässige Verwendung von Eigenschaften, die sich nur durch Groß- und Kleinschreibung unterscheiden.
ICE47	Unzulässige Existenz von Features mit mehr als 1.600 Komponenten unter Windows NT/2000 und mehr als 800 Komponenten unter Windows 9x.
ICE48	Unzulässige Existenz von hart codierten lokalen Verzeichnissen in der Tabelle *Property*.
ICE49	Verwendung von Eintragungen in der Tabelle *Registry*, die nicht vom Typ *REG_SZ* sind.
ICE50	Korrekte Anzeige der Symbole für Dateiverknüpfungen.
ICE51	Verwendung von *FontTitle* bei TTC/TTF-Schriftarten.
ICE52	Unzulässige Verwendung von privaten Eigenschaften in der Tabelle *AppSearch*.
ICE53	Unzulässige Eintragungen der Tabelle *Registry*, die Eintragungen für Gruppenrichtlinien anlegen.
ICE54	Verwendung von *CompanionFiles*.
ICE55	Fehlende *Permission* für Objekte der Tabelle *LockPermission*.
ICE56	Existenz eines Stammverzeichnisses in der Ordnerstruktur der Datenbank.
ICE57	Ungültige gemeinsame Verwendung von Computer- und Benutzerdaten.
ICE58	Überschreitung der maximalen Anzahl von 80 Eintragungen in der Tabelle *Media*.
ICE59	Angemeldete Dateiverknüpfungen müssen eine Komponente referenzieren, die durch das Feature der Verknüpfung installiert werden.
ICE60	Objekte der Tabelle *File*, mit Ausnahme von Schriftarten, die über eine Version verfügen, müssen auch über eine Sprachkennzeichnung verfügen.
ICE61	Existenz der Tabelle *Upgrade*.
ICE62	Umfassende Überprüfung der Tabelle *IsolatedComponent*.
ICE63	Richtige Sequenzeinordnung der Aktion *RemoveExistingProducts*.
ICE64	Ordnungsgemäße Verwendung von Ordnern im Benutzerprofil.
ICE65	Verwendung ungültiger Präfixe bei Eintragungen der Tabelle *Environment*.
ICE66	Konsistenz der Datenbanktabellen und des festgelegten Schemas.
ICE67	Dateiverknüpfungen müssen auf die gleiche Komponente wie das Zielobjekt abzielen.
ICE68	Gültige Verwendung der Typen für benutzerdefinierte Aktionen.
ICE69	Ungültige Verwendung von überkreuzten Referenzen bei Zeichenfolgen der Form »[$componentkey]«.
ICE70	Gültigkeit von ganzzahligen Werten in Einträgen der Systemregistrierung.
ICE71	Vorhandener Eintrag mit der *DiskId* = »1« in der Tabelle *Media*.
ICE72	Ausschließliche Verwendung von benutzerdefinierten Aktionen vom *Typ 19, 35* oder *51* in der Tabelle *AdvtExecuteSequence*.
ICE73	Ungültige Verwendung von *ProductCodes* und *PackageCodes* aus den Beispielen des Windows Installer SDK.
ICE74	Ungültige Implementierung der Eigenschaft *FASTOEM* in der Tabelle *Property*. ▶

ICE	Ziel der Validierung
ICE75	Ordnungsgemäße Einordnung von benutzerdefinierten Aktionen, die in der Spalte *Source* eine installierte Datei referenzieren, nach der Aktion *CostFinalize*.
ICE76	Ungültige Referenzierung von Katalogen für den Windows-Dateischutz durch Eintragungen der Tabelle *BindImage*.
ICE77	Ordnungsgemäße Einordnung von benutzerdefinierten Aktionen zwischen *InstallInitalize* und *InstallFinalize*, wenn das Flag *msidbCustomActionTypeInScript* gesetzt ist.
ICE78	Eintragungen in der Tabelle *AdvtUISequence*.
ICE79	Referenzierung von Features und Komponenten über die Spalten *Condition* in der Datenbank.
ICE80	Spezifizierung von 64-Bit-Komponenten oder benutzerdefinierten Aktionen.
ICE81	Gültigkeit der Eintragungen in den Tabellen *MsiDigitalCertificate* und *MsiDigitalSignature*.
ICE82	Eintragungen der Tabelle *InstallExecuteSequence*.
ICE83	Eintragungen der Tabelle *MsiAssembly*.
ICE84	Ungültige Verwendung von Bedingungen für unbedingt benötigte Standardaktionen.
ICE85	Ordnungsgemäße Verwendung der Spalte *SourceName* in der Tabelle *MoveFile*.
ICE86	Ungültige Verwendung der Eigenschaft *AdminUser* in einer Bedingung.
ICE87	Ungültige Verwendung von Eigenschaften wie *ADDLOCAL, REMOVE* etc. in der Tabelle *Property*.
ICE88	Inhalt der Spalte *DirProperty* der Tabelle *IniFile*.
ICE89	Ungültiger Inhalt in der Spalte *ProgId_Parent* der Tabelle *ProgId*.
ICE90	Ungültige Festlegung eines Verzeichnisses für Dateiverknüpfungen als öffentliche Eigenschaft.
ICE91	Installation einer Datei, Initialisierungsdatei oder Dateiverknüpfung in ein Verzeichnis des Benutzerprofils ohne Beachtung der Eigenschaft *ALLUSERS*.
ICE92	Ungültige Verwendung von permanenten Komponenten.
ICE93	Ungültige Bezeichnung für benutzerdefinierte Aktionen.
ICE94	Ungültige Referenzierung einer Datei des »Global Assembly Cache« von einer normalen Dateiverknüpfung.
ICE95	Konsistente Verwendung der Tabellen *Control* und *BBControl*.
ICE96	Implementierung der Aktionen *PublishFeatures* und *PublishProduct* in der Tabelle *AdvtExecuteSequence*.

Tabelle 12.3: Validierungstypen für Windows Installer-Datenbanken

Bei der Validierung von Mergemodulen werden einige der bereits erläuterten ICE-Typen verwendet. Darüber hinaus stehen noch spezielle Validierungstypen für die Moduldatenbank zur Verfügung.

ICE	Ziel der Validierung
ICEM01	Funktionalität des ICE-Mechanismus.
ICEM02	Ungültige Verwendung der Tabellen *ModuleDepedency* und *ModuleExclusion*.
ICEM03	Fehlende Definition von Aktionen als *BaseAction*.
ICEM04	Vorhandene Eintragungen in Tabellen, die keine Eintragungen enthalten dürfen.
ICEM05	Ungültige Referenzierung mit Komponenten. ▶

ICE	Ziel der Validierung
ICEM06	Ungültige Referenzierung mit Features.
ICEM07	Konsistenz der Dateireihenfolge in der Tabelle *File* und im »MergeModule.CABinet«.
ICEM08	Identische Eintragungen, die sowohl in der Tabelle *ModuleDepedency* als auch in der Tabelle *ModuleExclusion* vorkommen.
ICEM09	Ordnungsgemäße Verwendung von vordefinierten Verzeichnissen.
ICEM10	Fehlerhafte Implementierung von nicht erlaubten Eigenschaften in der Tabelle *Property*.
ICEM11	Fehlende Eintragungen für die Tabellen *ModuleConfiguration* und *ModuleSubstitution* in der Tabelle *ModuleIgnoreTable*.
ICEM12	Definition von Sequenznummern für Standardaktionen und Eintragungen in den Spalten *BaseAction* und *After* für benutzerdefinierte Aktionen.
ICEM14	Ordnungsgemäße Verwendung der Spalte *Value* der Tabelle *ModuleSubstitution*.

Tabelle 12.4: Validierungstypen für Mergemodule

Individuelle Validierungstypen

Die bereits dargestellten Validierungstypen beinhalten alle Funktionen zur Überprüfung der Datenbankkonsistenz in einem Windows Installer-Paket und tragen daher in erheblichem Maß zur Produktstabilität bei. Validierungstypen eignen sich auch, um individuelle Prüfroutinen für Windows Installer-Pakete bereitzustellen, um beispielsweise eine unternehmensspezifische Richtlinie für Windows Installer-Pakete zu definieren und durchzusetzen.

Zur Verdeutlichung der Thematik hier eine Erläuterung der individuellen Validierungstypen anhand eines Beispiels:

Sie sollen für Ihr Unternehmen Validierungstypen für Windows Installer-Pakete erstellen, die folgende Unternehmensvorgaben prüfen und dokumentieren:

- In jeder Windows Installer-Komponente darf nur maximal eine Datei vom Typ *.exe*, *.dll* oder *.ocx* enthalten sein.
- In jedem Dialogfeld muss in der Titelleiste der Name des Unternehmens stehen.
- Die Validierung auf Basis dieser individuellen Typen soll mit *Orca* möglich sein.

Dieses Szenario ist beliebig erweiterbar und soll lediglich dazu dienen, Ihnen eine entsprechende Implementierung aufzuzeigen. Die Implementierung eines solchen Szenarios setzt mehrere Schritte voraus.

1. Erstellen einer benutzerdefinierten Aktion, die die Programmlogik zur Validierung enthält.
2. Erstellen einer Validierungsdatenbank.
3. Integration in das Dialogfeld *Validation Output* von *Orca*.

Programmtechnische Implementierung

Die programmtechnische Implementierung der Validierungslogik ist in Form einer benutzerdefinierten Aktion zu realisieren. Hierzu stehen Ihnen die folgenden Arten von benutzerdefinierten Aktionen zur Verfügung.

Typ	Beschreibung
1	In der Tabelle *Binary* gespeicherte DLL-Datei.
2	In der Tabelle *Binary* gespeicherte EXE-Datei.
5	In der Tabelle *Binary* gespeicherte JScript-Datei.
6	In der Tabelle *Binary* gespeicherte VBScript-Datei.
37	JScript-Code, der in der Sequenztabelle definiert wird.
38	VBScript-Code, der in der Sequenztabelle definiert wird.

Tabelle 12.5: Aktionstypen zur Erstellung individueller Validierungen

Bei der Erstellung der benutzerdefinierten Aktion müssen Sie folgende Besonderheiten beachten:

- Setzen Sie nicht voraus, dass es sich beim Handle oder beim Objekt, das die ICE-Informationen empfängt, um eine Installationsinstanz handelt. Während der Validierung stehen Ihnen die aktuellen Zustände der Features und die ermittelten Verzeichnispfade nicht zur Verfügung.
- Verwenden Sie keine Implementierungen, die auf vorangegangenen Aktionen aufbauen. Im Rahmen der ICE-Validierung werden alle temporären Daten vor dem Abschluss der benutzerdefinierten Aktion gelöscht.

Beim Durchführen der Validierung werden von der benutzerdefinierten Aktion spezifische Meldungen gesendet, die vom jeweiligen Validierungstool ausgewertet und dargestellt werden. Das Senden dieser Meldungen muss über die Windows Installer API-Funktion *MsiProcessMessage* oder über die Methode *Session.Message* veranlasst werden. Eine solche Meldung muss folgender Struktur entsprechen:

[Name vom ICE-Typ] <tab> [Meldungstyp] <tab> [Beschreibung] <tab> [Hilfe oder URL] <tab> [Name der Tabelle] <tab> [Name der Spalte] <tab> [Primärschlüssel] <tab> [Primärschlüssel] ... (Weitere Primärschlüssel, falls vorhanden)

Die ersten drei Felder sind in jeder Meldung anzugeben. Das Feld *Meldungstyp* legt die Art der durchgeführten Validierung fest.

Typ	Beschreibung
0	Abbruch
1	Fehler
2	Warnung
3	Information

Tabelle 12.6: Meldungstypen

Sollte keine Hilfe verfügbar sein, kann in dem entsprechenden Feld eine leere Zeichenfolge verwendet werden. Die Definition der Tabelle, Spalte und der Primärschlüssel dient u.a. dazu, die problembehafteten Datensätze in der Datenbank zu lokalisieren.

Die Implementierung der benutzerdefinierten Aktion kann unter Verwendung unterschiedlicher Programmiersprachen vorgenommen werden. Ich verwende für das Beispiel VBScript. Nachfolgend finden Sie die Implementierung zur Überprüfung des fehlenden Firmennamens in der Titelleiste der Dialogfelder. Für diese Validierungsart habe ich die Bezeichnung *ICE201* gewählt. Die weitere

Skriptdatei mit der Bezeichnung *ICE200* sowie alle weiteren Quellen zu dieser Thematik finden Sie auf der beiliegenden Buch-CD.

```
Function ICE201()

'/* Record erstellen, um Meldungen zurückzugeben
   Set recInfo=Installer.CreateRecord(2)
   If Err <> 0 Then
       ICE201=1
       Exit Function
   End If

   '/* Beschreibung für den Test: Meldungstyp Information
   recInfo.StringData(0)="ICE201" & Chr(9) & "3" & Chr(9) &
   "ICE201 - Checks for Dialog Caption without Manufacturername"
   Message &h03000000, recInfo

   '/* Datum der Erstellung angeben: : Meldungstyp Information
   recInfo.StringData(0)="ICE201" & Chr(9) & "3" & Chr(9) &
           "Created 10/28/02 by Andreas Kerl.
             Last Modified 01/31/02."
   Message &h03000000, recInfo

   '/* Prüfen ob die Dialog-Tabelle vorhanden ist
   If Database.TablePersistent("Dialog") <> 1 Then
       recInfo.StringData(0)="ICE201" & Chr(9) & "3" & Chr(9) &
             "'Dialog' table missing. ICE201 cannot
              continue its validation." &
              Chr(9) & "http://dartools/Iceman/ICE201.html"
       Message &h03000000, recInfo
       ICE201 = 1
       Exit Function
   End If

   '/* View ausführen
   Set View = Database.OpenView("SELECT 'Dialog', 'Title' FROM
                    'Dialog'")
   View.Execute
   If Err <> 0 Then
   recInfo.StringData(0) = "ICE201" & Chr(9) & "0" &
         Chr(9) & "View.Execute API Error"
   Message &H3000000, recInfo
   ICE201 = 1
     Exit Function
   End If

Do
     Set recdialog = View.Fetch
  If recdialog Is Nothing Then Exit Do
  If InStr(LCase(recdialog.StringData(2)), "[manufacturer]")
         = 0 Then
       '/* Es existiert ein Dialog indem das Property nicht
           verwendet wird
   recInfo.StringData(0) = "ICE201" & Chr(9) & "2" &
          Chr(9) & "Dialog: [1] has no Manufacturer name in
                Caption. Caption is '[2]'." & Chr(9) & ""
                & Chr(9) & "Dialog" & Chr(9) & "Dialog" &
```

```
            Chr(9) & "[1]"
        recInfo.StringData(1) = recdialog.StringData(1)
        recInfo.StringData(2) = recdialog.StringData(2)
            Message &H3000000, recInfo
    End If
Loop

'/* Return iesSuccess
ICE201 = 1
Exit Function

End Function
```

Listing 12.1: Implementierung eines Validierungstypen

Im ersten Schritt muss ein Objekt vom Typ *Installer.Record* erstellt werden, das im späteren Ablauf die Meldungen enthalten soll. Im Anschluss werden zwei Meldungen erstellt, die Hinweise auf den verwendeten Validierungstyp geben. Die Basis für die Validierung stellt die Tabelle *Dialog* dar. Bevor die einzelnen Dialogfelder auf die Verwendung des Firmennamens in der Titelzeile geprüft werden, wird die Existenz der Tabelle *Dialog* festgestellt. Bei fehlerhaften Dialogfeldern wird eine Meldung vom Typ *Warnung* gesendet, die das jeweilige Dialogfeld referenziert.

Validierungsdatenbank

Bei einer Validierungsdatenbank (*.cub*) handelt es sich um eine eingeschränkte Windows Installer-Datenbank. Eine solche Validierungsdatenbank muss lediglich über die Tabellen *Binary*, *CustomAction*, *_ICESequence* und *_Validation* verfügen. Die Struktur der Tabelle *_ICESequence* entspricht hierbei dem Aufbau der Sequenztabellen einer standardmäßigen Windows Installer-Datenbank.

HINWEIS: Im Windows Installer SDK ist kein Schema für eine Validierungsdatenbank vorhanden. Sie finden jedoch eine entsprechende Schemadatei auf der beiliegenden Buch-CD.

Der Aufbau der Validierungsdatenbank für das Beispielszenario gestaltet sich wie folgt:

Name	Data
ice200.vbs	[Binary Data]
ice201.vbs	[Binary Data]

Tabelle 12.7: Tabelle Binary *der Validierungsdatenbank*

Die Tabelle *Binary* enthält die VBScript-Dateien, in denen die Validierungslogik abgelegt ist. Die Funktionen dieser Skripts müssen in der Tabelle *CustomAction* als benutzerdefinierte Aktion festgelegt werden, damit sie von anderen Positionen der Validierungsdatenbank verwendet werden können. Bei VBScript-Dateien, die in der Tabelle *Binary* abgelegt sind (Typ 6), muss über die Spalte *Source* die Referenz zu der Binärtabelle hergestellt werden. Die Tabelle *Target* enthält die Einsprungmarke, in diesem Fall die jeweilige Funktion.

Action	Type	Source	Target
ICE200	6	ice200.vbs	ICE200
ICE201	6	ice201.vbs	ICE201

Tabelle 12.8: Tabelle CustomAction *der Validierungsdatenbank*

Die Tabelle _ICESequence enthält die dynamische Implementierung zur Durchführung der Validierung, also den Aufruf der benutzerdefinierten Aktionen in einer bestimmten Reihenfolge.

Action	Condition	Sequence
ICE200		100
ICE201		120

Tabelle 12.9: Tabelle _ICESequence der Validierungsdatenbank

Die Tabelle _Validation enthält Daten, um auch diese Datenbank einer Validierung zu unterziehen. Sie muss die entsprechenden Felder der gerade dargestellten Tabellen enthalten. Werden in der Validierungsdatenbank weitere Tabellen verwendet, müssen diese ebenfalls in der Tabelle _Validation deklariert werden.

Table	Column	Nullable	MinValue	MaxValue	Category
Binary	Name	N			Identifier
Binary	Data	N			Binary
CustomAction	Action	N			Identifier
CustomAction	Type	N			Integer
CustomAction	Source	Y			CustomSource
CustomAction	Target	Y			Formatted
_ICESequence	Action	N			Identifier
_ICESequence	Condition	Y			Condition
_ICESequence	Sequence	Y			Integer

Tabelle 12.10: Tabelle _Validation der Validierungsdatenbank

Einige Spalten wurden aus Gründen der Übersichtlichkeit in der Tabelle nicht dargestellt. Weitere Angaben brauchen zur Realisierung des Beispielszenarios nicht vorgenommen werden. Sie können nun diese Validierungsdatenbank unter eine aussagekräftigen Namen speichern und die Datenbank schließen.

Verwendung

Im eigentlichen Sinne ist die Realisierung des Beispielszenarios abgeschlossen. Sie können entsprechende Validierungen mit dem Tool *msival2.exe* durchführen. Eine Implementierung der Validierungsdatenbank in den *Windows Installer Tabellen Editor* (*Orca*) setzt hingegen noch einige Arbeitsschritte voraus. Zu diesem Zweck müssen Sie ein Installationspaket für die Validierungsdatenbank erstellen und zusätzliche Implementierungen vornehmen, damit *Orca* diese Validierungsdatenbank verwenden kann.

Nachdem Sie ein standardmäßiges Windows Installer-Paket zur Installation der Validierungsdatenbank erstellt haben, müssen Sie noch Eintragungen in der Tabelle *PublishComponent* vornehmen. *Orca* verwendet zur Funktionsimplementierung von Validierungsdateien alle veröffentlichten Komponenten, die über die ID *{DC441E1D-3ECB-4DCF-B0A5-791F9C0F4F5B}* verfügen. Betrachten Sie hierzu die relevanten Einträge der Tabelle *Component*.

Component	ComponentId	Directory	KeyPath
COMPDATA	{856775DE-8275-4B7D-B217-620E16DF3751}	INSTALLDIR	Custom.cub

Tabelle 12.11: Tabelle Component *der Beispieldatenbank*

Die Tabelle *PublishComponent* enthält die relevanten Daten, um die Validierungsdatenbank im Dialogfeld *Validation Output* von *Orca* auszuwählen. Beachten Sie, dass eine Beziehung zur Tabelle *Component* und zur Tabelle *Feature* hergestellt werden muss. Die Spalte *AppData* enthält die Bezeichnung der Validierungsdatenbank, wie sie im Dialogfeld von *Orca* angezeigt werden soll.

ComponentId	Qualifier	Component_	AppData	Feature_
{DC441E1D-3ECB-4DCF-B0A5-791F9C0F4F5B}	COMPDATA	COMPDATA	Custom Validation Suite	Complete

Tabelle 12.12: Tabelle PublishComponent *der Beispieldatenbank*

Die Spalten *Qualifier* und *Component_* enthalten in dieser Tabelle jeweils den Namen der referenzierten Windows Installer-Komponente. Das Feld *ComponentId* enthält die ID für die zu veröffentlichende Komponente, und nicht die ID der Komponente selbst.

Nachdem Sie die Installation dieses Paketes durchgeführt haben, steht Ihnen die individuelle Validierungsart im entsprechenden Dialogfeld von *Orca* zur Verfügung.

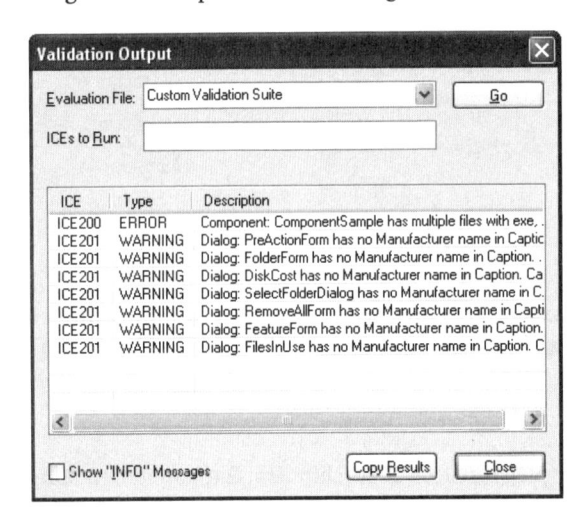

Abbildung 12.4: Individuelle Validierungstypen in Orca

Die Vorgehensweise zur Durchführung der Validierung, sowie die spätere Verwendung über die *Validation Pane* sind analog zu den standardmäßigen Validierungstypen durchzuführen.

Protokollierung

Das Erstellen eines Installationspaketes und die Installation der Anwendung sind komplexe Vorgänge, die in vielen Fällen Probleme verursachen können. Zum Aspekt der Problembehandlung sollte immer die Thematik der Problemvermeidung einbezogen werden. Ein wesentlicher Aspekt zur Vermeidung von Problemen ist ein ordentlich konzipiertes und strukturiertes Windows Installer-Paket. Zur Sicherstellung der Konsistenz dieses Paketes sollte in allen Fällen eine umfangreiche Validierung durchgeführt werden.

In diesem Abschnitt wird auf die Problembehandlung bei der Installation von Software eingegangen. Um das auftretende Problem zu beseitigen, muss der Installationsverlauf genauestens beobachtet und die Symptome exakt und präzise identifiziert werden. Die Windows Installer-Technologie ermöglicht es Ihnen, zu diesem Zweck verschiedene Protokollierungsfunktionen zu verwenden.

Ereignisprotokollierung

Die Betriebssysteme Microsoft Windows NT 4.0, Microsoft Windows 2000, Microsoft Windows XP und Microsoft Windows Server 2003 beinhalten einen standardisierten, zentralisierten Ansatz, um systemspezifische oder anwendungsbezogene Ereignisse zu protokollieren. Die entsprechenden Ereignisse werden in ein Ereignisprotokoll geschrieben. Diese Betriebssysteme verfügen über eine Anwendung, mit der diese Ereignisprotokolle betrachtet werden können.

Die sorgfältige Überwachung der Ereignisprotokolle kann bei der Vorhersage und Identifikation von Systemproblemen eine große Hilfe sein. Wenn beispielsweise Warnungseinträge im Protokoll darauf hindeuten, dass ein Laufwerktreiber erst nach mehreren Versuchen erfolgreich auf einen Sektor schreiben oder davon lesen kann, ist es sehr wahrscheinlich, dass der Zugriff auf diesen Sektor bald gar nicht mehr möglich ist. Außerdem können Protokolle auch bei der Analyse von Problemen mit Software hilfreich sein.

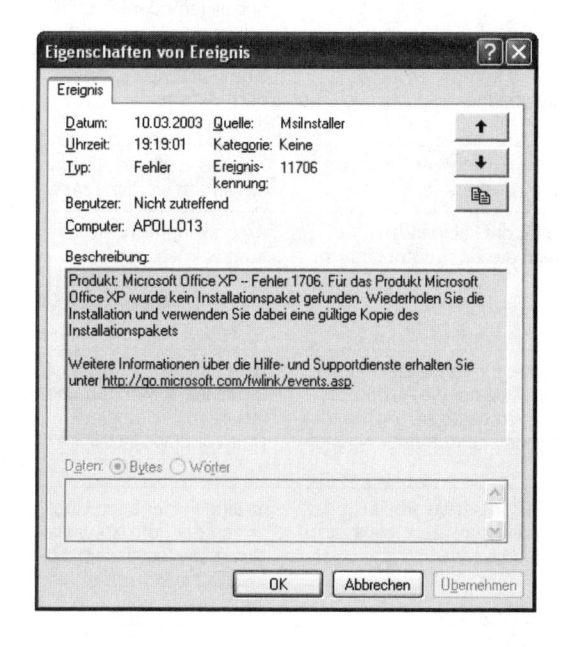

Abbildung 12.5: Protokolleinträge des Windows Installers

Der Windows Installer fügt dem Windows-Ereignisprotokoll automatisch Einträge mit dem folgenden Inhalt hinzu:

- Ergebnis einer Installation, Deinstallation oder Reparatur.
- Fehler in einer Produktkonfiguration.
- Ungültige Konfigurationsdaten.
- Informationen über fehlende Komponenten, die eine Reparatur der Software veranlasst haben.

Für das Ereignisprotokoll ist eine maximale Größe definiert, die jedoch bei der Vielzahl der Eintragungen mitunter überschritten wird. In solchen Fällen zeigt der Microsoft Windows Installer die Meldung »The Application Log is full« an. Sie sollten in einem solchen Fall die Einträge aus dem Ereignisprotokoll entfernen oder die maximale Protokollgröße erhöhen.

HINWEIS: Microsoft Windows 95, Microsoft Windows 98 und Microsoft Windows Me verfügen über kein zentralisiertes Ereignisprotokoll. Der Windows Installer protokolliert die oben beschriebenen Ereignisse und schreibt diese in eine Datei mit der Bezeichnung *MsiEvent.log* in den Ordner für temporäre Dateien.

Der Windows Installer fügt die folgenden Eintragungen dem Ereignisprotokoll hinzu. Seit der Version 2.0 besitzen alle Protokolleintragungen eine eindeutige ID.

Ereignis ID	Meldung	Anmerkung
1001	Erkennung von Produkt "%1" und Funktion "%2" fehlgeschlagen beim Anfordern von Komponente "%3"	Eine Warnung (Suchen nach defekten Features oder Komponenten).
1002	Nicht erwarteter oder fehlender Wert (Name: "%1", Wert: "%2") für Schlüssel "%3"	Fehlermeldung über einen ungültigen oder fehlenden Wert.
1003	Nicht erwarteter oder fehlender untergeordneter Schlüssel "%1" von Schlüssel "%2"	Fehlermeldung über einen ungültigen oder fehlenden Schlüssel.
1004	Erkennung von Produkt "%1", Funktion "%2" und Komponente "%3" fehlgeschlagen. Die Ressource "%4" ist nicht vorhanden.	Eine Warnung (Suchen nach defekten Features oder Komponenten).
1005	Der Windows Installer hat einen Neustart des Systems initiiert, um die Konfiguration von "%1" fortzusetzen bzw. abzuschließen	Hinweis, dass ein Neustart ausgeführt werden muss.
1006	Die Verifizierung der digitalen Signatur konnte für die Kabinettdatei "%1" nicht durchgeführt werden. WinVerifyTrust ist auf diesem Computer nicht verfügbar	Aktion kann nicht ausgeführt werden, da die Crypto-APIs nicht installiert sind (nur Windows Installer 2.0).
1007	Die Installation von %1 wurde durch die Richtlinie für Softwareeinschränkungen nicht zugelassen. Der Windows Installer lässt nur die Ausführung von Elementen zu, die über keine Einschränkungen verfügen. Die von der Richtlinie für Softwareeinschränkungen zurückgelieferte Autorisierungsstufe war %2	Ein Administrator hat eine Richtlinie aktiviert, um die Installation zu verhindern (nur Windows Installer 2.0).
1008	Die Installation von %1 ist aufgrund eines Fehlers in der Verarbeitung der Richtlinie für Softwareeinschränkungen nicht zugelassen. Das Objekt ist nicht vertrauenswürdig	Es sind Fehler beim Überprüfen der Software aufgetreten. Die Richtlinie hat die Installation verhindert (nur Windows Installer 2.0). ▶

Ereignis ID	Meldung	Anmerkung
1012	Diese Windows-Version unterstützt nicht die Bereitstellung von 64-Bit-Paketen. Das Skript "%1" ist für ein 64-Bit-Paket.	Ein 64-Bit-Skript kann nur auf 64-Bit-Computern ausgeführt werden.
1013	{Unbehandelte Ausnahme}	Fehlermeldung für eine unbehandelte Ausnahme.
1014	Die Windows Installer-Proxyinformationen sind nicht korrekt registriert	Proxyinformationen sind nicht ordnungsgemäß registriert.
1015	Es konnte keine Verbindung mit dem Server hergestellt werden. Fehler: %1	Verbindung zum Server konnte nicht hergestellt werden.
1016	Die Erkennung des Produkts "%1", Funktion "%2", Komponente "%3" ist fehlgeschlagen. Die Ressource "%4" in einer "Run-from-Source"-Komponente wurde nicht gefunden, da sie entweder ungültig ist oder die Quelle nicht gefunden wurde	Eine Warnung (Suchen nach defekten Features oder Komponenten).
1017	Die Benutzer-SID wurde von "%1" in "%2" geändert. Die verwaltete Anwendung und die Benutzerdatenschlüssel können nicht aktualisiert werden. Fehler = "%3"	Anwenderprofil kann nicht aktualisiert werden, da die SID geändert wurde.
11707	Produkt: "%1" -- Installation erfolgreich abgeschlossen.	Information über die erfolgreiche Installation.
11708	Produkt: "%1" -- Die Installation ist fehlgeschlagen.	Fehlermeldung über die fehlgeschlagene Installation.
11724	Produkt: "%1" -- Das Entfernen wurde erfolgreich abgeschlossen.	Information über die erfolgreiche Deinstallation.
11728	Produkt: "%1" -- Die Konfiguration wurde erfolgreich abgeschlossen.	Information über die erfolgreiche Konfiguration.
11729	Produkt: "%1" -- Die Konfiguration ist fehlgeschlagen.	Fehlermeldung über die fehlgeschlagene Konfiguration.

Tabelle 12.13: Eintragungen im Ereignisprotokoll

Windows Installer-Protokollierung

Die Eintragungen im Windows Ereignisprotokoll sind sehr allgemein gehalten und beinhalten keine Windows Installer-spezifischen Daten, die notwendig wären, um eine exakte Fehlerdiagnose oder Problembeschreibung zu erstellen. Der Windows Installer schreibt detaillierte Informationen zusätzlich in eine eigene interne Protokolldatei. Die Art der Informationen können individuell durch den Protokollierungsmodus (Logging Mode) festgelegt werden. Sie können die Protokollierung und den Umfang der Informationen auf mehrere Arten bestimmen:

- Durch die Funktion *MsiEnableLog*.
- Durch die Methode *EnableLog*.
- Durch Verwenden der Befehlszeilenoption */L* bei der Verwendung von *Msiexec.exe*.
- Durch Eintragungen in der Systemregistrierung.

Protokollierung über die Befehlszeilenoption

Bei der Erläuterung der Befehlszeilenoptionen wurden Sie bereits auf die Option /L hingewiesen. Bei der Verwendung der Option /L wird eine Protokolldatei erstellt. Der Name und der Zielort dieser Datei müssen ebenfalls in der Befehlszeile definiert werden. Die Option /L sollten Sie mit weiteren Argumenten erweitern, um den Umfang der zu protokollierenden Aktionen festzulegen, wie in der folgenden Syntax dargestellt:

msiexec /i {Datenbank} /l{Reparatur-Argumente} {Protokolldatei}

Argument	Beschreibung
I	Statusmeldungen
W	Warnungen (nicht fatal)
E	Alle Fehlermeldungen
A	Beginn von Aktionen
R	Aktionsspezifische Daten
U	Requests des Benutzers
C	Initialisierungswerte der UI-Argumente
M	Out-Of-Memory und fatale Fehlermeldungen
O	Out-Of-Disk-Space Meldungen
P	Eigenschaften
V	Detaillierte Informationen
+	Fügt Daten an existierende Datei an
!	Direktes Schreiben jeder Protokollzeile
*	Protokolliert alle Informationen, mit Ausnahme der detaillierten Informationen.

Tabelle 12.14: Befehlszeilenargumente zum Festlegen der Protokollierung

Verwenden der Systemregistrierung

Der Mechanismus zum Aktivieren der Protokollfunktion über die Befehlszeile ist sehr flexibel und für jede Installation individuell konfigurierbar. Bei Installationsszenarien, in denen keine Befehlszeile direkt verwendet wird, wie z.B. *On-Demand-Installation* oder *Self-Repair-Installation*, kann mit dieser Funktionalität jedoch kein Protokoll erstellt werden. Sie können Eintragungen in der Systemregistrierung vornehmen, die systemweite Gültigkeit besitzen, und somit bei jeder Installationsart automatisch die entsprechende Protokollfunktionalität nutzen. Sie können diese Funktionalität verwenden, indem Sie in den Gruppenrichtlinien für die Computerkonfiguration den Eintrag »Protokollierung (Logging)« aktivieren. Bei dieser Vorgehensweise wird automatisch die folgende Eintragung in der Systemregistrierung erzeugt, die Sie jedoch auch manuell erstellen können:

Schlüssel: *HKEY_LOCAL_MACHINE\SOFTWARE\Policies\Microsoft\Windows\Installer*

Name: *Logging*

Wert: *icewarmup*

Der hier eingetragene Wert kann aus den in der vorherigen Tabelle genannten Argumenten konstruiert werden. Möchten Sie, dass alle Aktionen protokolliert werden und zusätzlich die detaillierten Informationen angefügt werden, sollten Sie *icewarmupv* verwenden. Das Zeichen »*« steht hier nicht zur Verfügung.

Sie haben hierbei keine Möglichkeit eine Protokolldatei festzulegen. Eine Protokolldatei mit der Bezeichnung *msixxxxx.log* wird automatisch im Verzeichnis für temporäre Dateien erstellt, wobei »xxxxx« durch eine zufällige Zeichenfolge ersetzt wird.

HINWEIS: Die Erstellung eines Protokolls über die Befehlszeilenoptionen wird vorrangig behandelt. Werden dort keine Argumente angegeben, wird ein Protokoll im Verzeichnis für temporäre Dateien erstellt. Werden hingegen Argumente übergeben, wird das in der Befehlszeile angegebene Protokoll erstellt.

Verwenden der Methode »EnableLog«

Der Microsoft Windows Installer verfügt über ein Objektmodell, das Ihnen die Funktionalitäten für den programmtechnischen Zugriff zur Verfügung stellt. Die Methode *EnableLog* ist eine Funktion des *Installer-Objektes* in diesem Modell, um die Protokollierung zu aktivieren. Nachfolgend finden Sie ein Listing, wie Sie diese Funktion verwenden können. Die Verwendung der Funktion *MsiEnableLog* ist entsprechend anzuwenden.

```
static void Main()
{
    // Variablen-Deklaration und Instanzierung
    WindowsInstaller.Installer Installer =
            WindowsInstallerForDotNet.Installer;

    // Protokoll aktivieren, UI-Level setzen
    Installer.EnableLog("ICEWARMUP", "D:\\setup.log");
    Installer.UILevel = MsiUILevel.msiUILevelFull;

    // Produkt installieren
    Installer.InstallProduct("d:\\setup.msi", "");
}
```

Listing 12.2: *Protokollierung mit Visual C# .NET*

Lesen einer Windows Installer-Protokolldatei

Zur Analyse und Betrachtung einer Windows Installer-Protokolldatei, möchte ich auf ein für diesen Zweck erstelltes Installationspaket zurückgreifen. Auf der Buch-CD befindet sich ein Windows Installer-Paket mit der Bezeichnung *SpySetup.msi*. Starten Sie die Installation durch Aufruf über die folgende Befehlszeile:

```
msiexec /i SpyPlus.msi /l* SpyPlus.log
```

Es wird eine Protokolldatei ohne Ausgabe von detaillierten Informationen im Verzeichnis des Installationspaketes erstellt. Öffnen Sie diese und vergleichen Sie die vorliegenden Informationen mit den folgenden Erläuterungen.

Wenn Aktionen ordnungsgemäß beendet wurden, wird für diese Aktion der Wert »1« zurückgegeben.

```
=== Protokollierung gestartet: 03.02.2003 23:23:30 ===
Aktion gestartet um 23:23:30: INSTALL.
Aktion gestartet um 23:23:30: AppSearch.
Aktion beendet um 23:23:30: AppSearch. Rückgabewert 1.
```

Rückgabewerte werden ebenfalls in detaillierten Protokollen mit zusätzlichen Details angegeben. Sie können zu diesem Zweck das oben erwähnte Installationspaket mit der Option /l*v aufrufen.

```
Aktion gestartet um 23:23:55: INSTALL.
MSI (c) (10:DC): UI Sequence table 'InstallUISequence' is present and populated.
MSI (c) (10:DC): Running UISequence
MSI (c) (10:DC): Doing action: AppSearch
Aktion gestartet um 23:23:55: AppSearch.
MSI (c) (10:DC): Note: 1: 2262 2: AppSearch 3: -2147287038
Aktion beendet um 23:23:55: AppSearch. Rückgabewert 1.
```

Kann eine Aktion nicht ordnungsgemäß abgeschlossen werden, da ein Neustart des Computers erforderlich ist, wird typischerweise der Wert »4« zurückgegeben.

```
Aktion 23:24:07: InstallMMCExe.
Aktion 23:24:10: ForceReboot.
Aktion beendet um 23:24:10: ForceReboot. Rückgabewert 4.
Info 1101. Fehler beim Lesen von Datei: ScriptsDisabled. Systemfehler 2. Stellen Sie sicher, dass die Datei vorhanden ist und Sie darauf zugreifen können.
Aktion 23:23:14: RollbackCleanup. Entfernen von Backup Dateien.
Aktion beendet um 23:24.16: INSTALL. Rückgabewert 4.
Aktion beendet um 23:24.17: ExecuteAction. Rückgabewert 4.
Aktion beendet um 23:24.17: INSTALL. Rückgabewert 4.
```

Die Tabelle 12.15 zeigt Ihnen eine Auflistung aller möglichen Rückgabewerte von Aktionen.

Wert	Error Code	Beschreibung
0	ERROR_FUNCTION_NOT_CALLED	Aktion kann nicht ausgeführt werden.
1	ERROR_SUCCESS	Aktion ordnungsgemäß ausgeführt.
2	ERROR_INSTALL_USEREXIT	Benutzer hat die Installation abgebrochen.
3	ERROR_INSTALL_FAILURE	Nicht reproduzierbarer Fehler.
4	ERROR_INSTALL_SUSPEND	Installation vorübergehend angehalten. Installation wird später fortgesetzt.

Tabelle 12.15: Rückgabewerte von Aktionen

Client- und Server-Prozesse unter Microsoft Windows NT

Unter Windows NT-basierten Betriebssystemen wird der Installationsprozess in zwei unterschiedlichen Prozessen ausgeführt: Client und Server. Der Client-Prozess beinhaltet alle relevanten Aktionen, die mit der Benutzeroberfläche in Beziehung stehen, also Informationen sammeln und die Oberfläche anzeigen. Der Client-Prozess wird im Kontext des Benutzers durchgeführt. Der Server-Prozess wird als Betriebssystemdienst ausgeführt und erledigt die Aufgaben der eigentlichen Installation. Beide Prozesse werden auf dem gleichen Computer ausgeführt und verwenden das gleiche Installationsprotokoll.

HINWEIS: Unter Microsoft Windows 9x und Microsoft Windows Me wird lediglich ein Prozess ausgeführt, der die Client- und Server-Aktionen beinhaltet.

Um differenziert betrachten zu können, in welchem Prozess die entsprechenden Aktionen ausgeführt werden, müssen Sie die detaillierte Protokollierung verwenden. In dieser Darstellung ist es einfach zu erkennen, wann der Server-Prozess gestartet wird.

```
MSI (c) (A8:90): Switching to server:
```

Diese Eintragung informiert, dass die Installation im serverseitigen Prozess weiter ausgeführt wird. In diesem Prozess werden die eigentlichen Installationsprozeduren, wie das Kopieren von Dateien und das Schreiben von Einträgen in die Systemregistrierung, durchgeführt. Als nächstes werden die serverseitigen Eigenschaften angezeigt, bevor die Installationsaktionen durchgeführt werden.

```
MSI (s) (BC:CC): Package we're running from ==> C:\WINDOWS\Installer\fc141a.msi
MSI (s) (BC:CC): APPCOMPAT: looking for appcompat database entry with ProductCode '{A38BE00A-6444-4888-A36E-
ABACDE105925}'.
MSI (s) (BC:CC): APPCOMPAT: no matching ProductCode found in database.
MSI (s) (BC:CC): Machine policy value 'TransformsSecure' is 0
MSI (s) (BC:CC): User policy value 'TransformsAtSource' is 0
```

Sie können serverseitige Aktivitäten in einem detaillierten Installationsprotokoll an der Kennzeichnung »(s)« erkennen. Clientseitige Aktivitäten sind durch »(c)« gekennzeichnet. Die darauf folgenden hexadezimalen Werte beinhalten die *ProzessID* und die *ThreadID*. In einem normalen Installationsprotokoll (ohne das Argument »v«), wird der Eintrag »Switching to Server« nicht protokolliert, sodass Sie nicht feststellen können, welche Aktionen client- oder serverseitig ausgeführt wurden. Nach der Anzeige der serverseitigen Eigenschaften wird der eigentliche Installationsprozess durchgeführt.

```
Aktion 23:24:31: RollbackCleanup. Sicherungsdateien werden entfernt

MSI (s) (BC:CC): Calling SRSetRestorePoint API. dwRestorePtType: 0, dwEventType: 103, llSequenceNumber: 111,
szDescription: "".

MSI (s) (BC:CC): The call to SRSetRestorePoint API succeeded. Returned status: 0.

MSI (s) (BC:CC): Unlocking Server

Aktion beendet um 23:24:31: InstallFinalize. Rückgabewert 1.

Aktion beendet um 23:24:31: INSTALL. Rückgabewert 1.
```

Nachdem diese Tätigkeiten vollzogen wurden, werden nochmals die serverseitigen Eigenschaften aufgezeigt, da sich diese während des Installationsprozesses geändert haben können.

```
Property(S): UpgradeCode = {67860DF4-8CBF-4982-96E3-B934EC7C687F}
Property(S): TARGETDIR = C:\Programme\Example Inc\SpyPlus\
Property(S): SourceDir = D:\Samples\SpyPlus\Release\
```

Der Windows Installer wechselt wieder zurück in den clientseitigen Prozess und gibt hier die clientseitigen Eigenschaften aus.

```
Property(C): ProductName = Windows Installer Spy+
Property(C): ProductCode = {DA084CB3-6DE4-4058-9F1B-7A3664F34D21}
Property(C): ProductVersion = 1.0.0.0
```

Die Eigenschaften werden generell am Ende des Installationsprotokolls ausgegeben, unabhängig davon, ob Sie ein detailliertes Protokoll oder ein Standardprotokoll erstellen.

Weitere Eintragungen

Die im vorherigen Abschnitt angesprochene Protokollierung der Eigenschaften, die am Ende jedes Protokolls ausgegeben werden, wird auch als »Property-Dump« bezeichnet. Dieser »Property-Dump« ist äußerst hilfreich bei der Analyse eines Protokolls und dem Verständnis, warum der Windows Installer eine entsprechende Entscheidung getroffen hat.

Eine zusätzliche Möglichkeit zum besseren Verständnis der durchgeführten Tätigkeiten und der vom Benutzer bzw. Installer getroffenen Entscheidungen findet sich in der Ausgabe der Statuswerte für die Windows Installer-Komponenten.

In dem nachfolgenden Ausschnitt des Installationsprotokolls finden Sie die Windows Installer-Komponenten des Paketes. Es wird Ihnen der momentane Status dieser Komponenten angezeigt und in welcher Form diese installiert werden sollen.

```
MSI (s) (20:30): Feature: DefaultFeature; Installed: Absent; Request: Local; Action: Local
MSI (s) (20:30): Component: C__42A8DB; Installed: Absent; Request: Local; Action: Local
MSI (s) (20:30): Component: C__8C1078; Installed: Absent; Request: Local; Action: Local
MSI (s) (20:30): Component: C__CF4AE3; Installed: Absent; Request: Local; Action: Local
MSI (s) (20:30): Component: C__42A8DB; Installed: Null;   Request: Local; Action: Local
```

HINWEIS: Diese Informationen stehen Ihnen nur zur Verfügung, wenn Sie die detaillierte Erstellung eines Installationsprotokolls gewählt haben.

Strategien für die Fehlersuche

Die Fehlersuche ist ein äußerst komplexer Prozess, der eine große Erfahrung und die hierfür notwendigen Detailkenntnisse voraussetzt. Der Windows Installer informiert Sie durch geeignete Maßnahmen über das Auftreten eines Fehlers.

Wird eine Installation mit einer Benutzeroberfläche ausgeführt und tritt während des Installationsprozesses ein Fehler auf, wird eine Fehlermeldung angezeigt. Haben Sie die Protokollierung aktiviert und lassen Sie sich hierbei eine detaillierte Aufzeichnung anfertigen, stehen Ihnen zusätzliche Informationen zur Verfügung. Das Windows Installer-Protokoll ist das wichtigste Instrument, um auftretende Probleme wirkungsvoll zu beseitigen.

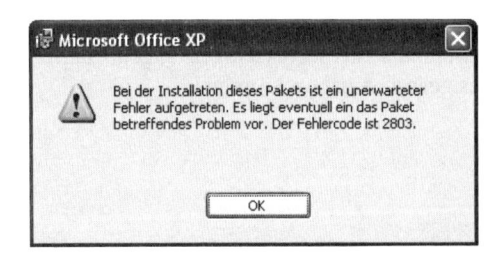

Abbildung 12.6: Anzeige einer Fehlermeldung

Handelt es sich bei dem auftretenden Fehler um einen »Internal Error« finden Sie im Windows Installer SDK Informationen zu dem jeweiligen Fehlercode. Interne Fehler resultieren häufig von Problemen im Windows Installer-Paket oder im Windows Installer-Dienst.

Fehlermeldungen

Öffnen Sie das entsprechende Installationsprotokoll, und suchen Sie nach der Zeichenfolge »Error«. Folgt auf diese gefundene Zeichenfolge eine Nummer, können Sie eine Erläuterung zu dem aufgetretenen Fehler in der Dokumentation des Windows Installer SDK unter dem Abschnitt »Microsoft Windows Installer Error Messages« finden.

```
MSI (c) (D4:DC): Doing action: Welcome_Dialog
Aktion gestartet 11:06:06: Welcome_Dialog.
Aktion 11:06:06: Welcome_Dialog. Dialog created
Error 2803: Dialog View did not find a record for the dialog User_Information_Dialog
Error 2835: The control ErrorIcon was not found on dialog ErrorDialog
Internal Error 2835. ErrorIcon, ErrorDialog
```

Berücksichtigen Sie auch, dass der Windows Installer mitunter nicht alle Fehlermeldungen protokolliert, sodass Sie unter Umständen eine andere Taktik verwenden müssen. Die Suche nach ungewöhnlichen Unterbrechungen in der zeitlichen Abfolge der Aktionen kann Ihnen hierbei helfen. Haben Sie einen Fehler identifiziert, sollten Sie die Vorgänge vor dem Fehler betrachten und analysieren.

Verwenden Sie, wann immer möglich, ein detailliertes Installationsprotokoll, da hier viele ausführliche Informationen zu finden sind:

```
MSI (s) (8B:82): Executing op: SetTargetFolder(Folder=D:\WINNT\inf\)
MSI (s) (8B:82): Executing op: SetSourceFolder(Folder=G:\Windows\inf\)
MSI (s) (8B:82): Executing op:
FileCopy(SourceName=agtinst.inf;Destname=agtinst.inf,Attributes=8192,FileSize=7766,,,InstallMode=25427968,PerTic
k=32768,IsCompressed=0,,VerifyMedia=1,,)
MSI (s) (8B:82): File: D:\WINNT\inf\agtinst.inf; Overwrite; existing file is unversioned and unmodified
```

Rollbacks

Wie bereits in vorherigen Kapiteln beschrieben, werden Windows Installer-basierte Installationen transaktional ausgeführt, wobei ein Rollback durchgeführt wird, falls die Installation nicht ordnungsgemäß abgeschlossen wurde. Suchen Sie im Installationsprotokoll nach der Zeichenfolge »rollback«. Ignorieren Sie jedoch die Zeilen mit den Inhalten »removing rollback files« und »rollback files are removed at the end of a successfully setup«.

Das folgende Beispiel ist aus einem Protokoll einer unvollständigen Installation:

```
1. exsec32.dll 2: C:\Program Files\Common Files\system\Mapi\1033\
Internal Error 2355. C:\Program Files\Common Files\system\Mapi\1033\essec32.dll, -2147024865
Aktion beendet 12:25:04: InstallFinalize. Rückgabewert 3.
Aktion 12:25:08: Rollback. Rolling back action: Rollback:
```

Offenbar resultiert der Rollback aus einem Fehler mit der Datei *exsec32.dll*. Sie finden entsprechende Hinweise auf die Fehlernummer (Internal Error 2355) im Windows Installer SDK.

Neustart des Computers

Sollte im Rahmen des Installationsprozesses ein Computerneustart erforderlich sein, stellen Sie sicher, dass die Installation nach dem Neustart fortgesetzt wird:

```
Aktion gestartet um 16:47:38: ForceReboot
Aktion 16:47:38: GenerateScript. Generating Script operations for action:
Aktion 16:47:38: ForceReboot.
Aktion beendet um 16:47:38: ForceReboot. Rückgabewert 4
```

Tools

Sie haben sicherlich erkannt, dass die Analyse der Fehlerprotokolle sehr aufwändig ist und ein hohes Maß an Sachverständnis erfordert. Bei komplexen Installationsszenarien kommt ein beträchtlicher Umfang des Installationsprotokolls hinzu. Eine Analyse mit dem *Notepad* von Windows oder einem anderen Texteditor erscheint ausgesprochen schwierig und resultiert in vielen Fällen in zusätzlichen Fehlerquellen.

Das Windows Installer SDK enthält für solche Fälle ein hervorragendes Tool mit der Bezeichnung *Windows Installer Verbose Log Analyzer*. Eine detaillierte Beschreibung dieses Tools finden Sie in der Dokumentation zum Windows Installer SDK.

Eigene Protokolleinträge erstellen

Der Microsoft Windows Installer bietet standardmäßig keine Möglichkeit eigene Eintragungen im Installationsprotokoll vorzunehmen. Sie können jedoch diese Funktionalität durch benutzerdefinierte Aktionen implementieren.

Sie können individuelle Protokolleinträge unter Verwendung des nachfolgenden Skripts erstellen. Die eigentlich auszugebende Meldung muss vor dem Ausführen dieses Skripts in die Eigenschaft *CustomMessage* geschrieben werden.

```
Dim LogRecord       '/* Record-Objekt
Dim MyMessage       '/* Einzutragende Meldung

'/* Konstanten für den Log-Type
Const msiMessageTypeInfo = 67108864
Const msiMessageTypeUser = 50331648
Const msiMessageTypeWarning = 33554432
Const msiMessageTypeError = 16777216

'/* Eintragung aus dem Property auslesen
MyMessage = Session.Property("CustomMessage")

'/* Record erstellen
Set LogRecord = Session.Installer.CreateRecord(0)

'/* Daten übergeben
LogRecord.StringData(0) = MyMessage

'/* Meldung ins Protokoll schreiben
Session.Message msiMessageTypeInfo, LogRecord
```

Listing 12.3: Individuelle Protokolleintragungen

Sie müssen diese benutzerdefinierte Aktion als *Typ 6* in das Installationspaket integrieren und können sie von einer Installationssequenz oder von einem Steuerelementereignis aufrufen.

Debugging

Zum Debuggen von Windows Installer-Paketen stehen Ihnen Anwendungen mehrerer Hersteller zur Verfügung. Das von mir hierbei bevorzugte Programm ist der *Debugger for Windows Installer* von der Firma *Wise Solutions Inc.* Dieser Debugger ist im Lieferumfang vom *Wise for Windows Installer 4.2 Professional* enthalten.

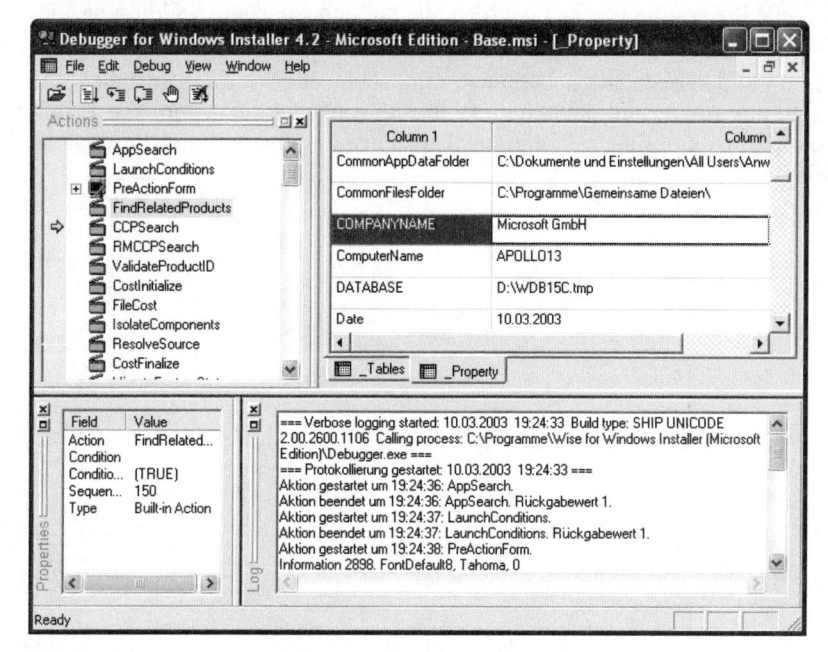

Abbildung 12.7: Debugger for Windows Installer

Mit diesem Tool können Sie Schritt für Schritt durch die Installationsabläufe eines Windows Installer-Paketes navigieren und sich relevante Informationen anzeigen lassen:

- Ausgeführte Aktionen mit Rückgabewerten
- Eigenschaftswerte
- Tabellen der Windows Installer-Datenbank
- Bedingungen
- Windows Installer-Protokolldatei

Ebenfalls ist es möglich, *Breakpoints* zu setzen und Werte während des Debuggens temporär zu verändern. Die Möglichkeiten zur Analyse von Installationsproblemen und dem Auffinden von Fehlern während der Abläufe werden durch den Einsatz von Debuggern vereinfacht.

Fazit

Die Validierung von Installationspaketen stellt die interne Konsistenz der enthaltenen Daten sicher. Eine Validierung ist immer dann auszuführen, wenn Änderungen an dem jeweiligen Paket vorgenommen wurden. Im Rahmen der ICE-Validierung stehen Ihnen komplexe Prüfroutinen zur Verfügung, um alle relevanten Bereiche des Paketes zu analysieren.

HINWEIS: Die Validierungstypen »Windows 2000 Logo Program Suite« und »Windows XP Logo Program Suite« führen eine Überprüfung zur Erlangung des Logos »Certified for Windows« für den Teilbereich der Windows Installer-Technologie durch. Detaillierte Informationen zu den Bestimmungen für die Logozertifizierung finden Sie unter *http://www.microsoft.com/windowsserver2003/partners/isvs/cfw.mspx.*

Zur Durchsetzung von unternehmensspezifischen Vorgaben bei der Erstellung von Windows Installer-Paketen, können individuelle Prüfroutinen erstellt werden, die mit nahezu jedem Validierungstool ausgeführt werden können.

Sollte es trotzdem zu Fehlern bei der Installation kommen, ermöglicht der Windows Installer eine zielgerichtete Protokollierung, um exakte und detaillierte Problemlösungen zu erstellen. Die Erstellung von Installationsprotokollen ist eines der wichtigsten Werkzeuge zur Analyse und Beseitigung von potentiellen Fehlerquellen.

A Datentypen

418	Text
418	UpperCase
418	LowerCase
418	Integer
418	DoubleInteger
418	Time/Date
419	Identifier
419	Property
419	Filename
420	WildCardFilename
420	Path
420	Paths
420	AnyPath
421	DefaultDir
421	RegPath
421	Formatted
422	Template
422	Condition
422	GUID
422	Version
423	Language
423	Binary
423	CustomSource
423	Cabinet
424	Shortcut

Die Spalten einer Windows Installer-Datenbanktabelle müssen in einem der nachfolgend aufgeführten Datentypen vorliegen.

Text

Der Datentyp *Text* enthält eine Zeichenfolge. Der Windows Installer unterstützt Unicode, so dass Sie jedes beliebige Zeichen verwenden können. Der Datentyp *Text* hat immer eine Spezifikation der Feldlänge.

UpperCase

Der Datentyp *UpperCase* ist identisch mit dem Textdatentyp, jedoch müssen hierbei alle Zeichen in Großbuchstaben verwendet werden.

LowerCase

Der Datentyp *LowerCase* ist identisch mit dem Textdatentyp, jedoch müssen hierbei alle Zeichen in Kleinbuchstaben verwendet werden.

Integer

Der Datentyp *Integer* enthält Ganzzahlen in der Größe von zwei Byte. Gültige Werte müssen im Bereich von –32.767 bis 32.767 definiert werden.

DoubleInteger

Der Datentyp *DoubleInteger* enthält Ganzzahlen in der Größe von vier Byte. Gültige Werte müssen im Bereich von –2.147.483.647 bis 2.147.483.647 definiert werden.

Time/Date

Der Datentyp *Time/Date* enthält Daten zur Angabe des Datums und der Uhrzeit. Die Daten werden mit vorzeichenlosen Integerwerten in Bit-Feldern definiert.

Time: Die Zeit wird durch nachfolgende Bit-Konstrukte in zwei Byte großen, vorzeichenlosen Integerwerten dargestellt.

Inhalt	Bit	Wertebereich
Stunde	*0 1 2 3 4*	0 – 23
Minute	*5 6 7 8 9 A*	0 – 59
Zwei-Sekunden-Intervalle	*B C D E F*	0 – 29

Tabelle A.1: *Datentyp* Time

Date: Das Datum wird durch nachfolgende Bit-Konstrukte in zwei Byte großen, vorzeichenlosen Integerwerten dargestellt.

Inhalt	Bit	Wertebereich
Jahr	0 1 2 3 4 5 6	0 – 119 (relativ zu 1980)
Monat	7 8 9 A	1 – 12
Tag	B C D E F	1 – 31

Tabelle A.2: Datentyp Date

Identifier

Der Datentyp *Identifier* enthält eine Zeichenfolge und wird überwiegend für die Schlüsselspalten einer Tabelle verwendet. Dieser Datentyp kann die ASCII-Zeichen A–Z (a–z), Zahlen, Unterstriche »_« und Punkte ».« enthalten. Jeder Datentyp *Identifier* muss entweder mit einem nicht numerischen Zeichen oder dem Unterstrich beginnen.

Property

Bei dem Datentyp *Property* handelt es sich um den Datentyp *Identifier* mit einer zusätzlichen Syntax. Zusätzlich zu den Zeichen des Datentyps *Identifier* können im Datentyp *Property*, Werte im Format *%Path* verwendet werden. Hierdurch wird die Umgebungsvariable *Path* repräsentiert.

Filename

Der Datentyp *Filename* enthält eine Zeichenfolge zur Identifizierung von Dateinamen und Ordnern. Standardmäßig setzt dieser Datentyp die Verwendung von kurzen Dateinamen voraus, also einen maximal acht Zeichen langen Namen, den Punkt ».« und eine drei Zeichen lange Dateinamenerweiterung. Sie sollten immer den kurzen Dateinamen verwenden, da durch das Setzen der Eigenschaft *SHORTFILENAMES* dieses erzwungen werden kann.

Um zusätzlich einen langen Dateinamen zu verwenden, müssen Sie diesen durch das Zeichen *Pipe* »|« von dem kurzen Dateinamen trennen. Die beiden nachfolgenden Beispiele enthalten gültige Werte für diesen Datentyp:

- status.txt
- projec~1.txt|Project Status.txt

Kurze und lange Dateinamen dürfen keines der folgenden Zeichen beinhalten:

\ ? | > < : / * "

Zusätzlich dürfen kurze Dateinamen die folgenden Zeichen nicht beinhalten:

+ , ; = [ ]

Kurze Dateinamen dürfen im Gegensatz zu den langen Dateinamen kein Leerzeichen enthalten. Eine vollständige Pfadangabe darf keinesfalls verwendet werden.

WildCardFilename

Bei diesem Datentyp handelt es sich um eine Ergänzung des Datentyps *Filename*. Der Datentyp *WildCardFilename* darf das Platzhalterzeichen »?« für ein beliebiges Zeichen oder den Platzhalter »*« für kein oder mehrere beliebige Zeichen verwenden.

Path

Beim Datentyp *Path* handelt es sich um eine Zeichenfolge, die eine gültige, vollständige Pfadangabe enthält.

Dieser Typ kann ebenfalls einen in eckigen Klammern [ ] eingeschlossenen Namen einer Eigenschaft enthalten. In diesem Fall wird der Name der Eigenschaft inklusive der eckigen Klammern durch den tatsächlichen Wert der Eigenschaft ersetzt.

Bei der Verwendung des Windows Installers 1.0 müssen Sie hierbei beachten, dass die eckigen Klammern keinem alphanumerischen Zeichen folgen bzw. den Klammern ein solches Zeichen folgt.

- \\server\share\[username] ist gültig
- \\server\share\abc[username] ist ungültig.

Beispiele:

- UNC Pfad: \\server\share
- Lokales Verzeichnis: *c:\temp*
- Mit einer Eigenschaft: *[DRIVE]\temp*

Paths

Beim Datentyp *Paths* handelt es sich um eine Zeichenfolge, die eine durch Semikolon getrennte Liste des Datentyps *Path* enthält.

AnyPath

Beim Datentyp *AnyPath* handelt es sich um eine Zeichenfolge, die entweder eine vollständige oder relative Pfadangabe enthält. Falls Sie diesen Typ für die Angabe eines relativen Pfades verwenden, können Sie einen kurzen und einen langen Dateinamen spezifizieren, die durch das Pipe-Zeichen »|« getrennt werden müssen. Beachten Sie hierbei, dass beide Formen auf das identische Ziel verweisen müssen. Sie können bei diesem Datentyp auch wieder den Namen einer Eigenschaft unter Verwendung der eckigen Klammern angeben.

Gültige Beispiele für den Datentyp *AnyPath*:

- \\server\share\temp
- *c:\temp*
- *\temp*
- *projec~1|Project Status*

Ungültige Beispiele für diesen Datentyp:

- *c:\temp\projec~1|c:\temp one\Project Status*
- *\temp\projec~1|\temp one\Project Status*

DefaultDir

Der Datentyp *DefaultDir* enthält eine Zeichenfolge, die entweder einen gültigen Datentyp *Filename* oder einen Datentyp *Identifier* enthalten muss. Dieser Datentyp kann ausschließlich in der Tabelle *Directory* verwendet werden. Handelt es sich bei dem spezifizierten Ordner um einen Stammordner, muss dieser Datentyp einen gültigen Datentyp *Identifier* enthalten. Handelt es sich bei dem Ordner um keinen Stammordner, können Sie den Datentyp *Filename* oder das Konstrukt *Filename:Filename* verwenden. Beachten Sie, dass das Zeichen ».« eine besondere Bedeutung in diesem Konstrukt bei Verwendung in der Tabelle *Directory* aufweist.

RegPath

Beim Datentyp *RegPath* handelt es sich um eine Zeichenfolge, die einen Registrierungseintrag enthält. Die Einträge können auch durch die Datentypen *Property* oder *Formatted* repräsentiert werden. Der Datentyp *RegPath* darf niemals mit einem Backslash »\« beginnen. Das Konstrukt *[#filekey]* und *[$componentkey]* kann in diesem Datentyp ebenfalls verwendet werden.

Formatted

Der Datentyp *Formatted* ist vergleichbar mit dem Datentyp *Text*. Es können hierbei erweiterte Platzhalter verwendet werden. Diese Platzhalter werden vom Windows Installer entsprechend der Definition aufgelöst. Als Platzhalter können Eigenschaften, Tabellenschlüssel, Umgebungsvariablen und weitere spezielle Zeichenketten verwendet werden. Die folgenden Konventionen müssen jedoch für eine ordnungsgemäße Auflösung eingehalten werden:

- Enthalten eckige oder geschweifte Klammern keine gültigen Entsprechungen, werden diese unverändert übernommen.
- Ist eine Zeichenfolge im Format *[Eigenschaftsname]* enthalten, wird diese Zeichenfolge durch den tatsächlichen Wert der Eigenschaft ersetzt. Handelt es sich um einen ungültigen Eigenschaftsnamen wird die Zeichenfolge unverändert verwendet. Die Auflösung der Eigenschaften geschieht von Innen nach Außen.
- Wird eine Zeichenfolge der Form *[%Umgebungsvariable]* verwendet, wird diese Zeichenfolge durch den tatsächlichen Wert der Variablen ersetzt.
- Zeichenfolgen der Form *[\x]* werden durch das Zeichen »x« zur Laufzeit ersetzt. Werden nach dem Backslash mehrere Zeichen angegeben, wird nur das erste verwendet. Der Text *[\[]Mein Text[\]]* wird als *[Mein Text]* dargestellt.
- Wird eine Zeichenfolge in geschweifte Klammern eingeschlossen, ohne dass ein gültiger Eigenschaftsname in eckigen Klammern enthalten ist, wird die Zeichenfolge unverändert übernommen.
- Werden mehrere von eckigen Klammern eingeschlossene Eigenschaften von geschweiften Klammern umgeben *{[PropertyA] [PropertyB]}* und handelt es sich um gültige Eigenschaften, werden die tatsächlichen Werte übernommen. Ist jedoch eine ungültige Eigenschaft enthalten wird eine leere Zeichenfolge zurückgegeben.
- Eine Zeichenfolge der Form *{~}* wird zur Laufzeit durch *Null* ersetzt. Diese Möglichkeit wird bei der Verwendung von *REG_MULTI_SZ* Werten, zur Verwendung in der Tabelle *Registry* benötigt.
- Eine Zeichenfolge der Form *[#filekey]* wird durch den vollständigen Pfad der Datei ersetzt. Der verwendete Wert für *filekey* muss als Schlüssel in der Tabelle *File* vorhanden sein. Der Wert kann allerdings erst ersetzt werden, nachdem die Aktionen *CostInitialize*, *FileCost* und *CostFinalize* ausge-

führt wurden. Der Wert der Zeichenfolge *[#filekey]* ist abhängig vom Installationsstatus der Komponente, in der die Datei enthalten ist. Wird die Komponente von der Quelle ausgeführt (Run from Source), enthält die Zeichenfolge den Pfad zu der Quelle der Datei. Ist die Komponente zur lokalen Installation (Run locally) vorgesehen, enthält die Zeichenfolge den Pfad zum Ziel der Datei. Soll die Komponente nicht installiert werden (Absent), wird eine leere Zeichenfolge verwendet.

- Wird eine Zeichenfolge der Form *[$componentkey]* verwendet, wird diese durch das Installationsverzeichnis der Komponente ersetzt. Der verwendete Wert für *componentkey* muss als Schlüssel in der Tabelle *Component* vorhanden sein. Der Wert kann allerdings erst ersetzt werden, nachdem die Aktionen *CostInitialize*, *FileCost* und *CostFinalize* ausgeführt wurden. Der Wert der Zeichenfolge *[$componentkey]* ist abhängig vom Installationsstatus der Komponente. Wird die Komponente von der Quelle ausgeführt (Run from Source), enthält die Zeichenfolge den Pfad zum Quellverzeichnis der Schlüsseldatei. Ist die Komponente zur lokalen Installation (Run locally) definiert, enthält die Zeichenfolge den Pfad zum Zielverzeichnis der Schlüsseldatei. Soll die Komponente nicht installiert werden (Absent), wird eine leere Zeichenfolge verwendet.
- Eine Zeichenfolge der Form *[!filekey]* wird durch den vollständigen kurzen Pfad der Datei ersetzt. Der verwendete Wert für *filekey* muss als Schlüssel in der Tabelle *File* vorhanden sein. Diese Syntax ist jedoch nur in der Spalte *Value* der Tabellen *Registry* oder *IniFile* möglich.

Template

Der Datentyp *Template* enthält in eckigen Klammern eingeschlossene Eigenschaften. Dieser Typ erlaubt auch die Verwendung aller Optionen des Datentyps *Formatted* und zusätzlich die Verwendung von [1], wenn es sich bei »1« um eine Ziffer handelt.

Condition

Beim Datentyp *Condition* handelt es sich um eine Zeichenfolge, die eine gültige Bedingung enthält. Diese Bedingung muss immer *True* oder *False* als Rückgabewert liefern.

GUID

Der Datentyp *GUID* enthält eine Zeichenfolge, die von COM in eine gültige *ClassID* umgewandelt werden kann. Alle Zeichen der *GUIDs* müssen durch Großbuchstaben dargestellt werden.

Das gültige Format für *GUIDs* ist *{XXXXXXXX-XXXX-XXXX-XXXX-XXXXXXXXXXXX}*, wobei *X* eine hexadezimale Ziffer darstellt (0,1,2,3,4,5,6,7,8,9,A,B,C,D,E,F).

WICHTIG: Beachten Sie, dass Tools wie *GUIDGEN* auch *GUIDs* generieren, die Kleinbuchstaben enthalten. Sie müssen diese unbedingt in Großbuchstaben umwandeln.

Version

Bei dem Datentyp *Version* handelt es sich um eine Zeichenfolge, die eine gültige Versionsnummer enthält. Diese Version muss in dem folgenden Format vorliegen, wobei x eine Ziffer darstellt:

xxxxx.xxxxx.xxxxx.xxxxx

Die maximale anzuwendende Versionsnummer beträgt folglich:

65535.65535.65535.65535.

Beispiele für gültige Versionen:
- *1*
- *1.0*
- *1.00*
- *10.00*
- *1.00.1*
- *1.0.1*
- *1.00.10*
- *1.00.100*
- *1.0.1000.0*

Language

Der Datentyp *Language* wird verwendet, um Language-IDs aufzunehmen. Die Language-IDs werden in einem dezimalen Format verwendet, wie z.B. US-Englisch = 1033, German = 1031. Bei der Verwendung von mehreren Language-IDs müssen diese durch Komma getrennt werden. Zur Verwendung einer neutralen Sprache muss der Wert 0 als Language-ID benutzt werden.

Binary

Der Datentyp *Binary* wird verwendet, um beliebige binäre Daten anzulegen. Beispiele hierfür sind Bitmaps oder ausführbare Dateien.

CustomSource

Der Datentyp *CustomSource* wird in der Tabelle *CustomAction* verwendet. Basierend auf dem Typ der benutzerdefinierten Aktion handelt es sich hierbei um den Datentyp *Identifier*, der eine Verknüpfung zu dem Schlüsselfeld der Tabellen *Binary*, *File*, *Directory* oder *Property* aufweist.

Cabinet

Der Datentyp *Cabinet* wird in der Spalte *Cabinet* der Tabelle *Media* verwendet. Es besteht die Möglichkeit eine Paketdatei in das Installer-Paket einzubetten oder in einer externen Datei abzulegen. Wird die Paketdatei in das Paket integriert, muss in der Tabelle *Media* dem Namen des *Cabinet* das Nummernzeichen (#) vorangestellt werden. Die Bezeichnung ohne das Nummernzeichen ist der Schlüssel für die Datei. Beachten Sie, dass bei der internen Verwendung die Groß- und Kleinschreibung unterschieden wird.

Bei der Verwendung einer separaten Paketdatei, muss sich diese im Stammverzeichnis der verwendeten Quellen befinden, das in der Tabelle *Directory* definiert ist. Der Dateiname der Paketdatei muss als kurzer Dateiname angegeben werden (8.3). Das Konstrukt »kurzer Dateiname|langer Dateiname« wird nicht unterstützt. Bei der externen Speicherung wird zwischen Groß- und Kleinschreibung nicht unterschieden.

Um Speicherplatz zu sparen, entfernt der Windows Installer jede eingebettete Paketdatei aus dem Installer-Paket, bevor er dieses auf dem lokalen Computer im Cache ablegt.

Shortcut

Der Datentyp *Shortcut* wird in der Spalte *Target* der Tabelle *Shortcut* verwendet. Enthält dieser eckige Klammern, wird das Ziel der Verknüpfung als Datentyp *Formatted* interpretiert. Ansonsten handelt es sich um den Datentyp *Identifier*, der auf einen gültigen Wert in der Tabelle *Feature* verweisen muss.

B Referenz der Datenbank

426	Kerntabellen
436	Dateitabellen
447	Registrierungstabellen
457	Systemtabellen
460	Suchtabellen
465	Programminformationstabellen
468	Installationstabellen
471	ODBC-Tabellen
474	Systemdiensttabellen
477	Patch-Tabellen
479	Sicherheitstabellen
482	Benutzeroberflächentabellen

Die Microsoft Windows Installer-Datenbank ist relational aufgebaut und enthält somit eine Vielzahl von Tabellen, die miteinander in Beziehung stehen. Diese Tabellen lassen sich in mehrere Gruppen entsprechend ihres Hauptverwendungszwecks gruppieren.

HINWEIS: Bei den Tabellen zur Beschreibung der Tabellenstrukturen in diesem Anhang befindet sich in dem Feld *Schlüssel* eine Markierung, falls es sich um ein Schlüsselfeld handelt. Das Feld *Null* weist eine Markierung auf, wenn das entsprechende Feld *Null* zulässt.

Bei der Angabe der Größe werden von dem Tool *msidb.exe* die bereits bekannten Bezeichner verwendet. Die nachfolgende Tabelle fasst diese nochmals zusammen:

Bezeichner	Definition
s?	Zeichenfolge. Variable Länge (? = 1 bis 255)
s0	Zeichenfolge. Variable Länge
i2	Kurze Ganzzahl (Short Integer) (Max. 32.767)
i4	Große Ganzzahl (Long Integer)
v0	Binärer Stream

Bezeichner	Definition
g?	Temporäre Zeichenfolge String (? = 0 bis 255)
j?	Temporärer Ganzzahl (? = 0, 1, 2, 4)

Tabelle B.1: Größenbezeichnungen für Spaltendefinitionen

Kerntabellen

Unter dem Begriff der Kerntabellen (Core) werden alle Tabellen zusammengefasst, in der die fundamentalen Daten zum Design eines Windows Installer-Paketes enthalten sind:

Assembly
- Component_ (FK)
- Feature_ (FK)
- File_Manifest
- Component_Application
- Attributes

AssemblyName
- Component_ (FK)
- Name
- Value

Complus
- Component_ (FK)
- ExpType

PublishComponent
- ComponentId
- Qualifier
- Component_ (FK)
- AppData
- Feature_ (FK)

Upgrade
- UpgradeCode
- VersionMin
- VersionMax
- Language
- Attributes
- Remove
- ActionProperty

Feature
- Feature
- Feature_Parent (FK)
- Title
- Description
- Display
- Level
- Directory_ (FK)
- Attributes

FeatureComponent
- Feature_ (FK)
- Component_ (FK)

Component
- Component
- ComponentId
- Directory_ (FK)
- Attributes
- Condition
- KeyPath

Directory
- Directory
- Directory_Parent (FK)
- DefaultDir

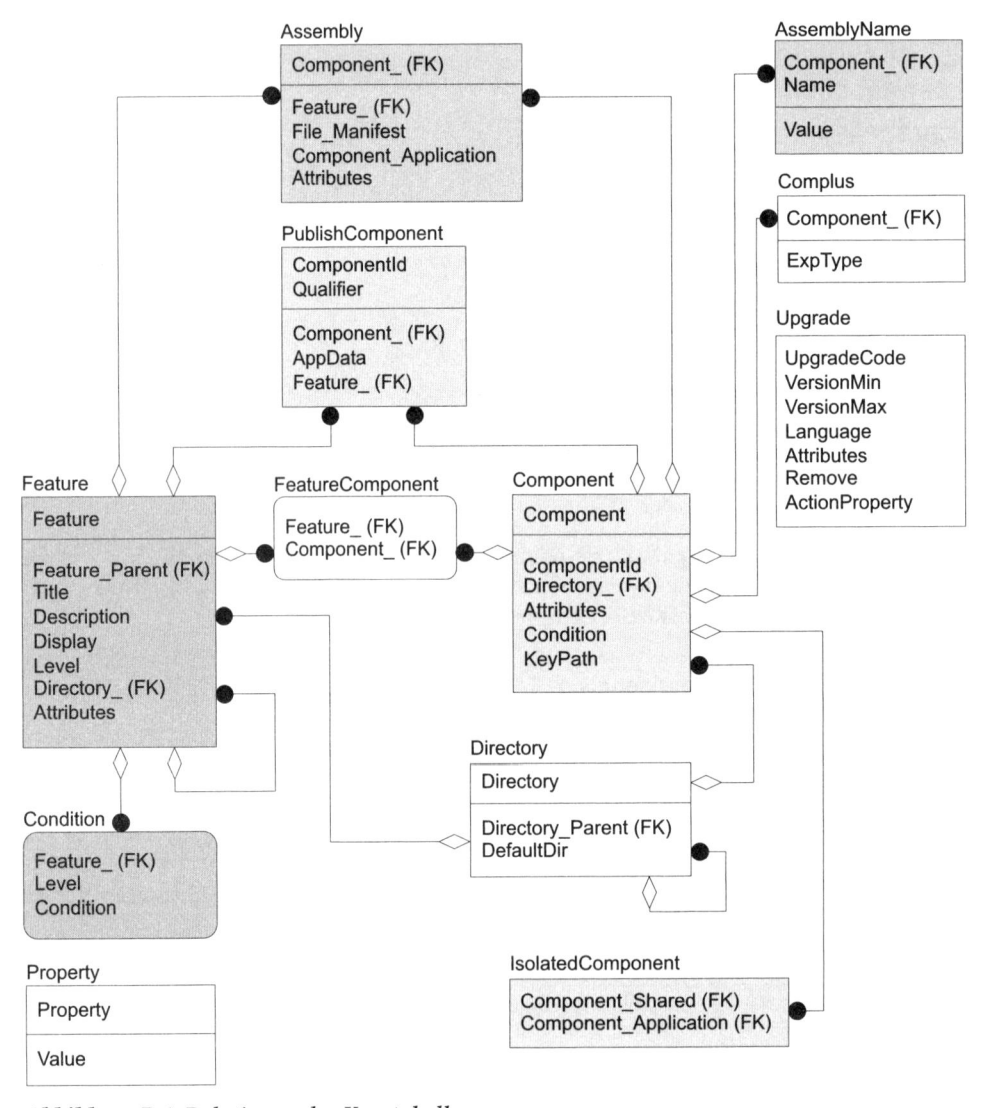

Condition
- Feature_ (FK)
- Level
- Condition

Property
- Property
- Value

IsolatedComponent
- Component_Shared (FK)
- Component_Application (FK)

Abbildung B.1: Relationen der Kerntabellen

Feature

Die Tabelle *Feature* definiert die logische Struktur der Windows Installer-Features und hat folgenden Aufbau:

Spalte	Typ	Größe	Schlüssel	Null
Feature	Identifier	s38	x	
Feature_Parent	Identifier	s38		x
Title	Text	s64		x
Description	Text	s255		x
Display	Integer	i2		x
Level	Integer	i2		
Directory_	Identifier	s72		x
Attributes	Integer	i2		

Tabelle B.2: *Struktur der Tabelle* Feature

Feature: Der Name des *Features*, gleichzeitig der Schlüssel.

Feature_Parent: Verweis auf das übergeordnete Feature in dieser Tabelle. Stamm-Features enthalten eine leere Zeichenfolge in dieser Spalte. Ein Feature kann nicht sich selbst als übergeordnetes Objekt besitzen.

Title: Kurzer Text, der das Feature beschreibt.

Description: Längerer Text, der eine ausführliche Beschreibung des Features enthält.

Display: Die Nummer in diesem Feld legt die Reihenfolge fest, in der die Features in der Benutzeroberfläche angezeigt werden. Ebenso wird bestimmt, ob das Feature angezeigt wird und ob alle Zweige ein- oder ausgeblendet dargestellt werden. Enthält diese Spalte *Null* oder »0«, wird dieses Feature nicht angezeigt. Ist hier ein ungerader Wert eingetragen, werden die Zweige expandiert, bei geraden Werten werden sie ausgeblendet.

Level: Enthält den Installationslevel.

Directory_: Ist hier ein Eintrag vorhanden, muss dieser auf einen Schlüsselwert in der Tabelle *Directory* verweisen, der den Zielordner für dieses Feature repräsentiert.

Attributes: Hierbei handelt es sich um ein Bit-Feld, das eine Kombination der nachfolgenden Flags beinhalten kann:

Bezeichnung	Wert	Beschreibung
msidbFeatureAttributesFavorLocal	0	Feature wird standardmäßig lokal installiert.
msidbFeatureAttributesFavorSource	1	Feature wird standardmäßig zur Ausführung vom Quellmedium installiert.
msidbFeatureAttributesFollowParent	2	Das Feature enthält den identischen Status wie das übergeordnete Feature. Dieses Attribut kann nicht bei Features gesetzt werden, die kein übergeordnetes Feature besitzen.
msidbFeatureAttributesFavorAdvertise	4	Das Feature wird nur zur Installation angekündigt.
msidbFeatureAttributesDisallowAdvertise	8	Das Feature kann nicht für die Installation angekündigt werden. ▶

Bezeichnung	Wert	Beschreibung
msidbFeatureAttributesUIDisallowAbsent	16	Dieses Feature kann über die Benutzeroberfläche nicht als »Nicht verfügbar« markiert werden.
msidbFeatureAttributesNoUnsupportedAdvertise	32	Dieses Feature kann nicht angekündigt werden, wenn das Betriebssystem die Funktionalität nicht unterstützt.

Tabelle B.3: Attribute der Tabelle Feature

HINWEIS: In der Tabelle *Property* wird über die Variable *INSTALLLEVEL* der Initialisierungswert für den Installationslevel festgelegt. Gültige Werte hierfür liegen im Bereich zwischen 1 und 32.767. Features werden nur installiert, wenn der *Level* des Features kleiner oder gleich der Eigenschaft *INSTALLLEVEL* ist.

Condition

Die Tabelle *Condition* kann verwendet werden, um für jeden Eintrag in der Tabelle *Feature* eine eigene Bedingung festzulegen und einen Installationslevel zuzuweisen.

Spalte	Typ	Größe	Schlüssel	Null
Feature_	Identifier	s38	x	
Level	Integer	i2	x	
Condition	Condition	s255		x

Tabelle B.4: Struktur der Tabelle Condition

Feature_: Verweist auf einen gültigen Eintrag in der Tabelle *Feature*.

Level: Legt den Installationslevel fest, der vom Windows Installer zugewiesen wird, wenn die Bedingung den Wert *True* zurückgibt, also erfüllt ist.

Condition: Hierbei handelt es sich um die Bedingung, die geprüft wird und anhand derer der Level festgelegt wird.

HINWEIS: Wenn der Windows Installer die Aktion *CostFinalize* ausführt, werden alle Bedingungen dieser Tabelle überprüft und in Abhängigkeit zu dem Ergebnis wird der Installationslevel des entsprechenden Features geändert.

FeatureComponents

Die Tabelle *FeatureComponents* definiert die Beziehungen zwischen den Features und den Komponenten. Durch diese Tabelle ist es möglich »n:m-Verknüpfungen« zwischen den beiden genannten Tabellen herzustellen.

Spalte	Typ	Größe	Schlüssel	Null
Feature_	Identifier	s38	x	
Component_	Identifier	s72	x	

Tabelle B.5: Struktur der Tabelle FeatureComponents

Feature_: Verweist auf einen gültigen Schlüssel in der Tabelle *Feature*.

Component_: Verweist auf einen gültigen Schlüssel in der Tabelle *Component*.

WICHTIG: Unter den Windows NT basierten Betriebssystemen können jedem Feature maximal 1.600 Komponenten zugeordnet werden. Unter Microsoft Windows 9x und Microsoft Windows Me liegt diese Begrenzung bei 800 Komponenten.

Component

Die Tabelle *Component* enthält die Komponenten der Windows Installer-Datenbank.

Spalte	Typ	Größe	Schlüssel	Null
Component	Identifier	s72	x	
ComponentId	GUID	s38		x
Directory	Identifier	s72		
Attributes	Integer	i2		
Condition	Condition	s255		x
KeyPath	Identifier	s72		x

Tabelle B.6: Struktur der Tabelle Component

Component: Identifiziert den Datensatz und ist gleichzeitig der Schlüssel.

ComponentId: Eine *GUID*, die für diese Komponente, Sprache und Version eindeutig sein muss. Wird dieses Feld nicht gefüllt, kann der Installer die Komponente nicht registrieren. Somit kann diese nicht repariert oder entfernt werden. Eine Anwendungsmöglichkeit besteht, falls Komponenten nur für die Dauer der Installation auf den Zielcomputer kopiert werden sollen, bei denen eine Registrierung nicht erwünscht ist.

Directory: Verweist auf einen gültigen Schlüssel in der Tabelle *Directory*.

Attributes: Hierbei handelt es sich um ein Bit-Feld, das eine Kombination der nachfolgenden Flags beinhalten kann:

Bezeichnung	Wert	Beschreibung
msidbComponentAttributesLocalOnly	0	Die Komponente kann nicht vom Quellmedium ausgeführt werden.
msidbComponentAttributesSourceOnly	1	Die Komponente kann ausschließlich vom Quellmedium ausgeführt werden.
msidbComponentAttributesOptional	2	Die Komponente kann entweder vom Quellmedium oder von der lokalen Installation ausgeführt werden.
msidbComponentAttributesRegistryKeyPath	4	Der Wert in der Spalte *KeyPath* verweist auf einen gültigen Schlüssel in der Tabelle *Registry*.
msidbComponentAttributesSharedDllRefCount	8	Der Installer erhöht den Referenzzähler für »Shared Dlls« in der Systemregistrierung. Dieser Mechanismus wird ausschließlich zur Kompatibilität mit skriptbasierten Installationsprogrammen benötigt.
msidbComponentAttributesPermanent	16	Die Komponente wird beim Deinstallieren der Anwendung nicht entfernt.

Bezeichnung	Wert	Beschreibung
msidbComponentAttributesODBCDataSource	32	Der Wert in der Spalte *KeyPath* verweist auf einen gültigen Schlüssel in der Tabelle *ODBCDataSource*.
msidbComponentAttributesTransitive	64	Es handelt sich um eine transitive Komponente.
msidbComponentAttributesNeverOverwrite	128	Solange ein *Datei-KeyPath* oder *Registry-KeyPath* bereits existiert, wird diese Komponente nicht installiert bzw. deinstalliert.
msidbComponentAttributes64bit	256	In Windows Installer-Paketen, die sowohl 32-Bit- und 64-Bit-Komponenten enthalten, kann hiermit eine 64-Bit-Komponente markiert werden.

Tabelle B.7: Attribute der Tabelle Component

Condition: Diese Spalte enthält eine Bedingung, die entweder *True* oder *False* zurückgeben muss. Gibt die Bedingung *True* zurück oder enthält dieses Feld *Null* wird die Komponente installiert. Falls Sie diese Komponente nicht als transitive Komponente (Spalte *Attribut*) kennzeichnen, wird diese Bedingung nur bei der ersten Installation geprüft. Bei Reparaturen, Deinstallationen etc. wird diese Bedingung nicht erneut geprüft.

KeyPath: Über die Eintragung in das Feld *KeyPath* identifiziert der Installer, ob diese Komponente bereits auf dem Computer installiert ist. Ebenfalls ist diese Eintragung für die Reparatur wichtig. Als *KeyPath* kann eine Datei, ein Eintrag der Systemregistrierung oder eine ODBC-Datenquelle angegeben werden. In diesem Fall muss eine entsprechende Verknüpfung zu der jeweiligen Tabelle existieren.

WICHTIG: Bei skriptbasierten Installationssystemen ist es erforderlich, für gemeinsam verwendete Bibliotheken den Zähler (Shared Dll Reference Counter) in der Systemregistrierung bei der Installation heraufzusetzen. Existiert für eine Komponente bereits ein Eintrag in der Registrierung, setzt der Windows Installer diesen herauf, unabhängig von dem verwendeten Flag in der Spalte *Attributes*. Existiert ein solcher Eintrag noch nicht, erstellt der Windows Installer diesen nur, wenn das Attribut *msidbComponentAttributesSharedDllRefCount* gesetzt wurde. Der Windows Installer unterstützt diese Funktionalität nur auf Grund der gemeinsamen Verwendung beider Installationstechnologien auf einem Computer.

Directory

Die Tabelle *Directory* legt die Ordnerstruktur für das Produkt fest. Jede Zeile dieser Tabelle repräsentiert das Quell- und das Zielverzeichnis für einen Ordner.

Spalte	Typ	Größe	Schlüssel	Null
Directory	Identifier	s72	x	
Directory_Parent	Identifier	s72		x
DefaultDir	DefaultDir	s255		

Tabelle B.8: Struktur der Tabelle Directory

Directory: Diese Spalte enthält eine eindeutige Bezeichnung für das Verzeichnis. Es kann der Name einer Eigenschaft verwendet werden, der den vollständigen Pfad zum Zielverzeichnis beinhaltet. Die

Spalte *Directory* für das Stammverzeichnis muss die Zeichenfolge *TARGETDIR* enthalten. Die Spalte *DefaultDir* muss die Zeichenfolge *SourceDir* aufweisen.

Directory_Parent: Verweist auf einen Schlüssel in dieser Tabelle. Als Wert ist hier das übergeordnete Verzeichnis zu verwenden. Wird in diesem Feld kein Wert eingetragen, handelt es sich um das Stammverzeichnis. Jede Installation darf nur über ein Stammverzeichnis verfügen.

DefaultDir: Die Spalte enthält den Namen des Ordners unterhalb des Stammverzeichnisses. Die Werte in dieser Spalte können die Syntax *Kurzer Name|Langer Name* aufweisen. Standardmäßig ist dieser Wert für Ziel- und Quellverzeichnis identisch. Möchten Sie Differenzierungen hinsichtlich dieser Verzeichnisse vornehmen, können Sie die Syntax »[Zielverzeichnis]:[Quellverzeichnis]« verwenden.

Für einen Ordner, der nicht als Stammverzeichnis definiert ist, bedeutet der Wert ».«, dass kein Unterordner, sondern der übergeordnete Ordner verwendet wird.

Nachfolgend finden Sie ein Beispiel, das dieses verdeutlicht:

Directory	Directory_Parent	DefaultDir
TARGETDIR		SourceDir
MyAppDir	TARGETDIR	MyApp
BinDir	MyAppDir	Bin
BinWin32Dir	BinDir	.:Win32
BinWin16Dir	BinDir	.:Win16

Tabelle B.9: Beispieltabelle Directory

Der Wert für *TARGETDIR* wird durch Festlegen des Zielverzeichnisses bestimmt. Die Eigenschaft *SourceDir* wird automatisch durch das verwendete Quellverzeichnis festgelegt. Im Beispiel wurde als *TARGETDIR* der Wert »C:\Programme« und als *SourceDir* der Wert »G:\« verwendet.

Directory	Zielverzeichnis	Quellverzeichnis
MyAppDir	C:\Programme\MyApp	G:\MyApp
BinDir	C:\Programme\MyApp\Bin	G:\MyApp\Bin
BinWin32Dir	C:\Programme\MyApp\Bin	G:\MyApp\Bin\Win32
BinWin16Dir	C:\Programme\MyApp\Bin	G:\MyApp\Bin\Win16

Tabelle B.10: Auflösung der Pfade in der Tabelle Directory

PublishComponent

Die Tabelle *PublishComponent* verknüpft Komponenten der Tabelle *Components* mit einer qualifizierten Zeichenfolge und einer Kategorie.

Spalte	Typ	Größe	Schlüssel	Null
ComponentId	GUID	s38	x	
Qualifier	Text	s255	x	
Component_	Identifier	s255	x	▶

Referenz der Datenbank

Spalte	Typ	Größe	Schlüssel	Null
AppData	Text	s38		x
Feature_	Identifier	s72		

Tabelle B.11: Struktur der Tabelle PublishComponent

ComponentId: Eine *GUID*, die eine Gruppe zusammengehörender Komponenten festlegt. Diese *GUID* ist für die Kategorie bestimmt und ist nicht identisch mit der *ComponentId* der Tabelle *Component*.

Qualifier: Eine Zeichenfolge, die den Wert der Spalte *ComponentID* weiter qualifiziert. Verwendung findet dieser Wert, um mehrere Formen identischer Komponenten z.B. für mehrere Sprachen zu installieren.

Component_: Verweist auf einen gültigen Schlüssel in der Tabelle *Component*.

AppData: Ein optionaler Text, der die Komponente beschreibt. Dieser Wert kann dem Benutzer angezeigt werden, um ihm die Auswahl der qualifizierten Komponente zu erleichtern.

Feature_: Verweist auf einen gültigen Schlüssel in der Tabelle *Feature*.

MsiAssembly

Die Tabelle *MsiAssembly* legt Windows Installer Einstellungen für .NET Framework-Assemblies und Win32-Assemblies fest. Bei der Verwendung des Windows Installers 2.0 unter Microsoft Windows XP und höher können Win32-Assemblies als *Side-By-Side Komponenten* installiert werden.

Spalte	Typ	Größe	Schlüssel	Null
Component_	Identifier	s72	x	
Feature_	Identifier	s38		
File_Manifest	Identifier	s72		x
File_Application	Identifier	s72		x
Attributes	Integer	i2		

Tabelle B.12: Struktur der Tabelle MsiAssembly

Component_: Verweist auf einen gültigen Schlüssel in der Tabelle *Component*.

Feature_: Verweist auf einen gültigen Schlüssel in der Tabelle *Feature*.

File_Manifest: Verweist auf einen gültigen Schlüssel in der Tabelle *File*, mit der die Datei festgelegt wird, die das Manifest des Assemblies enthält. Verwenden Sie nicht diese Datei als Schlüsseldatei im Feld *KeyPath* der Tabelle *Component*.

File_Application: Verweist auf einen gültigen Schlüssel in der Tabelle *File*. Der Installer verwendet die Ordnerstruktur, um das Assembly in das gleiche Verzeichnis zu installieren wie in der Komponente angegeben ist. Dieses Feld muss den Wert *Null* enthalten, wenn ein Assembly in den *Global Assembly Cache* installiert werden soll.

Attributes: Handelt es sich um ein Win32-Assembly, muss hier der Wert »1« eingesetzt werden, und bei einem .NET Framework-Assembly der Wert »0«.

MsiAssemblyName

Die Tabellen *MsiAssembly* und Tabelle *MsiAssemblyName* legen Windows Installer-Einstellungen für .NET Framework-Assemblies und Win32-Assemblies fest.

Die Tabelle *MsiAssemblyName* enthält die Elemente zur Festlegung eines »starken Namens (Strong Name)« für .NET Framework-Assemblies und Win32-Assemblies. Der Name wird konstruiert, indem alle Elemente mit einem identischen Eintrag im Feld *Component_* zusammengefügt werden.

Spalte	Typ	Größe	Schlüssel	Null
Component_	Identifier	s72	x	
Name	Text	s255	x	
Value	Text	s255		x

Tabelle B.13: *Struktur der Tabelle* MsiAssemblyName

Component_: Verweist auf einen gültigen Schlüssel in der Tabelle *Component*.

Name: Name des Attributes, das mit dem Wert aus der Spalte *Value* in Verbindung steht.

Value: Wert, der mit dem Attributsnamen aus der Spalte *Name* verknüpft ist.

Nachfolgend finden Sie ein Beispiel, das die Verwendung eines *Strong Names* anhand dieser Tabelle darstellt:

`<assemblyIdentity type="win32" name="ms-sxstest-simple" version="1.0.0.0" language="en" publicKeyToken="1111111111222222" processorArchitecture="x86"/>`

Component	Name	Value
ComponentA	type	win32
ComponentA	name	ms-sxstest-simple
ComponentA	version	1.0.0.0
ComponentA	language	en
ComponentA	publicKeyToken	1111111111222222
ComponentA	processorArchitecture	x86

Tabelle B.14: *Beispielwerte in der Tabelle* MsiAssemblyName

ComPlus

Die Tabelle *ComPlus* enthält Informationen, die zur Installation von COM+ Applikationen benötigt werden.

Spalte	Typ	Größe	Schlüssel	Null
Component_	Identifier	s72	x	
ExpType	Integer	i2		x

Tabelle B.15: *Struktur der Tabelle* ComPlus

Component_: Verweist auf einen gültigen Schlüssel in der Tabelle *Component*.

ExpType: Export-Flags die während der Generierung des Windows Installer-Paketes benötigt werden. Weitere Informationen finden Sie in der COM+-Dokumentation im Plattform SDK.

IsolatedComponent

Die Tabelle *IsolatedComponent* stellt die Installation von *Side-By-Side*-Komponenten sicher. Eine solche Komponente wird im gleichen Verzeichnis wie die aufrufende Anwendung abgelegt.

Spalte	Typ	Größe	Schlüssel	Null
Component_Shared	Identifier	s72	x	
Component_Application	Identifier	s72	x	

Tabelle B.16: Struktur der Tabelle *IsolatedComponent*

Component_Shared: Verweist auf einen gültigen Schlüssel in der Tabelle *Component*. Diese Spalte identifiziert die Komponente, die die Bibliothek (.*dll*) enthält, die Side-By-Side installiert werden soll. Bei der verwendeten Komponente muss das Attribut *msidbComponentAttributesShared* gesetzt werden.

Component_Application: Verweist auf einen gültigen Schlüssel in der Tabelle *Component*. Diese Spalte identifiziert die Komponente, die die ausführbare Datei (.*exe*) enthält, die die o.a. Bibliothek lädt. Diese Spalte muss ein anderes Ziel aufweisen als die Spalte *Component_Shared*.

Upgrade

Die Tabelle *Upgrade* enthält Informationen, die für die Durchführung eines »Major Upgrades« benötigt werden. Zur Sicherstellung der vollständigen Upgrade Fähigkeit sollte jedes Windows Installer-Paket über die Eigenschaft *UpgradeCode* und die Tabelle *Upgrade* verfügen. Jeder Datensatz dieser Tabelle beinhaltet eine Kombination aus *UpgradeCode*, *ProductVersion* und *ProductLanguage*, zum Identifizieren der Produkte, die mit diesem Paket aktualisiert werden.

Wenn die Aktion *FindRelatedProducts* ein verwandtes Produkt auf dem System findet, fügt es den *ProductCode* an die Eigenschaft, die in der Spalte *ActionProperty* definiert ist. Die Aktionen *RemoveExistingProducts* und *MigrateFeatureStates* verwenden für ihre Tätigkeiten nur Produkte, die in der Liste *ActionProperty* aufgeführt sind.

Spalte	Typ	Größe	Schlüssel	Null
UpgradeCode	GUID	s38	x	
VersionMin	Version	s20	x	x
VersionMax	Version	s20	x	x
Language	Text	s255	x	x
Attributes	Integer	i4	x	
Remove	Formatted	s255		x
ActionProperty	Identifier	s72		

Tabelle B.17: Struktur der Tabelle *Upgrade*

UpgradeCode: Enthält den *UpgradeCode* der Produkte, die durch die Aktion *FindRelatedProducts* gefunden werden sollen.

VersionMin: Legt die unterste Grenze der Produktversionen fest, die durch die Aktion *FindRelatedProducts* gefunden werden sollen. Sie müssen das Attribut *msidbUpgradeAttributesVersionMinInclusive* setzen, um eine Überprüfung auf die minimale Versionsnummer zu erreichen. Enthält diese Spalte eine leere Zeichenfolge oder den Wert »0«, werden alle vorherigen Versionen erkannt.

VersionMax: Legt die oberste Grenze der Produktversionen fest, die durch die Aktion *FindRelatedProducts* gefunden werden sollen. Sie müssen das Attribut *msidbUpgradeAttributesVersionMaxInclusive* setzen, um eine Überprüfung auf die maximale Versionsnummer zu erreichen. Enthält diese Spalte eine leere Zeichenfolge oder den Wert »0« wird die Überprüfung auf eine maximale Versionsnummer nicht durchgeführt.

HINWEIS: Bei den Spalten *VersionMin* und *VersionMax* verwendet der Windows Installer lediglich die ersten drei Felder der *ProductVersion*. Sollten Sie ein viertes Feld (1.0.0.123) anfügen, wird dieses nicht beachtet.

Language: Legt die Produktsprachen fest, die durch die Aktion *FindRelatedProducts* gefunden werden sollen. Setzen Sie das Attribut *msidbUpgradeAttributesLanguagesExclusive*, um alle Sprachen zu verwenden, mit Ausnahme derer, die in dieser Spalte aufgeführt sind. Enthält diese Spalte eine leere Zeichenfolge oder den Wert »0« wird das gesetzte Attribut ignoriert und alle Sprachen werden gefunden.

Attributes: Hierbei handelt es sich um ein Bit-Feld, das eine Kombination der nachfolgenden Werte beinhalten kann:

Bezeichnung	Wert	Beschreibung
msidbUpgradeAttributesMigrateFeatures	1	Verwendet die Logik der Aktion *MigrateFeatureStates*, um den Status der Features auf das zu installierende Produkt abzuleiten.
msidbUpgradeAttributesOnlyDetect	2	Sucht nach installierten Produkten, führt jedoch keine Installation durch.
msidbUpgradeAttributesIgnoreRemoveFailure	4	Installation wird nach einem Fehler fortgesetzt, der beim Entfernen des Produktes aufgetreten ist.
msidbUpgradeAttributesVersionMinInclusive	256	In die Suche nach verwandten Produkten wird eine Überprüfung auf die untere Grenze der Version einbezogen.
msidbUpgradeAttributesVersionMaxInclusive	512	In die Suche nach verwandten Produkten wird eine Überprüfung auf die obere Grenze der Version einbezogen.
msidbUpgradeAttributesLanguagesExclusive	1024	Es werden alle Sprachen in die Suche einbezogen, außer denen, die in der Spalte *Language* aufgeführt sind.

Tabelle B.18: Attribute der Tabelle Upgrade

Remove: Der Windows Installer markiert alle Features zum Entfernen, die in dieser Spalte eingetragen sind. Die formatierte Zeichenfolge in diesem Feld muss eine durch Komma getrennte Liste aller Features aufweisen, die beim Upgrade entfernt werden sollen, z.B. »[Feature1],[Feature2],[Feature3]«. Es werden keine Features entfernt, wenn dieses Feld eine leere Zeichenfolge enthält oder die Auflösung des Feldes eine solche ergibt. Der Installer entfernt alle Features (*REMOVE=ALL*), wenn dieses Feld *Null* enthält. Beachten Sie den Unterschied zwischen einer leeren Zeichenfolge und einem leeren Feld (*Null*).

ActionProperty: Falls die Aktion *FindRelatedProducts* ein verwandtes Produkt findet, das auf dem System installiert ist, schreibt es den *ProductCode* des gefundenen Produktes in die Eigenschaft, die in diesem Feld definiert ist. Werden mehrere Produkte gefunden, werden diese durch Semikolon getrennt der Eigenschaft angefügt. Die in diesem Feld verwendete Eigenschaft muss eine öffentliche Eigenschaft (Public Property) sein und sie muss ebenfalls der Eigenschaft *SecureCustomProperties* angefügt werden. Jeder Datensatz muss über einen eindeutigen Eintrag in der Spalte *ActionProperty* verfügen.

Dateitabellen

Unter dem Begriff der Dateitabellen (File Tables) werden alle Tabellen zusammengefasst, die die Dateien festlegen, die während der Installation benötigt werden.

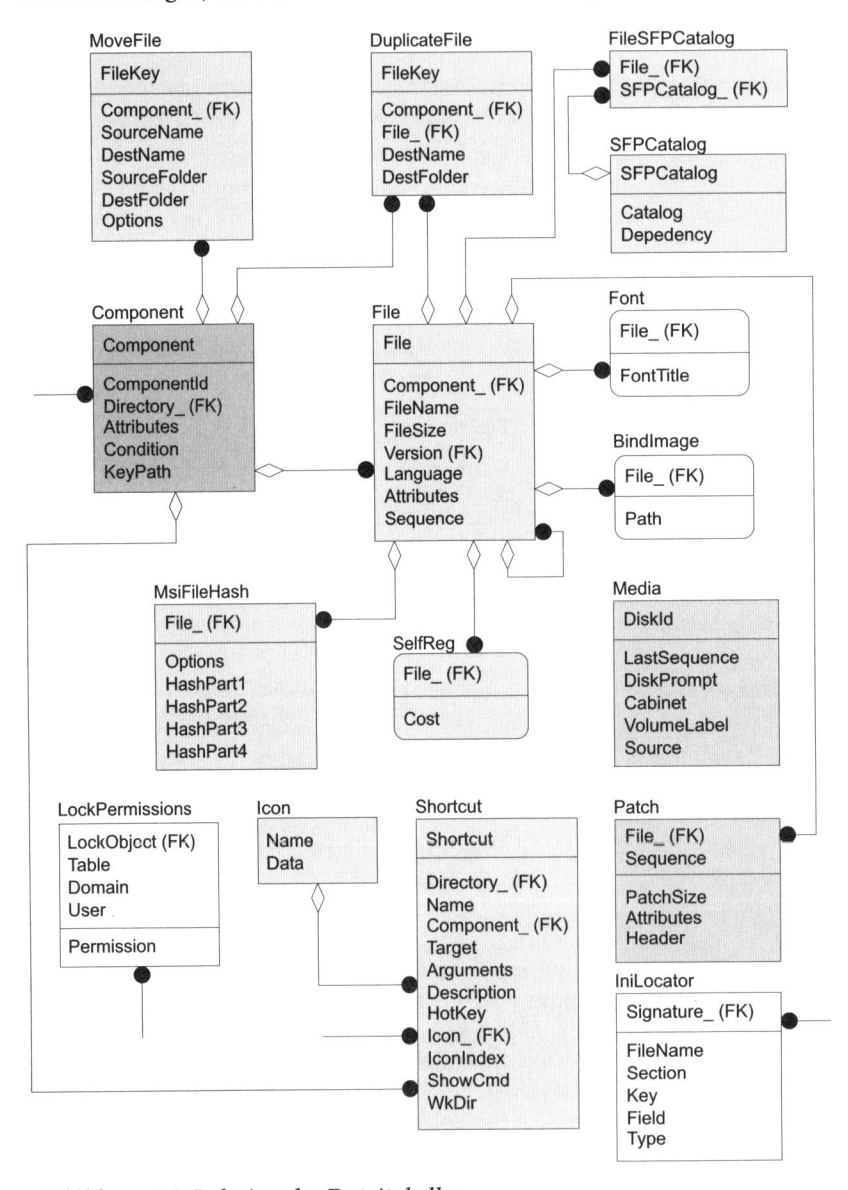

Abbildung B.2: *Relation der Dateitabellen*

File

Die Tabelle *File* enthält eine komplette Aufstellung der Quelldateien mit den benötigten Attributen. Dateien können auf dem Quellmedium in unkomprimiertem Zustand oder in einer Paketdatei gespeichert werden.

Spalte	Typ	Größe	Schlüssel	Null
File	Identifier	s72	x	
Component_	Identifier	s72		
FileName	Filename	s255		
FileSize	DoubleInteger	i4		
Version	Version	s72		x
Language	Language	s20		x
Attributes	Integer	i2		x
Sequence	Integer	i2		

Tabelle B.19: Struktur der Tabelle File

File: Eine nicht lokalisierte Zeichenfolge zur eindeutigen Identifizierung der Datei. Diese Zeichenfolge dient als externer Schlüssel zur Verknüpfung mit anderen Tabellen.

Component_: Verweist auf einen gültigen Schlüssel in der Tabelle *Component*.

FileName: Der Dateiname, der bei der Installation verwendet wird. Dieser Name kann lokalisiert dargestellt werden. Die Syntax ergibt sich aus dem Datentypen *Filename*.

FileSize: Die Größe der Datei in Byte. Hierbei muss es sich um eine nicht negative Zahl handeln.

Version: Dieses Feld enthält die Versionsnummer der Datei. Es enthält keinen Wert bei nicht versionierten Dateien. Das Feld *Version* kann ebenfalls den Schlüssel eines anderen Datensatzes dieser Tabelle enthalten. Die referenzierte Datei stellt in diesem Szenario die Basis zur Durchführung der Versionisierungslogik zur Verfügung.

Language: Enthält eine durch Komma getrennte Liste der dezimalen Sprachkennungen. Die folgende Tabelle fasst die Kombinationsmöglichkeiten der Spalten *Version* und *Language* zusammen.

Version	Language	Beschreibung
1.2.3.4	1033	Version und Sprachkennung.
1.2.3.4	Null	Nur Version.
1.2.3.4	0	Versionsangabe, aber die Sprachkennung ist neutral.
Testdb	Null	Zugeordnete Datei, jedoch ist keine Sprachkennung definiert.
Testdb	1033	Zugeordnete Datei mit Angabe der Sprachkennung.
Null	1033	Keine Version, jedoch ist eine Sprachkennung zugeordnet.

Tabelle B.20: Kombination der Spalten Version und Language

Attributes: Hierbei handelt es sich um ein Bit-Feld, das eine Kombination der nachfolgenden Werte beinhalten kann:

Bezeichnung	Wert	Beschreibung
msidbFileAttributesReadOnly	1	Schreibgeschützt (Read-Only)
msidbFileAttributesHidden	2	Versteckt (Hidden)
msidbFileAttributesSystem	4	Systemdatei (System)
msidbFileAttributesVital	512	Die Datei ist wichtig für die entsprechende Aktion.
msidbFileAttributesChecksum	1024	Die Datei enthält eine gültige Checksumme. Diese ist u.a. relevant für die Reparatur von Dateien.
msidbFileAttributesPatchAdded	4096	Dieses Attribut wird durch das Einspielen eines Patches gesetzt, wenn diese Datei aktualisiert wurde.
msidbFileAttributesNoncompressed	8192	Die Quelldatei liegt in unkomprimiertem Zustand vor.
msidbFileAttributesCompressed	16384	Die Quelldatei liegt in komprimiertem Zustand vor.

Tabelle B.21: *Attribute der Tabelle* File

Sequence: Dieses Feld stellt die Position der Datei im Quellmedium dar. Die Reihenfolge muss identisch mit der Reihenfolge der Dateien in der Paketdatei sein, wenn die Dateien in komprimiertem Zustand vorliegen. Der Wert in diesem Feld muss gleich oder größer als »1« sein. Über diese Spalte wird anhand der Spalte *LastSequence* in der Tabelle *Media* die zugehörige Paketdatei bestimmt.

Bei Dateien, die in unkomprimiertem Zustand vorliegen, muss die Sequenznummer nicht eindeutig sein. Sie können für Dateien, die auf dem gleichen Quellmedium zu finden sind, eine identische Sequenznummer vergeben.

HINWEIS: Sie können maximal 32.767 Dateien bei der Erstellung eines Windows Installer-Paketes verwenden. Um mehr Dateien einem Paket hinzuzufügen, müssen Sie die Struktur der verwendeten Tabellen ändern.

RemoveFile

Die Tabelle *RemoveFile* enthält eine Liste aller Dateien, die beim Ausführen der Aktion *RemoveFiles* vom System entfernt werden.

Spalte	Typ	Größe	Schlüssel	Null
FileKey	Identifier	s72	x	
*Component_*	Identifier	s72		
FileName	WildCardFilename	s255		x
DirProperty	Identifier	s72		
InstallMode	Integer	i2		

Tabelle B.22: *Struktur der Tabelle* RemoveFile

FileKey: Dieses Feld enthält eine Zeichenfolge, die den Datensatz eindeutig identifiziert.

Component_: Verweist auf einen gültigen Schlüssel in der Tabelle *Component*.

FileName: Dieses Feld enthält den lokalisierten Dateinamen der Datei, die entfernt werden soll. Ist dieses Feld *Null*, wird der zugeordnete Ordner entfernt, wenn er keine weiteren Dateien enthält. Bei der Verwendung von *Wildcards* werden alle zutreffenden Dateien aus dem Ordner entfernt.

DirProperty: Dieses Feld enthält den Namen einer Eigenschaft, die auf den vollständigen Pfad zu dem Ordner verweist, aus dem die Datei entfernt werden soll. Bei der Eigenschaft kann es sich um einen Eintrag aus der Tabelle *Directory* oder einer Eigenschaft handeln, die durch die Aktion *AppSearch* gesetzt wurde. Ebenso kann jede Eigenschaft verwendet werden, die einen vollständigen Pfad darstellt.

InstallMode: Hierbei muss es sich um einen der folgenden Werte handeln:

Bezeichnung	Wert	Beschreibung
msidbRemoveFileInstallModeOnInstall	1	Die Datei wird nur entfernt, wenn die zugeordnete Komponente installiert wird.
msidbRemoveFileInstallModeOnRemove	2	Die Datei wird nur entfernt, wenn die zugeordnete Komponente entfernt wird.
msidbRemoveFileInstallModeOnBoth	3	Die Datei wird in beiden angegebenen Fällen entfernt.

Tabelle B.23: Attribute der Spalte InstallMode *der Tabelle* RemoveFile

Font

Die Tabelle *Font* enthält Informationen, um eine Schriftart auf dem System zu registrieren.

Spalte	Typ	Größe	Schlüssel	Null
File_	Identifier	s72	x	
FontTitle	Text	s128		x

Tabelle B.24: Struktur der Tabelle Font

File_: Verweist auf einen gültigen Schlüssel in der Tabelle *File*.

FontTitle: Es kann eine Bezeichnung für die Schriftart angegeben werden. Enthält dieses Feld keinen Wert, verwendet der Windows Installer die Bezeichnung, die in der Schriftart implementiert ist. Weicht die individuell verwendete Bezeichnung von der integrierten Bezeichnung ab, werden für beide Angaben Registrierungen durchgeführt.

HINWEIS: Diese Tabelle wird verwendet, wenn die Aktionen *RegisterFonts* und *UnregisterFonts* ausgeführt werden.

SelfReg

Die Tabelle *SelfReg* enthält eine Liste aller Bibliotheken die selbstregistrierend sind. Der Installer führt bei der Installation die Funktion *DllRegisterServer()* und bei der Deinstallation die Funktion *DllUnregisterServer()* aus. Der Installer kann dieses Verfahren nicht für »Out-Of-Processs-Komponenten« ausführen.

Spalte	Typ	Größe	Schlüssel	Null
File_	Identifier	s72	x	
Cost	Integer	i2		x

Tabelle B.25: Struktur der Tabelle SelfReg

Referenz der Datenbank

File_: Verweist auf einen gültigen Schlüssel in der Tabelle *File*.

Cost: Der Speicherbedarf der Registrierung in Byte. Hierbei muss es sich um eine nicht negative Zahl handeln.

Bei der Installation von COM-Komponenten sollte auf die Verwendung von *SelfRegister* verzichtet werden, da hierbei viele Probleme auftreten können. Nachfolgend finden Sie einige Aspekte, die gegen die Verwendung der Selbstregistrierung sprechen:

- Die Deregistrierung über *DllUnregisterServer()* kann bei einem Rollback nicht zuverlässig ausgeführt werden.
- Komponenten, die per *SelfRegister* registriert werden, unterstützen keine Ankündigung von Komponenten (Advertising).
- *DllRegisterServer()* kann keinen benutzerspezifischen Schlüssel (*HKEY_CLASSES_ROOT*) zur Registrierung der Komponente verwenden.

Media

Die Tabelle *Media* enthält Informationen über die Quellmedien, die zur Installation benötigt werden. Werden für die Installation mehrere Datenträger benötigt, muss für jeden Datenträger ein Datensatz in dieser Tabelle angelegt werden.

Spalte	Typ	Größe	Schlüssel	Null
DiskId	*Integer*	i2	x	
LastSequence	*Integer*	i2		
DiskPrompt	*Text*	s64		x
Cabinet	*Cabinet*	s255		x
VolumeLabel	*Text*	s32		x
Source	*Property*	s72		x

Tabelle B.26: *Struktur der Tabelle* Media

DiskId_: Bestimmt die Sortierreihenfolge dieser Tabelle. Der hier verwendete Wert muss gleich oder größer als »1« sein.

LastSequence: Hierbei handelt es sich um die korrespondierenden Sequenznummern der Tabelle *File* für die letzte Datei, die auf diesem Medium vorhanden ist. Der hier verwendete Wert muss immer größer sein als der Wert des vorherigen Mediums.

DiskPrompt: Hierbei handelt es sich um eine Zeichenfolge, die dem Benutzer angezeigt wird, wenn dieses Medium eingelegt werden muss.

Cabinet: Enthält die Bezeichnung der Paketdatei, in der die Dateien gespeichert sind. Werden keine Paketdateien verwendet, enthält dieses Feld den Wert *Null*. Der Name der Paketdatei muss die Syntax des Datentyps *Cabinet* verwenden.

VolumeLabel: Dieses Feld beinhaltet die Datenträgerbezeichnung des Quellmediums. Anhand dieses Wertes kann der Installer feststellen, ob der Benutzer den benötigten Datenträger eingelegt hat. Über die Win32-Funktion *GetVolumeInformation* kann dieser Wert ermittelt werden.

Source: Dieses Feld wird ausschließlich durch Patchdateien verwendet, wenn diese Dateien eine andere Quelle aufweisen als die Originaldateien. Bei einer normalen Installation bleibt dieses Feld leer.

HINWEIS: Ist dem Namen der Paketdatei das Nummernzeichen (#) vorangestellt, wird diese Paketdatei im Windows Installer-Paket eingebettet und gespeichert.

BindImage

Der Windows Installer berechnet die virtuelle Adresse jeder Funktion, die von einer Laufzeitbibliothek (.*dll*) importiert wird und speichert diese in der importierten *Images Adress Table* (IAT). Die Tabelle *BindImage* enthält die Daten, die zur Ausführung der Aktion *BindImage* notwendig sind.

Spalte	Typ	Größe	Schlüssel	Null
File_	Identifier	s72	x	
Path	Paths	s255		x

Tabelle B.27: Struktur der Tabelle BindImage

File_: Verweist auf einen gültigen Schlüssel in der Tabelle *File*. Hierbei muss es sich um eine ausführbare Datei (.*exe*) oder eine Laufzeitbibliothek (.*dll*) handeln.

Path: Eine durch Semikolon getrennte Liste von Pfadangaben, die durchsucht werden, um die importierten Bibliotheken (.*dll*) aufzufinden. Bei dieser Liste handelt es sich um eine Auflistung von Eigenschaften, bei der jede Eigenschaft durch eckige Klammern eingeschlossen wird.

MoveFile

Diese Tabelle enthält eine Liste aller Dateien, die von einem Quellverzeichnis in ein definiertes Zielverzeichnis verschoben werden sollen.

Spalte	Typ	Größe	Schlüssel	Null
FileKey	Identifier	s72	x	
Component_	Identifier	s72		
SourceName	Text	s255		x
DestName	Filename	s255		x
SourceFolder	Identifier	s72		x
DestFolder	Identifier	s72		
Options	Integer	i2		

Tabelle B.28: Struktur der Tabelle MoveFile

FileKey: Enthält eine Zeichenfolge, die den Datensatz eindeutig identifiziert.

Component_: Verweist auf einen gültigen Schlüssel in der Tabelle *Component*.

SourceName: Dieses Feld enthält die lokalisierten Namen der Quelldateien, die verschoben oder kopiert werden sollen. In diesem Feld können *Wildcards* verwendet werden.

DestName: Dieses Feld enthält den lokalisierten Namen, der verwendet werden soll, nachdem die Originaldatei verschoben oder kopiert wurde. Wird in dieses Feld kein Wert eingetragen, verwendet der Windows Installer den Namen der Quelldatei.

SourceFolder: Dieses Feld enthält den Namen einer Eigenschaft, die auf den Zielordner verweist. Wurde in das Feld *SourceName* kein Wert eingegeben, so muss dieses Feld einen vollständigen Pfad inklusive des Dateinamens enthalten.

DestFolder: Dieses Feld enthält den Namen einer Eigenschaft, die einen vollständigen Pfad zu dem Zielordner aufweist.

Options: Enthält eine Ziffer, die die durchzuführende Aktion kennzeichnet.

Bezeichnung	Wert	Beschreibung
(Ohne)	0	Die Quelldatei wird kopiert.
msidbMoveFileOptionsMove	1	Die Quelldatei wird verschoben.

Tabelle B.29: Attribute der Spalte Options *der Tabelle* MoveFile

DuplicateFile

Die Tabelle *DuplicateFile* enthält eine Liste aller Dateiduplikate, die in einem anderen Verzeichnis oder unter einem anderen Dateinamen abgelegt werden sollen, als die Originaldatei. Bei der Originaldatei muss es sich um eine Datei handeln, die während der Aktion *InstallFiles* installiert wurde.

Spalte	Typ	Größe	Schlüssel	Null
FileKey	Identifier	s72	x	
Component_	Identifier	s72		
File_	Identifier	s72		
DestName	Filename	s255		x
DestFolder	Identifier	s72		x

Tabelle B.30: Struktur der Tabelle DuplicateFile

FileKey: Enthält eine Zeichenfolge, die den Datensatz eindeutig identifiziert.

Component_: Verweist auf einen gültigen Schlüssel in der Tabelle *Component*. Ist die zugeordnete Komponente nicht für die Installation vorgesehen, erfolgt keine weitere Aktion.

File_: Verweist auf einen gültigen Schlüssel in der Tabelle *File*.

DestName: Dieses Feld enthält den lokalisierten Namen, unter dem das Dateiduplikat gespeichert werden soll. Enthält dieses Feld keinen Wert, wird die Datei unter der Originalbezeichnung abgelegt.

DestFolder: Der Name einer Eigenschaft, die eine vollständige Pfadangabe als Speicherort für diese Datei enthält. Ist der Zielordner und der Dateiname identisch mit der Originaldatei wird keine Aktion ausgeführt.

IniFile

Die Tabelle *IniFile* enthält die Informationen, die während der Installation in eine Initialisierungsdatei (*.ini*) geschrieben werden sollen.

Spalte	Typ	Größe	Schlüssel	Null
IniFile	Identifier	s72	x	
FileName	Text	s255		▶

Spalte	Typ	Größe	Schlüssel	Null
DirProperty	Identifier	s72		x
Section	Formatted	s96		
Key	Formatted	s128		
Value	Formatted	s255		
Action	Integer	i2		
Component_	Identifier	s72		

Tabelle B.31: Struktur der Tabelle IniFile

IniFile: Enthält eine Zeichenfolge, die den Datensatz eindeutig identifiziert.

FileName: Der lokalisierte Name der Initialisierungsdatei.

DirProperty: Der Name einer Eigenschaft, die eine vollständige Pfadangabe zu dem Ordner enthält, in dem sich die Initialisierungsdatei befindet. Bei der Eigenschaft kann es sich um einen Eintrag aus der Tabelle *Directory* oder einer Eigenschaft handeln, die durch die Aktion *AppSearch* gesetzt wurde. Ebenso kann jede Eigenschaft verwendet werden, die einen vollständigen Pfad darstellt.

Section: Der lokalisierte Abschnitt (Section) der Initialisierungsdatei.

Key: Der lokalisierte Schlüssel der Initialisierungsdatei in dem angegebenen Abschnitt.

Value: Der lokalisierte Wert, der geschrieben werden soll.

Action: Enthält eine Ziffer, die die durchzuführende Aktion kennzeichnet.

Bezeichnung	Wert	Beschreibung
msidbIniFileActionAddLine	0	Erstellt oder aktualisiert einen Eintrag.
msidbIniFileActionCreateLine	1	Erstellt einen Eintrag, wenn noch keiner existiert.
msidbIniFileActionAddTag	3	Erstellt einen neuen Eintrag, oder fügt einen durch Komma getrennten Eintrag an den Existierenden an.

Tabelle B.32: Attribute der Spalte Action *der Tabelle* IniFile

Component_: Verweist auf einen gültigen Schlüssel in der Tabelle *Component*.

HINWEIS: Die Informationen werden ausschließlich in die Initialisierungsdateien geschrieben, wenn die verantwortliche Komponente zur lokalen Installation oder zur Ausführung vom Quellmedium vorgesehen wurde. Die Tabelle wird während der Aktionen *WriteIniValues* und *RemoveIniValues* verwendet.

RemoveIniFile

Die Tabelle *RemoveIniFile* enthält die Informationen, die vom Windows Installer aus einer Initialisierungsdatei (*.ini*) entfernt werden sollen.

Spalte	Typ	Größe	Schlüssel	Null
RemoveIniFile	Identifier	s72	x	
FileName	Text	s255		
DirProperty	Identifier	s72		x

Spalte	Typ	Größe	Schlüssel	Null
Section	Formatted	s96		
Key	Formatted	s128		
Value	Formatted	s255		x
Action	Integer	i2		
Component_	Identifier	s72		

Tabelle B.33: Struktur der Tabelle RemoveIniFile

RemoveIniFile: Enthält eine Zeichenfolge, die den Datensatz eindeutig identifiziert.

FileName: Der lokalisierte Name der Initialisierungsdatei.

DirProperty: Der Name einer Eigenschaft, die eine vollständige Pfadangabe zu dem Ordner enthält, in dem sich die Initialisierungsdatei befindet. Bei der Eigenschaft kann es sich um einen Eintrag aus der Tabelle *Directory* oder einer Eigenschaft handeln, die durch die Aktion *AppSearch* gesetzt wurde. Ebenso kann jede Eigenschaft verwendet werden, die einen vollständigen Pfad darstellt.

Section: Der lokalisierte Abschnitt (Section) der Initialisierungsdatei.

Key: Der lokalisierte Schlüssel der Initialisierungsdatei in dem angegebenen Abschnitt.

Value: Der lokalisierte Wert, der entfernt werden soll. Eine Eintragung ist in diesem Feld beim Ausführen der Aktion *msidbIniFileActionRemoveTag* erforderlich.

Action: Enthält eine Ziffer, die die durchzuführende Aktion kennzeichnet.

Bezeichnung	Wert	Beschreibung
msidbIniFileActionRemoveLine	2	Entfernt einen Eintrag.
msidbIniFileActionRemoveTag	4	Entfernt einen Wert von einer durch Komma getrennten Auflistung.

Tabelle B.34: Attribute der Spalte Action der Tabelle RemoveIniFile

Component_: Verweist auf einen gültigen Schlüssel in der Tabelle *Component*.

HINWEIS: Die Informationen werden ausschließlich aus den Initialisierungsdateien entfernt, wenn die verantwortliche Komponente zur lokalen Installation oder zur Ausführung vom Quellmedium vorgesehen wurde. Das Entfernen des letzten Eintrages eines Abschnitts entfernt diesen Abschnitt. Das ist ebenfalls die einzige Möglichkeit einen Abschnitt zu entfernen. Die Tabelle wird während der Aktion *RemoveIniValues* verwendet.

Icon

Die Tabelle *Icon* enthält die Dateien, um entsprechende Symbole zu erstellen.

Spalte	Typ	Größe	Schlüssel	Null
Name	Identifier	s72	x	
Data	Binary	v0		

Tabelle B.35: Struktur der Tabelle Icon

Name: Enthält den Namen der Symboldatei.

Data: Diese Spalte enthält die Symbole im Format *.exe*, *.dll* oder *.ico*.

HINWEIS: Die Symbole für Verknüpfungen, Dateinamenerweiterungen und *CLSID* müssen in Dateien gespeichert werden, die separat von der eigentlichen Zieldatei vorliegen. Der Windows Installer verwendet das kleine Symbol (16x16) zur Produktankündigung.

FileSFPCatalog

Die Tabelle *FileSFPCatalog* verknüpft spezielle Dateien mit den Katalogdateien von Microsoft Windows Me für den enthaltenen Windows-Dateischutz (Windows File Protection).

Spalte	Typ	Größe	Schlüssel	Null
*File_*	*Identifier*	S72	x	
*SFPCatalog_*	*Filename*	S255	x	

Tabelle B.36: *Struktur der Tabelle* FileSFPCatalog

File_: Verweist auf einen gültigen Schlüssel in der Tabelle *File*.

SFPCatalog_: Verweist auf einen gültigen Schlüssel in der Tabelle *SFPCatalog*.

HINWEIS: Der Windows-Dateischutz für Microsoft Windows Millennium Edition wird erst ab Microsoft Windows Installer Version 1.2 unterstützt.

SFPCatalog

Die Tabelle *SFPCatalog* enthält die Katalogdateien, die Microsoft Windows Me für den Windows-Dateischutz benötigt.

Spalte	Typ	Größe	Schlüssel	Null
SFPCatalog	*Filename*	s255	x	
Catalog	*Binary*	v0		
Depedency	*Formatted*	s0		x

Tabelle B.37: *Struktur der Tabelle* SFPCatalog

SFPCatalog: Der Dateiname des Katalogs, der als kurzer Dateiname verwendet werden muss. Kataloge verwenden keine Versionsbezeichnung, sodass der festgelegte Katalog einen bereits installierten Katalog auf dem lokalen System überschreiben kann.

Catalog: Enthält die binären Daten des Katalogs.

Depedency: Der im Feld *SFPCatalog* angegebene Katalog ist abhängig von dem Katalog, der in diesem Feld angegeben ist. Geben Sie einen kurzen Dateinamen für den übergeordneten Katalog in dieses Feld ein. Beachten Sie, dass dieser Wert auf einen gültigen Eintrag in dem Feld *SFPCatalog* dieser Tabelle verweisen muss. Die Eintragungen unterscheiden zwischen Groß- und Kleinschreibung.

Wird in diesem Feld ein übergeordneter Katalog referenziert, wird dieser Katalog zuerst installiert. Wird ein Katalog referenziert, der keine Entsprechung in dieser Tabelle oder auf dem Zielsystem aufweist, schlägt die Installation fehl.

HINWEIS: Der Windows-Dateischutz für Microsoft Windows Millennium Edition wird erst ab Microsoft Windows Installer Version 1.2 unterstützt.

MsiFileHash

Die Tabelle *MsiFileHash* wird zum Speichern eines durch den Windows Installer berechneten, 128-Bit-Hash der Quelldatei verwendet. Der Hash wird in vier 32-Bit große Teile aufgeteilt und in separaten Feldern abgelegt.

Der Windows Installer verwendet den Hashcode, um unnötige Kopieraktionen zu vermeiden. Vor dem Kopieren wird der Hashcode für eine bereits existierende Datei berechnet und gegen den Wert in der gecachten Windows Installer-Datenbank geprüft. In Abhängigkeit zum Ergebnis wird eine Kopieraktion durchgeführt. Die Tabelle *MsiFileHash* kann nur für nicht versionierte Dateien verwendet werden.

Spalte	Typ	Größe	Schlüssel	Null
File_	Identifier	s72	x	
Options	Integer	i2		
HashPart1	DoubleInteger	i4		
HashPart2	DoubleInteger	i4		
HashPart3	DoubleInteger	i4		
HashPart4	DoubleInteger	i4		

Tabelle B.38: Struktur der Tabelle MsiFileHash

File_: Verweist auf einen gültigen Schlüssel in der Tabelle *File*.

Options: Dieses Feld muss den Wert »0« enthalten und ist für zukünftige Verwendung reserviert.

HashPart1: Enthält die ersten 32 Bit des errechneten Hashcodes. Der in diesem Feld verwendete Hash darf nur durch die Methoden *MsiGetFileHash* oder *FileHash* errechnet werden.

HashPart2: Enthält die zweiten 32 Bit des errechneten Hashcodes. Der in diesem Feld verwendete Hash darf nur durch die Methoden *MsiGetFileHash* oder *FileHash* errechnet werden.

HashPart3: Enthält die dritten 32 Bit des errechneten Hashcodes. Der in diesem Feld verwendete Hash darf nur durch die Methoden *MsiGetFileHash* oder *FileHash* errechnet werden.

HashPart4: Enthält die vierten 32 Bit des errechneten Hashcodes. Der in diesem Feld verwendete Hash darf nur durch die Methoden *MsiGetFileHash* oder *FileHash* errechnet werden.

CreateFolder

Die Tabelle *CreateFolder* enthält Referenzen auf Ordner, die bei der Installation einer Komponente explizit erstellt werden sollen.

Spalte	Typ	Größe	Schlüssel	Null
Directory_	Identifier	s72	x	
Component_	Identifier	s72	x	

Tabelle B.39: Struktur der Tabelle CreateFolder

Directory_: Verweist auf einen gültigen Schlüssel in der Tabelle *Directory*.

Component_: Verweist auf einen gültigen Schlüssel in der Tabelle *Component*.

HINWEIS: Der Windows Installer erstellt automatisch Ordner, wenn Dateien in diese abgelegt werden. Bei der Deinstallation werden solche Ordner wieder entfernt, wenn sie keine Dateien mehr enthalten. Diese Tabelle sollte verwendet werden, um leere Ordner zu erstellen, die nicht entfernt werden, wenn sie keine Dateien mehr enthalten.

Registrierungstabellen

Der Windows Installer verfügt über spezielle Tabellen zum Schreiben von Einträgen in die Systemregistrierung. Bei der Verwendung dieser Tabellen sollten Sie die Verwendung der Windows Installer-Tabelle *Registry* minimieren und die Verwendung der funktionsspezifischen Tabellen maximieren. Der Installer kann bei der Verwendung der Tabelle *Registry* nicht zwischen den verwendeten Typen unterscheiden, sodass die volle Funktionalität der Windows Installer-Technologie, z.B. *Advertising*, nur durch die Verwendung der entsprechenden Tabellen gewährleistet wird.

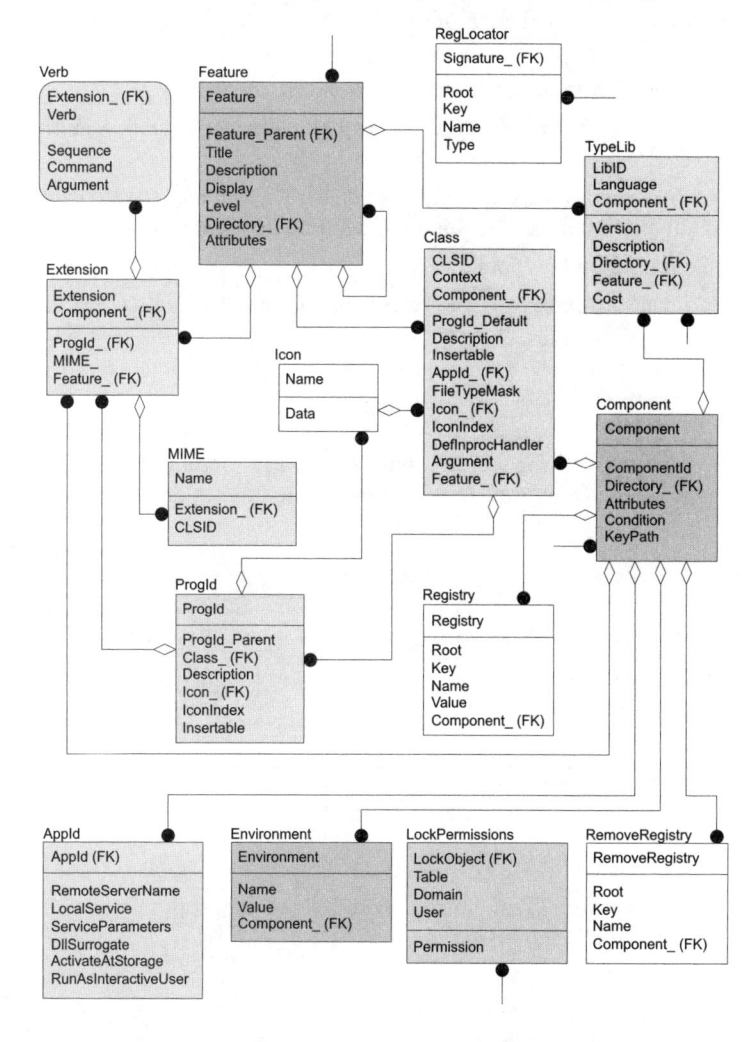

Abbildung B.3: Relationen der Registrierungstabellen

Extension

Die Tabelle *Extension* enthält Informationen über Dateinamenerweiterungen, die als Teil der Produktanmeldung generiert werden sollen.

Spalte	Typ	Größe	Schlüssel	Null
Extension	Text	s255	x	
Component_	Identifier	s72	x	
ProgId	Text	s255		x
MIME	Text	s64		x
Feature_	Identifier	s38		

Tabelle B.40: Struktur der Tabelle Extension

Extension: Gibt die Dateinamenerweiterung an, die mit diesem Datensatz verknüpft ist. Die Erweiterung kann maximal 255 Zeichen enthalten. Es darf lediglich die Erweiterung ohne den vorangestellten Punkt eingegeben werden.

Component_: Verweist auf einen gültigen Schlüssel in der Tabelle *Component*.

ProgId: Die *ProgID*, die mit dieser Erweiterung verknüpft wird. Dieses Feld verweist auf einen gültigen Schlüssel in der Tabelle *ProgId*.

MIME_: Der MIME-Typ (Multipurpose Internet Mail Extensions), der dieser Dateinamenerweiterung zugeordnet wird. Dieses Feld verweist auf einen gültigen Schlüssel in der Tabelle *MIME*.

Feature_: Verweist auf einen gültigen Schlüssel in der Tabelle *Feature*.

HINWEIS: Diese Tabelle wird während der Aktionen *RegisterExtensionInfo* und *UnRegisterExtensionInfo* verwendet.

Verb

Die Tabelle *Verb* enthält Informationen, die verwendet werden, um Befehle mit diesem Dateityp zu verknüpfen. Beispiele hierzu sind die Befehle *Öffnen* und *Drucken* im Kontextmenü des Windows-Explorers.

Spalte	Typ	Größe	Schlüssel	Null
Extension_	Text	s255	x	
Verb	Text	s32	x	
Sequence	Integer	i2		x
Command	Formatted	s255		x
Argument	Formatted	s255		x

Tabelle B.41: Struktur der Tabelle Verb

Extension_: Gibt die Erweiterung an, die mit einem Menüeintrag verknüpft werden soll. Dieses Feld verweist auf einen gültigen Schlüssel in der Tabelle *Extension*.

Verb: Die Bezeichnung für diesen Befehl.

Sequence: Sollen mehrere Befehle mit einer Erweiterung verknüpft werden, wird über dieses Feld die Reihenfolge festgelegt, in der diese angezeigt werden. Der Befehl mit der niedrigsten Nummer wird als Standardbefehl festgelegt.

Command: Der lokalisierte Text, der im Kontextmenü angezeigt werden soll. Bei diesem Text kann auch ein Shortcut, wie z.B. »&Bearbeiten« angegeben werden. In diesem Beispiel wird das »B« unterstrichen dargestellt. Wird in dieses Feld kein Wert eingegeben, wird das entsprechende *Verb* verwendet.

Argument: Befehlszeilenargumente, die an die Anwendung übergeben werden, wenn der Befehl ausgeführt wird.

HINWEIS: Diese Tabelle wird während der Aktionen *RegisterExtensionInfo* und *UnRegisterExtensionInfo* verwendet.

TypeLib

Die Tabelle *TypeLib* enthält Informationen, die zur Registrierung von Typbibliotheken in die Systemregistrierung geschrieben werden müssen.

Spalte	Typ	Größe	Schlüssel	Null
LibID	GUID	s38	x	
Language	Integer	i2	x	
Component_	Identifier	s72	x	
Version	Integer	i4		x
Description	Text	s128		x
Directory_	Identifier	s72		x
Feature_	Identifier	s38		
Cost	DoubleInteger	i4		x

Tabelle B.42: *Struktur der Tabelle* TypeLib

LibID: Die *GUID*, die die Bibliothek identifiziert. Beachten Sie, dass es sich hierbei um die tatsächliche *GUID* der Typbibliothek handeln muss.

Language: Gibt die Sprachkennung der Typbibliothek an. Es muss sich hierbei um eine nicht negative Zahl handeln.

Component_: Verweist auf einen gültigen Schlüssel in der Tabelle *Component*.

Version: Hierbei handelt es sich um die Version der Typbibliothek.

Description: Die lokalisierte Beschreibung der Typbibliothek.

Directory_: Verweist auf einen gültigen Schlüssel in der Tabelle *Directory*. Dieses Feld verweist auf den Pfad zu der Hilfedatei der Bibliothek. Wird in dieses Feld kein Wert eingeben, wird die Hilfedatei im gleichen Ordner wie die Bibliothek angenommen.

Feature_: Verweist auf einen gültigen Schlüssel in der Tabelle *Feature*.

Cost: Der Speicherbedarf der Registrierung der Typbibliothek in Byte. Hierbei muss es sich um eine nicht negative Zahl handeln.

HINWEIS: Diese Tabelle wird während der Aktionen *RegisterTypeLibraries* und *UnRegisterTypeLibraries* verwendet. Der Windows Installer schreibt alle Informationen in den Schlüssel *HKEY_LOCAL_MACHINE*. Dieses gilt auch für eine Benutzerinstallation. Typbibliotheken können nicht im Schlüssel *HKEY_CURRENT_USER* registriert werden.

MIME

Die Tabelle *MIME* enthält Informationen, die zur Registrierung von MIME-Dateitypen (Multipurpose Internet Mail Extensions) in die Systemregistrierung geschrieben werden müssen.

Spalte	Typ	Größe	Schlüssel	Null
ContentType	Text	s64	x	
Extension_	Text	s255		
CLSID	GUID	s38		x

Tabelle B.43: Struktur der Tabelle MIME

ContentType: Hierbei handelt es sich um die *MIME-ID*, die registriert werden soll.

Extension_: Dieses Feld enthält die Dateierweiterung, die mit diesem Typ verknüpft werden soll. Dieser Wert verweist auf einen gültigen Schlüssel in der Tabelle *Extension*.

CLSID: Diese Spalte enthält die COM-Komponente, die mit diesem Typ verknüpft werden soll. Bei der *CLSID* kann es sich um einen gültigen Schlüssel der Tabelle *Class* handeln. Ebenso kann es sich um eine *CLSID* handeln, die bereits auf dem Zielcomputer existiert.

HINWEIS: Diese Tabelle wird während der Aktionen *RegisterMIMEInfo* und *UnRegisterMIMEInfo* verwendet.

Class

Die Tabelle *Class* enthält Informationen, die zur Registrierung von COM-Komponenten benötigt werden.

Spalte	Typ	Größe	Schlüssel	Null
CLSID	GUID	s38	x	
Context	Identifier	s38	x	
Component_	Identifier	s72	x	
ProgId_Default	Text	s255		x
Description	Text	s255		x
AppId_	GUID	s38		x
FileTypeMask	Text	s255		x
Icon_	Identifier	s72		x
IconIndex	Integer	i2		x
DefInprocHandler	Filename	s32		x
Argument	Formatted	s255		x

Spalte	Typ	Größe	Schlüssel	Null
Feature_	Identifier	s38		
Attributes	Integer	i2		x

Tabelle B.44: Struktur der Tabelle Class

CLSID: Hierbei handelt es sich um die *ClassID* der COM-Komponente.

Context: Dieses Feld enthält die Art der COM-Komponente und kann die nachfolgenden Werte enthalten.

Wert	Bedeutung
LocalServer	Verwenden einer 16-Bit-Out-Of-Process-Komponente.
LocalServer32	Verwenden einer 32-Bit-Out-Of-Process-Komponente.
InprocServer	Verwenden einer 16-Bit-In-Process-Komponente.
Inprocserver32	Verwenden einer 32-Bit-In-Process-Komponente.

Tabelle B.45: Werte für die Spalte Context der Tabelle Class

Component_: Verweist auf einen gültigen Schlüssel in der Tabelle *Component*.

ProgId_Default: Die mit dieser Klasse verknüpfte standardmäßige *ProgID*. Diese Spalte verweist auf einen gültigen Schlüssel in der Tabelle *ProgId*.

Description: Lokalisierte Beschreibung, die mit dieser *CLSID* und *ProgID* verknüpft werden soll.

AppId: Verweist auf einen gültigen Schlüssel in der Tabelle *AppId*, die die Informationen zur DCOM-Registrierung enthält.

FileTypeMask: Dieses Feld enthält Informationen zum Dateityp für diese Klasse.

Icon: Verweist auf einen gültigen Schlüssel in der Tabelle *Icon*, der das zu verwendende Symbol für diese Klasse festlegt. Wird in dieses Feld kein Wert eingegeben, wird das Symbol der COM-Komponente verwendet. Zur Unterstützung der *Advertising*-Funktionalität muss dieses Feld einen Wert ungleich *Null* enthalten.

IconIndex: Enthält einen nicht negativen Wert, der den Index des zu verwendenden Symbols darstellt.

DefInprocHandler: Dieses Feld legt den standardmäßigen *In-Process-Handler* für die COM-Komponente fest. Dieses Feld muss *Null* bei der Verwendung von »In-Process-Komponenten« enthalten.

Argument: Falls für diese Klasse als Typ *LocalServer32* oder *LocalServer* festgelegt wurde, wird der Inhalt dieses Feldes von COM verwendet, um die Komponente aufzurufen. Die Felder *DefInprocHandler* und *Argument* können bei der Verwendung einer »In-Process-Komponente« den Wert *Null* enthalten.

Feature_: Verweist auf einen gültigen Schlüssel in der Tabelle *Feature*.

Attributes: Falls Sie das Attribut *msidbClassAttributesRelativePath* für diese Komponente verwenden, wird die COM-Komponente nicht mit einer absoluten Pfadangabe, sondern nur mit dem Dateinamen registriert. Dieses Vorgehen ermöglicht die Aktivierung der Komponente im aktuellen Verzeichnis.

Bezeichnung	Wert	Beschreibung
msidbClassAttributesRelativePath	1	Registrierung ohne Angabe des absoluten Pfades.

Tabelle B.46: Werte für die Spalte Attributes *der Tabelle* Class

ProgId

Die Tabelle *ProgId* enthält Informationen, die der Windows Installer benötigt, um das *Advertising* für eine COM-Komponente durchzuführen und die *ProgID* zu registrieren

Spalte	Typ	Größe	Schlüssel	Null
ProgId	Text	s255	x	
ProgId_Parent	Text	s255		x
Class_	GUID	s38		x
Description	Text	s255		x
Icon_	Identifier	s72		x
IconIndex	Integer	i2		x

Tabelle B.47: Struktur der Tabelle ProgId

ProgId: Die *ProgID*, die registriert werden soll.

ProgId_Parent: Diese Spalte wird ausschließlich bei der Registrierung von versionsunabhängigen *ProgIDs* benötigt. Diese Spalte verweist auf einen gültigen Schlüssel in der Tabelle *ProgId*.

Class_: Diese optionale Spalte verweist auf einen gültigen Schlüssel in der Tabelle *Class*. Diese Spalte muss bei einer versionsunabhängigen *ProgID* den Wert *Null* aufweisen.

Description: Enthält eine lokalisierte Zeichenfolge zur Beschreibung der *ProgID*.

Icon: Verweist auf einen gültigen Schlüssel in der Tabelle *Icon*, die das zu verwendende Symbol für diese *ProgID* festlegt und unter dem Schlüssel *DefaultIcon* dieser *ProgID* anlegt. Diese Spalte muss bei einer versionsunabhängigen *ProgID* den Wert *Null* aufweisen.

IconIndex: Enthält einen nicht negativen Wert, der den Index des zu verwendenden Symbols darstellt. Diese Spalte muss bei einer versionsunabhängigen *ProgID* den Wert *Null* aufweisen.

AppId

Die Tabellen *AppId* und *Registry* enthalten Informationen, die der Windows Installer benötigt, um eine DCOM-Komponente bei der Installation für eine der nachfolgenden Aufgaben zu registrieren und zu konfigurieren.

- Ausführen der DCOM- Komponente unter einem abweichenden Sicherheitskontext.
- Ausführen der DCOM- Komponente als Betriebssystemdienst.
- Konfiguration der standardmäßigen Sicherheitseinstellungen für die DCOM- Komponente.
- Registrierung der DCOM- Komponente zur Ausführung auf einem anderen Computer.

Diese Tabelle wird verwendet, wenn die in der Spalte *_Component* zugeordnete Komponente installiert wird.

Spalte	Typ	Größe	Schlüssel	Null
AppId	GUID	s38	x	
RemoteServerName	Formatted	s255		x
LocalService	Text	s255		x
ServiceParameters	Text	s255		x
DllSurrogate	Text	s255		x
ActivateAtStorage	Integer	i2		x
RunAsInteractiveUser	Integer	i2		x

Tabelle B.48: Struktur der Tabelle AppId

AppId: Diese Spalte verweist auf die gleichnamige Spalte in der Tabelle *Class*. Sie enthält den Wert, der unter dem Schlüssel *CLSID* geschrieben wurde und erstellt den Schlüssel zusätzlich unter *HKEY_CLASSES_ROOT\AppId*.

RemoteServerName: Diese Spalte enthält den Wert, der unter den Eintrag *RemoteServerName* geschrieben werden soll.

LocalService: Diese Spalte enthält den Wert, der unter den Eintrag *LocalService* geschrieben werden soll.

ServiceParameters: Diese Spalte enthält den Wert, der unter den Eintrag *ServiceParameters* geschrieben werden soll.

DllSurrogate: Diese Spalte enthält den Wert, der unter den Eintrag *DllSurrogate* geschrieben werden soll.

ActivateAtStorage: Diese Spalte enthält den Wert, der unter den Eintrag *ActivateAtStorage* geschrieben werden soll.

RunAsInteractiveUser: Diese Spalte enthält den Wert, der unter den Eintrag *RunAsInteractiveUser* geschrieben werden soll.

Environment

Die Tabelle *Environment* wird verwendet, um Umgebungsvariablen zu setzen.

Spalte	Typ	Größe	Schlüssel	Null
Environment	Identifier	s72	x	
Name	Text	s255		
Value	Formatted	s255		x
*Component_*	Identifier	s72		

Tabelle B.49: Struktur der Tabelle Environment

Environment: Enthält eine Zeichenfolge, die den Datensatz eindeutig identifiziert.

Name: Dieses Feld enthält den lokalisierten Namen der Umgebungsvariablen. Die zugehörenden Werte werden je nach verwendetem Präfix geschrieben oder von bereits existierenden Umgebungsvariablen entfernt.

Referenz der Datenbank

Präfix	Bedeutung
=	Erstellt die Umgebungsvariable, wenn diese nicht existiert, und setzt den entsprechenden Wert. Existiert die Variable bereits, wird der entsprechende Wert gesetzt.
+	Erstellt die Umgebungsvariable und setzt den entsprechenden Wert. Existiert die Variable bereits, wird der Wert nicht verändert.
-	Entfernt die Umgebungsvariable beim Entfernen der Komponente.
!	Entfernt die Umgebungsvariable bei der Deinstallation. Der Windows Installer kann Umgebungsvariablen nur entfernen, wenn die Einträge des Namens und des Wertes mit den Eintragungen in der Tabelle *Environment* übereinstimmen. Um Variablen unabhängig von dem aktuellen Wert zu entfernen, müssen Sie dieses Präfix voranstellen.
*	Dieses Präfix informiert auf Microsoft Windows NT basierte Betriebssysteme, dass die Variable als Systemumgebungsvariable gesetzt werden soll. Wird dieses Präfix nicht verwendet, wird sie als Benutzerumgebungsvariable gesetzt. Unter Microsoft Windows 9x und Microsoft Windows Me wird dieses Präfix ignoriert.
=-	Die Umgebungsvariable wird während der Installation gesetzt und bei der Deinstallation entfernt.
!-	Die Umgebungsvariable wird beim Entfernen der Komponente ebenfalls entfernt. Die aktuellen Werte der Variablen werden nicht berücksichtigt.
=+, !+, !=	Keine gültigen Präfixe.

Tabelle B.50: Präfixe für die Spalte Name *der Tabelle* Environment

Value: Dieses Feld enthält die lokalisierten Werte, die als Umgebungsvariable verwendet werden sollen. Enthält dieses Feld keine Eintragung wird die bereits existierende Variable entfernt. Enthält dieses Feld keine Eintragung und dem zugehörigen Variablennamen ist das Präfix »-« vorangestellt, wird die Variable nur entfernt, wenn auch die verantwortliche Komponente entfernt wird.

- Um einen Wert an das Ende einer existierenden Umgebungsvariablen anzufügen, stellen Sie dem Wert das Zeichen »[~]« gefolgt von einem Semikolon voran, z.B. »[~];Value«.
- Um einen Wert an den Anfang einer existierenden Umgebungsvariablen anzufügen, hängen Sie dem Wert das Semikolon gefolgt vom dem Zeichen »[~]« an, z.B. »Value;[~]«.
- Wird das Zeichen »[~]« nicht verwendet, stellt der Wert die gesamte Umgebungsvariable dar.
- Jeder Datensatz kann nur einen Wert darstellen. Die Zeichenfolge »Value;Value;[~]« ist somit ungültig.
- Wird der Variablenname bereits durch das Präfix »+« eingeleitet, muss das Zeichen »[~]« nicht zusätzlich in der Spalte *Value* verwendet werden.

Component_: Verweist auf einen gültigen Schlüssel in der Tabelle *Component*.

HINWEIS: Beachten Sie, dass die Umgebungsvariablen nicht unmittelbar nach den Aktionen *WriteEnvironmentStrings* und *RemoveEnvironmentStrings* zur Verfügung stehen. Unter den auf Windows NT basierten Betriebssystemen werden diese Werte zunächst in der Systemregistrierung abgelegt. Nach Beendigung der Installation wird das Betriebssystem von diesen neuen Werten in Kenntnis gesetzt. Unter Microsoft Windows 9x und Microsoft Windows Me werden diese Werte in die Datei *Autoexec.bat* eingetragen, sodass diese erst nach einem Computerneustart zur Verfügung stehen.

Registry

Die Tabelle *Registry* enthält Informationen, die in die Systemregistrierung geschrieben werden sollen.

Spalte	Typ	Größe	Schlüssel	Null
Registry	Identifier	s72	x	
Root	Integer	i2		
Key	RegPath	s255		
Name	Formatted	s255		x
Value	Formatted	s0		x
Component_	Identifier	s72		

Tabelle B.51: Struktur der Tabelle Registry

Registry: Primärschlüssel zum Identifizieren des Datensatzes.

Root: Dieses Feld zeigt auf den vordefinierten, übergeordneten Schlüssel, dem die Eintragungen dieses Datensatzes angefügt werden sollen. Die nachfolgende Tabelle zeigt Ihnen die möglichen Werte für dieses Feld:

Konstante	Wert	Bedeutung
(Ohne)	-1	Bei einer Benutzerinstallation werden die Werte unter den Schlüssel *HKEY_CURRENT_USER* geschrieben, bei einer Computerinstallation werden diese unter den Schlüssel *HKEY_LOCAL_MACHINE* geschrieben. Beachten Sie hierbei, dass eine Computerinstallation durch das Setzen der Eigenschaft *ALLUSERS* auf den Wert »1« festgelegt wird.
msidbRegistryRootClassesRoot	0	HKEY_CLASSES_ROOT Bei der Verwendung von Microsoft Windows 2000 und höher werden bei einer Benutzerinstallation die Werte unter den Schlüssel *HKEY_CURRENT_USER\Software\Classes* geschrieben. Bei der Verwendung von Microsoft Windows 2000 und höher werden bei einer Computerinstallation die Werte unter den Schlüssel *HKEY_LOCAL_MACHINE\Software\Classes* geschrieben.
msidbRegistryRootCurrentUser	1	HKEY_CURRENT_USER
msidbRegistryRootLocalMachine	2	HKEY_LOCAL_MACHINE
msidbRegistryRootUsers	3	HKEY_USERS

Tabelle B.52: Werte für die Spalte Root *der Tabelle* Registry

Key: Der Systemregistrierungsschlüssel, der geschrieben werden soll.

Name: Dieses Feld enthält den lokalisierten Namen des einzutragenden Wertes. Enthält dieses Feld *Null*, wird der Eintrag als Standardwert definiert. Sollte die Spalte *Value* dieses Datensatzes *Null* aufweisen, so kommt der Spalte *Name* eine besondere Bedeutung zu.

Zeichen	Bedeutung
+	Der Schlüssel wird bei der Installation der Komponente erstellt, wenn dieser noch nicht existiert.
-	Der Schlüssel wird mit allen Unterschlüsseln und Werten bei der Deinstallation der Komponente entfernt.
*	Der Schlüssel wird bei der Installation der Komponente erstellt, wenn dieser noch nicht existiert. Zusätzlich wird der Schlüssel bei der Deinstallation der Komponente mit allen Unterschlüsseln und Werten entfernt

Tabelle B.53: Besonderheiten der Spalte Name *der Tabelle* Registry

HINWEIS: Sie müssen die Tabelle *RemoveRegistry* verwenden, um einen Schlüssel mit allen Unterschlüsseln und Werten bei der Installation zu entfernen.

Value: Dieses Feld enthält einen lokalisierbaren Wert, der in die Systemregistrierung geschrieben werden soll. Wird der Wert an einen der nachfolgenden Präfixe angefügt, wird dieser Wert, wie in der nachfolgenden Tabelle beschrieben, interpretiert. Beginnt der Wert mit zwei Nummernzeichen (##), wird das erste als Zeichenfolge verwendet und das zweite als Formatierungsoption angesehen.

Zeichen	Bedeutung
#x	Der Wert wird als hexadezimaler Wert gespeichert *(REG_BINARY)*.
#%	Der Wert wird als erweiterbare Zeichenfolge gespeichert *(REG_EXPAND_SZ)*.
#	Der Wert wird als Integer gespeichert *(REG_DWORD)*.

Tabelle B.54: Besonderheiten der Spalte Value *der Tabelle* Registry

- Enthält der Wert das Zeichen »[~]«, wird der Wert als mehrteilige Zeichenfolge (*REG_MULTI_SZ*) gespeichert. Der Wert »a[~]b[~]c« erstellt eine mehrteilige Zeichenfolge mit den drei Zeichenketten »a«, »b« und »c«, die durch einen Nullstring voneinander getrennt sind.
- Beginnt die Zeichenfolge mit dem Zeichen »[~]«, wird der Wert an eine bereits existierenden Zeichenfolge angefügt.
- Endet die Zeichenfolge mit dem Zeichen »[~]«, wird der Wert einer bereits existierenden Zeichenfolge vorangestellt.
- Beginnt die Zeichenfolge mit dem Zeichen »[~]« und endet mit dem Zeichen »[~]«, wird eine existierende Zeichenfolge ersetzt.

Component_: Verweist auf einen gültigen Schlüssel in der Tabelle *Component*.

HINWEIS: Die Informationen werden in die Systemregistrierung geschrieben, wenn die zugeordnete Komponente zur lokalen Installation oder zur Ausführung vom Quellmedium vorgesehen wurde. Beachten Sie, dass der Windows Installer einen Schlüssel aus der Systemregistrierung erst entfernt, wenn alle untergeordneten Werte entfernt wurden.

RemoveRegistry

Die Tabelle *RemoveRegistry* enthält Informationen, die aus der Systemregistrierung entfernt werden sollen.

Spalte	Typ	Größe	Schlüssel	Null
RemoveRegistry	Identifier	s72	x	
Root	Integer	i2		
Key	RegPath	s255		
Name	Formatted	s255		x
Component_	Identifier	s72		

Tabelle B.55: Struktur der Tabelle RemoveRegistry

RemoveRegistry: Primärschlüssel zum Identifizieren des Datensatzes.

Root: Diese Spalte zeigt auf den vordefinierten, übergeordneten Schlüssel, dessen Eintragungen entfernt werden sollen. Die nachfolgende Tabelle zeigt Ihnen die möglichen Werte für dieses Feld:

Konstante	Wert	Bedeutung
(Ohne)	-1	Bei einer Benutzerinstallation werden die Werte des Schlüssels *HKEY_CURRENT_USER*, bei einer Computerinstallation die des Schlüssels *HKEY_LOCAL_MACHINE* entfernt. Beachten Sie hierbei, dass eine Computerinstallation durch das Setzen der Eigenschaft *ALLUSERS* auf den Wert »1« festgelegt wird.
msidbRegistryRootClassesRoot	0	HKEY_CLASSES_ROOT Bei der Verwendung von Microsoft Windows 2000 und höher werden bei Benutzer- und Computerinstallationen die Werte des Schlüssels *HKEY_CURRENT_USER\Software\Classes* entfernt.
msidbRegistryRootCurrentUser	1	HKEY_CURRENT_USER
msidbRegistryRootLocalMachine	2	HKEY_LOCAL_MACHINE
msidbRegistryRootUsers	3	HKEY_USERS

Tabelle B.56: Werte für die Spalte Root *der Tabelle* RemoveRegistry

Key: Der Schlüssel, der aus der Systemregistrierung entfernt werden soll.

Name: Dieses Feld enthält den lokalisierten Namen des zu entfernenden Wertes. Sie können den speziellen Wert »-« verwenden, um den entsprechenden Schlüssel mit allen Unterschlüsseln und Werten zu entfernen.

Component_: Verweist auf einen gültigen Schlüssel in der Tabelle *Component*.

HINWEIS: Die Informationen werden aus der Systemregistrierung entfernt, wenn die zugeordnete Komponente zur lokalen Installation oder zur Ausführung vom Quellemedium vorgesehen wurde.

Systemtabellen

Die Systemtabellen enthalten die Metadaten für die Windows Installer-Datenbank. In diesen Tabellen werden die Datenbanktabellen selbst beschrieben. Es besteht normalerweise keine Veranlassung dazu, diese Tabelle direkt zu editieren, es sei denn, Sie schreiben selbst Tools zur Manipulation der Datenbank.

_Tables

Die schreibgeschützte Tabelle _Tables enthält eine Liste aller Tabellen der Datenbank.

Spalte	Typ	Größe	Schlüssel	Null
Name	Text	s32	x	

Tabelle B.57: Struktur der Tabelle _Tables

Name: Der Name der Tabelle.

_Columns

Die schreibgeschützte Tabelle _Columns enthält eine Liste aller Spalten in der Datenbank.

Spalte	Typ	Größe	Schlüssel	Null
Table	Text	s32	x	
Number	Integer	i2	x	
Name	Text	s32		

Tabelle B.58: Struktur der Tabelle _Columns

Table: Der Name der Tabelle, die diese Spalte enthält.

Number: Die Reihenfolge der Spalten in der Tabelle.

Name: Der Name der Spalte.

_Streams

Die Tabelle _Streams enthält eine Liste aller Datenströme (Streams) der aktuellen Windows Installer-Datenbank. Hierbei handelt es sich um eine temporäre Tabelle, die nur erstellt wird, wenn diese durch einen SQL-Befehl referenziert wird.

Spalte	Typ	Größe	Schlüssel	Null
Name	Text	s62	x	
Data	Binary	v0		x

Tabelle B.59: Struktur der Tabelle _Streams

Name: Ein Schlüssel, der den Datenstrom eindeutig identifiziert.

Data: Enthält die unformatierten Binärdaten.

_Storages

Die Tabelle _Storages enthält eine Liste aller Speicherbereiche (Storages) der aktuellen Windows Installer-Datenbank. Hierbei handelt es sich um eine temporäre Tabelle, die nur erstellt wird, wenn diese durch einen SQL-Befehl referenziert wird.

Spalte	Typ	Größe	Schlüssel	Null
Name	Text	s32	x	
Data	Binary	v0		x

Tabelle B.60: Struktur der Tabelle _Storages

Name: Ein Schlüssel, der den Speicherbereich eindeutig identifiziert.

Data: Enthält die unformatierten Binärdaten.

_Validation

Die Tabelle *_Validation* enthält eine Liste aller Spaltennamen und Datentypen der aktuellen Windows Installer-Datenbank. Diese Tabelle wird zur Durchführung der Validierung benötigt und verwendet.

Spalte	Typ	Größe	Schlüssel	Null
Table	Identifier	s32	x	
Column	Identifier	s32	x	
Nullable	Text	s4		
MinValue	DoubleInteger	i4		x
MaxValue	DoubleInteger	i4		x
KeyTable	Identifier	s255		x
KeyColumn	Integer	i2		x
Category	Text	s32		x
Set	Text	s255		x
Description	Text	s255		x

Tabelle B.61: Struktur der Tabelle _Validation

Table: Legt die Tabelle fest. Diese Spalte und die Spalte *Column* bilden den Primärschlüssel der Tabelle *_Validation*.

Column: Legt die Spalte fest. Diese Spalte und die Spalte *Table* bilden den Primärschlüssel dieser Tabelle.

Nullable: Legt fest, ob die definierte Spalte Nullwerte (*Null*) enthalten darf oder nicht. Diese Spalte darf die folgenden Werte enthalten:

Zeichen	Bedeutung
Y	Ja, die Spalte darf Nullwerte enthalten.
N	Nein, die Spalte darf keine Nullwerte enthalten.
@	Bei dieser Spalte handelt es sich um eine Schlüsselspalte der Tabelle, die jedoch über Nullwerte verfügen darf.

Tabelle B.62: Werte für die Spalte Nullable *der Tabelle* _Validation

Referenz der Datenbank

MinValue: Dieses Feld enthält den kleinsten zu verwendenden Wert. Diese Spalte kann mit Spalten vom Typ *Date, Numeric* und *Version* verwendet werden.

MaxValue: Dieses Feld enthält den größten zu verwendenden Wert. Diese Spalte kann mit Spalten vom Typ *Date, Numeric* und *Version* verwendet werden.

KeyTable: Dieses Feld kann verwendet werden, um Werte aus anderen Tabellen als gültige Werte zu definieren. Das Feld *KeyTable* kann eine durch Semikolon getrennte Liste von Tabellen enthalten. In das Feld *KeyColumn* muss der Spaltenindex der entsprechenden Spalte der hier verwendeten Tabellen eingegeben werden.

KeyColumn: Dieses Feld kann verwendet werden, um Werte aus anderen Tabellen als gültige Werte zu definieren. Das Feld *KeyTable* kann eine durch Semikolon getrennte Liste von Tabellen enthalten. In dieses Feld muss der Spaltenindex der entsprechenden Spalte der im Feld *KeyTable* verwendeten Tabellen eingegeben werden.

Category: Diese Spalte legt den Datentyp der zugeordneten Spalte fest.

Set: Enthält eine durch Semikolon getrennte Liste von möglichen Werten für diese Spalte.

Description: Enthält eine Beschreibung der Daten.

Suchtabellen

Die Suchtabellen (Locator) werden verwendet, um Dateien und Anwendungen aufzufinden. Diese Tabellen können verwendet werden, um die Systemregistrierung, Konfigurationsdaten, Ordner und Initialisierungsdateien nach einer bestimmten Datei zu durchsuchen und das Ergebnis anzurufen. Diese Tabellen werden hauptsächlich verwendet, um festzustellen, ob abhängige Dateien bereits auf dem System installiert sind.

Signature

Die Tabelle *Signature* enthält Informationen, um eine Datei eindeutig zu identifizieren.

Spalte	Typ	Größe	Schlüssel	Null
Signature	Identifier	s72	x	
FileName	Text	s255		
MinVersion	Text	s20		x
MaxVersion	Text	s20		x
MinSize	Doubleinteger	i4		x
MaxSize	Doubleinteger	i4		x
MinDate	Doubleinteger	i4		x
MaxDate	Doubleinteger	i4		x
Languages	Text	s255		x

Tabelle B.63: *Struktur der Tabelle* Signature

Signature: Diese Spalte enthält den Primärschlüssel zur eindeutigen Identifizierung des Datensatzes.

FileName: Der Name der Datei.

MinVersion: Die minimale Version der Datei. Wird dieses Feld verwendet, muss die Version der gefundenen Datei größer oder gleich dem hier verwendeten Wert sein.

MaxVersion: Die maximale Version der Datei. Wird dieses Feld verwendet, muss die Version der gefundenen Datei kleiner oder gleich dem hier verwendeten Wert sein.

MinSize: Die minimale Größe der Datei. Wird dieses Feld verwendet, muss die Größe der gefundenen Datei größer oder gleich dem hier verwendeten Wert sein. Bei diesem Wert muss es sich um eine nicht negative Zahl handeln.

MaxSize: Die maximale Größe der Datei. Wird dieses Feld verwendet, muss die Größe der gefundenen Datei kleiner oder gleich dem hier verwendeten Wert sein. Bei diesem Wert muss es sich um eine nicht negative Zahl handeln.

MinDate: Das minimale Erstellungsdatum der Datei. Wird dieses Feld verwendet, muss das Erstellungsdatum der gefundenen Datei größer oder gleich dem hier verwendeten Wert sein. Bei diesem Wert muss es sich um eine nicht negative Zahl handeln.

MaxDate: Das maximale Erstellungsdatum der Datei. Wird dieses Feld verwendet, muss das Erstellungsdatum der gefundenen Datei kleiner oder gleich dem hier verwendeten Wert sein. Bei diesem Wert muss es sich um eine nicht negative Zahl handeln.

Languages: Die Sprachen, die von der gefundenen Datei unterstützt werden sollen.

RegLocator

Die Tabelle *RegLocator* wird verwendet, um Dateien oder Ordner aufzufinden, die durch Eintragungen in der Systemregistrierung bestimmt werden können.

Spalte	Typ	Größe	Schlüssel	Null
Signature_	Identifier	s72	x	
Root	Integer	i2		
Key	RegPath	s255		
Name	Formatted	s255		x
Type	Integer	i2		x

Tabelle B.64: Struktur der Tabelle RegLocator

Signature_: Diese Spalte kann entweder auf einen gültigen Schlüssel in der Tabelle *Signature* verweisen oder eine eindeutige Kennung für den Datensatz dieser Tabelle enthalten. Ist der hier eingegebene Wert in der Tabelle *Signature* vorhanden, wird nach einer Datei gesucht. Befindet sich in der Tabelle *Signature* keine Entsprechung und in der Spalte *Type* ist der Wert *msidbLocatorTypeRawValue* festgelegt, wird nach einem generellen Registrierungseintrag, ansonsten nach einem Ordner gesucht.

Root: Diese Spalte zeigt auf den vordefinierten übergeordneten Schlüssel für diese Eintragung. Die nachfolgende Tabelle listet die möglichen Werte für dieses Feld auf:

Konstante	Wert	Bedeutung	
msidbRegistryRootClassesRoot	0	HKEY_CLASSES_ROOT	
msidbRegistryRootCurrentUser	1	HKEY_CURRENT_USER	▶

Referenz der Datenbank

Konstante	Wert	Bedeutung
msidbRegistryRootLocalMachine	2	HKEY_LOCAL_MACHINE
msidbRegistryRootUsers	3	HKEY_USERS

Tabelle B.65: Werte für die Spalte Root *der Tabelle* RegLocator

Key: Der Schlüssel für diese Eintragung.

Name: Der Name dieser Eintragung.

Type: Ein Wert der festlegt, ob es sich bei dem angegebenen Wert der Systemregistrierung um einen Ordner, eine Datei oder um einen anderen Registrierungswert handelt. Zum Durchsuchen des 64-Bit-Teils der Systemregistrierung müssen Sie einen der ersten drei Typen mit dem hierfür vorgesehenen Attribut verknüpfen. Die nachfolgende Tabelle listet die möglichen Werte für dieses Feld auf:

Konstante	Wert	Bedeutung
msidbLocatorTypeDirectory	0	Element stellt einen Ordner dar.
msidbLocatorTypeFileName	1	Element stellt eine Datei dar.
msidbLocatorTypeRawValue	2	Element stellt einen generellen Registrierungseintrag dar.
msidbLocatorType64bit	16	Ermöglicht die Suche in dem 64-Bit-Teil der Systemregistrierung.

Tabelle B.66: Werte für die Spalte Type *der Tabelle* RegLocator

IniLocator

Die Tabelle *IniLocator* wird verwendet, um Dateien oder Ordner aufzufinden, die durch Eintragungen in einer Initialisierungsdatei (.*ini*) bestimmt werden können. Die Initialisierungsdatei muss sich im Windows-Verzeichnis befinden.

Spalte	Typ	Größe	Schlüssel	Null
Signature_	Identifier	s72	x	
FileName	Text	s255		
Section	Text	s96		
Key	Text	s128		
Field	Integer	i2		x
Type	Integer	i2		x

Tabelle B.67: Struktur der Tabelle IniLocator

Signature_: Diese Spalte kann entweder auf einen gültigen Schlüssel in der Tabelle *Signature* verweisen oder eine eindeutige Kennung für den Datensatz dieser Tabelle enthalten. Ist der hier eingegebene Wert in der Tabelle *Signature* vorhanden, wird nach einer Datei gesucht. Befindet sich in der Tabelle *Signature* keine Entsprechung und in der Spalte *Type* ist der Wert *msidbLocatorTypeRawValue* festgelegt, wird nach einen generellen Initialisierungseintrag, ansonsten nach einem Ordner gesucht.

FileName: Der Name der Initialisierungsdatei (.ini).

Section: Der Name des Abschnitts in der Initialisierungsdatei.

Key: Der Schlüssel in dem Abschnitt.

Field: Das Feld der Zeile der Initialisierungsdatei, die gelesen wird. Enthält diese Spalte den Wert *Null* oder »0«, wird die gesamte Zeile gelesen.

Type: Ein Wert der festlegt, ob es sich bei dem angegebenen Wert um ein Verzeichnis, eine Datei oder um einen generellen Initialisierungseintrag handelt. Die nachfolgende Tabelle zeigt Ihnen die möglichen Werte für dieses Feld:

Konstante	Wert	Bedeutung
msidbLocatorTypeDirectory	0	Element stellt einen Ordner dar.
msidbLocatorTypeFileName	1	Element stellt eine Datei dar.
msidbLocatorTypeRawValue	2	Element stellt einen generellen Initialisierungseintrag dar.

Tabelle B.68: Werte für die Spalte Type *der Tabelle* IniLocator

CompLocator

Die Tabelle *CompLocator* wird verwendet, um Dateien oder Ordner aufzufinden, die durch Windows Installer-Konfigurationsdaten bestimmt werden können.

Spalte	Typ	Größe	Schlüssel	Null
Signature_	Identifier	s72	x	
ComponentId	GUID	s38		
Type	Integer	i2		x

Tabelle B.69: Struktur der Tabelle CompLocator

Signature_: Diese Spalte kann entweder auf einen gültigen Schlüssel in der Tabelle *Signature* verweisen oder eine eindeutige Kennung für den Datensatz dieser Tabelle enthalten. Befindet sich in der Tabelle *Signature* keine Entsprechung, wird nach einem Ordner gesucht.

ComponentId: Die *ComponentId* der Komponente, die gesucht werden soll.

Type: Ein Wert, der festlegt, ob es sich bei dem angegebenen Wert um einen Ordner oder eine Datei handelt. Die nachfolgende Tabelle listet die möglichen Werte für dieses Feld auf:

Konstante	Wert	Bedeutung
msidbLocatorTypeDirectory	0	Element stellt einen Ordner dar.
msidbLocatorTypeFileName	1	Element stellt eine Datei dar.

Tabelle B.70: Werte für die Spalte Type *der Tabelle* CompLocator

DrLocator

Die Tabelle *DrLocator* enthält Informationen, die benötigt werden, um Dateien oder Ordner aufzufinden.

Spalte	Typ	Größe	Schlüssel	Null
Signature_	Identifier	s72	x	
Parent	Identifier	s72	x	x
Path	AnyPath	s255	x	x
Depth	Integer	i2		x

Tabelle B.71: Struktur der Tabelle DrLocator

Signature_: Diese Spalte kann entweder auf einen gültigen Schlüssel in der Tabelle *Signature* verweisen oder eine eindeutige Kennung für den Datensatz dieser Tabelle enthalten. Ist der hier eingegebene Wert in der Tabelle *Signature* vorhanden, wird nach einer Datei gesucht. Befindet sich in der Tabelle *Signature* keine Entsprechung, wird nach einem Ordner gesucht.

Parent: Diese Spalte enthält die Signatur des übergeordneten Ordners der Datei oder des Ordner der Spalte *Signature_*. Enthält dieses Feld *Null* und kann die Spalte *Path* nicht in einen vollständigen Pfad aufgelöst werden, werden alle nicht entfernbaren Datenträger des Systems durchsucht.

Path: Diese Spalte enthält eine Pfadangabe für das Zielsystem. Hierbei kann es sich um eine vollständige Pfadangabe oder die Angabe eines relativen Pfades handeln, der auf dem Ordner basiert, der in der Spalte *Parent* definiert wurde.

Depth: Dieses Feld enthält die Anzahl der Unterordnerhierarchien, die rekursiv durchsucht werden sollen. Enthält dieses Feld *Null* oder »0«, werden keine Unterordner durchsucht.

AppSearch

Die Tabelle *AppSearch* enthält eine Liste von Eigenschaften, die während der Aktion *AppSearch* verwendet werden.

Spalte	Typ	Größe	Schlüssel	Null
Property	Identifier	s72	x	
Signature_	Identifier	s72	x	

Tabelle B.72: Struktur der Tabelle AppSearch

Property: Beim Ausführen der Aktion *AppSearch* wird diese Eigenschaft auf den Pfad zu der Datei festgelegt, die in der Spalte *Signature_* definiert wurde, wenn die Datei auf dem Zielsystem gefunden wurde. Bei der hier verwendeten Eigenschaft muss es sich um eine öffentliche Eigenschaft handeln.

Signature_: Diese Spalte enthält einen Fremdschlüssel, der die Tabellen *RegLocator*, *IniLocator*, *CompLocator* oder *DrLocator* referenziert. Bei der Suche nach einer Datei muss dieser Wert ebenfalls eine Übereinstimmung mit der Tabelle *Signature* aufweisen. Befindet sich hingegen in der Tabelle *Signature* keine Entsprechung, wird nach einem Ordner gesucht.

HINWEIS: Diese Tabelle wird während der Aktion *AppSearch* verwendet. Die Aktion sucht nach den entsprechenden Signaturen, indem sie die Tabellen in der Reihenfolge *CompLocator*, *RegLocator*, *IniLocator* und *DrLocator* verwendet.

CCPSearch

Die Tabelle *CCPSearch* enthält eine Liste von Dateisignaturen, die zur Kompatibilitätsprüfung (Compliance Checking Program) herangezogen werden sollen.

Spalte	Typ	Größe	Schlüssel	Null
Signature_	Identifier	s72	x	

Tabelle B.73: Struktur der Tabelle CCPSearch

Signature_: Dieses Feld enthält eine eindeutige Dateisignatur und ist ebenfalls ein Fremdschlüssel in den Tabellen *Signature, RegLocator, IniLocator, CompLocator* oder *DrLocator*.

Programminformationstabellen

Unter der Gruppe der Programminformationstabellen werden alle Tabellen zusammengefasst, die Informationen enthalten, die der Windows Installer für interne Operationen benötigt.

Property

Die Tabelle *Property* enthält die Namen und Werte aller definierten Eigenschaften für die Installation. Eigenschaften, die den Wert *Null* enthalten, sind in dieser Tabelle nicht aufgeführt.

Spalte	Typ	Größe	Schlüssel	Null
Property	Identifier	s72	x	
Value	Text	s0		

Tabelle B.74: Struktur der Tabelle Property

Property: Enthält den Namen der Eigenschaft.

Value: Enthält den lokalisierten Wert der Eigenschaft.

HINWEIS: Es können keine Eigenschaften mit einem Wert *Null* in dieser Tabelle gespeichert werden. Ebenso können keine Eigenschaften abgelegt werden, die den Wert einer anderen Eigenschaft enthalten. Um eine solche Funktionalität zu erreichen, müssen benutzerdefinierte Aktionen vom *Typ 51* verwendet werden.

Binary

Die Tabelle *Binary* enthält die binären Daten für Elemente wie Bitmaps, Animationen und Symbole. Die Tabelle *Binary* kann ebenfalls verwendet werden, um Daten für benutzerdefinierte Aktionen zu speichern.

Spalte	Typ	Größe	Schlüssel	Null
Name	Identifier	s72	x	
Data	Binary	v0		

Tabelle B.75: Struktur der Tabelle Binary

Name: Diese Spalte enthält eine Zeichenfolge, die diesen Datensatz eindeutig identifiziert.

Data: Enthält die unformatierten Binärdaten.

Error

Die Tabelle *Error* wird vom Installer verwendet, um Fehlernummern und zugeordnete Daten in aussagekräftige Meldungen umzuwandeln.

Spalte	Typ	Größe	Schlüssel	Null
Error	Integer	i2	x	
Message	Template	s0		x

Tabelle B.76: Struktur der Tabelle Error

Error: Diese Spalte enthält die Fehlernummer. Fehlernummern im Bereich zwischen 25.000 und 30.000 sind für benutzerdefinierte Aktionen reserviert.

Message: Diese Spalte enthält die lokalisierbare Vorlage für Fehlermeldungen.

Shortcut

Die Tabelle *Shortcut* enthält Informationen, die der Windows Installer benötigt, um Verknüpfungen auf dem Zielcomputer anzulegen.

Spalte	Typ	Größe	Schlüssel	Null
Shortcut	Identifier	s72	x	
Directory_	Identifier	s72		
Name	Filename	s128		
Component_	Identifier	s72		
Target	Shortcut	s72		
Arguments	Formatted	s255		x
Description	Text	s255		x
Hotkey	Integer	i2		x
Icon	Identifier	s72		x
IconIndex	Integer	i2		x
ShowCmd	Integer	i2		x
WkDir	Integer	s72		x

Tabelle B.77: Struktur der Tabelle Shortcut

Shortcut: Enthält eine Zeichenfolge, die diesen Datensatz eindeutig identifiziert.

Directory_: Verweist auf einen gültigen Schlüssel in der Tabelle *Directory* und legt den Ordner fest, in dem die Verknüpfung erstellt werden soll.

Name: Der lokalisierte Name der Verknüpfung, die erstellt wird.

Component_: Verweist auf einen gültigen Schlüssel in der Tabelle *Component*.

Target: Das Ziel für die Verknüpfung. Zum Anlegen eines »Advertised Shortcut« muss diese Spalte einen Wert enthalten, der auf das Schlüsselfeld der Tabelle *Feature* verweist. Wenn diese Verknüpfung aktiviert wird, überprüft der Installer, ob alle dem Feature zugeordneten Komponenten installiert sind, bevor das Ziel der Verknüpfung ausgeführt wird. Bei der Verwendung von »Non-Advertised Shortcuts« wertet der Installer dieses Feld als eine formatierte Zeichenfolge (*Formatted*) aus.

Arguments: Enthält Befehlszeilenargumente für diese Verknüpfung.

Description: Enthält eine lokalisierte Beschreibung für diese Verknüpfung.

Hotkey: Dieses Feld enthält die Tastenkombination zur Aktivierung der Verknüpfung. Generell sollte dieses Feld den Wert *Null* enthalten, da Sie als Autor von Installationspaketen keine Kenntnis über die verwendeten Tastenkombinationen auf dem Zielcomputer besitzen.

Icon: Verweist auf einen gültigen Schlüssel in der Tabelle *Icon*, der das zu verwendende Symbol definiert. Wird in dieses Feld kein Wert eingegeben, wird das Standardsymbol des zugeordneten Zieles verwendet.

IconIndex: Enthält einen nicht negativen Wert, der den Index des zu verwendenden Symbols darstellt.

ShowCmd: Enthält das Attribut zum Festlegen des Fensters, in dem die Anwendung ausgeführt werden soll. Die folgenden Werte können hierfür verwendet werden:

Wert	Konstante	Bedeutung
1	SW_SHOWNORMAL	Anzeige im normalen Fenster.
3	SW_SHOWMAXIMIZED	Anzeige im maximierten Fenster.
7	SW_SHOWMINNOACTIVE	Anzeige im minimierten Fenster, das nicht aktiviert wird.

Tabelle B.78: Werte für die Spalte ShowCmd *der Tabelle* Shortcut

WkDir: Enthält den Namen der Eigenschaft, die auf das Arbeitsverzeichnis verweist.

HINWEIS: Die Erstellung von »Advertised Shortcuts« wird von den Betriebsystemen Microsoft Windows 98, Microsoft Windows Me, Microsoft Windows 2000, Microsoft Windows XP und Microsoft Windows Server 2003 direkt unterstützt. Bei allen anderen Betriebssystemen muss der Microsoft Internet Explorer 4.01 mit Desktoperweiterung installiert sein.

ReserveCost

Bei der Tabelle *ReserveCost* handelt es sich um eine optionale Tabelle, die es dem Autor des Installationspaketes erlaubt, für die angegebenen Ordner zusätzlichen Speicherplatz zu reservieren, der bei der Überprüfung auf die Mindestvoraussetzungen einbezogen wird.

Spalte	Typ	Größe	Schlüssel	Null
ReserveKey	Identifier	s72	x	
Component_	Identifier	s72		
ReserveFolder	Identifier	s72		x
ReserveLocal	Doubleinteger	i4		
ReserveSource	Doubleinteger	i4		

Tabelle B.79: Struktur der Tabelle ReserveCost

ReserveKey: Enthält eine Zeichenfolge, die diesen Datensatz eindeutig identifiziert.

Component_: Verweist auf einen gültigen Schlüssel in der Tabelle *Component*.

ReserveFolder: Diese Spalte enthält den Namen einer Eigenschaft, die einen vollständigen Pfad zu einem Zielverzeichnis aufweist. Der in den folgenden Spalten angegebene Speicherbedarf wird bei der Ermittlung des Gesamtspeicherbedarfs für das zugrunde liegende Laufwerk herangezogen.

ReserveLocal: Die Anzahl der Bytes, die dem Speicherbedarf hinzuaddiert werden sollen, wenn die zugrunde liegende Komponente lokal installiert wird.

ReserveSource: Die Anzahl der Bytes, die dem Speicherbedarf hinzuaddiert werden sollen, wenn die zugrunde liegende Komponente zur Ausführung vom Quellmedium konfiguriert wird.

Installationstabellen

Die Tabellen dieser Gruppe enthalten die Anweisungen und die Sequenzen, die während der Installation durchgeführt werden müssen.

InstallUISequence

Die Tabelle *InstallUISequence* enthält alle Aktionen, die ausgeführt werden sollen, wenn die Top-Level-Aktion *INSTALL* ausgeführt und die Benutzeroberfläche vollständig oder reduziert angezeigt wird. Der Windows Installer führt diese Aktionen nicht aus, wenn die Installation mit Basisbenutzeroberfläche oder ohne Anzeige der Benutzeroberfläche ausgeführt wird.

Spalte	Typ	Größe	Schlüssel	Null
Action	Identifier	s72	x	
Condition	Condition	s255		x
Sequence	Integer	i2		

Tabelle B.80: Struktur der Tabelle InstallUISequence

Action: Enthält den Namen der Aktion, die ausgeführt werden soll. Hierbei kann es sich um eine Standardaktion, eine benutzerdefinierte Aktion oder um den Namen eines Dialogfeldes handeln.

Condition: Diese Spalte enthält eine Bedingung, die überprüft wird. Gibt die Bedingung den Wert *False* zurück, wird die entsprechende Aktion übersprungen. Enthält die Bedingung eine ungültige Syntax wird die Sequence abgebrochen und der Fehlerwert *iesBadActionData* zurückgegeben.

Sequence: Die Nummer in dieser Spalte legt die Reihenfolge fest, in der die Aktionen ausgeführt werden sollen. Alle positiven Werte stellen die tatsächliche Ausführungsposition dar. Bei der Verwendung von *Null* oder »0« wird diese Aktion niemals ausgeführt. Die nachfolgende Tabelle listet jene Werte auf, die in diesem Feld verwendet werden dürfen. Beachten Sie, dass die negativen Werte nur einmal in der Tabelle verwendet werden dürfen:

Wert	Konstante	Bedeutung	
Positiv		Führt die Aktion in der definierten Reihenfolge aus.	
(Null)		Die Aktion wird niemals ausgeführt.	
0		Die Aktion wird niemals ausgeführt.	▶

Wert	Konstante	Bedeutung
-1	msiDoActionStatusSuccess	Die Aktion wird ausgeführt, wenn die Installation vollständig durchgeführt wurde.
-2	msiDoActionStatusUserExit	Die Aktion wird ausgeführt, wenn der Benutzer die Installation abgebrochen hat.
-3	msiDoActionStatusFailure	Die Aktion wird ausgeführt, wenn während der Installation ein Fehler (Fatal Error) aufgetreten ist.
-4	msiDoActionStatusSuspend	Diese Aktion wird ausgeführt, wenn die Installation unterbrochen wurde.

Tabelle B.81: Werte für die Spalte Sequence der Tabelle InstallUISequence

InstallExecuteSequence

Die Tabelle *InstallExecuteSequence* enthält alle Aktionen, die ausgeführt werden sollen, wenn die Top-Level-Aktion *INSTALL* ausgeführt wird. Diese Tabelle wird verwendet, nachdem die Aktionen der *InstallUISequence* abgearbeitet wurden und die Befehlsausführung durch die Aktion *ExecuteAction* an die Ausführungssequenz übergeben wurde.

Die Struktur der Tabelle *InstallExecuteSequence* ist identisch mit der Tabelle *InstallUISequence*. In dem Feld *Action* können Sie Standardaktionen und benutzerdefinierte Aktionen verwenden, jedoch keine Dialogfelder.

AdminUISequence

Die Tabelle *AdminUISequence* enthält alle Aktionen, die ausgeführt werden sollen, wenn die Top-Level-Aktion *ADMIN* ausgeführt und die Benutzeroberfläche vollständig oder reduziert angezeigt wird. Der Windows Installer führt diese Aktionen nicht aus, wenn die Installation mit Basisbenutzeroberfläche oder ohne Anzeige der Benutzeroberfläche ausgeführt wird.

Die Struktur der Tabelle *AdminUISequence* ist identisch mit der Tabelle *InstallUISequence*.

AdminExecuteSequence

Die Tabelle *AdminExecuteSequence* enthält alle Aktionen, die ausgeführt werden sollen, wenn die Top-Level-Aktion *ADMIN* ausgeführt wird. Diese Tabelle wird verwendet, nachdem die Aktionen der *AdminUISequence* abgearbeitet wurden und die Befehlsausführung durch die Aktion *ExecuteAction* an die Ausführungssequenz übergeben wurde.

Die Struktur der Tabelle *AdminExecuteSequence* ist identisch mit der Tabelle *InstallUISequence*. In dem Feld *Action* können Sie Standardaktionen und benutzerdefinierte Aktionen verwenden, jedoch keine Dialogfelder.

AdvtUISequence

Der Windows Installer verwendet diese Tabelle nicht. Die Tabelle *AdvtUISequence* sollte in der Windows Installer-Datenbank nicht existieren oder keine Eintragungen enthalten.

AdvtExecuteSequence

Die Tabelle *AdvtExecuteSequence* enthält alle Aktionen, die ausgeführt werden sollen, wenn die Top-Level-Aktion *ADVERTISE* ausgeführt wird.

Die Struktur der Tabelle *AdvtExecuteSequence* ist identisch mit der Tabelle *InstallUISequence*. In dem Feld *Action* können die folgenden Standardaktionen verwendet werden, jedoch keine benutzerdefinierten Aktionen und Dialogfelder:

- *CostFinalize*
- *CostInitialize*
- *CreateShortcuts*
- *InstallFinalize*
- *InstallInitialize*
- *InstallValidate*
- *MsiPublishAssemblies*
- *PublishComponents*
- *PublishFeatures*
- *PublishProduct*
- *RegisterClassInfo*
- *RegisterExtensionInfo*
- *RegisterMIMEInfo*
- *RegisterProgIdInfo*

CustomAction

Die Tabelle *CustomAction* ermöglicht es, die Funktionalität des Windows Installers durch individuellen Code und Daten zu erweitern. Der auszuführende Code kann direkt in die Windows Installer-Datenbank integriert werden. Alternativ kann auch eine existierende oder bereits installierte Datei diesen Code enthalten.

Spalte	Typ	Größe	Schlüssel	Null
Action	Identifier	s72	x	
Type	Integer	i2		
Source	CustomSource	s72		x
Target	Formatted	s255		X

Tabelle B.82: Struktur der Tabelle CustomAction

Action: Enthält den Namen der Aktion, die in der entsprechenden Sequenztabelle oder als Ereignis eines Steuerelementes verwendet werden soll. Entspricht dieser Name einer Standardaktion, wird die benutzerdefinierte Aktion niemals ausgeführt.

Type: Dieses Feld enthält die Daten zum Festlegen des Basistyps der benutzerdefinierten Aktion und zusätzlichen Optionen.

Source: Enthält den Namen einer Eigenschaft oder einen Wert, der auf einen Schlüssel einer weiteren Tabelle verweist:

- *Directory*: Zur Ausführung bereits existierender Dateien.
- *File*: Zur Ausführung von Dateien, die installiert werden.
- *Binary*: Zur Ausführung von Dateien, die in der Datenbank gespeichert sind.
- *Property*: Zur Ausführung von Dateien, deren Pfadangaben durch eine Eigenschaft festgelegt werden.

Target: Enthält einen Ausführungsparameter, der abhängig vom verwendeten Typ der benutzerdefinierten Aktion ist.

LaunchCondition

Die Tabelle *LaunchCondition* wird von der Aktion *LaunchCondition* verwendet. Die Tabelle enthält eine Liste mit Bedingungen, die zur Ausführung der Installation erfüllt sein müssen.

Spalte	Typ	Größe	Schlüssel	Null
Condition	Condition	s255	x	
Description	Formatted	s255		

Tabelle B.83: Struktur der Tabelle LaunchCondition

Condition: Enthält eine Bedingung, die den Wert *True* zurückgeben muss, damit die Installation ausgeführt werden kann.

Description: Enthält einen lokalisierten Text, der angezeigt wird, wenn die entsprechende Bedingung nicht erfüllt ist und daher die Installation abgebrochen wird.

ODBC-Tabellen

Die ODBC (Open Database Connectivity) -Tabellen enthalten Informationen zur Installation von ODBC-Treibern und -Datenquellen.

ODBCAttribute

Die Tabelle *ODBCAttribute* enthält Informationen über die Attribute von ODBC-Treibern.

Spalte	Typ	Größe	Schlüssel	Null
Driver_	Identifier	s72	x	
Attribute	Text	s40	x	
Value	Text	s255		x

Tabelle B.84: Struktur der Tabelle ODBCAttribute

Driver_: Enthält eine Zeichenfolge, die auf einen gültigen Schlüssel in der Tabelle *ODBCDriver* verweist.

Attribute: Diese Spalte enthält den Namen des Attributs.

Value: Enthält die lokalisierte Zeichenfolge für das Attribut.

ODBCDataSource

Die Tabelle *ODBCDataSource* enthält eine Liste der zu installierenden ODBC-Datenquellen.

Spalte	Typ	Größe	Schlüssel	Null
DataSource	Identifier	s72	X	
Component_	Identifier	s72		
Description	Text	s255		
DriverDescription	Text	s255		
Registration	Integer	i2		

Tabelle B.85: Struktur der Tabelle ODBCDataSource

DataSource: Enthält eine Zeichenfolge, die die Datenquelle in dieser Tabelle eindeutig identifiziert.

Component_: Verweist auf einen gültigen Schlüssel in der Tabelle *Component*.

Description: Enthält eine Beschreibung für diese Datenquelle.

DriverDescription: Hierbei handelt es sich um den Namen des Treibers, der für diese Datenquelle verwendet wird. Es muss sich hierbei um eine Eintragung aus der Tabelle *ODBCDriver* oder um einen bereits installierten Treiber handeln.

Registration: Dieses Feld legt den Registrierungstyp für diese Datenquelle fest und kann die folgenden Werte enthalten.

Konstante	Wert	Bedeutung
msidbODBCDataSourceRegistrationPerMachine	0	Die Datenquelle wird für den Computer registriert.
msidbODBCDataSourceRegistrationPerUser	1	Die Datenquelle wird für den aktuellen Benutzer registriert.

Tabelle B.86: Werte für die Spalte Registration *der Tabelle* ODBCDataSource

ODBCDriver

Die Tabelle *ODBCDriver* enthält Informationen, die zur Installation der ODBC-Treiber benötigt werden.

Spalte	Typ	Größe	Schlüssel	Null
Driver	Identifier	s72	x	
Component_	Identifier	s72		
Description	Text	s255		
File	Identifier	s72		
File_Setup	Identifier	s72		x

Tabelle B.87: Struktur der Tabelle ODBCDriver

Driver: Enthält eine Zeichenfolge, die den Treiber in dieser Tabelle eindeutig identifiziert.

Component_: Verweist auf einen gültigen Schlüssel in der Tabelle *Component*.

Description: Enthält eine Beschreibung für diese Treiber.

File: Die Bibliothek (*.dll*) für den entsprechenden Treiber. Dieses Feld muss auf einen gültigen Wert in der Tabelle *File* verweisen.

File_Setup: Die Setupbibliothek (*.dll*) für den Treiber, falls diese von der Treiberbibliothek abweicht. Dieses Feld muss auf einen gültigen Wert in der Tabelle *File* verweisen.

HINWEIS: Bei der Angabe des Dateinamens der zugeordneten Datei in der Tabelle *File* kann ausschließlich das kurze Dateiformat verwendet werden. Diese Einschränkung gilt für die Spalten *File* und *File_Setup*.

ODBCSourceAttribute

Die Tabelle *ODBCSourceAttribute* enthält Informationen über die Attribute der Datenquellen.

Spalte	Typ	Größe	Schlüssel	Null
DataSource_	Identifier	s72	x	
Attribute	Text	s32	x	
Value	Text	s255		x

Tabelle B.88: Struktur der Tabelle ODBCSourceAttribute

DataSource_: Enthält eine Zeichenfolge, die auf einen gültigen Schlüssel in der Tabelle *ODBCDataSource* verweist.

Attribute: Diese Spalte enthält den Namen des Attributs.

Value: Enthält die lokalisierte Zeichenfolge für das Attribut.

ODBCTranslator

Die Tabelle *ODBCTranslator* enthält Informationen, die zur Installation des ODBC-Übersetzers benötigt werden.

Spalte	Typ	Größe	Schlüssel	Null
Translator	Identifier	s72	x	
Component_	Identifier	s72		
Description	Text	s255		
File	Identifier	s72		
File_Setup	Identifier	s72		x

Tabelle B.89: Struktur der Tabelle ODBCTranslator

Translator: Enthält eine Zeichenfolge, die den Übersetzer in dieser Tabelle eindeutig identifiziert.

Component_: Verweist auf einen gültigen Schlüssel in der Tabelle *Component*.

Description: Enthält eine Beschreibung für den ODBC-Übersetzer.

File: Die Bibliothek für den Übersetzer. Dieses Feld muss auf einen gültigen Wert in der Tabelle *File* verweisen.

File_Setup: Die Setupbibliothek für den Übersetzer, wenn dieser von der Bibliothek abweicht. Dieses Feld muss auf einen gültigen Wert in der Tabelle *File* verweisen.

HINWEIS: Bei der Angabe des Dateinamens der zugeordneten Datei in der Tabelle *File* kann ausschließlich das kurze Dateiformat verwendet werden. Diese Einschränkung gilt für die Spalten *File* und *File_Setup*.

Systemdiensttabellen

Die Tabellen dieser Gruppe ermöglichen die Installation und Konfiguration von Betriebssystemdiensten unter Microsoft Windows NT 4.0, Microsoft Windows 2000, Microsoft Windows XP und Microsoft Windows Server 2003.

ServiceInstall

Die Tabelle *ServiceInstall* enthält Informationen, die zur Installation des Betriebssystemdienstes benötigt werden.

Spalte	Typ	Größe	Schlüssel	Null
ServiceInstall	Identifier	s72	x	
Name	Formatted	s255		
DisplayName	Formatted	s255		x
ServiceType	Doubleinteger	i4		
StartType	Doubleinteger	i4		
ErrorControl	Doubleinteger	i4		
LoadOrderGroup	Formatted	s255		x
Depedencies	Formatted	s255		x
StartName	Formatted	s255		x
Password	Formatted	s255		x
Arguments	Formatted	s255		x
Component_	Identifier	s72		
Description	Formatted	s255		x

Tabelle B.90: *Struktur der Tabelle* ServiceInstall

ServiceInstall: Enthält eine Zeichenfolge, die den Betriebssystemdienst in dieser Tabelle eindeutig identifiziert.

Name: Enthält den Namen des Betriebssystemdienstes, unter dem der Dienst in der Spalte *Name* des Dienstemanagers von Microsoft Windows angezeigt wird. Die Zeichen »/« und »\« sind ungültig und dürfen nicht verwendet werden.

DisplayName: Dieses Feld enthält einen Anzeigenamen des Betriebssystemdienstes. Enthält dieses Feld eine Eintragung, wird dieser Wert anstelle des Feldes *Name* in der Spalte *Name* des Dienstemanagers von Microsoft Windows angezeigt.

ServiceType: Diese Spalte enthält ein Bitmuster, das die Art des Betriebssystemdienstes festlegt. Eine Auflistung der gültigen Arten finden Sie in der nachfolgenden Tabelle:

Konstante	Wert	Bedeutung
SERVICE_WIN32_OWN_PROCESS	0x00000010	Ein Win32-Dienst, der im eigenen Prozess ausgeführt wird.
SERVICE_WIN32_SHARE_PROCESS	0x00000020	Ein Win32-Dienst, der in einem gemeinsamen Prozess ausgeführt wird.
SERVICE_INTERACTIVE_PROCESS	0x00000100	Ein Win32-Dienst, der mit dem Desktop interagiert. Dieser Wert kann nicht alleine angegeben werden, sondern muss zu einem der vorherigen Werte addiert werden.

Tabelle B.91: *Gültige Werte für die Spalte* ServiceType *der Tabelle* ServiceInstall

Konstante	Wert	Bedeutung
SERVICE_KERNEL_DRIVER	0x00000001	Ein Kernel-Mode-Treiber
SERVICE_FILE_SYSTEM_DRIVER	0x00000002	Ein Dateisystemtreiber

Tabelle B.92: *Vom Windows Installer nicht unterstützte Arten von Betriebssystemdiensten*

StartType: Diese Spalte enthält ein Bitmuster, das festlegt, wann der Betriebssystemdienst gestartet werden soll. Eine Auflistung der gültigen Werte finden Sie in der nachfolgenden Tabelle:

Konstante	Wert	Bedeutung
SERVICE_AUTO_START	0x00000002	Der Dienst wird beim Start des Betriebssystems automatisch gestartet.
SERVICE_DEMAND_START	0x00000003	Der Dienst wird gestartet, wenn vom Service Control Manager (SCM) die Funktion *StartService* aufgerufen wird.
SERVICE_DISABLED	0x00000004	Der Dienst ist deaktiviert und kann nicht gestartet werden.

Tabelle B.93: *Gültige Werte für die Spalte* StartType *der Tabelle* ServiceInstall

Konstante	Wert	Bedeutung
SERVICE_BOOT_START	0x00000000	Der Gerätetreiber wird während des Bootvorgangs gestartet.
SERVICE_SYSTEM_START	0x00000001	Der Gerätetreiber wird beim Start des Betriebssystems gestartet.

Tabelle B.94: *Startoptionen für Gerätetreiber*

ErrorControl: Diese Spalte legt die Aktion fest, die ausgeführt werden soll, wenn das Starten des Dienstes fehlschlägt.

Referenz der Datenbank

Konstante	Wert	Bedeutung
SERVICE_ERROR_IGNORE	0x00000000	Protokolliert den Fehler und setzt den Startvorgang fort.
SERVICE_ERROR_NORMAL	0x00000001	Protokolliert den Fehler, zeigt einen Hinweisdialog und setzt den Startvorgang fort.
SERVICE_ERROR_CRITICAL	0x00000003	Protokolliert den Fehler und startet das System mit der zuletzt funktionierenden Konfiguration erneut.

Tabelle B.95: Werte für die Spalte ErrorControl *der Tabelle* ServiceInstall

LoadOrderGroup: Diese Spalte enthält den Namen einer Gruppe, zu der dieser Dienst gehört.

Depedencies: Diese Spalte enthält eine Liste von Betriebssystemdiensten, die das System starten muss, bevor dieser Dienst gestartet werden kann. Die einzelnen Dienste müssen durch *Null* getrennt werden. Verwenden Sie hierzu das Zeichen »~«, wie z.B. »service1[~]service2[~][~]«. Bei dem Namen der Dienste kann es sich entweder um einen Eintrag aus dieser Tabelle oder um einen bereits auf dem System installierten Dienst handeln. Ist dieser Dienst von keinem anderen Dienst abhängig, muss explizit das Nullzeichen »~« in diese Spalte eingegeben werden.

StartName: Diese Spalte legt das Benutzerkonto fest, unter dem dieser Dienst ausgeführt werden soll. Wird in dieses Feld kein Wert eingegeben, wird das Konto *LocalSystem* verwendet.

Password: Diese Spalte legt das Passwort fest, das verwendet werden muss, wenn in der Spalte *StartName* ein Benutzerkonto angegeben wurde.

Arguments: Enthält die Startparameter für den Betriebssystemdienst.

Component_: Verweist auf einen gültigen Schlüssel in der Tabelle *Component*.

Description: Diese Spalte enthält eine lokalisierbare Beschreibung des Dienstes, die in der gleichnamigen Spalte des Dienstemanagers von Microsoft Windows angezeigt wird. Diese Spalte ist in einer Windows Installer Datenbank 1.0 nicht verfügbar.

HINWEIS: Um einen Dienst bei der Deinstallation zu entfernen, muss ein zugeordneter Datensatz in der Tabelle *ServiceControl* vorhanden sein, bei dem der Wert zum Entfernen des Dienstes gesetzt ist. Der Windows Installer entfernt keinen Dienst der Tabelle *ServiceInstall* ohne eine Entsprechung in der Tabelle *ServiceControl*.

ServiceControl

Die Tabelle *ServiceControl* wird verwendet, um installierte Betriebssystemdienste zu verwalten und zu deinstallieren.

Spalte	Typ	Größe	Schlüssel	Null
ServiceControl	Identifier	s72	x	
Name	Formatted	s255		
Event	Integer	i2		
Arguments	Formatted	s255		x
Wait	Integer	i2		x
Component_	Identifier	s72		

Tabelle B.96: Struktur der Tabelle ServiceControl

ServiceControl: Enthält eine Zeichenfolge, die den Datensatz in dieser Tabelle eindeutig identifiziert.

Name: Dieses Feld enthält den Namen des Betriebssystemdienstes, der verwaltet werden soll. Diese Spalte kann auch den Namen eines Dienstes enthalten, der noch nicht installiert wurde.

Events: Diese Spalte enthält eine Kombination von Werten zur Festlegung der Kontrolloptionen. Eine Aufstellung dieser Optionen finden Sie in der nachfolgenden Tabelle:

Konstante	Wert	Bedeutung
msidbServiceControlEventStart	1	Startet den Dienst während der Aktion *StartServices*.
msidbServiceControlEventStop	2	Stoppt den Dienst während der Aktion *StopServices*.
(Ohne)	4	(Reserviert)
msidbServiceControlEventDelete	8	Entfernt den Dienst während der Aktion *DeleteServices*.

Tabelle B.97: *Werte für die Spalte* Events *der Tabelle* ServiceControl *bei der Installation eines Betriebssystemdienstes*

Konstante	Wert	Bedeutung
msidbServiceControlEventUninstallStart	16	Startet den Dienst während der Aktion *StartServices*.
msidbServiceControlEventUninstallStop	32	Stoppt den Dienst während der Aktion *StopServices*.
(Ohne)	64	(Reserviert)
msidbServiceControlEventUninstallDelete	128	Entfernt den Dienst während der Aktion *DeleteServices*.

Tabelle B.98: *Werte für die Spalte* Events *der Tabelle* ServiceControl *bei der Deinstallation eines Betriebssystemdienstes*

Arguments: Dieses Feld enthält eine durch Nullzeichen getrennte Liste der Argumente, die beim Start des Dienstes verwendet werden sollen, wie z.B. »Eins[~]Zwei[~]Drei«.

Wait: Der Wert »1« oder *Null* in diesem Feld bedeutet, dass der Installationsprozess so lange wartet, bis der Dienst komplett gestartet wurde. Ein Wert von »0« bedeutet, dass der Prozess so lange wartet, bis der *Service Control Manager* eine Veränderung des Status meldet.

Component_: Verweist auf einen gültigen Schlüssel in der Tabelle *Component*.

Patch-Tabellen

Hinter dem Begriff der Patch-Tabellen verbergen sich Tabellen, die der Windows Installer-Datenbank beim Anwenden eines Patches hinzugefügt werden. Es besteht keine Notwendigkeit, diese manuell zu füllen.

MsiPatchHeaders

Die Tabelle *MsiPatchHeaders* enthält die binären Daten zur Überprüfung vom Vorspann (Header) des Patches. Ein Patch, der eine gefüllte Tabelle *MsiPatchHeaders* enthält, kann nur von dem Windows Installer Version 2.0 oder höher angewendet werden.

Spalte	Typ	Größe	Schlüssel	Null
StreamRef	Identifier	s38	x	
Header	Binary	v0		

Tabelle B.99: Struktur der Tabelle MsiPatchHeaders

StreamRef: Enthält eine Zeichenfolge, die den Datensatz in dieser Tabelle eindeutig identifiziert.

Header: Diese Spalte enthält den binären Datenstrom zur Validierung des Patches.

Patch

Die Tabelle *Patch* enthält eine Liste von Patches, die auf die Tabellen angewendet wurden.

Spalte	Typ	Größe	Schlüssel	Null
File_	Identifier	s72	x	
Sequence	Integer	i2	x	
PatchSize	Doubleinteger	i4		
Attributes	Integer	i2		
Header	Binary	v0		x
StreamRef_	Identifier	s38		x

Tabelle B.100: Struktur der Tabelle Patch

File_: Der Patch wurde auf die Datei, die durch diese Spalte festgelegt wurde, angewendet. Der Feldinhalt muss auf einen gültigen Wert der Tabelle *File* verweisen.

Sequence: Enthält die Position der Patchdatei in der Reihenfolge der Installationsmedien. Die Position muss mit der Reihenfolge der Dateien in der Paketdatei (*.cab*) des Patch-Paketes übereinstimmen.

PatchSize: Enthält die Größe des Patches in Byte.

Attributes: Dieses Feld kann die folgenden Werte enthalten, die die Verfahrensweise bei der fehlgeschlagenen Anwendung des Patches festlegen:

Konstante	Wert	Bedeutung
(Ohne)	0	Ein Fehler bei der Anwendung des Patches wird als kritischer Fehler (Fatal Error) eingestuft.
msidbPatchAttributesNonVital	1	Ein Fehler bei der Anwendung des Patches wird als nicht kritischer Fehler (Non Fatal Error) eingestuft.

Tabelle B.101: Werte für die Spalte Attributes *der Tabelle* Patch

Header: Diese Spalte enthält den binären Vorspann (Header) zur Ausführung der Validierung des Patches. Diese Spalte muss *Null* enthalten, wenn die Spalte *StreamRef_* einen Wert enthält, der auf die Tabelle *MsiPatchHeaders* verweist. In diesem Fall wird der Vorspann aus der Tabelle *MsiPatchHeaders* verwendet.

StreamRef_: Verweist auf einen gültigen Schlüssel in der Tabelle *MsiPatchHeaders*. Diese Spalte ist erst ab Windows Installer Version 2.0 verfügbar.

PatchPackage

Die Tabelle *PatchPackage* beschreibt alle Patches, die auf dieses Produkt angewendet wurden. Für jedes Patch-Paket werden zu der eindeutigen Kennzeichnung Informationen über das Quellmedium angezeigt.

Spalte	Typ	Größe	Schlüssel	Null
PatchId	GUID	s38	x	
Media_	Integer	i2		

Tabelle B.102: *Struktur der Tabelle* PatchPackage

PatchId: Diese Spalte enthält eine eindeutige Bezeichnung für den Patch.

Media_: Diese Spalte verweist auf einen gültigen Eintrag in der Tabelle *Media* und identifiziert den Datenträger, der das Patch-Paket enthält.

Sicherheitstabellen

In der Kategorie der Sicherheitstabellen befinden sich die Tabellen, die es Ihnen ermöglichen, entsprechende Teile der Windows Installer-Datenbank zu signieren und Einstellungen für die Verwendung auf abgesicherten Computern vorzunehmen.

LockPermissions

Die Tabelle *LockPermissions* wird verwendet, um individuell festlegbare Teile der Anwendung bei der Ausführung auf abgesicherten Computern durch das Festlegen von Zugriffsberechtigungen abzusichern. Diese Tabelle kann bei der Installation von Dateien, dem Anlegen von Registrierungseinträgen und beim Erstellen von Ordnern verwendet werden.

Spalte	Typ	Größe	Schlüssel	Null
LockObject	Identifier	s38	x	
Table	Text	i2	x	
Domain	Formatted		x	x
User	Formatted		x	
Permission	Doubleinteger			x

Tabelle B.103: *Struktur der Tabelle* LockPermissions

LockObject: Diese Spalte in Verbindung mit der Spalte *Table* identifiziert das Objekt, für das explizite Zugriffsrechte festgelegt werden sollen. Der Wert dieser Spalte muss auf einen gültigen Wert der Tabelle verweisen, die in der Spalte *Table* definiert wurde.

Table: Diese Spalte enthält den Namen der Tabelle, auf den mit der Spalte *LockObject* verwiesen wurde. Gültige Werte sind *File*, *Registry* und *CreateFolder*.

Domain: Legt die Domäne des Benutzers fest, für den die entsprechenden Zugriffsrechte erteilt werden sollen. Hierbei handelt es sich um den Namen eines Einzelplatzrechners oder den Namen einer Domäne. Bei der Verwendung des Windows Installer Version 2.0 kann hierfür auch die Umgebungsvariable *%USERDOMAIN* verwendet werden.

User: Legt den Benutzer fest, für den die Zugriffsrechte erteilt werden sollen. Der hier verwendete Name muss eine Entsprechung auf dem Zielcomputer oder in der Domäne besitzen. Mehrere Benutzer können für ein einzelnes Objekt festgelegt werden. Der Windows Installer Version 2.0 stellt zur Spezifikation des Benutzers oder einer Benutzergruppe zusätzlich die Variablen *Everyone* und *Adminstrators* zur Verfügung. Ebenfalls können über die Eigenschaften *ComputerName*, *LogonUser* und *USERNAME* gültige Werte ermittelt werden.

Permission: Hierbei handelt es sich um einen Zahlenwert, der die Systemprivilegien festlegt. Die folgende Aufstellung finden Sie auch in der Datei *WINNT.H*.

Konstante	Wert	Bedeutung
FILE_READ_DATA oder FILE_LIST_DIRECTORY	1	Ordner auflisten – Daten lesen
FILE_WRITE_DATA oder FILE_ADD_FILE	2	Dateien erstellen – Daten schreiben
FILE_APPEND_DATA oder FILE_ADD_SUBDIRECTORY	4	Ordner erstellen – Daten anhängen
FILE_READ_EA	8	Erweiterte Attribute lesen
FILE_WRITE_EA	16	Erweiterte Attribute schreiben
FILE_EXECUTE oder FILE_TRAVERSE	32	Ordner überspringen - Datei ausführen
FILE_DELETE_CHILD	64	Unterordner und Dateien löschen
FILE_READ_ATTRIBUTES	128	Attribute lesen
FILE_WRITE_ATTRIBUTES	256	Attribute schreiben
DELETE	65.536	Löschen
READ_CONTROL	131.072	Berechtigungen lesen
WRITE_DAC	262.144	Berechtigungen ändern
WRITE_OWNER	524.288	Besitzrechte übernehmen
FILE_ALL_ACCESS	268.435.456	Alles (Allgemein)
FILE_GENERIC_EXECUTE	536.870.912	Ausführen (Allgemein)
FILE_GENERIC_WRITE	1.073.741.824	Schreiben (Allgemein)

Tabelle B.104: Werte für die Spalte Permission *der Tabelle* LockPermissions

HINWEIS: Für die Festlegung von Zugriffrechten ist eine NTFS-Partition erforderlich, sodass diese Berechtigungen nur unter Microsoft Windows NT, Microsoft Windows 2000, Microsoft Windows XP oder Microsoft Windows Server 2003 funktionieren.

MsiDigitalCertificate

Der Windows Installer verwendet digitale Signaturen, um fehlerhafte Ressourcen festzustellen. Die Tabelle *MsiDigitalCertificate* speichert Zertifikate als binären Datenstrom und verknüpft jedes Zertifikat mit einem Primärschlüssel. Der Primärschlüssel wird benötigt, um die Zertifikate von mehreren digital signierten Objekten gemeinsam zu verwenden.

Der Windows Installer Version 2.0 kann ausschließlich die digitalen Signaturen von externen Paketdateien (*.cab*) durch die Verwendung der Tabellen *MsiDigitalSignature* und *MsiDigitalCertificate* verifizieren.

Spalte	Typ	Größe	Schlüssel	Null
DigitalCertificate	Identifier	s72	x	
CertData	Binary	v0		

Tabelle B.105: Struktur der Tabelle MsiDigitalCertificate

DigitalCertificate: Diese Spalte enthält eine eindeutige Bezeichnung zur Identifizierung des Zertifikats.

CertData: Die Spalte *CertData* enthält das verschlüsselte *Byte-Array* der sicherheitsrelevanten Daten des Zertifikats. Sie können diese Daten durch Aufruf der Funktionen *WinVerifyTrust* oder *MsiGetFileSignatureInformation* und durch das Importieren einer Zertifikatsdatei (*.cer*) erhalten.

MsiDigitalSignature

Die Tabelle *MsiDigitalCertificate* enthält die Signaturinformationen für jedes digital signierte Objekt in der Windows Installer-Datenbank.

Spalte	Typ	Größe	Schlüssel	Null
Table	Identifier	s32	x	
SignObject	Text	s72	x	
DigitalCertificate_	Identifier	s72		
Hash	Binary	v0		x

Tabelle B.106: Struktur der Tabelle MsiDigitalSignature

Table: Bei der Verwendung des Windows Installers Version 2.0 muss der Eintrag in diesem Feld »Media« für die Tabelle *Media* lauten. Andere Werte sind bei der Verwendung dieser Version nicht zulässig. Der Installer verifiziert ausschließlich die digitalen Signaturen von externen Paketdateien. Diese Spalte und die Spalte *SignObject* definieren das digital signierte Objekt.

SignObject: Diese Spalte enthält einen Eintrag, der das signierte Objekt festlegt. Das Objekt muss sich in der Tabelle befinden, die durch die Spalte *Table* festgelegt wurde.

DigitalCertificate: Verweist auf einen gültigen Schlüssel in der Tabelle *MsiDigitalCertificate*.

Hash: Dieses Feld enthält den Referenz-Hash der Ressource, die zur Laufzeit gegen ihren aktuellen Hash geprüft werden soll. Soll lediglich das Zertifikat geprüft werden, muss dieses Feld *Null* enthalten.

Benutzeroberflächentabellen

Der Windows Installer enthält eine Funktionalität, die es dem Autor von Installationspaketen ermöglicht, eine grafische Benutzeroberfläche zu erstellen und anzupassen. Alle hierfür benötigten Informationen werden in Tabellen abgelegt.

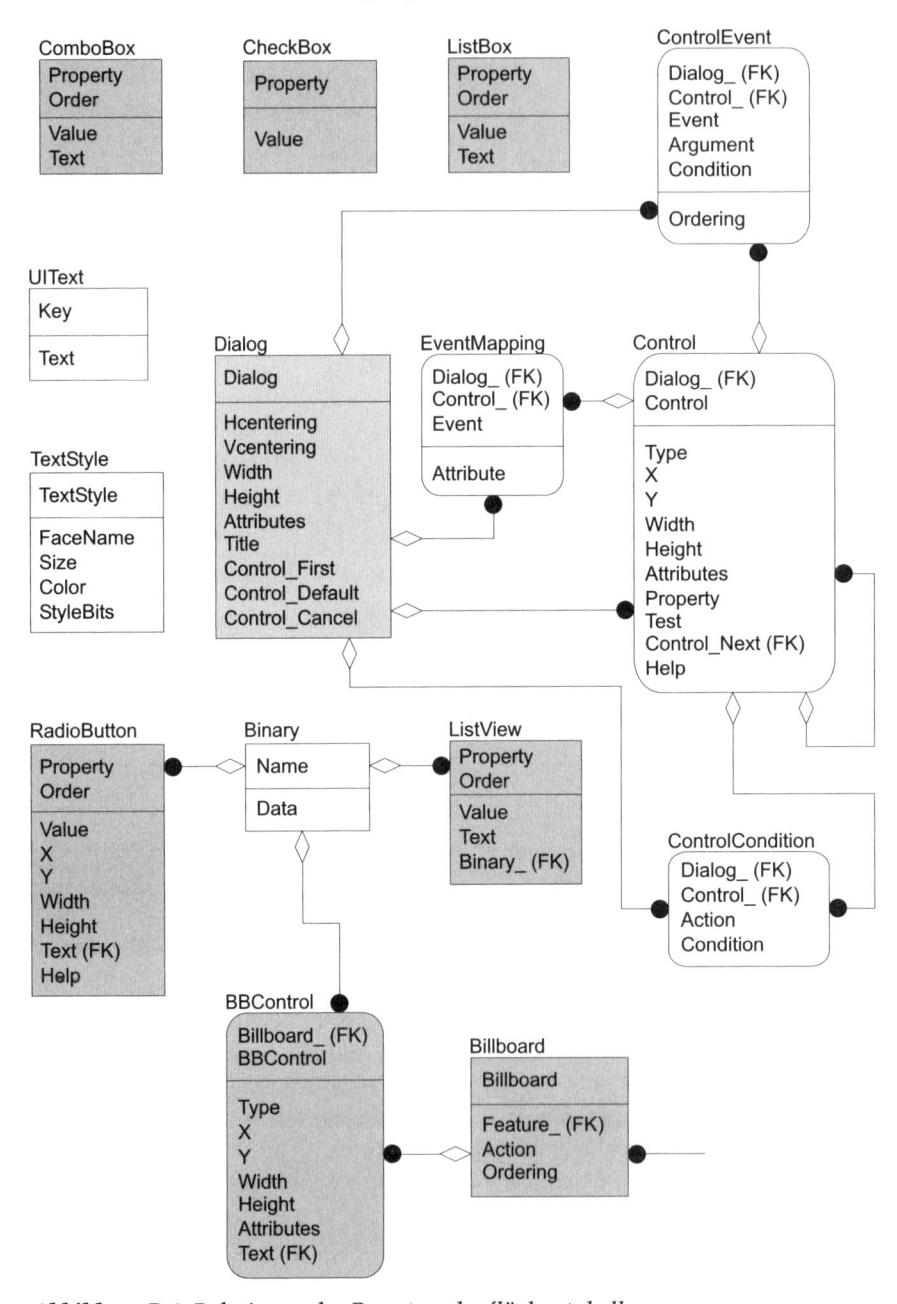

Abbildung B.4: *Relationen der Benutzeroberflächentabellen*

Dialog

Die Tabelle *Dialog* enthält alle Dialogfelder, die in der Benutzeroberfläche während der Installation im vollständigen oder reduzierten Modus angezeigt werden. Für jedes Dialogfeld existiert ein Datensatz in dieser Tabelle.

Spalte	Typ	Größe	Schlüssel	Null
Dialog	Identifier	s72	x	
HCentering	Integer	i2		
VCentering	Integer	i2		
Width	Integer	i2		
Height	Integer	i2		
Attributes	Doubleinteger	i4		x
Title	Formatted	s128		x
Control_First	Identifier	s50		
Control_Default	Identifier	s50		x
Control_Cancel	Identifier	s50		x

Tabelle B.107: *Struktur der Tabelle* Dialog

Dialog: Enthält den Namen des Dialogfeldes, der gleichzeitig der Primärschlüssel dieser Tabelle ist.

HCentering: Legt die horizontale Position des Dialogfeldes fest. Gültige Werte liegen im Bereich zwischen 0 und 100, wobei 0 den linken Rand und 100 den rechten Rand des Bildschirms repräsentiert.

VCentering: Legt die vertikale Position des Dialogfeldes fest. Gültige Werte liegen im Bereich zwischen 0 und 100, wobei 0 den oberen Rand und 100 den unteren Rand des Bildschirms repräsentiert.

Width: Legt die Breite des Dialogfeldes inklusive des Randes fest. Bei der Maßeinheit handelt es sich um *Installer-Einheiten*, wobei keine negativen Werte erlaubt sind.

Height: Legt die Höhe des Dialogfeldes inklusive des Randes fest. Bei der Maßeinheit handelt es sich um *Installer-Einheiten*, wobei keine negativen Werte erlaubt sind.

Attributes: Hierbei handelt es sich um eine Sammlung von Attributen zur Darstellung des Dialogfeldes. Die gültigen Werte finden Sie in der nachfolgenden Tabelle:

Name	Wert	Bedeutung
Visible	1	Das Dialogfeld ist sichtbar.
Modal	2	Das Dialogfeld wird modal angezeigt.
Minimize	4	Das Dialogfeld kann minimiert werden.
SysModal	8	Das Dialogfeld wird systemmodal angezeigt.
KeepModeless	16	Andere Dialogfelder werden nicht zerstört, wenn dieses Dialogfeld erstellt wird.
TrackDiskSpace	32	Das Dialogfeld ermittelt dynamisch den freien Speicherplatz. ▶

Name	Wert	Bedeutung
UseCustomPalette	64	Es wird die Farbpalette des ersten Steuerelementes für dieses Dialogfeld verwendet.
RTLRO	128	Das Dialogfeld verwendet die Rechts-nach-links-Schreibweise.
RightAligned	256	Der Text wird rechtsbündig in diesem Dialogfeld ausgerichtet.
LeftScroll	512	Eine Bildlaufleiste wird an der linken Seite des Dialogfeldes angezeigt.
BIDI	896	Eine Kombination aus *RTLRO*, *RightAligned* und *LeftScroll*.
Error	65.536	Das Dialogfeld wird zur Anzeige von Fehlermeldungen verwendet.

Tabelle B.108: *Gültige Werte für die Spalte* Attributes *der Tabelle* Dialog

Titel: Dieses Feld enthält eine lokalisierbare Zeichenfolge, die in der Titelleiste des Dialogfeldes angezeigt wird.

Control_First: Dieses Feld muss einen Wert enthalten, der eine Entsprechung in der zweiten Spalte der Tabelle *Control* aufweist. Hiermit wird das Steuerelement definiert, das den Fokus erhält, wenn das Dialogfeld angezeigt wird. Diese Spalte wird im Dialogfeld *Error* ignoriert. Ein statisches Steuerelement kann keinen Fokus erhalten und kann somit in dieser Spalte nicht verwendet werden.

Control_Default: Dieses Feld muss einen Wert enthalten, der eine Entsprechung in der zweiten Spalte der Tabelle *Control* aufweist. Hiermit wird das Steuerelement definiert, das als Standardsteuerelement verwendet wird. Das Standardsteuerelement wird durch die Eingabetaste aktiviert. Enthält diese Spalte keinen Wert, ist für das Dialogfeld kein Standardsteuerelement definiert. Diese Spalte wird im Dialogfeld *Error* ignoriert.

Control_Cancel: Dieses Feld muss einen Wert enthalten, der eine Entsprechung in der zweiten Spalte der Tabelle *Control* aufweist. Hiermit wird das Steuerelement definiert, das zum Abbrechen der Aktion verwendet werden soll. Dieses Steuerelement wird durch die Esc-Taste aktiviert und ist während des Rollbacks und des Entfernens von Backupdateien unsichtbar. Enthält diese Spalte keinen Wert, ist für das Dialogfeld kein solches Steuerelement definiert. Diese Spalte wird im Dialogfeld *Error* ignoriert.

HINWEIS: Die Werte für die Höhe und Breite des Dialogfeldes werden in *Windows Installer User-Interface-Units (Installer-Einheiten)* angegeben. Eine *Windows Installer User-Interface-Unit* entspricht dem zwölften Teil (1/12) der Höhe der Schriftart »10 Punkt MS Sans Serif«.

Control

Die Tabelle *Control* enthält detaillierte Informationen zu jedem Steuerelement in der Windows Installer-Datenbank.

Spalte	Typ	Größe	Schlüssel	Null
*Dialog_*	Identifier	s72	x	
Control	Identifier	s50	x	
Type	Identifier	s20		▶

Spalte	Typ	Größe	Schlüssel	Null
X	Integer	i2		
Y	Integer	i2		
Width	Integer	i2		
Height	Integer	i2		
Attributes	Doubleinteger	i4		x
Property	Identifier	s50		x
Text	Formatted	s0		x
Control_Next	Identifier	s50		x
Help	Text	s50		x

Tabelle B.109: *Struktur der Tabelle* Control

Dialog_: Enthält den Namen des Dialogfeldes, das dieses Steuerelement enthält. Dieser Wert muss eine Entsprechung in der Tabelle *Dialog* aufweisen.

Control: Enthält den Namen des Steuerelementes. Dieser Name muss innerhalb des Dialogfeldes eindeutig sein. Die Spalten *Dialog_* und *Control* bilden den Primärschlüssel dieser Tabelle.

Type: Enthält die Art des Steuerelementes. Die nachfolgende Tabelle enthält die gültigen Werte für dieses Feld:

Name	Beschreibung
Billboard	Zeigt Billboards, die auf Meldungen vom Programm reagieren.
Bitmap	Zeigt ein statisches Bild auf Grundlage eines Bitmaps.
CheckBox	Ein Kontrollkästchen, das zwei Zustände darstellen kann.
ComboBox	Ein Kombinationsfeld mit einem editierbaren Feld. Dieses Steuerelement kann so konfiguriert werden, dass kein editierbares Feld dargestellt wird.
DirectoryCombo	Eine Dropdownliste zur Auswahl eines Laufwerks oder Ordners.
DirectoryList	Ein Listenfeld zur Auswahl eines Ordners.
Edit	Ein Eingabefeld zur Erfassung von Zeichenfolgen und numerischen Werten.
GroupBox	Ein Steuerelement zur grafischen Hervorhebung einer Gruppe von Objekten.
Icon	Zeigt ein statisches Bild auf Grundlage eines Symbols.
Line	Zeigt eine horizontale Linie.
ListBox	Ein Listenfeld-Steuerelement.
ListView	Entspricht einem Listenfeld, jedoch können hierbei zusätzliche Symbole für jeden Listeneintrag angezeigt werden.
MaskedEdit	Ein Eingabefeld zur Erfassung von maskiertem Text.
PathEdit	Zeigt den Namen des Ordners oder den vollständigen Pfad in einem Textfeld.
ProgressBar	Eine Fortschrittsanzeige zur grafischen Darstellung des Installationsverlaufes.
PushButton	Eine Schaltfläche, die entweder Text oder ein Symbol enthalten kann. ▶

Name	Beschreibung
RadioButtonGroup	Eine Gruppe von Optionsschaltflächen.
ScrollableText	Ein mehrzeiliges Textfeld mit Bildlaufleiste, das auch Text im RTF-Format darstellen kann.
SelectionTree	Zeigt die Features des Windows Installer-Paketes und ermöglicht dem Benutzer, eine bestimmte Auswahl zu treffen.
Text	Ein Bezeichnungsfeld zur Darstellung von statischem Text.
VolumeCostList	Ein Listenfeld zur Darstellung des Speicherbedarfs und des verfügbaren Speichers für alle Laufwerke.
VolumeSelectCombo	Eine Dropdownliste zur Auswahl eines Laufwerkes.

Tabelle B.110: *Gültige Werte für die Spalte* Type *der Tabelle* Control

X: Enthält die horizontale Koordinate der oberen linken Ecke des Steuerelementes. Hierbei muss es sich um einen nicht negativen Wert handeln.

Y: Enthält die vertikale Koordinate der oberen linken Ecke des Steuerelementes. Hierbei muss es sich um einen nicht negativen Wert handeln.

Width: Legt die Breite des Steuerelementes fest. Hierbei muss es sich um einen nicht negativen Wert handeln.

Height: Legt die Höhe des Steuerelementes fest. Hierbei muss es sich um einen nicht negativen Wert handeln.

Attributes: Hierbei handelt es sich um eine Sammlung von Attributen zur Darstellung des Steuerelementes. Die gültigen Werte für alle Steuerelemente finden Sie in der nachfolgenden Tabelle.

Name	Wert	Bedeutung
Visible	1	Das Steuerelement ist sichtbar.
Enabled	2	Das Steuerelement ist aktivierbar.
Sunken	4	Das Steuerelement wird in einer vertieften Ansicht dargestellt.
Indirect	8	Wenn für eine indirekte Eigenschaft *True* festgelegt wird, löst der Windows Installer die Eigenschaft, zu der ein Bezug hergestellt wurde, zur Laufzeit auf.
Integer	16	Die zugeordnete Eigenschaft ist vom Datentyp *Integer*.
RTLRO	32	Das Steuerelement verwendet die Rechts-nach-Links Schreibweise.
RightAligned	64	Der Text wird rechtsbündig in diesem Steuerelement ausgerichtet.
LeftScroll	128	Eine Bildlaufleiste wird an der linken Seite des Steuerelementes angezeigt.
BiDi	224	Eine Kombination aus *RTLRO*, *RightAligned* und *LeftScroll*.

Tabelle B.111: *Gültige Werte für die* Spalte *Attribute der Tabelle* Control *für alle Steuerelemente*

Name	Wert	Bedeutung
FormatSize	1	Formatiert die Nummern und zeigt diese entweder als KB, MB oder GB an.
NoPrefix	2	Wandelt das Zeichen »&« nicht in einen unterstrichenen Buchstaben (Hotkey) um.
NoWrap	4	Der Text in dem Steuerelement wird nicht umbrochen.
Password	8	Das Steuerelement verhält sich wie ein Kennwort-Steuerelement. Bei der Eingabe werden nur Sternchen »*« angezeigt.
Transparent	16	Das Steuerelement verfügt über einen transparenten Hintergrund.
UserLanguage	32	Es wird die Codepage des Benutzers anstelle der standardmäßigen Codepage verwendet.

Tabelle B.112: Gültige Werte für die Spalte Attribute *der Tabelle* Control *für Steuerelemente vom Typ* Text

Name	Wert	Bedeutung
ProgressBar	65.536	Die Fortschrittsanzeige wird als eine Reihe blauer Rechtecke dargestellt.

Tabelle B.113: Gültige Werte für die Spalte Attribute *der Tabelle* Control *für das Steuerelement* ProgressBar

Name	Wert	Bedeutung
RemovableVolume	65.536	Zeigt Wechseldatenträger an.
FixedVolume	131.072	Zeigt Festplattenlaufwerke an.
RemoteVolume	262.144	Zeigt Netzlaufwerke an.
CDROMVolume	524.288	Zeigt CD-Laufwerke an.
RAMDiskVolume	1.048.576	Zeigt RAM-Datenträger an
FloppyVolume	2.097.152	Zeigt Diskettenlaufwerke an.

Tabelle B.114: Gültige Werte für die Spalte Attribute *der Tabelle* Control *für Steuerelemente vom Typ* Volume *und* Directory

Name	Wert	Bedeutung
Sorted	65.536	Einträge werden sortiert angezeigt.
ComboList	131.072	Bei einem Kombinationsfeld wird kein editierbares Feld angezeigt, sodass nur Eintragungen aus der Liste gewählt werden können.

Tabelle B.115: Gültige Werte für die Spalte Attribute *der Tabelle* Control *für Steuerelemente vom Typ* Listbox *und* Combobox

Name	Wert	Bedeutung
MultiLine	65.536	Das Steuerelement erhält eine vertikale Bildlaufleiste und kann auch mehrere Zeilen Text enthalten.

Tabelle B.116: *Gültige Werte für die Spalte* Attribute *der Tabelle* Control *für das Steuerelement* Edit

Name	Wert	Bedeutung
ImageHandle	65.536	Das Bild wird dynamisch zur Laufzeit zugewiesen.
PushLike	131.072	Das Steuerelement wird als Schaltfläche dargestellt.
Bitmap	262.144	Das Steuerelement zeigt ein Bitmap anstelle eines Textes.
Icon	524.288	Das Steuerelement zeigt ein Symbol aus der Tabelle *Icon*.
FixedSize	1.048.576	Das Bild wird an die Größe des Steuerelementes angepasst oder zentriert dargestellt.
Icon16	2.097.152	Das Steuerelement zeigt ein Symbol in der Größe 16x16 an.
Icon32	4.194.304	Das Steuerelement zeigt ein Symbol in der Größe 32x32 an.
Icon48	6.291.456	Das Steuerelement zeigt ein Symbol in der Größe 48x48 an.

Tabelle B.117: *Gültige Werte für die Spalte* Attribute *der Tabelle* Control *für Steuerelemente vom Typ* PictureButton

Name	Wert	Bedeutung
HasBorder	16.777.216	Die Optionsschaltflächengruppe wird von einem Rahmen umgeben.

Tabelle B.118: *Gültige Werte für die Spalte* Attribute *der Tabelle* Control *für das Steuerelement* Radio-Button

Name	Wert	Bedeutung
ControlShowRollbackCost	4.194.304	Bei der Berechung des Speicherbedarfs werden Dateien, die für den Rollback gesichert wurden, eingeschlossen.

Tabelle B.119: *Gültige Werte für die Spalte* Attribute *der Tabelle* Control *für das Steuerelement* VolumeCostList

Property: Dieses Feld enthält den Namen einer Eigenschaft, die mit diesem Steuerelement verknüpft ist. Die Werte von den Steuerelementen *RadioButton*, *ListBox* und *ComboBox* werden gruppiert und derselben Eigenschaft zugeordnet. Diese Spalte wird von statischen Steuerelementen ignoriert.

Text: Dieses Feld enthält den Text, der bei der Initialisierung des Steuerelementes angezeigt wird.

Control_Next: Enthält den Namen des nächsten Steuerelementes in der Tabulatorreihenfolge auf dem Dialogfeld. Dieser Wert muss eine Entsprechung mit der zweiten Spalte der Tabelle *Control* aufweisen.

Help: Hierbei handelt es sich um eine lokalisierbare Zeichenfolge, die als Hilfetext verwendet wird. Dieser Text enthält zwei Teile, die durch das Pipe-Zeichen »|« getrennt werden. Der erste Teil des Textes wird als *ToolTip* angezeigt, der zweite Teil des Textes ist für *kontextbezogene Hilfe* vorgesehen. Die Funktionalität der *kontextbezogenen Hilfe* ist in der aktuellen Version des Windows Installers nicht implementiert.

HINWEIS: Die Werte für X, Y, die Höhe und die Breite des Steuerelementes werden in *Windows Installer User-Interface-Units* angegeben. Eine *Windows Installer User-Interface-Unit* entspricht dem zwölften Teil (1/12) der Höhe der Schriftart »10 Punkt MS Sans Serif«.

ControlCondition

Die Tabelle *ControlCondition* ermöglicht es, Aktionen in Abhängigkeit zu einer Bedingung auszuführen.

Spalte	Typ	Größe	Schlüssel	Null
Dialog_	Identifier	s72	X	
Control_	Identifier	s50	X	
Action	Text	s50		x
Condition	Condition	s255		x

Tabelle B.120: Struktur der Tabelle ControlCondition

Dialog_: Dieses Feld enthält einen Wert, der eine Entsprechung in der ersten Spalte der Tabelle *Dialog* aufweist. In Kombination mit der Spalte *Control_* wird das Objekt eindeutig identifiziert.

Control_: Dieses Feld enthält einen Wert, der eine Entsprechung in der zweiten Spalte der Tabelle *Control* aufweist. In Kombination mit der Spalte *Dialog_* wird das Objekt eindeutig identifiziert.

Action: Diese Spalte beschreibt die Aktion, die ausgeführt werden soll, wenn die Bedingung den Wert *True* zurückgibt. Die nachfolgende Tabelle enthält eine Liste der gültigen Werte für dieses Feld:

Wert	Bedeutung
Default	Das Steuerelement wird zum Standardsteuerelement.
Disable	Das Steuerelement wird deaktiviert.
Enable	Das Steuerelement wird aktiviert.
Hide	Das Steuerelement wird unsichtbar.
Show	Das Steuerelement wird sichtbar.

Tabelle B.121: Gültige Werte für die Spalte Action *der Tabelle* ControlCondition

Condition: Diese Spalte enthält die Bedingung, die geprüft werden soll. Gibt die Bedingung den Wert *True* zurück, wird die festgelegte Aktion ausgeführt. Enthält dieses Feld den Wert »1«, wird die Aktion immer ausgeführt. Diese Spalte muss einen Wert enthalten.

ControlEvent

Die Tabelle *ControlEvent* ermöglicht es, Ereignisse zu definieren, die in Abhängigkeit zu dem verwendeten Steuerelement ausgeführt werden. Bei der Verwendung der Steuerelemente *PushButton*, *CheckBox* und *SelectionTree* besteht die Möglichkeit, auf die Interaktion des Benutzers zu reagieren. Bei allen weiteren Steuerelementen werden die Ereignisse durch eine interne Logik gesteuert. Für jedes Steuerelement können mehrere Ereignisse definiert und in der vorgegebenen Reihenfolge ausgeführt werden.

Spalte	Typ	Größe	Schlüssel	Null
Dialog_	Identifier	s72	x	
Control_	Identifier	s50	x	
Event	Formatted	s50	x	
Argument	Formatted	s255	x	
Condition	Condition	s255	x	X
Ordering	Integer	i2		x

Tabelle B.122: Struktur der Tabelle ControlEvent

Dialog_: Dieses Feld enthält einen Wert, der eine Entsprechung in der ersten Spalte der Tabelle *Dialog* aufweist. In Kombination mit der Spalte *Control_* wird das Objekt eindeutig identifiziert.

Control_: Dieses Feld enthält einen Wert, der eine Entsprechung in der zweiten Spalte der Tabelle *Control* aufweist. In Kombination mit der Spalte *Dialog_* wird das Objekt eindeutig identifiziert.

Event: Diese Spalte enthält eine Zeichenfolge, die die Art des Ereignisses festlegt.

Argument: Dieses Feld enthält zusätzliche Informationen, die von der Art des verwendeten Ereignisses abhängig sind.

TIPP: Sie können einer Eigenschaft einen anderen Wert zuweisen. Geben Sie hierzu die Eigenschaft in der Form *[Eigenschaftsname]* in das Feld *Event* und den neuen Wert in das Feld *Argument* ein. Um der Eigenschaft den Wert *Null*, zuzuweisen verwenden Sie das Konstrukt »{ }«.

Condition: Diese Spalte enthält die Bedingung, die geprüft werden soll. Der Windows Installer prüft die Bedingung und führt das Ereignis nur aus, wenn die Bedingung den Wert *True* zurückgibt. Verwenden Sie den Wert »1«, um das Ereignis immer auszulösen. Der Installer löst das Ereignis niemals aus, wenn diese Spalte den Wert »0« oder *Null* enthält oder wenn die Bedingung den Wert *False* liefert.

Ordering: Bei der Verwendung von mehreren Ereignissen pro Steuerelement wird über dieses Feld die Reihenfolge der Ausführung definiert.

EventMapping

Die Tabelle *EventMapping* enthält alle Steuerelemente, die auf bestimmte Ereignisse reagieren sollen. Beispielsweise wird vom Windows Installer während des Installationsprozesses das Ereignis *TimeRemaining* gesendet und ständig aktualisiert, um dem Benutzer über die verbleibende Zeit der Installation Auskunft zu geben. Steuerelemente, die in dieser Tabelle angegeben sind, können dieses und weitere Ereignisse abonnieren und somit darauf reagieren.

Spalte	Typ	Größe	Schlüssel	Null
Dialog_	Identifier	s72	x	
Control_	Identifier	s50	x	
Event	Identifier	s50	x	
Attribute	Identifier	s50		

Tabelle B.123: *Struktur der Tabelle* EventMapping

Dialog_: Dieses Feld enthält einen Wert, der eine Entsprechung in der ersten Spalte der Tabelle *Dialog* aufweist. In Kombination mit der Spalte *Control_* wird das Objekt eindeutig identifiziert.

Control_: Dieses Feld enthält einen Wert, der eine Entsprechung in der zweiten Spalte der Tabelle *Control* aufweist. In Kombination mit der Spalte *Dialog_* wird das Objekt eindeutig identifiziert.

Event: Diese Spalte enthält eine Zeichenfolge, die das Ereignis festlegt, das vom aktuellen Steuerelement abonniert wird.

Attribute: Dieses Feld enthält den Namen des Steuerelementattributes, das durch das Ereignis verändert werden soll.

TextStyle

Die Tabelle *TextStyle* enthält eine Liste der Schriftarten, die von Steuerelementen verwendet werden.

Spalte	Typ	Größe	Schlüssel	Null
TextStyle	Identifier	s72	x	
FaceName	Text	s32		
Size	Integer	i2		
Color	Doubleinteger	i4		x
StyleBits	Integer	i2		x

Tabelle B.124: *Struktur der Tabelle* TextStyle

TextStyle: Diese Spalte enthält den Namen des Schriftstils.

FaceName: Dieses Feld enthält den Namen der Schriftart, die für diesen Schriftstil verwendet wird.

Size: Dieses Feld enthält die Größe der Schriftart in Punkten. Hierbei muss es sich um einen nicht negativen Wert handeln.

Color: Diese Spalte wird nur benötigt, wenn der Schriftstil im Steuerelement *Text* verwendet wird. Alle anderen Steuerelemente verwenden die standardmäßige Schriftfarbe. Der Wert, der in diesem Feld verwendet wird, muss nach der Formel »65.536 * Blau + 256 * Grün + Rot« definiert werden. Wird in dieses Feld kein Wert eingegeben, wird die Standardfarbe verwendet.

StyleBits: Dieses Feld enthält eine Wertekombination zur weiteren Formatierung des Textes:

Konstante	Wert	Bedeutung
msidbTextStyleStyleBitsBold	1	Fett
msidbTextStyleStyleBitsItalic	2	Kursiv

Konstante	Wert	Bedeutung
msidbTextStyleStyleBitsUnderline	4	Unterstrichen
msidbTextStyleStyleBitsStrike	8	Durchgestrichen

Tabelle B.125: Gültige Werte für die Spalte StyleBits *der Tabelle* TextStyle

UIText

Die Tabelle *UIText* enthält lokalisierte Zeichenfolgen zur Verwendung in der Benutzeroberfläche, die nicht in anderen Tabellen definiert sind.

Spalte	Typ	Größe	Schlüssel	Null
Key	Identifier	s72	x	
Text	Text	s255		x

Tabelle B.126: Struktur der UIText Tabelle

Key: Diese Spalte enthält einen eindeutigen Wert, der die Zeichenfolge identifiziert.

Text: Diese Spalte enthält die lokalisierte Zeichenfolge.

ActionText

Die Tabelle *ActionText* enthält lokalisierte Zeichenfolgen, die im Dialogfeld *Progress* angezeigt und bei längeren Aktionen in das Installationsprotokoll geschrieben werden.

Spalte	Typ	Größe	Schlüssel	Null
Action	Identifier	s72	x	
Description	Text	s0		x
Template	Template	s0		x

Tabelle B.127: Struktur der Tabelle ActionText

Action: Diese Spalte enthält den Namen der Aktion und ist gleichzeitig der Primärschlüssel dieser Tabelle.

Description: Diese Spalte enthält die lokalisierte Zeichenfolge, die im Dialogfeld *Progress* angezeigt und in das Installationsprotokoll geschrieben wird.

Template: Diese Spalte enthält eine Formatvorlage zur Formatierung der Daten, die von dieser Aktion zur Verfügung gestellt werden.

Billboard

Bei einem Billboard handelt es sich um den Teil eines Dialogfeldes, der in Abhängigkeit von Aktionen oder Prozessen dynamisch verändert wird. Die verwendeten Billboards werden in dieser Tabelle definiert.

Spalte	Typ	Größe	Schlüssel	Null
Billboard	Identifier	s50	x	
Feature_	Identifier	s32		
Action	Identifier	s50		x
Ordering	Integer	i2		x

Tabelle B.128: Struktur der Tabelle Billboard

Billboard: Diese Spalte enthält den Namen des Billboards und ist gleichzeitig der Primärschlüssel dieser Tabelle.

Feature_: Verweist auf einen gültigen Eintrag in der Tabelle *Feature*. Das Billboard wird nur angezeigt, wenn das Feature installiert wird.

Action: Diese Spalte enthält den Namen einer Aktion. Während der Ausführung der Aktion wird das Billboard angezeigt.

Ordering: Sind für eine Aktion mehrere Billboards definiert, kann über diese Spalte die Reihenfolge der Anzeige festgelegt werden. Hierbei muss es sich um eine nicht negative Zahl handeln.

BBControl

Die Tabelle *BBControl* enthält die Steuerelemente, die auf den Billboards angezeigt werden.

Spalte	Typ	Größe	Schlüssel	Null
Billboard	Identifier	s50	x	
BBControl	Identifier	s50	x	
Type	Identifier	s50		
X	Integer	i2		
Y	Integer	i2		
Width	Integer	i2		
Height	Integer	i2		
Attributes	Doubleinteger	i4		x
Text	Text	s50		x

Tabelle B.129: Struktur der Tabelle BBControl

Billboard: Dieses Feld enthält einen Wert, der eine Entsprechung der Tabelle *Billboard* aufweisen muss.

BBControl: Dieses Feld enthält den Namen des Steuerelementes, der für das Billboard eindeutig sein muss. In Kombination mit der Spalte *Billboard* stellt es den Primärschlüssel für diese Tabelle dar.

Type: Dieses Feld enthält die Art des Steuerelementes. Es können nur statische Steuerelemente wie *Text*, *Bitmap* und *Icon* auf den Billboards platziert werden.

X: Enthält die horizontale Koordinate der oberen linken Ecke des Steuerelementes. Hierbei muss es sich um einen nicht negativen Wert handeln. Diese Koordinate ist relativ zu dem Billboard anzugeben.

Y: Enthält die vertikale Koordinate der oberen linken Ecke des Steuerelementes. Hierbei muss es sich um einen nicht negativen Wert handeln. Diese Koordinate ist relativ zu dem Billboard anzugeben.

Width: Legt die Breite des Steuerelementes fest. Hierbei muss es sich um einen nicht negativen Wert handeln.

Height: Legt die Höhe des Steuerelementes fest. Hierbei muss es sich um einen nicht negativen Wert handeln.

Attributes: Hierbei handelt es sich um eine Sammlung von Attributen zur Darstellung des Steuerelementes. Die gültigen Werte finden Sie in der Erläuterung zur Tabelle *Controls*.

Text: Dieses Feld enthält eine lokalisierte Zeichenfolge, die bei der Initialisierung des Steuerelementes angezeigt wird.

> **HINWEIS:** Die Werte für X, Y, die Höhe und die Breite des Steuerelementes *BBControl* werden in *Windows Installer User-Interface-Units* angegeben. Eine *Windows Installer User-Interface-Unit* entspricht dem zwölften Teil (1/12) der Höhe der Schriftart »10 Punkt MS Sans Serif«.

CheckBox

Die Tabelle *CheckBox* enthält Eigenschaften, die von Steuerelementen vom Typ *CheckBox* verwendet und benötigt werden.

Spalte	Typ	Größe	Schlüssel	Null
Property	Identifier	s72	x	
Value	Formatted	s64		X

Tabelle B.130: Struktur der Tabelle CheckBox

Property: Dieses Feld enthält eine Eigenschaft, die vom Steuerelement festgelegt wird. Alle Eintragungen, die die gleiche Eigenschaft zum Abrufen und zum Aufnehmen der Werte verwenden, werden im gleichen Steuerelement angezeigt.

Value: Dieses Feld enthält den Eigenschaftswert, der verwendet wird, wenn das Steuerelement aktiviert wird.

ComboBox

Die Tabelle *ComboBox* enthält die Zeichenfolgen und die zugehörigen Werte, die in dem Listenfeld des Steuerelementes *ComboBox* angezeigt und ausgewählt werden sollen.

Spalte	Typ	Größe	Schlüssel	Null
Property	Identifier	s72	X	
Order	Integer	i2	X	
Value	Formatted	s64		
Text	Text	s64		x

Tabelle B.131: Struktur der Tabelle ComboBox

Property: Dieses Feld enthält eine Eigenschaft, die vom Steuerelement festgelegt wird. Alle Eintragungen, die die gleiche Eigenschaft zum Abrufen und zum Aufnehmen der Werte verwenden, werden im gleichen Steuerelement angezeigt.

Order: Dieses Feld enthält einen positiven numerischen Wert, der die Reihenfolge der Listeneinträge festlegt. Dieses Feld findet nur Verwendung, wenn für die *ComboBox* das Attribut zur sortierten Anzeige der Eintragungen gesetzt wurde.

Value: Dieses Feld enthält den Wert, der mit dem definierten Listeneintrag verknüpft ist. Wird dieses Element ausgewählt, wird der hier festgelegte Wert der entsprechenden Eigenschaft zugewiesen.

Text: Dieses Feld enthält die lokalisierte Zeichenfolge, die in der Auswahlliste angezeigt wird.

ListBox

Die Tabelle *ListBox* enthält Zeichenfolgen und die zugehörigen Werte, die in dem Listenfeld angezeigt und ausgewählt werden sollen.

Spalte	Typ	Größe	Schlüssel	Null
Property	Identifier	s72	x	
Order	Integer	i2	x	
Value	Formatted	s64		
Text	Formatted	s64		x

Tabelle B.132: Struktur der Tabelle ListBox

Property: Dieses Feld enthält eine Eigenschaft, die vom Steuerelement festgelegt wird. Alle Eintragungen, die die gleiche Eigenschaft zum Abrufen und zum Aufnehmen der Werte verwenden, werden im gleichen Steuerelement angezeigt.

Order: Dieses Feld enthält einen positiven numerischen Wert, der die Reihenfolge der Listeneinträge festlegt. Dieses Feld findet nur Verwendung, wenn für die *ListBox* das Attribut zur sortierten Anzeige der Eintragungen gesetzt wurde.

Value: Dieses Feld enthält den Wert, der mit dem definierten Listeneintrag verknüpft ist. Wird dieses Element ausgewählt, wird der hier festgelegte Wert der entsprechenden Eigenschaft zugewiesen.

Text: Dieses Feld enthält die lokalisierte Zeichenfolge, die in der Auswahlliste angezeigt wird.

ListView

Die Tabelle *ListView* enthält Zeichenfolgen und die zugehörigen Werte, die in dem Listenfeld des Steuerelementes *ListView* angezeigt und ausgewählt werden können. Im Unterschied zum Steuerelement *ListBox*, kann bei diesem Steuerelement der Listeneintrag zusätzlich mit einem Symbol (Bitmap oder Icon) dargestellt werden.

Spalte	Typ	Größe	Schlüssel	Null
Property	Identifier	s72	x	
Order	Integer	i2	x	
Value	Formatted	s64		▶

Referenz der Datenbank

Spalte	Typ	Größe	Schlüssel	Null
Text	Formatted	s64		x
Binary_	Identifier	s72		x

Tabelle B.133: Struktur der Tabelle ListView

Property: Dieses Feld enthält eine Eigenschaft, die vom Steuerelement festgelegt wird. Alle Eintragungen, die die gleiche Eigenschaft zum Abrufen und zum Aufnehmen der Werte verwenden, werden im gleichen Steuerelement angezeigt.

Order: Dieses Feld enthält einen positiven numerischen Wert, der die Reihenfolge der Listeneinträge festlegt.

Value: Dieses Feld enthält den Wert, der mit dem definierten Listeneintrag verknüpft ist. Wird dieses Element ausgewählt, wird der hier festgelegte Wert der entsprechenden Eigenschaft zugewiesen.

Text: Dieses Feld enthält die lokalisierte Zeichenfolge, die in der Auswahlliste angezeigt wird.

Binary_: Dieses Feld enthält das Symbol, das vor dem Text angezeigt werden soll. Der hier eingegebene Wert muss eine Entsprechung in der Tabelle *Binary* aufweisen.

RadioButton

Die Tabelle *RadioButton* enthält Zeichenfolgen und die zugehörenden Werte, die in einer Gruppe von Optionsfeldern (RadioButton) dem jeweiligen Einzelelement zugeordnet werden sollen.

Spalte	Typ	Größe	Schlüssel	Null
Property	Identifier	S72	x	
Order	Integer	i2	x	
Value	Formatted	s64		
X	Integer	i2		
Y	Integer	i2		
Width	Integer	i2		
Height	Integer	i2		
Text	Formatted	s64		x
Help	Text	s50		x

Tabelle B.134: Struktur der Tabelle RadioButton

Property: Dieses Feld enthält eine Eigenschaft, die vom Steuerelement festgelegt wird. Alle Eintragungen, die die gleiche Eigenschaft zum Abrufen und zum Aufnehmen der Werte verwenden, werden im gleichen Steuerelement angezeigt.

Order: Dieses Feld enthält einen positiven numerischen Wert, der die Reihenfolge der Optionsfelder festlegt.

Value: Dieses Feld enthält den Wert, der mit dem definierten Optionsfeld verknüpft ist. Wird dieses Element ausgewählt, wird der hier festgelegte Wert der entsprechenden Eigenschaft zugewiesen.

X: Enthält die horizontale Koordinate der oberen linken Ecke des Steuerelementes. Hierbei muss es sich um einen nicht negativen Wert handeln. Diese Koordinate ist relativ zu der Gruppe von Steuerelementen anzugeben.

Y: Enthält die vertikale Koordinate der oberen linken Ecke des Steuerelementes. Hierbei muss es sich um einen nicht negativen Wert handeln. Diese Koordinate ist relativ zu der Gruppe von Steuerelementen anzugeben.

Width: Legt die Breite des Steuerelementes fest. Hierbei muss es sich um einen nicht negativen Wert handeln.

Height: Legt die Höhe des Steuerelementes fest. Hierbei muss es sich um einen nicht negativen Wert handeln.

Text: Dieses Feld enthält die lokalisierte Zeichenfolge, die für das Optionsfeld angezeigt wird. Ist das Steuerelement zur Anzeige eines Symbols vorgesehen, muss dieses Feld den Namen der Grafik aufweisen, wie sie in der Tabelle *Binary* definiert ist. Es besteht keine Möglichkeit, Text und Grafik gemeinsam anzuzeigen.

Help: Hierbei handelt es sich um eine lokalisierbare Zeichenfolge, die als Hilfetext verwendet wird. Dieser Text enthält zwei Teile, die durch das Pipe-Zeichen »|« getrennt werden. Der erste Teil des Textes wird als *ToolTip* angezeigt, der zweite Teil des Textes ist für *kontextbezogene Hilfe* vorgesehen. Die Funktionalität der *kontextbezogenen Hilfe* ist in der aktuellen Version des Windows Installers nicht implementiert.

HINWEIS: Die Werte für X, Y, die Höhe und die Breite des Steuerelementes werden in *Windows Installer User-Interface-Units* angegeben. Eine *Windows Installer User-Interface-Unit* entspricht dem zwölften Teil (1/12) der Höhe der Schriftart »10 Punkt MS Sans Serif«.

C Sicherheit

499 Installationspakete
500 Benutzerdefinierte Aktionen
501 Abgesicherte Systeme

Ein Windows Installer-Paket sollte so erstellt sein, dass alle erforderlichen Tätigkeiten ausgeführt werden können, dieses jedoch nicht für missbräuchliche Zwecke genutzt werden kann. Die Vorgaben lassen sich durch Regeln im Erstellungsprozess und durch Regeln für den tatsächlichen Installationsprozess umsetzen. Werden in einem Windows Installer-Paket benutzerdefinierte Aktionen verwendet, ist hierbei zu beachten, dass diese in keiner unzulässigen Weise verwendet oder nachträglich modifiziert werden können. Die Ausführungssicherheit während des Installationsprozesses von Windows Installer-Paketen ist ebenfalls zu prüfen.

Bei der Entwicklung von Windows Installer-Paketen sollten Sie die in den folgenden Abschnitten beschriebenen Richtlinien beachten.

Installationspakete

Beachten Sie die folgenden Richtlinien bei der Erstellung von Windows Installer-Paketen:

- Administratoren sollten verwaltete Anwendungen (Managed Applications) in einem Ordner installieren, den Benutzer ohne Administratorenrechte nicht modifizieren können.
- Legen Sie jede Eigenschaft, die durch den Benutzer verwendet werden soll, als öffentliche Eigenschaft fest. Private Eigenschaften können nicht vom Benutzer durch Interaktion mit der Benutzeroberfläche verändert werden.
- Verwenden Sie keine Eigenschaften zum Definieren von Passwörtern oder sonstigen Werten, die abgesichert werden sollen. Der Windows Installer schreibt die Werte aller Eigenschaften in das Installationsprotokoll.
- Verwenden Sie die Eigenschaft *MsiHiddenProperties*, um Eigenschaftswerte von der Protokollierung auszuschließen.
- Werden für die Installation erhöhte Rechte benötigt, schränken Sie die öffentlichen Eigenschaften ein, die der Benutzer modifizieren darf (Restricted Public Properties).
- Vermeiden Sie bei der Installation von Betriebssystemdiensten die Angaben von Benutzerdaten, unter denen dieser Dienst ausgeführt werden soll. Die hierbei festgelegten Daten werden in das Installationsprotokoll übernommen.

- Verwenden Sie die Tabelle *LockPermissions*, um Dateien, Registrierungseinträge und Ordner abzusichern.
- Verwenden Sie digitale Signaturen, um die Integrität von Dateien sicherzustellen.
- Stellen Sie sicher, dass die Privilegien des Benutzers geprüft und mit erforderlichen Rechten verglichen werden. Stellen Sie ebenfalls sicher, dass genügend Speicherplatz zur Durchführung der Installation vorhanden ist.
- Verwenden Sie sichere Transformationen, um dem Benutzer keinen Schreibzugriff auf die lokal gespeicherten Transformationen zu gewähren.
- Verwenden Sie die Eigenschaft *Security* des *Summary Information Streams*, um den Öffnungsmodus für das Windows Installer-Paket zu definieren.
- Stellen Sie sicher, dass benutzerdefinierte Aktionen zielgerichtet verwendet werden. Der Windows Installer führt standardmäßig benutzerdefinierte Aktionen mit den Rechten des Benutzers aus, um den Zugriff auf das System einzuschränken. Der Installer kann benutzerdefinierte Aktionen mit erhöhten Rechten ausführen, wenn eine verwaltete Anwendung installiert wird oder dieses über Gruppenrichtlinien ermöglicht wurde.
- Patches sind Aktualisierungen oder Updates, die nur veränderte Programmdateien ersetzen. Patches können leicht durch zerstörerische Programme missbraucht werden, sodass einige Installationsprogramme deren Verwendung nicht zulassen. Verwenden Sie die Gruppenrichtlinie *DisablePatch* in Umgebungen, in denen das Patchen von Installationen beschränkt werden muss.
- Verwenden Sie die Tabelle *AppId*, um allgemeine Sicherheits- und Konfigurationseinstellungen von DCOM-Objekten vorzunehmen.

Benutzerdefinierte Aktionen

Beachten Sie die folgenden Richtlinien bei der Erstellung von benutzerdefinierten Aktionen:

- Sichern Sie alle zusätzlichen Dateien ab, die durch benutzerdefinierte Aktionen geschrieben oder erstellt werden.
- Überprüfen Sie die Größe der Puffer (Buffer) und die Gültigkeit von allen Daten, die von Ihrer benutzerdefinierten Aktion gelesen werden. Beachten Sie hierbei auch Eigenschaften, die vom Benutzer verändert werden können.
- Setzen Sie keine externen Laufzeitdateien (.*dll*) voraus, bei denen Sie nicht sicherstellen können, dass diese auf allen Plattformen verfügbar sind, auf die Ihr Windows Installer-Paket installiert werden soll.
- Legen Sie sorgfältig fest, ob benutzerdefinierte Aktionen mit erhöhten Rechten oder mit den Rechten des Benutzers ausgeführt werden sollen. Wenn Ihre benutzerdefinierten Aktionen mit erhöhten Rechten ausgeführt werden sollen, stellen Sie sicher, dass kein Fehlverhalten (Buffer Overrun) auftreten kann und dass kein unsicherer Code ausgeführt wird.
- Sammeln Sie alle Informationen, die vom Benutzer in der Oberflächensequenz zur Verfügung gestellt werden. Fordern Sie den Benutzer nicht zur Eingabe von Informationen auf, die nicht durch öffentliche Eigenschaften festgelegt werden können.
- Liegt Ihre benutzerdefinierte Aktion in Form einer Eigenschaft vor, in der Skriptcode enthalten ist, sichern Sie diese Aktion durch das Attribut *msidbCustomActionTypeHideTarget* ab, da ansonsten der Skriptcode im Klartext dem Installationsprotokoll angefügt wird.

Abgesicherte Systeme

Beachten Sie die folgenden Richtlinien bei der Erstellung von Installationspaketen, um die Installation auf einem abgesicherten System (Locked-Down) zu gewährleisten:

- Prüfen Sie das Installationspaket auf Kompatibilität mit den Windows Installer-Gruppenrichtlinien.
- Stellen Sie sicher, dass Ihr Installationspaket mit allen Stufen der Benutzeroberfläche (Full, Reduced, Basic, None) ordnungsgemäß ausgeführt wird.
- Stellen Sie sicher, dass das Installationspaket auf NTFS-Partitionen mit Standard- und erhöhten Rechten fehlerfrei ausgeführt wird.

D Terminal Server

503 Installation
504 Benutzerdefinierte Aktionen
504 Richtlinien für Komponenten

Ein Windows Installer-Paket sollte so erstellt und konfiguriert werden, dass es unter Verwendung des Terminal Servers fehlerfrei installiert und ausgeführt werden kann. Sollen Installationspakete erstellt werden, die nicht auf einem Terminal Server installiert werden dürfen, ist die Installation über die Systemvoraussetzungen (*LaunchCondition*) zu verweigern.

Installation

Entwickler von Windows Installer-Paketen sollten die folgenden Richtlinien beachten, wenn die Installation von einem Terminal Server ausgeführt wird:

- Administratoren und Benutzer ohne administrative Berechtigungen können Installationen von einer Terminal Server-Konsolensitzung (Terminal Services Console Session) ausführen.
- Benutzer ohne administrative Berechtigungen können keine Installationen von einer Terminal Server-Remotesitzung (Terminal Services Remote Session) ausführen.
- Administratoren können nur Installationen von einer Remotesitzung ausführen, wenn die Gruppenrichtlinie *EnableAdminTSRemote* gesetzt wurde. Diese Gruppenrichtlinie steht nur unter dem Windows Installer Version 1.1 und höher bei der Verwendung unter Microsoft Windows 2000 und Microsoft Windows Server 2003 zur Verfügung.
- Führt ein Administrator eine Installation von einer Remotesitzung unter Microsoft Windows 2000 aus, muss eine *UNC-Pfadangabe* verwendet werden. Zugeordnete Laufwerke (Mapped Drives) sind in einer Remotesitzung für einen Betriebssystemdienst, wie den Windows Installer, nicht sichtbar. Diese Einschränkung besteht nicht für Remotesitzungen, die auf Windows XP oder höher ausgeführt werden.
- Der Windows Installer ermöglicht die Computerinstallation, die für alle Benutzer des Computers bestimmt ist. Beachten Sie, dass es normalerweise nicht notwendig ist, den Terminalservercomputer in den Installationsmodus zu setzen, um eine Computerinstallation durchzuführen. Wird bei der Installation für einen individuellen Benutzer der Terminal Server in den Installationsmodus versetzt, können Dateiverknüpfungen und Daten in die Profile anderer Benutzer kopiert werden, auch wenn diese Anwendung nicht für die Benutzer installiert wurde. Es wird empfohlen, dass Benutzerinstallationen im Ausführungsmodus des Terminal Servers installiert werden.

- Der Windows Installer verhindert eine Benutzerinstallation (Per-User) von einem Terminal Server, wenn die Gruppenrichtlinie *DisableUserInstalls* auf den Wert »1« festgelegt wurde. In diesem Fall ignoriert der Windows Installer alle Anwendungen, die für den Benutzer registriert wurden und sucht nur Anwendungen, die für den Computer (Per-Machine) registriert wurden. Beim Zugriff über die Programmierschnittstelle des Windows Installers werden Anwendungen für den Benutzer ebenfalls ignoriert.

Benutzerdefinierte Aktionen

Bei der Erstellung von benutzerdefinierten Aktionen müssen bestimmte Designgrundsätze beachtet werden, wenn diese in bestimmten Umgebungen ausgeführt werden. Handelt es sich um benutzerdefinierte Aktionen vom Typ Skript, ausführbare Datei (*.exe*) oder Laufzeitbibliothek (*.dll*), beachten Sie die folgenden Bedingungen:

- Das Windows Installer-Paket wird unter Microsoft Windows 2000 oder höher ausgeführt.
- Das Windows Installer-Paket wird auf einem System ausgeführt, auf dem sich ein Terminal Server befindet. In diesem Fall setzt der Windows Installer die Eigenschaft *TerminalServer*.
- Das Windows Installer-Paket wird für den Computer (Per-Machine) installiert.

Treffen alle vorhergehenden Bedingungen zu, sind folgende Positionen bei der Ausführung von benutzerdefinierten Aktionen zu beachten:

- Benutzerdefinierte Aktionen mit verzögerter Ausführung werden im Kontext des lokalen Systems ausgeführt, außer wenn das Attribut *msidbCustomActionTypeTSAware* verwendet wurde. In diesem Fall wird die benutzerdefinierte Aktion im Kontext des Benutzers ausgeführt. Beachten Sie, dass der Windows Installer nicht sicherstellen kann, dass Eintragungen in der Systemregistrierung für alle Benutzer vorgenommen werden, wenn dieses Attribut verwendet wurde.
- Jede benutzerdefinierte Aktion mit verzögerter Ausführung (Deferred Custom Action), die auf den Schlüssel *HKEY_CURRENT_USER* der Systemregistrierung zugreift, sieht ausschließlich den Standardschlüssel des Systems und nicht den des aktuellen Benutzers.
- Jede benutzerdefinierte Aktion mit verzögerter Ausführung, die Werte in den Schlüssel *HKEY_CURRENT_USER\Software* schreibt, wird vom Windows Installer lokalisiert. Diese Eintragung wird für jeden Benutzer des Computers kopiert, sobald sich dieser das nächste Mal anmeldet.
- Jede benutzerdefinierte Aktion mit verzögerter Ausführung, die Werte in den Schlüssel *HKEY_CURRENT_USER*, aber nicht unter den Schlüssel *HKEY_CURRENT_USER\Software* schreibt, wird vom Windows Installer nicht lokalisiert und somit werden diese Eintragungen nicht für andere Benutzer des Computers übernommen.

Richtlinien für Komponenten

Bei der Entwicklung von Windows Installer-Komponenten sollten die folgenden Richtlinien beachtet werden, wenn die Installation von einem Terminal Server ausgeführt wird:

- Verwenden Sie Benutzerprofile, die von der Eigenschaft *ALLUSERS* abhängen. Installieren Sie keine Ressourcen in Ordner, die für ein Benutzerprofil (Per-User) gelten, unabhängig davon, ob eine Computerinstallation ausgeführt wird.

- Legen Sie keine benutzerbezogenen Informationen in der Systemregistrierung während der Installation an. Erzeugen Sie stattdessen Einträge in der Systemregistrierung, wenn die installierte Anwendung das erste Mal gestartet wird.
- Ist es nicht zu vermeiden, benutzerbezogene und computerbezogene Informationen während der Installation in der Systemregistrierung anzulegen, verwenden Sie hierzu verschiedene Windows Installer-Komponenten. Erstellen Sie das Installationspaket so, dass der Windows Installer nicht versucht die benutzerbezogenen Komponenten zu reparieren. Viele Terminaldienste sind so konfiguriert, dass der Benutzer keine Reparatur der Anwendung ausführen darf. Die Anwendung sollte auf das Fehlen eines Eintrages in der Systemregistrierung entsprechend reagieren.
- Schreiben Sie alle *HKEY_CURRENT_USER*-Registrierungsinformationen unter den Schlüssel *HKEY_CURRENT_USER\Software*.
- Vermeiden Sie das Ablegen von Konfigurationsinformationen in Initialisierungsdateien (*.ini*).
- Wird ein Paket nur zur Computerinstallation verwendet, benutzen Sie das Zeichen »*« in der Spalte *Name* der Tabelle *Environment*, um systembezogene Umgebungsvariablen zu schreiben. Wird das Paket zur Benutzerinstallation und zur Computerinstallation verwendet, erstellen Sie hierzu zwei Komponenten: eine Komponente mit den Eintragungen der Umgebungsvariablen für die Benutzereinstellungen und eine weitere Komponente mit den Eintragungen der Umgebungsvariablen für die Computereinstellungen. Erstellen Sie eine Bedingung für diese Komponenten, die die Eigenschaft *ALLUSERS* auswertet. Bei der Ausführung einer Computerinstallation schreibt der Windows Installer benutzerbezogene Umgebungsvariablen in die Systemregistrierung unter *HKEY_USERS\.Default\Environment*. Der Terminaldienst repliziert diesen Abschnitt der Systemregistrierung nicht, sodass die benutzerbezogenen Umgebungsvariablen nicht für alle Benutzer gesetzt werden.
- Speichern Sie keine Benutzerinformationen, wie den Benutzernamen oder den Pfad zu den Benutzerdateien in dem Schlüssel *HKEY_CURRENT_USER* oder in Initialisierungsdateien. Der Terminaldienst kopiert diese Daten und legt sie somit als Standard für alle zukünftigen Benutzer fest.

E Einschränkung bei der Ausführung von Aktionen

Bei einigen Standardaktionen sind Einschränkungen vorgegeben, die bei der Festlegung der Reihenfolge in den Sequenztabellen eingehalten werden müssen. Nachfolgend finden Sie eine Liste aller Standardaktionen, die über entsprechende Einschränkungen verfügen.

Aktion	Ausführung nach:	Ausführung vor:
AllocateRegistrySpace	InstallInitialize	
BindImage	InstallFiles	
CCPSearch		RMCCPSearch
CostFinalize	CostInitialize	Anzeige der Benutzeroberfläche
CostInitialize		FileCost
CreateFolders		InstallFiles
CreateShortcuts	InstallFiles, RemoveShortcuts	
DeleteServices	StopServices	InstallFiles, RemoveFiles, MoveFiles, PatchFiles, RemoveDuplicateFiles, DuplicateFiles, InstallServices, StartServices
DuplicateFiles	InstallFiles, PatchFiles	
ExecuteAction	Siehe Beschreibung.	
FileCost	CostInitialize	CostFinalize
FindRelatedProducts		MigrateFeatureStates, RemoveExistingProducts
ForceReboot	RegisterProduct, RegisterUser, PublishProduct, PublishFeatures, CreateShortcuts, RegisterMIMEInfo, RegisterExtensionInfo, RegisterClassInfo, RegisterProgIdInfo	
InstallExecute	InstallInitialize	InstallFinalize
InstallExecuteAgain	InstallInitialize, InstallExecute	InstallFinalize
InstallFiles	InstallValidate	Dateiabhängige Aktionen wie DuplicateFiles, BindImage
InstallFinalize	InstallInitialize	
InstallInitialize		InstallExecute, InstallFinalize
InstallODBC	Aktionen, die Dateien kopieren oder entfernen	▶

Aktion	Ausführung nach:	Ausführung vor:
InstallServices	StopServices, DeleteServices, InstallFiles, RemoveFiles, MoveFiles, PatchFiles, RemoveDuplicateFiles, DuplicateFiles	StartServices
InstallSFPCatalogFile	CostFinalize	InstallFiles
InstallValidate	CostFinalize und Aktionen zur Auswahl der Verzeichnisse und des Installationsumfangs.	
IsolateComponents	CostInitialize	CostFinalize
LaunchConditions	AppSearch (Empfohlen)	
MigrateFeatureStates	CostFinalize	
MoveFiles	InstallValidate	InstallFiles
MsiPublishAssemblies	InstallInitalize	
MsiUnpublishAssemblies	InstallInitialize	
PatchFiles	InstallFiles	DuplicateFiles
PublishFeatures		PublishProduct
PublishProduct	PublishFeatures	
RegisterClassInfo	InstallFiles, UnregisterClassInfo	
RegisterComPlus	InstallFiles, UnregisterComPlus	
RegisterExtensionInfo	InstallFiles, UnregisterExtensionInfo	
RegisterFonts	InstallFiles	
RegisterMIMEInfo	InstallFiles, UnregisterMIMEInfo, RegisterClassInfo, RegisterExtensionInfo	
RegisterProgIdInfo	InstallFiles, UnregisterProgIdInfo, RegisterClassInfo, RegisterExtensionInfo	
RegisterTypeLibraries	InstallFiles	
RemoveDuplicateFiles	InstallValidate	InstallFiles
RemoveEnvironmentStrings	InstallValidate	
RemoveFiles	InstallValidate	InstallFiles
RemoveFolders	RemoveFiles	
RemoveIniValues	InstallValidate	WriteIniValues
RemoveRegistryValues	InstallValidate	WriteRegistryValues, UnregisterMIMEInfo, UnregisterProgIDInfo
RemoveShortcuts		CreateShortcuts
ResolveSource	CostInitialize	
SelfRegModules	InstallValidate, InstallInitialize, InstallFiles	
SelfUnregModules	InstallValidate	RemoveFiles, SelfRegModules
SetODBCFolders	CostFinalize	InstallValidate

Aktion	Ausführung nach:	Ausführung vor:
StartServices	StopServices, DeleteServices, InstallFiles, RemoveFiles, MoveFiles, PatchFiles, RemoveDuplicateFiles, DuplicateFiles, InstallServices	
StopServices		DeleteServices, InstallFiles, RemoveFiles, MoveFiles, PatchFiles, RemoveDuplicateFiles, DuplicateFiles, InstallServices, StartServices
UnregisterClassInfo	InstallInitalize, RemoveRegistryValues	RegisterClassInfo
UnregisterComPlus		RegisterComPlus
UnregisterExtensionInfo	InstallInitalize, RemoveRegistryValues	RegisterExtensionInfo
UnregisterFonts		RemoveFiles
UnregisterMIMEInfo	InstallInitalize, RemoveRegistryValues, UnregisterClassInfo, UnregisterExtensionInfo	RegisterMIMEInfo
UnregisterProgIdInfo	InstallInitalize, RemoveRegistryValues, UnregisterClassInfo, UnregisterExtensionInfo	RegisterProgIdInfo
UnregisterTypeLibraries		RemoveFiles
ValidateProductId		RegisterUser
WriteEnvironmentStrings	InstallValidate	
WriteIniValues	InstallInitalize, RemoveIniValues	
WriteRegistryValues	InstallInitalize, RemoveRegistryValues	

Tabelle E.1: Aktionen mit Einschränkungen bei der Ausführung

F Gruppenrichtlinien

511 Computerkonfiguration
513 Benutzerkonfiguration

Das Verhalten des Windows Installers kann unter Microsoft Windows 2000 und höher durch Gruppenrichtlinien konfiguriert werden. Sie können diese Anweisungen über das Snap-In *Gruppenrichtlinien* der Microsoft Management Console definieren.

Computerkonfiguration

Mit Hilfe der Computerkonfiguration in den Gruppenrichtlinien können Richtlinien für Computer festgelegt werden, die in jedem Fall angewendet werden, unabhängig davon, welcher Benutzer sich an dem betreffenden Computer anmeldet.

Richtlinie	Beschreibung	Auswirkungen
AllowLockdownBrowse (Durchsuchen für Benutzer mit erhöhten Rechten aktivieren)	Ermöglicht Benutzern während einer privilegierten Installation nach Installationsdateien zu suchen.	Durch diese Einstellung wird die Schaltfläche *Durchsuchen* im Dialogfeld *Funktion verwenden von* aktiviert. Somit können Benutzer nach Installationsdateien suchen, auch wenn das Installationsprogramm mit erhöhten Systemberechtigungen ausgeführt wird.
AllowLockdownMedia (Verwendung von Medienquellen für Benutzer mit erhöhten Rechten aktivieren)	Erlaubt Benutzern, während einer privilegierten Installation Programme von Wechselmedien, wie Disketten und CDs, zu installieren.	Diese Einstellung erlaubt es allen Benutzern, Programme von Wechselmedien zu installieren, auch wenn das Installationsprogramm mit erhöhten Systemberechtigungen ausgeführt wird. Standardmäßig können Benutzer nur Programme von Wechselmedien installieren, wenn die Installation ihren Berechtigungen entsprechend ausgeführt wird. Während privilegierten Installationen können nur Systemadministratoren solche Programme installieren.
AllowLockdownPatch (Patchverwendung für Programme mit erhöhter Sicherheit zulassen)	Ermöglicht Benutzern, Programme während privilegierten Installationen zu aktualisieren.	Die Einstellung erlaubt allen Benutzern, Patches zu installieren, sogar dann, wenn ein Installationsprogramm mit erhöhten Berechtigungen ausgeführt wird. Standardmäßig können nur Systemadministratoren Patches während Installationen verwenden. ▶

Richtlinie	Beschreibung	Auswirkungen
AlwaysInstallElevated (Immer mit erhöhten Rechten installieren)	Veranlasst den Windows Installer, Systemberechtigungen bei der Installation von Programmen zu verwenden.	Diese Einstellung vergibt erhöhte Berechtigungen für alle Programme. Sie ermöglicht es Benutzern, Programme in Verzeichnissen zu installieren, auf die sie normalerweise keinen Zugriff haben. Hinweis: Diese Einstellung besteht sowohl für die Computerkonfiguration als auch für die Benutzerkonfiguration. Sie müssen die Einstellung in beiden Ordnern aktivieren.
DisableBrowse (Dialogfeld *Durchsuchen* für die Suche nach einer neuen Quelle entfernen)	Hält Benutzer davon ab, nach Installationsdateien zu suchen, wenn sie Funktionen oder Komponenten für ein installiertes Programm hinzufügen.	Durch diese Einstellung wird die Schaltfläche *Durchsuchen* neben der Liste *Funktionen verwenden von* im Dialogfeld *Windows Installer* deaktiviert. Folgendermaßen müssen Benutzer einen Installationsdateipfad verwenden, den der Administrator für die Liste *Funktionen verwenden von* konfiguriert hat.
DisableMSI (Windows Installer deaktivieren)	Deaktiviert oder schränkt die Verwendung vom Windows Installer ein.	Diese Einstellung verhindert, dass Benutzer Software auf ihren Computern installieren können. Sie erlaubt Benutzern nur jene Programme zu installieren, die von einem Systemadministrator angeboten werden.
DisablePatch (Patchverwendung nicht zulassen)	Verhindert, dass Benutzer den Windows Installer zum Installieren von Patches verwenden.	Patches sind Aktualisierungen oder Updates, die nur veränderte Programmdateien ersetzen. Patches können leicht durch zerstörerische Programme missbraucht werden, sodass einige Installationsprogramme deren Verwendung nicht zulassen.
DisableRollback (Zurücksetzen nicht zulassen)	Verhindert, dass der Windows Installer Dateien erstellt oder speichert, um eine unterbrochene oder fehlgeschlagene Installation rückgängig zu machen.	Diese Einstellung verhindert, dass der Windows Installer den ursprünglichen Systemzustand oder die Sequenz der Änderungen während einer Installation aufzeichnet. Zusätzlich wird verhindert, dass Windows Installer Dateien beibehält, die später gelöscht werden sollen. Somit kann der Windows Installer den Computer nicht in den ursprünglichen Zustand zurücksetzen, falls die Installation nicht fertig gestellt wird.
DisableUserInstalls (Benutzerinstallationen nicht zulassen)	Mit dieser Einstellung können Sie Benutzerinstallationen konfigurieren.	Durch Aktivieren dieser Einstellung können Sie festlegen, ob das Installationsprogramm für den Benutzer installierte Produkte für weitere Installationen erkennen und verwenden soll.
EnableAdminTSRemote (Administrator erlauben, Installationen von Terminaldienstesitzungen auszuführen)	Ermöglicht Administratoren von Terminalservern die Remoteinstallation und -konfiguration von Programmen.	Standardmäßig können Systemadministratoren nur Programme installieren, wenn sie an dem Computer, auf dem das Programm installiert wird, angemeldet sind. Diese Einstellung erstellt eine Ausnahmeregelung für Computer, die Terminaldienste ausführen.
EnableUserControl (Benutzersteuerung bei Installationen zulassen)	Ermöglicht Benutzern Installationsoptionen zu ändern, die normalerweise nur Systemadministratoren verfügbar sind.	Diese Einstellung umgeht einige Sicherheitsfunktionen vom Windows Installer, sodass Installationen, die normalerweise aufgrund von Sicherheitsverletzungen angehalten werden, fertig gestellt werden. ▶

Richtlinie	Beschreibung	Auswirkungen
LimitSystemRestoreCheckpointing (Erstellung von Prüfpunkten zur Systemwiederherstellung deaktivieren)	Mit der Systemwiederherstellung können Benutzer im Falle eines Problems ihre Computer in einem früheren Zustand wiederherstellen, ohne dass persönliche Datendateien verloren gehen.	Standardmäßig erstellt Windows Installer bei jeder Installation einer Anwendung automatisch einen Systemwiederherstellungsprüfpunkt. Dadurch können Benutzer ihren Computer wieder in jenen Zustand versetzen, den er vor der Installation der Anwendung aufwies. Hinweis: Diese Einstellung gilt nur für Windows XP Professional.
Logging (Protokollierung)	Bestimmt die Ereignistypen, die der Windows Installer im Transaktionsprotokoll für jede Installation protokolliert.	Durch Aktivieren dieser Einstellung können Sie die Ereignistypen festlegen, die der Windows Installer protokollieren soll.
SafeForScripting (Internet Explorer-Sicherheitshinweis für Windows Installer-Skripts deaktivieren)	Ermöglicht webbasierten Programmen, Software auf dem Computer zu installieren, ohne den Benutzer zu benachrichtigen.	Standardmäßig werden Benutzer gewarnt, wenn ein Skript von einem Internetbrowser versucht ein Programm auf dem System zu installieren, und Benutzer können entscheiden, ob Sie die Installation durchführen oder abbrechen möchten. Sie sollten diese Einstellung aufgrund eines Sicherheitsrisikos mit Vorsicht verwenden.
TransformsSecure (Transformationen an einem sicheren Ort auf der Arbeitsstation zwischenspeichern)	Speichert Kopien von Transformationsdateien an einem sicheren Ort auf dem lokalen Computer.	Transformationsdateien bestehen aus Anweisungen zum Ändern und Anpassen eines Programms während der Installation. Standardmäßig werden Transformationsdateien von Windows Installer im Verzeichnis *Anwendungsdaten* des Benutzerprofils gespeichert. Durch Aktivieren dieser Einstellung wird die Transformationsdatei an einem sicheren Ort auf dem Computer des Benutzers anstelle im Benutzerprofil gespeichert.

Tabelle F.1: *Konfiguration für den Computer*

Benutzerkonfiguration

Mit Hilfe der Benutzerkonfiguration in den Gruppenrichtlinien können Richtlinien für Benutzer festgelegt werden, die in jedem Fall angewendet werden, unabhängig davon, an welchem Computer sich die betreffenden Benutzer anmelden.

Richtlinie	Beschreibung	Auswirkungen
AlwaysInstallElevated (Immer mit erhöhten Rechten installieren)	Veranlasst Windows Installer, Systemberechtigungen bei der Installation von Programmen zu verwenden.	Diese Einstellung vergibt erhöhte Berechtigungen für alle Programme. Sie ermöglicht es Benutzern, Programme in Verzeichnissen zu installieren, auf die sie normalerweise keinen Zugriff haben. Hinweis: Diese Einstellung besteht sowohl für die Computerkonfiguration als auch für die Benutzerkonfiguration. Sie müssen die Einstellung in beiden Ordnern aktivieren.
DisableMedia (Wechselmedienquellen für andere Installationen verhindern)	Verhindert, dass Benutzer Programme von Wechselmedien installieren.	Bei dem Versuch, ein Programm von einem Wechselmedium zu installieren, wird dem Benutzer eine Meldung angezeigt, die erläutert, dass diese Funktion nicht verfügbar ist. ▶

Richtlinie	Beschreibung	Auswirkungen
DisableRollback (Zurücksetzen nicht zulassen)	Verhindert, dass der Windows Installer Dateien erstellt oder speichert, um eine unterbrochene oder fehlgeschlagene Installation rückgängig zu machen.	Diese Einstellung verhindert, dass der Windows Installer den ursprünglichen Systemzustand oder die Sequenz der Änderungen während einer Installation aufzeichnet. Zusätzlich wird verhindert, dass Windows Installer Dateien beibehält, die später gelöscht werden sollen. Somit kann der Windows Installer den Computer nicht in den ursprünglichen Zustand zurücksetzen, falls die Installation nicht fertig gestellt wird.
SearchOrder (Suchreihenfolge)	Bestimmt die Reihenfolge, in der der Windows Installer nach Installationsdateien sucht.	Standardmäßig durchsucht der Windows Installer zuerst das Netzwerk, dann Wechselmedien (Disketten-, CD-, DVD-Laufwerke) und zum Schluss das Internet (URL). Aktivieren Sie diese Einstellung, und geben Sie die Buchstaben ein, die die Dateiquellen darstellen, in der Reihenfolge, in der Windows Installer suchen soll, wenn Sie die Suchreihenfolge ändern möchten: »n« steht für Netzwerk; »m« steht für Wechselmedien »u« steht für URL oder das Internet.
TransformsAtSource (Transformationen vom Stammverzeichnis anwenden)	Verwendet Transformationen nur, wenn sich diese im Stammverzeichnis des Installationspaketes befinden.	Transformationsdateien bestehen aus Anweisungen zum Ändern und Anpassen eines Programms während der Installation. Durch Aktivieren dieser Einstellung können bei Reparaturen oder Reinstallationen ausschließlich Transformationen verwendet werden, die sich im Stammverzeichnis des Installationspaketes befinden.

Tabelle F.2: *Konfiguration für den Benutzer*

Stichwortverzeichnis

! 133
$ 133
% 133
& 133
* 50, 198, 420
.cab 20
.cer 59
.cub 20, 28, 393
.ddf 111
.ibd 20, 23
.idt 20, 22
.local 5, 165
.manifest 170
.msi 19
.msm 19, 350
.msp 19
.mst 20, 300
.pcp 20, 27, 336
.pvk 58
.spc 59
? 50, 133, 198, 420

A

Abhängige Software 3
Ablauf des Installationsprozesses 318
Acquisition-Phase 60
Active Accessibility® Guidelines 233
Administrative Installation 6
Advertisement 9
Alternative Installationsquellen 78
Angekündigte Verknüpfungen 155
Assemblies 167
   .NET-Assemblies 168
   Assemblyidentität 169
   Gemeinsame Assemblies 167, 173
   Global Assembly Cache 167, 168
   Installation von Win32 Assemblies 172
   Manifest 169
   Private Assemblies 167, 173
   Side-By-Side Manager 170
   Side-By-Side-Assembly-Cache 170
   Side-By-Side-Installation 167
   Win32-Assemblies 170
   WinSxS 170
   Zwei-Phasen-Transaktion 168
Assign 9
Attributkombinationen 150

Aufbau eines Windows Installer-Paketes 84
Authoringtools
   ActiveInstall 39
   InstallShield for Windows Installer 38
   Microsoft Visual Studio .NET 38
   Microsoft Visual Studio Installer 38
   WinINSTALL 39
   Wise for Visual Studio .NET 38
   Wise for Windows Installer 38

B

Bedingungen 131
   Ausführungsbedingungen 135
   Logische Operatoren 133
   Operatoren für Zeichenfolgen 134
   Operatoren zum Bitweisen-Vergleich 134
   Präfix 132
   Status von Features und Komponenten 134
   Syntax 132
   Vergleichsoperatoren 133
Benutzerdefinierte Aktionen 214
   Ausführbare Dateien 219
   Ausführungsarten 216
   Ausführungshäufigkeit 225
   Ausführungskontext 222
   Ausführungsverhalten 224
   Best Practices 218
   Commit Ausführung 218
   Deferred Execution 217
   Deferred Execution in System Context 217
   Dynamic-Link Libraries 219
   Eingebettete Installationen 220
   Fehlermeldungen 220
   Formatierter Text 220
   Immediate Execution 217
   Implementierung 221
   Protokollinformationen 226
   Rollback Ausführung 217
   Rückgabewerte 224
   Rückgabewerte von Skriptfunktionen 225
   Skripte 220
   Sofortige Ausführung 217
   Verwenden von .NET Komponenten 226
   Verzögerte Ausführung 217
   Verzögerte Ausführung im Systemkontext 217
Benutzerkonfiguration 513

Benutzeroberfläche
   Anzeige 234
   Benutzeroberflächenassistent 234
   Bildschirmsprachausgabe-Anwendungen 233
   Darstellung 65
   Externe Oberfläche 232
   Gestaltung 232
   Richtlinien 233
   Schema 235
   Screen Reader 233
Benutzeroberflächentabellen 482
Bootstrapping 54
   Microsoft .NET Framework 57
   Microsoft Visual Studio .NET 55
   Web Bootstrapper 56
Built-In-Aktionen 182

C

Cabinet Manager 141
COM
   CLSID 4
   COM+ 166
   Component Object Model 85, 159
   Compound Document 85
   DCOM 164
   Distributed Component Object Model 164
   DLL/COM Redirection 5
   Einträge in der Systemregistrierung 160
   InProcess-Komponenten 159
   InProcServer32 4
   Installation 161
   Instanzierung 160
   Isolierte Komponenten 165
   Komponenten 4
   OutOfProcess-Komponenten 159
   Selbstregistrierung 161
   Side-By-Side Komponenten 5
   Simultanverwendung 5
   Structured Storage 85
   Strukturierte Speicherung 85
   SxS 5
   Verbunddokument 85
   Verwenden der COM-Tabellen 163
   Verwenden der Tabelle Registry 162
Common Language Runtime 167
Computerkonfiguration 511

D

Dateien kopieren 2
Dateisequenzen 114
Dateitabellen 436
Dateiverknüpfungen 155
Datenbanktabellen
   _Columns 458
   _ICESequence 393
   _MergeErrors 26

_Special 393
_Storages 458
_Stream 110
_Streams 458
_Tables 458
_Validation 393, 459
ActionText 492
AdminExecuteSequence 61, 469
AdminUISequence 60, 469
AdvtExecuteSequence 470
AppId 164, 452
AppSearch 136, 464
BBControl 493
Billboard 492
Binary 393, 465
BindImage 441
Cabs 154
CCPSearch 465
CheckBox 494
Class 450
ComboBox 494
CompLocator 136, 463
ComPlus 433
Component 429
Condition 428
Control 484
ControlCondition 489
ControlEvent 490
CreateFolder 446
CustomAction 393, 470
Dialog 483
Directory 110, 430
DrLocator 136, 463
DuplicateFile 442
Environment 453
Error 466
EventMapping 490
Extension 448
Feature 427
FeatureComponents 108, 428
Features 107
File 110, 437
FileSFPCatalog 445
Font 439
Icon 444
IniFile 442
IniLocator 136, 462
InstallExecuteSequence 60, 469
InstallUISequence 60, 468
IsolatedComponent 165, 434
LaunchCondition 135, 471
ListBox 495
ListView 495
LockPermissions 479
Media 440
MIME 450
MoveFile 441
MsiAssembly 168, 432
MsiAssemblyName 168, 433
MsiDigitalCertificate 113, 481

Datenbanktabellen *(Fortsetzung)*
  MsiDigitalSignature 113, 481
  MsiFileHash 25, 446
  MsiPatchHeaders 477
  ODBCAttribute 471
  ODBCDataSource 472
  ODBCDriver 472
  ODBCSourceAttribute 473
  ODBCTranslator 473
  Patch 478
  PatchPackage 479
  ProgId 452
  Property 117, 465
  PublishComponent 105, 431
  RadioButton 496
  Registry 162, 455
  RegLocator 136, 461
  RemoveFile 438
  RemoveIniFile 443
  RemoveRegistry 456
  ReserveCost 467
  SelfReg 161, 439
  ServiceControl 174, 476
  ServiceInstall 174, 474
  SFPCatalog 445
  Shortcut 466
  Signature 136, 460
  TextStyle 491
  TypeLib 449
  UIText 492
  Upgrade 434
  Verb 448
Datentypen
  AnyPath 420
  Binary 423
  Cabinet 423
  Condition 422
  CustomSource 423
  DefaultDir 421
  DoubleInteger 418
  Filename 419
  Formatted 421
  GUID 422
  Identifier 419
  Integer 418
  Language 423
  LowerCase 418
  Path 420
  Paths 420
  Property 419
  RegPath 421
  Shortcut 424
  Template 422
  Text 418
  Time/Date 418
  UpperCase 418
  Version 422
  WildCardFilename 420
Debugging 415
Design eines Installationspaketes 92

Dialogfelder 236
  Benötigte Dialogfelder 239
  Reservierte Namen 237
Dll-Hölle 4

E

Eigenschaften 116
  ACTION 121
  ADDDEFAULT 122
  ADDLOCAL 69, 122
  ADDSOURCE 69, 122
  AdminProperties 128
  AdminToolsFolder 73, 74, 128
  AdminUser 125
  ADVERTISE 70, 122
  AFTERREBOOT 124
  ALLUSERS 72, 121
  Alpha 123
  AppDataFolder 73, 74, 128
  ARPAUTHORIZEDCDFPREFIX 121, 130
  ARPCOMMENTS 121, 130
  ARPCONTACT 121, 130
  ARPHELPLINK 127, 130
  ARPHELPTELEPHONE 127, 130
  ARPINSTALLLOCATION 121, 130
  ARPNOMODIFY 121, 130
  ARPNOREMOVE 121, 130
  ARPNOREPAIR 121, 130
  ARPPRODUCTICON 121, 130
  ARPREADME 121, 130
  ARPSIZE 121, 130
  ARPSYSTEMCOMPONENT 121, 130
  ARPURLINFOABOUT 121, 130
  ARPURLUPDTEINFO 121, 130
  AVAILABLEFREEREG 121
  BorderSide 123
  BorderTop 123
  CaptionHeight 123
  CCP_DRIVE 121
  ColorBits 123
  CommonAppDataFolder 73, 74, 128
  CommonFiles64Folder 128
  CommonFilesFolder 73, 74, 128
  COMPADDLOCAL 122
  COMPADDSOURCE 123
  COMPANYNAME 129
  ComputerName 125
  CostingComplete 124
  Date 122
  DefaultUIFont 121
  DesktopFolder 73, 74, 128
  DISABLEADVTSHORTCUTS 121
  DISABLEMEDIA 121
  DISABLEROLLBACK 61, 121
  DiskPrompt 127
  EXECUTEACTION 121
  EXECUTEMODE 121
  FASTOEM 121

Eigenschaften *(Fortsetzung)*
  FavoritesFolder 73, 74, 128
  FILEADDDEFAULT 123
  FILEADDLOCAL 123
  FILEADDSOURCE 123
  FontsFolder 73, 74, 128
  Installed 124
  INSTALLLEVEL 121
  Intel 123
  Intel64 123
  IsAdminPackage 127
  LeftUnit 127
  LIMITUI 121
  LocalAppDataFolder 73, 74, 128
  LOGACTION 121
  LogonUser 129
  Manufacturer 117, 127
  MEDIAPACKAGEPATH 121
  MediaSourceDir 127
  MSICHECKCRCS 124
  MsiHiddenProperties 120, 129
  MSIINSTANCEGUID 127
  MsiNetAssemblySupport 125
  MSINEWINSTANCE 127
  MSINODISABLEMEDIA 121
  MsiNTProductType 125
  MsiNTSuiteBackOffice 125
  MsiNTSuiteDataCenter 125
  MsiNTSuiteEnterprise 125
  MsiNTSuitePersonal 125
  MsiNTSuiteSmallBusiness 125
  MsiNTSuiteSmallBusinessRestricted 125
  MsiNTSuiteWebServer 125
  MsiWin32AssemblySupport 125, 172
  MyPicturesFolder 73, 74, 128
  NOCOMPANYNAME 124
  NOUSERNAME 124
  OLEAdvtSupport 125
  OriginalDatabase 120
  OutOfDiskSpace 124
  OutOfNoRbDiskSpace 124
  PATCH 123
  PATCHNEWPACKAGECODE 127
  PATCHNEWSUMMARYCOMMENTS 127
  PATCHNEWSUMMARYSUBJECT 127
  PersonalFolder 73, 74, 128
  PhysicalMemory 123
  PIDKEY 129
  PIDTemplate 127
  Preselected 124
  PRIMARYFOLDER 121
  PrimaryVolumePath 124
  PrimaryVolumeSpaceAvailable 124
  PrimaryVolumeSpaceRemaining 124
  PrimaryVolumeSpaceRequired 124
  Privileged 122
  ProductCode 109, 117, 127
  ProductID 129
  ProductLanguage 117, 124
  ProductName 117, 127
  ProductState 127
  ProductVersion 117, 127
  ProgramFiles64Folder 128
  ProgramFilesFolder 73, 74, 128
  ProgramMenuFolder 73, 74, 128
  PROMPTROLLBACKCOST 122
  REBOOT 70, 122
  REBOOTPROMPT 71, 122
  RedirectedDLLSupport 125
  REINSTALL 70, 123
  REINSTALLMODE 123
  RemoteAdminTS 125
  REMOVE 123
  ReplacedInUseFiles 124
  RESUME 124
  RollbackDisabled 124
  ROOTDRIVE 122
  ScreenX 123
  ScreenY 123
  SecureCustomProperties 119
  SendToFolder 73, 74, 128
  SEQUENCE 122
  ServicePackLevel 125
  ServicePackLevelMinor 125
  SharedWindows 125
  ShellAdvtSupport 125
  SHORTFILENAMES 122
  SourceDir 78, 120
  SOURCELIST 78
  StartMenuFolder 73, 74, 128
  StartUpFolder 73, 74
  StartupFolder 128
  System16Folder 128
  System64Folder 128
  SystemFolder 73, 74, 128
  SystemLanguageID 125
  TARGETDIR 69, 120
  TempFolder 128
  TemplateFolder 73, 74, 128
  TerminalServer 125
  TextHeight 123
  Time 122
  TRANSFORMS 122
  TRANSFORMSATSOURCE 122
  TRANSFORMSSECURE 122
  TTCSupport 126
  UILevel 124
  UpdateStarted 124
  UpgradeCode 127
  UPGRADINGPRODUCTCODE 124
  UserLanguageID 129
  USERNAME 129
  UserSID 129
  Version9x 126
  VersionDatabase 126
  VersionMsi 124
  VersionNT 126
  VersionNT64 126
  VirtualMemory 123
  WindowsBuild 126

Eigenschaften *(Fortsetzung)*
  WindowsFolder 73, 74, 128
  WindowsVolume 128
Eigenschaften von Dialogfeldern 246
  BiDi 249
  Error 249
  KeepModeless 248
  LeftScroll 249
  Minimize 247
  Modal 247
  RightAligned 249
  RTLRO 249
  SysModal 248
  TrackDiskSpace 248
  UseCustomPalette 248
  Visible 247
Eingeschränkt öffentliche Eigenschaften 118
Execution-Phase 60

F

Features 106
  Ausführung vom Quellmedium 106
  Auswahlmöglichkeit 106
  Beispielanwendung 107
  Definieren 108
  Installation bei Bedarf 107, 108
  Lokale Installation 106
Flexibilität der Datenquellen 78

G

Gruppenrichtlinien
  AllowLockDownBrowse 79
  AllowLockdownBrowse 511
  AllowLockDownMedia 79
  AllowLockdownMedia 511
  AllowLockdownPatch 511
  AlwaysInstallElevated 75, 512, 513
  DisableBrowse 79, 512
  DisableMedia 79, 513
  DisableMSI 512
  DisablePatch 512
  DisableRollback 512, 514
  DisableUserInstalls 512
  EnableAdminTSRemote 512
  EnableUserControl 512
  LimitSystemRestoreCheckpointing 81, 513
  Logging 513
  Lokale Gruppenrichtlinien 76
  SafeForScripting 513
  SearchOrder 79, 514
  TransformsAtSource 514
  TransformsSecure 513

I

ICE 392
Inkonsistente Systeme 6
Installation bei Bedarf 9, 94
Installationsarten 60
  Administrative Installation 60, 63
  Advertising 64
  Angekündigte Installation 64
  Assigned Installation 76
  Befehlszeilenoptionen 66, 69
  Benutzerinstallation 72
  Computerinstallation 72, 73
  Deinstallation 63
  Installation bei Bedarf 64
  Install-On-Demand 64
  Maintenance Installation 61
  Published Installation 76
  Reguläre Installation 60, 62
  Reparatur 63
  Rollback Installation 61
  Tools 75
  Transaktion 61
  Veröffentlichte Installation 77
  Wartungsmodus 61
  Wiederherstellungsmodus 61
  Zugewiesene Installation 77
Installationsoptionen 62
Installationsprotokoll 64
Installationsprozess 2
Installationstabellen 468
Installationsvorgang 54
Installer User-Interface-Units 497

J

Just-In-Time Installation 9

K

Kerntabellen 426
Konfigurierbare Mergemodule 367
  CMSM Spezialformat 368
  Darstellung der Zusammenführung 368
  Erstellen 376
  Formattyp »Bitfield« 375
  Formattyp »Integer« 375
  Formattyp »Key« 374
  Formattyp »Text« 373
  Semantische Informationstypen 372
  Verwenden 379
Konsistente Installationsregeln 7

L

Lesen einer Windows Installer-Protokolldatei 409
Lokale Softwareinstallation 6

M

Meldungen 185
Mergemodule
    Datenspeicher für Paketdateien 351
    Entwickeln 358
    Installationskomponenten 349
    Konventionen bei der Namensvergabe 359
    MergeModule.CABinet 351
    Modulabhängigkeiten 353
    Struktur 350
    Summary Information Stream 350
    Unbedingt benötigte Datenbanktabellen 353
    Verwenden 364
    Verwenden der Tabellen 359
Mergen 10
Microsoft .NET 141
    Framework 156
    Klassenbibliotheken 142
Microsoft Cabinet Software Development Kit 111
Microsoft Visual Basic .NET 141
Microsoft Visual C# .NET 141
Moduldatenbank 351
    ModuleAdminExecuteSequence 358
    ModuleAdminUISequence 357
    ModuleAdvtExecuteSequence 358
    ModuleAdvtUISequence 358
    ModuleComponents 355
    ModuleConfiguration 371
    ModuleDepedency 355
    ModuleExclusion 356
    ModuleIgnoreTable 358
    ModuleInstallExecuteSequence 358
    ModuleInstallUISequence 358
    ModuleSignature 354
    ModuleSubstitution 369

O

Objektmodell für Mergemodule 381
    ConfigurableItem 384
    Depedency 383
    Error 383
    Fehlertypen 384
    GetFiles 384
    Merge 382
ODBC-Tabellen 471
Öffentliche Eigenschaften 118

P

Patch Creation Property File 335
    ExternalFiles 343
    FamilyFileRanges 341
    ImageFamilies 339
    Properties 337
    TargetFiles_OptionalData 342
    TargetImages 340
    UpgradedFiles_OptionalData 341
    UpgradedFilesToIgnore 344
    UpgradedImages 339
Patch-Tabellen 477
Planung der Installation 148
Private Eigenschaften 117
Problemdokumentation 54
Programmierschnittstellen 9
Programminformationstabellen 465
Protokollierung 405
    Ereignisprotokollierung 405
    Protokolleintragungen 406
    Windows Ereignisprotokoll 406
Publish 9

Q

Quellmedien 109
    Digitale Signaturen 113
    Erstellen von komprimierten Dateien 111
    Gemischte Verwendung 110
    Komprimierte Quellen 110
    makecab.exe 111
    Paketdatei 110
    Unkomprimierte Quellen 110
    Verwenden einer Paketdatei 112
    Verwendung 153

R

Referenzzähler 2
Registrierungstabellen 447
Reparatur einer Installation 67
Rollback 9

S

Sequenzen 177
    Ausführungssequenz 215
    Beispielimplementierung 180
    Benutzeroberflächensequenz 214
    Sequenztabellen 177
Sequenzrestriktionen 182
Sicherheit
    Abgesicherte Systeme 501
    Advertising 76
    Benutzerdefinierte Aktionen 500

Sicherheit *(Fortsetzung)*
   Buffer Overrun 500
   Certificate Creation Tool 57
   Digitale Signatur 57
   Digitale Signaturen 21
   Erstellen von Zertifikaten 58
   Erweiterte Installationsprivilegien 10
   Installationen mit erhöhten Rechten 76
   Installationspakete 499
   Installationssicherheit 75
   Locked-Down 6
   LockPermissions 500
   Managed Applications 10, 75, 499
   MsiHiddenProperties 499
   Passwörter 499
   privilegierte Installationen 75
   Restricted Public Properties 499
   Richtlinien 499
   Signatur 56
   Software Publisher Certificate Test Tool 59
   Verwaltete Anwendungen 75
   Zertifikatsdatei 57
Sicherheitstabellen 479
Skriptbasierte Installationsprogramme 4
Source Resiliency 78
Standardaktionen 182
   ADMIN 188
   ADVERTISE 188
   AllocateRegistrySpace 188
   AppSearch 188
   BindImage 189
   CCPSearch 189
   CostFinalize 189
   CostInitialize 190
   CreateFolders 190
   CreateShortcuts 190
   DeleteServices 190
   DisableRollback 191
   DuplicateFiles 191
   ExecuteAction 178, 192
   File Costing 182
   FileCost 192
   FindRelatedProducts 192
   ForceReboot 71, 193
   INSTALL 193
   InstallAdminPackage 193
   InstallExecute 194
   InstallExecuteAgain 194
   InstallFiles 194
   InstallFinalize 195
   InstallInitialize 195
   InstallODBC 195
   InstallServices 196
   InstallSFPCatalogFile 196
   InstallValidate 196
   IsolateComponents 165, 197
   LaunchConditions 197
   MigrateFeatureStates 197
   MoveFiles 198
   MsiPublishAssemblies 198
   MsiUnpublishAssemblies 199
   PatchFiles 199
   ProcessComponents 200
   PublishComponents 200
   PublishFeatures 200
   PublishProduct 200
   RegisterClassInfo 201
   RegisterComPlus 201
   RegisterExtensionInfo 202
   RegisterFonts 202
   RegisterMIMEInfo 202
   RegisterProduct 203
   RegisterProgIdInfo 203
   RegisterTypeLibraries 203
   RegisterUser 203
   RemoveDuplicateFiles 204
   RemoveEnvironmentStrings 204
   RemoveExistingProducts 204
   RemoveFiles 205
   RemoveFolders 205
   RemoveIniValues 205
   RemoveODBC 206
   RemoveRegistryValues 206
   RemoveShortcuts 207
   ResolveSource 207
   RMCCPSearch 207
   ScheduleReboot 71, 207
   SelfRegModules 161, 208
   SelfUnRegModules 161
   SelfUnregModules 208
   SEQUENCE 208
   SetODBCFolders 209
   StartServices 209
   StopServices 209
   UnpublishComponents 210
   UnpublishFeatures 210
   UnregisterClassInfo 210
   UnregisterComPlus 210
   UnregisterExtensionInfo 211
   UnregisterFonts 211
   UnregisterMIMEInfo 211
   UnregisterProgIdInfo 212
   UnregisterTypeLibraries 212
   ValidateProductId 212
   WriteEnvironmentStrings 213
   WriteIniValues 213
   WriteRegistryValues 162, 213
Steuerelementattribute 275
   BiDi 275
   BillboardName 275
   Bitmap 275
   CDROMVolume 276
   ComboList 276
   ControlShowRollbackCost 276
   Enabled 277
   FixedSize 277
   FixedVolume 277
   FloppyVolume 277
   FormatSize 278
   HasBorder 278

Steuerelementattribute *(Fortsetzung)*
   Icon 278
   IconSize 279
   Indirect 279
   IndirectPropertyName 279
   Integer 280
   LeftScroll 280
   MultiLine 280
   NoPrefix 280
   NoWrap 280
   Password 281
   Position 281
   Progress 281
   Progress95 281
   PropertyName 281
   PropertyValue 282
   PushLike 282
   RAMDiskVolume 282
   RemoteVolume 282
   RemovableVolume 282
   RightAligned 283
   RTLRO 283
   Sorted 283
   Sunken 283
   Text 284
   TimeRemaining 284
   Transparent 284
   UsersLanguage 284
   Visible 284
Steuerelemente 250
   Billboard 251
   Bitmap 255
   CheckBox 255
   ComboBox 256
   DirectoryCombo 257
   DirectoryList 258
   Edit 259
   GroupBox 260
   Icon 260
   Line 260
   ListBox 261
   ListView 261
   MaskedEdit 262
   PathEdit 265
   ProgressBar 265
   PushButton 266
   RadioButtonGroup 267
   ScrollableText 268
   SelectionTree 268
   Text 271
   VolumeCostList 272
   VolumeSelectCombo 274
Steuerelementereignisse 285
   ActionData 287
   ActionText 287
   AddLocal 287
   AddSource 288
   CheckExistingTargetPath 288
   CheckTargetPath 288
   DirectoryListNew 289

   DirectoryListOpen 289
   DirectoryListUp 289
   DoAction 290
   EnableRollback 290
   EndDialog 290
   IgnoreChange 289
   NewDialog 291
   Reinstall 291
   ReinstallMode 291
   Remove 292
   Reset 292
   ScriptInProgress 292
   SelectionAction 293
   SelectionBrowse 293
   SelectionDescription 293
   SelectionNoItems 293
   SelectionPath 294
   SelectionPathOn 294
   SelectionSize 294
   SetInstallLevel 294
   SetProgress 295
   SetProperty 295
   SetTargetPath 295
   SpawnDialog 296
   SpawnWaitDialog 296
   TimeRemaining 296
   ValidateProductID 297
Strategien für die Fehlersuche 412
Suche nach existierenden Elementen 135
Suchtabellen 460
Summary Information Stream 86
   Eigenschaften 86
   PackageCode 83, 91
Summary Information Stream Eigenschaften
   Author 89
   Character Count 89
   Codepage 89
   Comments 89
   Create Time/Date 89
   Creating Application 89
   Keywords 89
   Last Printed 89
   Last Saved By 89
   Last Saved Time/Date 90
   Page Count 91
   Revision Number 91
   Security 91
   Subject 91
   Template 92
   Title 92
   Word Count 90
System Management Server 65
Systemdateien 2
Systemdienste 174
   Benutzerkonto 175
   Deinstallation 175
   Dienstemanager 175
   Ereignisprotokollierung 175
   Installation 174
   Kontrolloptionen 175

Systemdienste *(Fortsetzung)*
    LocalSystem 175
    Microsoft Visual Studio .NET 176
    Verwalten 175
Systemdiensttabellen 474
Systemtabellen 457
Systemwiederherstellung 81

T

Terminal Server
    Benutzerdefinierte Aktionen 504
    Benutzerprofil 504
    Installation 503
    Konfigurationsinformationen 505
    Per-Machine 504
    Per-User 504
    Remotesitzungen 503
    Richtlinien 504
    Terminal Services Console Session 503
    Terminal Services Remote Session 503
Transformationen
    Anwenden 313
    Befehlszeilenoptionen 302
    Direkte Erstellung 305
    Eigenschaftswerte 306
    Einsatzmöglichkeiten 300
    Erstellen 302
    Fehlerbedingungen 303
    Indirekte Erstellung 303
    Installationsoptionen 301
    Lokalisierung 313
    Programmtechnischer Ansatz 304
    Skriptdateien 305
    Tools 303
    Validierungsbedingungen 304
    Zielgruppenanpassung 301
Transformationsarten 307
    Eingebettete Transformationen 308
    Erstellen von Instanztransformationen 311
    Installation mehrerer Instanzen 312
    Instanztransformationen 311
    Secure-At-Source 310
    Secure-Full-Path 310
    Sichere Transformationen 309
    Standardmäßige Transformationen 308
    Unsichere Transformationen 309

U

Update
    Aktualisierung des Zielsystems 320
    Änderung des Produktcodes 321
    Arten 319
    Automatische Updates 346
    Erstellung 324
    Komplexe Aktualisierungen 322
    Major Upgrade 319, 322
    Minimale Aktualisierung 319
    Minor Upgrade 319
    Patch 65
    Präparieren für zukünftige Updates 323
    Small Update 319
    Small Updates 319

V

Validierung 389
    DBCS Zeichenkettentest 391
    Durchführen der ICE-Validierung 394
    Full MSI Validation Suite 393
    Individuelle Validierungstypen 399
    Internal Consistency Evaluators 392
    Interne Validierung 390
    Merge Module Validation Suite 393
    Orca 394
    String-Pool Validierung 391
    Überprüfung des Referenzzählers 391
    Überprüfungsmodelle für die Datentypen 391
    Validation Pane 394
    Validierungsmeldungen 394
    Validierungstypen 395
    Validierungstypen für die Moduldatenbank 398
    Windows 2000 Logo Program Suite 393
    Windows XP Logo Program Suite 393
Versionierung 97
    Companion Mechanismus 97
    FileHash 100
    Standardmäßige Versionierungsregel 98
    Übersicht 101
Versionierung von Komponenten 101
Verzögerter Reboot 21

W

Windows Installer
    Dateinamenerweiterungen 19
    Entry Points 94
    Protokollierung 30
    Redistributables 17
    Ressourcen 94
    Versionen 11, 20
    Verteilbare Dateien 17
    Windows Installer-Datenbank 60
Windows Installer Objektmodell
    Aufbau 40
    Database 42
    Datenbankabfragen 47
    FeatureInfo 47
    Inner Join 50
    Installer 41
    Programmierschnittstelle 39
    Record 44
    RecordList 45
    Session 46
    SQL-Syntax 49

Windows Installer Objektmodell *(Fortsetzung)*
    StringList 45
    SummaryInfo 43
    UIPreview 44
    View 44
Windows Installer SDK
    Hilfedateien 32
    Instmsi.exe 20
    Lokalisierte Sprachelemente 33
    Msicert.exe 21
    Msidb.exe 22
    msidb.exe 112
    MsiExec.exe 62
    Msifiler.exe 25
    Msiinfo.exe 25
    Msimerg.exe 26
    Msimsp.exe 26
    MsiTran.exe 27
    Msival2.exe 28
    Msizap.exe 29
    Orca 34
    Schema-Datenbanken 33
    Visual Basic Skripte 33
    Wilogutl.exe 30
    Windows Installer Clean Up Tool 33
    Windows Installer Tabellen Editor 34
Windows Installer-Client 53
Windows Installer-Dienst 53
Windows Installer-Komponenten 94
    Änderung der ComponentId 97
    ComponentId 95
    KeyPath 94
    Kompatibilität 95

    Mergemodule 96
    Permanente Komponenten 97
    Qualifizierte Komponenten 104, 145
    Referenzzähler 95
    Regeln 96
    Transitive Komponenten 103
    Versionsüberprüfung 94
Windows Installer-Paket 83
    Erstellung 148
    Orca 149
Windows Installer-Patch
    Anwenden 335
    Datenspeicher für Paketdateien 333
    Erstellen 334
    Richtlinien 335
    Softwarepatches 331
    Speicherbereich für Transformationen 333
    Struktur 332
    Summary Information Stream 332
    Vorgehensweise 334
Windows Installer-Produkt 109
Windows Installer-Protokollierung 407
    Befehlszeilenoption 408
    Eigene Protokolleinträge erstellen 414
    Methode »EnableLog« 409
    Systemregistrierung 408
Windows-Dateischutz 2, 168
Windows-File-Protection 2

X

XCopy-Deployment 1

Der Autor

Andreas Kerl

Andreas Kerl ist Application Development Consultant im Premier Support for Developers der Microsoft Deutschland GmbH und Visual Basic Entwickler der ersten Stunde. Zu seinem Verantwortungsbereich gehört die Konzeptionisierung, Beratung und Portierung von kommerziellen Kundenanwendungen auf die Microsoft .NET-Plattform. Andreas befasst sich intensiv mit der Windows Installer-Technologie seit der Version 1.0. Als Spezialist für diese Technologie betreut er Kunden in Deutschland, Österreich und der Schweiz und führt technische Trainings für Systemadministratoren und Softwareentwickler durch.